PORTRAITS
CONTEMPORAINS

PAR

C.-A. SAINTE-BEUVE

de l'Académie française.

« Nous sommes mobiles et nous jugeons
des êtres mobiles.... »

SÉNAC DE MEILHAN.

Nouvelle édition revue et corrigée

II

XAVIER DE MAISTRE, EUGÈNE SUE,
SCRIBE, LEBRUN, COMTE MOLÉ, TOPFFER,
MÉRIMÉE, DE BARANTE, THIERS, FAURIEL,
VINET, NISARD, JASMIN, ETC., ETC.

PARIS

DIDIER, LIBRAIRE-ÉDITEUR

35, QUAI DES AUGUSTINS.

PORTRAITS

CONTEMPORAINS

TOME II

Paris.—Imprimé chez Bonaventure et Ducessois, 55, quai des Augustins.

PORTRAITS CONTEMPORAINS

PAR

C.-A. SAINTE-BEUVE

de l'Académie française.

« Nous sommes mobiles et nous jugeons des êtres mobiles.... »

SÉNAC DE MEILHAN.

Nouvelle édition revue et corrigée

II

XAVIER DE MAISTRE, EUGÈNE SUE, SCRIBE, LEBRUN, COMTE MOLÉ, TOPFFER, MÉRIMÉE, DE BARANTE, THIERS, FAURIEL, VINET, NISARD, JASMIN, ETC., ETC.

PARIS
DIDIER, LIBRAIRE-ÉDITEUR
35, QUAI DES AUGUSTINS.

L'auteur et l'éditeur se réservent le droit de traduction.

1855

M. VINET.

1837.

Un ami qui habite le voisinage des montagnes, et à qui je demandais si la vue n'en était pas monotone à la longue, me répondait : « Non, elles ne le sont pas : elles ont, à leur manière, la diversité continuelle de l'Océan, et sans parler des couleurs changeantes, des reflets selon les heures et les saisons, et à n'y voir que les contours et les lignes, elles sont inépuisables à contempler. Souvent, aux lieux les plus connus, un certain profil soudainement caractérisé me révèle des masses différentes, des groupes nouvellement conçus, que je n'avais jamais envisagés de cette sorte, et qui sont vrais, et qui s'ajoutent à la connaissance vivante que j'ai du tout. » Ce que cet ami me disait de ses montagnes, je l'appliquais involontairement à notre littérature, à mesure que, l'envisageant de loin, sous un aspect extérieur, et pourtant d'un lieu qui est à elle encore par la culture, elle me paraissait offrir une perspective nouvelle dans des objets tant de fois étudiés et connus. Vue hors de France, et pourtant en pays français encore de langue et de littérature, cette littérature française est comme un ensemble de montagnes et de vallées, observées d'un dernier monticule isolé, circonscrit, lequel, en apparence coupé de la chaîne, y appartient toujours, et sert de parfait balcon pour la considérer avec nouveauté. Il en résulte aux regards quelque chose de plus accompli. Les lignes et les grands sommets y gagnent beaucoup, et reparaissent bien nets. Quelques-uns qu'on oubliait se relèvent ; quelques autres, qui font grand effort de près et quelque apparence, s'enfoncent et n'offusquent plus. Les proportions générales se sentent mieux, et les individus de génie détachent seuls leur tête.

On y gagne enfin de bien voir autour de soi cette partie, à la fois isolée et dépendante, sur laquelle on se trouve, et qu'on ne songeait guère à découvrir quand on était dans la vie du milieu et dans le tourbillon du centre. On y gagne de connaître une culture, d'un intérêt général aussi, qui reproduit en moins, mais assez au complet, les grands mouvements de l'ensemble, et les fait revoir d'un jour inattendu dans une sorte de réflexion secondaire. On a chance encore d'y rencontrer quelques hommes parmi lesquels il en est peut-être d'essentiels, et qui importent à l'ensemble de la littérature elle-même.

La Savoie, Genève et le pays de Vaud, forment, littérairement parlant, une petite chaîne dépendante de la littérature française, qu'on ne connaît guère au centre, et qu'on ne nommerait au plus que par les noms de De Maistre, de Jean-Jacques et de Benjamin Constant, qui s'en détachent. Le pays de Vaud, pour m'y borner en ce moment, eut pourtant un développement ancien, suivi, tantôt plus particulier et plus propre, tantôt plus dépendant du nôtre, et réfléchissant, depuis deux siècles, la littérature française centrale, mais, dans tous les cas, resté beaucoup plus distinct que celui d'une province en France. Au moyen âge, la culture et la langue romanes, qui remontaient par le Rhône, furent celles de ce pays. A défaut de chants héroïques perdus, on a plusieurs vieilles chansons familières, piquantes ou touchantes, et demeurées populaires à travers les âges. Le ranz des vaches de cette contrée, le ranz des *Colombettes*, celui, entre les divers ranz, auquel l'air célèbre est attaché, a de plus une petite action dramatique, vive de couleur et de poésie (1). Au XVIe siècle, époque où la

(1) Voir *le Canton de Vaud, sa Vie et son Histoire*, par M. Olivier, t. I, liv. II.

langue française, dès auparavant régnante, achève de prendre le dessus et de reléguer le roman à la condition de patois, le pays de Vaud paya son plein tribut à notre prose par les écrits du réformateur Viret, réputé le plus doux et le plus onctueux des théologiens de ce bord. Dans sa patrie, voisine de celle de Calvin, il tenta un rôle pareil avec plus de modération, et en aidant également sa doctrine d'une phrase saine, abondante et claire. Persécuté à Lausanne, où il portait ombrage aux Bernois, il dut à la mère de Henri IV un asile en Béarn, où il mourut. On a de lui une préface (1), où il se prononce en défenseur de la langue vulgaire sans mélange de mots étrangers : on y sent, à quelques traits contre ceux qui forgent un langage tout nouveau, le contemporain sévère de Rabelais et de Ronsard. Par Du Perron, né en son sein, mais qu'il renvoya à la France, le pays de Vaud fut pour quelque chose dans l'établissement littéraire qui suivit, et ne demeura pas inutile à l'introduction de Malherbe, qui eut, comme on sait, le célèbre cardinal pour patron (2). Le XVII° siècle fit sur ce pays la même impression que par toute l'Europe : il y eut soumission, adhésion absolue et hommage. Jusqu'au milieu du XVIII° siècle, la connaissance, le goût, l'imitation des chefs-d'œuvre et du style des grands écrivains classiques furent d'extrême mode dans la haute société de Lausanne. On en a des témoignages écrits et spirituels. Dans le volume de *Lettres recueillies en Suisse*, par le comte

---

(1) Avertissement en tête des *Disputations chrétiennes*, 1552.

(2) On a droit de noter encore à l'avantage du pays de Vaud, qu'on lui devrait l'introduction dans la littérature française d'un autre personnage bien mémorable, du dernier arbitre classique du goût, s'il était vrai, comme cela paraît en effet, que La Harpe descendait, soit légitimement, soit naturellement, de la famille vaudoise de ce nom. Interpellé et poussé à bout par ses ennemis sur le mystère de sa naissance, La Harpe lui-même réclame cette descendance honorable, dans sa lettre au *Mercure* (février 1790). Voir, en tête de l'édition du *Cours de Littérature* de La Harpe (1826), l'excellent, le complet Discours préliminaire, non signé, mais qui trahit, à chaque ligne et sur chaque point, l'exacte critique de M. Daunou.

Golowkin (1), parmi des particularités piquantes qui ajoutent à l'histoire littéraire de Voltaire et de quelques autres noms célèbres, il se trouve, de femmes du pays, plusieurs lettres qui rappellent heureusement la vivacité de madame de Sévigné, dont la personne qui écrit se souvient elle-même quelquefois. Enjouement, moquerie, savoir, mouvement animé, et un peu affecté, je le crois sans peine, c'étaient, à ce qu'il semble, les traits de la belle compagnie d'alors. Rousseau a jugé, avec assez de sévérité, la société de ce temps, et ce ton que Claire d'Orbe ne représente pas mal, quoi qu'il en dise. Nulle part surtout, plus qu'au pays de Vaud, on n'avait la science de nos classiques : on y savait Boileau et le reste par cœur. Encore aujourd'hui, c'est là, en quelqu'un de ces villages baignés du lac, à Rolle peut-être, qu'il faudrait chercher les hommes qui savent le mieux le siècle de Louis XIV à toutes ses pages, et qui feraient les pastiches de ces styles les plus plausibles et les moins troublés d'autres réminiscences. Les séjours de Voltaire, de Rousseau, dans ces pays, en rajeunirent à temps la littérature, et la firent toute du xviiie siècle au lieu du xviie, où elle était restée. Le séjour de madame Necker à Paris, les retours de madame de Staël à Coppet, hâtèrent et entretinrent cette initiation. Benjamin Constant, grâce à l'atmosphère environnante qui favorisait la nature de son esprit, était à douze ans un enfant de Voltaire (2). Par sa famille, il avait pris les traditions et le ton du xviiie siècle ; avant d'être venu à Paris, il était Parisien. Les *Lettres écrites de Lausanne*, délicieux roman de madame de Charrière, montrent combien le goût, le naturel choisi et l'imagination aimable étaient possibles, à la fin du dernier siècle, dans la bonne société de Lausanne, plus littéraire peut-être et moins scientifique que ne l'était alors celle de Genève. Les romans de madame de Montolieu

(1) Genève, 1821.
(2) Voir, au tome Ier de la *Chrestomathie* de M. Vinet (2e édition), une charmante lettre écrite de Bruxelles par Benjamin Constant, âgé de douze ans, à sa grand'mère : l'homme y perce déjà tout entier.

montrent seulement le côté romanesque et vaguement pathétique, qui s'exaltait de Rousseau, tout en se troublant de l'Allemagne. Bonstetten, qui vécut longtemps à Nyon avant d'être à Genève, était, à travers son accent allemand de Berne, un homme du xviiie siècle accompli. Un autre Bernois du siècle passé, qui tenait au français par le pays de Vaud, avait fait, dans un poëme intitulé *Vue d'Anet*, ces vers dignes de Chaulieu :

> Quittons les bois et les montagnes ;
> Je vois couler la Broye (1) à travers les roseaux ;
> Son onde, partagée en différents canaux,
> S'égare avec plaisir dans de vastes campagnes,
> Et forme dans la plaine un labyrinthe d'eaux.
>   Rivière tranquille et chérie,
>   Que j'aime à suivre tes détours !
> Ton eau silencieuse en son paisible cours
> Présente à mon esprit l'image de la vie :
> Elle semble immobile et s'écoule toujours.

Cette continuation, ce progrès de littérature et de poésie n'a pas cessé de nos jours, comme bien l'on pense. L'émancipation du pays de Vaud et sa nationalité constituée ont assuré aux générations actuelles des études plus fortes et plus d'élan. Le mouvement romantique y a eu son action, et on s'en dégage maintenant après s'en être fortifié. Sans parler des poésies publiées et connues, comme le recueil des *Deux Voix* (2), il y a bien de jeunes espérances, et qui ne se gâtent pas jusqu'ici de fausses ambitions. Les étudiants de Lausanne aiment à marier de beaux airs allemands à des chants poétiques souvent composés par quelqu'un d'entre eux. Voici les premiers vers que j'ai retenus d'un de ces chants de tout à l'heure :

> Quel est ce roi sublime et tendre
> Qui vers nos déserts attiédis,

---

(1) Rivière qui se jette dans le lac de Morat.
(2) Lausanne, 1835.

Les yeux en pleurs, paraît descendre
Les bleus coteaux du Paradis ?

C'est le pauvre fils de Marie,
C'est l'époux de la terre en deuil,
Qui pose la lampe de vie
Dans le mystère du cercueil !...

Dans une pièce de vers qui obtint, il y a peu d'années, le prix à l'Académie de Lausanne, je trouve ces beaux traits de nature; il s'agit d'un voyageur :

Il voit de là les monts neigeux
Et les hauts vallons nuageux :
Puis il entend les cornemuses
Des chevriers libres et fiers,
Perdus dans la pâleur des airs
Par-dessus les plaines confuses ;

et cette autre gracieuse peinture des ébats auxquels se plaisent les nains et les sylphes de la montagne :

Sur les bords de l'eau claire, à l'ombre des mélèzes,
Leurs doigts avaient cueilli le rosage et les fraises ;
Et, cadençant leur vol aux divines chansons,
Dans leur danse indécise ils rasaient les gazons.
Sur la brise réglant leur suave harmonie,
Ils chantaient du bleu ciel la douceur infinie,
Et sous leurs pas légers le gazon incliné
Remplissait de senteurs le val abandonné (1).

(1) Tous ces vers étaient d'un très-jeune homme, M. Frédéric Monneron : il est mort depuis à la fleur de l'âge. J'ai appris à mieux apprécier encore les promesses de son talent pendant mon séjour en Suisse. Voici une pièce inédite adressée par lui à une personne amie : il était alors en Allemagne où il mourut.

A VOUS.

Quand sur les champs du soir la brume étend ses voiles ;
Lorsque, pour mieux rêver, la Nuit, au vol errant,
Sur le pâle horizon détache en soupirant
Une ceinture d'or de sa robe d'étoiles ;

Lorsque le Crépuscule entr'ouvre aux bords lointains
Du musical Éther les portes nuageuses,

Mais jusqu'ici j'ai dit plutôt en quoi la littérature du pays de Vaud suivait et reflétait la nôtre; je n'ai pas assez fait sentir ce qui lui est propre, original, ce qui la marque un peu plus elle-même en la laissant française. Benjamin Constant, le plus illustre nom d'écrivain qui s'y rattache, est un Français de Paris et sans réserve (1). Et cependant ce pays a produit des esprits qui, à un certain tour d'idées particulier, ont uni une certaine manière d'expression, et qui offrent un mélange, à eux, de fermeté, de finesse et de prudence, un mérite solide et fin, un peu en dedans,

> Alors, avec les vents, les âmes voyageuses
> Vont chercher d'autres cieux dans leurs vols incertains.
>
> La mienne s'en retourne auprès de vous, fidèle;
> Mais bientôt un remords la surprend en chemin;
> Et, jeune mendiante, implorant votre main,
> Elle vous tend la sienne... en se voilant d'une aile!
>
> Car c'est le repentir d'avoir aimé trop peu
> Qui, de l'exil, vers vous la rappelle angoissée,
> Comme une ombre sortant de sa tombe glacée,
> Surprise par la mort sans avoir fait d'adieu.
>
> Non, je n'ai pu comprendre et votre âme et la terre
> Que de loin, quand les ans sont venus tout finir;
> Et mon cœur n'a fleuri qu'autour d'un souvenir,
> Comme autour des tombeaux l'églantier solitaire!
>
> Ces jours où ma jeunesse a fait souffrir les cœurs,
> Je n'en pourrai gémir que seul avec moi-même...,
> Que lorsqu'il n'est plus temps de dire à ceux qu'on aime:
> « A genoux! me voici!... pardonnez-moi vos pleurs! »
>
> —
>
> Ainsi c'est le passé!... c'est la fuite des choses,
> Le souvenir des maux qu'on ne peut réparer,
> Qui m'évoquent chez vous quand la Nuit vient errer
> Sur le large horizon parmi l'or ou les roses!

Je confie cette admirable et profonde plainte aux cœurs poétiques : ils la rediront souvent. Elle devrait suffire à faire vivre le nom de Frédéric Monneron, à l'empêcher de tout à fait mourir. Un seul mot qui pourrait déplaire dans cette pièce sans tache est celui d'*angoissée*, mais je dois dire qu'il est d'usage habituel dans le Canton de Vaud; la lecture de la Bible en langue vulgaire maintient en circulation beaucoup de ces mots un peu étranges ou vieillis.

(1) Sauf deux ou trois formes de locutions peut-être, et qu'encore bien peu de Français aujourd'hui sont à même de relever dans son style.

peu tourné à l'éclat, bien qu'avec du trait, et dont madame Necker, dans les manuscrits qu'on a publiés d'elle, ne donnerait qu'un échantillon insuffisant. On ne saurait mieux étudier ces qualités de près et au complet que chez un écrivain de nos jours, âgé d'un peu plus de quarante ans, le plus distingué, sans contredit, et le plus original des prosateurs du pays de Vaud passés et présents, chez M. Vinet.

M. Vinet est à la fois un écrivain très-français et un écrivain tout à fait de la Suisse française. Lorsque, dans ses écrits littéraires, imprimés à Bâle, destinés en partie à la jeunesse allemande, et dédiés à des membres du gouvernement de son pays, il dit du siècle de Louis XIV *notre* littérature, on est un peu surpris au premier abord, et l'on est bientôt plus surpris que la littérature française, en retour, ne l'ait pas déjà revendiqué et n'ait pas dit de lui *nôtre*. Ses livres ne sont pas connus chez nous; son nom modeste l'est à peine. On se rappelle au plus son Mémoire sur la liberté des cultes, couronné en 1826 par la Société de la morale chrétienne. A part les fidèles du *Semeur*, quels lecteurs de journaux savent le nom et les titres de M. Vinet, critique littéraire des plus éminents, moraliste des plus profonds?

Il est élève de l'Académie de Lausanne. Sorti du village de Crassier ou Crassy (1), qui avait été déjà le lieu de naissance de madame Necker, il fit tout le cours de ses études à cette académie, dont la discipline était alors fort désorganisée par suite des événements publics. Les étudiants étudiaient peu; M. Alexandre Vinet se distingua de bonne heure, et par son application, et par des qualités plus en dehors, plus hardies ou plus gaies qu'il semble n'appartenir à son caractère habituel; mais toute jeunesse a sa pointe qui dépasse à émousser. On cite de lui un poëme

---

(1) Alexandre-Rodolphe Vinet, de Crassier, naquit à Ouchi près de Lausanne le 17 juin 1797. Son père avait été placé à Ouchi pendant quelques mois dans les péages (Voir la *Revue suisse* d'octobre 1847).

héroï-comique, où il y a, dit-on, de la gaieté de collège, *la Guétiade*, imitation du *Lutrin*, et qui célèbre sans doute quelque démêlé avec le guet; il rima encore quelques autres riens du même genre. A l'enterrement d'un professeur fort aimé, on vit s'avancer au bord de la tombe un jeune homme (c'était M. Vinet), qui fit l'oraison funèbre du défunt; cette action ne laissa pas d'étonner un peu les mœurs extrêmement timides du pays, et, on peut le dire, celles de l'orateur lui-même. En 1815, époque bien critique pour le pays de Vaud, que Berne devait chercher à reprendre, mais que M. Frédéric-César La Harpe, ancien précepteur de l'empereur Alexandre et noble citoyen, protégea heureusement, M. Vinet, simple étudiant encore, ne fut pas sans quelque influence; et cette poésie légère d'université, il l'employa à quelques chansons, devenues aussitôt populaires, contre les Bernois, contre l'*ours* de Berne. — L'homme que nous verrons si modéré, si tolérant, si timide même, ne manque pas d'une certaine énergie ardente que ses autres qualités recouvrent. Et si, par la délicatesse exquise de sa modestie, il sort un peu de la manière plus couramment démocratique des mœurs de son pays, il y rentre tout à fait par cette énergie et cette faculté de résistance, qui ne s'affiche pas, mais se retrouve toujours. Chez M. Vinet, elle a de plus toute la consécration du devoir réfléchi et saint.

Il est probable qu'à cette période de jeunesse plus hardie, il accueillait les productions de M. de Chateaubriand et de madame de Staël, et applaudissait à ce mouvement de la littérature extra-impériale, plus vivement qu'il n'a fait à celui de 1825 à 1830, qui le trouva déjà mûr, et auquel il a dès l'abord moins cru.

Mais les idées morales, religieuses, chrétiennes, eurent toujours le pas dans son esprit sur les opinions purement littéraires. Né dans la Réforme, à un moment où le besoin d'un réveil religieux s'y faisait sentir, il participa tout à fait à ce mouvement de réveil, sans le pousser jamais jusqu'à la séparation, à l'exclusion et à la secte. Sa prudence consciencieuse, sa doctrine, toujours éclairée de charité, lui attirèrent, jeune, la considération qui, avec les années, est devenue autour de lui une révérence universelle. Étant encore étudiant en théologie, il fut appelé à l'Université de Bâle, comme professeur de littérature française. Il accepta, et revint ensuite à Lausanne passer ses examens de ministre et recevoir la consécration. A Bâle, il professe depuis près de vingt ans (1), et le fruit de son enseignement littéraire se retrouve en substance dans les trois portions de sa *Chrestomathie*, dont les deux premiers discours préliminaires sont d'importantes dissertations, et dont le troisième est un précis historique de toute la littérature française, morceau capital de l'auteur et chef-d'œuvre du genre.

Comme pasteur et prédicateur évangélique, sa doctrine et sa manière se peuvent approfondir dans ses *Discours sur quelques sujets religieux*, dont la troisième édition, publiée en 1836, contient de remarquables additions. Plusieurs discours, notamment les deux qui ont pour titre : *l'Étude sans terme*, sont des modèles de ce genre, mi-partie de dissertation et d'éloquence, de cette psychologie chrétienne qui forme comme une branche nouvelle dans la prédication réformée.

Dans le journal *le Semeur*, fondé depuis 1830, on a publié divers extraits de ces productions de M. Vinet, et il a de plus constamment enrichi cette feuille d'articles de psychologie religieuse, ou de littérature et de critique très-fine et très-solide, que son talent si particulier d'écrivain, et sa sagacité caractérisée de penseur, dénoncent aussitôt au lecteur un peu exercé et signent distinctement à travers tous les voiles anonymes (2).

(1) M. Vinet, nommé depuis professeur d'éloquence de la chaire dans l'Académie de Lausanne, a quitté l'Université de Bâle, et sa patrie l'a reconquis. — Ayant donné sa démission après les événements de février 1845, il a été renommé presque aussitôt par l'Académie de Lausanne, mais cette fois comme professeur de littérature française.

(2) Les articles sur M. de La Rochefoucauld, sur le *Paradis perdu* de M. de Chateaubriand, sur *Arthur*, etc., etc.; les principaux ont été re-

Mais, avant ces divers travaux de littérature ou de religion, qui tendent toujours sans bruit à être des actions utiles, M. Vinet a eu dans le pays de Vaud un rôle plus animé, plus manifestement dessiné, et qui se rapporte précisément au temps de son Mémoire en faveur de la liberté des cultes. Dans cette patrie de Viret, d'un des plus onctueux et des plus charitables d'entre les réformateurs, il convenait que le réveil de l'esprit religieux, qui poussait peut-être quelques croyants ardents à la secte et au puritanisme, ne devînt pas une occasion, un éveil aussi de persécution, de la part de l'Église établie, menacée dans sa tiédeur. M. Vinet, qui participait de tout son cœur à la revivification de la doctrine évangélique, mais qui ne donnait dans aucun excès, joua un bien beau rôle en cette querelle. Il fut, avec son ami M. Monnard, le principal défenseur de la liberté religieuse à Lausanne : il prit en main le droit de ceux qu'on persécutait, et dont il n'épousait pas d'ailleurs les conséquences absolues et restrictives. A l'occasion d'une brochure dont il était l'auteur, et dont M. Monnard s'était fait l'éditeur, ils soutinrent tous les deux un procès, et ils eurent un moment, sous forme de tracasseries qu'on leur suscita, quelque part à cette persécution si chère à subir pour ce qu'on sent la vérité.

On conçoit que le Mémoire de M. Vinet en faveur de la liberté de tous les cultes, un peu antérieur, mais animé par une action si prochaine, ait été pour lui autre chose qu'une thèse philosophique où sa raison se complaisait : c'était une sainte et vivante cause ; et, à travers la surcharge des preuves et la chaîne un peu longue de la démonstration, à travers le style encore un peu roide et non assoupli, cette chaleur de foi communique à bien des parties de cet écrit, et surtout à la prière de la fin, une pénétrante éloquence.

Il en faudrait dire autant, à plus forte raison, de plu-

---

cueillis depuis sous le titre d'*Essais de Philosophie morale* (Paris, 1837, in-8°).

sieurs brochures de lui sur le même sujet, et dont une polémique de charité et de justice animait l'accent (1).

Mais ce n'est que dans ses écrits subséquents, ou d'un ordre moins local, dans les discours de sa *Chrestomathie* d'abord, que nous trouvons M. Vinet à notre usage, écrivain complet, critique profond. A partir de ce moment, chacune de ses paroles compte, et elles ont pourtant si peu retenti chez nous, qu'on nous pardonnera d'y insister selon leur mérite.

La *Chrestomathie française* n'est, comme son nom l'indique, qu'un recueil, un choix *utile* de morceaux de vers et de prose, tirés des meilleurs auteurs français, distribués et gradués en trois volumes pour les âges, 1° l'enfance, 2° l'adolescence, 3° la jeunesse et l'âge mûr. Ces morceaux sont accompagnés fréquemment d'analyses, toujours de notes, quelquefois de petites notices sur les auteurs, dans lesquelles, en peu de lignes d'une concision excellente, tout point essentiel est rendu frappant, tout point en réserve est touché. M. Vinet, dans sa modestie, n'a voulu et n'a cru faire que cela, et il semble craindre même de n'avoir pas atteint son but : il l'a, selon nous, dépassé de beaucoup, ou mieux, surpassé.

Son discours à M. Monnard, dans lequel il discute les

(1) Voici pour mes amis du Canton de Vaud et pour les bibliographes français une liste, que je crois complète, des écrits de M. Vinet dans cette controverse : 1° une brochure intitulée *Du Respect des Opinions* (Bâle, 1824); 2° le *Mémoire* couronné et ici connu (1826); 3° *Lettre à un Ami, ou Examen des Principes soutenus dans le Mémoire* (Lausanne, 1827); 4° *Observations sur l'Article sur les Sectaires inséré dans la Gazette de Lausanne du 13 mars* 1829, et *Nouvelles Observations sur un nouvel Article du 27 mars* (Lausanne, 1829). Les premières *Observations* furent saisies; M. le professeur Monnard, considéré comme *éditeur*, fut suspendu de ses fonctions. Ce procès amena le dernier et éloquent écrit, 5° *Essai sur la Conscience et sur la Liberté religieuse* (Paris, Genève, 1829). — M. Vinet a été ramené dix ans après par les circonstances à discuter les mêmes questions; il s'y est cru plus obligé peut-être qu'il n'était besoin ; on peut du reste trouver sa théorie complète, reprise et déduite, dans son *Essai sur la manifestation des Convictions religieuses* (1842).

avantages qu'il y aurait à étudier et à analyser la langue
et la littérature maternelle comme on étudie les langues
anciennes, est tout d'abord propre à faire ressortir les
qualités de grammairien analytique et de rhéteur, de Quintilien et de Rollin accompli, que possède M. Vinet. Il ne
faut pas oublier sa situation précise. Il est Français de
littérature, de langue; il ne l'est pas de nation, et il professe en pays allemand. Mais quand il professerait, non
pas à Bâle, mais à Lausanne même, c'est-à-dire au sein
de la Suisse française, il aurait encore affaire au français,
comme à une langue qui, bien qu'elle soit la sienne, doit
toujours là un peu s'apprendre dans les grammaires, pour
être sue très-correctement. La thèse qu'il soutient, et qui
serait fort à défendre à Paris même (qu'il importe d'étudier
les classiques français pas à pas et dans un esprit scientifique), est surtout d'application rigoureuse aux lieux où il
écrit. Quand il combat ceux qu'il appelle les *réalistes* à
Bâle, et qui voudraient éliminer le plus possible la littérature pure de l'enseignement, il soutient, à propos des
classiques français, la même cause que chez nous M. Saint-
Marc Girardin contre M. de Tracy, M. de Lamartine contre M. Arago, à propos des classiques grecs et latins; et,
s'il déploie dans la discussion moins de prestesse sémillante, ou de riche et poétique abandon, que nos champions
de France, il y porte des raisons encore mieux enchaînées,
une politesse ingénieuse non moindre. Chez M. Vinet, la
régularité du raisonnement, la propriété un peu étudiée
de l'expression, laissent place à tout un atticisme véritable, qui, à la fois, étonne hors de France, et qui pourtant
ne paraît pas dépaysé. J'insiste sur ce résultat composé,
non pas contradictoire. M. Vinet, à Lausanne, sinon à
Bâle, est à sa place; il a une originalité qui reproduit et
condense heureusement les qualités de la Suisse française,
et, en même temps, il a une langue en général excellente,
attique à sa manière, et qui sent nos meilleures fleurs.

Voici, j'imagine tout spécieusement d'après lui-même,
de quelle façon il s'y est pris pour atteindre à cette difficile

perfection : « Il s'agit, dit-il (1), d'apprendre notre langue
« à fond, d'en pénétrer le génie, d'en connaître les res-
« sources, d'en apprécier les qualités et les défauts, de
« nous l'approprier dans tous les sens; et ne me sera-t-il
« pas permis d'ajouter (puisque je parle du français et que
« j'en parle en vue de la culture vaudoise) que le français
« est pour nous, jusqu'à un certain point, une langue
« étrangère? Éloignés des lieux où cette langue est intime-
« ment sentie et parlée dans toute sa pureté, ne nous impor-
« te-t-il pas de l'étudier à sa source la plus sincère et avec
« une sérieuse application? Or, on ne peut hésiter sur les
« moyens. Les grammaires et les dictionnaires, dont je ne
« prétends point contester la nécessité, sont à la langue
« vivante ce qu'un herbier est à la nature. La plante est
« là, entière, authentique et reconnaissable à un certain
« point; mais où est sa couleur, son port, sa grâce, le
« souffle qui la balançait, le parfum qu'elle abandonnait
« au vent, l'eau qui répétait sa beauté, tout cet ensemble
« d'objets pour qui la nature la faisait vivre, et qui vivaient
« pour elle? La langue française est répandue dans les
« classiques, comme les plantes sont dispersées dans les
« vallées, au bord des lacs et sur les montagnes. C'est
« dans les classiques qu'il faut aller la cueillir, la respi-
« rer, s'en pénétrer; c'est là qu'on la trouvera vivante;
« mais il ne suffit pas, je le répète, d'une promenade inat-
« tentive à travers ces beautés. » J'ai voulu, en citant cette
belle page, donner idée encore moins de la méthode que
du succès.

A côté de ce charmant passage qui unit l'exactitude de
chaque détail à la fraîcheur et au souffle, et que Buffon,
reparlant du style, aurait écrit, j'aurais, dans le même
discours, et dans le style de M. Vinet en général, là encore
où il est le plus parfait, quelques défauts essentiels à relever, et qui tiennent au procédé même par lequel les qualités
se sont acquises ou accrues. Il y a des duretés de mots et

---

(1) Discours préliminaire, tome I.

d'images (1); il y a de ternes et pénibles endroits (2), des invasions du style doctrinaire et rationnel (3), qui font que tout d'un coup la transparence a cessé. Une image physique très-précise s'insère quelquefois, s'incruste, pour ainsi dire, dans une trame d'ailleurs tout abstraite; et, quoique ce puisse être très-juste de sens à la réflexion, cela a fait faire de prime-abord un petit soubresaut (4). Préoccupé qu'il est, avant tout, de la stricte déduction, l'écrivain ne se fie pas assez à la liaison générale et au courant simple de l'idée. La concaténation ininterrompue, comme il dirait peut-être, remplace souvent sans nécessité le libre jeu de l'esprit; l'attention se reposerait utilement dans des endroits de diffusion heureuse. La propriété parfaite et si précieuse des termes, où il se complaît, accuse quelquefois trop la vigilance à chaque mot, une véracité de détail qui ne se contente pas toujours d'être claire et distincte, mais qui veut être *authentique*, pour me servir d'une expression qu'il aime. A force d'accentuer le mot dans sa propriété, il lui arrive de le rendre dur. Les habitudes intérieures du devoir, de la règle morale, ont passé sur son style, en ont déterminé l'allure, et sans doute la marquent trop par endroits (5).

J'ai dénoncé tous les défauts, parce que M. Vinet est un des maîtres les plus éclairés de la diction, parce que, si j'osais exprimer toute ma pensée, je dirais qu'après M. Dau-

(1) Par exemple, une lecture où règne une vérité *si concrète;*.... un fait *ressortissant à* ce qu'il y a d'universel et de fondamental dans l'esprit humain;... les grèves arides de *l'égoïsme*, etc.

(2) Nous n'avons pas *l'option* de nos adversaires, etc.

(3) Un langage qui *émousse l'individualité*, et toutes ces formes trop fréquentes, *répudier l'utilité immédiate, abdiquer la rigueur des principes*, etc., etc.

(4) Ne permettez pas à la langue de s'*ankiloser;*—(en parlant de Quinault) c'est bien lui qui a *désossé* la langue française, etc.

(5) En rencontrant ces bouts de landes arides qui reviennent de temps en temps à travers une si riche nature, un homme d'esprit disait : « Ce sont là de ces petites mortifications que M. Vinet impose, je crois, en pénitence à son style, pour le punir quand il a été simple et beau. »

nou pour l'ancienne école, après M. Villemain pour l'école plus récente, il est, à mon jugement, de tous les écrivains français celui qui a le plus analysé les modèles, décomposé et dénombré la langue, recherché ses limites et son centre, noté ses variables et véritables acceptions. Et combien il est ingénieux et vif à animer l'analyse la plus abstraite de la grammaire! Quand il nous signale en une langue les divers systèmes de mots qui disparaissent ou s'introduisent selon les changements plus ou moins graves survenus dans les mœurs, il montre l'un ou l'autre de ces cortéges mobiles qui se retire avec le temps, laissant à la vérité dans la langue, dit-il, des allusions et des métaphores qui ne peuvent s'en détacher, mais toutefois emportant, *ainsi qu'une épouse répudiée*, la plus grande partie de sa dot. En parlant des mots d'abord nobles, de quelques mots employés par Malherbe lui-même, mais qui finirent par être déshonorés dans un emploi familier, et qu'il fallut expulser alors de la langue de choix : « C'est le cheval de parade, dit-il, qui, sur ses vieux jours, est envoyé à la charrue (1). » Ailleurs (préface du troisième vo-

(1) Ces remarques de M. Vinet sur les mots et leurs divers accidents me donnent occasion d'en glisser une qui m'est propre sur le français du Canton de Vaud : c'est qu'on trouve dans ce canton, comme dans les divers pays où l'on parle français hors de France, des restes nombreux d'expressions et de locutions anciennes, qui ont dès longtemps disparu en France même et au cœur de notre culture; des mots du seizième siècle : *volée*, par exemple, tout à fait dans la même acception que chez Estienne Pasquier quand il parle des poëtes *de la volée de Ronsard;* le peuple dit : *il s'est pensé*, pour *il a pensé; il s'y fait beau*, pour *il fait beau* (le *s'y* dans ce cas n'est peut-être que *cy* pour *ici*). L'ancienne et précédente culture française, ou plutôt la production et *végétation* française sans culture régulière, était, au déclin du moyen-âge et au seizième siècle, comme un grand champ libre, soit en France, soit aux pays environnants (Savoie, Vaud, Liége, etc.), et donnait pêle-mêle toutes sortes d'herbes, de fleurs, même de longs foins et de folles avoines. La culture académique, régulière et polie, le siècle de Louis XIV et son *rouleau*, n'ont passé sur le gazon et n'ont fait *boulingrin* et *tapis vert* qu'au milieu; les bordures et les prairies hors du cercle ont gardé toutes sortes de flottants vestiges. — Au seizième siècle sans doute, et même auparavant, il y avait une langue de cour et du centre, qui se piquait

lume), quand, voulant marquer que la poésie d'une époque exprime encore moins ce qu'elle a que ce qui lui manque et ce qu'elle aime, il dit : « C'est une médaille vivante où les vides creusés dans le coin se traduisent en saillies sur le bronze ou sur l'or, » ceci n'est-il pas frappé, de l'idée à l'image, comme la médaille même? Un tel mot cité me paraît la juste médaille du style de M. Vinet quand il devient du meilleur aloi : car c'est alors un écrivain plutôt encore graveur que peintre.

J'ai parlé des excellentes petites biographies et des notices en quelques lignes, mises à la tête des extraits. Mais tous ces mérites se retrouvent condensés, assemblés et agrandis dans la *Revue des principaux Prosateurs et Poëtes français*, morceau très-plein et très-achevé, véritable chef-d'œuvre littéraire de M. Vinet. Toutes ses qualités de précision, de propriété, de suite, de sagacité fine et de relief en peu d'espace, y sont fondues entre elles, et en équilibre avec le sujet même, qui ne demandait ni un certain essor, ni une certaine flamme dont l'auteur ne manquerait peut-être pas, mais qu'il s'interdit. C'est le sujet que M. Nisard a également traité dans un fort bon morceau, où pourtant il s'est attaché plutôt à quelques principales figures, et où il s'est donné plus de carrière. M. Vinet n'a fait que fournir celle que lui traçait régulièrement son titre même. Il passe en revue toute la littérature française, depuis Villehardouin jusqu'à M. de Chateaubriand, et en insistant avec continuité sur les trois siècles littéraires. Il n'y a pas un point, pas une maille du tissu qui ne soit solide, exactement serrée; c'est la lecture la plus nourrie, la plus utile, la plus agréable même, aussi bien que la plus intense. Le style de Marie-Joseph Chénier, dans son *Tableau de la Littérature*, égalé ici pour la netteté et l'élégance, est surpassé pour la nouveauté et la plénitude du sens. Je ne sais

---

d'être la bonne. Viret demande déjà excuse en son temps de parler un français un peu *étrange;* mais de loin ces différences s'effacent, et l'on n'est plus frappé que des ressemblances.

que la manière de M. Daunou, dans son *Éloge de Boileau*, qui me paraisse se pouvoir comparer avec convenance et avantage à celle de M. Vinet dans ce discours. Combien d'heureux traits d'une concision ingénieuse, où la pensée se double, en quelque sorte, dans l'expression, et fait deux coups d'un même jet! Ce sont comme deux courants inverses sur le même axe : on reste tout surpris et charmé. Je n'en citerai qu'un seul petit échantillon : après un mot sur Amyot et ses grâces françaises, « Ronsard cependant, dit M. Vinet, égarait la poésie loin de la veine heureuse, que son siècle et *lui-même* avaient rencontrée. » Il est impossible de plus enfermer en un l'adoucissement dans la critique, de plus précisément greffer l'éloge dans le blâme. Pas un mot qui ne soit ainsi mesuré et proportionné. Quelle balance sensible et sûre ! et pourtant le glaive entrevu parfois ! — Soit qu'il nous peigne ce grand style de Pascal, si caractérisé entre tous par sa *vérité*, austère et nu pour l'ordinaire, paré de sa nudité même, et qu'il ajoute pour le fond : « Bien des paragraphes de Pascal sont des strophes d'un Byron chrétien ; » soit qu'il admire, avec les penseurs, dans La Rochefoucauld, ce talent de présenter chaque idée *sous l'angle le plus ouvert*, et cette force d'irradiation qui fait épanouir le point central en une vaste circonférence ; soit qu'il trouve chez La Bruyère, et à l'inverse de ce qui a lieu chez La Rochefoucauld, des lointains un peu illusoires créés par le pinceau, moins d'étendue réelle de pensée que l'expression n'en fait d'abord pressentir, et qu'il se montre aussi presque sévère pour un style si finement élaboré, dont il a souvent un peu lui-même les qualités et l'effort ; soit que, se souvenant sans doute d'une pensée de madame Necker sur le style de madame de Sévigné, il oppose d'un mot la forme de prose encore gracieusement flottante du xviie siècle, à cette élégance plus déterminée du suivant, qu'il appelle *succincta vestis ;* soit qu'en regardant des lettres capricieuses et des mille dons de madame de Sévigné, *toute grâce*, il dise des lettres de madame de Maintenon en une phrase accomplie, assez pareille à la vie qu'elle exprime, et enveloppant tout ce qu'une critique infinie déduirait : « Le plus parfait naturel, une justesse admirable d'expression, une précision sévère, une grande connaissance du monde, donneront toujours beaucoup de valeur à cette correspondance, où l'on croit sentir la circonspection d'une position équivoque et la dignité d'une haute destinée ; » soit qu'il touche l'aimable figure de Vauvenargues d'un trait affectueux et reconnaissant, et qu'il dégage de sa philosophie généreuse et inconséquente les attraits qui le poussaient au christianisme ; soit qu'en style de Vauvenargues lui-même il recommande, dans les *Éléments de Philosophie* de d'Alembert, *un style qui n'est orné que de sa clarté, mais d'une clarté si vive qu'elle est brillante ;* — sur tous ces points et sur cent autres, je ne me lasse pas de repasser les jugements de l'auteur, qui sont comme autant de pierres précieuses, enchâssées, l'une après l'autre, dans la prise exacte de son ongle net et fin. Je ne trouve pas un point à mordre, tant le tout est serré et se tient. J'ai cru un instant rencontrer une critique à faire à propos de Saint-Évremond, dont le nom venait un peu tard dans la série, après Rollin ; mais à peine avais-je achevé de lire la phrase que l'adresse de l'auteur l'avait déjà fait rentrer dans le tissu, et ma critique était déjouée.

Quand on songe que celui qui a écrit ce précis est un ministre protestant, et non pas un protestant socinien et vague, mais un biblique rigoureux, un croyant à la divinité du Christ, à la rédemption, à la grâce, on admire sa tolérance et sa compréhension si étendue, qui ne dégénère pourtant jamais en relâchement ni en abandon. Voltaire est merveilleusement apprécié ; je remarquerai seulement et signalerai à l'auteur, pour qu'il le revoie peut-être, un certain paragraphe de la page XLII (1), qui offre beaucoup

(1) Commençant par ces mots : *Le caractère de Voltaire*, etc., etc. Il y a encore quelques points du portrait que je retoucherais : « Avec ses cent bras qui atteignaient à tout, il fut le Briarée de la littérature. » Ce *Briarée* est un reste de superstition à la Fable, comme en cet endroit du

d'embarras et de pesanteur dans la diction : je ne voudrais pas qu'on pût dire que le malin a porté malheur, sur un point, à qui l'examine avec tant de conscience et avec une profondeur si sérieuse, éclairée du goût. Lorsque, venant au poëme qu'on évite de nommer, mais qu'il ose louer littérairement, M. Vinet en apprécie l'inspiration et l'influence, lorsque, pour le réprouver plus à coup sûr, il s'arme d'une citation empruntée à Voltaire lui-même, il devient éloquent de toute l'éloquence dont la critique est capable, et cela par le choix que lui seul a su faire d'une citation telle.

Les poëtes, nos grands poëtes surtout, sont fort bien appréciés de M. Vinet, moins sûrement pourtant que les prosateurs. En général, la fin et le commencement de ce morceau (vrai chef-d'œuvre, je le répète) sont ce qu'il y a de moins parfait. Le début, exact de position et d'aperçu, semble un peu court et insuffisant; la fin, un peu languissante, non terminée net, trahit dans les jugements et les classements quelque indécision, quelque concession indulgente. M. Vinet se montre avec tendresse et solennité funèbre dans quelques mots sur le dernier chant de Gilbert, que je n'appellerai pourtant pas un *grand* poëte (1). Je ne puis trouver exact qu'on représente André Chénier dans l'idylle comme *agrandissant le genre de Léonard et de Berquin!!* Léonard n'est pas *le Racan du dix-huitième siècle ;* la belle pièce de *la Retraite* maintient à une haute distance la mémoire de Racan. Dorat peut être dit l'*héritier direct* de Benserade, mais il ne l'est pas de Voiture, qui était d'une qualité et d'une saillie d'esprit bien supérieure, et qui eut grande influence : Dorat ne compta jamais.

---

commentaire où M. Vinet oppose la foudre de Jupiter aux *flèches de son fils*, c'est-à-dire d'Apollon. Ces petits glaçons mythologiques sont demeurés là dans son style on ne sait comment.

(1) Pas plus que je ne décernerais l'éloge d'*admirables* à quelques spirituels apologues de feu M. Arnault : ce que fait notre critique dans une de ses préfaces. — (En étudiant plus tard et de près M. Arnault, j'en suis venu à reconnaître que M. Vinet avait raison. Voir le tome septième des *Causeries du Lundi.*)

— En un mot, dans le tableau de ce dernier tiers du xviiie siècle, les proportions véritables ne sont pas assez gardées ; la nomenclature l'emporte un peu sur le vrai classement ; trop de noms se pressent sous la plume de l'auteur, et paraissent admis à une place que quelques-uns seuls tenaient réellement.

Je lui reprocherai aussi plutôt, dans sa longue note sur les contemporains de l'Empire, sa complaisance d'admission pour quelques noms sans valeur, que dans ses dernières pages la méfiance, pleine de motifs, qu'il témoigne pour les promesses orageuses de la littérature présente.

Quoiqu'il ait écrit des vers dans sa jeunesse et qu'il ait tout ce qu'il faut pour les sentir, M. Vinet est plus prosateur que poëte, même dans ses jugements. Tout ce qui se rapporte à la propriété, à la précision, à la sagacité, est souverain chez lui ; la hardiesse, si elle s'y rencontre, est toujours étroitement adaptée, la métaphore est juste à l'usage ; mais ne lui demandez pas la grande flamme : il la gardera. Il pénètre souvent, mais ne dévore jamais : rien chez lui ne rappelle Rousseau. Sa science de langue, de synonymie et de cœur, va souvent à l'éloquence d'onction ou de pensée, mais ne s'envole pas volontiers aux grandes choses d'imagination. Dès qu'on en vient là, il hésite un peu, il parle des *maîtres de la lyre* et s'y replie scrupuleusement. S'il fallait chercher quelque représentant de la poésie du pays de Vaud, de cette poésie que Rousseau a vue dans les lieux, et qu'il a contestée aux habitants ; que quelques-uns, que plusieurs nourrissent pourtant avec culte ; il faudrait se tourner à côté, vers cette jeunesse de Lausanne qui s'essaye encore, feuilleter ce recueil des *Deux Voix* dans lequel je puis désigner la pièce du *Sapin*, entre autres, comme franche impression des hautes cimes, s'adresser à la conversation de quelques hommes, comme M. le pasteur Manuel, qui se sont plus dirigés à l'étude qu'à la production, et qui, pieux et modérés, savent et sentent, en face de leur lac et de leurs montagnes, toute vraie poésie depuis les chœurs de Sophocle jusqu'aux pages de madame de Staël (1). M. Vinet, d'une manière moins éparse heureusement, représente et réalise, en écrivain de premier ordre, tout l'autre côté de prose ingénieuse, d'originale et savante culture. Comme critique il s'abandonne quelquefois à une bienveillance un peu prompte; il s'attache et prête foi aux livres un peu trop indépendamment de la connaissance personnelle des auteurs; il est plutôt porté d'abord à surfaire, à force de se croire moindre. Érudit bibliographe, il prétend par moments, comme Nodier, que c'eût été là sa vocation. Il y a donc, sous sa régularité excellente de style et de doctrine, bien des accidents piquants, divers, qui font de lui un homme plein de détails fins à peindre, et qui doivent être charmants à goûter.

M. Vinet, dans la littérature française, émane surtout de Pascal, sa haute admiration, son grand modèle. Il se rapprocherait beaucoup de Duguet pour la manière et le tour modéré, suivi, fin et *rentré*, si Duguet avait été plus littérateur. Il a donc assez des habitudes littéraires des écrivains de Port-Royal (et jusqu'à leur goût de l'anonyme), comme il a beaucoup de leurs doctrines religieuses. Dans son Précis, il a écrit sur Quesnel une phrase de vif éloge, qui semble indiquer qu'il n'a pas été étranger à l'heureux choix des pensées de cet auteur, que *le Semeur* a publié. Mais c'est par la doctrine de charité, d'amour de Dieu, et non par l'esprit de secte, qu'il communique de ce côté. Non plus seulement comme littérateur, mais aussi comme figure évangélique et ami de Fénelon, on me permettra encore de le trouver comparable, par son mélange de dialectique et d'onction, par sa vivacité dans la douceur, par sa modestie et sa délicatesse promptes à se dérober, par sa fuite de l'éclat, de l'effet et peut-être aussi de l'occasion, par sa santé même, à un homme si aimé et si goûté de

(1) M. Manuel a été ravi depuis, comme M. Monneron; le fruit comme la fleur. M. Vinet a dignement apprécié cet homme excellent et charmant dans une lettre à la *Revue suisse* (octobre 1838), reproduite dans *le Semeur* (6 février 1839).

ceux qui l'ont approché, à un écrivain plus distingué que proclamé, à notre abbé Gerbet.

Les *Discours religieux*, réunis au nombre de vingt-cinq, offrent comme un cours complet des vérités évangéliques, déduites dans une méthode tout intérieure. L'impression (et je ne parle d'abord que de l'impression humaine, philosophique et littéraire) qu'on en retire, est celle de quelque chose d'aimable, de modéré, de sensé et d'accessible; tout y est simple, sans un ornement ni une digression de luxe, et allant droit au but. Le vif seul des observations morales, ou le touchant des prières qui terminent, ressortent par instants. Ce genre mixte, plus psychologique qu'oratoire, me représente assez ce que des hommes comme MM. Jouffroy ou Damiron diraient, s'ils étaient pasteurs évangéliques, et parlant à des chrétiens assemblés, non sous les voûtes d'une cathédrale, mais dans une chambre. Il n'y a rien là de Bossuet; il y a encore beaucoup de Pascal, mais d'un Pascal moins abrupt, plus apprivoisé au salut, et plus doucement acceptable. Ce qu'en politique le livre de M. de Tocqueville est à ceux de Montesquieu et de Jean-Jacques, ce qu'en éducation le livre de madame Guizot est à ceux de ce même Jean-Jacques ou de Fénelon, on pourrait avancer parallèlement que les discours de M. Vinet le sont à certains morceaux de Pascal, c'est-à-dire quelque chose qui, incomparablement moindre sans doute pour le mouvement, l'éclat, l'invention, se rencontre plus immédiatement approprié, et d'une nourriture plus aisée, plus conforme à la moyenne et majeure classe des esprits philosophiques et chrétiens de nos jours. L'impression, même simplement intellectuelle et sensible, qu'on en tire, au lieu de s'égarer volontiers à l'admiration, à la spéculation, est déjà voisine de la pratique.

Mais c'est à produire, à solliciter une impression entière et efficace qu'ils sont destinés; et aussi n'en parlons-nous qu'avec rapidité et une sorte de crainte sous un point de vue autre. Ce qui nous y frappe surtout, c'est l'esprit de lumière et de charité chrétienne infinie, qui fait que, pour des catholiques même, bien des choses y restant absentes, aucune peut-être n'est expressément contraire ni à repousser. A part le discours sur *la Foi d'autorité*, où encore ce genre de foi est ménagé par des expressions si générales, et où la vérité se réserve comme pouvant habiter dessous, on va en tous sens dans cette lecture en n'apercevant jamais que le chrétien. Quant aux deux discours sur *l'Étude sans terme*, nous y pourrions louer longuement le moraliste, et même, dans le premier discours, admirer des traits d'imagination et de pensée colorée, plus forts, plus grands que le didactique du genre n'en permet d'ordinaire à M. Vinet; mais ce serait mal conclure de telles pages que d'y trop attacher l'éloge, même l'éloge du fond. Il y faut renvoyer en silence ceux qui *étudient*. Que si, dans tout ceci, nous avons trop souvent arraché à un talent, le plus humble de cœur, les voiles dont il aime à s'envelopper, qu'il veuille songer, pour notre excuse, que l'effet de ces paroles, que nous aurions voulu rendre plus dignes, sera peut-être de convier quelques lecteurs de plus aux fruits des travaux que l'idée de l'utilité et du bien lui inspira ; et puisse-t-il ainsi nous pardonner !

15 septembre 1837.

(Depuis que ces pages ont été écrites, M. Vinet, revenu à Lausanne, a continué de développer dans tous les sens cette supériorité qui n'est plus contestée que de lui. Il a publié en 1841 un volume de *Nouveaux Discours religieux;* ses nombreux articles littéraires dans *le Semeur* ont appris à nos écrivains célèbres qu'ils avaient là-bas un juge de haute pensée, le plus attentif, le plus bienveillant, mais dont l'indulgence elle-même trouve, quand il le faut, ses limites. Le cours de littérature qu'il professe à Lausanne avec éclat lui a fait d'abord passer en revue toute l'époque moderne, l'Empire, la Restauration ; des portions considérables du cours ont été lithographiées, et sont mieux que des promesses ; il en sortira bientôt un livre qui achèvera de consacrer parmi nous l'autorité du maître.)

— M. Vinet est mort à Clarens le 4 mai 1847, à l'âge de 50 ans.

LE COMTE
XAVIER DE MAISTRE[1].

1839.

Nous avons eu occasion déjà, dans cette série d'écrivains français, d'en introduire plus d'un qui n'était pas né en France, et d'étonner ainsi le lecteur par notre louange prolongée autour de quelque nom nouveau. Celui-ci, du moins, est bien connu de tous, et il n'y a pas besoin de précaution pour l'aborder. Le comte Xavier de Maistre n'était jamais venu à Paris avant cet hiver; il n'avait qu'à peine traversé autrefois un petit angle de la France, lorsque, vers 1825, il revenait de Russie dans sa patrie, en Savoie, et se rendait de Strasbourg à Genève, par Besançon. Ayant passé depuis lors de longues années à Naples, sur cette terre de soleil et d'oubli, il ne s'était pas douté qu'il devenait, durant ce temps-là, ici, un de nos auteurs les plus connus et les mieux aimés. A son arrivée dans sa vraie patrie littéraire, sa surprise fut

[1] Cette étude a précédé en date mes articles sur le comte Joseph (*Portraits littéraires*, tome II); je m'étais dès longtemps occupé de ce dernier, mais, avant de l'aborder décidément, je reculais toujours. En face d'un tel athlète quelque crainte était bien permise sans trop de déshonneur. Ici je m'étais pris au nom de son aimable frère par manière de prélude et comme à de faciles et gracieuses prémices d'un sujet plus sévère.

grande, comme sa reconnaissance : il s'était cru étranger, et chacun lui parlait de la Sibérienne, du Lépreux, des mêmes vieux amis.

Sans doute (et c'est lui plaire que de le dire) la renommée de son illustre frère est pour beaucoup dans cette espèce de popularité charmante qui s'en détache avec tant de contraste. Les paradoxes éloquents, la verve étincelante et les magnifiques anathèmes de son glorieux aîné ont provoqué autour de cette haute figure une foule d'admirateurs ou de contradicteurs, une espèce d'émeute passionnée, émerveillée ou révoltée, une quantité de regards enfin, dont a profité tout à côté, sans le savoir, la douce étoile modeste qui les reposait des rayons caniculaires de l'astre parfois offensant. Quelle que fût l'inégalité des deux lumières, l'apparence en était si peu la même, que la plus forte n'a pas éteint l'autre, et n'a servi bien plutôt qu'à la faire ressortir. Heureuse et pieuse destinée! la vocation littéraire du comte Xavier est tout entière soumise à l'ascendant du comte Joseph. Il écrit par hasard, il lui communique, il lui abandonne son manuscrit, il lui laisse le soin d'en faire ce qu'il jugera à propos ; il se soumet d'avance, et les yeux fermés, à sa décision, à ses censures, et il se trouve un matin avoir acquis, à côté de son frère, une humble gloire tout à fait distincte, qui rejaillit à son tour sur celle même du grand aîné, et qui semble (ô récompense!) en atténuer par un coin l'éclatante rigueur, en lui communiquant quelque chose de son charme. Ç'a toujours été un rôle embarrassant que d'arriver le cadet d'un grand écrivain et de tout homme célèbre, ou simplement à la mode, qui vous prime, qu'on soit un vicomte de Mirabeau, un Ségur *sans cérémonies* (1), ou Quintus Cicéron, ou le second des Corneille. Pour trancher la difficulté, l'esprit seul ne suffit pas toujours ; le plus simple est

---

(1) Le vicomte de Ségur, pour se distinguer de son frère lorsque celui-ci fut devenu Maître des Cérémonies sous Napoléon, et pour s'en railler un peu, écrivait volontiers chez ses amis : *Ségur sans cérémonies.*

que le cœur s'en mêle. Frédéric Cuvier mourant, il y a près d'un an, a demandé qu'on inscrivît pour toute épitaphe, sur la pierre de son tombeau : *Frédéric Cuvier, frère de George.* Le comte Xavier dirait volontiers ainsi dans sa filiale piété fraternelle. Mais, pour lui, il ne s'est jamais posé le rôle, il ne s'est jamais dit que c'était embarrassant ; il a senti que c'était doux, près de soi, d'avoir un haut abri dans ses pensées ; et cependant il s'en est tiré mieux que tous les cadets de grands hommes en littérature : il a trouvé sa place par le naïf, le sensible et le charmant (1).

Quelque part, à bon droit, qu'on fasse à la vocation singulière et déclarée des talents, ce n'est pas sans une certaine préparation générale et une certaine prédisposition du terroir natal lui-même, qu'à titre d'écrivains français si éminents, on a pu voir sortir de Genève Jean-Jacques, Benjamin Constant de Lausanne, et les de Maistre de Savoie, ceux-ci surtout, qui n'en sont sortis que pour aller vivre tout autre part qu'en France. La Savoie, en effet, appartient étroitement et par ses anciennes origines à la culture littéraire française ; laissée de côté et comme oubliée sur la lisière, elle est de même formation. Sans remonter jusqu'au moyen-âge, jusqu'à l'époque chevaleresque où fleurissait bien brillamment, sous une suite de vaillants comtes, la tige de l'antique maison souveraine de ce pays, mais où, sauf plus ample information, la trace littéraire est moins évidente ; sans se reporter tout à fait jusqu'au temps du bon Froissart, qui se louait très-fort pourtant de leur munificence :

Amé, le comte de Savoie (2),

---

(1) Le plus ancien de ces pieux cadets dont nous parlons est assurément Ménélas, le bon Ménélas, duquel Agamemnon disait : « Par moments il s'arrête et ne veut pas agir, non qu'il cède à la paresse ou à l'imprudence, *mais il me regarde et il attend :* »

Ἀλλ' ἐμέ τ' εἰσορόων καὶ ἐμὴν ποτιδέγμενος ὁρμήν..
(*Iliade*, X, 123).

(2) En 1368, Amé ou Amédée VI.

. . . .
>Une bonne cote hardie
>Me donna de vingt florins d'or;
>Il m'en souvient moult bien encor;

en s'en tenant aux âges plus rapprochés et après que le français proprement dit se fut entièrement dégagé du roman, dès l'aurore du XVIe siècle, on trouve quelques points saillants : dans les premiers livres français imprimés (mystères, romans de chevalerie ou autres), un bon nombre le fut à Chambéry; on rencontre archevêque à Turin Claude de Seyssel, l'historien de Louis XII et l'infatigable traducteur : il était né à Aix en Savoie. Procédant d'Amyot en style bien plus que de Seyssel, le délicieux écrivain François de Sales, né au château de son nom, résidait à Annecy; avec son ami le président Antoine Favre, jurisconsulte célèbre et père de l'académicien Vaugelas, il fondait, trente ans juste avant l'Académie française, une académie dite *Florimontane*, où la théologie, les sciences et aussi les lettres étaient représentées : leur voisin Honoré d'Urfé en faisait partie (1). On avait pris pour riant emblème, et sans doute d'après le choix de l'aimable saint (car cela lui ressemble), un oranger portant fruits et fleurs, avec cette devise : *Flores fructusque perennes*. Mais le vent des Alpes souffla; l'oranger fleurit peu et bientôt mourut. Pourtant cette seule pensée indique tout un fonds préexistant de culture. Vaugelas, le premier de nos grammairiens corrects et polis, était venu de Savoie en France : Saint-Réal en était et y retourna, écrivain concis, et, pour quelques traits profonds, précurseur de Montesquieu. Il n'y eut jamais interruption bien longue dans cette suite littéraire notable; et Ducis se vantait tout haut à Versailles de son sang allobroge, quand déjà, de par-delà les monts, la voix de Joseph de Maistre allait éclater (2).

---

(1) *Essai sur l'Universalité de la Langue française*, par M. Allou.
(2) Parmi les auteurs français nés en Savoie, il faut compter aussi M. Michaud, l'auteur des *Croisades* et du *Printemps d'un Proscrit*.

En ce qui est du comte Xavier, le naturel décida tout ; le travail du style fut pour lui peu de chose ; il avait lu nos bons auteurs, mais il ne songea guère aux difficultés de la situation d'écrivain à l'étranger. Il se trouva un conteur gracieux, délicat et touchant, sans y avoir visé ; il sut garder et cultiver discrètement sous tous les cieux sa bouture d'olivier ou d'oranger, sans croire que ce fût un arbuste si rare.

Heureux homme, et à envier, dont l'arbuste attique a fleuri, sans avoir besoin en aucun temps de l'engrais des boues de Lutèce ! Loin de nous, en Savoie, en Russie, au ciel de Naples, il semblait s'être conservé exprès pour nous venir offrir, dans sa trop courte visite, à l'âge de près de soixante-seize ans, l'homme le plus moralement semblable à ses ouvrages qui se puisse voir, le seul de nos jours peut-être tout à fait semblable et fidèle par l'âme à son passé, naïf, étonné, doucement malin et souriant, bon surtout, reconnaissant et sensible jusqu'aux larmes comme dans la première fraîcheur, un auteur enfin qui ressemble d'autant plus à son livre qu'il n'a jamais songé à être un auteur.

Il est né à Chambéry, en octobre 1763, d'une très-noble famille et nombreuse ; il avait plusieurs frères, outre celui que nous connaissons. Tandis que le comte Joseph, dans de fortes études qui semblaient tenir tout d'une pièce à l'époque d'Antoine Favre et du XVIe siècle, suivait en magistrat gentilhomme la carrière parlementaire et sénatoriale, le comte Xavier entra au service militaire ; sa jeunesse se passa un peu au hasard dans diverses garnisons du Piémont. Les goûts littéraires dominaient-ils en lui et remplissaient-ils tous ses loisirs ? — « Je dois à la vérité d'avouer, répondait-il un jour en souriant à quelques-unes de mes questions d'*origines*, que dans cet espace de temps j'ai fait consciencieusement la vie de garnison sans songer à écrire et assez rarement à lire ; il est probable que vous n'auriez jamais entendu parler de moi sans la circonstance indiquée dans mon *Voyage autour de ma Chambre*,

et qui me fit garder les arrêts pendant quelque temps (1). »
Avant ce voyage ingénieux, il en avait fait un autre plus
hardi et moins enfermé, un voyage aéronautique; il partit
d'une campagne près de Chambéry, en ballon, et alla
s'abattre à deux ou trois lieues de là. Des arrêts pour un
duel, un voyage à la Montgolfier, voilà de grandes vivacités de jeunesse. Il avait vingt-six ou vingt-sept ans, et
était officier au régiment de marine en garnison à Alexandrie, lorsqu'il écrivit le *Voyage autour de ma Chambre;*
quelques allusions pourtant se rapportent à une date postérieure; il le garda quelques années dans son tiroir et y
ajoutait un chapitre de temps en temps. Dans une visite
qu'il fit à son frère Joseph, à Lausanne, vers 93 ou 94,
il lui porta le manuscrit : « Mon frère, dit-il, était mon
parrain et mon protecteur; il me loua de la nouvelle occupation que je m'étais donnée et garda le brouillon, qu'il
mit en ordre après mon départ. J'en reçus bientôt un
exemplaire imprimé (2), et j'eus la surprise qu'éprouverait un père en revoyant adulte un enfant laissé en nourrice. J'en fus très-satisfait, et je commençai aussitôt
l'*Expédition nocturne;* mais mon frère, à qui je fis part
de mon dessein, m'en détourna : il m'écrivit que je détruirais tout le prix que pouvait avoir cette bluette, en la
continuant; il me parla d'un proverbe espagnol qui dit
que toutes les secondes parties sont mauvaises, et me
conseilla de chercher quelque autre sujet : je n'y pensai
plus. »

En relisant cet agréable *Voyage*, on apprend à en connaître l'auteur mieux que s'il se confessait à nous directement : c'est une manière de confession d'ailleurs, sous air
de demi-raillerie. Une douce *humeur* y domine, moins
marquée que dans Sterne, que plusieurs chapitres rap-

---

(1) Au chapitre III, où il donne la *logique* du duel.
(2) Edition de Turin, 1794. — Il y eut une édition à Paris en 1796;
on rend compte très-favorablement du livre dans le *Journal de Paris*
du 23 mai 1796.

pellent toutefois (1) ; mais j'y verrais plutôt en général la grâce souriante et sensible de Charles Lamb. On surprend les lectures, les goûts du jeune officier, son âme candide, naturelle, mobile, ouverte à un rayon du matin, quelques rimes légères (nous en citerons plus tard), quelque pastel non moins léger, sa passion de *peindre* et même au besoin de disserter là-dessus : « C'est le *dada* de mon oncle Tobie, se dit-il. » Dante peignait déjà comme on le pouvait faire en son temps ; André Chénier peignait aussi : quoi de plus naturel qu'on tienne les deux pinceaux ? M. de Maistre a beaucoup plus peut-être réfléchi et raisonné sur celui des deux arts auquel il ne doit pas sa gloire : il manie l'autre sans tant d'étude et d'analyse des couleurs. Mais même pour la peinture, et malgré l'air de dissertation dont il se pique au chapitre xxiv du *Voyage*, ç'a été surtout un moyen pour lui de fixer en tout temps des traits chéris, un site heureux, une vallée alpestre, quelque moulin égayant l'horizon, quelque chemin tournant près de Naples, le banc de pierre où il s'est assis, où il ne s'assoiera plus, toute réminiscence aimable enfin des lieux divers qui lui furent une patrie.

La douce malice du *Voyage* se répand et se suit dans toutes les distractions de *l'autre*, comme il appelle *la bête* par opposition à *l'âme*; l'observation du moraliste, sous air d'étonnement et de découverte, s'y produit en une foule de traits que la naïveté du tour ne fait qu'aiguiser. Qu'on se rappelle ce portrait de madame Hautcastel (chap. xv), qui, comme tous les portraits, et peut-être, hélas ! comme tous les modèles, sourit à la fois à chacun de ceux qui regardent et a l'air de ne sourire qu'à un seul : pauvre amant qui se croit uniquement regardé ! Et cette rose sèche (chapitre xxxv), cherchée, cueillie autrefois si fraîche dans la serre un jour de carnaval, avec tant d'émotion, offerte à

(1) Le chapitre xix, où tombe cette larme de repentir, pour avoir brusqué *Joannetti*, et le chapitre xxviii, où tombe une autre larme, pour avoir brusqué le pauvre Jacques, sont tout à fait dans la manière de Sterne.

madame Hautcastel à l'heure du bal, et qu'elle ne regarde même pas! car il est tard, la toilette s'achève; elle en est aux dernières épingles; il faut qu'on lui tienne un second miroir : « Je tins quelque temps un second miroir derrière elle, pour lui faire mieux juger de sa parure; et, sa physionomie se répétant d'un miroir à l'autre, je vis alors une perspective de coquettes, dont aucune ne faisait attention à moi. Enfin, l'avouerai-je? nous faisions, ma rose et moi, une fort triste figure... Au moment où la parure commence, l'amant n'est plus qu'un mari, et le bal seul devient l'amant. »

Dans ce charmant chapitre, je relèverai une des taches si rares du gracieux opuscule : redoublant sa dernière pensée, l'auteur ajoute que, si l'on vous voit au bal ce soir-là avec plaisir, c'est parce que vous faites partie du bal même, et que vous êtes par conséquent une fraction de la nouvelle conquête : vous êtes une *décimale* d'amant. Cette *décimale*, on en conviendra, est maniérée; il y a très-peu de ces fautes de goût chez M. Xavier de Maistre; son frère, dans sa manière supérieure, s'en permet souvent, et laisse sentir la recherche. Lui, d'ordinaire, il est la simplicité même. Ce qui le distingue entre les étrangers écrivant en français et non venus à Paris, c'est précisément le goût simple. Par là il ressemble à madame de Charrière : on n'en avait pas d'exemple jusqu'à eux. Hamilton, tout Irlandais qu'il était, avait du moins passé sa jeunesse à la cour de France, ou, ce qui revient presque au même, à celle de Charles II.

Et qu'on ne s'étonne pas si j'allie ainsi l'idée de la simplicité du goût avec celle du centre le plus raffiné. C'est un fait; M. Xavier de Maistre l'a lui-même remarqué à propos de sa jeune Sibérienne : « L'étude approfondie du monde, dit-il, ramène toujours ceux qui l'ont faite avec fruit à paraître simples et sans prétentions, en sorte que l'on travaille quelquefois longtemps pour arriver au point par où l'on devrait commencer. » Ainsi Hamilton est aisé et simple de goût, comme l'est Voltaire. Le comte Xavier s'en est plutôt tenu, lui, à cette simplicité par où l'on commence, tout en comprenant celle par où l'on finit (1).

Revenons au *Voyage :* les divorces, querelles et raccommodements de l'âme et de *l'autre* fournissent à l'aimable *humoriste* une quantité de réflexions philosophiques aussi fines et aussi profondes (2) que le fauteuil psychologique en a jamais pu inspirer dans tout son méthodique appareil aux analyseurs de profession. L'élévation et la sensibilité s'y joignent bientôt et y mêlent un sérieux attendri : qu'on relise le touchant chapitre XXI sur la mort d'un ami et sur la certitude de l'immortalité. « Depuis longtemps, dit-il en continuant, le chapitre que je viens d'écrire se présentait sous ma plume, et je l'avais toujours rejeté. Je m'étais promis de ne laisser voir dans ce livre que la face riante de mon âme ; mais ce projet m'a échappé comme tant d'autres. » Chez M. de Maistre, en effet, la mélancolie n'est pas en dehors, elle ne fait par moments que se trahir. Né au cœur d'un pays austère, il n'en eut visiblement aucun reflet nuageux ; on ne pourrait dire de lui ce que M. de Lamartine a dit de M. de Vignet dans une des pièces du dernier recueil, dans celle peut-être où l'on reconnaît encore le plus sûrement l'oiseau du ciel à bien des notes, et

---

(1) Les légères fautes d'incorrection sont presque aussi rares chez M. de Maistre que celles de goût. J'en note, pour acquit de conscience, quelques petites, sans être très-sûr moi-même de ne pas me tromper. Ainsi, par exemple, quand il nettoie machinalement le portrait, et que son âme, durant ce temps, s'envole au soleil, tout d'un coup elle en est rappelée par la vue de ces cheveux blonds : « Mon âme, *depuis* le soleil où elle s'était transportée, sentit un léger frémissement de plaisir ;.... » *en imposer* pour *imposer; sortir* de sa poche un paquet de papiers.... Mais c'est assez : je tombais l'autre jour sur une épigramme du spirituel poëte épicurien Lainez, compatriote du gai Froissart et contemporain de Chapelle, qu'il égalait au moins en saillies ; il se réveille un matin en se disant :

> Je sens que je deviens puriste ;
> Je plante au cordeau chaque mot ;
> Je suis les Dangeaux à la piste ;
> Je pourrais bien n'être qu'un sot.

(2) Voyez Chapitre X.

où l'on aime à retrouver l'écho le moins altéré des anciens jours :

> Il était né dans des jours sombres,
> Dans une vallée au couchant,
> Où la montagne aux grandes ombres
> Verse la nuit en se penchant.
>
> Les pins sonores de Savoie
> Avaient secoué sur son front
> Leur murmure, sa triste joie,
> Et les ténèbres de leur tronc.
>
> . . . .
>
> Des lacs déserts de sa patrie
> Son pas distrait cherchait les bords,
> Et sa plaintive rêverie
> Trouvait sa voix dans leurs accords.

Chez le comte Xavier, cela se voit moins et seulement se devine. Sa bonhomie cache sa sensibilité et un fonds sérieux et mélancolique. En général, ses qualités sont voilées et à demi dérobées par cette bonhomie et modestie. On pourrait être longtemps avec lui dans un salon sans s'en douter; il prend peu de part aux questions générales, et ne se met en avant sur rien; il aime les conversations à deux : on croit sentir qu'il a longtemps joui d'un cher oracle, et qu'il a longtemps écouté. L'esprit français se retrouve sous son léger accent de Savoie et s'en pénètre agréablement : « L'accent du pays où l'on est né, a dit La Rochefoucauld, demeure dans l'esprit et dans le cœur, comme dans le langage. » La pensée semble parfois plus savoureuse sous cet accent, comme le pain des montagnes sous son goût de sel ou de noix.

Lorsque la Savoie fut réunie à la France, le comte Xavier, qui servait en Piémont, crut devoir renoncer à sa patrie, dont une moitié, dit-il, l'avait elle-même abandonné. Nos guerres en Italie l'en chassèrent. Il émigra en Russie, n'emportant qu'un très-léger bagage littéraire, les premiers chapitres de l'*Expédition nocturne* peut-être, mais non pas assurément *la Prisonnière de Pignerol*, ni même *le poëme en vingt-quatre chants*, dont il est question au chapitre XI de l'*Expédition*, car il n'avait rien écrit de tel et n'en parlait que par plaisanterie. Arrivé dans le Nord, sa première idée fut qu'il n'avait pour ressource que son pinceau, et, comme tant d'honorables émigrés, il se préparait à en vivre; mais la fortune changea : il put garder l'épée, et, au service de la Russie, il parvint graduellement au rang de général. Sa destinée avec son cœur acheva de s'y fixer, lorsqu'il eut épousé une personne douée selon l'âme et portant au front le grand type de beauté slave; il avait trouvé le bonheur.

Vingt ans s'étaient passés depuis qu'il avait écrit le *Voyage autour de ma Chambre;* un jour, en 1810, à Saint-Pétersbourg, dans une réunion où se trouvait aussi son frère, la conversation tomba sur la lèpre des Hébreux; quelqu'un dit que cette maladie n'existait plus; ce fut une occasion pour le comte Xavier de parler du lépreux de la Cité d'Aoste qu'il avait connu. Il le fit avec assez de chaleur pour intéresser ses auditeurs et pour s'intéresser lui-même à cette histoire, dont il n'avait jusque-là rien dit à personne. La pensée lui vint de l'écrire; son frère l'y encouragea et approuva le premier essai qui lui en fut montré, conseillant seulement de le raccourcir. Ce fut son frère encore qui prit soin de le faire imprimer à Saint-Pétersbourg (1811), en y joignant le *Voyage :* mais *Lépreux* et *Voyage* ne furent guère connus en France avant 1817, ou même plus tard.

L'histoire du *Lépreux* est donc véritable comme l'est celle de *la Jeune Sibérienne,* que l'auteur avait apprise en partie d'elle-même, et comme le sont et l'auraient été en général tous les récits du comte Xavier, s'il les avait multipliés. Je lui ai entendu raconter ainsi la touchante histoire d'un officier français émigré, vivant à l'île de Wight, qu'il n'a pas écrite encore. S'il appartient à la France par le langage, on peut dire qu'il tient déjà à l'Italie par la manière de conter. Tout est *de vrai* chez lui; rien du roman; il copie avec une exacte ressemblance la réalité dans l'anecdote L'idéal est dans le choix, dans la délicatesse du trait et dans un certain ton humain et pieux qui s'y répand doucement. En France, nous avons très-peu de tels *conteurs* et auteurs de *nouvelles* proprement dites, sans romanesque et sans fantaisie. On ne s'attend guère à ce que je compare M. Xavier de Maistre à M. Mérimée : ce sont les deux plus parfaits pourtant que nous ayons, les deux plus habiles, l'un à copier le vrai, l'autre à le figurer. L'auteur du *Lépreux*, de *la Jeune Sibérienne* et des *Prisonniers du Caucase* a, sans doute, bien moins de couleur, de relief et de burin, bien moins d'art, en un mot, que l'auteur de *la Prise d'une Redoute* ou de *Matteo Falcone*, mais il est également parfait en son genre, il a surtout du naïf et de l'humain.

Ce pauvre lépreux, avant d'être à la Cité d'Aoste, vivait à Oneille. Quand les Français, après avoir pris la Savoie et le comté de Nice, firent une incursion jusqu'à Oneille où était ce malheureux, il s'effraya, il se crut menacé; il eut la prétention d'émigrer comme les autres. Un jour il arriva à pied devant Turin : la sentinelle l'arrêta à la porte, et, sur la vue de son visage, on le fit conduire entre deux fusiliers chez le gouverneur, qui l'envoya à l'hôpital; de là on prit le parti de le diriger sur la Cité d'Aoste où il résida par ordre. M. de Maistre l'y voyait souvent. Le bonhomme lépreux avait, comme on peut croire, un cercle assez peu étendu d'idées; en lui donnant toutes celles qui dérivaient de sa situation même, l'historien n'a pas voulu lui en prêter un trop grand nombre. Son habitation était parfaitement solitaire : un jeune officier (celui de madame Hautcastel peut-être) donnait volontiers alors, à la dame qu'il aimait, des rendez-vous dans ce jardin qui cachait des roses; ils étaient sûrs de n'y pas être troublés. Deux amants se ménageant des rencontres de bonheur à l'ombre de cette redoutable charmille du lépreux, n'est-ce pas touchant? L'extrême félicité à peine séparée par une feuille tremblante de l'extrême désespoir, n'est-ce pas la vie?

On relit *le Lépreux*, on ne l'analyse pas; on verse une

larme, on ne raisonne pas dessus. Tout le monde pourtant n'a pas pensé ainsi : on a essayé de refaire *le Lépreux*. Le comte Xavier était si peu connu en France, même après cette publication, qu'on l'attribua à son frère Joseph, et, comme celui-ci était venu à mourir, une dame d'esprit se crut libre carrière pour retoucher l'opuscule à sa guise. J'ai sous les yeux *le Lépreux de la Cité d'Aoste, par M.* JOSEPH *de Maistre, nouvelle édition, revue, corrigée et augmentée par madame O. C.* (1). « La lecture du *Lépreux* m'avait « touchée, dit madame Olympe Cottu dans sa préface ; j'en « parlai à un ami auquel une longue et douce habitude me « porte à confier toutes mes émotions ; je l'engageai à le « lire. Il n'en fut pas aussi satisfait que moi : la douleur « aride et quelquefois rebelle du Lépreux lui paraissait, « me dit-il, *comme une autre lèpre qui desséchait son âme;* « cet infortuné (ajoutait-il), révolté contre le sort, n'offrait « guère à l'esprit que l'idée de la souffrance physique, et ne « pouvait exciter que l'espèce de pitié vulgaire qui s'attache « aux infirmités humaines. Il aurait souhaité voir cette « pitié ennoblie par un sentiment plus doux et plus élevé, « et la résignation chrétienne du Lépreux l'eût mille fois « plus attendri que son désespoir. » — Ce discours dans la bouche de l'ami prendra de la valeur et deviendra plus curieux à remarquer, si l'on y croit reconnaître un écrivain bien illustre lui-même et qu'on a été accoutumé longtemps à considérer comme l'émule et presque l'égal du comte Joseph, plutôt que comme le critique et le correcteur du comte Xavier (2). Quoi qu'il en soit, c'était faire preuve d'un esprit bien subtil ou bien inquiet que de voir dans la simple histoire de ce bon Lépreux, à côté de passages reconnus pour touchants, *beaucoup d'autres où respire une sorte d'aigreur farouche :* voilà des expressions tout d'un coup extrêmes. Quelque délicats, quelque élevés que puissent sembler certains traits ajoutés, l'idée seule de rien

---

(1) Paris, Gosselin, 1824, in-8°.
(2) M. de La Mennais.

ajouter est malheureuse. Tout ce qu'on a introduit dans cette édition du *Lépreux* perfectionné se trouve compris, par manière d'indication, entre *crochets*, absolument comme dans les histoires de l'excellent Tillemont, qui craint tout au contraire de confondre rien de lui (le scrupuleux véridique) avec la pureté des textes originaux. Or, dans le délicieux récit qu'on gâte, imaginez comment l'intérêt ému circule aisément à travers ces perpétuels crochets. Si j'étais professeur de rhétorique, je voudrais, au chapitre des *narrations*, comparer, confronter page à page les deux versions du *Lépreux*, et démontrer presque à chaque fois l'infériorité de l'esprit cherché et du raisonnement en peine qui ne parvient qu'à surcharger le naïf et le simple. Les auteurs du *Lépreux* corrigé ont méconnu l'une des plus précieuses qualités du récit original, qui est dans l'absence de toute réflexion commune ou prétentieuse. Peut-être, lors de la rédaction première, s'était-il glissé quelque réflexion superflue dans ce que le comte Joseph a conseillé à son frère de raccourcir, et il a bien fait. A quoi bon ces raisonnements dans la bouche de l'humble souffrant? Pourquoi lui faire dire en termes exprès par manière d'enseignement au lecteur : « Tout le secret de ma patience est dans cette unique pensée : *Dieu le veut*. De ce point obscur et imperceptible où il m'a fixé, je concours à sa gloire, *puisque j'y suis dans l'ordre*. Cette réflexion est bien douce ! elle agit sur moi avec tant d'empire, que je suis porté à croire que cet *amour de l'ordre* fait partie de notre essence... » Peu s'en fallait, si l'ami s'en était mêlé davantage, que *le Lépreux* ne fût devenu un *Vicaire savoyard* catholique et, non moins que l'autre, éloquent. Ah ! laissez, laissez le lecteur conclure sur la simple histoire; il tirera la moralité lui-même plus sûrement, si on ne la lui affiche pas; laissez-le se dire tout seul à demi-voix que ce Lépreux, dans sa résignation si chèrement achetée, est plus réellement heureux peut-être que bien des heureux du monde : mais que tout ceci ressorte par une persuasion insensible; faites, avec le conteur fidèle, que cet humble infortuné nous émeuve et nous élève par son exemple, sans trop se rendre compte à lui-même ni par-devant nous.

A cet endroit du dialogue : « Quoi? le sommeil même vous abandonne! » le Lépreux, chez M. de Maistre, s'écrie bien naturellement : « Ah! monsieur, les insomnies! les insomnies! Vous ne pouvez vous figurer combien est longue et triste une nuit, etc... » Au lieu de ce cri de nature, la version corrigée lui fait dire : « Oui, je passe bien des nuits sans fermer l'œil et dans de violentes agitations. Je souffre beaucoup alors; mais la bonté divine est partout... » Suit une longue page d'analyse qui finit par une vision.

M. de Feletz, aux *Débats*, s'est poliment moqué, dans le temps, de cette retouche (1); il y notait, entre autres additions, un certain clair de lune introduit au moment de la mort de la sœur, et dans lequel l'astre des nuits, éclairant une nature immobile, était comparé au *soleil éteint*. Je n'aurais pas tant insisté sur ce singulier petit essai, s'il n'y avait une leçon directe de goût à en tirer, si l'on n'y trouvait surtout les traces avouées d'un conseil supérieur et des traits partout ailleurs remarquables, comme celui-ci : « Quant à la vie, pour ainsi dire déserte, à laquelle je suis condamné, elle s'écoule bien plus rapidement qu'on ne l'imaginerait; et cela c'est beaucoup, continua le Lépreux avec un léger soupir, car je suis de ceux qui ne voyagent que pour arriver. Ma vie est sans variété, mes jours sont sans nuances; et cette monotonie fait paraître le temps court, de même que la nudité d'un terrain le fait paraître moins étendu. »

Le simple et doux *Lépreux* fit son chemin dans le monde sans tant de façons et sans qu'on lui demandât rien davantage; il prit place bientôt dans tous les cœurs, et procura à chacun de ceux qui le lurent une de ces pures émotions voisines de la prière, une de ces rares demi-heures qui bénissent une journée. Littérairement, on pourrait presque

---

(1) Voir tome VI de ses *Mélanges*.

dire qu'il fit école : on citerait toute une série de petits romans (dont *le Mutilé,* je crois, est le dernier) où l'intérêt se tire d'une affliction physique contrastant avec les sentiments de l'âme : mais ce sont des romans, et le *Lépreux* n'en est pas un. Dans cette postérité, plus ou moins directe, je me permets à quelques égards de ranger, et je distingue la trop sensible *Ourika*, chez qui la lèpre n'est du moins que dans cette couleur fatale d'où naissent ses malheurs. Parmi les ancêtres du Lépreux, en remontant vers le moyen-âge, je ne rappellerai que le touchant fabliau allemand du *Pauvre Henry :* c'est le nom d'un noble chevalier tout d'un coup atteint de lèpre. Le plus savant des docteurs de Salerne lui a dit qu'il ne pourrait être guéri que par le sang d'une jeune vierge librement offert, et l'amour le lui fait trouver (1).

Un peu plus étendues que *le Lépreux* et aussi excellentes à leur manière, les deux autres anecdotes, *les Prisonniers du Caucase* et *la Jeune Sibérienne*, furent écrites vers 1820, à la demande de quelques amis, et en faveur d'une proche parente à qui l'auteur en avait promis la propriété; il les leur livra pour être publiées à Paris. La perfection des deux nouveaux opuscules prouve que, chez lui, le bonheur du récit n'était pas un accident, mais un don, et combien il l'aurait pu appliquer diversement, s'il avait

---

(1) On lira avec plaisir cette histoire, traduite par M. Buchon, et insérée dans le *Magasin pittoresque* (septembre 1836). — Dans ses voyages du Nord (*Lettres sur l'Islande*), M. Marmier a rencontré une classe de lépreux particulière à ces contrées, et qu'au lieu de l'effroi, la compassion publique environne. Cette maladie provient là, en effet, bien moins d'aucun vice que de la pauvreté et des misères de la vie, de la nourriture corrompue, de l'humidité prolongée, des travaux de pêche auxquels on est assujetti durant l'hiver : elle afflige souvent ceux qui le méritent le moins; elle n'est pas contagieuse, elle n'est même pas décidément héréditaire. Aussi y est-on très-hospitalier aux lépreux; on les accueille, on sent qu'on peut être demain comme eux; l'idée de l'antique malédiction a disparu, et M. Marmier a remarqué avec sensibilité que si le Lépreux de M. de Maistre était venu dans le Nord, il y aurait retrouvé une sœur.

voulu. *La Jeune Sibérienne* est surtout délicieuse par le pathétique vrai, suivi, profond de source, modéré de ton, entremêlé d'une observation fine et doucement malicieuse de la nature humaine, que le sobre auteur discerne encore même à travers une larme. Ici un nouveau point de comparaison, une nouvelle occasion de triomphe lui a été ménagée, et, je suis fâché de le dire, sur une dame encore. Madame Cottin, dans *Élisabeth ou les Exilés de Sibérie*, a fait un roman de ce que M. de Maistre a simplement raconté. Chez elle, on a une jeune fille rêveuse, sentimentale, *la fille de l'exilé de la cabane du lac ;* elle a un noble et bel amant, le jeune Smoloff ; c'est lui qu'elle souhaiterait pour guide dans son pèlerinage, mais on juge plus convenable de lui donner un missionnaire ; elle finit par épouser son amant. La simple, la réelle, la pieuse et vaillante jeune fille, Prascovie, périt tout à fait dans cette sentimentalité de madame Cottin, plus encore que le Lépreux de tout à l'heure dans la spiritualité de madame Cottu. C'est le cas de dire avec Prascovie elle-même, lorsqu'après son succès inespéré, étant un jour conduite au palais de *l'Ermitage*, et y voyant un grand tableau de Silène soutenu par des Bacchantes, elle s'écrie avec son droit sens étonné : « Tout cela n'est donc pas vrai ? voilà des hommes avec des pieds de chèvre. *Quelle folie de peindre des choses qui n'ont jamais existé, comme s'il en manquait de véritables !* » — Mais, pour saisir ces choses *véritables*, comme M. de Maistre l'a fait dans son récit, pour n'en pas suivre un seul côté seulement, celui de la foi fervente qui se confie et de l'héroïsme ingénu qui s'ignore, pour y joindre, chemin faisant et sans disparate, quelques traits plus égayés ou aussi la vue de la nature maligne et des petitesses du cœur, pour ne rien oublier, pour tout fondre, pour tout offrir dans une émotion bienfaisante, il faut un talent bien particulier, un art d'autant plus exquis qu'il est plus caché, et qu'on ne sait en définitive si, lui aussi, il ne s'ignore pas lui-même.

Les Prisonniers du Caucase, par la singularité des mœurs et des caractères si vivement exprimés, semblent déceler, dans ce talent d'ordinaire tout gracieux et doux, une faculté d'audace qui ne recule au besoin devant aucun trait de la réalité et de la nature, même la plus sauvage. M. Mérimée pourrait envier ce personnage d'Ivan, de ce brave domestique du major, à la fois si fidèle et si féroce, et qui donne si lestement son coup de hache à qui le gêne, en sifflant l'air : *Hai luli, hai luli!*

Ces opuscules avaient été envoyés de Russie par l'auteur (1); il ne tarda pas à les suivre et à revoir des cieux depuis trop longtemps quittés. M. de Lamartine, dans l'une de ses *Harmonies*, a célébré avec attendrissement ce retour de M. de Maistre, à qui, durant l'absence, une alliance de famille l'avait uni :

> Salut au nom des cieux, des monts et des rivages
> Où s'écoulèrent tes beaux jours,
> Voyageur fatigué qui reviens sur nos plages
> Demander à tes champs leurs antiques ombrages,
> A ton cœur ses premiers amours !

> Que de jours ont passé sur ces chères empreintes !
> Que d'adieux éternels ! que de rêves déçus !
> Que de liens brisés ! que d'amitiés éteintes !
> Que d'échos assoupis qui ne répondent plus !
> Moins de flots ont roulé sur les sables de Laisse (2),
> Moins de rides d'azur ont sillonné son sein,
> Et, des arbres vieillis qui couvraient ta jeunesse,

---

(1) M. Valery, qui en fut le premier éditeur, me transmet quelques détails plus particuliers. Lorsque le manuscrit arriva à Paris, il fut communiqué par M. de Vignet à madame de Duras. Cette femme d'un esprit si rare augurait mal, il faut le dire, de la publication : elle trouvait, par exemple, que Prascovie arrivée à Pétersbourg perdait du temps, qu'elle n'entendait rien aux affaires; elle avait horreur de cet homme (Ivan) qui tue une femme, etc., etc.; son opinion était partagée par plusieurs personnes de sa société. M. Valery, à qui le manuscrit avait été remis, se sentit d'un avis contraire, et on lui dut cette première édition à laquelle dans l'absence de l'auteur il apporta tous ses soins. (Voir à ce propos les articles de M. Patin, recueillis dans ses *Mélanges de Littérature.*)

(2) Nom d'un torrent de Savoie.

Moins de feuilles d'automne ont jonché le chemin !
. . . .
O sensible Exilé ! tu les as retrouvées
Ces images, de loin toujours, toujours rêvées,
Et ces débris vivants de tes jours de bonheur :
Tes yeux ont contemplé tes montagnes si chères,
Et ton berceau champêtre, et le toit de tes pères ;
Et des flots de tristesse ont monté dans ton cœur !....

M. de Maistre a lui-même composé beaucoup de vers ; mais, malgré les insinuations complaisantes, il a toujours résisté à les produire au jour, se disant que la mode avait changé. Il a traduit ou imité en vers des fables du poëte russe Kriloff : on trouve une de ces imitations imprimée dans l'Anthologie russe qu'a publiée M. Dupré de Saint-Maur. J'ai entre les mains une ode manuscrite de lui, de 1817 ; c'est un regret de ne pouvoir atteindre au but sublime, et le sentiment exprimé de la lutte inégale avec le génie :

Et, glorieux encor d'un combat téméraire,
Je garde dans mes vers quelques traits de lumière
    Du Dieu qui m'a vaincu (1).

Il a fait des épigrammes spirituelles. Quelques personnes ont copie de son *épitaphe*, qui rappelle un peu celle de La

(1) Il écrivait en style moins lyrique à un ami, en se faisant tout petit, non sans malice : « Dans l'impossibilité où je suis de comprendre cette faculté (du poëte) et pour ne pas avouer cette supériorité dans les autres, je pense que les poëtes ont quelque chose dans le poignet qui change la prose en vers à mesure qu'elle passe par là pour se rendre de la tête sur le papier ; en sorte qu'un poëte ne serait qu'une filière plus ou moins parfaite. J'étais si persuadé de ce système consolant pour les prosateurs, que j'essayai un jour d'écrire des vers avec la main gauche, dans l'espoir d'y trouver cet heureux mécanisme ; mais ma main gauche ne fut pas plus heureuse que la droite, et je fus convaincu à jamais que je ne suis pas une filière à vers. J'avoue même que ce mauvais succès me laissa quelques doutes sur la vérité de mon système. » — Si faux que soit le système, il ne s'appliquerait pas mal à plus d'un soi-disant poëte, et tel auteur de grande épopée comme Parseval nous en pourrait dire quelque chose.

Fontaine (1). Mais il suffira de donner ici sa jolie pièce du *Papillon*, qui, pour la grâce et l'émotion, ne dépare pas le souvenir de ses autres écrits. Un prisonnier lui avait raconté qu'un papillon était un jour entré dans sa prison en Sibérie :

LE PAPILLON.

Colon de la plaine éthérée,
Aimable et brillant Papillon,
Comment de cet affreux donjon
As-tu su découvrir l'entrée ?
A peine entre ces noirs créneaux
Un faible rayon de lumière
Jusqu'à mon cachot solitaire
Pénètre à travers les barreaux.

As-tu reçu de la nature
Un cœur sensible à l'amitié ?
Viens-tu, conduit par la pitié,
Partager les maux que j'endure ?
Ah! ton aspect de ma douleur
Suspend et calme la puissance ;
Tu me ramènes l'espérance
Prête à s'éteindre dans mon cœur.

Doux ornement de la nature,
Viens me retracer sa beauté ;
Parle-moi de la liberté,
Des eaux, des fleurs, de la verdure ;
Parle-moi du bruit des torrents,
Des lacs profonds, des frais ombrages,
Et du murmure des feuillages
Qu'agite l'haleine des vents.

As-tu vu les roses éclore ?

(1) En voici les premiers vers :

  Ci-gît sous cette pierre grise
  XAVIER, qui de tout s'étonnait,
  Demandant d'où venait la bise
  Et pourquoi Jupiter tonnait....

As-tu rencontré des amants?
Dis-moi l'histoire du printemps
Et des nouvelles de l'aurore;
Dis-moi si dans le fond des bois
Le rossignol, à ton passage,
Quand tu traversais le bocage,
Faisait ouïr sa douce voix?

Le long de la muraille obscure
Tu cherches vainement des fleurs :
Chaque captif de ses malheurs
Y trace la vive peinture.
Loin du soleil et des zéphyrs,
Entre ces voûtes souterraines,
Tu voltigeras sur des chaînes
Et n'entendras que des soupirs.

Léger enfant de la prairie,
Sors de ma lugubre prison;
Tu n'existes qu'une saison,
Hâte-toi d'employer la vie.
Fuis! Tu n'auras hors de ces lieux,
Où l'existence est un supplice;
D'autres liens que ton caprice,
Ni d'autre prison que les cieux.

Peut-être un jour dans la campagne,
Conduit par tes goûts inconstants,
Tu rencontreras deux enfants
Qu'une mère triste accompagne :
Vole aussitôt la consoler;
Dis-lui que son amant respire,
Que pour elle seule il soupire;
Mais, hélas!... tu ne peux parler.

Étale ta riche parure
Aux yeux de mes jeunes enfants;
Témoin de leurs jeux innocents,
Plane autour d'eux sur la verdure.
Bientôt, vivement poursuivi,
Feins de vouloir te laisser prendre,
De fleurs en fleurs va les attendre
Pour les conduire jusqu'ici.

Leur mère les suivra sans doute,
Triste compagne de leurs jeux :
Vole alors gaîment devant eux
Pour les distraire de la route.
D'un infortuné prisonnier
Ils sont la dernière espérance :
Les douces larmes de l'enfance
Pourront attendrir mon geôlier.

A l'épouse la plus fidèle
On rendra le plus tendre époux ;
Les portes d'airain, les verroux,
S'ouvriront bientôt devant elle.
Mais, ah ! ciel ! le bruit de mes fers
Détruit l'erreur qui me console :
Hélas ! le Papillon s'envole...
Le voilà perdu dans les airs (1) !

Maintenant en route vers la Russie, où des affaires l'ont rappelé et où l'accompagnent nos vœux, M. de Maistre a laissé ici, au passage, des souvenirs bien durables chez tous ceux qui ont eu l'honneur de l'approcher. On prendrait plaisir et profit à plus d'un de ses jugements naïfs et fins. Il a peu lu nos auteurs modernes ; en arrivant, il ne les connaissait guère que de nom, même le très-petit nombre de ceux qui mériteraient de lui agréer. En parcourant les ouvrages à la mode, il s'est effrayé d'abord, il s'est demandé si notre langue n'avait pas changé durant ce long espace de temps qu'il avait vécu à l'étranger : « Pourtant ce qui me tranquillise un peu, ajoutait-il, c'est que, si l'on écrit tout autrement, la plupart des personnes que je rencontre parlent encore la même langue que moi. » En assistant à quelque séance de nos Chambres, il s'est trouvé bien dérouté de tant de paroles ; au sortir du silence des villas

---

(1) Cette jolie pièce a été traduite en russe, puis retraduite en vers français par un de nos secrétaires d'ambassade qui n'en savait pas la première origine. Pareille aventure est arrivée à *la Chute des Feuilles* de Millevoye.

et du calme des monarchies absolues, il comprenait peu l'utilité de tout ce bruit, et l'on aurait eu peine, je l'avoue, à la lui démontrer pour le moment. Il était tombé aussi dans un quart d'heure trop désagréable pour la forme représentative : que ne prenait-il un instant plus flatteur ? La Chambre des députés, chaque fois qu'il passait devant, lui rappelait involontairement le Vésuve, disait-il. — Oui, pour la fumée au moins, sinon pour le péril de l'explosion ; mais, lui, il croyait même au péril. Il n'aimait guère mieux le *quai Voltaire* (antipathie de famille), et y passait le plus rapidement qu'il pouvait, baissant la tête, disait-il, et détournant ses regards vers la Seine. Il admire, comme on le peut penser, les ouvrages de son illustre frère, et, en toute tolérance, sans ombre de dogmatisme, il semble les adopter naturellement comme l'ordre d'idées le plus simple du monde ; il trouve que le plus beau livre du comte Joseph est celui de *l'Église gallicane*. Ce qu'il paraissait le plus désirer, le plus regretter chez nos grands littérateurs, c'est l'unité dans la vie. Il l'a dans la sienne : simplicité, pureté, modestie, honneur ; bel exemple des antiques mœurs jusqu'au bout conservées dans un esprit gracieux et une âme sensible ! — Il aimait à parler avec éloges d'un écrivain genevois spirituel qui est un peu de son école pour le genre d'émotion et pour *l'humour*. Quand on lui demandait s'il n'avait pas quelque dernier opuscule en portefeuille, il répondait en désignant *le Presbytère, l'Héritage, la Bibliothèque de mon Oncle, la Traversée, le Col d'Anterne, le Lac de Gers*, un choix enfin des meilleurs écrits de M. Töpffer, et en désirant qu'on les fît connaître en France. On aurait l'agrément de l'auteur pour ôter çà et là deux ou trois taches, car il y en a quelques-unes de diction et de ton. Si cette petite contrefaçon à l'amiable a bientôt lieu, on la lui devra (1).

En même temps que le comte Xavier de Maistre s'est of-

---

(1) Elle s'est faite et elle a très-bien réussi : M. Töpffer est désormais naturalisé en France.

fert à nous comme un de ces hommes dont la rencontre console de bien des mécomptes en littérature et réconcilie doucement avec la nature humaine, il y a, dans la publicité insensible et croissante de ses ouvrages, un mouvement remarquable qui peut encore, ce semble, rassurer le goût. On l'a peu affiché, on l'a peu vanté dans les journaux ; aucun des grands moyens en usage n'a été employé pour pousser à un succès ; eh bien ! du 14 décembre dernier au 19 avril, c'est-à-dire en quatre mois (et quels mois de disette, de détresse, on le sait, pour la librairie!), il s'est vendu mille neuf cent quarante-huit exemplaires de ses œuvres. Le chiffre est authentique, et je le donne comme consolant. Le culte du touchant et du simple conserve donc encore et sait rallier à petit bruit ses fidèles.

Mai 1839.

(La *Bibliothèque universelle de Genève* a publié, à la date du 22 octobre 1841, un petit mémoire de M. de Maistre, intitulé *Méthode pour observer les taches que l'on peut avoir dans le cristallin*. Mais, dans ce voyage autour de la chambre de l'œil, il n'y a absolument rien de littéraire ; ce n'est qu'une observation physique minutieuse et ingénieuse. On y retrouve le même genre d'application délicate que l'auteur avait déjà donnée à la peinture, aux couleurs et au procédé par l'encre de Chine.)
— Le comte Xavier de Maistre est mort à Saint-Pétersbourg, le 12 juin 1852, à l'âge de près de 89 ans. Son ami, le comte de Marcellus, doit être mis en possession des manuscrits qui permettront de faire un travail définitif sur cet homme sensible et ce talent aimable.

JASMIN.

1837.

On a beaucoup parlé dans ces derniers temps de poésie populaire ; on en a remis en honneur le règne et la floraison, trop oubliés jusqu'alors, et qui avaient orné un certain âge adolescent de la vie des nations ; on est même allé jusqu'à se figurer un temps privilégié où la poésie circulait comme dans l'air, où chacun plus ou moins y participait, et où l'œuvre admirée se formait du génie de tous. Ce qu'il y a de vrai dans cette perspective de lointain ne saurait faire qu'en tout temps, même aux âges le plus naïvement poétiques, la poésie, telle qu'elle s'y réalisait, n'ait été en définitive produite par le talent singulier de quelques individus ; la masse ne la possédait qu'alors seulement, et elle se l'appropriait par l'usage, par la jouissance. Puisqu'on a tant relevé de nos jours la poésie populaire en général, c'est bien le moins qu'on ne dédaigne pas l'individu poëte, resté du peuple, là où il se rencontre avec le feu, la naïveté première et l'incontestable don. Si on recherche avec curiosité les traditions locales, les vieux noëls en patois, les vestiges d'une culture ou d'une inspiration ancienne, il faut noter aussi ce qui est vivant, le poëte plein de vigueur qui, dans le moindre rang social où il se tient, enrichit tout d'un coup de compositions franches, originales, suivies, son patois harmonieux encore, débris d'une langue illustre, mais enfin un patois qu'on croyait déshérité désormais de toute littérature. L'Angleterre a eu et a ses bergers, ses forgerons poëtes, et nous les connaissons ; nous nous plaignons de n'avoir rien de tel ; nous cherchons autour de nous. Nous demandons aux provinces qui ont le mieux conservé leur cachet antique, à notre Bretagne, par exemple, tout ce qu'elle recèle de poésie à elle, et nous regrettons de ne rien trouver de contemporain. Là où nous rencontrons un contemporain imprévu qui, pour être tout à fait du peuple, n'en est que plus poëte selon son cœur, et selon notre propre génie français, ne disons pas : *C'est différent;* sachons le reconnaître sans pruderie et l'honorer.

M. Jasmin (ou plutôt qu'il nous permette, pour toute familiarité, de l'appeler *Jasmin* tout court, comme nous disons *Béranger*), Jasmin donc n'est pas un laboureur ni un berger ; c'est un coiffeur d'Agen, déjà un peu connu ici par un article très-flatteur de Charles Nodier. Jasmin, en étant de ce métier cher à Gil Blas et à Figaro, n'y déroge point par la tournure même de son esprit, de son talent ; c'est un Français du Midi, qui est de la pure et bonne race des Villon, des Marot, et dans la boutique de qui Molière aurait aimé à s'asseoir de longues heures, comme il faisait chez le barbier de Pézenas. On a dernièrement beaucoup parlé, et avec raison, de M. Reboul de Nîmes, qui, simple boulanger, s'est élevé à des accents de poésie qu'a reconnus et salués la lyre de Lamartine. Mais l'inspiration de Reboul n'a rien de commun avec celle de Jasmin. Reboul est un poëte français, de l'école des *Méditations;* il écrit et chante en notre français classique avec pureté, harmonie ; son originalité consiste bien plutôt dans le contraste de ses écrits avec sa profession, que dans le caractère même de sa poésie. Obligé à un état manuel, et bien qu'il n'en rougisse point, Reboul ne s'en glorifie pas non plus et ne s'y complaît pas ; religieux de cœur, il accepte ce lot comme une part de la tâche imposée par le Maître. A une certaine heure du jour, où il est un peu plus libre, il laisse avec joie le vêtement du matin, et retiré dans sa petite chambre *monastique*, où nous l'a montré M. Alexandre Dumas, il entre presque, comme faisait Machiavel en exil, *dans la cour auguste des grands hommes de l'antiquité*, ou du moins il rêve et s'inspire entre la Bible et Corneille, devant un crucifix. Nulle plaisanterie dans ses vers, nul jeu de mots sur sa condition habituelle; le *four* ne revient pas là sous toutes sortes de formes, et le poëte, un moment soustrait aux soins vulgaires, s'efforce bien plutôt de les oublier, de les ennoblir en les idéalisant. Il parle de *chaumière*, et on le prendrait pour un pasteur quand il dit en beaux vers à son initiateur chéri :

> C'est toi qui fus pour moi cet ange de lumière
> Qui se laisse tomber du haut du firmament,
> Et qui, sur le palais comme sur la chaumière,
> Se repose indifféremment.

En un mot, l'auteur de l'élégie *l'Ange et l'Enfant* a une qualité qui, dès qu'on songe à son point de départ, force d'accorder à l'homme, encore plus qu'au poëte, une estime respectueuse : il a l'élévation à côté de la sensibilité. Mais il n'y a rien de commun entre Jasmin et lui, que d'être du peuple et d'avoir du talent; du reste, nul rapprochement à établir. Jasmin se rattache, je l'ai dit, à Marot, né tout près de là, à Villon, l'enfant de Paris, à Boileau du *Lutrin*, à Gresset, à Voltaire des *Poésies légères*, à Parny, à Béranger.

Les œuvres imprimées de Jasmin se composent d'un volume in-8°, publié à Agen, en 1835, sous le titre : *las Papillotos* (*les Papillotes*), et d'un charmant petit poëme, publié en 1836, et intitulé *l'Abuglo de Castèl-Cuillé* (*l'Aveugle de Castel-Cuillé*). Les *Papillotes* sont un recueil des diverses poésies de l'auteur depuis 1825 jusqu'en 1835 : toute sa vie s'y réfléchit. Mais un petit poëme en trois chants, qui s'y trouve, et qui a pour titre : *Mous Soubenis* *Mes Souvenirs*), contient particulièrement la série des aventures et des sentiments de Jasmin. C'est une biographie poétique, composée, distribuée avec art en petits tableaux, mais d'une réalité approchante qui va nous suffire.

Jacques Jasmin (*Jaquou Jansemin*) est né en 97 ou 98; l'autre siècle, vieux et cassé, n'avait plus, dit-il, qu'une couple d'années à passer sur la terre, quand, au coin d'une vieille rue, dans une masure peuplée de plus d'un rat, le jeudi-gras, à l'heure où l'on fait sauter les crêpes, d'un père bossu, d'une mère boiteuse, naquit un enfant, un petit drôle, et ce drôle, c'était lui. Si un prince vient au monde, le canon le salue, et ce salut annonce le bonheur; mais lui, pauvre fils d'un pauvre tailleur, pas même un coup de buquoire (1) n'annonça sa venue. Il naquit pourtant au bruit d'un affreux charivari qu'on donnait à quelque voisin, et qui, dans son tintamarre de cornets et de poêlons, ne faisait que mieux résonner à ses oreilles vierges les trente couplets d'une chanson composée par son père. Le père de Jasmin, qui ne savait pas lire, faisait d'instinct la plupart des couplets burlesques chantés aux charivaris si fréquents dans le pays. Voilà une filiation poétique tout aussi établie que celle des deux Marot.

Nous avons le ton du badinage de Jasmin. Il grandit, il prospère, au fond de son pauvre petit berceau tout farci de plumes d'alouettes, maigre, menu, nourri pourtant de bon lait, et joyeux comme le fils d'un roi. Sept ans arrivent : il sent, il se souvient, il peut peindre son enfance. A cet âge, il le fallait voir, le cornet en main, coiffé de papier gris, suivre son père dans les charivaris du lieu. Mais sa grande joie était surtout d'aller au bois dans les petites îles de la Garonne, toutes remplies de saussaie : « Pieds nus, nu-tête, dit-il, j'allais à la ramée; je n'étais pas seul; nous étions vingt, nous étions trente. Oh! que mon âme tressaillait quand nous partions tous, au coup de midi, en entonnant : *L'Agneau que tu m'as donné* (2).

(1) Petit instrument de sureau avec lequel se canonnent les enfants.
(2) Noël célèbre du Midi.

De ce plaisir, le souvenir encore m'exalte! » *A l'île! à l'île!* criait le plus vaillant, et tous se hâtaient d'y aborder et de faire chacun son petit fagot. Le fagot était fait une heure avant la nuit, et on en profitait pour des jeux. Et le tableau du retour, qu'il était joli et mouvant! Sur trente têtes trente fagots sautillaient, et trente voix formaient, comme en partant, même concert avec même refrain.

Un des traits les plus marquants de la poésie de Jasmin, et qu'il partage avec la famille de poëtes à laquelle il appartient, c'est cette gaieté native, cette gentillesse de pinceau, cette allégresse de tour, qui s'accommode si bien d'un patois accentué et pittoresque. Dans une pièce de lui à M. Laffitte, qui est du pays, il y a ce vers sur l'Adour :

> Oh! l'Adour! aquel riou ta grand, ta cla, que cour;
> Oh! l'Adour! ce ruisseau si grand, si clair, qui court;

ce vers si preste et si transparent pourrait servir comme d'épigraphe à la poésie de Jasmin elle-même, qui, si elle n'est pas précisément *grande*, est du moins de la plus belle et de la plus courante limpidité.

Mais revenons à notre petit bûcheron. Au milieu de ses courses au bois, de ses batailles autour des feux de la Saint-Jean, de ses escapades dans les jardins ravagés, il avait ses tristesses ; le mot d'*école*, prononcé devant lui, le rendait muet; il aurait voulu y aller et s'instruire ; cette idée confuse lui faisait mal quand sa mère qui filait, le regardant d'un air de tristesse, parlait tout bas d'*école* à son grand-père. Il ne se rendait pas compte, mais il pleurait un moment. Il était triste encore quand, après la foire, où il avait rempli sa petite bourse en portant des paquets, il la donnait à sa mère, et qu'il voyait celle-ci la prendre avec soupir en disant : « Pauvre enfant, tu viens bien à propos. » La pauvreté s'annonçait ainsi par de rares pensées, que bientôt dissipait la légèreté de l'âge. Un jour pourtant le bandeau tomba, et il ne put plus la méconnaître. C'était un lundi; il avait dix ans; il jouait sur la place. Il voit passer un vieillard en fauteuil, qu'on porte ; il le reconnaît : c'est son grand-père que la famille environne. Il ne voit que lui, et se jette à son cou pour l'embrasser : « Mais où vas-tu, grand-père? qu'as-tu à pleurer? et pourquoi quitter des petits qui t'adorent? » — « Mon fils, dit le vieillard, je vais à l'hôpital; c'est là que les Jasmins meurent. » Cinq jours après, il n'était plus; et, depuis ce lundi-là, l'enfant, pour la première fois, sut qu'ils étaient pauvres.

Le premier chant des *Souvenirs* finit sur cette idée, qui tempère à dessein les gaies peintures du début. Le second chant, nous allons le voir, se clora de même. Il y a là un art de poëte qui prend le soin d'interrompre, par une touche sensible, ce qui deviendrait un badinage trop prolongé. Il y a de plus, en ce point, de la dignité d'homme. Jasmin peut se permettre, avec sa qualité, avec sa profession, bien des libertés et des familiarités railleuses; il peut ne s'épargner aucun des bons mots qui naissent du sujet; il dira que le peigne et la plume vont très-bien ensemble, et que tous deux font un travail de tête; il dira à ses confrères poëtes qu'il les défie, et qu'il est bien sûr, après tout, de leur faire la barbe d'une façon ou d'une autre; il ajoutera qu'il n'est pas moins sûr de ne jamais perdre son papier, et que, si ces vers sont mauvais,... eh bien! il en fait des papillotes. Il dit tout cela, mais il sait aussi, avec sérieux, qu'il est du peuple et pauvre, qu'il l'a été tout à fait d'abord, et que d'autres le sont, pour qui il chante. Si cette corde digne et sensible ne retentit jamais trop longtemps chez lui, elle revient assez à propos toujours, pour relever une verve plaisante, spirituelle, volontiers folâtre, et pour indiquer l'homme, l'honnête homme dans le poëte.

Le grand-père mort et la pauvreté bien connue nous introduisent au second chant des *Souvenirs*. Le poëte commence par le pitoyable inventaire de la maison, et tout cela pour neuf personnes : « Je savais désormais, dit-il, que cette besace pendue en travers sur deux cordes, et où souvent je mettais la main pour un morceau de pain, était celle que mon grand-père promenait dans les métairies à la ronde, demandant de quoi vivre à ses anciens amis :

Pauvre grand-père !... Et quand j'allais l'attendre,
Il me donnait toujours le morceau le plus tendre. »

Enfin, grande joie un jour! la mère accourt comme une folle et crie : « A l'école! à l'école, mon fils! » — « Eh quoi? dit l'enfant, nous sommes donc devenus riches? » — « Eh ! pauvret, répond-elle, tu y vas pour rien. » L'enfant s'applique ; six mois après, il sait lire; six mois après, il sert la messe; six mois après, enfant de chœur, il entonne le *Tantum ergo.* Six mois après enfin, il entre *gratis* au séminaire ; mais là il ne reste que six mois ; pourtant il commençait à s'y distinguer : il avait eu un prix, et ce prix, c'était une vieille soutane usée qu'on allait lui rajuster et qu'il était près d'endosser, bien qu'avec un peu de honte de la voir si vieille. Mais le diable, le lorgnant du coin de l'œil, dit : « Tu ne la porteras pas. » Ici je saute lestement la scabreuse aventure d'une échelle où est montée certaine Jeanneton, le détail d'une jambe très-peu fine et très-peu blanche et de trop près entrevue, et d'une prison au pain sec, un jour de mardi-gras. Le mélange de sensualité, en partie voluptueuse, en partie gourmande, de décence pourtant (le genre admis), et de malice anticléricale, rappelle sans abus le meilleur sel des fabliaux. Si Jasmin avait vécu au temps des troubadours, s'il avait écrit en cette littérature perfectionnée dont il vient, après Goudouli, Dastros et Daubace, et, à ce qu'il paraît, plus qu'aucun d'eux, embellir encore aujourd'hui les débris, il aurait cultivé la romance sans doute, et quelques heureux essais de lui en font foi ; mais il aurait, j'imagine, préféré le sirvente, et, en présence des tendres chevaliers, des nobles dames, des Raymond de Toulouse et des comtesses de Die, il aurait introduit quelque récit railleur d'un genre plus particulier aux trouvères du Nord, quelque *novelle* peu mystique et assez contraire au vieux poëme de la vie de sainte Fides d'Agen.

Chassé incontinent du séminaire, moins pour avoir regardé la jambe de Jeanneton que pour avoir touché, dans sa prison, aux confitures du chanoine, le pauvre Jasmin accourt au logis ce même jour de mardi-gras. La table est mise, un morceau de mouton, qui achève de cuire, va y être servi : qu'attend-on? Mais, au récit de Jasmin, la consternation est générale : « Nous n'en aurons plus, » dit la mère en soupirant. — « Nous n'aurons plus... de quoi ? » dit Jasmin avec anxiété. Plus de *miche* (de pain blanc), cette ration quotidienne que la mère allait chercher au séminaire. Pourtant une idée vient à la pauvre mère, et, sortant, elle leur dit d'attendre un moment et d'espérer. Elle rentre en effet bientôt, avec un morceau de pain sous le bras, et tous les enfants, joyeux, à table, oublient la détresse. Jasmin seul reste pensif et cherche à s'assurer de ce qu'il soupçonne à travers le triste sourire de sa mère. Au moment où elle prend un couteau pour trancher le mouton, il jette un coup-d'œil sur sa main qu'elle voudrait dérober : ce n'est que trop vrai !... elle a vendu son anneau.

Ceci est la fin du second chant. Le troisième nous transporte au haut d'une maison dont la façade est peinte en couleur bleu de ciel; dans sa petite chambre, sous la tuile, Jasmin, qui n'est qu'apprenti encore, à la lueur d'une lampe dont le reflet se joue aux feuilles du tilleul voisin (toujours de gaies images), Jasmin passe une partie de ses nuits à lire, à rêver, à versifier déjà. Il lit avec délices *Florian, Ducray-Duminil;* la misère est oubliée; l'hôpital, la besace, l'anneau, ont disparu de sa mémoire. Le chantre du Gardon surtout l'ensorcèle, et, nouveau Némorin, il essaye, pour Estelle, des vers en ce doux patois qu'elle parlait si bien. Son rasoir allait, à travers ses pensées, comme il pouvait, et un peu au hasard sur les mentons. Ce chant est rempli de la peinture légère de la double vie poétique et amoureuse aussi qui le partage, et qui cependant ne l'empêche bientôt pas d'ouvrir son petit salon, pour son compte, sur la belle promenade du *Gravier*, et de prospérer d'abord doucement, par la frisure. Tout ce détail, que j'omets, est plein de légèreté et d'agrément. La fortune se fait d'abord un peu prier; le salon n'est pas tout à fait plein, il n'est pas vide non plus, et, comme dit le proverbe, *s'il ne pleut pas, il bruine.* Bref, les papillotes, les chansons, attirent dans la boutique un petit ruisseau si argentin, qu'en son ardeur poétique Jasmin met en pièces le fauteuil redouté où tous ses pères se sont fait porter à l'hôpital; lui, au lieu de l'hôpital, il est allé chez un notaire, et finalement, le premier de sa famille, il a vu son nom briller sur la liste du collecteur. *Quel honneur! trop d'honneur!*

> Il faut en payer la rente,
> Et, chaque an, je suis confus
> De voir que mon chiffre augmente,
> Même en n'ayant rien de plus.

Sa femme, née dans la même condition que lui, mais d'esprit naturel, d'imagination, et d'un parler pittoresque, sa femme, qui d'abord était ennemie jurée des vers et lui cachait plumes et papier, maintenant qu'elle sait le prix de la rime, lui offre toujours, d'un air gracieux, la plume la plus fine et le papier le plus doux : « Courage! dit-elle; chaque vers, c'est une tuile que tu pétris pour achever de couvrir la maison. » Et toute la famille lui crie : « Fais des vers, fais des vers ! »

Depuis qu'il fait des vers, en effet, Jasmin, pour parler en prose, grâce au bon débit de ses productions et à l'intérêt bien entendu qu'y ont mis les Agenais, a pu, sans quitter son état, devenir propriétaire de la maison qu'il habite et obtenir une petite aisance, qui paraît le comble de ses vœux.

Son premier poëme, publié en 1825, *le Charivari*, est un poëme burlesque, qui a pour héros le sensible *Oduber*, veuf et vieux, qui songe à se remarier : les souvenirs du *Lutrin* y sont entrés sans beaucoup de déguisement. Le poëme est précédé d'une belle ode à M. Dupront, avocat, homme du pays, de grand talent au barreau, et qui eût été poëte lui-même, m'assure-t-on, si une sorte de paresse naturelle ne l'eût retenu. L'ode que Jasmin lui adresse a de l'ampleur, de l'harmonie et une beauté sérieuse. Une strophe, dans laquelle il célébrait l'avénement de Charles X, lui a été depuis rappelée par M. Dupront dans *le Mémorial agenais*, et Jasmin s'est lavé du reproche d'inconséquence. Jasmin, en effet, était un libéral de la Restauration, et aujourd'hui il est ce qu'on appelle un homme du mouvement. Mais ses passions généreuses ne s'appuient pas sur des doctrines bien méditées. Le mot de Charles X : *Plus de hallebardes!* lui avait été au cœur, et il y avait cru. La partie politique de son recueil est celle qui a le moins d'originalité : la langue d'abord en devient aisément toute française, car le patois n'a point, dans son fonds, ce vocabulaire moderne. De plus, les souvenirs des chansons de Béranger y abondent, et la Liberté de Juillet elle-même, d'après Jasmin, ne semble pas très-différente de celle qui se dresse, si reconnaissable, dans les vers de M. Auguste Barbier. Distinguons pourtant, en cet ordre de pièces, un très-beau chant intitulé *les Oiseaux voyageurs, ou les Polonais en France*, qui respire le pathétique, et qui atteint au sublime dans sa simplicité. Jasmin a adressé, en 1832, une pièce de vers français à Béranger, son patron naturel en notre littérature; ces vers faciles et corrects, mais communs, prouveraient, s'il en était besoin, que le français est, pour Jasmin, une langue acquise, et que la couleur, l'image, la pensée, lui viennent en patois.

Il ne faut pas d'ailleurs s'exagérer l'instinct et la naïveté ignorante de l'aimable poëte. Jasmin a du feu, de l'entraînement sans doute; il a besoin de la passion actuelle pour arriver au bien : mais il travaille, il travaille opiniâtrément, dit-on; il lime ses vers, il rejette, il choisit, il a un art de style enfin. Nous sommes trop incompétent au sujet de cette langue, que nous n'avons saisie qu'à l'aide d'amis obligeants, pour avoir un avis sur ce que peut être le bon style en patois; mais il paraît bien que Jasmin a ce bon style. Si Agen a été appelé l'œil de la Guyenne, Jasmin écrit dans le pur patois agenais; il y a là quelque chose d'attique, en un certain sens. Jasmin prend peut-être quelques licences de tours, ou du moins il profite en cela des habitudes introduites; il cède un peu trop, sans y songer, à ce flot de gallicismes qui vont chaque jour s'infiltrant; tout en observant parfaitement la grammaire locale, il ne recourt peut-être pas assez à certaines locutions par lesquelles l'idiome du Midi se distinguait du français du Nord, et qu'on pourrait sauver; en un mot, ce n'est pas un poëte remontant du patois à la langue par l'érudition; mais c'est un poëte pur, soigné en même temps que naturel dans l'expression, habile et curieux aux mots vifs de son vocabulaire; rien de rocailleux, rien de louche chez lui, et, pour parler selon ses images, son clair Adour, à nos yeux, semble courir sans un flot troublé (1).

La Fidélité agenaise, jolie romance sentimentale de

(1) Depuis que ceci est écrit, nous lisons dans le *Journal grammatical* (avril et mai 1836) un article philologique sévère sur le patois de Jasmin, par M. Mary Lafon, qui s'est occupé en érudit de l'idiome provençal. Nous concevons, en effet, le peu d'estime que des antiquaires, épris de cette belle langue en ce qu'elle a de pur et de classique, expriment pour le patois extrêmement francisé qu'on parle dans une ville du Midi en 1836. Nous concevons que Goudouli, au commencement du dix-septième siècle, ait été plus nourri dans son style des purs idiotismes provençaux, et que la saveur de ses vers garde mieux le goût de la vraie langue. Le jugement de M. Lafon nous paraît porter sur la détérioration inévitable du patois plus que sur la manière même de Jasmin, qui fait ce qu'il peut, qui n'a pas lu les troubadours, et qui se sert avec grande correction de son patois d'Agen tel qu'il le trouve à la date de sa naissance. La lettre de Jasmin, que M. Lafon a l'extrême obligeance de nous communiquer, vient à l'appui pour nous montrer que le poëte populaire entend peu la question comme la voudraient poser les critiques érudits, et qu'il n'est pas, comme il s'en vante presque, *à la hauteur* du système. Il reste pourtant à regretter qu'avec de si heureuses qualités, et un art véritable d'écrivain, Jasmin n'ait pu cacher, sous ce titre d'homme du peuple, un bon grain d'érudition et de vieille langue, comme Béranger et Paul-Louis de ce côté-ci de la Loire. Mais que voulez-vous? il est homme du peuple *tout de bon*.

Jasmin, jouit d'un succès populaire dans le pays, et prouve qu'avec une âme assez peu rêveuse et peu langoureuse, il a pourtant des éclairs de la sensibilité des troubadours. Quoi qu'il en dise, il n'a pas tout à fait quitté la guitare pour le flageolet; et Marot, qui parle aussi de son flageolet, n'avait-il pas, au milieu de sa verve badine, de tendres accents, que le contraste fait mieux sentir encore? Henri IV, au milieu de ses saillies et de ses gaietés gasconnes, n'a-t-il pas sa douce chanson de *Charmante Gabrielle?* Jasmin est bien le poëte tout proche de la patrie d'Henri IV.

Le dernier et le plus remarquable poëme de Jasmin, *l'Aveugle de Castel-Cuillé*, offre, plus qu'aucun des précédents, le caractère de sensibilité et de pathétique au milieu des grâces conservées d'une muse légère. Une tradition populaire du pays en a fourni le sujet au poëte; mais il a su y élever une composition soutenue, graduée, délicate et touchante, qui le classe, à bon droit, parmi les plus vrais talents en vers de notre temps. La poésie franche y embaume à l'ouverture du premier chant :

« Du pied de cette haute montagne, où se dresse Castel-Cuillé, dans la saison où le pommier, le prunier et l'amandier blanchissaient dans la campagne, voici le chant qu'on entendit un mercredi matin, veille de Saint-Joseph :

> Les chemins devraient fleurir,
> Tant belle épousée va sortir;
> Devraient fleurir, devraient grener,
> Tant belle épousée va passer!

Et le vieux *Te Deum* des humbles mariages semblait descendre des nues, quand tout d'un coup une grande troupe de jeunes filles au teint frais, propres comme l'œil, chacune avec son fringant, viennent sur le bord du rocher entonner le même air, et là, semblables, tant elles sont voisines du ciel, à des anges riants qu'un Dieu aimable envoie pour faire leurs gambades et nous apporter l'allégresse, elles prennent leur élan, et bientôt, dévalant par la route étroite de la côte rapide, elles vont en zigzag vers Saint-Amant et les volages, par les sentiers, comme des folles, vont en criant :

> Les chemins devraient fleurir,
> Tant belle épousée va sortir, etc.

C'est Baptiste et sa fiancée qui allaient chercher la jonchée (1).... »

Jamais gaieté nuptiale de jeunes garçons et de jeunes filles n'a été exprimée dans un rhythme plus dansant, dans une langue plus vive, plus claire de sons et d'images, plus fringante elle-même et plus guillerette, pour ainsi dire. Mais continuons, en supprimant à regret bien des détails dont aucun n'est superflu :

« Quand on voit blanchir les haies que l'hiver avait noircies, une noce du peuple, ah! que c'est joli!... Cependant d'où vient qu'au milieu de ces filles si légères, si rieuses, Baptiste, muet, soupire? L'épousée est pourtant jolie! Est-ce que saint Joseph voudrait nous faire entendre, le bon saint, qu'à l'amour trop pressé il ne reste rien à prendre? Oh! non, fille qui est en faute ne porte pas le front si haut. Qu'as-tu donc, fiancé? Ils ne se font aucune caresse : à les voir si indifférents, si froids, on les croirait de grandes gens. »

C'est qu'au bas de la colline, dans une chaumière, habite la pauvre Marguerite, orpheline, aveugle, seulement aveugle depuis le dernier été que la petite-vérole ou la rougeole lui a donné sur les yeux. Baptiste devait l'épouser, il le lui a promis, et elle y croit encore ; elle l'attend. Mais, après une absence, il revient, et, cédant aux ordres d'un père avare, il épouse Angèle ; il l'épouse, pensant toujours à Marguerite.

La bonne vieille Jeanne, diseuse de bonne aventure, que la noce rencontre, jette un moment quelque nuage à ces fronts sereins, par des paroles obscures et funèbres;

---

(1) Coutume du pays : on va chercher au bois des branches d'arbres, et surtout de laurier, qu'on jette ensuite sur le chemin de l'église et à la porte des conviés.

mais « sur un petit ruisseau clair comme de l'argent, que peuvent deux gouttes d'eau trouble? » La noce a vite secoué le présage, et les folâtres volages recommencent à bondir et à chanter :

Les chemins devraient fleurir, etc.

Ainsi se termine le premier chant. Le second petit tableau nous montre la pauvre Marguerite seulette dans sa maison, ignorant encore son malheur et se disant à elle-même ses espérances et ses craintes. Le discours simple et naïf, où se déroule son tendre ennui, finit en ces mots : « On dit qu'on aime mieux quand on est dans la peine; et quand on est aveugle, donc! » Son petit frère entre là-dessus, il a vu la noce, il s'écrie, il raconte. — « Quoi? dit Marguerite, Angèle se marie! Paul, tu l'as vue? Quel secret! personne n'en a parlé. Oh! dis, quel est son fiancé? » — « Eh! ma sœur, ton ami Baptiste! »

« L'aveugle pousse un cri et ne répond plus. La blancheur du lait s'étend sur son visage; un froid pesant comme le plomb, tombant, à la voix de l'enfant, sur son cœur bientôt sans battements, suspend assez longtemps sa vie, et la voilà pareille, près du petit qui pleure, à une vierge de cire habillée en bergère (1). »

Jeanne, la diseuse de bonne aventure, survient; mais Marguerite, qui veut s'assurer de son malheur, dissimule; elle a l'air d'attendre encore Baptiste. La vieille lui dit : « Ma fille, tu l'aimes trop, je te blâme. A croire au bon-

---

(1) Le procédé poétique de Jasmin, par cela même qu'il se rapproche de la nature et qu'il s'y retrempe directement, rappelle bien souvent celui des Grecs. Ainsi, en lisant cette énergique et gracieuse peinture de sa Marguerite, je ne puis m'empêcher de me reporter à la Simétha de Théocrite, lorsque, racontant le jour où le beau Delphis vint la visiter pour la première fois, elle s'écrie : « Dès que je le vis franchissant le seuil de la porte d'un pied léger, je devins tout entière plus froide que la neige, et la sueur me découlait du front à l'égal des humides rosées; je ne pouvais rien articuler, pas même de ces petits cris que les enfants poussent en songe vers leurs mères; mais tout mon beau corps resta figé, pareil à une *image de cire*. »

heur il ne faut pas tant s'accoutumer. Va, crois-moi, prie Dieu de ne pas tant l'aimer. » — « Jeanne, répond l'aveugle, plus je prie Dieu, plus je l'aime! mais ce n'est pas un péché; il est toujours bien pour moi?... » Jeanne n'a rien répondu, tout est dit, c'est assez.

La troisième scène commence avec l'*Angelus* du matin des noces :

> De la cloche, à la fin, neuf petits coups s'entendent,
> Et l'aube blanchissante, arrivant lentement,
> Trouve dans deux maisons deux filles qui l'attendent;
> Combien différemment!

Le poëte passe tour à tour d'Angèle, la jolie et la légère, qui ne voit que sa croix d'or et sa couronne, à la pauvre Marguerite, qui, à tâtons, va chercher au fond d'un tiroir quelque chose qu'elle cache en frémissant dans son sein. Angèle, au bruit des baisers et des chansons, oublie de faire sa prière; Marguerite, le front couvert d'une froide sueur, agenouillée, dit tout bas, pendant que son frère ôte le verrou : « O mon Dieu! pardonne-le-moi! » Et elle se met en marche vers l'église, appuyée sur l'enfant; pas de soleil encore, il bruine; l'odeur du laurier qui jonche le chemin lui arrive parfois et la fait frissonner. Ils avancent du côté du château, vers la petite église à la façade noircie et pointue, où chante l'orfraie. — « Paul, dit la jeune fille, finis avec ta crécelle! Où sommes-nous? il me semble que nous montons. » — « Eh! ne vois-tu pas que nous arrivons? dit l'enfant; n'entends-tu pas chanter l'orfraie sur le clocher? Oh! le vilain oiseau! il porte malheur, n'est-ce pas? T'en souviens-tu, ma sœur, quand notre pauvre père, la nuit que nous étions à le veiller, disait : « Tiens, petite, « je suis plus malade; garde bien Paul au moins, car je « sens que je m'en vais? » Tu pleurais, lui aussi, moi aussi, tous nous pleurions. Eh bien! sur le toit alors l'orfraie chanta, et, notre père mort, ici même, tiens! on l'a porté. Aye! tu m'embrasses trop fort, tu m'étouffes, Marguerite. » — Je traduis mot à mot, en ne supprimant que l'harmonie du rhythme : qu'on juge du charme de ces simples et vraies paroles dans des vers purs, concis, auxquels pas un mot de trop, pas un ornement inutile n'est accordé!

Enfin on est à l'église; le temps s'est levé, il fait soleil, et pourtant il pleut; la noce arrive : Angèle, toujours étourdie et ne pensant qu'à sa croix d'or; Baptiste, muet, triste comme la veille. La cérémonie commence, l'anneau est béni, et Baptiste le tient; mais, avant de le mettre au doigt qui l'attend, il faut qu'il prononce une parole... Elle est dite; aussitôt, du côté du garçon d'honneur, une voix s'élève; Marguerite, qui peut-être au fond de son cœur doutait encore, a crié : « *C'est lui!* » Et elle tire un couteau pour s'en frapper. Mais sans doute son ange était là pour la secourir, car si forte fut sa douleur, qu'au moment et avant de se frapper, elle tomba morte. Et le soir, un cercueil avec des fleurs passait au même chemin; le *De Profundis* avait remplacé les chansons, et, dans la double rangée de jeunes filles en blanc, chacune maintenant semblait dire :

> Les chemins devraient gémir,
> Tant belle morte va sortir;
> Devraient gémir, devraient pleurer,
> Tant belle morte va passer !

Ainsi va et sans cesse recommence, et se remontre soudainement, aussi fraîche qu'au premier matin, la poésie immortelle. Et les oracles, les vétos exclusifs sont déjoués. Vous nous accusez, nous autres d'ici, d'être enfants de Du Bartas, et voilà que du pays de Du Bartas, tout à côté, naît à l'improviste un poëte vrai, franc, naturel et populaire, qui nous ressemble peu, direz-vous, mais que nous saluons parce qu'il nous rend aussi et nous chante à sa manière cette même espérance que nous avons : « Non, la poésie n'est pas morte et ne peut mourir. »

La publication de *l'Aveugle* a mis, dans le pays, le comble à la gloire de Jasmin. Lors d'un voyage qu'il fit l'an dernier à Bordeaux, la lecture de ce poëme, au sein de l'Académie de cette ville, lui valut un triomphe qui rappelle de loin ceux de l'antique Provence ou de l'Italie. Il faut dire de plus que Jasmin lit à merveille ; que sa figure d'artiste, son brun sourcil, son geste expressif, sa voix naturelle d'acteur passionné, prêtent singulièrement à l'effet. Quand il arrive au refrain : *Les chemins devraient fleurir*, etc., et que, cessant de déclamer, il chante, toutes les larmes coulent ; ceux même qui n'entendent pas le patois partagent l'impression et pleurent.

Jasmin a déjà eu à subir l'espèce de tentation nouvelle qui s'attache inévitablement au succès ; on lui a conseillé de venir à Paris, tout comme à M. Fonfrède ; mais Jasmin a eu le bon esprit de comprendre sa vraie situation et d'y rester fidèle. Dans une jolie pièce de vers, adressée à un riche agriculteur de Toulouse qui lui donnait ce conseil, il réfute agréablement les raisons flatteuses par un tableau de ses goûts et de ses simples espérances : « Dans ma ville où chacun travaille, laissez-moi donc comme je suis ; chaque été, plus content qu'un roi, je glane ma petite provision d'hiver, et après je chante comme un pinson, à l'ombre d'un peuplier ou d'un frêne, trop heureux de devenir *cheveux blancs* dans le pays qui m'a vu naître. Sitôt qu'on entend, dans l'été, le joli *zigo, ziou, ziou* des cigales sautilleuses, le jeune moineau s'élance et déserte le nid où il a senti venir des plumes à ses ailes. L'homme sage n'est pas ainsi... » Nous n'avons rien à ajouter à ces agréables et bonnes pensées, et nous espérons que le poëte y restera fidèle. Il aime, dit-on, la louange ; tous les poëtes l'aiment, et ceux de son pays plus encore que d'autres. Qu'elle ne soit pour lui, du moins, qu'un encouragement bien intelligible à persévérer dans la voie où il l'a su conquérir ! qu'il travaille toujours ses vers ; qu'il les laisse venir *naturels toujours*. Le beau succès de *l'Aveugle* doit lui montrer ce qu'on gagne à des sujets que le pathétique et une certaine élévation épurent. C'est de ce côté que, l'âge venant, nous voudrions le voir de plus en plus se tourner. Il a, dans Béranger, son patron et son correspondant naturel, un bel exemple de modestie, de persévérance, et aussi de perfectionnement dans l'emploi du talent. Qu'il ne le perde point de vue; et puisse-t-il arriver à vieillir, suivant ses souhaits, dans sa ville natale, poëte toujours aimable, mais de plus en plus sérieux, touchant et honoré!

1er mai 1837.

(Depuis le moment où nous annoncions ainsi Jasmin en-deçà de la Loire, sa renommée n'a fait que s'accroître, et ses œuvres récentes ont confirmé de tout point les premières louanges. Il est du petit nombre de ceux qui se perfectionnent; dans ses poëmes de *Françounetto* et de *Marthe la folle*, il a su donner à son talent toute son étendue et son ressort, sans le forcer. Jasmin, par la façon dont il travaille ses vers, par son soin de la composition et ses scrupules de style, est véritablement de l'école de Boileau et d'Horace, beaucoup plus que tel de nos grands poëtes contemporains qui écrivent en français. Jasmin est venu à Paris, mais il n'y est venu qu'en passant, comme un hôte et un ami; il y a produit sa poésie en personne, avec esprit, avec gentillesse; il l'a traduite, commentée, chantée de vive voix, et lui a conquis tous les suffrages. A propos de l'article qu'on vient de lire et auquel il voulait bien attribuer quelque part dans cette vulgarisation parisienne de son œuvre, il me disait en riant : « Vous m'avez *salonisé*. » Retourné à Agen, il y jouit plus que jamais de la renommée et de la muse, et l'estime publique est toujours présente à ces couronnes. —Voir sur Jasmin dans la *Revue des Deux Mondes* les articles de M. Léonce de Lavergne, 15 janvier 1842, et de M. Charles Labitte, 15 avril 1845; et ceux de M. Ducuing dans la *Revue de Paris*, 13 et 16 juillet 1844.)

M. EUGÈNE SUE.

1840.

(Jean Cavalier (1).)

On commence à répéter souvent, parce qu'en effet cela devient chaque jour plus sensible, que la littérature de ces dix dernières années se sépare de celle de la Restauration par des traits fort tranchés et par une physionomie qui marque véritablement une nouvelle époque. Sous la Restauration, il y avait plus de régularité et de prudence, même dans l'audace; ce qui faisait scandale était encore *relativement* décent. L'antagonisme régnait assez exactement entre les écoles littéraires comme entre les partis politiques; c'étaient des batailles à peu près rangées, l'on y pouvait remarquer de la discipline et une sorte d'évolution dans l'ensemble. Les questions de forme ne se séparaient pas des questions de fond; la joute se passait dans un camp

(1) Cette appréciation de M. Eugène Sue est antérieure à son grand succès; elle ne comprend que la première moitié de son œuvre. Jusqu'au roman d'*Arthur,* jusqu'à celui de *Mathilde,* M. Eugène Sue était ou voulait être surtout un romancier aristocratique, plus ou moins raffiné, ne s'adressant qu'aux personnes du monde, sans paraître viser à être populaire. Le succès des *Mystères de Paris* a tout changé; le voilà le romancier en vogue; il a détrôné Balzac, il est lu partout, dans le salon comme dans l'échoppe, et d'honnêtes prolétaires le proclament le philanthrope par excellence; en homme d'esprit qu'il est, il exploite sa veine. Qu'on veuille l'étudier ici un instant avec nous, avant son coup de fortune.

tracé. Il est arrivé au moment de la rupture ce qui arrive dans l'orage à un lac ou à un bassin que l'art ne défend plus. Toutes les écluses ont été lâchées, et les ruisseaux aussi. La haute mer a fait invasion, et les bas-fonds ont monté. Il a fallu quelques années pour que, dans les flux et reflux de cette étendue confuse, on retrouvât un niveau et de certaines limites. En attendant, une foule de pavillons plus ou moins aventureux ont fait leur entrée, ont imposé et illustré leurs couleurs. Aujourd'hui, quand on veut reconnaître cette rade immense (si rade il y a), l'aspect a tout à fait changé.

Dès les premiers jours de 1831, sous la rubrique assez énigmatique de *Plik et Plok*, un nouveau venu se glissait, un peu en pirate d'abord; mais qu'importe? Une fois entré, il le disait lui-même, il était bien sûr de s'y tenir, d'y jeter l'ancre; et il l'a prouvé.

Depuis 1831, M. Eugène Sue n'a cessé de produire; ses nombreux romans se pourraient distinguer en trois séries : romans maritimes, par lesquels il a débuté (*Atar-Gull*, *la Salamandre*, etc., etc.), romans et nouvelles de mœurs et de société (*Arthur*, *Cécile*, etc., etc.), romans historiques enfin (*Latréaumont*, *Jean Cavalier*). Le roman maritime l'ayant mené à étudier l'histoire de la marine française, cette histoire elle-même l'a conduit bientôt à se former, sur le règne et le personnage de Louis XIV, certaines vues particulières. Ce sont ces vues qu'il poursuit et met en action dans *Latréaumont* et dans *Jean Cavalier*. Nous avons à examiner aujourd'hui ce dernier ouvrage, remarquable, intéressant, et traité avec conscience. Ce nous est une occasion, trop retardée, de tâcher auparavant de saisir en général le caractère du talent de M. Sue.

M. Sue représente pour moi assez fidèlement ce que j'appellerai *la moyenne* du roman en France depuis ces dix années; il la représente avec distinction, mais sans un cachet trop individuel et sans trop d'excentricité, tellement que c'est l'époque même qui semble plutôt lui imprimer son cachet à elle. M. de Balzac certes, en de curieuses parties d'observation chatoyante et fine, offre un échantillon incomparablement exquis du genre (bon ou mauvais) du moment; mais ce n'a été que par endroits qu'il a paru saisissable, et il échappe vite par des écarts et des subtilités qui ne sont qu'à lui. Parmi les romanciers féconds, M. Frédéric Soulié encore a trouvé bien des veines (quelconques) du genre actuel, et les a poussées, les a labourées avec ressource et vigueur; mais chez lui, trop souvent, à travers le mouvement incontestable, où est la finesse? M. Sue, si l'on prend l'ensemble de ses œuvres et si l'on se représente bien la famille de romans dont il s'agit, se trouve en combiner en lui l'esprit, la mode, la *fashion*, l'habitude, avec distinction, je l'ai dit, avec sang-froid, avec fertilité, avec une certaine convenance. A tel ou tel de ses confrères célèbres, il a laissé le droit de déraison; lui, s'il se jette dans l'excès de crudité, c'est qu'il l'a voulu. Sa plume se possède, et il possède sa plume. Sans prendre la peine d'entrer précisément dans la conception laborieuse de l'art, il s'est trouvé par position à l'abri du mercantilisme littéraire. S'il n'a pas d'ordinaire composé avec une concentration très-profonde, il a presque toujours fait avec soin. Il n'a obéi à d'autre nécessité qu'à son goût personnel d'observer et d'écrire; jusque dans ses productions les moins flatteuses on sent de l'aisance.

Sa première spécialité semblait être le roman maritime, mais il ne s'y est pas renfermé. Il s'agissait pour lui, à son début, de se faire jour dans le monde littéraire par quelque chose d'original et qui attirât l'attention. Il savait la mer, du moins il l'avait tenue à bord d'un vaisseau de l'État durant six mois (1); il avait rangé bien des côtes. Il exploita, en homme d'esprit et d'imagination, ses rapides voyages et les impressions dont sa tête était remplie. *Le Pilote* et *le Corsaire rouge* de Cooper avaient mis le public français en goût de cette vie de périls et d'aventures; on admirait

---

(1) On peut voir quelques détails biographiques dans un article de M. Legouvé (*Revue de Paris*, tome XXVII, 1836).

à chaque salon Gudin. M. Sue se dit que, lui aussi, il pourrait arborer et faire respecter le pavillon. Le genre qu'il importait chez nous fut à l'instant suivi et pratiqué avec succès par plusieurs; les juges compétents paraissent reconnaître que, de nos romanciers de mer, le plus exact à la manœuvre est M. Corbière. Je crois que M. Sue ne visait d'abord qu'à une exactitude suffisante; il écrivait avant tout pour Paris; son ambition était moins de remplir le Havre que de remonter la Seine. Ce n'est jamais pour les vrais bergers qu'on écrit les idylles. Depuis il a fortifié ses études de marine en les dirigeant sérieusement sur l'histoire de cette branche importante. Par malheur l'historien doit être comme la femme de César, ne pas même pouvoir être soupçonné d'infidélité. M. Sue avait été trop évidemment et trop habilement conteur pour ne pas mériter un premier soupçon. On ne lui a peut-être pas assez tenu compte jusqu'ici de son second effort. Nous-même, en ce moment, nous n'irons pas avec lui au delà du romancier. A celui-ci du moins l'honneur d'avoir le premier risqué le roman français en plein Océan, d'avoir le premier comme découvert notre Méditerranée en littérature!

Mais, encore une fois, ce n'était là pour lui qu'un acheminement, qu'une forme d'introduction, et M. Sue visait surtout à exprimer certains résultats de précoce et fatale expérience, certaines vérités amères et plus qu'amères que l'excès seul de la civilisation révèle ou engendre. Parmi ses amateurs de mer, ceux de sa prédilection comme Szaffie, Vaudrey, l'abbé de Cilly, Falmouth, sont des hommes déjà brûlés par toutes les irritations des cités. Ainsi, bien vite chez lui, et dès *la Salamandre*, le vaisseau ne devint autre chose qu'une diversion et un cadre au spleen, un yacht de misanthropie ou de plaisance, une manière de vis-à-vis du *Bois* ou du Jockey-Club.

La génération spirituelle, ambitieuse, incrédule et blasée, qui occupe le monde à la mode depuis dix ans, se peint à merveille, c'est-à-dire à faire peur, dans l'ensemble des romans de M. Sue. Lord Byron était un idéal; on l'a traduit en prose; on a fait du don Juan positif; on l'a mis en petite monnaie; on l'a pris jour par jour à petites doses. Beaucoup des personnages de M. Sue ne sont pas autres. Le désillusionnement systématique, le pessimisme absolu, le jargon de rouerie, de socialisme ou de religiosité, la prétention aristocratique naturelle aux jeunes démocraties et aux brusques fortunes, cette manie de régence et d'orgie à froid, la brutalité très-vite tout près des formes les plus exquises, il a exprimé tout cela avec vie souvent et avec verve dans ses personnages. L'espèce très-exacte, et avec ses variétés, si elle se perdait un jour, se retrouverait en ses écrits; et voilà comment je dis qu'il représente à mon gré *la moyenne* du roman en France.

Sans se faire reflet ni écho de personne en particulier, il s'est laissé couramment inspirer des divers essais et des vogues d'alentour, et en a rendu quelque chose à sa manière. En un mot, la gamme du roman moderne est très au complet chez lui, et en même temps aucun ton trop prédominant n'y étouffe les autres.

Est-ce une nature vraie, légitime, une société saine qu'a exprimée M. Sue? Non assurément, et il le sait bien. Mais j'ose affirmer que c'est une société réelle. De braves gens qui vivent en famille, des hommes sérieux régulièrement occupés, des personnes du monde tout agréables et qui ne veulent pas être choquées, peuvent dire : « Où trouve-t-on de tels personnages? Ils n'existent que dans le drame moderne ou dans le roman. » Je ne nie pas qu'il n'y ait mainte fois de la charge et du cumul dans l'expression; mais, pour prendre le meilleur selon moi, le plus habile et le plus raffiné des romans de mœurs de M. Sue, *Arthur* par exemple, je dis que le personnage est vrai et qu'il y a de nos jours plus d'un Arthur.

Et, avant tout, qu'on me permette une remarque que j'ai eu très-souvent occasion de faire en ce temps où la littérature et la société sont dans un tel pêle-mêle, et où la vie d'artiste et celle d'homme du monde semblent perpétuellement s'échanger. S'il devient banal de redire que la littérature est l'expression de la société, il n'est pas moins vrai d'ajouter que la société aussi se fait l'expression volontiers et la traduction de la littérature. Tout auteur tant soit peu influent et à la mode crée un monde qui le copie, qui le continue, et qui souvent l'outre-passe. Il a touché, en l'observant, un point sensible, et ce point-là, excité qu'il est et comme piqué d'honneur, se développe à l'envi et se met à ressembler davantage. Lord Byron a eu depuis longtemps ce rôle d'influence sur les hommes : combien de nobles imaginations atteintes d'un de ses traits se sont modelées sur lui! Depuis ç'a été le tour des femmes; l'émulation les a prises de lutter au sérieux avec les types, à peine apparus, d'*Indiana* ou de *Lélia*. Je me rappelle avoir été témoin, certain soir et dans un hôtel de la meilleure compagnie, d'un drame domestique réel très-imprévu, et qui justifiait tous ceux de Dumas. Un magistrat m'a raconté qu'ayant dû faire arrêter une femme mariée qui s'enfuyait avec un amant, il n'en avait pu rien tirer à l'interrogatoire que des pages de Balzac qu'elle lui récitait tout entières. Au temps de d'Urfé une société allemande se mit à vivre à la manière des bergers du Lignon. C'est toujours le cas de dire, même quand ce sont si peu des Ménandre : *O vie! et toi Ménandre, lequel des deux a imité l'autre?*

Beaucoup des personnages de M. Sue sont donc vrais en ce sens qu'ils ont, au moins passagèrement, des modèles ou des copies dans la société qui nous entoure. Mais, pour l'aborder plus à l'aise avec ma critique, je la concentrerai d'abord sur *Arthur*, qui est un roman tout à fait distingué et où il y a fort à louer, tant pour la connaissance morale que pour la façon. Arthur, doué de toutes les qualités de la naissance, de la fortune, de l'esprit et de la jeunesse, Arthur, doué d'une puissance rare d'attraction et du don inappréciable d'être aimé, a reçu de bonne heure, d'un père misanthrope, un ver rongeur, la *défiance;* la défiance de soi et des autres. Les mortelles leçons de ce père trop éclairé et inexorable d'expérience ne sont, selon moi encore, que trop vraies (je parle en gén ral); c'est du La Rochefoucauld développé et senti, c'est du Machiavel domestique ; bien des pages du chapitre intitulé *le Deuil* ont même de certains accents de morose éloquence. Mais cette science amère, ce résidu et comme cette cendre de la vie, que ce père imprudent de sa main mourante sème au cœur de son fils, va petit à petit l'empoisonner. Ce scepticisme corrosif, distillé goutte à goutte dans le vase récent, se retrouvera au fond de tout. Avant de quitter le château paternel, Arthur aimait sa cousine Hélène, pauvre, mais belle, digne et pure, et qui elle-même l'aimait. Il s'enchante insensiblement près d'elle ; tous deux s'entendent sans se le dire ; puis vient l'aveu : ils vont s'épouser. A ce moment une fatale pensée traverse l'âme d'Arthur ; les avis funèbres de son père se réveillent, le germe de méfiance remue en lui : n'est-il pas dupe d'une feinte intéressée? Est-ce bien lui en effet, ou sa fortune, qu'aime sa cousine Hélène? Et Arthur tout d'un coup brise ce tendre cœur de jeune fille, sans pitié, avec un sang-froid odieux. Ce n'est là que le premier acte. Arthur vient à Paris ; il connaissait déjà la haute compagnie de Londres, et du premier jour il n'a rien d'emprunté ni de neuf dans notre monde élégant. Que de piquants et de gracieux portraits d'hommes et de femmes, M. de Cernay, madame de Peñafiel! Celle-ci, adorable figure, femme à la mode aussi calomniée que courtisée, captive bientôt Arthur. Dès la première scène de l'aveu qu'elle-même lui fait (comme déjà avait fait Hélène), sa méfiance, à lui si poli, éclate presque brutale; cela pourtant se répare ; il est aimé, il croit, il est heureux : les jours de soleil se succèdent. Puis tout d'un coup, au comble du bonheur, cette méfiance incurable, cette *peur d'être dupe*, revient plus féroce, et il renverse comme d'un coup de pied l'idole. Cette espèce de crime se renouvelle encore deux autres fois, et dans l'une des deux à propos non plus d'un amour de femme, mais d'une amitié d'homme. Les analyses qui précèdent et expliquent ces réveils frénétiques d'égoïsme sont parfaitement déduites et dans une psychologie très-déliée, surtout pour les deux premiers cas : « C'était enfin une lutte perpétuelle entre mon cœur qui me disait : *Crois, — aime, — espère....,* et mon esprit qui me disait : *Doute, — méprise, — et crains !* » Je ne puis indiquer en courant tout ce qu'il y a de parfait de manière et de bien saisi dans les observations et les propos de monde jetés à travers (1). Arthur lui-même, à part ces cruels moments, est accompli de façon et presque charmant de cœur; et cependant, le dirai-je? comme Vaudrey dans *la Vigie*, comme les moins bons des héros de l'auteur, il a de l'odieux; on ne peut le suivre jusqu'au bout sans une impression écrasante; après la récidive, et dès qu'on le voit incorrigible, il devient intolérable (2). C'est qu'il ne suffit pas que le personnage et le caractère soient réels pour avoir droit à être peints. M. Sue me pardonnera de lui proposer toute ma pensée. Non, il n'est jamais permis à l'art humain d'être vrai de cette sorte; quand même on aurait le sujet vivant, l'espèce sociale en personne sous les yeux, c'est là encore, si l'on peut dire, de l'art contre nature. Les grands et éternels peintres qui certes savaient le mal aussi, les Shakspeare, les Molière, l'ont-ils jamais exprimé dans ces raffinements d'exception, dans cette corruption calculée? Le mal tient-il cette place, à la fois première et singulière, dans leurs vastes tableaux? La saine nature n'est-elle pas là tout à côté qui rejaillit aussitôt, qui retrempe et qui console? Arthur n'est pas né méchant, mais il s'est rendu méchant. Or ce que Bossuet dit des héros de l'histoire, je le redirai à plus forte raison des héros du poëme ou du roman : « Loin de nous les héros sans humanité! Ils pourront bien « forcer les respects et ravir l'admiration, comme font tous

---

(1) La conversation entre Arthur et M. de Cernay, tome II, page 1; la jolie causerie de *prima sera*, II, 65; les jeunes chrétiens de salon, II, 133.

(2) En vain l'auteur semble le croire corrigé vers la fin, dans sa vie heureuse avec Marie; le temps seul lui a manqué pour rompre encore; un an ou deux de plus, et je réponds qu'Arthur aurait traité cette Marie comme il avait traité Catherine, Marguerite et Hélène.

« les objets extraordinaires, mais ils n'auront pas les
« cœurs. Lorsque Dieu forma le cœur et les entrailles de
« l'homme, il mit premièrement la bonté, comme propre
« caractère de la nature divine, et pour être comme la
« marque de cette main bienfaisante dont nous sortons.
« La bonté devait donc faire comme le fond de notre cœur,
« et devait être en même temps le premier attrait que nous
« aurions en nous-mêmes pour gagner les autres hom-
« mes... Les cœurs sont à ce prix. » Ce qu'ici je traduirai
de la sorte : La vraie gloire de l'art humain légitime est à
ce prix.

Ce n'est pas à dire peut-être que le bien plus que le mal
fasse le fond de l'humaine vie; tout n'est que confusion et
mélange. Non-seulement il y a le mal à côté du bien, mais
l'un sort même souvent de l'autre. Pourtant l'art a été
donné et inventé précisément pour aider au départ de ce
qui est mêlé, pour réparer et pratiquer la perspective, pour
orner et recouvrir de fresques plus ou moins récréantes le
mur de la prison. On peut avoir par devers soi bien des
observations concentrées et comme à l'état de poison; dé-
layez et étendez un peu, vous en faites des couleurs; et ce
sont ces couleurs qu'il faut offrir aux autres, en gardant
le poison pour soi. La philosophie peut être aride et délé-
tère, l'art ne doit l'être jamais. Même en restant fidèle, il
revêt et anime tout; c'est là sa magie; il faut qu'on dise de
lui : *C'est vrai*, et pourtant que ce ne le soit pas.

D'abord jeune, en écrivant, si l'on est déjà piqué d'a-
mère ironie, on voudrait étreindre toute la vérité, dire
tout le mal qu'on devine, le proférer à la face du ciel et
de la société avec dédain et colère. Plus tard, en avançant
dans la vie, on voit qu'on ne peut dire assez, que le fond
échappe toujours, que c'est inutile de trop presser. On se
détend alors; on consent, après avoir dit beaucoup, à s'envelopper, si on le peut, dans la grâce, dans une sorte
d'illusion idéale encore. Voyez la *Colomba* de Mérimée;
toute l'ironie s'y est voilée et y est redevenue comme virginale.

M. Sue sait tout cela aussi bien et mieux que nous, lui qui, dans *Arthur* même, nous a si bien motivé en deux endroits sa préférence pour Walter Scott sur Byron (1); lui qui nous dit encore par la bouche de son héros que, « si le « monde pénètre presque toujours les sentiments faux et « coupables, jamais il ne se doute un instant des senti- « ments naturels, vrais et généreux. » M. Sue ne nie pas les bons sentiments, mais plutôt leur chance de succès ici-bas. Il nous a permis au reste de suivre les diverses transformations de sa pensée sur cette question même. Il a débuté par une crudité systématique; dans Brulart d'*Atar-Gull*, il a exprimé le mécompte violent poussé jusqu'à la rage contre l'humanité; dans Szaffie de *la Salamandre*, il a rendu l'ironie calculée qui va à tout flétrir. Avait-il bien dessein en cela, comme il le déclare dans la préface de *la Vigie*, d'amener, d'induire, par les critiques mêmes qu'on lui ferait, le parti libéral et philosophique à reconnaître *qu'il n'est pas de bonheur pour l'homme sur la terre si on lui arrache toute illusion?* C'était prendre une voie bien indirecte, on l'avouera, pour reconstruire ces illusions; c'était frapper trop fort afin qu'on lui dît : *N'allez pas si loin.* Méthode scabreuse de faire marcher l'ilote ivre devant le Spartiate, pour dégoûter celui-ci de l'ivresse! Il faut être, avant tout, bien Spartiate pour être sûrement guéri. Quoi qu'il en soit, dans la préface d'*Arthur*, et auparavant dans celle de *Latréaumont*, l'auteur semble près de s'amender; il ne croit plus au mal absolu ni à son triomphe inévitable sur le bien; du point de vue plus élevé d'où il juge, « les illusions du vice lui paraissent, dit-il, « aussi exorbitantes à leur tour que lui paraissaient jadis « celles de la vertu. » L'auteur arrive évidemment à sa maturité d'éclectisme et de scepticisme. Ce progrès, cette rectification qui se manifeste déjà avec sincérité dans *Arthur*, doit profiter à M. Sue pour les futurs romans de mœurs qu'il produira. Tout en continuant de peindre les

(1) Tome II, pages 36 et 88.

tristes réalités qu'il sait, il évitera de les forcer, de les trancher outre mesure; sa manière, dans le détail même, y devra gagner en fusion.

Nous n'avons pris M. Sue jusqu'à présent que sur le type fondamental qu'il a presque constamment affecté et reproduit dans ses plus longs ouvrages. Dans une foule d'opuscules et de nouvelles, il s'est montré plus libre et a obéi à des qualités franches. M. Sue a une veine de comique naturel; il en use volontiers et même surabondamment. Dans *M. Crinet* de *la Coucaratcha*, dans *le Juge* de *Deleytar* (1), il a poussé un peu loin la pointe, il a grossoyé et charbonné à plaisir la raillerie; mais l'entretien certes n'y manque pas. Il se plaît encore et réussit fort bien à un comique plus sérieux et contenu, à un comique d'*humour*, comme dans *Mon ami Wolf*. Ce Wolf est un original qui, s'étant laissé aller un soir d'ivresse à faire une confidence indiscrète à un ami qu'il n'avait jamais vu jusque-là, va le forcer le lendemain matin à se couper la gorge avec lui pour que le secret ne soit plus partagé. Dans un autre genre, et visant au petit livre, M. Sue a esquissé la nouvelle de *Cécile*, histoire analytique d'une mésalliance morale. Toute la partie de la femme y est délicatement traitée; mais Noirville, l'époux de Cécile, a paru de beaucoup trop chargé et d'un comique par trop bas. Madame de Charrière, dans les Lettres de mistriss Henley, a su exprimer cette même mésintelligence intime par des contrastes qui sont encore des nuances, et qui n'ont rien de désagréable au lecteur. Ce n'est pas à dire pourtant qu'il n'y ait dans *Cécile* bien des mots touchants et vrais : « Aussi qu'elle est *heureuse!* dit le monde.... Le monde!... ce froid égoïste, qui vous fait heureux pour n'avoir pas l'en-

---

(1) *Deleytar*, recueil de contes, du mot espagnol qui signifie *amuser*. *Coucaratcha*, *mouche causeuse*. Ces titres bizarres sont de rigueur, on le sait, dans le roman moderne. L'éditeur les réclame d'abord, et, une fois qu'il les tient, il ne les lâche plus. Le roman suit, comme il peut, le titre, et s'y conforme bon gré mal gré. M. Sue, depuis *Plik et Plok*, a porté plus galamment que personne cette cocarde-là.

nui de vous plaindre, et qui ne s'arrête jamais qu'aux surfaces, parce que les plus malheureux ont toujours une fleur à y effeuiller pour cacher leur misère aux yeux de ce tyran si ingrat et si insatiable ! »

J'en viens aux romans historiques de l'auteur. — Au moment même où, dans la préface de *Latréaumont*, M. Sue semblait en voie de rétracter ses précédentes assertions pessimistes trop absolues, il lui arrivait, peut-être à son insu, de ne pouvoir s'en débarrasser du premier coup et de s'en tirer par un détour. Dans le corps humain, on le sait trop, une humeur âcre, qui est restée longtemps vague et générale, menaçant et affectant toute l'organisation, ne se guérit guère qu'en se jetant et se fixant en définitive sur un point déterminé. De même au moral (que M. Sue me passe la comparaison), de même chez lui ce pessimisme déjà ancien, qui s'en prenait à l'humanité entière, ne pouvait disparaître et fondre un peu dans son ensemble qu'en se concentrant vite sur quelque objet. M. Sue abordait le dix-septième siècle et l'époque de Louis XIV; au moment donc où il avait l'air de se corriger, son pessimisme se déplaçait et se reportait sur la personne même de Louis XIV, sur cette auguste et égoïste figure qui était censée représenter à elle seule toute l'époque. De là cette grande querelle qu'il s'est faite, et que nous allons, bien que plus modérément, continuer. C'est déjà, ce nous semble, atténuer le tort de M. Sue que de l'expliquer ainsi, d'en bien saisir la transition, et de le montrer à son origine presque naturel et ingénieux.

Dans *Latréaumont*, M. Sue s'est attaqué à Louis XIV de 1669 à 1674, c'est-à-dire au cœur de sa gloire, comme s'il l'avait voulu humilier et rabaisser dans sa personne même jusque sur son char de triomphe. Dans *Jean Cavalier*, il s'est attaqué à la grande erreur politique de ce règne, à la révocation de l'Édit de Nantes, et a retracé les révoltes et les désastres qui s'ensuivirent. Dans les deux romans il est naturellement du parti des opposants à Louis XIV, dans *Latréaumont* du parti de M. de Rohan et des libertins, dans *Jean Cavalier* du parti des puritains et des religionnaires.

Latréaumont, à titre de roman, a de l'intérêt et de l'action : le talent dramatique de M. Sue s'y déploie avec combinaison et développement. Si le personnage de Latréaumont y est chargé à la Stentor, celui du chevalier de Rohan n'y est pas trop idéalisé et a de la vraisemblance dans ses contraires. Si dans bien des scènes, dans celle, par exemple, de la marquise de Vilars et du chevalier Des Préaux, on peut s'étonner de retrouver la phraséologie amoureuse moderne, il en est d'autres, telles que la conversation des filles d'honneur de la reine, où une couleur suffisamment appropriée se joue en parfaite bonne grâce. Mais une question, une querelle, je l'ai dit, domine tout le reste, et il est déjà fâcheux, eût-on raison, de se faire une querelle à travers un roman, c'est-à-dire dans un écrit fait pour distraire et pour séduire. Louis XIV était-il en effet un *bélâtre* assez niais et rengorgé (1)? Les termes de *personnalité sordide* et de *grossière fatuité* (2), que j'ose à peine transcrire, expriment-ils (solennité et perruque à part) le fond exact de sa nature? Est-ce trop peu encore de qualifier à ce taux son égoïsme en bonnes fortunes et en toutes choses? faut-il aller avec lui jusqu'aux *lâches méchancetés* (3), et le *bélâtre* vise-t-il en de certains moments au *Néron* (4)? M. Sue a évidemment compromis son paradoxe en le poussant aux extrêmes. Saint-Simon de son temps, Lemontey du nôtre, ont beaucoup dit sur le grand roi; j'en pense volontiers tout le mal qu'ils articulent, à l'endroit de l'égoïsme qui chez lui était monstrueux et que soixante années d'idolâtrie cultivèrent. Mais est-ce une raison de méconnaître ses qualités et sa grandeur, un sens naturel et droit, un haut sentiment d'honneur et de majesté souveraine, l'ordonnance de son règne

(1) Tome I, page 246.
(2) I, 122.
(3) I, 249.
(4) II, page 470, épigraphe.

si bien comprise, le discernement des hommes, de ceux qui ornent et de ceux qui servent, la part faite à chacun des principaux et assez librement laissée, l'art du maître, le caractère royal enfin, indélébile chez lui, et l'immuabilité dans l'infortune (1)? Que Louis XIV vieillissant se donnât des indigestions de petits pois; qu'au temps de sa jeunesse il se montrât un sultan jaloux et sans partage; qu'il fût dur avec ses maîtresses et avec les princesses de sa famille; qu'il fît courir en carrosse à sa suite avec toutes sortes de cahotements madame de Montespan ou la duchesse de Bourgogne enceintes, au risque de les blesser : ce sont là des inhumanités de roi ou des infirmités d'homme. Mais Napoléon, par exemple, n'était-il donc pas dur aussi et inexorable d'étiquette avec les femmes de sa cour? Après le désastre de Russie, ne fallait-il pas que toutes les dames du palais fussent sous les armes en habits de fête? Ne fallait-il pas que les quadrilles du château se reformassent au complet malgré les pieds gelés des hommes et les larmes dans les yeux des femmes et des mères? Voilà qui est atroce assurément; mais qui ferait un portrait de Napoléon sur ce pied-là ne se montrerait-il pas à son tour souverainement injuste? Pareille méprise est arrivée à M. Sue. Il n'a vu, il n'a voulu voir qu'un côté, le petit et le vilain, d'un grand règne; il a parlé de Louis XIV en opprimé presque, en homme lésé; il s'est mis passionnément de la cabale des gens d'esprit et des libertins contre le grand roi; il a fait cause commune avec Vardes, Bussy, Lauzun, Rohan, les Vendôme, avec tous ceux qui regrettaient ou qui appelaient la précédente ou la future régence; durant une oraison funèbre de Bossuet, durant les chœurs d'*Athalie* ou d'*Esther*, il a continué de chanter *à la cantonade* quelque noël satirique. A la bonne

---

(1) Pour avoir une juste idée de Louis XIV et ne plus être tenté d'en parler à la légère, il faut avoir lu au complet le beau Recueil des pièces diplomatiques publiées par M. Mignet. L'intérieur politique du règne est là; on y suit et on y admire cette constante application aux affaires du sein des pompes et des plaisirs.

heure ! la vivacité de son injustice témoignerait au besoin de l'intimité de ses études sur le grand règne. On n'en veut jamais de cette sorte à un homme et à un roi sans avoir de très-proches raisons (1).

La contre-partie du paradoxe l'a conduit, dans sa spirituelle fantaisie de *Létorières*, à faire de Louis XV à diverses reprises le plus *adorable* maître et à ne l'appeler que *cet excellent prince*. C'est peut-être un des droits piquants du roman historique que de risquer ces revirements soudains de jugements. Ils y sont du moins plus de mise que dans l'histoire, qui en a tant abusé de nos jours. Tel n'a rabaissé Charlemagne que pour faire à Louis le Débonnaire un pavois.

Latréaumont, malgré l'habileté de l'agencement, manquait d'un genre de ressources : la tentative de livrer Quillebeuf aux Hollandais et de soulever la Normandie en 1674, était par trop dénuée de raison ; une telle échauffourée n'allait même pas à se colorer selon les perspectives du roman. Il en est autrement dans *Jean Cavalier* : la révolte des Cévennes, qui ensanglanta les premières années du dix-huitième siècle, fut sérieuse ; elle sortit du plus profond des misères et du fanatisme des populations ; elle coïncida avec les grands événements de la guerre de la Succession ; elle fit ulcère au cœur de la puissance déclinante de Louis XIV. Villars, vainqueur d'Hochstedt, y fut employé, et y parut tenu en échec un moment. Enfin cette révolte désespérée produisit son homme, son héros, héros assez équivoque sans doute, figure peu achevée et très-mêlée d'ombre, mais par cela même un commode personnage de roman, Jean Cavalier.

Il faut rendre d'abord à M. Sue cette justice qu'il a sérieusement étudié son sujet, et non-seulement dans les

(1) Entre Louis XIV et M. Sue, c'est en effet comme une affaire personnelle. — « Qu'a donc M. Eugène Sue contre Louis XIV ? demandait-on. — Voulez-vous savoir le fin mot ? répliqua quelqu'un ; ils faisaient tous deux la cour à mademoiselle de Fontanges, et Louis XIV l'a emporté. »

sources ouvertes et faciles, mais dans les plus particulières. On lui doit, à la fin de son quatrième volume, la publication de lettres manuscrites d'une sœur Demerez de l'Incarnation, véritable gazette où sont notés au fur et à mesure par une plume catholique les principaux contre-coups et les terreurs de cette guerre des Cévennes. L'introduction qui précède le roman, et qui m'a rappelé un peu *le vieux Cevenol* de Rabaut-Saint-Étienne, rassemble avec vivacité les diverses phases de la persécution. Ici les reproches de l'auteur contre Louis XIV deviennent fondés ou du moins plausibles; il est piquant et il n'est peut-être pas faux de soutenir que les rigueurs contre les protestants augmentent graduellement en raison directe des scrupules et des remords du grand roi, et qu'il croit, à la lettre, faire pénitence à leurs dépens. Mais M. Sue oublie trop toujours l'atmosphère singulière de ce règne et le souffle universel qu'on y respirait, l'illusion profonde que se firent si naturellement alors les hommes les plus illustres et les plus sages dans les conseils du monarque. Bossuet, le chancelier Le Tellier et tous les autres, en effet, n'eurent qu'un avis, qu'un concert d'acclamations pour célébrer la sagesse et la piété du maître quand il révoqua l'Édit. Le grand Arnauld, banni lui-même, se réjouit de cette révocation; persécuté, il applaudit de loin aux persécutions et aux premières conversions en masse, avec une naïveté incomparable. En étudiant beaucoup les faits, les matériaux et les pièces du temps, M. Sue n'a pas voulu les replacer, pour ainsi dire, dans la lumière qui seule les complète, ni entrer dans cet esprit général et régnant qui a été comme la longue ivresse et l'enchantement propre de l'époque de Louis XIV; il y fallait entrer pourtant à quelque degré, sinon pour le partager, du moins pour le juger, et pour y voir personnes et choses dans leur vraie proportion. Cet inconvénient perce surtout dans l'introduction historique, et s'y trahit par de certains anachronismes d'expression, comme lorsque, par exemple, l'auteur nous dit qu'à cette époque le clergé français, sauf quelques exceptions, était *profondément déconsidéré*. Certes, ni le mot ni la chose n'existaient et n'avaient cours sous Louis XIV.

Comme c'est là le seul grave reproche que j'aie à adresser en général à l'intéressant et instructif roman de M. Sue, on m'excusera de m'en bien expliquer. J'ai (et sans superstition, je crois), j'ai une si grande idée de l'époque de Louis XIV, je la trouve si magnifiquement et si décidément historique, que je me figure que rien n'est plus difficile et peut-être plus impossible que d'y établir, d'y accomplir à souhait un roman. Et, pour m'en tenir au langage, qui est chose si considérable dans un livre, comment l'observer, le reproduire fidèlement, ce langage d'alors, dans son unité, son ampleur merveilleuse et son harmonie? Avec toute autre époque on peut, je m'imagine, éluder jusqu'à un certain point; on emprunte quelque appareil de ce temps-là, quelques locutions qui sentent leur saveur locale; on se déguise, on jette du drame à travers, et l'on paraît s'en tirer. Mais ici comment éluder? Ce langage du beau siècle et qui en reste la manifestation vénérée, nous l'avons appris d'hier, nous le contemplons par l'étude, il subsiste vivant dans notre mémoire, il retentit à nos oreilles, mais nos lèvres ne savent plus le proférer. Si je m'échappe à dire d'un roi qu'il est *expérimenté* par l'infortune, si je dis d'un voyageur que l'aspect de certains lieux sauvages *l'impressionne* désagréablement, j'ai déjà blasphémé : me voilà rejeté à cent lieues du siècle que je veux aborder, et qui me renvoie les échos de ma voix qu'il ne connaît pas (1). Mais que sera-ce donc si j'ai à faire parler dans mon récit un de ces hommes dont le

---

(1) Je me rappelle avoir lu dans le *Journal des Savants* (décembre 1835), à l'article *Nouvelles littéraires* qui termine, une simple petite note indiquant la publication de l'*Histoire de la Marine française*, par M. Sue. L'excellent rédacteur, M. Daunou, avait trouvé moyen dans cette simple note d'apparence bibliographique, et par une citation malicieusement choisie, de faire ressortir les locutions, selon lui vicieuses, et le néologisme, auquel il ne pardonnait pas.

nom seul enferme tout un culte et un héritage évanoui de vertu, de gravité et d'éloquence, quelque Daguesseau, quelque Lamoignon ? M. Sue, en produisant M. de Bâville et en le mettant aux prises avec Villars, a fait preuve d'une remarquable habileté de dialogue; mais l'habileté ici ne suffit pas. M. de Bâville a-t-il jamais pu parler à son fils comme il le fait dans le roman? a-t-il pu l'entretenir de la France et de la religion politiquement, en homme qui a lu De Maistre, ou en disciple récent de nos historiens de la civilisation moderne? « Quand l'expérience aura mûri votre raison, mon fils, vous verrez toute la vanité de ces distinctions subtiles. Qui dit catholique, dit monarchique; qui dit protestant, dit républicain, et tout républicain est ennemi de la monarchie. *Or la France est essentiellement, je dirai même plus, est géographiquement monarchique.* Sa puissance, sa prospérité, sa vie, tiennent essentiellement à cette forme de gouvernement. *L'élément théocratique qui entre dans son organisation sociale* lui a donné quatorze siècles d'existence (1).... » A-t-il bien pu, lui, M. de Bâville, dans le courant de la phrase, dire *Bossuet* tout court, citer d'emblée et sur la même ligne *Pascal*, *Molière* et *Newton*, Molière un comédien d'hier, Newton que Voltaire le premier en France vulgarisera? Ce qu'il n'a pas pu dire, je le sais bien; comment il aurait pu parler, qui le saura, à moins d'avoir eu l'honneur d'être familier autrefois en cette maison même des Malesherbes? Voilà des difficultés insurmontables. Walter Scott, si véritablement historique par le souffle et l'esprit divinateur, Walter Scott, avec tout son génie d'évocation, n'avait du moins dans ses *Puritains d'Écosse* qu'à peindre des temps plus voisins, plus épars, sans idéal vénéré encore, et à reproduire un langage local dont il savait l'accent comme il savait le son de ses cornemuses et l'odeur des bruyères.

Après cela, M. Sue nous répondra qu'heureusement pour

---

(1) Tome II, page 237.

lui et pour son sujet, Jean Cavalier n'est qu'un partisan et un révolté dans le règne de Louis XIV, que la scène se passe hors du cercle et de la sphère harmonieuse, que c'en est un épisode irrégulier, une infraction sanglante et cruelle, qu'ainsi donc les difficultés s'éludent. Il a raison; mais encore, comme le cadre de ce règne est partout à l'entour, il vient un moment où l'épisode sauvage y va heurter; si loin qu'on soit du centre, la révolte, avant d'expirer, passe à une certaine heure sous un brillant balcon, et sur ce balcon sont trois hommes du pur grand siècle, Bâville, Villars et Fléchier.

Les lettres de ce dernier nous ont laissé des renseignements prochains et des impressions fidèles sur les camisards et Jean Cavalier. Le prélat se trouve assez d'accord avec la sœur Demerez. M. Sue, dans le portrait de son héros, a bien tenu compte des principales données de l'histoire. Cavalier, simple boulanger d'abord, et fils d'un paysan des Cévennes, prit vite dans l'insurrection un rang que tant d'exemples analogues, dans toutes les Vendées qui ont suivi, nous font aujourd'hui aisément comprendre : c'était alors une énigme inexpliquée. Ce jeune homme avait évidemment quelque étincelle du génie militaire; après quelques combats, Villars le jugea digne en effet d'une conférence réglée. Dans le jardin des Récollets de Nîmes où le jeune chef se rendit (mai 1704), le peuple admira, au passage, sa jeunesse, son air de douceur, sa belle mine; et en sortant du jardin, est-il dit, on lui présenta plusieurs dames *qui s'estimaient bienheureuses de pouvoir toucher le bout de son justaucorps*. Dans la suite, Cavalier, retiré en Angleterre où il avait le grade d'officier-général, écrivit, à ce qu'il paraît, ses Mémoires en anglais; il y exposa l'ensemble de sa conduite, de ses desseins, les conditions qu'il stipula, assure-t-il, pour les siens, et qu'on n'observa point. Mais la sincérité du narrateur est loin d'être avérée, et certains détails controuvés autorisent le soupçon. Ainsi Cavalier, avant de sortir de France, alla à Paris et vit le ministre Chamillard à Versailles. « Chamillard, écrit un historien (1), écouta Cavalier. On assure que le roi le voulut voir : on le plaça pour cela sur le grand escalier où Sa Majesté devait passer. Ce monarque se contenta de jeter les yeux sur lui et haussa les épaules. Cavalier assure qu'il eut un long entretien avec lui : il en rapporte même les termes...; ce qui ne contribue pas peu à décréditer ses Mémoires. » M. Sue a très-bien démêlé ou construit ce caractère qui passe à un certain moment du sincère à l'ambitieux, que la vanité et la gloire exaltent, qui, à peine à la tête des siens, s'aperçoit qu'il n'est pas là à sa place, et qui fait tout pour la gagner. De l'aventurier au héros, il n'est qu'un pas, et Cavalier ne put le franchir. L'interprétation du caractère et en général des mobiles du personnage dans le roman demeure encore historiquement la plus probable.

La *belle Isabeau*, qui joue un si grand rôle à ses côtés, est un autre personnage historique; mais, par une licence très-permise, l'auteur ici a rapproché des temps un peu différents. C'est dans les années 1688 et 1689 qu'éclata dans le Dauphiné et le Vivarais la première épidémie de fanatisme et de prophétie; la belle Isabeau était une des prophétesses. C'est aussi à cette date de 1688 que se rapporte l'histoire du gentilhomme verrier Du Serre, qui tenait école de petits prophètes. Pour justifier M. Sue d'avoir transporté et concentré ces particularités en 1704 autour de Jean Cavalier, il suffit que l'épidémie des visionnaires se soit prolongée jusque-là. Chaque chef camisard avait, en effet, son petit prophète, son mignon, comme disaient les catholiques. M. Sue en a tiré un très-grand parti en donnant l'enfant Ichabod pour prophète au féroce Éphraïm, et en réservant ces deux petits anges de Gabriel et de Céleste à Cavalier. Je trouve pourtant que le gentilhomme Du Serre est par trop machiavélique dans ses procédés de fascination : du moins l'auteur a trop cherché à nous expliquer, par des moyens physiques et physiologiques, et

---

(1) *Histoire des troubles des Cévennes*, 3 vol. Villefranche, 1760.

même à l'aide de l'opium, ce qu'il eût été mieux de laisser à demi flottant sous le mystère.

L'ouverture du roman a vraiment de la beauté : la douceur du paysage qu'admirent les deux enfants, la ferme de Saint-Andéol, le repas de famille et l'autorité patriarcale du père de Cavalier, l'arrivée des dragons et des miquelets sous ce toit béni, les horreurs qui suivent, la mère traînée sur la claie, tout cela s'enchaîne naturellement et conduit le lecteur à l'excès d'émotion par des sentiments bien placés et par un pathétique légitime. Mais, à partir de ce moment, on entre dans la guerre civile, dans les représailles sanglantes et sans issue. L'intérêt se trouve, en avançant, un peu disséminé. La comédienne Toinon et son sigisbée Taboureau, jetés à travers l'action, servent à la renouer, et reposent d'ailleurs en faisant sourire. Cette dévouée Toinon, qui ne songe qu'à sauver son beau capitaine Florac, a par moments quelque faux air de la Esmeralda suivant son Phœbus. Claude Taboureau est d'un bout à l'autre très-divertissant, et ajoute une figure heureuse au groupe des originaux et des grotesques dus à la verve de M. Sue. Éphraïm, avec son petit prophète Ichabod et son cheval Lépidoth, est rigoureusement conçu et soutenu sans fléchir : Walter Scott l'avouerait.

Bien que le paysage des montagnes semble par endroits assez largement tracé, je regrette qu'il ne soit pas constamment plus précis, plus sobre, plus conforme à cette sévère nature de notre Midi. La petite maison isolée où Cavalier trouve moyen à un moment de loger Toinon et Taboureau, ce jardin gracieux avec ses orangers, ses *magnolias*, ses *troënes du Japon* et ses *acacias de Constantinople*, ressemble déjà à l'habitation enchantée d'Arthur, l'homme à la mode de 1839. Sous Louis XIV, même en pleine révolte, on n'improvisait pas des jardins ainsi. Je me suis demandé pourquoi l'auteur n'avait pas tenté, dans quelque excursion de Cavalier sur Nîmes, de le faire camper sous le pont même du Gard, au pied de ces massifs romains, aux flancs de ces rochers à demi creusés tout exprès comme pour l'habitation des prédicants sauvages. Le réveil de ce camp agreste eût été beau au matin sous l'ardent soleil, au sein de cette végétation rare et forte, aux hautes odeurs. Cavalier monté au dernier étage des arches, avec sa lunette, aurait au loin sondé la vallée. L'exacte bordure du paysage est bien essentielle dans ce genre de romans. Cooper y a excellé dans ses *Puritains d'Amérique*, et en général dans ses meilleurs ouvrages, se dédommageant de ne pouvoir lutter avec Walter Scott pour les caractères.

Je pourrais continuer plus ou moins longtemps ces remarques, mais je me ferais mal comprendre, si je ne concluais nettement que *Jean Cavalier* ajoute, dans un genre nouveau, à l'idée qu'avaient déjà donnée de M. Sue plusieurs romans, et notamment *Arthur*. Toutes ces critiques, au reste, ces observations mêlées d'éloges et de réserves, l'auteur qui en est l'objet et à qui nous les soumettons nous les passera; elles sont même, disons-le, un hommage indirect que nous adressons en lui à une qualité fort rare aujourd'hui et presque introuvable chez les hommes de lettres et les romanciers célèbres. Nous ne nous fussions pas hasardé à critiquer de la sorte bien des confrères de M. Sue, gens de talent toutefois; nous eussions mieux aimé nous taire sur leur compte, que de nous jouer à leur irritabilité. M. Sue, au contraire, a toujours, avec une convenance parfaite, essuyé la critique sans la braver; il n'y a jamais en aucune préface riposté avec aigreur; homme du monde et sachant ce que valent les choses, il a obéi à son talent inventif d'écrivain et de conteur sans faire le grand homme à tout propos. Ce bon goût que sans doute il a pu, comme nous tous, choquer plus d'une fois dans bien des pages écrites, il l'a eu (mérite plus rare) dans l'ensemble de sa conduite littéraire.

15 septembre 1840.

(Tel était M. Eugène Sue comme romancier, à la veille encore de ses *Mystères de Paris;* à dater de ce jour-là, sa position en face du public et de la critique a visiblement changé : rien de surprenant que nous changions aussi. Il est douteux qu'en commençant son fameux ouvrage, cet homme d'esprit et d'invention ait prétendu autre chose que de persister plus que jamais dans sa voie pessimiste, et, rassemblant tous ses secrets, en faire un roman bien épicé, bien salé, à l'usage du beau monde. J'imagine qu'il voulait voir par une sorte de gageure jusqu'où, cette fois, il pourrait conduire du premier pas ses belles lectrices, et si les grandes dames ne reculeraient pas devant le *tapis franc*. — Il y a quelqu'un de très-connu qui a dit : « Quand je vois un tas de boue, j'y *vas*, et je crois que tout le monde est comme moi. » C'est là un bien vilain mot et une bien diabolique pensée; je ne serais pourtant pas étonné du tout (et j'en pourrais donner au besoin plus d'une raison) que l'auteur, osant tout ce qu'il savait, se fût dit ce mot-là pour article premier de sa poétique, lorsqu'il transporta d'abord ses lecteurs dans la rue *aux Fèves*. Dans ce cas il aurait bien spéculé; certains mystères de ce genre ont leurs attraits et parfois enflamment : « *Quædam feminæ sordibus calent*, » a dit énergiquement Pétrone en parlant des nobles dames romaines de son temps. M. Sue a droit de répéter le mot; il le pourrait mettre pour épigraphe à la première partie de ses *Mystères*. Mais bientôt, en avançant dans son sujet, l'auteur eut une crainte : certains feuilletons firent crier les moins scrupuleux; l'odeur secrète, ce que j'ai entendu appeler l'odeur du *fond de cale*, si masquée qu'elle fût de temps à autre dans des parfums, perçait trop par intervalles. Bien avant ces scènes priapiques de Cécily qui révoltèrent, il avait fallu songer à faire diversion : quelques chapitres de philanthropie, disposés par intervalles, couvrirent à propos la marche. La manière dont ils furent pris indiqua à l'auteur une voie nouvelle, et la facilité d'une partie du public ouvrit à son talent des jours dont il profita. C'est ce qui a fait dire à l'un des chroniqueurs littéraires du temps : « Parti du Rétif et même du De Sade, M. Sue est en voie d'aboutir au saint Vincent de Paul en passant par le Ducray-Duminil. » C'est ce qui faisait dire encore à une femme d'esprit : « Toutes les fois que M. Sue s'aperçoit qu'il est allé trop loin en un sens, vite il fait chanter les oiseaux de Rigolette. » — Je ne prétends pas que l'homme de talent, une fois lancé dans l'exploitation de cette veine *socialiste* et *humanitaire*, n'ait pas trouvé en effet des scènes dramatiques et pathétiques, n'ait pas touché avec l'habileté dont il est capable quelque fibre vive et saignante ; cela seul peut expliquer l'étendue de son succès. Mais le fait est qu'il y a eu bien de la duperie d'une part et quelque mystification de l'autre. Le résultat de ce succès a été de faire d'un romancier aristocratique ou visant à l'être, et ironiquement sceptique, un auteur populaire et asservi désormais à son public : de là *le Juif Errant* et les passions qu'il flatte. Rien certes ne saurait être plus éloigné du genre de progrès et de perfectionnement graduel auquel nous nous permettions d'inviter l'auteur d'*Arthur;* la littérature proprement dite n'a plus que faire ici. Nous avons regret de clore avec un homme d'esprit, et si peu entêté de son succès, par un post-scriptum qui peut paraître sévère ; mais lui-même s'il disait son secret et son jeu, et tout ce qu'il sait de la gobe-moucherie humanitaire (la plus gobe-mouches de toutes), que ne dirait-il pas? — Ce qu'on a écrit de plus juste à mon sens sur *les Mystères de Paris* se peut lire dans la *Revue suisse*, année 1843, pages 550, 618, 666; et année 1844, page 68.)

M. EUGÈNE SCRIBE.

1840.

(Le Verre d'eau.)

Qu'est-ce qu'un poëte? C'est celui qui fait, qui crée, et selon une certaine forme. Être poëte, créer, et avoir une forme dont votre création, grande ou petite, ne se sépare pas, tout cela se tient au fond, et les classifications reçues doivent, bon gré mal gré, s'y ranger. M. Scribe possède à la fois la fertilité dramatique et une forme qui n'est qu'à lui. Il a donc rang parmi nos poëtes (1) à aussi bon droit, je pense, que s'il avait composé dans sa vie une couple de pièces en alexandrins; et nous n'avons pas même à demander pardon de la liberté grande aux innombrables auteurs d'élégies, à l'aristocratie désormais très-mélangée des rêveurs et des rimeurs à rimes plus ou moins riches. L'imitation, l'émulation et l'industrie étant partout au comble, les genres et les manières qui pouvaient sembler les plus réservés jusqu'à présent, et qui eussent peut-être suffi autrefois pour marquer la qualité du talent, ne sont plus une garantie, s'ils l'ont jamais été; tout le monde s'en mêle, et assez bien. La littérature entière est déclassée. Il n'est donc rien de tel en chaque genre, pour se sauver et triom-

(1) Ce portrait faisait d'abord partie de la série des POËTES *et romanciers modernes* dans la *Revue des Deux Mondes;* il s'agissait, en commençant, de justifier et d'expliquer cette classification.

pher décidément, que l'esprit, et beaucoup d'esprit, et très-inventif : c'est encore, après tout, la seule recette que n'a pas qui veut.

Non pas que je prétende, en faisant fi de la dignité des genres, que tous reviennent au même pour l'homme d'esprit, et que le cadre, le cercle qu'on se donne à remplir, soient indifférents. Nous verrons, à propos de M. Scribe lui-même, qu'il nous induit à penser le contraire. Il y a des scènes et des publics qui nous excitent, qui nous élèvent dès l'abord, qui nous forcent à tirer de nous-mêmes et plus constamment tout ce que nous valons. L'homme d'esprit inventif a souvent une infinité de manières possibles de se produire et de faire; l'occasion décide; à moins d'une volonté très-haute, on se jette du premier côté qui prête; les envieux, les routiniers, les admirateurs même, vous y confinent; on va toujours, et on les dément. En fin de compte, quand le don d'invention est très-réel et très-vif, tout se retrouve, et l'on a peu à regretter. Plus ou moins tôt, toutes les qualités percent, et la dose de nouveauté qu'on avait en soi est versée dans le public. Mais les diverses manières de la mettre en dehors n'ont pas égale apparence, ne font pas également d'honneur. Le plaisir si commode qu'on procure chaque jour aux autres semble nuire même (ingratitude!) au degré de mérite qu'ils vous supposent. Et puis, en effet, on s'est trop dispersé et circonscrit à la fois d'abord; on s'est habitué à voir les choses sous un certain angle, on garde de certains plis, même en s'agrandissant. Il y aurait bonheur à la critique, dans un sujet aussi brillant et aussi populaire que M. Scribe, à démêler et à indiquer avec soin toutes ces circonstances déliées de sa vocation, de son œuvre et de sa fortune dramatique. Trop peu compétent pour mon compte en matière si éparse et si mobile, je ne ferai que courir, relevant quelques points à peine et en hâte d'arriver à son dernier succès, mais heureux au moins si j'ai montré que le propre de la critique est de n'être point prude, qu'elle aime et va quérir partout les choses de l'esprit, qu'elle tient à honneur de s'en informer et d'en jouir. Et telle que je la conçois, la critique, dans sa diversion et son ambition de curiosité, dans sa naïveté d'impressions successives et légitimes, dans son intelligence ouverte aux contrastes, je consentirais qu'on lui pût dire comme à cet abbé du dix-huitième siècle, mais sans injure :

Déjeunant de l'autel et soupant du théâtre.

Elle n'aurait qu'à répondre pour toute explication : « Je suis esprit, et rien de ce qui tient aux choses de l'esprit ne me paraît étranger. »

Villon était enfant de Paris, et né vers la place Maubert, je pense. Molière est né sous les piliers des halles ; Boileau dans la Cité, à l'ombre du Palais-de-Justice ; et Béranger a joué avec les écailles d'huîtres de la rue Montorgueil. M. Scribe aussi est un enfant de Paris, et, comme tous ceux-là, à sa manière il l'a, ce semble, bien montré. Il est né le 24 décembre 1791, en pleine rue Saint-Denis (1), dans le magasin de soieries à l'enseigne du *Chat Noir*, où son père fit une honorable fortune : depuis lors, la maison, en gardant l'enseigne de bon augure, s'est convertie, me dit-on, de magasin de soieries, en boutique de confiseur. Mais je ne veux pas symboliser.

Il fit de bonnes et intelligentes études au collége Sainte-Barbe ; sa mère, qui l'aimait très-tendrement, le poussait à une émulation extrême qui, dans un caractère moins uni, eût pu engendrer la vanité. Il régnait alors dans les colléges et à Sainte-Barbe en particulier un esprit de famille et de camaraderie cordiale qui ne s'est pas perpétué partout. Les jeunes gens étaient plus naturellement gais, moins ambitieux qu'on ne les voit à présent, et les amitiés premières faisaient aisément religion dans la vie. Eugène Scribe suivait les cours du lycée Napoléon (Henri IV), et il s'y lia d'une étroite amitié avec les frères Delavigne. On se sou-

(1) Au coin d'une autre rue moins bourgeoise, que notre parler délicat ne permet plus de nommer.

vient encore à Sainte-Barbe d'une thèse soutenue publiquement par lui contre M. Bernard (de Rennes), son camarade de classe.

Mais le collége l'occupait moins déjà que le théâtre; il y était attiré par une vocation précoce et sûre. Si, à quelque jour de congé, au spectacle, on lui avait nommé dans la salle quelque vaudevilliste illustre d'alors, il se sentait piqué au jeu comme au nom d'un Miltiade; une ébauche de pièce ne tardait pas à suivre. Il fit ainsi bien des essais dès le collége ou dans l'étude d'avoué où il entra pour quelque temps; car sa mère, en mourant, avait exprimé le désir qu'il fût avocat, et M. Bonnet, son tuteur, y tenait la main. M. Guillonné-Merville, l'avoué, qui, cependant, ne le voyait presque jamais, lui écrivait un jour : « Si M. Scribe passe dans le quartier, je le prie de monter à l'étude, où il y a de la besogne pressée. » Ses premières bluettes, faites la plupart de compagnie avec M. Germain Delavigne, obtenaient l'honneur d'être jouées sur le théâtre de la rue de Chartres, *les Dervis* dès 1811, *les Brigands sans le savoir* en 1812; entre les deux, ou aux environs, il y eut quelques échecs. Le nom de Scribe n'était pas d'abord sur l'affiche, par respect pour la robe future d'avocat; on ne nommait que *M. Eugène*. Ce ne fut qu'à un certain moment que M. Bonnet, l'honorable tuteur, se crut autorisé par le succès à laisser courir les choses et le nom.

En 1813, M. Scribe donnait seul son premier opéra-comique, *la Chambre à coucher;* mais, de ce côté, la suite ne répondit pas aussitôt à cet heureux début. Le musicien collaborateur ne comprit pas tout le parti qu'il pouvait tirer d'une telle veine; M. Scribe fut congédié, et ce n'est que plus tard, à l'appel de M. Auber, qu'il reprit possession de cette aimable scène si française, qui semble désormais ne pouvoir se passer d'aucun d'eux.

Dans le vaudeville, la vogue commença pour lui dès 1815. *Une Nuit de la Garde nationale*, puis *le Comte Ory*, *le Nouveau Pourceaugnac*, annoncèrent qu'un homme d'esprit de plus était trouvé pour payer son écot dans les gaietés de chaque soir. Le vaudeville fut sa première manière; car, à travers sa production incessante et ses diversions croisées sur tous les théâtres, on distingue assez nettement en lui trois manières successives : 1° le vaudeville français pur, simplement chantant et amusant; 2° la jolie comédie semi-sentimentale du Gymnase, où il est proprement créateur de genre; 3° la comédie française en cinq actes enfin, à laquelle il s'est élevé dès qu'il l'a fallu, qu'il est en train de modifier selon son goût, et où il n'a pas dit son dernier mot.

En 1815, l'agréable et malin vaudeville courait encore à la légère et non dénaturé; la démarcation même des genres l'avait sauvé dans son humble liberté sans prétention. Il y avait les grands auteurs d'alors, les écrivains qui cultivaient les parties nobles de l'art dramatique : M. Étienne dans la haute comédie, M. Arnault dans le tragique, M. de Jouy dans le lyrique, et puis sous eux, bien au-dessous, sans qu'on pensât encore à forcer les barrières, il y avait la monnaie de Laujon, Désaugiers, Gentil, une foule d'autres : ils se contentaient d'amuser. M. Scribe fut de ceux-là en débutant. Dans sa *Nuit de la Garde nationale*, on a retenu ces couplets si roulants, si bien frappés :

> Je pars,
> Déjà de toutes parts
> La nuit sur nos remparts, etc., etc.

Dans *le Combat des Montagnes* (1817), où se trouve ce personnage de *Calicot*, qui fit émeute, je distingue encore le mouvant panorama de Paris en rimes dignes de Panard :

> Paris est comme autrefois,
> Et chaque semaine
> Amène, etc., etc.

L'auteur s'est montré moins poétique depuis dans ses couplets de sentiment au Gymnase. Ce rôle de pur vaudevilliste à saillie franche et gaie va aboutir à la très-spirituelle bouffonnerie *l'Ours et le Pacha* (1820), dans l'idée de laquelle il faut compter pourtant M. Saintine, un homme qui, en bien des genres, a fait preuve d'un vrai talent. Mais déjà, à travers les folies de circonstance dans lesquelles il donnait encore la main aux auteurs du Caveau, et dont le café des Variétés était le centre, M. Scribe glissait de légères esquisses de mœurs d'un trait plus pur, plus soigné. N'oublions pas que *le Solliciteur*, que M. de Schlegel (dit-on) préférait tout net au *Misanthrope*, est de 1817. A la fin de 1820, le Gymnase fut fondé.

Le moment décisif dans la carrière dramatique de M. Scribe date de là. Agé de vingt-neuf ans, déjà brisé au métier, n'ayant pas encore de parti pris sur la manière d'encadrer et de découper à la scène son observation du monde, il pouvait prendre telle ou telle route. Mais, comme à Hercule, la vertu d'une part et le plaisir de l'autre ne vinrent pas en personne s'offrir à lui pour l'éprouver ; entre la grande et haute comédie et un genre sans brodequins et moins *littéraire*, il n'eut pas à choisir : ce dernier seul se présenta. M. Poirson, son collaborateur en plusieurs circonstances, l'avait apprécié, et pressentait de quelle fortune ce serait pour un théâtre de l'avoir pour auteur principal et chef de pièces. Il passa le traité par lequel il s'acquit cette collaboration pour plusieurs années à l'exclusion des autres théâtres rivaux. Il lui assurait toutes sortes d'avantages. Ce qu'on appelle *la prime*, ce bénéfice prélevé par l'auteur sur chaque pièce et avant les chances de la représentation, fut inventé au profit de M. Scribe par le directeur du Gymnase : voilà l'origine industrielle ; *inde mali labes :*

Et le premier citron à Rouen fut confit.

On a depuis fort abusé de la prime, chaque grand auteur l'a exigée ; mais dans le principe, comme toutes choses, elle avait un sens.

Je conçois que la Comédie-Française, à cette époque, n'ait pas fait les mêmes frais pour s'acquérir M. Scribe, qu'elle n'avait jamais vu de près; mais du moins, et dans la mesure qui lui était convenable, s'est-elle, je ne dis pas offerte à lui, mais rendue avenante et accessible. Et ici je ne ferai qu'exprimer une idée, un regret qu'on me suggère, mais que je sais partagé par les personnes les mieux entendues de la Comédie-Française elle-même (1). Il faut remonter plus haut. Aux approches de la révolution de 89 et dans les années du Directoire, le Théâtre-Français se montrait beaucoup moins strict qu'on ne l'a vu depuis sur la dignité des genres. On se retranchait moins habituellement dans l'ancien répertoire; les pièces nouvelles, les noms d'auteurs nouveaux abondaient; le chant d'opéra-comique osait s'y faire entendre. L'esprit qui circulait, c'était un peu celui de Chérubin et de Figaro. L'Empereur vint, et, au théâtre comme ailleurs, la hiérarchie fut relevée. L'ancien répertoire, servi par d'admirables acteurs, sembla plus que suffire. Le public, dans sa reprise d'enthousiasme, en voulait, les acteurs tout naturellement y insistèrent; ce leur était chose plus facile. La coutume s'établit. Il en résulta que les auteurs nouveaux furent moins encouragés, moins agréés. Cela devint surtout visible dans la comédie; les plus spirituels et les plus inventifs allèrent ailleurs, aux succès faciles; mais ils s'y éparpillèrent. La Rochefoucauld l'a dit : « Les occasions nous font connaître aux autres, et encore plus à nous-mêmes. » Combien d'aperçus comiques ainsi dépensés, que l'étude et un lieu meilleur auraient pu agrandir! M. Scribe seul s'en tira, à force de talent.

Le traité qui liait celui-ci au Gymnase lui permettait toutefois de travailler pour les théâtres dont la rivalité n'était pas directe, et par conséquent pour le Théâtre-Français. Pressentant que l'air du lieu n'était pas favorable, que le rebut et le dédain pourraient bien accueillir sa tentative, il resta longtemps sans user de la permission : car il faut peu compter comme début *Valérie* (1822), qui fut surtout

---

(1) M. Regnier, M. Samson, par exemple.

un succès d'actrice, et qu'on arrangea exprès pour mademoiselle Mars. Ce n'est qu'après sept ans de règne populaire et incontesté au Gymnase qu'il aborda cette redoutable scène avec le *Mariage d'argent* (décembre 1827), « qui est enfin la comédie complète, a dit M. Villemain dans cette piquante réponse de réception, la comédie en cinq actes, sans couplets, sans collaborateurs, se soutenant par le nœud dramatique, l'unité des caractères, la vérité du dialogue et la vivacité de la leçon. » Or, malgré tous ces mérites proclamés en pleine Académie, la pièce d'abord échoua. Esprit de vaudevilliste, disait-on dans la salle dès les premières scènes; il faut que chacun reste dans son cadre. *Pindarum quisquis studet æmulari*, murmurait tout haut le plus vieil habitué de l'orchestre. M. Scribe avait là contre lui ce qu'il y a contre tout homme de talent au moment où il change de lieu et de genre; on commence par lui dire non. Vers le même temps, il est vrai, la pièce, jouée en province, à Metz, à Bordeaux, devant un public moins en garde, réussissait entièrement. Mais ce ne fut que quelques années après qu'à Paris elle eut sa pleine revanche.

Repoussé de la haute scène, mais sans perte, M. Scribe redoubla de verve et de bonheur au Gymnase; dans *Malvina ou le Mariage d'inclination*, dans *Avant, Pendant et Après*, il parut même agrandir ses dimensions, et vouloir prouver qu'il donnait à son tour carrière à ses tableaux. Que lui importait, après tout, le lieu? Il y gagnait, dans son exception même, de paraître avec plus d'originalité, d'être un phénomène dramatique plus scintillant. La comédie contemporaine n'est plus chez vous, pouvait-il dire au Théâtre-Français, elle est toute où je suis, dans *l'Héritière*, dans *la Demoiselle à marier*, dans cette foule de pièces chaque soir écloses, que chacun nomme et que je ne compte plus. *Les Trois Quartiers*, votre plus vive nouveauté comique, ne rentrent-ils pas dans ce goût-là? Voilà ce qu'aurait pu dire ou penser M. Scribe; mais je doute qu'il soit assez glorieux pour l'avoir pris alors sur ce ton. Ouvrier actif, infatigable, il continua, tout en remplissant comme par parenthèse nos deux scènes lyriques, de parfaire et de compléter son monde du Gymnase, que je voudrais bien caractériser.

La nature humaine, prise du boulevard Bonne-Nouvelle, n'est peut-être pas très-large, très-profonde, très-généreuse en pathétique ou en ridicule; mais elle est très-fine, très-variée et très-jolie. Je la maintiens même fort ressemblante à titre de nature parisienne, dût M. Scribe nous soutenir, comme il l'a fait dans son discours d'Académie, que la comédie, pour réussir, n'a pas besoin de ressembler. Sans doute, dans le monde réel, il n'y a pas tant de millions ni tant de beaux colonels que cela; mais cette comédie est l'idéal pas trop invraisemblable, le roman à hauteur d'appui de toute notre vie de balcon, d'entresol, de comptoir; toute la classe moyenne et assez distinguée de la société ne rêve rien de mieux. Nul aussi bien que M. Scribe n'en a saisi et reproduit les traits distinctifs tout en nuances, l'assortiment de positif, d'intrigue et de jouissance, l'industrialisme orné, élégant. Homme heureux, il a compris de bonne heure que ce n'était plus le temps de l'élévation ni de la grande gloire, et il s'est mis à le dire sous toutes les formes les plus agréables, les plus flattées. Il y a, dans les situations qu'il offre, une gentillesse d'esprit, et, le dirai-je? de sensualité sans libertinage. Ces petites pièces servent à merveille d'accompagnement, de chatouillement et de conseil même aux gens de nos jours dans leurs propres petites passions. On raconte qu'au sortir du *Mariage d'inclination*, une jeune fille, se jetant tout d'un coup dans les bras de sa mère, lui avoua qu'elle devait se faire enlever le lendemain par quelqu'un qu'elle aimait. Et le lendemain la mère et la fille ensemble allaient remercier M. Scribe de sa leçon, de son triomphe. — « Nos amours ont été très-courts et très-purs, madame; vous m'avez très-peu donné, vous m'aviez même assez peu promis. Je n'ai donc pas à me plaindre, et vous pouvez porter très-haute et très-fière votre tête toujours charmante. Mais une fois pourtant, une seule fois, vous m'avez de vous-même saisi tout d'un coup et pressé bien tendrement la main : et c'était en loge au Gymnase, à la fin d'*Une Faute.* » J'arrache cette page d'aveu du calepin d'un ami. — Oui, c'est bien là, c'est à quelqu'une de ces jolies pièces qu'on va de préférence le soir où l'on n'est ni trop égayé, ni trop guindé; après un dîner où l'on n'était pas seul, où l'on n'était pas plusieurs, on va voir *la Quarantaine.* Et l'on en sort pas trop ému, pas trop dépaysé, comme il sied à nos passions d'aujourd'hui, à nos affaires.

Mais voilà que je parle de ces impressions comme du présent, et c'est déjà du passé : le monde, pour qui peignait M. Scribe au Gymnase, était celui des dix dernières années de la Restauration, monde depuis fort dérangé. Le moment d'entière fraîcheur pour le genre ne dura que tant que Madame donna au théâtre son nom.

On dira, et on l'a dit, qu'il n'y a rien de *littéraire* dans le genre, qu'il ne saurait y avoir rien de sérieusement vrai dans une comédie qui s'entremêle de roulades et se couronne par le couplet convenu, par le *flon-flon* militaire ou sentimental :

> Du haut des cieux, ta demeure dernière,
> Mon colonel, tu dois être content (1)....

Ou encore :

> Que j'suis heureux! c'ruban teint de mon sang
> Va me servir pour acheter les vôtres (2).

On a relevé et souligné à la lecture quelques incorrections de dialogue qui échappent en causant. J'y relèverais plutôt bien des plaisanteries un peu banales, des bons mots tout faits et déjà entendus sur les députés, les grandes dames, les maris, les amoureux, les banquiers. Ce serait commun dans un salon; à la scène, cela va et réussit toujours.

---

(1) *Michel et Christine*, scène xv.
(2) *Mariage de raison*, acte II, scène v.

L'auteur ne dédaigne aucun de ces traits qui courent; il les ravive par l'emploi. Ce sont de petites pierres fausses dont, à part, on ne donnerait pas un denier, mais ici bien montées et qui font jeu. Et d'ailleurs il y en a d'autres à côté de meilleur aloi, naturelles, appropriées; car, chez M. Scribe, la récidive est perpétuelle. Tout cela se suit, s'enchâsse, tout cela brille et remue à merveille, diamants ou verroteries, mais bien portés par une femme vive et mouvante : on y est pris. Chez Marivaux, à qui on l'a comparé, le mot courant est, je crois, beaucoup plus perlé et plus constamment neuf. La diction se soigne toujours : Marivaux a écrit *Marianne*.

La vraie nouveauté dramatique de M. Scribe me paraît consister dans la combinaison et l'agencement des scènes; là est sa forme originale, le ressort vraiment distingué de son succès; là il a mis de l'art, de l'étude, une habileté singulière, et son invention porte surtout là-dessus. Il a su nouer avec trois ou quatre personnages des comédies qui ne languissent pas un seul instant (1).

Dans sa longue et prodigieuse pratique, dans son association passagère et ses mariages d'esprit avec tant d'auteurs, il est arrivé à connaître à fond le tempérament dramatique et le faible d'un chacun. Il excelle à décomposer le ressort principal, la situation qui, plus ou moins déguisée, revient presque toujours dans chaque talent. Chez tel auteur comique (notez bien), c'est dans chaque pièce un personnage inconnu, mystérieux, qui revient et qui donne lieu à toute une variété d'incidents; chez tel autre, c'est une épreuve, un semblant auquel on soumet un personnage; pour le guérir d'un défaut, par exemple, on feindra de l'avoir (2). M. Scribe, comme tous, a sa forme

(1) On a essayé d'indiquer quelque chose de ce mécanisme intérieur à propos de *la Calomnie*, où il est surtout apparent. (*Revue des Deux Mondes* du 1ᵉʳ mars 1840. — Voir l'article reproduit dans l'appendice du présent volume.)

(2) Vérifier ce cas, si l'on veut, sur les pièces de M. Etienne; et le cas précédent sur les pièces de M. Alexandre Duval.

favorite sans doute, mais il la dissimule mieux que personne, et il déjoue par sa variété. Son théâtre, à le bien analyser, se réduirait probablement à quatre ou cinq situations fondamentales, auxquelles il a mis toutes sortes de paravents et de toilettes diverses. Mais ce serait à lui de nous donner sa clef et de nous dire son secret. Je ne m'y hasarderai pas. S'il fallait pourtant proposer absolument ma conjecture, je dirais qu'un de ses grands arts est de prendre en tout le contre-pied juste de ce qui semble et de ce qu'on attend (*le Plus beau Jour de la Vie*). Ainsi, dans son discours à l'Académie, n'a-t-il pas eu l'air de prétendre que le théâtre est juste le contre-pied de la société? Là donc où d'autres ne verraient que matière à un bon mot assez piquant, lui il placera tout le pivot d'une pièce; il fait tout pirouetter, à force de combinaisons ingénieuses, autour d'un paradoxe extrême qu'on ne croyait pas de force à tant supporter.

La nature humaine, après cela, s'arrange comme elle peut de ces symétries de cadres, de ces entre-deux de portes, de ces revers miroitants. Vue en elle-même et prise indépendamment de la scène, l'auteur paraît en avoir assez médiocre souci. Il la taille au besoin, il la rogne en bien des sens; mais comme c'est à la mode du jour, comme c'est dans le goût de la dernière saison, comme mademoiselle Palmire, si elle faisait au moral, ne couperait pas mieux, tout passe, et on fait mieux que laisser passer, on applaudit. Ce Longchamp de la scène, sous sa main, s'est déjà renouvelé bien des fois. Dites, ô vous qui vous montrez les plus sévères, une telle comédie ne ressemble-t-elle pas assez bien aux femmes de Paris elles-mêmes, à ces femmes délicates, élégantes, de haut comptoir ou de boudoir, qui n'ont rien de l'entière beauté à les regarder en détail, grêles, pâles, de complexion peu franche? mais, avec un rien d'étoffe, comme elles paraissent! comme elles s'arrangent! elles sont charmantes.

Tel qu'il est, ce théâtre de M. Scribe au Gymnase, il a fait vite le tour du monde. On le jouera l'année prochaine à Tombouctou, disait M. Théophile Gautier. On le joue dès à présent à l'extrémité de la Russie, aux confins de la Chine. A Tromsoe, dernière petite ville du nord en Scandinavie, au milieu des montagnes de glace, chaque hiver on représente *la Marraine* et *le Mariage de raison*. Dès qu'il y a quelque part un essai de société qui veut être moderne, élégante, on joue du Scribe. Paris et Scribe pour eux, c'est tout un.

Quelle sera la valeur finale et durable de ce théâtre à côté de ceux de Dancourt, de Marivaux, de Sedaine et de Picard? A d'autres de prononcer. Je sais de graves admirations, des suffrages imposants. Si M. de Schlegel prisait si fort *le Solliciteur*, nous avons vu M. Jouffroy (qu'il nous pardonne de le trahir), au plus beau de ses platoniques leçons, et dans son esthétique de 1826, placer très-haut *l'Héritière*. Un célèbre critique, et dont l'inépuisable saillie, nourrie d'expérience, fait désormais autorité, M. J. Janin, a semblé depuis quelque temps déclarer une guerre si vive à ce genre de comédie, que c'est pour elle encore un succès. Sans doute Picard, qu'on oppose souvent, est de ce qu'on peut appeler une meilleure *littérature* que M. Scribe, d'une façon plus franche, plus ronde, plus naturelle, qui découle plus directement du Le Sage, et qui n'a pas l'air de faire niche à Molière. Mais il faut tout dire, cette espèce de bon goût qui retranche certains raffinements, cette sorte de descendance plus légitime, plus reconnue, qui vous fait tenir avec honneur à la suite des chefs-d'œuvre du passé, n'est pas toujours une ressource en avançant : c'est même quelquefois une gêne. Son premier feu jeté, et une fois hors de son théâtre Louvois, Picard devint faible d'assez bonne heure; il se répéta, il s'usa vite. Les ruses dramatiques de M. Scribe, ses ingrédients, comme vous voudrez les appeler, le soutiennent bien mieux. Picard le savait; il professait, m'assure-t-on, pour son jeune et brillant héritier, une admiration, une adoration presque naïve. Pour tout dénoûment, pour tout expédient dramatique dont quelque auteur était en peine :

« Allez le trouver, disait-il ; il n'y a que lui pour vous tirer de là. »

Pour résumer d'un mot ma pensée sur tous deux, le Molière de Picard était tout simplement Molière ; le Molière de M. Scribe, c'est plutôt Beaumarchais.

La fertilité est une des plus grandes marques de l'esprit. Faire des pièces, pour M. Scribe, a pu paraître chez lui, dans les années premières, un métier en même temps qu'un talent ; mais depuis, à voir le nombre croissant et le bonheur soutenu, il faut reconnaître que c'est désormais son plaisir et sa fantaisie, que c'est devenu sa nécessité et sa nature. Dans tout ce qu'il voit, dans tout ce qu'il lit, dans l'esprit de chaque collaborateur, je me le figure guettant une pièce au passage, une situation ; c'est sa chasse à lui. Parfois il a besoin qu'on le mette sur la piste d'une idée ; il lit alors tel mauvais ouvrage manuscrit qui n'aurait nulle valeur en d'autres mains ; mais cela lui tire l'étincelle, l'idée qu'il exécute, et que souvent le collaborateur adoptif ne reconnaîtrait pas.

Prendre partout ses sujets, ses idées, ses mots, dès qu'on voit qu'ils vont à la forme, au cadre voulu ; *prendre partout son bien* à tout prix, pour le rendre ensuite sur le théâtre à tout le monde, c'est ce qu'ont fait, grands et petits, tous les vrais dramatiques, et très-légitimement. M. Scribe est encore bien dramatique en ce point.

Il a ainsi en réserve toujours une quantité de plans en portefeuille, une quantité de ressorts démontés dans son tiroir. Il en choisit tantôt l'un, tantôt l'autre, et dès lors il ne pense plus qu'à celui-là. Six semaines d'un voyage en calèche à travers la Belgique ou le long du Rhin, glaces ouvertes, lui suffisent d'ordinaire pour son plus long chef-d'œuvre, pour la pièce en cinq actes et sans collaborateurs.

Il envoie quelquefois au théâtre acte par acte, tant il est sûr de son économie et de son plan. On peut même lire en marge du manuscrit la tâche de chaque journée : *Je me suis arrêté là à telle heure;* ce qui trahit l'ordre, même dans la verve.

Positif et sage (ce qui est un trait de mœurs littéraires à noter), laborieux et jouissant (ce qui est un trait commun aujourd'hui), il s'est dérobé toujours aux ovations de l'engouement et de ce qu'il aurait plus de droit que bien d'autres de nommer la gloire. Il paraît de tout temps s'être très-peu préoccupé de la presse, qu'on ne l'a vu braver ni solliciter. Il ne faut peut-être pas lui en faire trop d'honneur : il y a un certain degré de fécondité heureuse qui ne permet pas de s'inquiéter des critiques et des aiguillons du dehors. On est vite consolé, même d'un échec, quand on se sent en fonds de revanches ; le plaisir d'aller et de faire couvre tout. C'est quand la conscience intime nous dit qu'on va être à bout, qu'on devient regardant pour les autres et susceptible pour soi.

Il a une liste de toutes ses pièces. Nous ne savons que les succès; mais il y en a une quantité qui sont tombées, *et quelques-unes à tort*, dit-il. Toute victoire s'achète avec des morts. Il pourrait y avoir bien des secrets dramatiques et aussi bien de la philosophie dans le commentaire d'un tel tableau.

Nous avons laissé M. Scribe à sa seconde manière, à celle du Gymnase; on pouvait croire, après l'échec du *Mariage d'argent* aux Français, qu'elle resterait chez lui définitive. Mais juillet 1830 arriva. Au milieu de tant de grandes secousses et de grandes ruines, le théâtre honoré du nom de MADAME reçut un certain ébranlement. On se demanda si ce serait *après* comme *avant*, et si les mêmes nuances auraient du prix. Tout se rassit pourtant, le frais théâtre continua de fleurir; mais M. Scribe comprit, avec son tact rapide, qu'il y avait une nouvelle veine, et plus forte, à exploiter. Laissant donc cette scène gracieuse qu'il avait fondée aux soins de ses plus réels collaborateurs et de ses successeurs très-dignes, M. Bayard, M. Mélesville, il revint à la charge vers le Théâtre-Français, et s'attaqua hardiment au vice politique, ce nouveau ridicule tout récemment démasqué. Il ouvrit la brèche dans *Bertrand et Raton* (novembre 1833), et récidiva avec plus ou moins de bonheur dans les quatre ou cinq pièces suivantes, et en particulier dans *les Indépendants*, dans *la Calomnie*, et l'autre soir en tout éclat dans *le Verre d'eau*. Sous la Restauration, à le juger par ses œuvres, M. Scribe n'avait guère de passion politique, et son couplet libéral très-léger, ses *guerriers* et ses *lauriers*, n'étaient çà et là que l'indispensable pour panacher ses pièces. Mais ici, à l'insistance, à la vivacité de son attaque, on sent une sorte d'inspiration morale, une conviction qui n'est peut-être autre que le mépris très-cordial de ceux qu'il met en jeu.

La physionomie des principales pièces de lui, données aux Français, diffère notablement de l'air de ses pièces du Gymnase. La grâce recouvrait celles-ci; la corruption mignonne de l'espèce y était corrigée par des teintes de sentiment, et y devenait tout avenante :

> Les vices délicats se nommaient des plaisirs.

En portant décidément sur un plus grand théâtre sa manière ingénieuse et si longtemps rapetissante, M. Scribe en a changé moins le principe que l'application et les proportions : il était difficile qu'il en advînt autrement; même en se renouvelant, on se continue toujours. Au lieu de rapetisser de moyennes et gracieuses parties, il en rapetisse hardiment de plus grandes. Philosophiquement a-t-il tort, il aurait encore raison dramatiquement. Dans les proportions où son paradoxe s'est produit sur ces sujets plus graves, il a touché mainte fois à l'odieux, et, à force d'art, il a su l'esquiver. En montrant de fort vilaines choses, il ne révolte pas, comme n'ont jamais manqué de faire nos amis les romantiques; il donne le change en amusant. Mais plusieurs de nos remarques trouveront mieux place à propos du *Verre d'eau*, dont il est temps de dire quelque chose.

Et d'abord, pourquoi *le Verre d'eau?* M. Scribe a observé que les titres directs, les caractères affichés aux pièces, tels que *l'Ambitieux*, *les Indépendants*, sont une difficulté de plus aujourd'hui, une sorte de programme proposé d'avance au public impatient qui le conçoit à sa manière, et trouve volontiers que l'auteur ne le remplit pas à souhait. *La Calomnie* aurait peut-être été mieux jugée s'il l'avait intitulée *les Échos*; il a donc pris son titre *de biais*, comme il prend la comédie elle-même.

Le sujet en est historique, mais c'est à peine si on ose reprocher à l'auteur de n'avoir pas tenu compte de l'histoire, tant il est évident qu'il n'y a cherché qu'un prétexte, et n'y a taillé qu'à sa guise. L'usage et le cas que M. Scribe a toujours faits de l'histoire à la scène, lui donnent un trait d'exception de plus entre les autres auteurs plus ou moins dramatiques du jour, dont la prétention et la marotte sont d'observer la couleur dite *locale*, et de rester fidèles à l'époque. Chose remarquable! tout ce mouvement soi-disant historique et romantique au théâtre et à côté du théâtre, tout ce travail estimable, ingénieux, qui a rempli et animé les dernières années de la Restauration, M. Scribe ne s'en est pas plus inquiété que du torrent qui passe; il a continué son train d'homme du métier, se laissant dédaigner des grands novateurs, et sentant bien qu'il avait en lui le ressort, le seul ressort qui joue au théâtre. Tout le reste, on l'a trop vu en effet, n'était que critique, système, étude préparatoire éternelle.

Ainsi donc, que la reine Anne, qui monta sur le trône à trente-huit ans, en ait eu quarante-quatre ou quarante-cinq à l'époque où mademoiselle Plessy nous la rend si flattée et si jolie; que son mari le prince George de Danemark (effectivement très-nul) soit réputé n'avoir jamais existé; que la duchesse de Marlborough se trouve incriminée à tort sur le chapitre de la chasteté qu'elle eut toujours irréprochable, peu importe à M. Scribe, qui ne s'est servi de tous que comme de marionnettes à son dessein de la soirée. Mais une reine, mais une noble femme à gloire historique, n'est-ce pas une profanation que de les commettre ainsi après coup dans des intrigues improvisées? Pas d'hypocrisie; parlons franc. En tout genre, les personnages célèbres morts ne sont-ils pas des marionnettes aux mains des vivants? Cet orateur exalte Bonaparte dont il a besoin aujourd'hui dans sa péroraison, ce critique vante fort le poëte défunt dont il se prévaut pour son système. Le moraliste inexorable l'a dit : « Nos actions sont comme les bouts-rimés, que chacun fait rapporter à ce qu'il lui plaît. » Et ce ne sont pas nos actions seulement qui sont ainsi, ce sont nos noms, quand on a le malheur d'en laisser un.

La donnée de la pièce est toute *voltairienne*, comme le répétait derrière moi un voisin chez qui ce mot n'était pas sans injure. Le chapitre des grands effets provenant de petites causes reparait chez Voltaire à chaque page et brodé de toutes les variations. Dans *Sémiramis* même, par la bouche d'Assur, il a dit :

> Ce que n'ont pu mes soins et nos communs forfaits,
> . . . .
> Un oracle d'Égypte, un songe l'exécute.
> Quel pouvoir inconnu gouverne les humains !
> Que de faibles ressorts font d'illustres destins !

Et dans le cas présent, au chapitre XXII du *Siècle de Louis XIV*, parlant des rivalités de la duchesse de Marlborough et de sa cousine milady Masham : « Quelques paires de gants d'une façon singulière, dit-il, qu'elle refusa à la reine, une jatte d'eau qu'elle laissa tomber en sa présence, par une méprise affectée, sur la robe de madame Masham, changèrent la face de l'Europe. » Le grave Pascal n'avait pas pensé autre chose quand il a parlé du *petit nez* de Cléopâtre. A la scène, Picard a déjà tiré parti d'une idée approchante dans *les Marionnettes* et dans *les Ricochets*.

Est-il sérieusement besoin de discuter cette idée et de la réduire à ce qu'elle a de vrai? Les petites causes seules n'enfantent pas sans doute les grands événements, elles n'en amassent pas la matière; mais elles servent souvent à y mettre le feu, comme la lumière au canon : faute de quoi, le gros canon pourrait rester éternellement chargé, sans partir. Au théâtre, on exagère toujours; on met en saillie et on isole le point voulu. M. Scribe l'a fait ici et n'a montré qu'un côté; il a poussé au piquant, et il y a atteint. On se prête à l'exagération tant qu'elle amuse.

Nous venons trop tard pour une analyse; nous voulons surtout constater le *fait accompli*, très-amusant, ce qui est si rare parmi les *faits accomplis*. La pièce n'a pas cessé un instant de marcher, de courir, en tenant en haleine l'intérêt. Il y aurait toutes sortes de critiques à y adresser, et qui seraient justes, et on les a faites la plupart sans nous. Ce petit Masham aimé de trois femmes qui se l'arrachent, et qui n'a rien fait pour cela, est un peu bête; mais le moyen de ne l'être pas quand on est ainsi adonisé? Avec son *protecteur inconnu*, il m'a rappelé un moment le *Létorières* de M. Eugène Sue, dont il n'a la grâce ni la fantaisie. Décidément ce petit Masham si adoré est un personnage sacrifié : en niaiserie et en bonheur il reproduit l'Edmond de Varennes de *la Camaraderie*. On a relevé un mot hardi et très-bien placé : *Au prix coûtant*, comme emprunté d'ailleurs. Cet autre mot : *Je n'en suis encore qu'à l'admiration,* est un emprunt également. M. Scribe pique de ces mots-là tout faits dans son dialogue, comme on ferait une épingle à brillant. Mais, ainsi qu'on l'a dit plus haut, il suffit que l'épingle soit bien placée et bien portée.

Trois scènes principales, et qui font nœud, me paraissent excellentes et d'un comique très-net, très-vigoureux : ce sont celles de Bolingbroke avec la duchesse, au premier, au second et au quatrième acte, lorsque, maître de son secret, il se fait fort, par trois fois, de la contraindre à le servir. Entre le roué spirituel, impudent, et la favorite, dont mademoiselle Mante représente parfaitement l'ambition assez robuste et peu ébranlable, le feu de riposte est vif, serré, nourri; ils se rivent chacun leur clou, comme on dit, avec une prestesse et une justesse qui fait oublier l'ignoble du fond. L'action chaque fois en ressort comme remontée. Une plume des plus en vogue a écrit à ce propos que la comédie de M. Scribe se composait de trois vaudevilles *nattés* à la suite l'un de l'autre. Si c'est, comme je le crois, de ces trois scènes qu'on a entendu parler, il faut ajouter que ces endroits *nattés* le sont d'une bien étroite manière. Ce triple nœud fait la meilleure, la plus solide partie de la pièce, et pour prendre une image sans épigramme et plus d'accord avec l'escrime en question,

> L'acier, au lieu de sa soudure,
> Est plus fort qu'ailleurs et plus ferme (1).

Il faut louer aussi, comme d'un comique très-savant et pourtant naturel, cette complication de trois femmes, toutes les trois férues au cœur pour un seul, tellement que, dès qu'on les touche où l'amour les pique, l'une faiblit et les deux autres regimbent. Et celle qui faiblit, c'est la femme forte, et celles qui regimbent, qui acquièrent tout d'un coup du caractère, ce sont celles qui n'en ont pas. Quoi de plus joli et de plus franc que ce mot soudain de la reine, qu'elle lance à la duchesse, sur le chiffre des millions qu'a coûtés la prise de Bouchain, sur le chiffre des morts qu'a coûtés la victoire de Malplaquet? Quand on lui avait raconté ce détail, elle n'avait pas écouté, ce semble, tant sa pensée était ailleurs; mais voilà que sa jalousie en éveil a intérêt à s'en ressouvenir, et il se trouve qu'elle a entendu comme après coup; elle se ressouvient.

Le cinquième acte est de beaucoup le moins bon, le plus factice, celui qui rappelle le plus les conclusions de vaudeville ou d'opéra-comique. Il ne s'agit plus que de pourvoir au bonheur des petits amants, et cela sans que la reine se doute qu'elle est trompée et qu'ils s'aiment. L'auteur a dépensé une grande dextérité de mise en scène, d'entrées et de sorties, de cabinets dérobés, autour de ce but qu'il obtient finalement et que le spectateur remarque assez peu. Mais le succès est décidé par les quatre premiers actes, et le cinquième roule de lui-même en vertu de l'impulsion don-

---

(1) Ces vers sont du vieux poëte Mellin de Saint-Gelais, avant la règle des rimes féminines et masculines.

née. En somme, dans cette pièce qui rejoint le brillant succès de *Bertrand et Raton*, et qui le mérite par l'action perpétuelle et par quelques scènes également fortes, M. Scribe achève de prouver qu'il suffit à toutes les conditions de la scène française où il a pied désormais plus que personne. Or, s'il y était entré dès 1820, si les dix années qu'il a passées ailleurs et qu'il n'a certes pas perdues, il les eût là employées en tentatives multipliées, en perfectionnements plus larges, que serait-il arrivé ?

Profitons du moins de ce que nous avons, sans trop regretter ce qui aurait pu être, et sans chicaner notre rire, qui est si rare. La comédie devient chose bien difficile de nos jours ; il y a toutes sortes de raisons à cela. La réalité surtout lui fait une rude concurrence tout à l'entour. Si cette réalité n'était qu'affreusement triste, on trouverait encore moyen de s'en tirer ; mais elle réunit à une tristesse profonde tous les caractères de contradictions et de ridicules, et tellement en grand qu'on n'arrive au théâtre que bien blasé. Le fort du spectacle est ailleurs. Je préciserai ma pensée par un exemple. Il y a quelque temps, on jouait aux Français la pièce de *Latréaumont;* à un certain endroit, les auteurs avaient mis une scène de conspiration très-burlesque, où le héros seul et surpris s'empare d'une patrouille qui le devrait arrêter. Mais au même moment l'échauffourée de Boulogne(1) avait lieu, et on la jugeait au Luxembourg. La conspiration à la scène avait le dessous, et ne paraissait plus qu'un froid plagiat. Eh bien ! à chaque instant c'est ainsi. M. Scribe, en mettant à la scène les grands effets en politique produits par les petites causes, avait à lutter tout à côté contre une concurrence presque pareille, contre les grandes causes produisant avec éclat de bien petits effets. Depuis que Voltaire a été détrôné sans retour par la philosophie de l'histoire, et qu'il est convenu que la Fronde ne saurait se reproduire sous d'autres formes, nous succombons sous les grandes causes qu'on met

---

(1) Par le prince Louis Bonaparte.

en avant, et selon lesquelles on fait manœuvrer après coup l'humanité : le présent seul fait défaut jour par jour à cette grandeur. Dans le drame politique qui se joue presque en regard du *Verre d'eau*, il y a de ces conditions réunies de tristesse et de contradictions en grand dont je parlais tout à l'heure, et qui seraient capables d'éclipser même la haute comédie. Sachons gré à M. Scribe, dans le genre qui lui appartient et qu'il augmente, de s'en être tiré avec tant d'honneur.

1er décembre 1840.

M. LEBRUN[1].

1841.

(Reprise de *Marie Stuart*.)

Quelque dégagé qu'on veuille paraître des considérations traditionnelles et des doctrines dites classiques, on ne peut nier que le plus clair et le plus solide de la richesse poétique de la France ne soit dans le genre dramatique et sous la forme de tragédie. Les grandes sources sentimentales et lyriques que notre époque a comme trouvées en elle et fait jaillir plus abondamment que tous les anciens jets d'eau de Chantilly ou de Versailles, ne sauraient dissimuler et masquer ce noble fond régulier, harmonieux, de l'édifice, ce portique d'un beau temple qu'on ne referait plus. On a beaucoup parlé, depuis tantôt deux années, de la réaction classique; elle est assez réelle, très-légitime; il n'y faudrait pourtant pas voir plus qu'il n'y a véritablement. Une jeune actrice, un soir où l'on n'attendait rien, s'est trouvée dire à merveille des vers que depuis longtemps on ne récitait plus à la scène d'une façon tolérable. Le plaisir était neuf, grande fut la surprise. — Quoi! cela est encore beau, se dit-on. — Et là-dessus on s'est mis à désirer de

[1] Cet article, écrit d'abord à l'occasion de la reprise de *Marie Stuart*, a depuis été en grande partie reproduit à la tête des *OEuvres* de M. Lebrun dont les deux premiers volumes ont paru; un troisième volume contenant beaucoup de pièces de vers inédites doit compléter cette publication.

réentendre ces pièces immortelles, éclipsées un long moment, et dans lesquelles tant de personnes de la société recommençaient aussi à aimer les souvenirs de leur propre jeunesse. Le dégoût qu'inspiraient certains excès dramatiques récents fut pour beaucoup dans la joie et la vivacité de cette reprise. On s'étonna, on s'empara, comme de beautés nouvelles, de ces situations plus ou moins simples ou convenues, mais que revêtait habituellement la noblesse, l'élégance du langage. On se plut même et on applaudit aux singularités les plus passées de ce langage héroïque ou amoureux, comme à de belles modes du temps de mesdames de Longueville ou de La Vallière; on aima jusqu'au *parfait amant* et jusqu'à l'*adorable furie*, tout comme on aime des meubles de Boule. Il y eut dans cette espèce de renaissance qui en est à son troisième hiver, des succès qui, par leur fraîcheur, leur ensemble et leur plénitude, semblèrent dater d'aujourd'hui. *Polyeucte*, par exemple, n'eut jamais autant de faveur à aucune époque, je le pense, ni jamais même à son début, que dans cette mémorable soirée où Pauline, néophyte, fut vue si simple et si sublime, où l'acteur aussi, près d'elle, parut si chrétiennement passionné, où le rôle de Félix lui-même fut compris.

Il était naturel qu'après ces veines heureuses la Comédie-Française songeât, à l'aide du jeune talent qu'elle possède, à toucher comme d'un aimant les œuvres d'un répertoire plus moderne, déjà négligé, et qu'un succès solennel avait consacrées une fois. A ce titre la *Marie Stuart* de M. Lebrun venait en première ligne; c'était en effet de nos jours, sous la Restauration, en renom comme en date, la première transition de l'ancienne forme tragique à une forme, à un sujet et à un langage plus récents.

Qui dit transition dit quelque chose de relatif à ce qui précède et à ce qui suit. Il était à craindre sans doute que ce qui avait paru à une certaine date très-neuf et à la limite la plus avancée de la hardiesse permise, ne fût jugé, vingt ans après, trop timide, et en arrière, ou des progrès, ou des licences dramatiques désormais autorisées. Il était à craindre que le public ou les critiques d'une génération renouvelée ne se montrassent volontiers ingrats, légers (c'est si facile), en raison même de l'écho fameux, contre l'œuvre déjà ancienne d'un auteur très-vivant, et arrivé par les voies les plus honorables aux dignités littéraires et sociales.

Et puis ce qu'on appelait réaction classique, qui roulait, après tout, sur les rôles d'une seule actrice, et, à cette occasion, se reprenait à vénérer les styles de Corneille et de Racine, n'allait pas jusqu'au fond, j'ai regret de le dire, ni jusqu'à restaurer le moins du monde la forme de la *tragédie* à proprement parler, laquelle restait encore avec tous ses inconvénients inévitables de lenteur, de roideur et de convenu. L'honneur de M. Lebrun, dans *Marie Stuart*, était bien d'avoir, le premier sous la Restauration, détendu les vieux ressorts tragiques, mais dans une mesure qui dut être surtout sensible alors. Sa pièce de 1820 n'était autre, après tout, qu'une tragédie.

Voilà ce qu'on se pouvait dire, ce que le poëte aurait pu opposer aux idées de reprise, s'il avait mieux aimé sa tranquille possession de renommée que l'art même, si longtemps glorieux, qu'il a, pour sa part, cultivé d'un noble effort, et qu'il parut, à un certain jour, avoir agrandi. — « J'irai voir ce soir vos *Templiers*, » disait quelqu'un à M. Raynouard vers 1836. — « Vous n'irez pas, » répondit-il. — « Et pourquoi? » — « Je vais de ce pas moi-même défendre à la Comédie de les jouer. Je ne veux pas reparaître comme Sully sous Louis XIII. » Ainsi répliqua brusquement le vieux et excellent philosophe-philologue de son ton le plus grondeur.

Mais c'eût été ici par trop grondeur, et rien n'eût absous la bonne grâce du poëte d'aller riposter de la sorte à des désirs de reprise qui lui venaient au nom du jeune talent même que le public avait si vivement adopté. La reprise de *Marie Stuart* n'était pas seulement pour la Comédie-Française une démarche naturelle tout à fait indiquée; elle était pour mademoiselle Rachel un rêve d'imagination; disons mieux, une délicatesse de reconnaissance et comme un vœu. De nobles patronages, de hautes amitiés, qui ne sont pas étrangères à ce grand nom des Stuarts, agirent-elles en effet sur elle pour la fixer dans ce choix? Mais il y avait plus, et l'idée du choix date d'auparavant. Toute petite fille, et à ses jours de pire misère, la digne enfant avait joué au Théâtre-Molière ce rôle de Marie Stuart; un vieil amateur en sortant se récriait : « Quelle est donc cette petite fille qui vient de jouer si bien? Qu'elle a d'intelligence ! Que je la voudrais connaître ! » — « C'est moi, monsieur, répliqua-t-elle en se retournant brusquement dans le couloir, son petit cabas à la main, c'est moi-même; mais donnez-moi donc deux sous pour m'acheter de la galette, s'il vous plaît. » Et voilà pourquoi, entre autres motifs à l'appui, elle eut toute raison, l'autre soir, de reparaître dans le personnage de l'illustre infortunée à qui elle avait dû une joie d'enfance; voilà pourquoi elle eut raison de vouloir dire, aux applaudissements de tous, ce mot de fierté qu'elle relève si bien :

> Si le Ciel était juste, indigne souveraine,
> Vous seriez à mes pieds, et je suis votre reine.

Son succès devant cette salle d'élite a été réel; à quelques endroits on a pu regretter que le peu de force de son organe ne lui permît pas l'expansion. Elle a triomphé pleinement dans la dignité. Quant à l'œuvre dramatique, pour tous ceux qui veulent tenir compte de ce qu'était et de ce que devait être une tragédie avant que les moules fussent brisés, même une tragédie en voie de renouvellement, elle a fait tête à la reprise. Le mérite de l'innovation première n'y pouvait plus être manifeste; on s'est trouvé plutôt sensible à ce qui y reste nécessairement de l'appareil traditionnel. Eh bien! à ce point de vue, on doit le rappeler aux plus sévères, l'intérêt, un intérêt élevé n'y a pas fait faute aux grands moments voulus et désignés par l'art dans l'architecture graduée de cette forme classique. Les applaudissements en tragédie, comme le tonnerre sur les temples, doivent tomber là où il faut. Ici, dans *Marie Stuart*, il y a eu la grande scène du troisième acte, et le pathétique de tout le cinquième.

Mais pour rester bon juge de la valeur de cette œuvre distinguée, pour ne rien méconnaître des mérites sérieux qu'on y salua si vivement à sa naissance, pour garder tout respect enfin à une pure impression de notre jeunesse, il y a à revenir aux circonstances mêmes où la pièce s'est produite, voilà plus de vingt ans, et au point de départ qui avait précédé. Et quelle est l'œuvre tragique, de celles qu'on appelle simplement distinguées, qui, à l'occasion et à l'aide d'une seule actrice, se pourrait reprendre au théâtre, après vingt années, sans causer une hésitation d'un moment, et sans réclamer du spectateur par endroits quelque juste complaisance? Je n'excepte qu'à peine ce petit nombre de chefs-d'œuvre qui furent comme doués du souffle immortel, revêtus de l'enchantement du style et marqués au front des signes de l'impérissable beauté :

. . . . Lumenque juventæ
Purpureum et lætos oculis afflarat honores.

Et encore ces œuvres-là, si la vénération ne s'en mêlait et n'achevait souvent, ne réparait çà et là, sembleraient-elles donc en tout et à jamais divines?

La première représentation de *Marie Stuart* remonte au 6 mars 1820; les tout premiers débuts de M. Lebrun sont de près de quinze ans antérieurs. Né à Paris en 1785, arrivant à l'adolescence avec le Consulat, il mûrit sa jeunesse sous l'Empire. Ses plus profondes impressions, lui-même s'en fait gloire, datent d'alors et donnent le sens vrai de son talent. Tous ceux qui ont vu l'Empire en ont été fortement marqués dans leur imagination; et j'appelle avoir vu l'Empire, non pas être né à telle date qui permît de le voir, mais, même très-jeune, avoir été placé dans une position et comme à une fenêtre d'où on le vit réellement se déployer. On sait la large empreinte qu'en reçut le poëte qui a dit : *Ce siècle avait deux ans....* Un autre qui naissait quand ce siècle avait quatre ans déjà, pour rendre ce même effet indélébile, a pu dire :

> Nous tous, enfants émus d'un âge de merveilles,
> Bercés sous l'étendard aux salves des canons,
> Des combats d'Outre-Rhin balbutiant les noms,
> Nous avons souvenir de plus d'une journée
> Où l'Empire leva sa tête couronnée ;
> Quelque magnificence, une armée, un convoi,
> Un *Te Deum* ardent, la naissance d'un Roi ;
> Et l'Empereur lui-même, au moment des campagnes,
> Il passait dénombrant les aigles ses compagnes ;
> Du geste il saluait tout un peuple au départ,
> Et moi qui parle ici, mon front eut son regard !

M. Lebrun eut plus qu'un regard du maître d'alors. Par des essais poétiques très-précoces(1), il avait, vers la fin du Directoire, attiré l'attention de François de Neufchâteau, ministre de l'intérieur, lequel, ayant été lui-même un de ces talents précoces, se complaisait à les discerner. Le jeune enfant *n'était même pas encore écolier* (2) ; le ministre le nomma élève du Prytanée français (*Louis-le-Grand*), seul collége tout récemment rouvert ; il voulut l'y mener lui-même, et le présenta aux professeurs et aux camarades. L'élève Pierre Lebrun s'y distingua ; nous avons sous les yeux, dans les fastes annuels du Prytanée, des couplets qu'il faisait à l'âge de treize ans pour la plantation de l'arbre de la liberté à Vanvres, maison de campagne de l'établissement ; une autre pièce assez remarquable, intitulée *les Souvenirs*, et qui date de 1802, fut composée au Prytanée de Saint-Cyr. A cette époque de renaissance pour la société et pour les lettres, l'ordre des études et des âges n'était pas très-bien observé ; il y avait dans tous les genres

---

(1) Il se trouvait dans le premier recueil manuscrit du poëte de douze ans une tragédie de *Coriolan*, que l'auteur remania plus tard à quinze.

(2) Expression de M. Lebrun dans son discours de réception à l'Académie française, lorsqu'il y succéda en 1828 à François de Neufchâteau lui-même.

une émancipation rapide, une confusion assez aimable et non sans profit pour les essors généreux. C'est ainsi que, lorsque le Prytanée français eut envoyé une petite colonie pour fonder le Prytanée de Saint-Cyr, l'élève Lebrun, qui en était, se trouva monter un jour dans la chaire de belles-lettres et y remplacer son professeur De Guerle, malade pour le moment. L'Empereur ou le Consul, qui soignait déjà sa pépinière de Saint-Cyr et y allait mesurer des hommes, entre à l'improviste dans la classe et n'est pas peu étonné d'y voir un élève en chaire : on lui explique comment ; il s'assied à côté de lui, et là, durant plus d'un quart d'heure, il interroge les élèves sur les tropes, non sans quelque croc-en-jambe, je le crois bien, aux définitions de Dumarsais. Joséphine qui, par surcroît de bonne grâce, était présente, assise sur l'un des bancs de bois de la classe, au rang d'en bas, près des élèves, souriait par moments du brusque professorat de Napoléon. Un ou deux ans après, on était au lendemain d'Austerlitz, l'Empereur au château de Schœnbrunn, après le dîner, avec M. Daru et M. de Talleyrand, reçoit le *Moniteur*, et y voit une ode *A la Grande Armée* signée Lebrun : « Lisez-la, » dit-il à Daru.

> Suspends ici ton vol ; d'où viens-tu, Renommée ?
> Qu'annoncent tes cent voix à l'Europe alarmée ?...

Et pendant la lecture il interrompt, il loue, il critique même, et conclut en ordonnant d'écrire à Lebrun que l'Empereur lui accorde une pension de 6,000 fr. : il n'avait pensé qu'à Lebrun-Pindare. Quand on vint à découvrir le malentendu et que l'ode était de l'élève de Saint-Cyr, les 6,000 fr. se convertirent pour le jeune homme en une pension de 1,200 fr. Lebrun-Pindare en eut beaucoup de mauvaise humeur : rien n'est démontant comme les homonymes dans les lettres. Lequel des deux ? ce mot-là est une chiquenaude à la gloire. Le vieux Mercier, si peu glorieux qu'il fût, ne pouvait point pardonner à Lemercier-Népomucène.

En France, parmi les journalistes même les mieux placés, la méprise avait eu lieu ; les critiques, dès le premier moment, n'avaient pas manqué de retrouver dans l'ode en question les qualités, les défauts surtout du grand lyrique d'alors : il fallut décompter. Boufflers s'en raille agréablement dans quelques lignes spirituelles (1). Ginguené, qui n'avait pas été dupe, et malgré son culte pour l'autre Lebrun, accorda au jeune auteur des encouragements sérieux (2).

Quand Lebrun-Pindare mourut en 1807, le nôtre ne se vengea de lui qu'en déplorant cette perte dans une ode élevée qui justifiait le *uno avulso non deficit alter*..., et qui rappelle celle de Le Franc de Pompignan sur la mort de Jean-Baptiste Rousseau, la plus belle pièce encore qu'on doive à celui-ci, a dit dans le temps un méchant. Une strophe de l'ode de M. Lebrun, où il rendait un hommage à Delille, lui valut une visite du vieux poëte, ce qui était alors une gloire.

Les huit années, de 1805 à 1814, furent remplies pour lui de beaucoup d'études et de plusieurs essais. Une première tragédie, ou plutôt une *pastorale dramatique*, intitulée *Pallas, fils d'Évandre* (1806), et inspirée des derniers livres de *l'Énéide*, se fait déjà remarquer par du pathétique et plus de naturel que ne s'en permettaient volontiers les muses de l'Empire. Cette pièce, non représentée, n'eut pas même la publicité de l'impression à sa naissance (3).

---

(1) *Courrier des Spectacles*. Son article est intitulé *Peine, critique, érudition perdues*.

(2) *Revue philosophique, littéraire et politique*, an XIV.— François de Neufchâteau fut de ceux qui se méprirent : enchanté de voir le Pindare républicain louer l'Empereur comme les autres, il lui écrivit : « C'est votre meilleur ouvrage. » L'erreur se prolongea jusqu'à la mort même de Lebrun, et Chénier, le louant sur sa tombe de l'ode qu'il n'avait pas faite, disait : « Tant d'exploits qui, depuis dix ans, com-
« mandent l'admiration des peuples, ont ranimé sa vieillesse; près
« d'expirer, sa voix harmonieuse encore n'est pas restée inférieure à
« des prodiges, les plus grands et les derniers qu'il ait chantés. »

(3) Elle fut imprimée chez Didot en 1822, à très-peu d'exemplaires.

J'imagine que les plaintes du vieil Évandre s'arrachant des bras de son fils unique, qui vole aux combats et à la mort, n'auraient pas convenu pour l'attendrissement au maître sourcilleux :

> N'as-tu pas des enfants? Un jour, Ilionée,
> Si le Ciel en son cours ne rompt ta destinée,
> Tu connaîtras combien les moments sont cruels
> Qui ravissent un fils loin des bras paternels.
> Tu verras comme moi s'alarmer ta tendresse,
> Surtout si c'est l'enfant sorti de ta vieillesse,
> S'il a survécu seul à ses frères nombreux,
> S'il est l'unique bien que t'aient laissé les Dieux,
> S'il est l'appui dernier d'une maison qui tombe,
> Et si tous ses aïeux le suivent dans la tombe.

Le jeune poëte servait mieux la pensée impériale par deux odes sur les campagnes de 1806 et de 1807, par une autre *Au Vaisseau de l'Angleterre*, qui a de l'énergie dans la menace :

> Il n'a pas lu dans les étoiles
> Les malheurs qui vont advenir;
> Il n'aperçoit pas que ses voiles
> Ne savent plus quels airs tenir;
> Que le ciel est devenu sombre....

Un jour, en 1808, à Fontainebleau, l'Empereur, qui se souvenait de la méprise de Schœnbrunn et de la visite de Saint-Cyr, et pour qui l'auteur était devenu très-distinct, dit à une dame du palais, qui s'intéressait à M. Lebrun : « Que fait-il? J'ai lu dans le temps son Ode à l'armée ; ce jeune homme a de la verve, mais on dit qu'il s'endort. » Ce mot, cet aiguillon rapporté au poëte, tira de lui, en *réponse*, des stances émues, pleines de grâce. Napoléon régnant semble avoir tellement guindé et glacé ses chantres officiels, qu'une pièce quelque peu vive est une bonne fortune dans la poésie d'alors. Je veux citer celle-ci presque tout entière[1] :

(1) Il faut savoir, pour tout entendre, que la personne qui avait

« On dit qu'il s'endort. » — Caroline,
Est-il vrai qu'à Fontainebleau
Ce puissant maître de château,
Devant qui l'Europe s'incline,

Que lui-même, que l'Empereur,
Parmi tous les soins de l'empire,
Sache même que je respire,
Et me flattez-vous d'une erreur ?

Quoi ! de ma jeune destinée
Le cours n'*en* est point inconnu !
Quoi ! l'Empereur s'est souvenu
Des promesses du Prytanée !

J'occupe donc, si je vous crois,
Un coin de sa vaste pensée,
Où la terre entière est pressée,
Où se meut le destin des rois !

Qu'il se souvienne de nos gloires,
Des pays de tous ses combats,
Du nom de toutes ses victoires,
Et du sort de tous ses soldats ;

. . . .

De tous les rois dont son pouvoir
A fait ou défait la couronne :
Certes, mon esprit s'en étonne,
Pourtant je le puis concevoir.

Mais de moi ! mais qu'il se souvienne
Qu'autour du char qui l'a porté,

rapporté ce mot, madame Caroline de B..., dame d'honneur de Madame-mère, avait été la première passion de Bonaparte jeune, quand il était en garnison à Valence. Elle s'appelait alors mademoiselle Du Colombier ; il en parle dans le *Mémorial de Sainte-Hélène :* « On n'eût pas pu être plus innocents que nous, dit-il ; nous nous ménagions de petits rendez-vous. Je me souviens encore d'un, au milieu de l'été, au point du jour. On le croira avec peine, tout notre bonheur se réduisit à manger des cerises ensemble. »

Parmi les voix qui l'ont chanté
Il n'a plus entendu la mienne !

« On dit qu'il s'endort! » — Votre esprit
N'a-t-il pas trompé votre oreille ?
Napoléon, eh ! qui t'a dit
Si je m'endors ou si je veille ?

Grand homme, qui pourrait dormir
Au bruit dont tu remplis la terre ?
Est-il séjour si solitaire
Qui ne l'entende au loin frémir ?

Mais quoi ! voilerai-je un mensonge
De mots si pleins de vérité ?
Oui, je dormais, oui, d'un doux songe
Mon cœur se berçait enchanté.

D'une autre idole que ta gloire
Je faisais mon cher entretien :
Un nom qui n'était pas le tien
T'avait distrait de ma mémoire.

Les jours, les nuits à mes travaux
N'étaient plus que de longues trêves;
Je ne voyais plus dans mes rêves
Flotter ton aigle et tes drapeaux.

N'as-tu jamais, à pareil âge,
Toi-même, si plein d'avenir,
Pour quelque brune ou blonde image
Perdu tout autre souvenir ?

Que Caroline me réponde :
Dites, vous la première amour
De ce cœur qui devait un jour
Battre pour l'empire du monde,

Dites, n'a-t-il jamais dormi
Sous les cerisiers de Valence,
Aux temps d'ivresse et d'innocence
Où vous l'appeliez votre ami,

Quand le héros à son aurore,
Si loin du zénith radieux,
Brillait seulement à vos yeux
D'une épaulette neuve encore?

Mais il parle : adieu, songe vain !
Dites-lui que dans ma retraite
Sa voix parvenue a soudain
Réveillé son jeune poëte.

Me voici ! . . . .
. . . .

Suivez, suivez Napoléon,
Mes chants, de rivage en rivage,
Et que puisse ainsi d'âge en âge
Mon nom accompagner son nom !

Que puisse ma muse fidèle
A sa gloire à jamais s'unir !
Aigle, je m'attache à ton aile :
Emporte-moi dans l'avenir.

Ces vers n'ont jamais été imprimés. D'autres vers que M. Lebrun avait composés sur la mort d'un fils de la reine Hortense, de cet enfant si cher à Napoléon qui le pleura, sont également restés en portefeuille (1) avec une quantité de petites pièces. Sous l'Empire, il y avait cela de particulier : on pouvait faire des vers élégiaques, plus ou moins intimes, mais on les gardait, et en public, si on visait à la gloire, on ne donnait que des rimes grandioses sur des événements héroïques, sur des sujets qu'on s'appliquait à traiter. La poésie se piquait d'être encore plus cérémonielle que sous Louis XIV. Les inconvénients de ce trop de respect nous ont sauté d'abord aux yeux ; ils devraient être

---

(1) La même dame du palais, à qui est adressée la pièce précédente, communiqua ces vers à Napoléon ; après les avoir lus, il fit dire à l'auteur qu'il souhaitait qu'ils ne fussent pas imprimés. Il voulait éviter les propos de la malignité calomnieuse sur cet enfant.

jugés moins sévèrement aujourd'hui que nous savons l'excès contraire et que nous sommes tombés dans le déshabillé.

Alors du moins on croyait à la grandeur; des types élevés, bien qu'un peu stériles, dominaient sincèrement les âmes. Il y avait des buts marqués, des couronnes; il y avait carrière. Toucher à la palme tragique une ou deux fois dans sa vie, c'était le rêve immortel. La voix sacrée, la route au Capitole sous le soleil, semblait ouverte, mais difficile, et l'honnête louange enflammait. Cela fait rire aujourd'hui qu'on jouit encore plus qu'on ne s'afflige de toute la variété de vices d'une littérature sans frein et prodiguement inventive. Le style en général était assez pauvre sous l'Empire et servait mal l'aspiration de la pensée. César montait droit à l'Olympe; la pensée à sa suite y visait de son mieux, mais le style n'allait pas du tout. Il s'était amaigri et comme desséché en passant durant des années par tant d'usages peu littéraires; il s'était altéré au souffle des révolutions, et, comme on ne s'en rendait pas compte, comme on se croyait toujours classique, on ne le retrempait pas. Quand je parle ainsi de l'Empire et de sa grande route régulière, il va sans dire que M. de Chateaubriand et madame de Staël sont toujours en dehors. Pourtant, avec la prétention, le goût aussi de l'antique reprenait; l'étude ramenait à des sources. M. Lebrun fut un de ceux qui, dès le début, accusent en eux avec le plus d'intelligence le culte et le sentiment des anciens : c'est le mérite de son *Ulysse*.

Lemercier avait rouvert le premier, avec bien de l'honneur, cette scène grecque-française, et renoué avec *Andromaque* par *Agamemnon*. Marie-Joseph Chénier, conseillé par Daunou, revenait, bien qu'un peu tard, aux anciens, et s'initiait aux douleurs d'Électre. Un sourire du maître, plus que le talent de Luce, faisait la fortune d'*Hector*. *Ulysse* est de cette famille; mais, suivant la très-juste remarque de Charles Nodier, un moment continuateur de Geoffroy au feuilleton des *Débats* (1), Ulysse, personnage

---

(1) **30 avril 1814.**

épique, ou tout au plus personnage dramatique du second ordre, ne pouvait être le héros d'une tragédie ; il a trop de finesse pour cela. Sophocle dans *Philoctète* l'a pu faire servir à nouer l'intrigue ; mais il ne l'a pas mis au premier plan. C'est un caractère d'âge mûr, beau à la réflexion, mais qui en a besoin pour se justifier, et qui n'offre rien de ces dehors émouvants où se prend la foule au premier abord. A Télémaque lui-même qui s'étonne de tant de prudence, Ulysse a besoin de dire :

> Peut-être tu sauras, par l'exemple d'un père,
> Que parfois au héros la feinte est nécessaire ;
> Qu'elle est vertu souvent, et qu'avec le danger
> La forme du courage est sujette à changer (1).

La pièce jouée pour la première fois le 28 avril 1814, cinq jours avant la rentrée de Louis XVIII dans sa capitale, n'eut qu'un petit nombre de représentations, ce qu'on appelait un succès d'estime. On y crut voir pourtant un intérêt de circonstance, le retour de l'exilé, du monarque légitime dans la patrie. On aurait pu y voir aussi la malédiction patriotique contre l'intrusion étrangère :

> Mon héritage est las de se voir votre proie,

s'écriait Télémaque à la face des prétendants (2). Le fait est que les allusions ne venaient que de pur hasard et de coïncidence, la pièce se trouvant achevée depuis plus de trois ans et l'auteur n'y ayant rien changé. A la lecture, il y transpire quelque chose des douces et graves beautés d'Homère. Dans la première scène, Pénélope dit à Télémaque qui voudrait encore espérer :

> Le séjour qui d'Ulysse a retenu les pas,
> O mon fils, est un lieu d'où l'on ne revient pas,
> Dont nul homme jamais n'apporta de nouvelle ;
> Formidable séjour de la vie éternelle,

---

(1) Acte III, scène II.
(2) Mademoiselle Duchesnois faisait Télémaque.

Et dont les habitants, pâles et désolés,
Sont de leur doux pays à jamais exilés.
S'il respirait encor, dis-moi, la renommée,
Cette immortelle voix par la terre semée,
Eût-elle été muette? et quel pays lointain
Aurait pu si longtemps nous taire son destin?
Je sais trop bien entendre un semblable silence.

Au commencement du troisième acte, Ulysse inconnu, et qui se donne pour un simple compagnon du héros, y parle ainsi indirectement de lui-même à son fils :

Il se peignait souvent ces rivages chéris,
Où l'attendaient en vain Pénélope et son fils.
Quelques maux dont il vît sa tête menacée,
Ithaque était toujours sa première pensée ;
Quelque bien que le Ciel lui permît de choisir,
Ithaque était encor son unique désir.
En vain le soin des Dieux et l'amour des Déesses
Environna son cœur des plus douces promesses ;
A l'offre du ciel même et des divins honneurs,
Il fixait sur la mer un œil mouillé de pleurs.
Si de loin sa pensée entrevoyait une île
Abondante en troupeaux, en oliviers fertile,
Il n'apercevait plus d'autre lieu, d'autre bien,
Et l'immortalité ne lui semblait plus rien.

Ce sont là des vers charmants, mélodieux, de l'école de Racine ; je n'y regrette que cette fumée d'Ithaque que l'Ulysse d'Homère aurait voulu voir seulement de loin, et puis mourir (1).

La pudeur de Pénélope, lorsque, accordée par son père Icare à Ulysse, elle se voila et ne répondit au désir de l'é-

---

(1) . . . . se faschant qu'il ne voit
La fumée à flots gris voltiger sur son toict,

a dit un vieux poëte (Du Bartas, V⁰ chant de *la Semaine*). Et Joachim Du Bellay en un sonnet bien connu :

Quand reverrai-je, hélas! de mon petit village
Fumer la cheminée . . . . ?

poux que par l'aveu du silence, y est rappelée en des vers non moins touchants. La ruse du tissu y est ingénieusement exprimée, bien qu'avec une élégance singulièrement moderne, par la bouche du *divin porcher* Eumée.

Mais dès qu'Ulysse a vu l'arc, cet arc voulu par l'oracle et que seul il peut armer, le sentiment de vengeance éclate en lui avec toute l'antique beauté. L'horreur sacrée des foudres de Dodone a tous ses échos dans les vers suivants :

> Ce jour doit être sourd, aveugle, inexorable,
> Et ne sera content que du dernier coupable.
> . . . .
> . . . . Eumée, ah! quelle joie
> De tenir dans mes mains et leur vie et ma proie,
> De les voir, reculant à l'aspect de leur roi,
> Fuir sans trouver d'asile où se sauver de moi,
> Et, pâles de leur crainte et de la mort future,
> Implorer vainement, même la sépulture!

Les souvenirs d'Homère se combinent, se croisent vers cette fin, avec ceux de Virgile, et sans s'y affaiblir : on sait le *pallida morte futura* de Didon. Comme étude d'imitation et de style, *Ulysse* garde son prix.

La chute de l'Empire remplit l'âme de M. Lebrun d'amertume et de patriotique douleur. Les mêmes malédictions durent lui échapper, que tout à l'heure il prêtait à Ulysse vengeur. Deux odes de 1814 en font foi; ce sont des messéniennes écrites sous le coup. L'une a pour titre *Jeanne d'Arc*; l'autre est une paraphrase très-sentie du psaume *Super flumina*. En même temps, le changement de régime avait pour effet de rendre sans réserve le poëte à la vie littéraire; il n'y appartenait plus tout entier depuis quelques années. Selon l'usage de l'Empire, où les lettres se coordonnaient volontiers aux affaires, il occupait dans l'administration bienveillante de Français de Nantes une place assez considérable au Havre, une de ces places, il est vrai, données tout exprès pour très-peu assujettir; il passait une bonne partie de sa vie à Rouen ou à Paris. Revenu pourtant à sa pleine liberté et obéissant à l'aiguillon d'une émulation généreuse, il put, durant les quinze années qui suivirent, attacher avec honneur son nom à des ouvrages étendus et médités : *Marie Stuart*, *le Cid d'Andalousie* et le poëme de *la Grèce*. Sa seconde manière, celle par laquelle il est surtout connu, va se produire.

Un prix d'académie commença de le mettre en lumière, car *Ulysse* s'était comme perdu dans le bruit des circonstances politiques. Son poëme *sur le Bonheur de l'Étude* remporta une des couronnes décernées par l'Académie française en 1817. Dans ce même concours, où M. Saintine eut l'autre prix et où Charles Loyson obtint l'accessit, on distinguait le nom surgissant de Victor Hugo et celui de Casimir Delavigne ; la jeune milice de la Restauration s'essayait. M. Lebrun était déjà d'une génération assez antérieure : son premier concours eût été naturellement de 1805 ; mais il recommençait en quelque sorte.

Le genre académique heureusement ne le retint pas. Ce qui distingue les tentatives de M. Lebrun au théâtre ou dans le poëme, c'est un certain degré d'innovation. Si l'Empire avait subsisté, cette innovation se serait-elle produite dans son sein ; en serait-elle graduellement sortie ? je le crois. Déjà, sous la fin du Directoire, on avait vu la littérature d'alors, celle qui datait de l'an III, en train de se modifier par Lemercier, par Benjamin Constant, par madame de Staël, qui y appartenait à cette époque. Le Consulat vint et brisa le développement, la transformation dès lors très-sensible. Rien d'analogue ne s'était encore produit au sein de la littérature impériale proprement dite ; mais, quelques années encore, et immanquablement on aurait eu quelque chose qui s'y serait essayé, même à travers les entraves. Les grandes émotions de l'Empire devaient avoir leur contre-coup et leur après-coup en littérature. « Pour moi, je l'avoue, disait un jeune colonel au spirituel M. de Stendhal, il me semble, depuis la campagne de Russie, qu'*Iphigénie en Aulide* n'est plus une aussi belle tragédie. » — La seconde génération de l'Empire, un peu plus tôt, un peu plus tard, devait en venir là. La Restauration, en brisant, hâta et mit en demeure de faire. M. Lebrun, l'un des premiers, ressentit en poésie ce besoin de nouveau, surtout de naturel, et travailla de son point de vue à le servir. Pour bien définir son rôle, je dirai de lui qu'il est le plus jeune des poëtes de l'Empire, de même qu'on pourrait dire de M. Delavigne ou de M. de Lamartine qu'ils sont les aînés des poëtes de la Restauration. Eh bien ! lui, ayant déjà assez avant l'empreinte de l'époque antérieure, il ne s'y est pas immobilisé ; mais, prenant la chose dramatique au point juste où elle était, il l'a poussée du premier jour à l'innovation dans une mesure habile, heureuse, applaudie. Sa *Marie Stuart*, qui parut d'abord un commencement, était à certains égards une fin ; c'était la fin et le romantisme modéré le plus avancé, le plus extrême de cette honorable reprise dramatique qui s'ouvre par *Agamemnon*, qui se continue par *les Templiers*, dans laquelle Ducis, venu un peu plus tard, eût trouvé sa place. *Marie Stuart*, dans les mêmes formes encore, prolonge et couronne. L'art dramatique postérieur, qui fait peut-être fi de tout cela maintenant, aura-t-il donc de loin des témoignages si imposants à offrir dans cet inventaire final qui réduit tant d'œuvres ?

Qu'on me laisse dire encore : ces points de vue sont si éloignés déjà, si fugitifs ; ceux même qui les devraient le mieux savoir semblent si peu s'en ressouvenir en jugeant aujourd'hui, que j'ai besoin de tourner en tous sens pour les marquer. *Marie Stuart* était une transition, mais j'ose ajouter une transition à ce qui n'est pas venu, à ce que l'auteur n'a pas achevé de réaliser lui-même. La tentative du moins était bonne, et elle demeure en vue comme une tête de pont qui n'aurait pas été continué. *Le Cid d'Andalousie*, qui devait faire l'arche suivante, a manqué, est resté en suspens et comme non avenu. Lors de *Hernani*, plus tard, le pont a été hardiment repris, mais à un autre endroit et de l'autre côté de la rive. Il en résulte qu'entre l'ancien art dramatique et le nouveau il n'y a pas eu de pont et qu'on n'a point passé.

Représentons-nous bien l'état littéraire de la France aux abords de l'année 1820. La jeune école de madame de Staël commençait à percer dans le monde ; la jeune École normale, M. Cousin en tête, étonnait dans son premier feu. Le plus léger des houzards romantiques, M. de Stendhal, poussait des pointes en divers sens ; des esprits studieux et libres, comme M. Fauriel, avaient de l'action dans de petits groupes distingués. Le séjour et les relations de Manzoni en France l'avaient fait d'abord connaître ; Charles Loyson, dans une ode sur *l'Enthousiasme poétique*, qu'il adressait à l'illustre Lombard, lui disait :

> Toi, le talent est ton excuse ;
> L'art te condamne, mais ta muse
> S'absout, à force de beautés (1).

Plusieurs des romans de Walter Scott venaient de passer le détroit. Byron était moins accessible ; on rôdait, en quelque sorte, autour de son œuvre de mystère, sans bien savoir ; des articles de M. Lebrun lui-même, dans *la Renommée*, contribuèrent aux premières notions qu'on en eut, et provoquèrent, je crois, la première traduction qu'on en fit. En 1820, Schiller n'était pas traduit (2) : madame de Staël, dans son *Allemagne*, l'avait magnifiquement analysé ; mais, si je ne me trompe, la première connaissance plus détaillée qui en vint à M. Lebrun fut du côté de M. de Barante, qui, à son tour, devait cette initiation à l'heureux hasard de Coppet. Et puisqu'ici ces deux

---

(1) *Lycée français*, tome IV, page 241. Dans ce même tome du *Lycée*, page 61, se trouvait une critique de *Carmagnola* par M. Chauvet, laquelle provoquait Manzoni à sa lettre en français *sur les Unités*. Mais ceci empiète et touche à la fin de 1820.

(2) Du moins tant soit peu complétement et convenablement. Le *Théâtre* traduit par La Martellière (1799) ne contenait que trois pièces, et *Marie Stuart*, qui se faisait seulement alors, n'y était pas. Quérard indique une traduction de cette dernière pièce par M. Hess (Genève, 1816). Celle du baron de Riedern, publiée par M. de Latouche, ne parut que dans le courant de l'année 1820. M. de Barante publia les *OEuvres dramatiques* de Schiller l'année suivante.

noms amis se rencontrent, notons, en passant, que sous la Restauration M. Lebrun a eu assez exactement en poésie un rôle qui ferait pendant à celui de M. de Barante dans le genre critique et historique, quelque chose d'assez analogue dans le degré d'innovation et de réussite.

Je n'aborde pas la Marie Stuart réelle, celle de l'histoire approfondie; des travaux récents ont beaucoup fait pour l'éclairer jusque dans les plus secrets replis et pour désenchanter du personnage. Le trop de science mène presque toujours là. Je me tiens à l'héroïne de la tradition et de l'illusion; je me borne au point de vue français et de 1820 encore; je me reporte à la première représentation, à l'une des cinquante premières. On raconte que lorsque le bourreau décoiffa, pour la faire tomber, cette tête charmante, on découvrit que ses beaux cheveux avaient légèrement blanchi. Je ne sais si, dramatiquement parlant, quelques mèches grises aussi ne se sont pas glissées, depuis vingt ans, sur cette tête si applaudie. Le fait est que, lorsqu'elle se produisit d'abord, il n'y eut qu'une voix sur l'accueil soudain, sur l'intérêt excité et sur les larmes. J'ai sous les yeux la plupart des journaux du temps; le *Journal des Débats*, le seul qui, dès ce temps-là, voulut être sévère, constate lui-même l'entier triomphe : « La joie est dans le camp des romantiques, s'écrie Étienne Becquet en commençant (1); le succès de M. Lebrun est un succès de parti, une victoire des lumières sur les préjugés. Un courrier extraordinaire, envoyé par M. Schlegel, est allé en porter la nouvelle à la Diète assemblée.... » Ceci, pour commencer, n'était pas tout à fait juste; le succès de M. Lebrun, malgré l'origine de l'imitation, ne pouvait être dit un succès allemand, mais bien français. En même temps que l'auteur, par sa manière plus naturelle et par la source où il puisait, réjouissait l'espérance des esprits libres, il satisfaisait pleinement les spectateurs simples. Sa nouveauté, sans avoir besoin de théorie, était aussitôt comprise, as-

---

(1) **13 mars 1820.**

sortie par le sujet au génie français, au pathétique populaire. La Marie Stuart de Brantôme, celle qui mourut sur l'échafaud et qui fit ses adieux à la France, était restée dans toutes les imaginations, victime intéressante, victime embellie :

> Coupable seulement des erreurs d'une femme,
> Vos fautes dans le ciel ne suivront pas votre âme !

légende presque aussi présente que celle d'Héloïse, ou de La Vallière, ou encore de cette bonne impératrice Joséphine (1). Quand on relit aujourd'hui Schiller, et que l'on compare avec la tragédie de M. Lebrun, on peut trouver, très à son aise, qu'il a trop sobrement glané à travers cette végétation de poésie si féconde et si luxuriante. Alors, par une impression tout inverse, il eût été blâmé plutôt d'en avoir trop gardé. Becquet le loue d'avoir *séparé assez habilement l'or pur du plomb vil*, d'avoir su *éviter adroitement les fautes nombreuses qui déshonorent l'ouvrage de Schiller*. « Il en est une pourtant, dit-il, dont il ne s'est pas ga-

---

(1) On peut s'étonner qu'il n'y ait pas eu plus tôt en français de tragédie, du moins notable, sur Marie Stuart. C'était un sujet à tenter l'auteur d'*Adélaïde Du Guesclin* et de *Tancrède*. Boursault, sur la fin du dix-septième siècle, en avait fait une pièce ridicule. Celle d'un certain Regnault en 1639, et une autre d'un anonyme en 1734, furent en naissant oubliées. Une des moins mauvaises était encore *l'Écossaise* du vieux poëte Montchrétien, de l'école de Garnier. Marie Stuart, énumérant tous les malheurs qui l'ont assaillie dès le berceau, y dit ces deux vers touchants :

> Comme si dès ce temps la fortune inhumaine
> Eût voulu m'allaiter de tristesse et de peine.

Alfieri a fait une *Marie Stuart*, mais qui n'est pas de l'époque de l'échafaud. — Un anonyme, stimulé par le succès de M. Lebrun, fit imprimer en 1820 une *Marie Stuart* qui était reçue depuis trente ans au Théâtre-Français, et qui sommeillait en paix dans les cartons. On lit dans la préface que l'auteur, au début, soumit le manuscrit de sa pièce à La Harpe, qu'on regardait alors comme l'oracle en telle matière ; et La Harpe, après avoir examiné, répondit : « Votre pièce est assez bien « écrite, mais le sujet n'est nullement propre au théâtre ; s'il l'était, « Voltaire ou moi nous nous en serions emparés. » Voilà bien de nos Aristarques.

ranti, la contagion germanique l'a gagné.... » Qu'est-ce ? on attend l'énormité. C'est que M. Lebrun n'a pas observé l'unité de lieu. Mais, répondait-on, toute la pièce se passe dans l'intérieur du château de Fotheringay ; on ne sort pas de l'enceinte. Peu importe, ajoutait le critique ; *dès qu'on baisse la toile, ne fût-ce que pour passer de l'antichambre dans le salon, l'unité de lieu est totalement violée*(1). C'est devant des juges de cette force, alors nombreux, gens d'esprit avec cela, qu'il fallait innover.

Dès la première scène de Schiller, le chevalier Paulet, gardien de Marie, est dans la chambre de la captive avec une espèce de serrurier ; il fait forcer les armoires pour enlever bijoux, lettres ; le miroir même et le luth ont été saisis. Dans la pièce française on ne voit pas ces objets, et ils ne sont pas nommés ; la nourrice Anna redemande un peu vaguement à Paulet

> Ces lettres, ces écrits, ces secrets caractères,
> De ses longs déplaisirs tristes dépositaires.

On a récemment blâmé la périphrase ; on n'oublie qu'une chose : en 1820, à la scène, dans une tragédie, le mot propre pour les objets familiers était tout simplement une impossibilité ; il ne devint une difficulté que quelques années plus tard. Cinq ans après, dans *le Cid d'Andalousie*, le mot *chambre* excitait des murmures à la première représentation ; *le Globe*(2) était obligé de remémorer aux *ultra*-classiques le vers d'Athalie :

> De princes égorgés la chambre était remplie.

Depuis, il faut en convenir, on a terriblement enfoncé la porte de cette chambre ; on a été d'un bond jusqu'à l'alcôve. Mais, avant 1830, chaque mot simple en tragédie voulait un combat et coûtait à gagner presque autant, je vous assure, qu'un député libéral à la Chambre durant le

---

(1) Dans son second feuilleton du 20 mars.
(2) 5 mars 1825, article de M. Trognon.

temps de la majorité Villèle. M. de Chauvelin nommé, ou un mot propre à travers toute une scène, c'étaient d'insignes triomphes.

M. Lebrun, dans *Marie Stuart*, satisfaisait les novateurs judicieux par des qualités de langage qu'à cette époque le style élégant de M. Delavigne, ni celui d'aucun autre tragique du moment, n'offraient dans la même nuance. En redescendant du cothurne de l'Empire, on goûtait fort chez lui quelque chose de senti, de naturel et de vrai dans la diction, d'assez voisin de la prose, avec du feu poétique pourtant et des veines de chaleur. La première scène du troisième acte, quand Marie, échappée dans le jardin, se ressaisit du jour et de la libre lumière, fut admirée de tous pour l'expression. Ces vers purs, charmants en effet, et d'une douceur presque racinienne, se retrouvent dans notre mémoire, à nous qui les entendîmes alors, et font partie de nos classiques réminiscences :

. . . . Ah! laisse-moi jouir
D'un bonheur que je crains de voir s'évanouir.
Laisse mes libres pas errer à l'aventure :
Je voudrais m'emparer de toute la nature.
. . . .
. . . . . . Ah! laisse-moi du moins,
Soulevant un moment ma chaîne douloureuse,
Rêver que je suis libre et que je suis heureuse.
Ne respiré-je pas sous la voûte des cieux?
Un espace sans borne est ouvert à mes yeux.
Vois-tu cet horizon qui se prolonge immense ?
C'est là qu'est mon pays; là l'Écosse commence.
Ces nuages errants qui traversent le ciel
Peut-être hier ont vu mon palais paternel.
Ils descendent du Nord, ils volent vers la France.
Oh! saluez le lieu de mon heureuse enfance ;
Saluez ces doux bords qui me furent si chers !
Hélas! en liberté vous traversez les airs.

Béranger, qu'il sied si bien de nommer à côté d'un poëte qui fut son ami de jeunesse et de tous les temps, a dit, par un sentiment assez semblable, dans le refrain touchant d'un captif :

>Hirondelles de la patrie,
>De ses malheurs ne me parlez-vous pas?

Alceste mourante, dans Euripide, s'écriait : « O soleil, ô lumière du jour, ô nuages qui roulez sur nos têtes!... O terre, ô palais, ô lit nuptial d'Iolcos, ma patrie!... » Ce sont les deux mêmes sentiments que dans *Marie Stuart*, le regret de la patrie et le regard au ciel, si ce n'est que Schiller et M. Lebrun les ont réunis. De tout temps les exilés, les mourants, les amants, se sont ainsi adressés volontiers à tout ce qui vole et passe, comme à des messagers de leurs regrets, aux échos, aux nuages, aux fumées qui montent à l'horizon, aux hirondelles de la patrie, aux flots qui peut-être ont baisé l'autre rivage (1).

Les anciens pourtant, remarquons-le, n'apostrophent que discrètement, hors de la forme mythologique, ces

---

(1) C'est le cas de rappeler les belles stances de Byron *à l'Éridan*, quand il charge les flots, qu'en naviguant il contemple, d'aller vers Ravenne couler aux pieds de la dame de son amour : « Le flot qui emporte mes larmes ne reviendra plus; reviendra-t-elle celle que ce flot va rejoindre? » Et Camoëns, dans son admirable *cançao* écrite en mer, durant une longue croisière pénible, en vue de l'Afrique et de l'Arabie, a dit : « Je demande de vos nouvelles, madame, aux vents amoureux qui soufflent de la contrée où vous habitez; je demande aux oiseaux qui volent au-dessus de moi s'ils vous ont vue, ce que vous faisiez, ce que vous disiez; où? comment? avec qui? quel jour? à quelle heure? » (M. Magnin, *Vie de Camoëns*.) On me cite encore la funèbre apostrophe que voici, tirée de la première scène de *Rubena* par le poëte portugais Gil Vicente, de la fin du quinzième siècle : c'est l'héroïne qui, dans les transes étouffées d'un enfantement mortel, s'écrie : « Sombres et tristes nuées qui passez si rapides, oh! délivrez-moi de ces angoisses, et emportez-moi jusque vers les profonds abîmes de l'Océan où vous allez; que mon malheur vous touche, et puissiez-vous me conduire en toute hâte à cette vallée de tristesse où les maudites du sort, où les infortunées sont ensevelies! » — Par contraste, dans *le Mariage de Figaro*, Chérubin dit bien gaiement *je vous aime* aux arbres, au vent, aux nuages.

choses naturelles extérieures. Philoctète, Ulysse, regardent les flots et ne leur parlent pas. Aristophane le fait pour les nuées, avec bien de la poésie, mais en pur grotesque. Cette mélancolique communication de l'âme avec les objets extérieurs, et particulièrement avec les nuages, est un trait plutôt moderne et du Nord. De ce ciel-là, Ossian est l'Homère, l'Écosse en est l'Olympe. Le nuage par Schiller nous en arriva. Tel qu'il vogue léger et se colore dans le coin de ciel découpé par M. Lebrun, il n'eût pas été repoussé de Racine.

Le personnage de Leicester, même avec les adoucissements que l'auteur français y apportait, eut peine d'abord à se faire accepter. Talma s'en aperçut aux premières scènes : le parterre, à certains moments, hésitait et ne savait trop comment le prendre ; le grand acteur n'hésita point ; il arracha cela, selon l'expression vive d'un excellent spectateur, *comme on arrache une dent.* Nous n'avons plus apparemment cette dent-là, et de plus odieux que Leicester passent dorénavant, sans dire gare, au théâtre. Talma se montrait particulièrement admirable par son jeu muet dans la grande scène du troisième acte entre les deux reines. A la dernière scène de la pièce, au dernier vers, au moment du coup fatal, le *Ah!* classique (*Ah! je meurs*) devenait dans sa bouche un *Han!* qui sentait le bourreau. Ce terrible *Han!* interjection inouïe en tragédie, contrariait fort Becquet et les puristes. — Mademoiselle Duchesnois, en énergie, en pathétique, prêtait la main à Talma et ne laissait rien à désirer.

Marie Stuart allait aux nues et soulevait des transports. M. Lebrun s'y arrache. Il part pour la Grèce le surlendemain de la première représentation, comme pour ne pas s'énerver dans le triomphe ; il ne veut point de Capoue. A ce printemps de 1820, la Grèce n'était pas insurgée encore ; mais on parlait alors de Parga, de ce peuple chrétien, livré, vendu au pacha d'Épire par l'Angleterre, et qui avait fui en emportant ce qu'il avait pu des tombeaux paternels. Il y avait là un sujet vivant, le poëte y court.

Ou je me trompe, ou je vois dans ce départ empressé quelque chose de généreux, un trait tout à fait digne d'un lendemain de haute tragédie. Pour son *Ulysse*, M. Lebrun s'était reporté jusqu'à Homère; il avait emprunté à l'Allemagne dans *Marie Stuart*; tout à l'heure il s'adressera à l'Espagne pour le *Cid d'Andalousie*, et maintenant le voilà en quête de poésie vers la Grèce. Par ces excursions, par ces alliances combinées en divers sens, il cherchait évidemment à remonter, à ravitailler le genre classique, à qui de lui-même l'invention manquait un peu. On ne saurait méconnaître dans cet ensemble d'efforts élévation et courage.

Il s'embarque à Marseille sur *le Thémistocle*, le plus beau des vaisseaux d'Hydra, commandé par Tombasis, qui, un an après, devenait le navarque glorieux des îles en délivrance; déjà on chantait à bord le chant de Rhigas. Il visita ces sites vénérés que la beauté décore, qu'a nommés la Muse, et parmi lesquels Ithaque, la *pierreuse* Ithaque, l'attirait plus tendrement par le souvenir d'Ulysse, et comme eût fait une patrie. Une ode de 1821 consacre cette impression bien sentie. C'est un des plus doux bonheurs du poëte de pouvoir reconnaître un jour par lui-même les lieux désirés dont les noms erraient sur ses lèvres avec harmonie dans les rêves de sa jeunesse (1).

De retour en France en 1821, il publia, vers septembre, un *poëme lyrique* sur la mort de Napoléon, morceau étendu, plein d'harmonie, de souffle et d'émotion. Le poëte, rassemblant toutes ses ardeurs et ses enthousiasmes du premier âge, ne craignait pas de s'y montrer plus napoléonien qu'on ne se le permettait généralement alors dans cette fraction du parti libéral qui confinait aux opinions doctrinaires. C'était payer la dette du Prytanée. Il la paya com-

(1) Voir au tome II des *OEuvres* de M. Lebrun *le Parnasse*, *la Vallée d'Olympie*, pièces faites sur les lieux mêmes; *le Vin d'Ithaque*, *le Ciel d'Athènes*, pièces inspirées par le vif souvenir : je recommande surtout sa belle et digne poésie du *Ciel d'Athènes;* la sérénité qu'elle veut peindre s'y réfléchit.

plète : la pension de 1,200 francs qu'il devait à l'Empereur pour son ode *A la Grande Armée* lui fut ôtée par le ministère Villèle pour cet hommage de reconnaissance rendu au bienfaiteur mort.

Ce poëme lyrique sur Napoléon, qui clôt la série des odes de M. Lebrun, est certainement ce qu'on a écrit en vers de plus développé et à la fois de plus soutenu sur le grand homme avant que M. Victor Hugo en vînt à le célébrer. Le style lyrique de M. Hugo, par la magnificence de détail qu'il prodigue, fait tort nécessairement à celui de tous ses devanciers, et les deux Lebrun peuvent en souffrir. Béranger n'échappe aux confrontations qu'à force de traits aussi et par la perfection serrée de sa forme. Mais il semble que ce n'est plus assez maintenant, dans l'ode, que la roue aille vite, d'un noble et nombreux essor, et parcoure toute l'arène; il faut que chaque clou y soit d'or :

> L'or reluisait partout aux axes de ses chars.

Et quelquefois même il arrive que le char va tout lentement et presque au pas, comme pour mieux montrer chaque diamant. — Gloire pourtant et merveille! le char s'emporte et vole, tout s'allume, tout n'est qu'éclair!

Le naturel et la grâce en poésie résistent mieux aux modes, aux révolutions du style, que le grandiose; ils sont comme le roseau qui *plie et ne rompt pas*. Le sacre de Charles X inspira ou imposa bien des poëmes : le seul qu'on puisse relire, ce sont *les Oiseaux* de madame Tastu. M. Lebrun, alors retiré à la campagne dans les douces prémices de la saison et dans l'indépendance du poëte, a fait à la cérémonie officielle une contre-partie souriante et toute de fraîcheur, avec un certain accent de Chaulieu à Fontenay ou de Fontanes à Courbevoie, avec un accent d'Horace. Pendant que Charles X prend la couronne à Reims, lui, à Champrosay (pour dire le fait en prose), il pend la crémaillère. La pièce est inédite ; on saura deux fois gré à l'auteur de nous avoir permis de la citer :

LA VALLÉE DE CHAMPROSAY

LE JOUR DU SACRE DE CHARLES X (29 MAI 1825).

O Champrosay, champêtre scène
De repos, de calme et d'oubli,
Entends-tu venir, sur la Seine,
Du canon qui tonne à Vincenne
Le son, par l'espace affaibli?

Reims couronne Charle à cette heure ;
Il marche au sacre en cet instant,
Où moi, par fortune meilleure,
J'inaugure ici ma demeure,
Plus roi que Charle et plus content.

Je crois ouïr l'église immense
Élever son bruit jusqu'aux cieux :
De loin vers ces bois il s'élance,
Et vient accroître le silence
De leurs dômes religieux.

Des transports, selon l'habitude,
Là, chargent l'air de mille vœux !
Ici, loin de la multitude,
De la fidèle solitude
Le silence parle bien mieux.

Peut-être, à l'usage fidèles,
Maintenant mille passereaux,
Lâchés sous les nefs solennelles,
Aux cierges saints brûlent leurs ailes,
Et du bec battent les vitraux.

Liberté !... c'est donc le symbole
De celle que nous font les rois ?
Plus semblables à mon idole,
Vous me montrez celle qui vole,
Oiseaux qui chantez dans les bois

C'est ici que j'aurais dû naître,
Champrosay ! nom plein de douceur !
O ma maison, reçois ton maître !

Forêt, fleuve, coteau champêtre,
Recevez votre possesseur

Heureux qui de son espérance
N'étend pas l'horizon trop loin,
Et, satisfait de peu d'aisance,
De ce beau royaume de France
Possède à l'ombre un petit coin !

Un cerisier, près de mon Louvre,
Le cache et l'indique au regard ;
Devant, la Seine se découvre,
Et, derrière, une porte s'ouvre
Sous les ombrages de Senart.

Le domaine ne s'étend guère,
Mais il est selon mon trésor.
Si liberté n'est pas chimère,
Pour vivre libre et lire Homère,
Bien portant, que faut-il encor ?

Pour m'agrandir m'irai-je battre ?
Trois arpents sont assez pour moi :
Dans trois arpents on peut s'ébattre.
Alcinoüs en avait quatre,
Mais Alcinoüs était roi.

Oh ! bien fou qui jamais n'arrête
Ses vœux d'heure en heure plus grands,
De biens nouveaux toujours en quête !
On blâme l'esprit de conquête,
On imite les conquérants.

Si les hommes pouvaient s'entendre !
Mais non : tant qu'il trouve un voisin,
Tout homme a le cœur d'Alexandre,
Et, prince ou bourgeois, veut étendre
Ou son royaume ou son jardin.

Quant à moi, devenu plus sage
Et dans mes désirs satisfait,
Peu redoutable au voisinage,

Je ne demande à ce village
De lot que celui qu'il m'a fait;

Content si, m'assurant la vue
De la rivière et du coteau,
J'y puis seulement, sur la rue,
Joindre la place étroite et nue
Que borne, en fleurs, le vieux sureau.

C'est tout... Et puis encor peut-être
Ce petit bois plein de gazon,
Qui se berce sous ma fenêtre,
Et semble m'attendre pour maître,
Caché derrière ma maison.

Rien de plus... Et si, murmurante,
Dans ce bois, devenu le mien,
Venait à luire une eau courante,
Alors,... si ce n'est quelque rente,...
Il ne me manquerait plus rien.

Le Cid d'Andalousie, représenté pour la première fois le 1er mars 1825, avait été retardé longtemps par les tracasseries de la censure; c'est à M. de Chateaubriand, ministre, que la pièce avait dû de sortir de dessous la griffe, non pas sans trace de mutilation. M. Lebrun s'était adressé à l'illustre écrivain comme au patron naturel de tous les hommes de lettres honorables. M. de Chateaubriand lui donna audience aussitôt : — « On dit qu'un roi joue un vilain rôle dans votre pièce ; cependant, monsieur, il serait bien temps, ce me semble, de laisser les rois tranquilles. » M. Lebrun n'eut pas de peine à se faire entendre, lorsque, protestant contre toute allusion misérable, il se retrancha dans la vérité de l'histoire et des mœurs qu'il voulait peindre. La fortune de la pièce à la représentation fut contrariée ; ce fut un de ces combats vaillants, mais indécis, desquels il ne ressort ni défaite ni victoire. L'impatience du parterre commença à se faire sentir à une scène de l'acte second, laquelle, au contraire, paraissait alors à de très-bons juges d'un charme sans exemple sur notre scène, et comparable seulement à l'entrevue de Juliette et de Roméo; la fameuse scène de dona Sol, depuis, rentra dans cette situation. Mais laissons parler là-dessus un témoin bien grave et hautement autorisé en toute matière, M. le duc de Broglie, qui, dans la *Revue française* de janvier 1830, venant constater, à propos de l'*Othello* de M. de Vigny, la révolution sensible qui s'opérait dans le goût du public, écrivait : « Chacun peut se rappeler les murmures qui interrompirent, lors de la première représentation du *Cid d'Andalousie*, cette scène charmante (1) où le héros de la pièce, tranquillement assis aux pieds de sa bien-aimée, sans desseins, sans inquiétude, uniquement possédé de l'idée de son prochain bonheur, dans un profond oubli et du monde, et des hommes, et de toutes choses, l'entretenait doucement des progrès de leur amour mutuel, et lui rappelait, en vers pleins de délicatesse et de grâce, les premiers traits furtifs de leur muette intelligence. Ni le talent de Talma, ni celui de mademoiselle Mars, ne purent obtenir grâce, en cette occasion, devant le rigorisme du parterre. Le parterre trouva qu'une telle scène était un hors-d'œuvre, qu'elle entravait la rapidité de l'action; en un mot, qu'elle violait ouvertement la règle, *Semper ad eventum festina;* il fut inexorable. » Je viens moi-même de lire la *scène du banc*, ainsi on l'appelait par rapprochement avec la scène shakspearienne du *balcon :* comme douceur, naturel, harmonie de diction, je trouve qu'elle justifie tous les anciens éloges.

Les murmures qui l'avaient troublée à la première représentation se réveillèrent durant le cinquième acte; le nom de l'auteur put être proclamé, mais cette première soirée restait grandement douteuse. La seconde parut tout réparer. Je trouve dans d'excellents articles du *Globe*, dus à la plume de M. Auguste Trognon, le bulletin fidèle de ces vicissitudes (2). La pièce avec quelques coupures était re-

---

(1) Acte II, scène III.
(2) Numéros des 3, 5 et 8 mars 1825; on y revint trois fois à la

mise à flot; elle semblait lancée, lorsque après la quatrième représentation une indisposition subite de Desmousseaux vint, comme à point, interrompre. Quand Desmousseaux fut remis, Talma partait en congé. Au retour de Talma, Michelot, qui trouvait son rôle odieux, refusa de le reprendre. Puis Talma mourut. D'attente en attente, l'auteur garda sa pièce, qui ne fut pas imprimée, de sorte que *le Cid d'Andalousie*, dans la chronique littéraire et dramatique de notre temps, n'est plus qu'une vague rumeur et un nom (1).

L'année même du *Cid*, comme par un retour de pensée vers Marie Stuart, l'auteur allait en Écosse et y passait trois jours à Abbotsford, visitant avec Walter Scott tous les environs à l'avance connus. Par ce voyage il accomplissait, en quelque sorte, le cycle régulier de ses excursions romantiques.

---

charge, comme dans un combat. Le bulletin du 8 mars prenait acte de la victoire en ces termes : « Comme il était aisé de le prévoir, la se-
« conde représentation du *Cid d'Andalousie* n'a point ressemblé à la
« première. L'affluence du public était la même, mais les dispositions
« étaient autres, et la pièce, convenablement écoutée, n'a pas manqué
« d'obtenir tout le succès auquel elle avait droit. On a vivement ap-
« plaudi, on a pleuré; c'est le même triomphe que celui de *Marie
« Stuart.* »

(1) Cet état douteux a cessé depuis la publication de la pièce dans les *OEuvres*; chacun peut lire, mais ce n'est qu'à une remise en scène qu'on en pourrait complétement juger. — Mademoiselle Mars, qui représentait le principal personnage, avait bien tout le charme qui était nécessaire pour représenter dona Estrelle, mais il lui manquait la force et le pathétique. Quant à Talma, il était plein de grâce dans la *scène du banc*, et produisait un grand effet dans le quatrième acte. On lit au tome III des *Mémoires d'Ouvrard* : « Au mois de septembre 1826,
« Talma se trouvant à dîner à la Conciergerie avec plusieurs person-
« nes, à la fin du dîner la conversation tomba sur le théâtre. — Que
« pensez-vous du romantique? demanda l'un des convives à Talma. —
« J'aime le romantique, répondit-il vivement, mais surtout celui de
« Racine. Nos auteurs vivants ne vont pas si loin que ce maître dans
« le genre. Racine! Racine!... L'auteur de *Marie Stuart* lui fournit le
« sujet d'une foule d'idées que je n'ai entendu exprimer à personne. Il
« cita beaucoup de vers du *Cid d'Andalousie*; il aimait ce rôle. »

Le poëme de *la Grèce* parut en 1828. Depuis le voyage de 1820, la Grèce était devenue à la mode, et le troupeau des rimeurs y avait passé. Tout l'Eurotas, chaque semaine, était bu ; on ne voyait qu'abatis de lauriers-roses. M. Lebrun, dans ses vers, rendit aux rivages célèbres quelque chose de leur naturelle et sauvage verdeur ; on sentit l'homme qui avait visité ce pays de renaissante mémoire, avant de le chanter. M. Thiers, journaliste, écrivait que cette composition, pour ainsi dire errante, était pleine de charme (1). M. Ampère, dans *le Globe* (2), y relevait ces vers simples, mélodieux, touchants, par lesquels le poëte, revoyant son vaisseau *le Thémistocle* à la tête de la flotte qui va combattre, se rappelle les impressions toutes pacifiques du premier départ :

> Et nos plaisirs rêveurs ! les vagues et leur bruit,
> Les étoiles, le chant prolongé dans la nuit ;
>   Souvenir qui me trouble encore !
> Et nous lisions Homère ; et, dès la blonde aurore,
> Je sentais, vers la mer l'œil fixé tout le jour,
> Pour l'eau bleue et profonde un indicible amour,
>   Et j'écoutais le vent sonore.
>   Oh ! c'était un charme puissant
> D'entendre sa présence à la poupe fidèle,
> Et de voir le vaisseau, sur l'onde alors glissant,
> Fuir et pencher sa voile, ainsi qu'une hirondelle,
> Quand rasant l'eau, joyeuse, elle y trempe son aile.

Il fallait, remarque-t-on justement, avoir vécu sur mer, avoir aimé la mer, pour la chanter ainsi. En somme, à travers des portions quelque peu incultes et rudes comme le pays même, on sentait partout un fond de récitatif qui n'était pas écrit d'après les impressions d'autrui. La façon du vers, libre dans sa forme, et souvent hardi sans système, ne rompait pas absolument avec l'ancien

---

(1) *Constitutionnel*, 25 août 1828.
(2) 26 mars 1828.

genre (1), mais jurait encore moins avec le goût nouveau, avec le rhythme émancipé de 1828 ; et nous alors, poëtes de nouvelle volée, en le lisant, en notant ses coupes, en insistant sur ses mots familiers et simples, sur les gaietés de klefte lâchées à l'écho :

> Du pistolet joyeux il fait siffler la balle,

nous disions, nous avions droit de dire : *Il est des nôtres.*

M. Lebrun allait être de l'Académie. Depuis son succès de 1820, sa place y semblait marquée avec certitude ; seulement son poëme *sur la Mort de Napoléon* l'avait fort retardé. Sous le ministère Villèle, l'Académie française avait pris, comme toutes choses, une couleur politique ; de très-légitimes choix y purent se faire sans doute sous la faveur royaliste, mais il y avait exclusion d'autres choix non moins légitimes, plus populaires, et c'était fâcheux pour l'Académie, ajoutons aussi pour la constitution sociale des lettres. M. Royer-Collard, le premier, força la porte, et les *libéraux* purent entrer. M. Lebrun fut nommé tout aussitôt après M. Royer-Collard. On jouait ce jour-là *la Princesse Aurélie* à la Comédie-Française. La princesse, en entrant, aperçoit quelque homme de lettres de sa cour et lui dit :

> Ah ! votre Académie a fait un fort bon choix,
> Le public avec vous a nommé cette fois.

Et le parterre d'applaudir très-vivement. C'était alors l'âge d'or des publiques sympathies. Nous aimons à en rappeler ce détail aujourd'hui que M. Lebrun, à son tour, vient de contribuer autant que personne, par son vote actif et persistant, à faire cesser au sein de l'Académie l'absence trop marquée d'un illustre novateur (2).

(1) Il y avait encore par-ci par-là quelques périphrases,
> Le tube qu'on allonge ou resserre à son choix,

pour *lorgnette*. (Article de M. Patin, *Revue encyclopédique*, mars 1828.)

(2) M. Victor Hugo.

La révolution de 1830, en ouvrant à M. Lebrun la carrière de la haute administration et des affaires, a tenu, en quelque sorte, pour lui les promesses et payé l'arriéré de l'Empire. Depuis ce temps, le poëte, l'homme de lettres en lui a dû se moins manifester, et on ne le retrouverait guère directement que dans les solennités de l'Académie, y portant la parole en toute convenance. Ce serait sortir de notre sujet, et presque de notre droit, que de toucher dans l'homme l'esprit disert, sociable, fidèle à ses amitiés, assorti aux choses, et faisant honneur à son passé en se montrant à l'aise en chaque emploi. Ce que nous avons voulu ici, ç'a été, à propos d'une reprise qui rappelait les titres acquis, de bien marquer la trace qu'a faite à son jour M. Lebrun dans l'art de son temps, et de rattacher à son nom l'idée qu'il y faut mettre : poëte, presque formé déjà sous l'Empire, et qui sut être le semi-romantique le mieux autorisé sous la Restauration.

15 janvier 1841.

M. LE COMTE MOLÉ.

1841.

(Réception à l'Académie.)

De très-bonne heure, et presque au lendemain de son institution, il s'est fait des épigrammes contre l'Académie ; elles venaient de ceux même qui en ont été et de ceux qui n'en pouvaient pas être. Il y a eu les épigrammes que j'appellerai innocentes et gaies, comme celles des poëtes épicuriens Chapelle et Lainez au dix-septième siècle, comme ensuite celles de Piron. Il y a eu les traits plus violents et même envenimés, comme ceux que Chamfort, tout académicien et lauréat d'académie qu'il était, aiguisa, tailla, assembla en faisceau, pour en faire un instrument de mort aux mains de Mirabeau, qui devait frapper le coup. Et pourtant l'Académie a subsisté, a revécu du moins, et sans trop se modifier encore ; elle a peu dévié de l'esprit de sa fondation, elle y est revenue dès qu'elle a pu ; elle a même gardé de son prestige, et le mot de d'Alembert, dans son ingénieuse préface des *Éloges*, qui répond d'avance à tout, reste parfaitement vrai : « L'Académie française, dit-il, est l'objet de l'ambition secrète ou avouée de presque tous les gens de lettres, de ceux même qui ont fait contre elle des épigrammes bonnes ou mauvaises, épigrammes dont elle serait privée pour son malheur, si elle était moins recherchée (1). »

(1) Voltaire a dit aussi là-dessus de fort jolies choses, et qui auraient

Montesquieu, Boileau lui-même, Charles Nodier, avaient commis bien des irrévérences contre le corps ou contre les membres immortels, et ils en ont été; et, chose plaisante! quand on est une fois de l'Académie, on fait comme tout académicien; avec plus ou moins de bonne grâce, on remercie de même, on est flatté de même, on est plus ou moins conquis. Nous verrons bien pour M. Hugo.

A ceux qui, jeunes, débutent par l'attaquer, par la dédaigner, l'Académie, qui n'est pas une personne jeune, mais d'âge moyen, et qui ne meurt pas, peut répondre : *J'attendrai*. Cette fièvre d'audace et de propre bonheur, cette ébullition, ce rien qu'on appelle la jeunesse se passe, et l'attaquant, s'il a quelque valeur et s'il cherche dans la société toute la place à laquelle il peut prétendre, commence un jour à lorgner de loin l'Académie. S'il est vrai, comme l'a dit d'Alembert encore, que l'écrivain isolé soit une espèce de *célibataire*, il vient un âge où les plus intrépides célibataires commencent à ne pas trouver absurde de se marier. Pour un mariage avec l'Académie, il n'est jamais trop tard. Et l'Académie vous voit venir, et elle sourit, et elle triomphe; et dans sa malice (car elle en a, jamais de colère), elle vous fait dire plus d'une fois : *Repassez.*

L'Académie, en un mot, répond parfaitement à un certain changement d'âge dans les esprits littéraires. A vingt ans, quand on est novateur et révolutionnaire, on donne en plein dans le Chamfort. A quarante, pour peu qu'on s'écoute sincèrement, on commence à pencher au d'Alembert.

Quel est, quel peut être le rôle de l'Académie dans notre temps? Comment peut-elle se donner toute l'importance qui lui est permise et que plusieurs lui contestent? Est-elle surtout un ornement littéraire, et doit-elle se borner, en général, à n'être que cela? Graves questions toujours agitées, et assez inutilement par ceux qui sont hors de l'Académie. Dès qu'on y entre, on salue, on s'assoit et l'on n'en

---

encore leur à-propos. (Voir sa lettre à M. Lefebvre *sur les inconvénients attachés à la littérature*, 1732.)

parle plus. Mais il est un point que j'oserai croire plus essentiel qu'aucun, et pour lequel il n'y a aucune innovation à demander; j'en parlerai donc; il ne s'agit pas du *Dictionnaire.* C'est que dans ce temps de mœurs littéraires si mauvaises et si gâtées, en ce temps de grossièreté où la littérature, ce qu'on ose appeler ainsi, trop souvent imite la rue et n'en a pas la police, il importe que l'Académie reste un lieu où la politesse, l'esprit de société, les rapports convenables et faciles, une transaction aimable ou du moins suffisante, la civilisation enfin en littérature, continuent et ne cessent jamais de régner. Il importe que l'Académie redevienne ou reste autant que possible une *Compagnie.*

Des coteries, de tout temps il y en a eu au sein de l'Académie. C'est malgré une coterie qu'y entrait La Bruyère, lequel s'en est si fort souvenu dans la préface de son discours de réception. Mais ces petits groupes très-mobiles, et formés d'ordinaire à l'encontre d'une seule personne, n'avaient rien de persistant; ce n'étaient pas des partis. Au dix-huitième siècle, en avançant, les oppositions intestines devinrent plus marquées, plus régulières : les évêques et le parti encyclopédique se disputaient plus ou moins ouvertement les nominations. La pièce, tout à fait parricide, de Chamfort, en 90, en éclatant, nous révèle tout ce qu'il y avait de haines sourdes qui couvaient entre confrères (1). Pendant les dix ou quinze années de révolution

(1) Cette pièce est d'ailleurs des plus piquantes pour l'esprit. Chamfort s'égaye bien vivement de l'homme de lettres *célibataire* de d'Alembert; il commente très-drôlement ce mot : « *L'homme de lettres qui tient à l'Académie donne des otages à la décence;* » mais, si malin que fût Chamfort, n'était-il pas un peu bonhomme et crédule quand il disait : « Nous arrivons à la troisième fonction académique, les compliments aux rois, reines, princes, princesses; aux cardinaux, quand ils sont ministres, etc. Vous voyez, messieurs (l'ouvrage est sous forme de discours), par le seul énoncé, que cette partie des devoirs académiques est diminuée considérablement, vos décrets ne laissant plus en France que des citoyens. » — Le monde me fait parfois l'effet d'une très-bonne montre; on fait tout pour la gâter et la déranger; mais, pour peu qu'on la laisse quelque temps dormir tranquille, elle revient d'elle-même au bon point.

qui suivirent, le parti philosophique était le maître à l'Institut, dans les diverses sections; je ne sais s'il y fut aussi intolérant qu'on l'a dit quelquefois; les autres, en petit nombre, s'y montraient certainement assez hargneux. Sous la Restauration, il y eut coup d'État dès l'abord et installation d'une majorité politique au sein de l'Académie plus que restaurée. Cette espèce de domination non littéraire, avec d'heureux intervalles pourtant, se prolongea jusqu'au renversement du ministère Villèle : c'est cette réduction, cette sujétion de l'Académie à un parti politique qui est, avant toutes choses, à éviter. La modération de la révolution de Juillet a tourné l'écueil, et, bien qu'elle ait rempli l'Académie de ses personnages, ç'a été à des titres bien patents et sans idée aucune d'asservissement ou d'exclusion. Ainsi il n'y a plus de parti politique faisant loi à l'Académie. L'élection de M. Hugo vient de rompre toute reprise de coalition littéraire exclusive, si toutefois cela méritait ce nom. L'important, c'est que l'Académie soit libre dans ses choix, qu'elle les fasse aussi balancés, aussi imprévus, aussi étendus que possible, et sans s'interdire même les gens de lettres proprement dits, spéciaux, isolés, *célibataires* obstinés jusque-là, et qui, à ce titre, ont marqué un peu vivement. Chacun a ses torts. Ceux qui ne se sont occupés toute leur vie que des lettres, ne peuvent avoir que des torts et des peccadilles littéraires, et ils en ont nécessairement, à moins d'être et d'avoir été toujours des sujets exemplaires, ce qui, on en conviendra, est la pire des choses en littérature.

Après cela, que l'Académie tempère, qu'elle entremêle, qu'elle *espace* et *distance* (sont-ce des mots académiques?) les gens de lettres par des choix d'une littérature moins spéciale, et par toutes les sortes de variétés que présentent, dans une société comme la nôtre, les applications publiques de la parole : à la bonne heure! l'Académie est un salon; pour qu'il reste le premier de tous, à de certains jours, il faut qu'il n'y manque aucune des formes et des distinctions possibles du langage. Et puis, qu'on ne l'oublie pas, plus de la moitié des académiciens de tout temps ont été des grands seigneurs, des évêques, des maréchaux de France de père en fils, de ces membres, comme disait le digne et ingénieux d'Alembert, que la Compagnie *avait plutôt reçus qu'adoptés*. Mais, va-t-on s'écrier, on a aboli tout cela; non point, s'il vous plaît; vous retombez dans l'illusion de Chamfort; on n'a point aboli, on a *transformé* tout cela. Il n'y a plus de grands seigneurs à l'Académie, reçus à ce titre et sur un mot du roi. Le temps est loin en effet, où le duc de Villars s'y voyait nommé pour succéder à son père le maréchal, lequel en était pour la victoire de Denain. En 1738, le marquis de Sainte-Aulaire, le spirituel ancêtre du très-légitime académicien d'hier, avait, comme directeur de l'Académie, à recevoir le duc de La Trémoille qui n'y avait d'autre titre que ses hautes qualités et fonctions à la cour. Mais il se trouvait, par bonne fortune, que le père de ce duc de La Trémoille avait épousé la petite-fille de madame de La Fayette, l'auteur de *la Princesse de Clèves*, et le nouvel académicien, arrière-petit-fils de madame de La Fayette par sa mère, se pouvait dire de la sorte petit-neveu (à la mode académique) de *la Princesse de Clèves* et de *Zaïde*. M. de Sainte-Aulaire, en homme d'esprit et de ressource, ne manqua pas de le lui dire : « Pouvaient-elles mieux s'acquitter (*les Lettres*) de ce qu'elles devaient elles-mêmes à cette femme incomparable, dont le nom, qui s'est perdu dans votre maison, fut encore moins fameux par les grands hommes qui l'ont porté..., que par les deux chefs-d'œuvre immortels?... » Et il se jette, en finissant, sur Castor et Pollux, comme Simonide. On est bien loin de ce temps-là. Mais, encore une fois, il y a eu transformation plutôt que destruction à l'Académie, et les hautes fonctions, les services rendus à l'État dans la carrière publique, sont et seront toujours des indications pour les choix, pourvu qu'il s'y joigne à l'appui un accompagnement, un prétexte littéraire, ou un retentissement d'éloquence.

La société est faite ainsi, elle a ses raisons. Si littérateur qu'on soit ou qu'on se fasse, je ne saurais y voir un grand inconvénient. Le danger pour l'Académie, si danger il y avait, ne viendrait jamais de quelques hommes distingués et lettrés du monde politique; il viendrait des gens de lettres médiocres s'attroupant en bloc, se coalisant ou se déchirant. Si, par grand hasard et malheur, un Trissotin se glissait dans l'Académie, oh! pour Dieu! qu'il n'y ait du moins jamais de Vadius; ou si Vadius s'y trouvait installé sans qu'on sût comment, pour Dieu! alors qu'on n'y reçoive jamais Trissotin. Échapper toujours aux ridicules littéraires, c'est beaucoup, c'est difficile pour un corps; mais surtout ne jamais donner accès aux vices littéraires, voilà le possible et l'essentiel. Les vices littéraires sont ce qu'il y a au monde de plus bas et de plus vil; la littérature actuelle en abonde. Je conçois que l'Académie mette du temps et grande réserve à trier.

Pour les gens de lettres eux-mêmes, s'ils en valent la peine, il n'est pas sans profit d'attendre la fin de l'épreuve et de n'arriver à l'Académie qu'un peu sur le tard. Le mieux est d'avoir fourni auparavant tout ce qu'on peut en plein air, avec ses coudées franches. Même dans les plus beaux jours du passé académique, de bien illustres, il est flatteur de se le dire, sont entrés tard et bien tard: Boileau, La Fontaine, Voltaire:

Et j'avais cinquante ans quand cela m'arriva.

Une compagnie d'honnêtes gens, aimant les lettres, y arrivant, y revenant de bien des côtés, se plaisant à en causer dans leur âge mûr, ou sur leurs vieux jours, s'y réconciliant, s'il le faut, et croisant sur un même point, sur un mot de vocabulaire, des pensées d'origine bien diverse, ainsi je me figure la réunion de famille et le *tous-les-jours* de l'Académie.

En face du public, c'est autre chose, c'est la distribution bien entendue de revenus assez considérables, la dispensation de certaines récompenses littéraires, la provocation à de certains travaux ou exercices plus ou moins bien choisis. Il y a enfin dans l'Académie le grand corps de l'État, — je passe et m'incline.

Un des hommes qui ont caché et enterré le plus d'esprit sous le plus d'érudition, Gabriel Naudé, assistant à la fondation des Académies d'Italie et de France, a dit qu'elles étaient des *bals*, que les bons esprits y allaient comme les belles femmes au bal, pour y passer leur temps agréablement et pour s'y montrer. Je ne sais si Richelieu, qui aimait tant les ballets, et qui savait qu'on les aime en France, a pensé à cela en fondant l'Académie française; mais il se trouve que c'est assez vrai (1). Oui, on y peut voir parfois des bals de beaux esprits, bals parés, brillants, très-courus. Plus jeune on aimait mieux un autre bal, plus frivole certainement, plus sérieux aussi, deman-

(1) Il est juste de reconnaître que le discours de réception qui est, à proprement parler, le menuet du bal, n'a pas été inventé par Richelieu. Le premier académicien qui ait introduit la mode de ce discours est Patru. Il imagina, à son entrée (1640), d'adresser un si beau remercîment à la Compagnie, qu'on obligea tous ceux qui furent reçus depuis, d'en faire autant. Toutefois ces réceptions n'étaient point publiques, et l'on n'y dansait le menuet qu'entre soi. Ce fut Charles Perrault, bien plus tard, qui fit faire le second pas et qui décida la publicité : « Le jour de ma réception (1671), dit-il en ses agréables *Mémoires*, je fis une harangue dont la Compagnie témoigna être fort satisfaite, et j'eus lieu de croire que ses louanges étoient sincères. Je leur dis alors que mon discours leur ayant fait quelque plaisir, il auroit fait plaisir à toute la terre, si elle avoit pu m'entendre; qu'il me sembloit qu'il ne seroit pas mal à propos que l'Académie ouvrît ses portes aux jours de réception, et qu'elle se fît voir dans ces sortes de cérémonies, lorsqu'elle est parée.... Ce que je dis parut raisonnable, *et d'ailleurs la plupart s'imaginèrent que cette pensée m'avoit été inspirée par M. Colbert*: ainsi tout le monde s'y rangea. » Le premier académicien qu'on reçut après lui et qu'on reçut en public (1673), fut Fléchier, digne d'une telle inauguration. Perrault, qui mettait les modernes si fort au-dessus des anciens, comptait parmi les plus beaux avantages de son siècle cette cérémonie académique dont il était le premier auteur : « On peut assurer, dit-il, que l'Académie changea de face à ce moment : de peu connue qu'elle étoit elle devint si célèbre qu'elle faisoit le sujet des conversations ordinaires. » Les Grecs avaient les Jeux olympiques, les Espagnols ont les combats de taureaux, la société française a les réceptions académiques.

dez à Roméo. Les beaux esprits, les délicats, en avançant, se mettent à convoiter ce dernier bal commode, riant, honoré. On a tout vu, on a assez dit. On est un peu las de la vie, du festin, non pas assez pour quitter la table ; c'est le dessert. « Je ne sors point, si ce n'est pour aller un peu à l'Académie, afin que cela m'amuse, » disait La Fontaine. En autre saison, ne lui en voulez pas, il eût mieux aimé aller au bois sous la coudrette, même seul, pour dormir *parmi le thym et la rosée.*

L'Académie française, entre toutes les autres, est la seule qui ait gardé le privilége de donner des bals, ou pour parler moins légèrement, de vraies fêtes. C'en est une toutes les fois qu'elle a à recevoir un nom connu, célèbre. C'en était une l'autre jour et très-brillante. Bien des points de vue s'y joignaient. Il y avait jouissance de société, il y avait caractère public et sérieux hommage : un prélat mort, un homme d'État considérable qui le remplaçait, et qu'on nous permette d'ajouter, un homme aimable.

Je ne dirai pas, je ne sous-entendrai pas un mot de politique dans tout ceci, je me hâte de le déclarer, même s'il m'arrivait, par mégarde, de me risquer à toucher au discours de M. Dupin. Pas un mot de politique, ceci seulement : quand on est bien persuadé (et c'est peut-être fort triste) que l'art de gouverner les hommes n'a pas dû changer malgré nos grands progrès, et que, moyennant ou nonobstant les divers appareils plus ou moins représentatifs et soi-disant vrais, au fond cet art, ce grand art, et le premier de tous, de mener la société à bien, de la conserver d'abord, de l'améliorer et de l'agrandir s'il se peut, ne se pratique jamais directement avec succès qu'en vertu de certains résultats secrets d'expérience très-rigoureux, très-sévères dans leur équité, très-peu optimistes enfin, on en vient à être, non pas indifférent, mais assez indulgent pour les oppositions de systèmes plus apparentes que réelles, et à accorder beaucoup, au moins quand on n'est que simple amateur, à la façon : je rentre, on le voit, en pleine littérature.

Parmi les hommes d'État qui ont paru en première ligne dans nos affaires depuis dix ans, il en est plusieurs qui se sont fait bien des titres de gravité, de vertu, d'éloquence; il en est deux que j'ai toujours involontairement rapprochés par le contraste et aussi par de certaines ressemblances dans l'effet produit. M. Thiers est certainement un homme de la toute nouvelle société; M. Molé devient chaque jour un des plus rares représentants de l'ancienne. Ils appartiennent, au moins depuis quelques années, à des systèmes opposés et qui se sont combattus; l'origine de leurs idées semblait les destiner à se combattre bien plus nettement encore. Les habitudes, les applications de leur parole, ou sobre et proportionnée, ou abondante et féconde, en font des orateurs des plus distincts. Eh bien! l'un et l'autre pourtant, à l'aide ou des saillies ou des nuances de cette parole, l'un et l'autre de plus ou moins loin et tous les deux de près, arrivent à produire un effet analogue de persuasion facile, de séduction aisée. Ils agréent chacun dans sa forme; on a, si on l'osait dire, du goût pour eux. Un certain charme d'orateur ou de causeur est bien quelque chose à noter le jour où l'on parle d'académie.

Je disais tout à l'heure que le rôle le plus indiqué de l'Académie en ce moment était de maintenir, au milieu de la ruine des procédés et à travers les violations courantes du droit des gens dans les lettres, une certaine politesse, une conciliation dans son sein, une douceur enfin de civilisation à l'aide de ce qui en a été toujours considéré comme l'expression et la fleur. En portant son choix sur M. Molé, qu'a-t-elle fait, sinon de se donner l'élu que lui aurait offert en tout temps, et lorsque la chose comme le nom existait le plus, la société française elle-même?

M. Molé, au début de son discours, a parlé avec modestie, avec émotion, des jours de son enfance et des enseignements littéraires réguliers qui, a-t-il dit, lui ont manqué. « Vous, les maîtres de l'art d'écrire et de la parole, la chaîne des temps n'a pas été interrompue pour vous; avant d'exceller vous-mêmes, vous avez appris. Ceux qui vous ont précédés dans la carrière y ont dirigé vos premiers pas... Vous ne sentez peut-être pas assez vous-mêmes tout le prix de ces biens que vous avez reçus ; croyez-en celui qui les regrettera jusque dans sa vieillesse, et dont l'enfance sans protection, sans guide, n'eut de leçons que celles du malheur. » — On s'étonnait un jour devant M. d'Andilly que son très-jeune frère, le docteur Arnauld, au sortir des écoles, eût pu produire en français un livre aussi bien écrit que celui de *la Fréquente Communion.* « Mais il me semble, répliqua M. d'Andilly un peu fièrement, qu'il n'avait pour cela qu'à parler la langue de sa maison. » A la modestie de M. Molé, on aurait pu répondre quelque chose de tel. S'il n'eut pas les écoles, il eut la famille. Et quant au fond, il ne sera pas sans intérêt ici de parler de ces leçons du malheur qu'il a touchées d'un mot.

Son père, président au parlement de Paris, n'avait point émigré ; après un voyage à Bruxelles, où son fils, âgé alors de dix ans, l'accompagnait, il était rentré en France dans le délai accordé par la loi. Mais bientôt, mis en arrestation par mesure générale avec les principaux habitants du faubourg Saint-Germain, il faillit être enveloppé dans les massacres de septembre. C'est alors que commença cette rude et forte éducation des choses pour le jeune Mathieu Molé, âgé de onze ans. Il s'agissait de sauver son père, il fallait pénétrer aux sections, solliciter les meneurs, les intéresser, arracher un ordre de délivrance. Cette première fois le jeune enfant l'obtint ; il vit son père tiré vivant du sein du massacre et ramené à l'hôtel Molé aux applaudissements du même peuple mobile qui, la veille, l'aurait insulté, et qui le lendemain le verra mourir. Le jeune homme ne se doutait pas qu'il avait déjà beaucoup appris. Il avait déjà trouvé, par piété filiale, dans ses journées passées aux sections, quelque chose de l'art d'aborder, de deviner, de manier les hommes.

Son père ne tarda pas à être ressaisi par la loi des suspects ; compris ensuite dans la mise en jugement du parlement de Paris, il allait monter à l'échafaud. Cette fois, les sollicitations, les efforts désespérés du jeune homme ne purent rien : il passait sa vie à épier à la sortie quelques membres du tribunal ou de la Convention, quelque ancienne connaissance, telle que Hérault de Séchelles, qu'il avait vu chez son père. Rien n'y fit. Son père mourut. Le lendemain de l'exécution, sa mère, sa famille et lui, fils unique, étaient mis hors de l'hôtel Molé, et dépouillés de tout, à la lettre, par confiscation nationale. Il avait treize ans à peu près, et il dut devenir l'unique soutien des siens pendant quelques années. La détresse des premiers mois fut inexprimable. Sa précocité acheva de s'y développer; sa nature offrait alors, à ce qu'il paraît, un caractère méditatif qui s'est dérobé depuis sous le positif des affaires et la bonne grâce du monde.

Robespierre tomba : le jeune témoin assistait aux séances de la Convention qui amenèrent sa chute. C'était un cours de rhétorique parlementaire très-forte, ou même de philosophie de l'histoire, qui en valait bien un autre. La discussion de l'Adresse pourrait bien après ne paraître qu'un jeu. Il recueillit de tout cela des impressions profondes, ineffaçables, de ces impressions qui ne devraient jamais être séparées de l'histoire, et sans lesquelles elle n'est que froide et morte, toujours plus ou moins menteuse. Et on ne la comprend, l'histoire, que quand on la revivifie avec ces impressions devinées, ressaisies dans le passé, à l'aide de celles que nous éprouvons nous-mêmes dans le présent.

Au moment de pire souffrance, un volume de Bernardin de Saint-Pierre tomba sous la main du jeune homme ; il n'avait rien lu ; ce fut comme un rayon consolateur qui vint luire à ses yeux et lui révéler un monde nouveau. Un peu plus tard, ayant trouvé un petit emploi qui l'envoyait à une vingtaine de lieues de Paris, il y lut les ouvrages de Richardson ; mais son trouble intérieur, loin de s'en apaiser, s'en accroissait encore. Un brave capitaine, homme instruit, lui conseilla de sortir de ce vague douloureux par des études précises, et s'offrit de lui enseigner les mathématiques. Le jeune homme s'y appliqua aussitôt et y réussit singulièrement. Les jours et une partie des nuits suffisaient à peine à son zèle. De retour à Paris, il put suivre les cours de l'école, alors libre, qui menait aux ponts-et-chaussées, aux mines, aux armes savantes, et il y rencontrait, comme camarade, celui qui fut le général Bernard, et dont l'éloge l'a ramené à ce touchant souvenir. De tout le discours de M. Dupin, j'aime à me rappeler un mot qui aurait semblé parfait, s'il avait été moins accompagné : « Vous avez fait comme nous, monsieur, vous avez commencé. » — Cependant les temps étaient devenus meilleurs ; la société entière renaissait. La Harpe, au Lycée, rouvrait son cours ; les acteurs français, sortis de prison, rendaient la vie aux chefs-d'œuvre. On se retrouvait, on vivait. Ce fut un moment unique pour tous ; que n'était-ce pas pour ceux qui y arrivaient dans le flot montant et l'aurore de leur propre jeunesse !

On croit trop que la société, la civilisation, sont des choses inhérentes à l'homme, impérissables, et comme éternelles. Réfléchissez un peu : à chaque révolution, à chaque calamité sociale un peu longue, quelle interruption notable en tout se fait aussitôt sentir ! et combien il faudrait peu de chose pour l'intercepter, pour l'éteindre, cette civilisation dont on est si sûr, aux lieux mêmes où elle paraît le plus brillante ! La société, a-t-on dit, est une invention d'Orphée ; mais il convient d'y veiller, de l'entourer d'un entretien perpétuel, sous peine d'avoir à la réinventer encore.

A ce moment de renaissance, aux environs de 1800, M. Molé, qui avait retrouvé toutes les relations naturelles de sa famille, y joignit des amitiés littéraires illustres et toutes particulières. Fontanes, rentré de son exil de fructidor, se liait étroitement avec lui ; M. Joubert, dont on sait de belles pensées et dont les œuvres plus complétement recueillies ne tarderont pas à paraître (1), voyait dans le

---

(1) Ces Œuvres ont paru (1842, 2 vol. in-8°); elles contiennent plu-

jeune homme sérieux le confident peut-être le plus ouvert à ses subtiles et fines délicatesses. M. de Bonald s'y mêlait; M. de Chateaubriand, enfin, venait couronner le cercle de cette intimité d'alors, autour de madame de Beaumont. Les *Mémoires* consacreront un jour cette société de la rue Neuve-du-Luxembourg.

En entendant l'autre jour à l'Académie M. Molé, il me semblait reconnaître une teinte marquée de cette époque qui se réfléchissait dans son discours; c'était un certain accent de doctrines religieuses, sociales, conservatrices, réparatrices. L'abbé Émery y avait bien la louange qu'on lui donnait en ce temps-là. L'académicien parlait entre M. de Chateaubriand et M. Royer-Collard. Et nul doute que c'était le souvenir de ces années de jeune union, qui avait ramené là M. de Chateaubriand, malgré son absence de dix ans à ces sortes de solennités.

Un ouvrage de M. Molé se rapporte à ce moment qui précéda son entrée dans la carrière publique. Il fit paraître en 1806, sans nom d'auteur, des *Essais de Morale et de Politique*, qu'appuyèrent fort ses amis, Fontanes notamment dans le *Journal de l'Empire*. Beaucoup de gens aujourd'hui vous parlent à l'oreille de cet ouvrage et l'incriminent sur ouï-dire; la plupart seraient fort étonnés, s'ils le lisaient, d'y trouver un écrit tout de forme métaphysique et de déduction abstraite, d'un dogmatisme ingénieux, mais assez difficile et obscur. Le livre donne du respect pour la jeune intelligence qui l'a conçu. On sent que l'auteur a causé beaucoup avec M. de Bonald, et qu'aussi il a étudié les mathématiques. Mais, si mûr qu'il fût alors, il ne l'était pas encore assez pour paraître simple. Je conjecturerais que les résultats de l'expérience de l'homme politique sont devenus, depuis, d'autant plus positifs qu'il ne les formule jamais.

La seconde édition des *Essais de Morale et de Politique*

---

sieurs lettres intéressantes adressées à M. Molé; si je ne me trompe, il en reste encore d'inédites, et non pas des moins curieuses.

(1809) contenait de plus une *Vie de Mathieu Molé*, où se mêlent avec convenance, à une manière nette et tout à fait saine, quelques traits d'imagination et de sentiment : « Pendant que Troie était en flammes, écrit l'auteur en commençant, peu de gens ont imité le pieux Énée ; pour moi, moins heureux que lui, je n'ai pu sauver mon père, mais je ne me suis jamais séparé de mes dieux domestiques. » Les dernières pages offrent quelque chose de méditatif, une sorte de reflet détourné, mais sensible, du jeune contemporain de René : « Au terme de sa carrière, dit-il de son grand aïeul, on ne vit point se réveiller en lui ces regrets si ordinaires aux vieillards. Il n'éprouva pas le besoin d'aller goûter dans la retraite le souvenir de ses sacrifices. Il ignora cette sorte de rêverie des derniers jours que produisent les illusions détruites, et qui console de tout ce qui échappe par le plaisir d'en être détrompé. Exempt d'infirmités et de mélancolie, comme un ouvrier robuste, vers la fin de sa tâche, il s'endormit. »

En cette renaissance de toutes choses, on reprenait quelques anciens livres oubliés ; Balzac redevint de mode un instant ; on en publia des pensées, on en causait beaucoup. Il semblait que la société voulût refaire par lui sa rhétorique. Un jour, à Champlâtreux, comme la conversation roulait sur cet auteur, M. Molé, qui l'avait sous la main, l'ouvrit, le commenta : plus d'un auditeur en a gardé le souvenir, comme d'une agréable leçon.

Balzac et sa rhétorique ne venaient, pour M. Molé, que tard, après l'étude de la société, des hommes, des mathématiques, après l'école des choses. Il ne lui en est resté, dans le style et dans la parole, que l'indispensable. Son expression comme orateur est surtout simple. Il s'est fait, dans les luttes parlementaires dernières où il a paru se surpasser, un genre à lui qui n'a rien d'ambitieux et qui persuade. Au milieu des grands éclats et des torrents d'éloquence de tant d'orateurs rivaux, il a trouvé sa veine à part. Ces joutes brillantes des princes de la parole ne sont-elles pas un pur jeu et en pure perte ? demandait-on un jour devant lui ; et il répondait que la plus grande originalité serait encore celle-ci : *un honnête homme venant dire simplement et clairement des choses sensées.* J'appuie cet amendement proposé à l'antique définition de l'orateur.

Ce tact, cette justesse délicate qu'il n'a cessé de garder sur des scènes plus passionnées, ne pouvait lui manquer au sein de l'Académie, où il est permis d'en faire preuve à loisir. Je ne relèverai que quelques traits du discours çà et là. On a fort applaudi et l'on goûte de nouveau à la lecture cette parole de moraliste sur l'indulgence : « Pour moi, je le confesse, le résultat d'une longue suite de jours, qui ne sont pas sans souvenirs, n'aura pas été uniquement de rendre mes convictions d'autant plus inébranlables, mais aussi, mais surtout de m'apprendre que l'indulgence, dont on se vante, a encore des rigueurs que n'aurait pas une complète justice (1). »

De simples mots ont produit un effet au passage : « Voilà, me dit-il un jour (en parlant de l'abbé Émery), voilà la première fois que je rencontre un homme doué d'un véritable pouvoir sur les hommes, et auquel je ne demande aucun compte de l'usage qu'il en fera. » Ce *me dit-il un jour* a fait mouvement ; il s'agissait de Napoléon. Les hommes qui ont causé avec Napoléon deviennent rares. M. Molé est un de ceux avec qui il a le plus causé, et de tout ; car ce que Napoléon avait peut-être encore de plus remarquable, c'était l'esprit, l'audace et la verve de l'esprit. Les *Souvenirs* entièrement écrits de M. Molé en rendront plus tard fidèle témoignage.

L'orateur, à un endroit, a très-bien caractérisé et loué le style uni et limpide de M. de Bausset, qui réfléchit quelque

(1) Ceci me rappelle une lettre de Pline le Jeune (liv. VIII, 22), dans laquelle l'aimable et ingénieux Romain recommande aussi l'indulgence comme tenant de près à la justice, et cite à l'appui un mot de Thraséas, de ce personnage à la fois le plus austère et le plus humain : *Qui vitia odit, homines odit;* voulant faire entendre que c'est une pente trop aisée de passer de la haine des vices à celle des hommes. Il faut voir le passage dans Pline.

chose de ce dix-septième siècle dont il parcourt l'histoire. On a comparé aussi les nombreuses et agréables citations que fait M. de Bausset des écrivains du grand siècle, à des îles verdoyantes et fraîches qui ornent le courant du récit et s'y prolongent encore par leurs ombres. On est loin de là. C'est Byron, je crois, qui a dit du style d'Hazlitt qu'il ressemblait à une éruption de petite vérole. Presque tous les styles modernes sont dans ce cas, plus ou moins *gravés*. La parole lisse, unie, polie, quand on la retrouve, en tire du charme.

M. Molé a parlé avec élévation et sentiment de la conduite de M. de Quélen durant le choléra, et de son sermon à Saint-Roch pour les orphelins de ce fléau : « Serait-il vrai, messieurs, qu'il y eût pour tous les hommes dont la vie mérite qu'on la raconte, un moment, une journée, où ils arrivent au plus haut qu'il leur soit donné d'atteindre, où ils sentent, au plus intime comme au plus profond de leur âme, une sainte estime d'eux-mêmes qui ne saurait être surpassée? » S'il est en effet, au milieu des luttes et des travaux de la vie active, tel jour méritoire où l'homme se sent le plus lui-même, il est aussi, pour quelques-uns, dans l'honorable loisir qui suit le combat et dans l'arrière-saison éclairée, tel jour de retour où la vie retrouve toute sa grâce. Je me figure que c'était là l'autre fois un de ces jours doux et ornés qui comptent dans une vie.

15 janvier 1841.

M. RODOLPHE TÖPFFER[1].

1841.

Il est de Genève, mais il écrit en français, en français de bonne souche et de très-légitime lignée, il peut être dit un romancier de la France. On le contrefait à Paris en ce moment (2) : petite contrefaçon à l'amiable, où n'ont que faire les grandes lois de propriété littéraire qu'on médite, et auxquelles j'avoue pour ma part ne trop rien comprendre. M. Xavier de Maistre, en passant à Paris il y a deux ans, a trahi, a dénoncé M. Topffer, qui déjà n'était pas du tout un inconnu pour ceux qui avaient fait le voyage de Suisse et qui avaient feuilleté au passage les spirituels albums humoristiques nés de son crayon. Mais c'est comme écrivain, comme romancier, que nous l'a livré M. de Maistre ; aux éditeurs friands qui lui demandaient encore un *Lépreux* ou quelque *Prisonnier du Caucase*, il répondait : Prenez du Topffer. En voici donc aujourd'hui, et par échantillons de choix. Nous espérons qu'il réussira, même auprès de nos lecteurs blasés des romans du jour, ne fût-ce que comme une échappée d'une quinzaine à Chamouny.

(1) Le nom s'écrit avec l'*o tréma;* il suffira de le remarquer une fois sans avoir à s'y astreindre durant tout l'article.

(2) Il s'agissait du volume intitulé *Nouvelles genevoises* (chez Charpentier). M. Du Bochet a depuis donné de nouvelles éditions avec luxe. Je laisse subsister dans cet article les indications bibliographiques antérieures, comme pouvant être utiles aux gens du métier.

Pour nous, à mesure que nous lisions les pages les plus heureuses de l'auteur genevois, il nous semblait retrouver, au sortir d'une vie étouffée, quelque chose de l'air vif et frais des montagnes; une douce et saine saveur nous revenait au goût, en jouissant des fruits d'un talent naturel que n'ont atteint ni l'industrie ni la vanité. Nous nous disions que c'était un exemple à opposer véritablement à nos œuvres d'ici, si raffinées et si infectées. Mais prenons garde! ne le disons pas trop. Publier et introduire en une littérature corrompue ces *Nouvelles genevoises*, de l'air dont Tacite a donné ses *Mores Germanorum*, ce serait les compromettre tout d'abord. Qu'on veuille donc n'y voir, si on l'aime mieux, qu'une variété au mélange, un assaisonnement de plus.

C'est une étrange situation, et à laquelle nous ne pensons guère, nous qui ne pensons volontiers qu'à nous-mêmes, que celle de ces écrivains qui, sans être Français, écrivent en français au même titre que nous, du droit de naissance, du droit de leur nourrice et de leurs aïeux. Toute la Suisse française est dans ce cas; ancien pays roman qui s'est dégagé comme il a pu de la langue intermédiaire du moyen âge, et qui, au seizième siècle, a élevé sa voix aussi haut que nous-mêmes dans les controverses plus ou moins éloquentes d'alors. Ce petit pays, qui n'est pas un démembrement du nôtre, a tenu dès lors un rôle très-important par la parole; il a eu son français un peu à part, original, soigneusement nourri, adapté à des habitudes et à des mœurs très-fortes; il ne l'a pas appris de nous, et nous venons lui dire désagréablement, si quelque écho parfois nous en arrive : *Votre français est mauvais*; et à chaque mot, à chaque accent qui diffère, nous haussons les épaules en grands seigneurs que nous nous croyons. Voilà de l'injustice; nous abusons du droit du plus fort; des deux voisins, le plus gros écrase l'autre ; nous nous faisons le centre unique; il est vrai qu'en ceci nous le sommes devenus un peu.

Au seizième siècle, au temps de la féconde et puissante dispersion, les choses n'en étaient pas là encore. Les Calvin, les Henri Estienne, les de Bèze, les d'Aubigné, ces grands hommes éloquents que recueillait Genève et qu'elle savait si étroitement s'approprier, comptaient autant qu'aucun dans la balance. Mais le dix-septième siècle, en constituant le français de Louis XIV et de Versailles, qui était aussi pour le fond, disons-le à sa gloire, celui des halles et de la place Maubert, rejeta hors de sa sphère active et lumineuse le français de la Suisse réformée, lequel s'isola, se cantonna de plus en plus dans son bassin du Léman, et continua ou acheva de s'y fractionner. Ainsi l'idiome propre de Genève n'est pas le même que celui de Lausanne ou de Neufchâtel, et les littératures de ces petits États ne diffèrent pas moins par des traits essentiels et presque contrastés. Mais dans tous, si l'on va au fond et à la souche, on retrouve, à travers la diction, de vives traces et comme des herbes folles de la végétation libre et vaste du seizième siècle, sur lesquelles, je crois l'avoir dit ailleurs, le *rouleau* du *tapis vert* de Versailles n'a point passé. Ces restes de richesses, piquantes à retrouver sur les lieux, et qui sont comme des fleurs de plus qui les embaument, n'ont guère d'ailleurs d'application littéraire, et les écrivains du pays en profitent trop peu. Nous verrons que M. Topffer y a beaucoup et même savamment butiné; ce qui fait (chose rare là-bas) que son style a de la fleur.

Qu'on se figure bien la difficulté pour un écrivain de la Suisse française, qui tiendrait à la fois à rester Suisse et à écrire en français, comme on l'entend et comme on l'exige ici. Il faudrait, s'il est de Genève, par exemple, qu'il fît comme s'il n'en était pas, comme s'il n'était que d'une simple province; il faudrait qu'il fût tout bonnement de la langue de Paris, en ne puisant autour de lui, et comme dans des souvenirs, que ce qu'il y trouverait de couleur locale. Mais Genève n'est pas une province, c'est bien sérieusement une patrie, une cité à mœurs particulières et vivaces; on ne s'en détache pas aisément, et peut-être on ne le doit pas. Les racines historiques y sont profondes;

l'aspect des lieux est enchanteur ; volontiers on s'y enferme, et le Léman garde pour lui ses échos.

Combien n'y a-t-il pas eu, autour de ce Léman de Genève ou de Vaud, de jeunes cœurs poétiques dont la voix n'est pas sortie du cadre heureux, étroit pourtant, et qui, en face des doux et sublimes spectacles, au sein même du bonheur et des vertus, et tout en bénissant, se sont sentis parfois comme étouffés ! On chante, on chante pour soi, pour Dieu et pour ses frères voisins ; mais la grande patrie est absente, la grande, la vaine et futile Athènes n'en entend rien. J'ai trouvé ce sentiment-là exprimé avec bien de l'onction résignée et de la tendresse dans les strophes nées un soir au plus beau site de ces rivages et sorties d'un de ces nobles cœurs dont j'ai parlé, strophes dès longtemps publiées, qui ont fait le tour des rochers sonores et qu'on n'a pas lues ici :

> Pourtant, ô ma Patrie, ô Terre des montagnes
> Et des lacs bleus dormant sur leur lit de gravier,
> Nulle fée autrefois errant dans tes campagnes,
> Nul esprit se cachant à l'angle du foyer,
> Nul de ceux dont le cœur a compris ton langage,
> Ou dont l'œil a percé ton voile de nuage,
> Ne t'aima plus que moi, Terre libre et sauvage,
>   Mais où ne croît pas le laurier.
>
> J'ai vu quelques rameaux de l'arbre de la gloire,
> Poussant avec vigueur leurs jets aventureux,
> Se pencher, il est vrai, sur l'onde sans mémoire
> De ce Léman vaudois que domine Montreux.
> Mais un souffle inconnu rassemblait les tempêtes :
> D'Arvel et de Jaman l'éclair rasa les crêtes,
> Les lauriers tristement inclinèrent leurs têtes,
>   Et le beau lac pleura sur eux (1).

Et en effet, dans ce frais bassin du Léman si couronné de splendeur par la nature, il n'y a pas telle chose que la

---

(1) Dans le recueil des *Deux Voix*, par Juste et Caroline Olivier.

gloire, et la plante de poésie, même venue en pleine terre, a partout besoin de ce soleil un peu factice, sans lequel son fruit mûrit, mais ne se dore pas complétement.

Pour nous en tenir à Genève toutefois, le plus considérable des trois petits États, et sous le nom duquel, dans nos à-peu-près d'ici, nous nous obstinons à confondre tous les autres, la difficulté, ce semble, est moindre; véritable lieu de rendez-vous et de passage européen, il y a là naturellement théâtre à célébrité. Et puis, si Genève est un petit État, c'est une grande cité, et, comme l'a dit avec orgueil l'excellent Senebier dans l'*Histoire littéraire* qu'il en a écrite, c'est *une des écoles lumineuses de la terre.* Qu'on parcoure les trois volumes de cette histoire qui ne va pas au delà de 1786 et qui néglige ainsi les dernières années si remplies du dix-huitième siècle, que de noms illustres et vénérés s'y rencontrent! Théologie, droit public, sciences, philosophie et philologie, morale, toutes ces branches sont admirablement représentées et portent des fruits comme disproportionnés à l'œil avec le peu d'apparence du tronc ; c'est un poirier nain qui est, à lui seul, tout un verger. Certes la patrie de Cramer, de Calandrini, de Burlamaqui, de Trembley, de Bonnet et de Saussure, n'a rien à envier aux plus fières patries, surtout quand elle est la nourrice aussi et la mère adoptive de tant d'hommes dont le nom ne se sépare plus du sien, et quand elle a, selon les temps, Calvin pour les saints, Abauzit pour les sages. A Genève, grâce à l'esprit de cité et de famille, apparaissent et se croisent de bonne heure des dynasties, des *tribus* de savants appliqués et honorés, les Godefroy, les Le Clerc, les Pictet, dans une sorte de renommée sans dissipation, qui ne va pas jusqu'à la gloire, et qui demeure revêtue et protégée de modestie et d'ombre. Genève est le pays qui a envoyé et comme prêté au monde le plus d'esprits distingués, sérieux et influents : De Lolme à l'Angleterre, Le Fort à la Russie, Necker à la France, Jean-Jacques à tout un siècle, et Tronchin, Étienne Dumont, et tant d'autres, en même temps qu'elle en a recueilli et fixé chez elle un grand nombre d'éminents de toutes les contrées aux divers temps. Mais, au milieu de toutes ces richesses, sur un seul point, si l'on consulte l'histoire littéraire de Genève, il y a presque disette, et dans les listes de Senebier, et dans les souvenirs qui les complètent, on ne rencontre pas, Jean-Jacques à part, un seul romancier célèbre, pas un seul poëte illustre.

Les beaux-arts, ou du moins les arts agréables et utiles, y furent cultivés plus heureusement. Petitot, le célèbre peintre sur émail, paya sa belle part dans les chefs-d'œuvre du dix-septième siècle. Mais encore, en général, l'école des arts à Genève eut plutôt un caractère de patience, d'application et d'industrie; l'utilité pratique ne s'en sépara point, et l'artiste serra de près l'artisan.

Une certaine légèreté d'agrément, qui est, à proprement parler, l'honneur poétique et littéraire, manqua donc à la culture genevoise; Senebier le reconnaît lui-même et en recherche les raisons : « La plupart des écrivains genevois, profonds dans l'invention et la déduction de leurs idées, sont faibles pour le coloris et pesants dans le style; ces défauts ne naîtraient-ils pas de la gravité et de la réflexion que le sentiment de la liberté inspire, que le goût de prononcer sur les objets importants du gouvernement nourrit (1)?... » Cela me paraît venir surtout de ce qu'en écrivant, les auteurs genevois, même ceux qui ont le sentiment du style, ne se sentent pas complétement chez eux dans leur langue; la vraie mesure, le vrai niveau si mobile de cette langue, n'est pas au bord du Léman, mais aux bords de la Seine; ils le savent bien, ils s'efforcent, ils se contraignent de loin pour y atteindre, et l'on s'en aperçoit. Jean-Jacques lui-même, à côté de Voltaire, sent l'effort : il y a mainte fois de l'ouvrier dans son art. Mais c'est particulièrement chez des écrivains distingués et secondaires, tels que M. Necker, que le fait devient très-sen-

---

(1) Petit exemple, en passant, de cette pesanteur de diction dont il s'agit.

sible ; ils travaillent trop leur phrase, ils en pèsent trop tous les mots, c'est *trop bien*. Et puis écoutez-les causer : ils parlent comme des livres. Quintilien rapporte de Théophraste, cet homme d'ailleurs si disert, que, comme il affectait un certain mot, une vieille d'Athènes ne balança pas à dire qu'il était étranger. — Et à quoi reconnaissez-vous cela? demanda quelqu'un. — En ce qu'il parle trop bien, répondit-elle ; *quod nimium attice loqueretur.*

M. Topffer, nous le verrons, ne paraît pas s'être posé la difficulté ainsi, et c'est pour cela peut-être qu'il en a mieux triomphé ; il n'a pas cherché à être français ni *attique*, il a été de son pays avec amour, avec naïveté, un peu rustiquement, cachant son art, et il s'est trouvé avoir du sel et de la saveur pour nous.

Et d'ailleurs, il faut le reconnaître, tout change ; Genève est en train de se modifier, de perdre ses vieilles mœurs et son *à parte*, plus même qu'il ne lui conviendrait. Nous aussi nous changeons, et le centre de notre attraction semble moins précis de beaucoup et moins rigoureux. Le dix-septième siècle est dissous, une sorte de seizième siècle recommence. Chacun peut y retrouver son compte et s'y gagner un apanage. Les classifications ont peine à se tenir, et les exceptions font brèche sur tous les points. Si nous avons à signaler un romancier à Genève, quoi de si étonnant? Pradier, le plus voluptueux de nos statuaires, n'en vient-il pas? Léopold Robert, le plus italien de nos peintres, est sorti de Neufchâtel.

Toujours est-il que si, sur les lieux, on considère de près, avec quelque attention, la physionomie générale et les produits beaucoup plus multipliés qu'on ne peut croire de la littérature courante, on reconnaît combien Genève, en tout ce qui est poétique, romanesque et purement *littéraire*, reste au-dessous, depuis cinquante ans, de son voisin le canton de Vaud, qui, avec bien moins d'importance et d'illustration, et sous un air de rusticité, a beaucoup plus le goût de ces sortes de choses.

M. Topffer nous paraît à ceci une contradiction heureuse, d'autant plus heureuse que ce n'est pas un romancier simplement issu de Genève et qui se soit exercé sur des sujets étrangers, mais un romancier du cru et qui a vraiment racine dans le sol. Étudions-le donc un peu à fond, comme nous avons fait une autre fois pour madame de Charrière.

M. Rodolphe Topffer est né à Genève le 17 février 1799, en *nonante-neuf*, comme on y dit encore; il se trouve antérieur de quelques années, par la date de sa naissance, à cette génération romantique qui, vers 1828, se remua à Genève ou à Lausanne, à laquelle appartiennent les deux poëtes Olivier de là-bas, et d'où nous sont venus ici Imbert Galloix pour y mourir, et M. Charles Didier à travers son grand tour d'Italie. Les parents de M. Topffer, comme le nom l'indique, sont d'origine allemande, et on pourra, si l'on veut, en retrouver quelque trace dans le talent naïf et affectueux de leur fils. Pourtant Genève a cela de particulier, ce me semble, de s'assimiler très-vite et cordialement l'étranger qui s'y naturalise; c'est un petit foyer très fort et qui opère de près sa fusion. Quant à la langue, on conçoit que l'effet de ces mélanges y reste plus sensible, et que, de tous ces styles continuellement versés et déteignant l'un sur l'autre, il résulte une couche superficielle un peu neutre, précisément ce style *mixte* que nous accusons.

Mais le jeune Rodolphe Topffer paraît avoir été d'abord comme un enfant de la pure cité de Genève et de la vieille souche. Né dans un quartier *du haut*, habitant derrière le temple Saint-Pierre, près de la prison de l'Évêché, en cette maison même, dite *de la Bourse française*, où se passe toute l'*Histoire de Jules*, il nous a décrit, dans ce touchant ouvrage, ses premières impressions, ses rêves à la fenêtre, tandis que, par-dessus le feuillage de l'acacia, il regardait les ogives du temple, la prison d'en face et la rue solitaire. Son père, encore vivant, est un peintre spirituel, estimé, et connu de ceux des artistes de Paris dont les débuts ne sont pas de trop fraîche date. Cet excellent père, éclairé par l'expérience, et qui avait conquis lui-même son instruction, la voulut ménager à son fils de bonne heure, et pour cela il eut à lutter contre les goûts presque exclusifs d'artiste que dénotait le jeune enfant. Celui-ci se sentait peintre en effet, et aurait voulu en commencer l'apprentissage incontinent : le père tint bon et exigea qu'avant de s'y livrer, son fils eût achevé le cours entier de ses études. Le jeune Rodolphe étudia donc, jusqu'à l'âge de dix-huit ans, mais à la façon de Jules, *en attendant*, et non sans bien des croquis entre deux bouquins, non sans de fréquentes distractions à la vitre. Les chapitres sur la flânerie qui ouvrent *la Bibliothèque de mon Oncle* sont, comme il le dit agréablement, l'histoire fidèle des plus grands travaux de son adolescence : « Oui, la flânerie est chose nécessaire au moins une fois dans la vie, mais surtout à dix-huit ans au sortir des écoles... Aussi un été entier passé dans cet état ne me paraît pas de trop dans une éducation soignée. Il est probable même qu'un seul été ne suffirait point à faire un grand homme : Socrate flâna des années; Rousseau jusqu'à quarante ans; La Fontaine toute sa vie. » Jules, j'ose le dire après ample informé, c'est exactement le jeune Rodolphe quant aux impressions, aux sentiments, et sauf les aventures.

Ses premières lectures, celles qui agirent le plus avant sur son esprit encore tendre, je les retrouverais dans ses écrits encore, en combinant avec son Jules le Charles du *Presbytère*. Ce fut Florian d'abord comme pour nous tous, Florian y compris son *Don Quichotte* édulcoré, qui déjà pourtant éveillait et égayait chez lui la pointe d'*humour*. Le *Télémaque* et Virgile lui enseignaient au même moment l'amour des paysages et le charme simple des scènes douces. L'œuvre d'Hogarth, qui lui tombait sous la main, lui déroulait l'histoire *du bon et du mauvais apprenti*, et les expressions de crime et de vertu, que ce moraliste peintre a si énergiquement burinées sur le front de ses personnages, lui causaient, dit-il, cet attrait mêlé de trouble qu'un enfant préfère à tout. Son vœu secret, dès lors, son ambition, eût été d'atteindre aussi à servir un jour le sentiment et la moralité populaire dans ce cadre parlant de la littérature en estampes. C'est Hogarth qui l'initia à se plaire à l'observation des hommes, et aussi à se passionner plus tard pour Shakspeare, à qui il l'a souvent comparé, à s'éprendre enfin de Richardson, de Fielding, des grands moralistes romanciers de l'école anglaise. *Atala* eut son jour; mais il lui fut infidèle (à l'inverse de madame de Staël et de beaucoup d'autres), dès qu'il eut connu *Paul et Virginie*. On voit déjà les instincts se dessiner : naturel, moralité, simplicité, finesse ou bonhomie humaine, plutôt qu'idéal poétique et grandeur.

Pourtant l'influence de Jean-Jacques sur lui fut immense, et, à cet âge de seize à vingt ans, elle prit dans son âme tout le caractère d'une passion. Ce ne fut pas comme *livre* seulement, mais comme *homme* que Rousseau agit sur son jeune compatriote; le site, les mœurs, les peintures retracées et présentes contribuaient à l'illusion : « Durant deux ou trois ans, a pu écrire M. Topffer, je n'ai guère vécu avec quelqu'un d'autre. » Entendons-nous bien, c'est avec le Rousseau de Julie, avec celui des courses de montagnes, et des cerises cueillies, et de tant d'adorables pages du début des *Confessions*, avec le Rousseau des Charmettes.

Que si l'on ajoute à cette influence, d'autant plus heureusement littéraire qu'elle y visait moins, des lectures entrecoupées de Brantôme, de Bayle (1), de Montaigne, de Rabelais, tomes épars dans l'atelier de son père et que l'enfant avait lus et sucés au hasard sans trop comprendre, mais parfaitement captivé par les couleurs du style ou par cette naïveté que Fénelon osait bien regretter, on reconnaîtra combien est véritablement et sincèrement française la filiation de M. Topffer, et à quel point nous avons droit de la revendiquer.

Les études classiques qu'avait voulues le père étaient ter-

---

(1) Le dictionnaire dans lequel Jules (*Histoire de Jules*, première partie) trouve l'histoire d'Héloïse, n'est autre que celui de Bayle.

minées ; l'âge de la profession tant désirée était venu ; la peinture allait ouvrir, développer enfin ses horizons promis devant le jeune homme, qui, de tout temps, avait croqué, dessiné, imité. Il se disposait à partir prochainement pour l'Italie, lorsqu'une affection des yeux, que l'on crut d'abord passagère et qui n'a jamais cessé depuis, vint suspendre et ajourner encore une fois le rêve. Deux années de vain espoir et de tentatives pénibles suivirent ; elles furent cruelles pour celui qui s'en était promis tant de joie : décidément la peinture lui échappait. C'est vers ce temps que, sous prétexte de consulter les hommes de l'art, mais en réalité plutôt pour tromper ses anxiétés par l'étude, il se rendit à Paris, n'y consulta personne, renonça tout bas et avec larmes à la vocation d'artiste, et, renouant avec les lettres, s'appliqua à devenir un instituteur éclairé. Ce séjour à Paris date de 1819 à 1820 ; de jour, il suivait les cours publics ; il allait écouter Talma le soir. Les anciens et la littérature moderne faisaient alors l'objet de ses études. Déjà *vendu* à Shakspeare, il épousait dans son cœur ces idées littéraires nouvelles qui commençaient à poindre ; au Louvre, il se rangeait secrètement pour *la Méduse* de Géricault contre le *Pygmalion* de Girodet. Cette crise un peu fiévreuse n'eut qu'un temps. De retour à Genève, sous-maître dans un pensionnat d'abord, puis à la tête d'un pensionnat de sa propre création, père de famille, finalement appelé à occuper la chaire de Belles-Lettres dans l'Académie, c'est du sein d'une vie heureuse et comblée, et comme unie en calme à son Léman, que se sont échappés successivement et sans prétention les écrits divers, tous anonymes, dont plus d'un nous a charmé.

A Genève, les pensionnats participent à la moralité de la famille. Obligé par métier de rester un grand nombre d'heures chaque jour dans une classe peuplée de nombreux garçons, M. Topffer prit l'habitude de se dédommager par la plume de ce que lui refusait le pinceau. Il ne visait pas d'abord à être auteur ; maître chéri et familier de ses élèves, c'étaient d'abord de petites comédies qu'il écrivait pour leur divertissement. Chaque année, à la belle saison, se mettant à la tête de la jeune bande, il employait les vacances à les guider, le sac sur le dos, dans de longues et vigoureuses excursions pédestres à travers les divers cantons, par les hautes montagnes et jusque sur le revers italien des Alpes. Au retour et durant les soirées d'hiver, il en écrivait pour eux des relations détaillées et illustrées. Quelques-unes des nouvelles mêmes qu'il a publiées depuis, *le Col d'Anterne*, *la Vallée de Trient*, me paraissent rendre assez bien l'effet de *Sandfort et Merton* adultes, d'une saine et noble jeunesse ayant l'assurance modeste et la délicatesse native, comme les Morton de Walter Scott.

Le peintre cependant ne pouvait tout à fait s'abdiquer; le *trait* lui fournit jusqu'à un certain point ce qu'il avait espéré de la couleur. Aux heures de gaieté, M. Topffer composa et dessina, sous les yeux de ses élèves, ces histoires folles mêlées d'un grain de sérieux (*M. Vieux-Bois*, *M. Jabot*, *le docteur Festus*, *M. Pencil*, *M. Crépin*). Les albums grotesques coururent de main en main, et il arriva qu'un ami de l'auteur, passant à Weimar, fit voir je ne sais lequel à Goëthe. Le grand prêtre de l'art, qui ne dédaignait rien d'humain, y prit goût et voulut voir les autres : tous les cahiers à la file se mirent en route pour Weimar. Goëthe en dit un mot dans un numéro du journal *Kunst und Alterthum*. Il sembla dès lors à M. Topffer que, sur ce visa du maître, les gens pourraient bien s'en accommoder, et, à son loisir, il autographia plusieurs de ces fantaisies. Les cinq qu'il a publiées (1) ont eu grand succès auprès des amateurs et connaisseurs; je n'en pourrais donner idée à qui ne les a pas vues. Ce genre d'*humour* se traduit peu par des paroles; la seule manière de le louer, c'est de le goûter et d'en rire.

Je ne sais qui l'a dit le premier : règle générale, la plai-

---

(1) M. Aubert en a contrefait trois ici, à Paris, mais il n'en faudrait pas juger par là.

santerie d'une nation ressemble à son mets ou à sa boisson favorite. Ainsi la plaisanterie de Swift est du pudding, comme celle de Teofilo Folengo est du macaroni, comme celle de Voltaire est du champagne. Celle-ci encore a droit de sembler du moka. Les Allemands pourront nommer le plat de Jean-Paul. En lisant et relisant le *Mascurat* de Naudé, il me semble plonger jusqu'au coude à l'antique fricot gaulois mêlé de fin lard, ou encore me rebuter parfois sur de trop excellents harengs saurs. J'ai donc cherché le mets local analogue à l'*humour* que M. Topffer répand en ses autographies, et que nous retrouverons littéralement, à dose plus ménagée, dans plus d'un chapitre de ses ouvrages ; j'ai essayé de déguster en souvenir plus d'un fromage épais et fin des hautes vallées, pour me demander si ce n'était pas cela. Je cherche encore. Ce qui est bien certain, c'est que sa plaisanterie est à lui, bien à lui, *sui generis*, comme disent les doctes.

Une épigraphe commune sert de préface à ces petits drames en caricature : « Va, petit livre, et choisis ton monde ; car aux choses folles, qui ne rit pas bâille ; qui ne se livre pas résiste ; qui raisonne se méprend, et qui veut rester grave en est maître. » Mais, sans vouloir raisonner, et en croyant seulement consulter notre goût d'ici, j'avouerai que je leur préfère et je n'hésite pas à recommander surtout deux relations de voyages par M. Topffer, que j'ai sous les yeux (1), les deux plus récentes courses qu'il ait faites en tête de sa joyeuse caravane, l'une de 1839, jusqu'à Milan et au lac de Côme, l'autre de 1840, à la Gemmi et dans l'Oberland. C'est un texte spirituellement, vivement illustré à chaque page, avec un mélange de grotesque et de vérité ; voilà bien de sincères impressions de voyage. La caricature ici n'est plus perpétuelle comme

(1) Autographiées chez Frutiger, à Genève. — Les divers voyages de M. Topffer ont depuis été recueillis sous le titre de *Voyages en zigzag* (chez Du Bochet, 1844) en un magnifique volume illustré d'après les dessins de l'auteur lui-même, et orné de quinze grands dessins de Calame.

dans les histoires fantastiques de tout à l'heure, elle entre et se joue avec proportion à travers les scènes de la nature et de la vie. Je ne connais rien qui rende mieux la Suisse, telle que ses enfants la visitent et l'aiment : M. Topffer, en ces deux albums, en est comme le Robinson, avec quelques traits de Wilkie.

Mais arrivons à ses livres proprement dits; la peinture encore en fut l'occasion première et le sujet. Il n'avait rien publié, lorsqu'en 1826 il eut l'idée de dire son mot sur le *salon* de Genève, sur l'exposition de peinture. Il le fit dans une brochure écrite en style soi-disant gaulois ou très-vieilli. Les premières lectures de M. Topffer l'avaient initié, en effet, à la langue du seizième siècle, qui est, en quelque sorte, plus voisine à Genève qu'ici même, j'ai déjà tâché de le faire comprendre. Ce goût d'enfance pour la langue d'Amyot, que Rousseau, si travaillé pourtant, avait aussi, rendit plus tard M. Topffer très-grand admirateur du style *retrouvé* de Paul-Louis Courier et partisan de quelques-unes de ses théories un peu fausses, mais si bien dites. Je trouve, en un chapitre de ses opuscules, Ronsard en titre, et très-bien apprécié, qui en fait les frais (1). Bref, M. Topffer commença comme nous tous; il rebroussa pour mieux sauter. Son français fut d'abord peut-être un peu appris, mais appris de haut et par delà, comme il sied.

Sa première brochure sur l'exposition de 1826 avait réussi; il continua les années suivantes, en abandonnant peu à peu le trop docte jargon d'archaïsme. Peu à peu aussi il abandonna les questions de critique occasionnelle et particulière pour aborder des points d'art plus généraux. Ce fut l'origine d'une série d'opuscules intitulés *Réflexions et menus-propos d'un peintre genevois*, qui trouvèrent place, au moins en partie, dans la *Bibliothèque universelle de Genève*. Dans cette série, il faut distinguer essentiellement les quatre premiers livres d'un *Traité du lavis à l'encre de Chine;* qu'on ne s'effraye pas du titre technique : le lavis à

(1) Chap. XIX, IVe livre du *Traité du lavis à l'encre de Chine*.

l'encre de Chine n'y est que l'occasion ou le prétexte de recherches libres sur des principes d'art et de poésie. M. Xavier de Maistre, qui aime et pratique lui-même la peinture, qui en poursuit jusqu'aux procédés et à la chimie, lut, à Naples où il était alors, les premiers livres de ce traité, et il envoya en présent à l'auteur une belle plaque d'encre de Chine avec toutes sortes de précieux témoignages. Voilà donc un second parrain qui vint à M. Topffer après Goëthe, et par la peinture également. Lorsque plus tard l'aimable auteur du *Lépreux* acheva de connaître celui dont la théorie l'avait attiré, lorsqu'il put lire ces touchantes petites productions, sœurs des siennes, *la Bibliothèque de mon Oncle*, le premier chapitre du *Presbytère*, il dut voir avec bonheur combien entre certaines natures les premières affinités trompent peu, et qu'il y a des parentés devinées à distance entre les âmes.

C'est que ces quatre premiers livres, à propos de lavis, sont en effet d'une lecture charmante, à la Sterne, avec plus de bonhomie, entrecoupés de digressions perpétuelles qui sont l'objet véritable et qui font encore moins théorie que tableau. Sur l'importance de bien choisir son bâton d'encre de Chine, ce compagnon, cet ami fidèle qui doit vivre autant et plus que nous, il y a, par exemple, des pages bien délicates et sensibles, dont je veux extraire ici quelque chose, d'autant plus qu'elles ne seront pas reproduites dans l'édition de Paris. Pour parler ensuite plus à l'aise de M. Topffer, il est bon de le donner à connaître tout d'abord directement ; c'est le plus sûr moyen de faire voir que je n'en dis pas de trop. Donc je transcris :

« . . . . En effet, avec le temps, avant peu d'années, votre bâton, d'abord simple connaissance, ensuite compagnon, instrument de vos travaux, plus tard associé à tous vos souvenirs, vous deviendra cher, et insensiblement le charme d'une douce habitude liera son existence à la vôtre. Quelle triste chose alors que de découvrir tardivement dans cet ami des défauts, des imperfections ; d'être conduit peut-être à rompre ces relations commencées, pour en former de nouvelles qui ne sauraient plus avoir ni l'attrait ni la fraîcheur des premières !

« Franklin parle quelque part de cette affection d'habitude que l'on porte aux objets inanimés, affection qui n'est ni l'amitié ni l'amour, mais dont le siége est pourtant aussi dans le cœur. Quelques-uns disent que c'est là une branche de cette affection égoïste qui attache à un serviteur difficile à remplacer; moi je pense que c'est un trait honorable de notre nature, lequel ne saurait s'effacer entièrement sans qu'il y ait pour l'âme quelque chose à perdre.

« C'est quelque chose de bienveillant, c'est aussi une espèce d'estime. Non-seulement nous aimons l'instrument que nous manions avec plaisir, avec facilité, mais bientôt, le comparant à d'autres, nous lui vouons quelque chose de plus, si surtout, à sa supériorité, il joint de longs services. Un simple outil a, pour l'ouvrier qui s'en sert, sa jeunesse, son âge mûr, ses vieux jours, et excite en lui, selon ces phases diverses, des sentiments divers aussi. Il se plaît à la force, à la vivacité brillante qui distingue ses jeunes ans; il jouit aux qualités qu'amène son âge mûr, aux défauts qu'il corrige ou tempère; il estime surtout les qualités que ne lui ôte pas la vieillesse, et souvent (qui n'en a pas été le témoin?) il le conserve par affection, même après qu'il est devenu inférieur à ses jeunes rivaux.

« Si vous avez jamais voyagé à pied, n'avez-vous point senti naître en vous et croître avec les journées et les services cette affection pour le sac qui préserve vos hardes, pour le bâton, si simple soit-il, qui a aidé votre marche et soutenu vos pas? Au milieu des étrangers, ce bâton n'est-il pas un peu votre ami; au sein des solitudes, votre compagnie? N'êtes-vous pas sensible aux preuves de force ou d'utilité qu'il vous donne, aux dommages successifs qui vous font prévoir sa fin prochaine, et ne vous serait-il point arrivé, au moment de vous en séparer, de le jeter sous l'ombrage caché de quelque fouillis plutôt que de l'abandonner aux outrages de la grande route? Si vous me disiez non, non jamais..., à grand regret, cher lecteur, je verrais se perdre un petit grain de cette sympathie qui m'attire vers vous (1).

« Pour qui observe, il est facile de remarquer que ce trait va

(1) Je trouve chez une humble et douce muse de l'Angleterre, chez mistriss Caroline Southey, femme (?) du grand poëte de ce nom et fille elle-même de l'aimable poëte Bowles, une toute petite pièce qui me

s'effaçant à mesure que l'on monte des classes pauvres, laborieuses, aisées, aux classes riches, et qu'il s'efface entièrement au milieu du luxe et de l'oisiveté des hommes inutiles. Ai-je donc si tort d'y reconnaître quelques liens mystérieux avec ce qui est bon? de dire que c'est un trait honorable de notre nature et précieux pour l'âme? Un sentiment qui se trouve où il y a travail, exercice, économie, médiocre aisance ; qui se perd où il y a luxe prodigue, paresse, inutile oisiveté, serait-il indifférent aux yeux de l'homme de sens? Non pas! Aussi Franklin, l'homme de sens par excellence, en faisait cas.

« Au reste, si cette disposition est plus fréquente chez les classes travailleuses que chez les classes oisives, parce qu'elle est inséparable de l'emploi du temps, de l'exercice et du travail, elle est aussi bien plus générale dans les sociétés jeunes encore que chez celles qui sont arrivées aux derniers raffinements de la civilisation. Homère décrit toujours avec soin un mors, un bouclier, un char, une coupe, une armure ; il prête sans cesse à ces objets inanimés des qualités morales qui en font le prix aux yeux de leur possesseur, et qui leur valent l'estime ou les affections de l'armée. Les temps de la chevalerie présentent le même caractère. Aussi Walter Scott ne néglige pas un trait si vrai et si favorable au pittoresque. Cooper lui-même, dans son roman de *la Prairie*, voulant peindre un homme des villes qui s'est volontairement re-

paraît compléter la pensée de M. Topffer, et que je voudrais en passant cueillir *comme une pervenche au bord du chemin*.

SONNET.

Je n'ai jamais jeté la fleur
Que l'amitié m'avait donnée,
— Petite fleur, même fanée, —
Sans que ce fût à contre-cœur.

Je n'ai jamais contre un meilleur
Changé le meuble de l'année,
L'objet usé de la journée,
Sans en avoir presque douleur.

Je n'ai jamais qu'à faible haleine
Et d'un accent serré de peine
Laissé tomber le mot *Adieu* ;

Malade du mal de la terre,
Tout bas soupirant après l'ère
Où ce mot doit mourir en Dieu.

porté à la vie des bois, est fidèle à la vérité lorsqu'il unit d'amitié le trappeur à sa carabine. Cette arme vénérable prend une physionomie, un caractère ; elle devient un personnage qui a sa bonne part dans l'intérêt que nous portons au vieux chasseur des prairies... »

Puis revenant à son bâton d'encre de Chine : « Ceci, dit-il, tient à notre vie privée ; aussi éprouvé-je quelque répugnance à en entretenir le public. Mais je ne puis résister à l'envie de faire connaître les innocentes relations qui m'unissent à lui. D'ailleurs, je serai discret.

« Ces relations sont anciennes, elles datent de vingt ans ; elles me sont chères à plus d'un titre, car ce bâton, je le tiens de mon père, y compris la manière de s'en servir et la manière d'en parler. Il est rond, doré, apostillé de Chinois, et d'une perfection sans pareille, si pourtant l'amitié ne m'aveugle. Un beau matin je le trouvai cassé en deux morceaux ; cela m'étonna, car il n'avait jamais fait de sottises qu'entre mes mains.... Aussi n'était-ce pas une sottise, je venais de me marier.

« Mais outre ces circonstances qui me le rendent cher, que de moments délicieux nous avons coulés ensemble ! que d'heures paisibles et doucement occupées ! quelle somme de jours calmes et riants à retrancher du nombre des jours tristes, inquiets ou ingratement occupés ! Si l'on aime les lieux où l'on a goûté le bonheur ; si les arbres, les vergers, les bois, si les plus humbles objets qui furent témoins de nos heureuses années ne se revoient pas sans une tendre émotion, pourquoi refuserais-je ma reconnaissance à ce bâton qui, non-seulement fut le témoin, mais aussi l'instrument de mes plaisirs ?

« Et puis quels plaisirs ! Aussi anciens que mes premiers, que mes plus informes essais ; car ce qui les distingue de tous les autres, c'est d'être aussi vifs au premier jour qu'au dernier, de s'étendre peu, mais de ne pas décroître. Aujourd'hui encore, quand, m'apprêtant à les goûter, je prends mon bâton et broie amoureusement mon encre tout en rêvant quelque pittoresque pensée, ce ne sont pas de plus aimables illusions, de plus séduisantes images, de plus flatteuses pensées qui m'enivrent, mais du moins ce sont encore les mêmes ; la fraîcheur, la vivacité, la plénitude, s'y retrouvent, elles s'y retrouvent après vingt ans ! Et combien est-il de plaisirs que vingt ans n'aient pas décolorés, détruits ! L'amitié seule, peut-être, quand elle est vraie, et que, semblable à un vin généreux, les années la mûrissent en l'épurant !

« Durant ces vingt années d'usage régulier, ce bâton ne s'est pas raccourci de trois lignes : preuve de la finesse de sa substance, gage de la longue vie qui l'attend. Longtemps je l'ai regardé comme mon contemporain ; mais depuis que j'ai compris combien plus le cours des ans ôte à ma vie qu'à la sienne, je l'envisage à la fois comme m'ayant précédé dans ce monde, et comme devant m'y survivre. De là une pensée un peu mélancolique, non que j'envie à mon pauvre bâton ce privilége de sa nature, mais parce qu'il n'est pas donné à l'homme de voir sans regret la jeunesse en arrière et en avant le déclin(1)... »

Le chapitre qui suit, sur le *pinceau*, a beaucoup de piquant ; le caractère du pinceau, suivant M. Topffer, c'est d'être capricieux ; il est le contraire du bâton, de l'ami solide. Il a des moments sublimes, d'autres détestables ; il emporte son maître et lui joue des tours. Méfiez-vous du pinceau.

Sur les limites du *procédé* et de l'*art ; qu'il est bon que pour chaque homme l'art soit à recommencer ;* sur la différence fondamentale de la peinture antique et moderne ; sur le clair-obscur et Rembrandt ; qu'en face de la nature *les plus serviles ont été les plus grands*, et que *c'est bien ici que ceux qui s'abaissent seront élevés ;* que la peinture pourtant est un mode, *non pas d'imitation, mais d'expression ;* il y a là-dessus une suite d'instructifs et délicieux chapitres, où la pensée et le technique se balancent et s'appuient heureusement, où le goût pour la réalité et pour les Flamands ne fait tort en rien au sentiment de l'idéal, où Karel Du Jardin tient tête sans crânerie à Raphaël. Tout au travers passe et repasse plus d'une fois, avec complaisance et nonchaloir, un certain âne qui sert à l'auteur de démonstration familière à ses théories, et cela le mène à venger finalement l'honnête animal, son ami, calomnié par cet autre ami La Fontaine. Ce chapitre de réhabilitation est victorieux et restera dans l'espèce(2) ; mais, pour commencer, on ne peut tout citer.

(1) IIe livre du *Traité du lavis à l'encre de Chine.*
(2) Chap. VIII du IIIe livre du *Traité.*

En lisant ces pages pittoresques et vives, où la lumière se joue, on ne peut s'empêcher de partager les espérances de l'auteur, lorsque, vers la fin, en vue de l'avenir de l'art dans ces contrées où il n'eut point de passé, on l'entend qui s'écrie : « Toutefois, Suisse, ma belle, ma chère patrie, les temps sont venus peut-être ! J'en sais, de vos amants, qui vous rendent plus que le culte de l'admiration, qui étudient vos beautés, qui se pénètrent de vos grandeurs, à l'âme de qui se découvrent vos charmes méconnus. » Le brouillard dans ces vallées se lève tard, voilà qu'il semble se lever aujourd'hui. Ce sont des amants qui aimaient trop et de trop près ; à force de sentir, ils ne pouvaient dire. A leur tour, enfin, de parler.

Dans la Suisse allemande, cela s'est passé un peu autrement, je pense. Par la poésie au moins et par la littérature, la Suisse allemande, dès Haller et Gessner, s'est bien plus exprimée elle-même que la Suisse française ne l'a fait encore. Celle-ci a eu Rousseau, sans doute ; comment l'oublier ? Mais, tout en la peignant, il l'a désertée autant qu'il a pu. Le grand historien helvétique, un des plus grands historiens modernes, le vrai peintre et comme le poëte épique des vieux âges, Jean de Muller, est de cette autre Suisse qui n'a point, entre l'Allemagne et elle, les mêmes barrières de croyances et de purisme que la Suisse française se sent à l'égard de la France. Et ici je me permettrai de blâmer M. Topffer sur un point.

Indépendamment des articles d'art et des piquants chapitres sur le lavis, il en a fourni plusieurs autres à la *Bibliothèque universelle* de Genève, excellent recueil en beaucoup de parties et digne d'une cité qui a produit au début Jean Le Clerc, le second et très-estimable journaliste à côté de Bayle. Mais trop souvent dans ces articles de M. Topffer [1], comme dans la plupart de ceux que la *Bibliothèque universelle* publie sur la littérature, je regrette de trouver

---

[1] Quelques-uns ont été recueillis dans un volume de *Nouvelles et Mélanges* (Genève, Cherbuliez, 1840).

la France traitée comme une *nation* étrangère, nos écrivains à la mode pris à partie et entre-choqués, comme on le pourrait faire par delà le détroit. Cette espèce d'opposition, inutile d'abord, est surtout disgracieuse ; rien de moins propre à diminuer nos préjugés d'ici. Nous avons du purisme à l'endroit de Genève ; on y répond par du puritanisme, et notre purisme va en redoubler de dédain. Une telle polémique, morale par l'intention, mais où il entre pour le détail beaucoup d'inexactitudes, tend à prolonger un état de roideur et de secte, un système de défensive qui ne me paraît point du tout favorable à ce que je désire le plus avec M. Topffer, l'expression libre et poétique de la Suisse par elle-même.

Assez de critique. M. Topffer commença à poindre comme romancier dès 1832, par un charmant opuscule, *la Bibliothèque de mon Oncle*, qui fait aujourd'hui le milieu de l'*Histoire de Jules*. L'année suivante, il publia la première partie du *Presbytère*(1) ; après quoi il se délecta, non pas, dit-il, à faire des *suites* à ces deux parties, mais à compléter le tableau dont elles étaient pour lui un fragment. *Élisa et Widmer* ne fut même qu'une étude où il s'exerçait à trouver des tons pathétiques pour la fin du *Presbytère*. En 1834, il donna *l'Héritage*, où ces tons touchants, pour être contrariés par une veine bizarre, ne ressortent que mieux. J'indiquerai encore, dans l'intervalle de 1833 à 1840, comme ayant paru à part ou dans la *Bibliothèque universelle*, *la Traversée*, *la Peur*, et quelques petites relations de voyages, *la Vallée de Trient*, *le Grand Saint-Bernard*, *le Lac de Gers*, *le col d'Anterne*(2). De ces derniers petits récits, j'aime la vérité simple, la grâce rustique et naturelle, la belle humeur et la moquerie sans ironie. D'ordinaire, il y intervient un touriste ridicule, un Anglais gourmé, un Français entreprenant, une jeune fille char-

(1) Aujourd'hui le premier des cinq livres dont se compose ce roman (*le Presbytère*, 2 vol. in-8°, 1839).

(2) Le tout recueilli dans le volume, déjà cité, de *Nouvelles et Mélanges* (Genève, 1840).

mante et qu'on protége, et qu'il faut trop tôt quitter. J'y vois une sorte de protestation modeste et de reprise en action contre les trop spirituelles impressions de voyage et les enjambées de nos grands auteurs, par quelqu'un du terroir, et qui, ayant beaucoup laissé dire, se décide à son tour à raconter. Chaque année en effet, en de certains mois, les voyageurs fondent sur la Suisse de tous les points de l'horizon, comme des volées d'étourneaux qui s'abattent. C'est une manière de transformation civilisée des anciennes invasions barbares : il y a aussi, selon le plus ou moins de talent, les simples pillards et les conquérants. Ils sont jugés les uns et les autres très-justement, très-finement, par les humbles habitants ou *naturels* du lieu (comme dit George Sand), qui souffrent dans leur cœur de ces légèretés de passage, qui s'en affligent pour les objets de leur culte, et qui, entre soi, après, se gaussent des railleurs. M. Topffer répond à ce sentiment local dans ses gouaches franches sans hâblerie et sans pompe.

Chose bien singulière et petite moralité à tirer pour nous chemin faisant! nous autres Français qui, en France et chez nous, distinguons si parfaitement les Gascons et croyons leur fixer leur part, une fois à l'étranger, nous faisons tous un peu l'effet de l'être.

La Peur est un récit minutieux et dramatique d'une impression d'enfance. Agé de sept ans environ, le jeune enfant se promenait en un certain lieu solitaire, et non loin du cimetière de la ville, avec son digne aïeul qui lui servait presque de camarade, comme c'est la coutume des excellents grands-pères, depuis le bonhomme Laërte jusqu'à grand-papa Guérin(1). Mais, au milieu des jeux folâtres et au sortir du bain qu'il prend en s'ébattant dans une petite anse, voilà tout d'un coup qu'à la vue d'un débris, ou,

(1) Le vieil et célèbre avocat Loisel, retiré à Chevilly, près Villejuif, tout à la fin de ses jours, et n'y ayant pour compagnie que son petit-fils, a fait ce distique charmant :

Quis Civilliaca lateat, si quæris, eremo?
Laertesque senex, Telemachusque puer.

pour parler net, d'une carcasse de cheval étendue sur le sable, l'idée obscure de la mort se pose à lui pour la première fois : un vague frisson l'a saisi pour tout le reste du jour. L'année suivante, son aïeul meurt, et l'enfant, qui suit le convoi sans trop savoir, se retrouve tout ému aux mêmes lieux. Quelques années après encore, vers l'âge de douze ans, sorti de la ville au hasard, sous l'impression d'un chagrin violent et un peu burlesque, d'un précoce dépit amoureux, il se retrouve le soir, seul, dans le même endroit de mystère. Il oublie l'heure ; les portes de la ville se ferment, et il est obligé de passer la nuit entière en proie aux terreurs. C'est la description de cette crise, dans toutes ses péripéties, que l'auteur a retracée avec un naturel parfait et comme minute par minute : joli tableau malicieux qui semble pointillé par la plume de Charles Lamb, ou sorti du pinceau d'un maître flamand.

La Traversée rentre dans la donnée d'*Ourika* ou du *Lépreux*, c'est-à-dire dans le roman par *infirmité*. Il s'agit d'un jeune bossu qui a des instincts chevaleresques, des velléités oratoires, qui a surtout des besoins de tendresse et qui souffre de ne pouvoir se faire aimer. Toute la première partie de l'histoire est aussi vraie que touchante et délicate ; je hasarderai une seule critique sur la fin. Le petit bossu, dans une traversée qu'il fait aux États-Unis d'Amérique, parvient à se faire remarquer par ses soins auprès d'un passager malade et de sa jeune femme qui va devenir veuve. Arrivé à terre, il continue de les assister. La femme reste sans protecteur ; il l'épouse, il devient père, il est heureux ; il écrit à son ami de Suisse, confident de ses anciennes douleurs : « Envoyez-moi donc vos bossus, nous leur trouverons femmes... » Ceci me choque. Ce jeune homme, même guéri de ses regrets, même heureux, ne devrait jamais, ce me semble, plaisanter de la sorte. Il a l'âme fière, chevaleresque. Or, les âmes fières, on l'a justement remarqué, aiment encore moins l'amour et son bonheur, pour ce qu'elles y trouvent que pour ce qu'elles y portent ; et l'infirmité inévitable qu'il y porte, et qui l'a humilié si longtemps, devrait lui coûter à rappeler, à nommer, — à moins pourtant qu'il ne soit devenu tout à fait *américain*, ce qui est très-possible, mais ce qui n'en serait pas plus aimable.

On ne saurait croire, hors de Paris, combien nous sommes sensibles, au delà de tout, aux plus légers manques de *distinction* à l'extrême surface, et c'est aussi la seule raison (si raison il y a) qui m'empêchera d'oser considérer comme chef-d'œuvre *l'Héritage*, dont l'idée est très-heureuse, et l'exécution souvent fine et toujours franche. Un jeune homme de vingt ans, orphelin, destiné à une immense fortune que lui assure un oncle son parrain, s'ennuie et bâille tout le jour. Il se croit malade par manie, il se fait élégant faute de mieux ; sa jeunesse se va perdre dans les futilités, et son âme s'y dessécher, lorsqu'une nuit, allant au bal du Casino, un incendie, qu'il admire d'abord comme pittoresque, le prend au collet sérieusement ; il est obligé de faire la chaîne avec ses gants blancs ; il s'irrite d'abord, puis la nouveauté de l'émotion le saisit ; le dévouement et la fraternité de ces braves gens du peuple lui gagnent le cœur : il a retrouvé la veine humaine, et son égoïsme factice s'évapore. Une jeune fille qu'il aperçoit saisie elle-même par la chaîne, et qu'il reconduit ensuite avec une modestie discrète, achève la guérison. Le voilà amoureux d'une inconnue distinguée et pauvre. Son oncle qui l'apprend, et qui a sur lui d'autres projets, l'en plaisante comme d'une fredaine ; puis, le trouvant sérieux, il se fâche et finalement le déshérite. Lui, tout allégé, épouse la jeune fille et trouve le bonheur. On conçoit le charme et le profond de l'idée ; mais, dans toute la première partie, le jeune homme, qui est un élégant de là-bas, ne nous paraîtra pas tout à fait tel ici. C'est une affaire d'étiquette et de tailleur peut-être, affaire des plus importantes toutefois pour notre superbe délicatesse. Ce jeune homme parle beaucoup trop de ses *instruments de barbe* (est-ce qu'on se fait la barbe encore?), de son *savon perfectionné*, de son *cure-dent* surtout, et de la *côtelette* qu'il mange. Ce sont des riens ; ils font tache pour nous, sans qu'il y ait guère de la faute de l'auteur, qui n'était pas tenu de deviner nos entresols de *lions* à la mode, quand il ne peignait qu'un *mirliflor* du quartier.

N'est-ce pas à propos de *l'Héritage* encore, et comme venant aggraver ces élégances qui *retardent*, qu'il m'est permis de noter grammaticalement plusieurs locutions particulières qui se reproduisent assez souvent dans les pages de M. Topffer, et qui semblent appartenir à notre vieille langue surannée? *Je leur bâille contre*, pour, *je leur bâille au nez*. Et en parlant au valet qui annonce à contre-temps l'oncle parrain : « Imbécile ! j'étais sûr que *tu me le pousserais dessus*. » Molière, dans la scène II du *Mariage forcé*, fait dire à Sganarelle que Géronimo salue, chapeau bas : « *Mettez donc dessus*, s'il vous plaît ; » ce qui signifie : *Couvrez-vous*. Dans l'idiome du canton de Vaud, on dit encore vulgairement *je me suis pensé*, pour *j'ai pensé;* ainsi dans *les Contes et les nouvelles Récréations* attribuées à Bonaventure Desperiers, à la nouvelle LXV du tome II, on lit : « Ce regent *se pensa bien* que, pour aller vers une telle dame, il ne falloit pas estre despourveu... » Toutes les locutions singulières du patois genevois ou vaudois sont loin sans doute de pouvoir ainsi s'autoriser par d'authentiques exemples. M. Topffer le sait bien, et en général il fait choix ; en vrai disciple de Paul-Louis Courrier, il ne va pas toujours aussi couramment qu'il en a l'air. Tous ces mots du cru, ces locutions jusque-là éparses chez lui un peu au hasard, se sont même élevés à l'art véritablement, sous sa plume, dans quelques lettres de *Champin*, l'un des personnages du *Presbytère :* « On y peut voir, dit-il excellemment, ce qu'est notre idiome local parlé dans toute sa nationale pureté, et juger de la difficulté qu'on doit éprouver à se dépouiller, pour écrire purement, de cette multitude d'idiotismes, dont les uns, inusités dans la langue française actuelle, n'en sont pas moins de souche très-française, dont les autres voilent sous une figure expressive le vice de leur origine, dont tous ont pour nos oreilles le caractère du naturel et le charme de l'accoutumance. » Quant à nous pour qui cette *accoutumance* n'existe pas, quelque chose pourtant du charme se retrouve. Est-ce donc le pur caprice d'un palais blasé? Ce que je puis dire, c'est que ces idiotismes, ménagés et bien pétris dans un style simple, me font l'effet d'un pain bis qui sent la noix.

Les idiotismes s'en vont, on est trop heureux de les ressaisir; on l'est surtout de les retrouver autour de soi sans trop d'efforts, et de n'avoir qu'à puiser. Ç'a été la situation de M. Topffer. Et quel moment mieux choisi, si on l'avait choisi, pour oser toutes les expériences de couleur et de poésie dans le langage? Je conçois en d'autres temps du scrupule et la nécessité pour l'auteur de se tenir avant tout et de n'opérer qu'avec nuance dans le cercle régulier dessiné; mais aujourd'hui qu'est-ce? le public d'élite et le cercle, où sont-ils? Je ne vois que des individus épars, une écume de toutes parts bouillonnante, et quelquefois très-brillante en se brisant, qu'on appelle *langue*, et des pirates intitulés *littérateurs* qui font la course. Sauve qui peut dans ce désarroi, et butine qui ose! C'est le cas pour chacun d'aller son grand ou petit train intrépide; c'est le cas comme pour Montaigne, à la fin du seizième siècle. Laissons faire les petits Montaigne.

L'*Histoire de Jules* (1) n'est pas plus à analyser que le *Voyage autour de ma Chambre;* elle se divise en trois parties dont le seul inconvénient est d'avoir l'air de recommencer trois fois, mais on y consent volontiers à cause de la simplicité extrême. Les moments d'ailleurs sont différents. Dans le premier livre, intitulé *les Deux Prisonniers*, Jules est un écolier enfant, un adolescent à peine: il aime déjà Lucy. Dans le second moment, qui s'intitule *la Bibliothèque de mon Oncle*, c'est de la jeune juive, si docte et si belle, qu'il est épris mystérieusement; elle meurt. Dans la troisième partie nommée du nom d'*Hen-*

---

(1) Un vol. in-8°, Genève, 1838.

riette, et où Lucy mariée reparaît agréablement, le jeune homme a grandi, il est artiste et homme : l'affection sérieuse et moins fleurie aboutit à l'union durable.

Ce sont, on le voit, comme chez Nodier, des souvenirs *romancés* de jeunesse, mais moins *romancés* et avec moins d'habileté. Une certaine lenteur de ton qui se confond ici dans la grâce décente, l'honnêteté du cœur intacte avec la malice enjouée de l'esprit, la nature prise à point, respirent dans ces pages aimables : le sens moral qui en ressort tendrait à tuer surtout le grand ennemi en nous, c'està-dire la vanité. Dès le début, on voit l'écolier Jules se moquer en espiègle de son précepteur M. Ratin, lequel a sur le nez une certaine verrue très-singulière ; cette verrue nous est racontée au long et décrite avec ses poils follets, ainsi que la lutte fréquente du bon pédant avec la mouche mauvaise qui s'obstine à s'y poser. De là le fou-rire de l'écolier, de là les sorties de M. Ratin à tout propos contre le fou-rire et contre les immoralités qu'il engendre. « Réfléchissant depuis à cette verrue, dit notre historien, je me suis imaginé que tous les gens susceptibles ont ainsi quelque infirmité physique ou morale, quelque verrue occulte ou visible, qui les prédispose à se croire moqués de leur prochain. » Chez quelques-uns, par une variété de la maladie, au lieu de se croire moquée, la verrue se flatte d'être admirée, elle se rengorge. C'est cette infirmité dans les deux sens que M. Topffer appelle, pour abréger, *le bourgeon*, le faible de vanité d'un chacun ; il déduit très-bien cela. Il y voit avec raison le germe de bien des travers et de bien des maux : *être et paraître ;* c'est à l'écraser et à l'extirper, ce besoin de faire effet, qu'il croit que consiste le plus fort de la morale : « Chose singulière ! au delà de certaines limites, l'effort tourne contre vous; en voulant extirper le bourgeon, c'est un bourgeon que vous reformez à côté ; vous dites : Je puis me flatter que je n'ai plus de vanité, et ceci même est une vanité. Aussi, ajoute-t-il, ne pouvant tout faire, j'ai pourvu au plus pressé. Je lui laisse pour amusette mes tableaux, mes livres, en lui interdisant toutefois les préfaces, bien qu'il m'en conseille à chaque fois ; mais il est de plus sérieuses choses que j'ai mises à l'abri de ses atteintes. Ce sont mes amitiés d'abord... » Ensuite ce sont ses plaisirs, ses jouissances saines d'homme naturel, d'artiste, le dîner du dimanche sous la treille, le coudoiement du peuple, la source perpétuelle de l'observation vive. « Sous ces feuillages je retrouvais, dit-il, les jeux charmants de l'ombre et de la lumière, des groupes animés, pittoresques, et cette figure humaine où se peignent sous mille traits la joie, l'ivresse, la paix, les longs soucis, l'enfantine gaieté ou la pudique réserve. » Jean-Jacques sentait de même, pauvre grand homme tant dévoré du bourgeon ! L'auteur de *Jules* pratique à la Jean-Jacques et à moins de frais la nature et la foule ; il y recueille, chemin faisant, une quantité de petits tableaux, qu'il nous rend au vif et qui ont la transparence d'un Teniers ou d'un Ostade. En voulez-vous un échantillon : « A droite, c'est la fontaine où tiennent cour, autour de l'eau bleue, servantes, mitrons, valets, commères. On s'y dit douceurs au murmure de la seille qui s'emplit... » Rien que ces quelques mots ainsi jetés, familiers et envieillis, n'est-ce pas déjà harmonie et couleur ?

Mais le véritable chef-d'œuvre de M. Topffer, et que j'ai exprès réservé jusqu'ici, me paraît être le premier livre du *Presbytère*. Je dis le premier livre uniquement, parce qu'il a d'abord été publié à part, parce qu'il fait un tout complet, parce qu'il ne nous donne du sujet que la fleur, et que c'est précisément cette *fleur* qui était en question et que l'on contestait à la littérature de Genève. Les livres suivants ont grand mérite encore et intérêt, comme nous le devons dire ; mais on s'y enfonce dans le terroir, et ce n'est pas notre affaire, à nous lecteurs toujours pressés et légers.

Genève et la Suisse sont la patrie moderne de l'idylle ; au pied des grands monts, dans ces petits jardins un peu pomponnés, on l'y pratique journellement, et cela même était une raison peut-être pour qu'on n'en écrivît point de distinguées. Ce qu'on est en train de pratiquer et de *vivre*, on ne l'idéalise guère. Il faut être un peu à distance de son modèle pour le peindre. C'est toujours l'histoire de ces amants qui aiment trop pour pouvoir dire. Quoi qu'il en soit, voilà une idylle véritable, née du pays, fille du Salève, et digne de se placer modestement à la suite de toutes celles qui ont fleuri, depuis *Nausicaa*, la première de toutes et la plus divine, jusqu'à *Hermann et Dorothée*.

Charles est auprès d'une mare, à midi, couché, à contempler trois graves personnages paisibles, trois canards endormis et bienheureux. Un malin désir le prend, il lance une pierre dans la mare et réveille du coup les trois heureux troublés. Lui-même, dans sa vie, il va éprouver quelque chose de semblable. Charles rêve, il rêve beaucoup plus depuis quelque temps ; il aime Louise, la fille du chantre, et s'il en croit de chers indices, une main donnée et oubliée dans la sienne à une certaine descente de montagne, Louise tout bas le lui rend. Mais le chantre est un homme dur, sévère, impitoyable. Un mot de lui, jeté en un moment de colère, a cruellement appris à Charles qu'il est un *enfant trouvé*. Le pauvre enfant ne s'en était pas douté jusque-là, tant M. Prévère, le digne pasteur, avait été pour lui un bon père. Enfant trouvé, peut-il donc prétendre à la main de Louise? C'est ce jour même où Charles rêve près de la mare, et où il vient de troubler les canards avec sa pierre, c'est ce jour-là que l'orage va éclater. M. Prévère paraît à la fenêtre de la cure avec un air pensif; il a résolu d'éloigner Charles pour quelques années, de l'envoyer à la ville chez un ami près de qui le jeune homme pourra continuer ses études et se préparer, si Dieu le permet, aux fonctions du ministère. Avant qu'il ait appelé Charles pour lui signifier le départ, celui-ci, qui semble avoir le pressentiment de quelque explication, s'est dérobé de dessous les yeux de M. Prévère, à la suite de son autre ami le bon chien Dourak, arrivé là tout à propos. En s'approchant du mur qui soutient la terrasse de la cure, à quelques pas de la mare, sous un creux de buisson, il aperçoit le chantre en personne, faisant la sieste et tout au long étendu. Une lettre à demi ployée sort de sa poche ; Charles l'a remarquée ; une lettre !....De qui cette lettre ? Lui-même il a, depuis six mois, ses poches remplies de lettres qu'il écrit sans cesse et qu'il relit solitaire, sans jamais oser les remettre. Si Louise avait écrit, si le chantre avait parlé à M. Prévère, si l'air pensif de M. Prévère se rattachait à cela ?... la curiosité le saisit. Il s'approche du chantre endormi et dont le somme tire à sa fin ; il rampe autour de lui, il lit déjà, c'est bien de Louise. Mais qu'est-ce ? Il est saisi tout d'un coup par un mouvement imprévu, par un *tressaut* (1) du dormeur, il est pris sous lui et ne peut plus s'échapper. Dourak s'en mêle ; réveil complet et grande colère du chantre. Bref, il est décidé, après un entretien à la promenade avec M. Prévère, que Charles partira le soir même pour Genève, et qu'il quittera pour longtemps la cure, pour toujours Louise et ses espérances. Mais de nuit, déjà en route, il revient sur ses pas ; il veut revoir les lieux encore, épier les derniers bruits du logis, la lumière de Louise s'éteignant. Presque surpris une seconde fois par le chantre soupçonneux qui rôde, il n'a que le temps de se réfugier dans l'église ; il s'y laisse enfermer, y passe la nuit, et, accablé de fatigue et d'émotions, s'y endort profondément. Le lendemain, au réveil, c'était dimanche ; la foule va venir, il n'est plus l'heure de s'esquiver. Par bonheur, l'orgue (Charles s'en ressouvient à temps) est en réparation et ne doit pas jouer ce jour-là ; il s'y cache. La prière commence ; M. Prévère ouvre la Bible et y lit ces mots comme texte du discours qu'il va prêcher : *Quiconque reçoit ce petit enfant en mon nom, il me reçoit.* En effet, le bruit s'était répandu, par la paroisse, du refus du chantre, du départ de Charles ; on plaignait l'un, mais on approuvait l'autre. Le cœur de M. Prévère s'en est brisé, et il s'échappe devant tous en de chré-

---

(1) *Tressaut*, comme on dit *soubresaut*, *sursaut*, mot excellent et de vieille souche, que *tressaillement* ne supplée pas.

tiennes plaintes. Éloquent et miséricordieux sermon durant lequel Louise, avant la fin, est obligée de sortir, qui fait fondre en pleurs tout l'auditoire, et amollit le chantre lui-même et sa dure nature! Trois jours après, à Genève, Charles, qui s'y est rendu en sortant de sa niche, dès qu'il l'a pu, reçoit du chantre une lettre qu'il faut lire en son idiome natif, et, jointe à la lettre, la montre de famille, gage des fiançailles.

On entrevoit assez sur cette simple esquisse tout un cadre ouvert à une attrayante vérité. Est-il besoin, pour la confirmer, de dire que le fond de ce naturel tableau procède de souvenirs qui appartiennent à la première enfance de l'auteur? La cure, c'est le village de Satigny; l'original de M. Prévère, du pasteur comme se l'est peint la tendre imagination de l'enfant, a réellement existé; il existe encore; c'est, m'assure-t-on, M. Cellérier, aujourd'hui courbé sous les ans et les travaux, le père du recteur actuel de l'Académie, et dont les sermons, plusieurs fois réimprimés, sont bien connus des protestants. Toutefois l'admirable discours de M. Prévère paraît avoir été plutôt inspiré de la manière de Réguis, éloquence simple et mâle, et qui rappelle la belle école française (1). L'exécution générale du style, dans ce que j'appelle l'idylle, reste à la fois naturelle et neuve, pleine de particularités et d'accidents, riche d'accent et de couleur; c'est un style *dru*; il sent son paysage. Les quelques taches de diction qu'on y peut surprendre seraient aussi aisées à enlever que des grains de poussière sur le feuillage verdoyant qui entoure la mare.

Les livres suivants du *Presbytère*, qui, à cause de leur

---

(1) Réguis, curé dans le diocèse d'Auxerre et ensuite dans celui de Gap, à une époque peu éloignée de la révolution française. Son nom manque dans toutes nos biographies; il n'est connu que des protestants. Pour l'énergie et l'onction, il a des parties du grand orateur chrétien. On a réimprimé ses discours en deux volumes (in-8°, Genève, 1829), sous le titre de *la Voix du Pasteur;* mais, pour les mieux accommoder à l'édification des fidèles réformés, on en a souvent modifié le texte.

spécialité et de leur dimension, ne sauraient s'adresser au gros des lecteurs d'ici, ne gardent pas moins, pour nous autres critiques, un intérêt prolongé et un mérite d'art auquel M. Topffer ne s'était jamais élevé jusque-là. Charles, une fois à Genève, placé dans la maison de M. le pasteur Dervey, où il poursuit ses études, correspond avec Louise, avec M. Prévère, avec le chantre Reybaz. Ceux-ci lui répondent ; les lettres de Louise surtout sont fort jolies et d'une piquante finesse. Un certain Champin, portier de la maison où demeure Charles, renoue avec Reybaz qu'il a connu autrefois, et devient bientôt le mauvais génie du roman. Ce Champin est une figure toute locale, comme qui dirait un ancien *jacobin* de Genève ; moyennant les lettres qu'il lui prête, l'auteur a cherché à représenter le vieil idiome populaire de la cité et de la rue dans tout son caractère, tandis que, par les lettres de Reybaz, il a voulu exprimer la langue des anciens de village, dans les cantons retirés où se conserve un français plus vieilli que celui des villes et plus coloré quelquefois. « Ce serait, dit-il de cette dernière, ma langue naturelle, si on se choisissait sa langue. » Sous cette histoire développée des deux fiancés, il y a donc une étude approfondie de style, si je l'osais dire, tout comme dans *les Fiancés* de Manzoni, auxquels l'auteur a dû plus d'une fois penser ; mais c'est le style genevois, tant municipal que rural, qui s'y trouve expressément reproduit dans toutes ses nuances, et cela circonscrit le succès. Il me semble pourtant, dût la proposition d'abord étonner un peu, que, maintenant que l'Académie française entreprend un Dictionnaire *historique* de la langue, ce dépôt de vieux parler cantonnal, rassemblé dans *le Presbytère*, pourrait devenir un des fonds à consulter ; on en tirerait à coup sûr des remarques utiles sur la fortune et les aventures de certains mots. — Parmi les observations plus ou moins sérieuses que Charles transmet à Louise à travers l'effusion de ses sentiments, il en est qui touchent à des personnages historiques, célèbres dans le pays ; je noterai le dîner chez M. Étienne Dumont (lettre LIX).

L'intégrité de vénération qui s'attache encore aux hommes méritants de ces contrées, et qui lie les générations les unes aux autres, s'y peint avec de bien profondes et pures couleurs. En lisant ces pages véridiques et me souvenant des objets, je comparais involontairement avec nous. Cela, me disais-je, ne peut se passer, se maintenir de la sorte que dans un ordre de société où cette rapidité dévorante ou futile, cette banalité qu'on appelle la mode ou la gloire, n'a pas flétri et usé les vertus. Ici, aussitôt parvenu à de certaines positions, on fait trop vite le tour de l'espèce; on la connaît trop par tous ses vilains côtés; on ne croit plus en elle, à moins d'avoir un fonds incurable d'illusion ou une intrépidité voulue d'optimisme. La plupart des hommes célèbres en France, s'ils n'y prennent garde, meurent au moral, dans un véritable état de dilapidation, j'allais dire pis. Là-bas, les choses ont gardé leur proportion encore; les bons côtés ne sont pas trop entamés; la discrétion, le respect de soi-même et des autres, une certaine lenteur à vivre, subsistent et conservent. On peut s'y croire à l'étroit par moments, et trouver que le théâtre ne suffit pas; mais combien cette impression de gêne et à la fois de ressort est préférable à la lassitude des âmes qui sentent qu'elles ne suffisent pas elles-mêmes à leur théâtre et qu'elles s'y dissipent à tous les vents!

 J'avais pensé à détacher et à citer encore, pour finir, deux lettres du *Presbytère*, à mon gré délicieuses (VIII et IX), l'une de Charles, l'autre de Louise. Ils se racontent leurs impressions, chacun de leur côté, durant un orage. Que fait Louise à la cure dans ce moment même et sous ces nuages de grêle qui s'amassent? se demandait Charles, une après-midi, accoudé à la fenêtre; et il s'amuse à le supposer et à le décrire. Louise, en réponse, lui raconte ce qu'elle faisait réellement, et où l'orage les a surpris. Différence et concordance gracieuse! Charles, en devinant, s'est trompé, mais de peu; il s'est trompé sur les incidents, non pas sur les sentiments. Puis l'impression de sourire tourne bientôt au sérieux, lorsque, dans une prochaine lettre du chantre, on voit que cet orage, qui n'a servi qu'à nourrir la rêverie des amants, a haché les grains, foudroyé un clocher, tué peut-être un sonneur; on est ramené au côté prosaïque de la vie. Mais je ne fais qu'indiquer ces passages, tout charmants qu'ils sont, pour ne pas tomber moi-même dans l'inconvénient de prolonger. Je renvoie aussi au livre pour le dénoûment final de l'histoire, lequel est trop triste et, à partir d'un certain moment, trop prévu.

En achevant cette lecture d'un auteur chez qui la littérature est née tout entière des habitudes morales et du foyer de la vie, est-ce une conclusion purement critique que je suis tenté d'y rattacher?. Irai-je représenter à M. Topffer qu'ayant une fois atteint à l'art, il lui faut tâcher désormais de s'y tenir; que l'inconvénient et la pente pour tout artiste, en avançant, est de se lâcher, surtout quand on manque d'une scène, d'un public sans cesse éveillé et jaloux; qu'il n'est déjà plus dans ce cas lui-même, et que, sans trop retrancher à ses plaisirs, il doit songer pourtant qu'il a contribué aux nôtres, et que l'œil est sur lui? Oh! non pas; je laisse au *bourgeon*, comme il l'appelle, le soin de lui dire toutes ces choses, de lui en suggérer beaucoup d'autres; et bien plutôt, pour mon propre compte, je revois en idée les lieux, les doux coins de terre tranquilles qui se peignent dans ses écrits; il reste, à qui une fois les a bien connus, un regret de n'y pas toujours vivre. On se demande ce qui y manquerait en effet, à portée de l'amitié discrète, au sein de l'étude suivie, en face de la nature variée et permanente. Il y manquerait bien sans doute de certains petits coins de faubourg, qu'on peut croire, sans flatterie, les plus polis et les mieux éclairés du monde. Mais quoi? dans cette vie, y aurait-il lieu vraiment à la moindre rouille pour l'esprit, pour le goût? Serait-ce jamais le cas au mot de Cicéron du fond de sa Cilicie : *Urbem, urbem, mi Rufe, cole, et in istá luce vive?* Un peu d'accent peut-être, à la longue, à la fin, marquerait la parole,—un peu d'accent tout au plus, et que nul n'apercevrait. Et qu'importe, si on avait le fond, si on était heureux et sage, si les dissipations de l'âme s'amortissaient? Et je me rappelais ces vers sentis qu'une muse du Léman adressait au noble poëte Mickiewicz, lorsqu'hier la France le disputait à l'humble canton qui n'avait pas désespéré de le garder :

>Dans nos vergers, tout devient rêverie,
>Vague bonheur que l'on garde à genoux,
>Frais souvenir, souci de bergerie,
>Clos d'une haie ainsi que la prairie;
>Plaisirs du cœur que le cœur seul varie;...
> Consolez-vous !

Il a été fort question d'idylle en tout ceci : nous ne pouvions mieux la clore.

15 mars 1841.

(Depuis que nous tracions ce rêve d'idylle, la réalité, comme il arrive trop souvent, a cessé d'y répondre; toute une partie des rivages de ce beau Léman a été troublée; notre cher Canton de Vaud surtout s'est vu le théâtre d'une révolution sans but (février 1845) qui a fait prévaloir les instincts brutaux et grossiers. Ce sauvage Cyclope dont parle Jean-Paul, et qui habite toujours au fond du cœur de l'homme, est sorti brusquement de son antre, et il a tout ravagé.... *fontibus aprum*. O vous qui êtes sage, ne mettez nulle part votre idéal de bonheur sur cette terre, ou, si vous le mettez, ne le dites pas!)
— M. Rodolphe Topffer est mort à Genève, le 8 juin 1846, à l'âge de 47 ans.

M. BRIZEUX.

1841.

(Les Ternaires, livre lyrique.)

Tout le monde est plus ou moins poëte à un certain âge de la vie; mais, indépendamment de cette poésie de jeunesse et de quinze ans, de cette poésie *du diable*, comme l'appelle M. Saint-Marc Girardin, il y a des individus poëtes, et qui ne sont que cela. J'en sais, dans ce temps-ci, un assez grand nombre, de distingués et même d'assez ordinaires, simples majors ou caporaux déjà vieillis dans le régiment dont ils ne seront jamais colonels. Que leur importe? ils aiment le drapeau, ils aiment la chose poétique en elle-même, et ils ont raison de l'aimer, car elle leur a souvent porté bonheur. Si ces hommes, je parle des plus ordinaires, se hasardent à la prose, au roman, à l'histoire, à l'éloge académique, que sais-je? ils ne feront pas mal peut-être, mais ce ne sera jamais bien complet ni bien distingué, ce sera manqué par quelque endroit, tandis que, dans leurs vers de tous les jours, dans ces pièces sans prétention qu'ils jettent au gré de leur secrète fantaisie, il peut arriver qu'à tel moment ils atteignent à une note exquise, à quelque chose de pénétrant, à quelque chose de tout à fait bien, et qui mérite de vivre. Un excellent critique a déjà noté la singularité de ces heureux hasards, et en a touché la raison. Ayant à parler d'un recueil de poésies choisies, d'une Anthologie française, M. Vinet disait : « Tout le monde est-il comme moi? J'ai regret à tout ce que le passé garde dans ses abîmes; je voudrais qu'il nous restât tout entier. J'ai regret, non-seulement aux monuments qui croulent, mais aux pensées qui s'évanouissent, aux voix qui meurent dans leur premier écho. J'ai regret surtout aux pensées poétiques; les autres se retrouvent, se renouvellent; l'une remplace l'autre : la pensée poétique, seule, ne se remplace point. On peut faire mieux, on peut faire autrement; on ne remplace pas plus une pensée poétique qu'on ne remplace une âme : chaque création de ce genre, pour autant qu'elle est poétique, est unique et irréparable; ce qui a été dit par un poëte, un autre ne le redira pas. »

De nos jours, où toutes les vocations sont remuées et où tous les numéros, même incomplets, ont chance de sortir, combien ne savons-nous pas de ces âmes poétiques qui essayent de s'exprimer partout où elles sont, en province, dans le fond d'un bureau, au creux d'une vallée, au bord de leur nid enfin, et cela sans trop de manie d'imitation, sans trop de rêve de gloire, mais pour se satisfaire humblement et se suffire! On ferait une Anthologie charmante de tout ce qui échappe d'excellent à l'un ou à l'autre en tel jour de sa vie, et dont le public, non plus que l'auteur en son pêle-mêle, ne se doute pas.

Mais à mesure que, dans ce bataillon des poëtes qui ne sont, ne peuvent ou ne veulent être que cela, on s'élève et on arrive à l'élite, à la vraie distinction, à l'état-major, il est bien difficile qu'on rencontre toujours d'obstinés et purs poëtes. A un certain degré d'élévation, en effet, l'esprit s'applique à tout; dans le champ de comparaison qu'il embrasse, il est sollicité en bien des sens. Et tout d'abord pourquoi le berger ne deviendrait-il pas ministre?

   Il avait du bon sens, le reste vient ensuite,

a dit La Fontaine; et beaucoup de nos ambitieux se le sont répété un peu plus hardiment. Chateaubriand, Dante, les grands exemples anciens ou récents, républicains ou monarchiques, ne manquent pas. De nos jours, avec tous ces souffles en l'air, la tentation est inévitable. Et puis, à côté de la noble et légitime ambition, la nécessité s'en mêle : il faut vivre, il faut se soutenir, et la muse seule n'y suffit pas. Par toutes les pentes, on revient ainsi à la prose. Aussi je ne crains pas de dire qu'il faut une très-grande force de volonté aujourd'hui pour rester simple poëte, même quand on est poëte évidemment.

En voici un enfin, qui a tenu bon, qui a résisté sans fléchir. Nature fine et forte, il s'est de bonne heure proposé son but, et n'en a pas dévié un seul jour. Fidèle au corps d'élite de la poésie, M. Brizeux me fait l'effet de ces officiers supérieurs dans une arme spéciale, savante, qui, voués au noble génie de leur art, s'y tiennent, sans vouloir jamais d'avancement ailleurs.

Le vivre plus facile, la popularité courante, au prix de son art chéri, au prix d'une seule des perles de son loisir, il n'en a pas voulu. C'est là un trait de caractère. Nul doute qu'il n'eût pu, en se lâchant un peu, en s'assujettissant aussi, prétendre à ces succès plus ou moins faciles, mais où la distinction, après tout, ne nuit jamais. Il n'a pu s'y résoudre ; le mieux, un certain idéal posait devant ses regards et ne lui laissait pas de trêve. Voyez-le écrire en prose, dans les très-rares morceaux où il s'y est vu obligé, dans quelque préface concise et comme furtive : il n'écrit pas véritablement, il court, il fuit. Sa plume appuie le moins possible ; il semble sur des charbons ardents ; il y va comme un pied fin sur des pavés mouillés.

Il lui faut le vers, il lui faut la ceinture ; sa pensée veut marcher enveloppée du rhythme et de la cadence. Talent bien énergique dans sa délicatesse, il a sauvé sa veine du grand mélange ; il n'a pas noyé dans des flots d'encre sa poudre d'or. Plus d'une fois, quand les génies régnants, trop généreux, brassaient autour de nous leur poésie à pleine cuve, lui, avec dédain et en silence, sortait, emportant toute la sienne dans sa bague.

La bague secrète a fini par rendre, non pas le poison,

mais les essences et les senteurs. Cette renommée particulière du poëte a comme insensiblement transpiré. Sans bruit, sans aucun renfort d'auxiliaires, M. Brizeux s'est fait sa place à part dans le groupe des maîtres-chanteurs du temps. Nous l'y trouvons aujourd'hui tout porté, et n'avons qu'à l'y reconnaître.

Il remonte par ses premières origines au mouvement de 1828, quoiqu'il se soit détaché un peu plus tard. Parmi les poëtes les plus en vue d'alors, il est juste de noter ses affinités d'abord décelées pour l'élégante et chaste manière de la muse d'*Éloa*. L'idéal devint de bonne heure la préoccupation, le culte de M. Brizeux. Sa sensibilité vive, mais plutôt rapide et pressée qu'épanchée, ne souffrait pas de se révéler à nu, de se confesser sans voile et sans figure. Il n'est pas de ceux qui, blessés du trait sacré, jettent au ciel la poussière mêlée dans leur sang, et qui versent avec clameur, comme dit Ballanche, leurs entrailles sur la terre. Pur avant tout, discret, revêtu, la décence régla même ses premières plaintes.

Marie, qui parut en 1831, à travers la tourmente politique, annonça aux rares lecteurs attentifs ces qualités de cœur et d'art ménagées dans toute leur grâce. Deux éditions ont suivi, dans lesquelles l'auteur a fait plusieurs changements curieux; car cette *Marie*, on peut le dire, a été pour le poëte comme une jeune fille que la mère retient longtemps entre ses genoux, en la peignant amoureusement. Deux ou trois joyaux ont été changés successivement de place, ont été essayés, puis supprimés. Enfin, telle que nous l'avons aujourd'hui (1), elle me semble la perfection même.

Marie, je le dirai pour le petit nombre de ceux qui l'ignorent, est une jeune paysanne bretonne, que le poëte a aimée autrefois, dans son enfance, de cet amour de douze ans, le plus vrai, le seul vrai peut-être, puis qu'il a per-

(1) Troisième édition, chez Masgana. On a pu lire ce que nous disions des deux premières (article sur Alfred de Musset, tome Ier, page 401 des présents volumes).

due de vue et qui s'est mariée dans le pays. Lui, de loin, il y repense, il remonte par elle le courant des fraîches années, il lui adresse ses pudiques retours et ses vœux. Cela composait un certain nombre d'élégies, entre lesquelles étaient jetées d'autres pièces sur d'autres sujets, mais qui ne détonnaient pas.

Dans la première édition pourtant, l'arrangement était moins sévère; les déviations pouvaient sembler plus fréquentes; l'ensemble du livre portait moins uniquement le cachet distinctif de la Bretagne. Mais en même temps l'auteur, sur quelques détails de forme, affectait de se séparer: par exemple, il appelait *roman* ce volume qui n'était qu'un recueil de pièces détachées; il intitulait dix vers alexandrins *chanson*. C'était là peut-être, en cette œuvre modeste et charmante, la seule trace d'école, de cette école qu'il fuyait.

Dans la seconde édition, le caractère breton prit le dessus, mais d'une façon un peu affichée. Tous les noms de bourgs, de fleuves et de montagnes, qui d'abord s'étaient écrits à la française, revêtirent l'orthographe celtique, et purent paraître bizarres, d'harmonieux qu'ils étaient. C'est que dans l'intervalle l'auteur, comprenant quel parti il y avait poétiquement à tirer de cette contrée bretonne où un simple retour de cœur l'avait porté au début, s'y était enfoncé avec une sorte d'amour sauvage et d'ivresse impétueuse. Je crois le lui avoir dit souvent alors: lui, né pour Rome et pour Athènes, voyant les barbares déborder et les meilleurs se corrompre, il se réfugiait dans son Armorique et s'y cantonnait, s'y armait jusqu'aux dents, comme Sertorius en son Espagne. Mais ce n'était là qu'une phase.

Une part plus juste se fit bientôt avec le temps. Pour ses compatriotes mêmes de Léon et de Cornouailles, il écrivit des chansons dans le plus pur du dialecte local; il conçut et il est en train de composer pour nous tous son poëme des *Bretons*. Il vient de nous donner, en attendant, ses souvenirs de la Méditerranée et d'Italie. *Marie* enfin, dans sa troisième forme, n'a plus qu'à rester comme cela, sans une épingle de plus ni de moins, et à vivre.

Marie est le livre poétique le plus virginal de notre temps, c'est même le seul véritablement tel, que je connaisse. Aux jeunes filles, quel autre à donner, je vous prie ? Si elles s'appellent Marie, il leur revient de droit avec un bouquet de fleurs blanches. J'en ai vu un exemplaire aux mains de deux charmantes sœurs à qui on l'avait envoyé parce qu'elles avaient un chagrin ce jour-là, et il y était écrit pour épigraphe ces deux vers :

> Lire des vers touchants, les lire d'un cœur pur,
> C'est prier, c'est pleurer, et le mal est moins dur.

Le Bonheur domestique, *la Chaîne d'or*, l'élégie du conscrit Daniel qui vient à Paris, et j'en pourrais citer bien d'autres, unissent à une forme parfaite et limpide une sensibilité douce, élevée, saine, qui émeut sans troubler, et qui fait mieux luire le ciel dans une larme.

Le joli volume, avec ses élégies à la pauvre villageoise qui reviennent à des intervalles et comme à des nœuds égaux, avec les autres pièces noblement calmes et unies qui y sont entremêlées, me paraît exactement comparable à cette houlette pastorale dont il est dit dans l'églogue,

> Formosum paribus nodis atque ære, Menalca ;
> De nœuds égaux formé, garni d'un bout de fer.

Ce bout de fer, ce sont les accents aussi, parfois éclatants et résonnants, qui n'y manquent pas.

On respire comme un parfum antique dans cette poésie ingénieusement simple, qui se dit née aux landes sauvages. Les Bretons, selon quelques traditions de lieu, prétendent être venus de la Corne d'or, du *Pays de l'été*, où fut plus tard Byzance. Au moins, le Breton raffiné a-t-il des familiarités très-promptes avec la Grèce. Chateaubriand, le grand barde, est celui qui, en y mettant le pied, a le mieux compris l'Attique, et qui l'a décrite, comme au lendemain de Sophocle, en traits immortels. M. Brizeux a dérobé une abeille à Moschus.

Les trois pays devenus classiques de l'idylle sont la Suisse, la Sicile, l'Ile-de-France ; la Bretagne ne l'est que par accidents. Le poëte a dû trouver souvent son champ un peu raboteux et pierreux ; il n'en conviendra pas ; on s'aperçoit toutefois que le troupeau de brebis, là-bas, est noir et maigre ; l'aspect se relève par un fond de verdure et de puissance :

> O terre de granit, recouverte de chênes !

Si ces eaux de l'Ellé et du Scorf n'ont pas plus de courant en été, descendez dans ce lit embaumé d'herbes hautes à forte senteur : il y a le genêt à fleur d'or.

Sous un air de gentillesse parfois adolescente et de pure grâce, ce volume de *Marie* annonçait donc une qualité très-certaine de force et de nerf. On pouvait, à le parcourir à la légère ou sans l'esprit de critique, n'y voir que le joli groupe des chèvres et de la bergère, mais il y avait le chien de garde incorruptible. J'ai souvent pensé à ce qu'il faut ainsi de force réelle, de force contenue et bien apprise, pour atteindre à une grâce nette, souple, déliée, à un tour découpé et décisif. M. Brizeux me fournit lui-même l'image en me rappelant, d'après Walter Scott, cette espèce de joute entre Saladin et le roi Richard. Celui-ci, pour donner échantillon de sa vigueur, lève de sa large main son immense épée à double garde dont la lame droite lui allait presque jusqu'à l'épaule, et il pourfend d'un seul coup une grosse barre de fer qui s'est trouvée là sous ses yeux. Mais Saladin, grêle et fin, et faisant déjà le vaincu, n'a pris qu'un coussin de soie rempli de duvet, et a demandé à Richard si avec sa grande épée il le pourrait pourfendre :
— Non, certainement, répondit le roi ; nulle épée, fût-ce l'Excalibar du roi Arthur, ne pourrait fendre ce qui n'oppose aucune résistance. — Et lui, Saladin, d'un coup habile de son cimeterre qui ressemble à une faucille dorée, a déjà divisé le coussin sans presque faire semblant.

L'image est parfaite pour exprimer le genre de nerf, la vigueur ménagée et choisie, et un peu coquette de simplicité, dont souvent M. Brizeux fait preuve. Sa force, en quelque sorte, est brève. Elle tient encore, si je l'ose dire, de celle de la chèvre (1), qui, après avoir bondi d'un saut abrupt, tout d'un coup, au lieu de courir, tourne court au bord du précipice et s'y tient pendante avec hardiesse dans un arrêt net et élégant : de l'autre côté du ravin le promeneur indécis ne sait d'abord si c'est un jeu du rocher, et admire.

Cette espèce de force qui s'était marquée dès les gracieux débuts de M. Brizeux, et qui, chaque jour, s'accentue davantage, est d'un heureux augure pour son poëme des *Bretons*, dont la composition l'occupe depuis longtemps. Qu'il s'y livre désormais tout entier; mais maintenant, assuré qu'il est de toutes ses épreuves et confiant à bon droit en sa trempe, il n'a plus peut-être à tant combiner ses coups, à tant se jouer dans les raccourcis. En cette arène épique, de quelque façon qu'il se la trace, nous voudrions le voir prendre fréquemment et couramment tout son champ, le voir s'accorder tout entrain et pleine ouverture (2).

Les Ternaires, livre lyrique, sont un savant et ferme prélude, un de ces recueils qui, différents en cela de *Marie*, s'adressent aux artistes encore plus qu'au public, et qui font surtout le régal et l'étude de quelques-uns.

Pourquoi ce titre de *Ternaires?* C'est l'endroit le plus contestable. Évidemment l'auteur était en quête d'un titre; j'en aurais mieux aimé un plus simple, le premier trouvé. Mais une certaine réflexion idéale qui est propre à M. Bri-

---

(1) Il a dit lui-même dans sa pièce *à la Mémoire de George Farcy :*

Un soir, en nous parlant de Naple et de ses grèves,
Beaux pays enchantés où se plaisaient tes rêves,
Ta bouche eut un instant la douceur de Platon :
Tes amis souriaient, lorsque, changeant de ton,
Tu devins brusque et sombre, et te mordis la lèvre,
Fantasque, impatient, rétif comme la chèvre!

(2) Ce poëme a paru depuis, et il justifie la meilleure part de nos vœux et de nos espérances. (Voir l'appréciation qu'en a faite M. Magnin dans la *Revue des Deux Mondes* du 1er août 1845.)

zeux, une sorte d'aspiration philosophique que le commerce récent de Dante n'a pu que fortifier (1), lui a fait considérer ces chants de sa maturité comme un troisième temps dans sa vie. Il s'est supposé plus vieux qu'il ne l'est, revenu à son point de départ après l'âge des excursions, mais revenu avec l'expérience acquise. Cette idée des *trois pas* essentiels dans la vie revient très-ingénieusement de distance en distance, trop ingénieusement même. Il ne s'est pas contenté de saisir cet aperçu à l'état moral, il l'a voulu suivre sous forme théologique : il a chanté le sacré *triangle*, c'est trop. On remonterait ainsi tout droit aux Alexandrins. Dans le rhythme, il a introduit une forme de tercet, à lui particulière, afin qu'il y eût, jusqu'au courant du flot, une réverbération et un reflet du chiffre mystérieux. Ceci est plus piquant. La forme du tercet, tel qu'il l'a pratiqué dans le *Livre des Conseils*, s'adapte très-bien d'ailleurs à la poésie gnomique, et il a eu le soin encore d'y trouver une autorité locale dans quelque forme analogue des anciens bardes. Ce sont là de ces fantaisies de poëte et d'artiste qu'il ne faut pas trop chicaner. Le plus réel inconvénient du titre abstrait, et de ce qui s'ensuit, c'est de rendre le bord du vase moins accessible pour bien des lèvres délicates et féminines.

Les Ternaires appartiennent assez véritablement par leur caractère à une troisième époque de la vie intérieure du poëte. Voici comment en effet je conçois la marche du talent, et on la pourrait vérifier dans la plupart des écrivains de nos jours. On commence par une sorte d'abandon, de vivacité et d'ardeur plus ou moins mêlée d'inexpérience, mais rachetée par bien des qualités primitives. Puis, si le talent est réel, s'il a de l'avenir, il ne s'en tient pas au coup d'essai, il récidive. A ce second temps, à cette seconde saison, il a gardé encore de la fraîcheur et de la facilité des inspirations premières, mais elles ont acquis plus de déve-

---

(1) Traduction de *la Divine Comédie*, par Brizeux, bibliothèque Charpentier.

loppement, de fermeté, la pleine maturité déjà : c'est le lucide moment, la nuance épanouie. Enfin, en achevant de mûrir, le talent arrive à d'heureux résultats encore, plus approfondis peut-être, plus concentrés ; mais désormais un certain rayon qui se joue et la fraîcheur du premier duvet ont disparu. Les productions des poëtes ne tombent pas toujours sans doute dans l'une ou l'autre de ces exactes saisons ; pourtant une teinte générale domine. Dans *les Ternaires*, à travers bien des rayons et des élans, d'ordinaire une poésie virile se fortifie et se complique d'une pensée consommée.

Le trait vraiment original du recueil me paraît être (qu'on me passe le terme) au *point d'intersection*, dans l'âme du poëte, de ses souvenirs de Bretagne et d'Italie. M. Brizeux, dès les années qui suivirent la publication de *Marie*, visita beaucoup *ce pays de force et de grâce*, comme il l'appelle ; il le visita d'abord en compagnie de son ami M. Auguste Barbier, puis seul à diverses reprises, non plus passant, mais séjournant ; il y a fait toutes les saisons. Par moments sa Bretagne lointaine lui échappait, la courtoisie florentine l'avait conquis, il allait oublier son Ithaque ; mais tout d'un coup un costume, un son d'instrument, un écho, venait réveiller son vieux culte et croiser ses amours. Il a exprimé au naturel ces brusques revirements dans les deux couplets qu'il intitule *les Dissonances :*

> Un soleil si chaud brûla ma figure,
> J'ai dû tant changer à tant voyager,
> Que d'un franc Romain je me crois l'allure ;
> Mais un vigneron à brune encolure
> Me dit en passant : Bonjour, étranger !
>
> Pétrarque à la main (roi des élégances),
> J'arrondis mon style et me crois Toscan :
> Le ton primitif se fond en nuances ;
> Mais soudain ma voix part en dissonances...
> Oh ! je suis un fils du barde Guiclan(1) !

(1) Barde du ve siècle.

Dans les *Chants alternés*, dans *les Cornemuses*, dans la pièce *à saint Mauto ou Malo*, le même croisement de sentiments et d'images se produit avec bonheur. Dans *les Cornemuses* par exemple, c'est un pauvre enfant italien qui va jouant de la *piva*; il va de maison en maison, et personne ne l'écoute. Mais le Breton aussitôt a reconnu le son de l'instrument pareil au *corn-boud* national, et il a tressailli : c'est son ranz des vaches. Il fait jouer plus d'un air à l'enfant, et toute son Armorique lui repasse à l'horizon, jeune fille, Océan, blanche fée ; et, complétant sa pensée dans l'avenir, il ajoute :

> Un jour, si le *corn-boud* chante aux brouillards d'Arvor,
> Je dirai : Levez-vous devant moi, pays d'or !
> Et la rouge Sabine et l'Italie entière
> Éblouiront mes yeux avides de lumière.

Voilà de ces redoublements de nature autant que d'art, et qui remplissent à la fois la fantaisie et le cœur.

Un autre jour, le poëte, errant dans Rome, vient à découvrir qu'une église y est dédiée au pauvre évêque breton, à Malo, sous le nom italien de saint Mauto, et dès ce moment, pendant bien des journées, il ne pense plus qu'à son patron chéri; si Saint-Pierre est, un soir, illuminé en l'honneur de quelque saint inconnu, il se dit que c'est pour le sien; et, tout fier d'avoir signalé la basilique cachée, il s'écrie :

> Patron des voyageurs, les fils de ton rivage,
> Venus à ce milieu de l'univers chrétien,
> Connaîtront désormais ton nom italien,
> Et tu seras un but dans leur pèlerinage.
> Les plus tendres de cœur à Rome apporteront
> Quelques fleurs des landiers pour réjouir ton front :
> Mais là-bas, près des mers, sous ta sombre chapelle,
> Fête-les au retour, bon Saint, et souris-leur
> Quand sur ton humble autel ils mettront une fleur
>   De la Ville éternelle.

La *Lettre à un Chanteur de Tréguier*, écrite sur le chemin de Rome, est une des excellentes pièces du volume. Il paraît que les poésies en langue celtique que M. Brizeux a composées, et qu'on chante dans le pays, avaient été quelque peu falsifiées et remaniées : c'est le sort de toute poésie populaire. Mais notre poëte, qui est au fond très-civilisé et très-probablement de la postérité de Callimaque et d'Horace, ayant appris le méfait, s'en fâcha, et écrivit de belle encre cette charmante lettre au chanteur du cru, pour le féliciter à la fois et le tancer, pour le remettre au pas et lui donner des conseils. Je ne puis que citer la pièce tout entière, parfaite de style, de ton et de pensée :

LETTRE A UN CHANTEUR DE TRÉGUIER.

Comme je voyageais sur le chemin de Rome,
Iannic Còz, une lettre arrivait jusqu'à moi ;
    On y parle de vous, brave homme,
Des chanteurs de Tréguier vous le chef et le roi.

« Grâce à Jean, disait-on, sans tes vers point de fête.
Aux luttes, il les chante ; il les chante aux Pardons ;
    Et le tisserand les répète,
En poussant sa navette entre tous ses cordons.

Mon Sonneur les sait mieux que matines et laudes ;
Pour Iannic le chanteur, ce malin Trégorrois,
    Il t'a dû bien des crêpes chaudes,
Bien du cidre nouveau pour rafraîchir sa voix. »

Voilà ce qu'on m'écrit, et j'ai tressailli d'aise :
A moi le bruit, à vous le cidre jusqu'au bord ;
    Sur un seul point, ne vous déplaise,
Beau chanteur, mon ami, nous serons peu d'accord.

Certain libraire intrus sous sa presse maudite
A repétri pour vous et travaillé mon grain ;
    Mon cœur de barde s'en irrite ;
Moi-même dans le four j'aime à mettre mon pain.

Mangez-le. De grand cœur, ami, je vous le donne ;
Mais gardez, en l'offrant, d'y jeter votre sel ;
    Assez pour la table bretonne
Mêlent au pur froment un levain criminel.

Si quelque nain méchant fendait votre bombarde,
Faussait l'anche, ou mettait du sable dans les trous,
    Vous cririez ! — Ainsi fait le barde.
Le juge peut m'entendre : Ami, le savez-vous ?

Pourtant je veux la paix. — Pour les jours qui vont suivre
Ce triste hiver, voici ma nouvelle chanson :
    Que vos sacs se gonflent de cuivre ;
Bien repu, chaque soir, rentrez à la maison.

Des forêts à la mer poursuivez votre quête ;
Qu'on redise après vous *les Conscrits de Plô-Meûr* ;
    Ne chantez pas à pleine tête ;
Faites pleurer les yeux et soupirer le cœur.

L'espèce d'hymne intitulée *l'Aleatico*, dans laquelle le barde, comme enivré de ce vin exquis, s'écrie avec délire que, s'il était le grand-duc, il en boirait dans un grand vase étrusque, me paraît exprimer assez bien la qualité de ce recueil même, l'effet sobre et chaud de plus d'une pièce savante : deux doigts de bon vin cuit dans un grand vase ciselé. On a fini, et l'on en voudrait encore ; il est vrai que, s'il y en avait davantage, on en demanderait toujours plus.

L'inspiration bretonne, même là où elle est le plus présente, ne communique à la poésie de M. Brizeux aucun des caractères qu'on est accoutumé à attribuer aux muses du Nord. Partout chez lui le contour est arrêté, la ligne définie. Le poëte se considère comme un Breton venu du Midi et qui y retourne. Il a même le Nord en aversion ; il en écraserait la fleur sous ses pieds ; dans deux jolis couplets à M. Marmier, il exhale tout son dédain de la mélancolie. Qu'il y ait là une injustice envers de riches et frais trésors, envers tant de vives sources et d'ombrages, sacrés aussi, de la Souabe, nul doute ; mais le poëte eut toujours le privilége d'être exclusif, et ici le barde, petit-fils de Guîclan et de Brennus, s'est enivré de soleil (1).

(1) Dans le style, dans celui de M. Brizeux, et (je m'en aperçois) dans le mien en parlant de lui, la façon brève s'est marquée et se marque fréquemment par certains tours qui ne laissent pas d'avoir

Tout cependant n'est pas breton ou toscan dans ce volume. La pièce du *Vieux Collége* nous raconte un touchant retour en quelque ville de Flandre (Arras ou Douai), où le poëte fut élevé, et qu'il n'avait pas revue depuis longtemps. Comme Gray visitant son ancien collége d'Éton, il veut revisiter aussi les murs où se passa son enfance. Il entre : le portier est le même et lui fait fête; mais qu'est-ce? tout d'ailleurs a changé; le collége est devenu un hôpital. On devine le contraste. Ce cadre heureux fourni par la réalité, le poëte l'a simplement et largement rempli; il est ici dans sa première manière et s'abandonne avec moins d'art à une sensibilité plus facile et plus courante.

Jacques est une belle idée : un pauvre homme du peuple, un maçon qu'on a vu le matin quitter sa femme et son enfant, tombe, ou plutôt se précipite du haut d'un toit, victime d'un dévouement héroïque. M. Brizeux, sensible à ce trait qui passait inaperçu, l'a voulu consacrer. Sa poésie est ainsi toute pleine de bons sentiments qu'il propose, d'idées et de visées qui ennoblissent, d'images qui observent l'austère beauté. S'il nomme souvent l'idéal dans ses vers, il ne fait pas comme plusieurs pour qui ce n'est qu'un grand mot : il n'y déroge jamais. A une nature ardente et passionnée il unit des tons purs. On sent parfois le coursier sous le frein; quelque chose frémit, et c'est mieux. Quel plus délicat et plus profitable avis que celui-ci qu'il adresse sous ce titre :

A PLUS D'UN.

Dans ton intérêt ne te corromps pas.
Ta jeunesse aima les plus belles choses :

leur inconvénient, eu égard à la fluidité. Voltaire écrivant à l'abbé d'Olivet disait : « Je vous demande en grâce, à vous et aux vôtres, de ne vous jamais servir de cette phrase : *nul style, nul goût dans la plupart*, sans y daigner mettre un verbe. Cette licence n'est pardonnable que dans la rapidité de la passion..., mais dans un discours médité, cet étranglement me révolte. » Même en vers et dans le sentiment vif, il ne faut pas abuser de l'*étranglement*.

L'art, la liberté, fleurs au ciel écloses !
Épargne ces fleurs tombant sous tes pas.

Obscurci longtemps par une colline,
Ton astre rayonne et prend son essor,
Hélas ! dirons-nous devant l'astre d'or :
L'esprit monte au ciel et l'âme décline.

Dans ton intérêt ne te corromps pas.
Ta jeunesse aima les plus belles choses...

Pour nous à qui, des choses premières, la poésie est peut-être la seule qui n'ait pas fait faute, au moins comme affection, il nous eût coûté de laisser passer ce recueil de M. Brizeux sans en signaler le prix. Nous aurions encore çà et là plus d'une remarque à y faire ; mais l'essentiel est dit, et les points sont touchés auxquels nous tenions. Plus d'une goutte généreuse demeure en réserve, comme il convient, au fond de l'amphore. Et cette poésie-là n'est pas moins à savourer en avançant, que celle des matinées adolescentes, qui se puisait au hasard du courant, dans le creux de la main.

1er septembre 1841.

LOYSON. — POLONIUS. — DE LOY.

La série entreprise, il y a quelques années, dans cette *Revue* (1), un peu au hasard d'abord et sans un si grand dessein, est arrivée à compter déjà bien des noms. Les principaux et les plus fins de la littérature moderne y ont passé ; très-peu d'essentiels y manquent encore, et nous n'allons bientôt plus avoir qu'à nous tenir au courant des nouveaux-venus et des chefs-d'œuvre quotidiens qui pourront surgir ; nous aurons épuisé tout ce passé d'hier auquel nous nous sommes montré si attentif et si fidèle. Il y a des personnes d'une susceptibilité extrême (*genus irritabile*) à qui il semble que la *Revue* a été ingrate pour les poëtes. *Ingrate !* mais y pense-t-on ? une telle idée est-elle raisonnable vraiment ? Et qui donc s'est plus appliqué que nous à les reconnaître, à les proclamer, à les découvrir, je ne veux pas dire à les inventer parfois ? Il est vrai qu'en fait de poëtes chacun veut être admis, chacun veut être roi,

> Tout petit prince a des ambassadeurs,
> Tout marquis veut avoir des pages,

et qu'admettre tant de noms, c'est presque paraître ingrat envers chacun. Tant de justice rendue devient quasi une injure. Qu'y faire ? Nous préparons des matériaux à l'histoire littéraire future, nous notons les émotions sincères et variées de chaque moment. Nous ne sommes d'aucune co-

(1) La *Revue des Deux Mondes*. Je laisse subsister la forme première des articles jusque dans ces points de rappel qui sont comme la liaison de la causerie.

terie, et, s'il nous arrive d'en traverser à la rencontre, nous n'y restons pas. Plusieurs romanciers pourtant auraient droit encore de réclamer contre nos lenteurs; leur tour viendra. Un coup-d'œil général en rassemblerait utilement plusieurs comme assez voisins de procédé et de couleurs, et comme caractéristiques surtout des goûts du jour. Le plus célèbre, l'unique par sa position et son influence, George Sand est encore à apprécier dignement dans son ensemble. Les poëtes, eux, ont bien moins à nous demander. Mais ce serait injustice de ne pas, un jour ou l'autre, s'occuper avec quelque détail d'une des femmes poëtes les plus en renom, madame de Girardin, malgré l'apparente difficulté d'aborder, même avec toutes sortes d'hommages, un écrivain dès longtemps si armé d'esprit : ce n'est là, à le bien prendre, qu'un attrait de plus. Les frères Deschamps, nos vieux amis, sont bien faits pour contraster de profil dans un même cadre. M. Brizeux pourrait se plaindre de n'avoir pas été classé encore comme auteur de *Marie*, s'il ne semblait en train de viser à une seconde manière sur laquelle il nous trouverait téméraire de vouloir anticiper. Revenant sur les succès sérieux au théâtre durant la Restauration, un même article trouverait moyen d'atteindre M. Lebrun pour *Marie Stuart*, M. Soumet pour *Clytemnestre*, Pichald pour *Léonidas*. Mais on voit qu'après tout, nous tirons à la fin de la série, et que, sans la clore, nous n'aurons plus qu'à la tenir ouverte, l'arriéré étant tout à fait payé (1).

(1) Plusieurs des articles marqués dans ce programme ont été faits depuis soit par nous, soit par d'autres. Il en est un, celui de George Sand, que nous regrettons de n'avoir pas écrit; nous nous y mettrons peut-être un jour. — Quant à celui de madame de Girardin, tout bien considéré, nous ne nous y mettrons jamais; c'est un plaisir dont il faut nous priver, non point par crainte, mais, nous le disons tout nettement, par bon goût. Le vicomte de Launay a de telles façons délicates d'injurier, qu'on essayerait vainement de les égaler par la louange et qu'on ne peut les rendre à la belle muse qu'en se taisant. — (Je me suis dédit depuis de ce ferme propos, et j'ai parlé de madame de Girardin dans les *Causeries du Lundi* avec bien du plaisir.)

Il y a plus : on peut, en thèse générale, soupçonner qu'il ne se trouvera plus guère, dans les chemins battus par l'école moderne, de fruits immédiats à cueillir, et que, si l'on a encore à courir quelque temps ainsi, ce n'est qu'en sortant de ce qui fait déjà ornière que l'imprévu recommencera. Tout mouvement littéraire a son développement plus ou moins long, après quoi il s'épuise, languit et tourne sur lui-même, jusqu'à ce qu'une autre impulsion reprenne et mène au delà. « Percez-nous-en d'un autre, » disait madame Desloges à Voiture, à propos d'un calembour qui n'allait plus : de même en haute poésie. Deux signes sont à relever, qui montrent en général qu'une école est à bout, ou du moins qu'elle n'a plus à gagner et que ce n'est plus qu'une suite : 1° quand les chefs ne se renouvellent plus; 2° quand les disciples et les survenants en foule pratiquent presque aussi bien que les maîtres pour le détail, et que la main-d'œuvre du genre a haussé et gagné de façon à faire douter de l'art. Or, ceci s'est produit de tout temps, et particulièrement au seizième siècle comme au nôtre, dans une ressemblance frappante. Étienne Pasquier écrivait à Ronsard en 1555, six ans seulement après que Du Bellay, dans *l'Illustration de la Langue*, avait sonné la charge et prêché la croisade : « En bonne foi on ne vit jamais en la France telle foison de poëtes... Je crains qu'à la longue le peuple ne s'en lasse; mais c'est un vice qui nous est propre, que, soudain que voyons quelque chose succéder heureusement à quelqu'un, chacun veut être de sa partie sous une même promesse et imagination qu'il conçoit en soi de même succès. » Pasquier veut bien croire que *tous ces nouveaux écrivasseurs donneront tant plus de lustre aux écrits* de Ronsard, « lesquels, pour vous dire en ami, continue-t-il, je trouve très-beaux lorsque avez seulement voulu contenter votre esprit; mais, quand par une servitude à demi courtisane, êtes sorti de vous-même pour étudier au contentement, tantôt des grands, tantôt de la populace, je ne les trouve de tel aloi. » En sachant gré au poëte de l'avoir nommé en ami dans ses écrits, il ajoutait : « Mais, en vous remerciant, je souhaiterais que ne fissiez si bon marché de votre plume à haut louer quelques-uns que nous savons notoirement n'en être dignes ; car ce fesant vous faites tort aux gens d'honneur. Je sais bien que vous me direz qu'êtes contraint par leurs importunités de ce faire, ores que n'en ayez envie. » De Thou, dans son *Histoire* (année 1559, liv. XXII), s'élève en des termes approchants contre cette cohue de poëtes. C'était se révolter contre le propre triomphe de leur cause ; chaque école victorieuse meurt vite de l'abondance de son succès ; même sans avoir pris Rome, elle a sa Capoue. Selon moi, des traits pareils se reproduisent assez exactement aujourd'hui.

Et d'abord, *les chefs ne se renouvellent plus;* ils se dissipent ou ne font que récidiver. Je ne rappelle ici que les deux principaux. Il faut tout voir sur M. de Lamartine, et, en étant sévère là où il convient, ne pas chicaner en détail une si noble nature. Ce qui est moins à nier que jamais en lui, c'est la masse immense du talent : seulement cette masse entière s'est déplacée. Elle était à la poésie, elle roule désormais à la politique; il est orateur. Son Océan regagne en Amérique ce qu'il a perdu dans nos landes. A nous habitants des bords que ce retrait désole, il nous est naturel de nous plaindre, de crier à la dissipation et à la ruine, tout en sachant qu'ailleurs on applaudit. Et à lui-même il lui importe assez peu maintenant de perdre la bataille là où il n'est plus tout entier. Il a transféré son siége d'empire de Rome à Byzance.

Pour M. Hugo, il récidive, et avec éclat assurément; mais voilà tout. De trop ingénieuses, de trop brillantes et à la fois bienveillantes critiques (1) ont accueilli son récent volume pour que nous nous permettions d'y toucher en ce moment; mais il ne dément en rien notre idée : persistance puissante, veine élargie ou plutôt grossie, et sans renouvellement.

---

(1) M. Magnin venait d'écrire sur *les Rayons et les Ombres* (voir au tome I de ses *Causeries*). Je ne recommande pas moins un excellent article de M. Vinet (dans *le Semeur*, 29 juillet 1840).

Cependant la foule des survenants conquiert, possède de plus en plus le matériel et les formes de l'art. Le voile rajeuni de la muse est désormais dans presque toutes les mains ; on se l'arrache ; mais la muse elle-même, l'âme de cette muse ne s'est-elle pas déjà envolée plus loin sur quelque colline où elle attend? Au reste, ce que les recueils qui se publient sans relâche (quatre ou cinq peut-être chaque mois) contiennent d'agréables vers, de jets brillants, de broderies heureuses, est incalculable : autant vaudrait rechercher ce qui se joue chaque soir de gracieux et de charmant sur tous les pianos de Paris. Ce qu'il y a de vrais talents et d'avenirs cachés dans ces premières fleurs se dégagera avec le temps. Mais, si l'on voulait être juste pour tous et en toucher un mot seulement, on passerait sa vie à déguster des primevères et des roses. Évidemment la critique n'a plus rien à faire dans une telle quantité de débuts, et c'est au talent énergique et vrai à se déclarer lui-même. Il n'en était pas ainsi il y a quinze ou vingt ans ; des vers bien inférieurs, comme facture, à ceux qu'on prodigue désormais, décelaient plus sûrement les poëtes. Nous en rappellerons trois aujourd'hui, et tous les trois qui rentrent plus ou moins dans les premiers tons de Lamartine. L'un a été de peu son devancier ; deux sont morts ; le troisième est un étranger du Nord qui a chanté dans notre langue avec élégance. Nous parlerons de Charles Loyson, d'Aimé De Loy, de Jean Polonius.

Charles Loyson, né en 1791, à Château-Gontier, dans la Mayenne, fit ses études avec distinction au collège de Beaupréau. Il entra à l'École normale dans les premiers temps de la fondation, y fut contemporain et condisciple des Cousin, des Viguier, des Patin ; il y devint maître comme eux. La littérature et la politique le disputèrent bientôt à l'Université. Rédacteur aux *Débats* dès 1814, et attaché à la direction de la librairie, il quitta Paris dans les Cent-Jours. Y revenant à la seconde Restauration, il fut placé au ministère de la justice, sans cesser de tenir à l'École normale. Une pièce de lui sur *le Bonheur de l'Étude* eut un accessit à l'Académie française ; il la publia avec d'autres poésies en 1817. Un autre recueil (*Épîtres et Élégies*) parut en 1819. Il concourut comme rédacteur aux *Archives philosophiques, politiques et littéraires* en 1817-1818 (1), et en 1819 au *Lycée français*, recueil distingué et délicat de pure littérature (2). Cependant une raison précoce, une maturité vigilante le plaçaient au premier rang du très-petit nombre des publicistes sages en ces temps de passion et d'inexpérience. Son plus piquant et son plus solide écrit politique est intitulé *Guerre à qui la cherche, ou Petites Lettres sur quelques-uns de nos grands écrivains*; il tire à droite et à gauche, sur M. de Bonald d'une part, sur Benjamin Constant de l'autre. Loyson suivait la ligne modérée de M. Royer-Collard, de M. de Serre, et, si jeune, il méritait leur confiance : on ose dire qu'il avait crédit sur eux. Non-seulement on l'écoutait, mais on lui demandait d'écouter. Il était consulté par ces hommes éminents sur les points difficiles. Son visage, quand on lui lisait quelque écrit, prenait alors quelque chose de grave et de singulièrement expressif, qui, presque avant de parler, donnait conseil. Les discours imprimés de M. de Serre ont passé par ses mains. M. Pasquier a gardé de lui un souvenir de sérieuse estime. Le 27 juin 1820, il mourut de la poitrine, à peine âgé de vingt-neuf ans (3).

---

(1) Parmi les morceaux de *littérature classique* qu'il donna aux *Archives*, il en est deux sur Pindare (tomes II et III) qui sont à mentionner : M. Cousin en fait grand cas, et, en effet, Loyson a le mérite d'avoir, sans appareil d'érudition ni, comme on dit, d'esthétique, démêlé la poétique de Pindare et compris l'espèce d'unité vivante qui animait ses odes. Il voudrait qu'en tête de chacune le traducteur mît un avant-propos ou argument qui préparât le lecteur : précisément ce qu'a si bien fait M. Cousin en tête de chaque dialogue de Platon.

(2) J'emprunte la plupart de ces détails au *Lycée*, qui contient (tome V, page 63) un article nécrologique sur Loyson, dû à la plume amie de M. Patin.

(3) M. Cousin prononça sur sa tombe quelques paroles pleines de douleur, bien qu'un peu dramatiques, dans lesquelles il s'écriait : *Noble esprit, âme tendre, jeune sage!* (*Fragments littéraires*, page 62.)

Sa renommée littéraire a souffert, dans le temps, de ses qualités politiques ; sa modération lui avait fait bien de vifs ennemis. Attaché à un pouvoir qui luttait pour la conservation contre des partis extrêmes, il avait vu, lui qui le servait avec zèle, ses patriotiques intentions méconnues de plusieurs. Cette fièvre même de la mort qu'il portait dans son sein, et qui lui faisait craindre (contradiction naturelle et si fréquente) de ne pas assurer à temps sa rapide existence, pouvait sembler aux indifférents de l'avidité. La mémoire fidèle de ses amis et la lecture de ses poésies touchantes ont suffi pour nous le faire apprécier et aimer. Comme poëte, Charles Loyson est juste un intermédiaire entre Millevoye et Lamartine, mais beaucoup plus rapproché de ce dernier par l'élévation et le spiritualisme habituel des sentiments. Les Épîtres à M. Royer-Collard, à M. Maine de Biran, sont déjà des méditations ébauchées et mieux qu'ébauchées :

> O Biran, que ne puis-je en ce doux ermitage,
> Respirant près de toi la liberté, la paix,
> Cacher ma vie oisive au fond de tes bosquets !
> Que ne puis-je à mon gré, te choisissant pour maître,
> Dans tes sages leçons apprendre à me connaître,
> Et, de ma propre étude inconcevable objet,
> De ma nature enfin pénétrer le secret !
> Lorsque mon âme, en soi tout entière enfoncée,
> A son être pensant attache sa pensée,
> Sur cette scène intime où je suis seul acteur,
> Théâtre en même temps, spectacle et spectateur,
> Comment puis-je, dis-moi, me contempler moi-même,
> Ou voir en moi le monde et son Auteur suprême ?
> Pensers mystérieux, espace, éternité,
> Ordre, beauté, vertu, justice, vérité,
> Héritage immortel dont j'ai perdu les titres,
> D'où m'êtes-vous venus ? Quels témoins, quels arbitres
> Vous feront reconnaître à mes yeux incertains
> Pour de réels objets ou des fantômes vains ?
> L'humain entendement serait-il un mensonge,
> L'existence un néant, la conscience un songe ?

Fier sceptique, réponds : je me sens, je me vois ;
Qui peut feindre mon être et me rêver en moi?
Confesse donc enfin une source inconnue,
D'où jusqu'à ton esprit la vérité venue
S'y peint en traits brillants, comme dans un miroir,
Et pour te subjuguer n'a qu'à se faire voir.
Que peut sur sa lumière un pointilleux sophisme?
Descarte en vain se cherche au bout d'un syllogisme,
En vain vous trouvez Dieu dans un froid argument :
Toute raison n'est pas dans le raisonnement.
Il est une clarté plus prompte et non moins sûre
Qu'allume à notre insu l'infaillible nature,
Et qui, de notre esprit enfermant l'horizon,
Est pour nous la première et dernière raison.

Voilà, ce me semble, de la belle poésie philosophique, s'il en fut (1); mais chez Loyson cette élévation rigoureuse dure peu d'ordinaire ; la corde se détend, et l'esprit se remet à jouer. Il est poëte de sens, de sentiment et d'esprit plutôt que de haute imagination. A M. Cousin, qui voyage en Allemagne, il dira spirituellement :

. . . . Tu cours les grandes routes,
Cherchant la vérité pour rapporter des doutes.

A M. Viguier, qui craignait de le voir quitter la poésie pour la prose polémique, il répond qu'il faut bien subir la loi de son temps, et, sans attendre la lenteur du vers, courir par moments à des armes plus promptes :

---

(1) Aussi elle a laissé trace plus qu'on ne croirait en des esprits sérieux et qui ne sont pas tendres à toute poésie. Un jour, il y a quelques années, vers 1841, au plus fort des luttes politiques, dans une discussion d'adresse où il avait parlé plusieurs fois, M. Guizot, épuisé, l'œil en feu, descendait de la tribune, tout prêt, s'il le fallait, à y remonter encore. M. Villemain s'approcha de lui et lui représenta qu'il semblait bien fatigué ; M. Guizot pour toute réponse cita ces deux vers de Loyson :

C'est pour périr bientôt que le flambeau s'allume,
Mais il brille un moment sur les autels des Dieux !

Ces vers sont dans la pièce sur *le Bonheur de l'Étude*.

Diras-tu que jadis les affaires publiques
Offrirent plus d'un trait aux muses satiriques?
Juvénal, flétrissant d'indignes sénateurs,
Exhalait en beaux vers ses chagrines humeurs;
Je le sais; mais tout change, et, de nos jours, pour cause,
L'*ultrà Sauromatas* se serait dit en prose (1);
Sinon tu pourrais bien voir au Palais-Royal
Un pamphlet rouge ou blanc éclipser Juvénal.
Souffre donc quelquefois que, brisant la mesure,
Je mette de côté la rime et la césure
Et déroge un moment à mes goûts favoris,
Puisqu'enfin les lecteurs chez nous sont à ce prix.

On pourrait multiplier les citations de tels traits ingénieux; mais ses inspirations les plus familières en avançant, et pour nous les plus pénétrantes, sont celles où respire le pressentiment de sa fin. D'assez fréquents voyages dans son pays natal, en Vendée, ou plus loin aux eaux des Pyrénées, ou à la terre de M. de Biran au bord de la Dordogne, ne diminuaient que peu les douleurs toujours renaissantes. Il traduisait en vers Tibulle dans ses intervalles de

---

(1) Ces deux vers sont volontiers cités, sans qu'on sache de qui. Il en est parfois ainsi avec Loyson. On sait de ses vers; on en a la vague réminiscence dans l'oreille, comme de vers de Jean-Baptiste Rousseau ou de quelque autre *ancien*. Ainsi encore, par exemple:

> Celui qui dès sa naissance
> Fut soumis à la puissance
> Du Dieu du sacré vallon,
> Des combats fuyant la gloire,
> Aux fastes de la victoire
> N'ira point graver son nom.
>
> A la voix de la Fortune,
> Il n'ira point de Neptune
> Tenter les gouffres mouvants,
> Ni, sur la foi des étoiles,
> Livrer d'intrépides voiles
> A l'inconstance des vents...

C'est de lui. Toute cette ode, qui a pour titre: *les Goûts du Poëte*, et qui est inspirée du *Quem tu Melpomene semel*, reste charmante de ton, de sobriété, de sens ferme et doux; c'est de la bonne poésie du temps de Chaulieu, d'il y a vingt-cinq ans ou d'il y a un siècle.

loisir (1), et, comme lui, il parlait à ses amis de sa mort prochaine :

> Vivite felices, memores et vivite nostri,
> Sive crimus, seu nos Fata fuisse volent.

C'est ce qu'il exprime bien mélancoliquement dans son élégie, *le Lit de mort;* c'est ce qu'il reprend avec un attendrissement redoublé dans celle qu'il intitule *le Retour à la Vie*. De telles pièces où peut pâlir la couleur, mais où chaque mot fut dicté par le sentiment, ne devraient jamais vieillir :

> Quelle faveur inespérée
> M'a rouvert les portes du jour?
> Quel secourable Dieu, du ténébreux séjour
> Ramène mon ombre égarée?
> Oui, j'avais cru sentir dans des songes confus
> S'évanouir mon âme et défaillir ma vie ;
> La cruelle douleur, par degrés assoupie,
> Paraissait s'éloigner de mes sens suspendus,
> Et de ma pénible agonie
> Les tourments jusqu'à moi déjà n'arrivaient plus
> Que comme dans la nuit parvient à notre oreille
> Le murmure mourant de quelques sons lointains,
> Ou comme ces fantômes vains
> Qu'un mélange indécis de sommeil et de veille
> Figure vaguement à nos yeux incertains.
>
> Vous m'êtes échappés, secrets d'un autre monde,
> Merveilles de crainte et d'espoir,
> Qu'au bout d'un océan d'obscurité profonde,
> Sur des bords inconnus je croyais entrevoir.
> Tandis que mon œil vous contemple,
> L'avenir tout à coup a refermé son temple,
> Et dans la vie enfin je rentre avec effort.
> Mais nul impunément ne voit de tels mystères,

---

(1) Cette traduction achevée fut par lui remise en mourant à M. Frayssinous qui l'assistait, pour être détruite : humble offrande innocente, dont il pouvait dire avec un dernier sourire en s'en détachant :

> Nunc agna exigui est hostia magna soli.

Le jour me rend en vain ses clartés salutaires,
  Je suis sous le sceau de la mort!
    Marqué de sa terrible empreinte,
Les vivants me verront comme un objet de deuil,
Vain reste du trépas, tel qu'une lampe éteinte
    Qui fume encor près d'un cercueil

Pourquoi me renvoyer vers ces rives fleuries
Dont j'aurais tant voulu ne m'éloigner jamais?
Pourquoi me rapprocher de ces têtes chéries,
Objet de tant d'amour et de tant de regrets?
    Hélas! pour mon âme abattue,
    Tous lieux sont désormais pareils.
Je porte dans mon sein le poison qui me tue;
Changerai-je de sort en changeant de soleils?
J'entends... ma fin prochaine en sera moins amère;
Mes amis, il suffit : je suivrai vos conseils,
Et je mourrai du moins dans les bras de ma mère.

Charles Loyson vit paraître les vers d'André Chénier et ceux de Lamartine; on a les jugements qu'il en porta. Il fit, dans le *Lycée*, quatre articles sur Chénier (1); le premier est un petit chef-d'œuvre de grâce, de critique émue et ornée. L'écrivain nous y raconte ce qu'il appelle son château en Espagne, son rêve à la façon d'Horace, de Jean-Jacques et de Bernardin de Saint-Pierre : une maisonnette couverte en tuiles, avec la façade blanche et les contrevents verts, la source auprès, et au-dessus le bois de quelques arpents, *et paulum silvæ*. « Ce dernier point est pour moi, dit-il, de première nécessité; je n'y tiens pas moins que le favori de Mécène : encore veux-je qu'il soit enclos, non pas d'un fossé seulement ou d'une haie vive, mais d'un bon mur de hauteur avec des portes solides et bien fermées. L'autre manière est plus pastorale et rappelle mieux l'âge d'or, je le sais; mais celle-ci me convient davantage, et d'ailleurs je suis d'avis qu'on ne peut plus trouver l'âge d'or que chez soi. » Quand sa muraille est

(1) Tome II, 1819.

élevée, il s'occupe du dedans; il dispose son jardin anglais, groupe ses arbres, fait tourner ses allées, creuse son lac, dirige ses eaux, n'oublie ni le pont, ni les kiosques, ni les ruines; c'est alors qu'il exécute un projet favori, et dont nul ne s'est avisé encore. Dans l'endroit le plus retiré des bocages, il consacre un petit bouquet de cyprès, de bouleaux et d'arbres verts, aux jeunes écrivains morts avant le temps. Le détail d'exécution est à ravir. Une urne cinéraire, placée sur un tertre de gazon, porte le nom de Tibulle, et sur l'écorce du bouleau voisin on lit ces deux vers de Domitius Marsus :

>   Te quoque Virgilio comitem non æqua, Tibulle,
>   Mors juvenem campos misit ad Elysios.

A quelque distance, une pyramide de marbre noir entre les ifs rappelle le souvenir de Lucain, mort à vingt-six ans, qu'on aime à croire victime de la noble hardiesse de sa muse, et peut-être de la jalousie poétique du tyran; on y lit ces vers de *la Pharsale :*

>   . . . . Me solum invadite ferro,
>   Me frustra leges et inania jura tuentem.
>
>   . . . . . . Ah! ne frappez que moi,
>   Moi qui brave le crime et combats pour la loi.

Deux colombes sous un saule pleureur figurent les *Baisers* de Jean Second, mort avant sa vingt-cinquième année. On voit l'idée; elle est suivie et variée jusqu'au bout. Malfilâtre et Gilbert n'y sont omis; on y salue leurs marbres. Une corbeille de fleurs renversée offre l'emblème de la destinée de Millevoye, tombé de la veille. Chatterton, qui s'est tué, n'a qu'un rocher nu. André Chénier, à son tour, se rencontre et tient l'une des places les plus belles. Ainsi Loyson pressentait lui-même sa fin, et peuplait d'avance d'un groupe chéri le bosquet secret de son Élysée (1). Au centre,

---

(1) Il aurait pu y joindre parmi les modernes latins Marius Molsa dont

on remarque un petit édifice d'architecture grecque, avec une colonnade circulaire. Le ruisseau tourne autour, et on y entre par un pont de bois non travaillé : c'est une bibliothèque. Elle renferme les meilleurs écrits de ceux à qui le lieu est dédié : le choix a été fait sévèrement; Loyson avoue, et nous devons avouer avec lui, qu'il retranche plus d'une pièce à Chénier (1). Voici l'inscription qu'il place au fronton du temple :

> Dormez sous ce paisible ombrage,
> O vous pour qui le jour finit dès le matin,
> Mes hôtes, mes héros, mes semblables par l'âge,
> Par les penchants, peut-être aussi par le destin!
> Dormez, dormez dans mon bocage...

Les trois articles suivants sont employés à l'examen des poésies de Chénier ; l'admiration y domine, sauf dans le second qui traite du rhythme, de l'enjambement, de la césure, et qui est tout sévère. Le critique, qui sait très-bien se prendre aux vers les plus hasardeux du classique novateur, nous semble pourtant méconnaître le principe et le droit d'une tentative qui reste légitime dans de certaines mesures, mais dont nous-même avons peut-être, hélas ! abusé. « Ce n'est plus un violon qu'a votre Apollon, me disait quelqu'un, c'est un rebec. »

Charles Loyson salua la venue de Lamartine d'un applaudissement sympathique où se mêlèrent tout d'abord les

---

on a, entre autres vers, une élégie *ad Sodales* dans laquelle le jeune mourant décrit également à l'avance son tombeau :

> Rivulus hæc circum dissectus obambulet unda,
> Clivoso qualis tramite ducta sonat...

(1) En même temps que Loyson regrettait que l'éditeur d'André Chénier eût trop grossi le volume, Étienne Becquet, le même que nous avons vu mourir voisin des Ménades, mais qui, je le crains, n'aura point sa place au bosquet, exprimait dans les *Débats*, et bien plus vivement, les mêmes reproches. Je ne rappelle ces critiques que parce qu'elles font honneur aujourd'hui au goût, si hardi pour lors, de M. de Latouche.

conseils prudents (1) : « *Edera crescentem ornate poetam*, s'écrie-t-il en commençant; voici quelque chose d'assez rare à annoncer aujourd'hui : ce sont des vers d'un poëte. » Et il insiste sur cette haute qualification si souvent usurpée, puis il ajoute : « C'est là ce qui distingue proprement l'auteur de cet ouvrage : il est poëte, voilà le principe de toutes ses qualités, et une excuse qui manque rarement à ses défauts. Il n'est point littérateur, il n'est point écrivain, il n'est point philosophe, bien qu'il ait beaucoup de ce qu'il faut pour être tout cela ensemble; mais il est poëte; il dit ce qu'il éprouve, et l'inspire en le disant. Il possède le secret ou l'instinct de cette puissante sympathie, qui est le lien incompréhensible du commerce des âmes. » Parmi les reproches qu'il se permet de lui adresser, il lui trouve un peu trop de ce vague qui plaît dans la poésie, qui en forme un des caractères essentiels, *mais qui doit en être l'âme, et non le corps* : est-il possible de mieux dire (2)?

J'ai noté les mérites, le sens précoce, les vers élevés ou touchants de Loyson : j'omets ce qui chez lui est pure bagatelle, bouts-rimés et madrigaux; car il en a, et la mode le voulait ou du moins le souffrait encore. Son premier recueil de 1817 offre en tête une image du *poëte mourant*, où les assistants portent des bottes à retroussis. C'est un poëte de la Restauration, avons-nous dit, mais des trois ou quatre

---

(1) *Lycée*, tome IV, page 51.
(2) Outre les articles critiques de Loyson, le *Lycée* publia de lui des vers qui n'ont pas été recueillis ailleurs. La plus remarquable de ces pièces est (tome II, page 51) l'élégie imitée de l'allemand de Grillpatzer, *l'Enfant heureux*, dont l'idée refleurie avec grâce a fait depuis le plus frais bouton d'or de la couronne poétique de Reboul. Loyson commençait ainsi :

> Un Ange aux plumes argentées,
> Au chevet d'un berceau qu'ombrageaient à demi
> Ses ailes dans les airs mollement agitées,
> Planait d'un vol léger sur l'enfant endormi.
> L'Immortel incline vers la douce figure, etc., etc.

Et il finissait par ce vers que tous ceux qui l'ont su alors ont retenu :

> Sois heureux, lui dit-il, — et l'enfant était mort.

premières années de la Restauration, ne l'oublions pas. Ses poésies d'essai, dédiées à Louis XVIII, dont la *critique auguste* lui avait fait faire dans la dédicace une grave correction (*faveurs* au lieu de *bienfaits!*), devaient plaire au monarque gourmet par plus d'un endroit (1). — Chose singulière ! l'École normale a donné deux poëtes morts de bonne heure, qui ont comme ouvert et fermé la Restauration, l'un la servant, l'autre la combattant, mais modérés tous deux, Loyson et Farcy.

Jean Polonius, à qui nous passons maintenant, n'est pas un précurseur de Lamartine, il l'a suivi et peut servir très-distinctement à représenter la quantité d'esprits distingués, d'âmes nobles et sensibles qui le rappellent avec pureté dans leurs accents. Les premières *Poésies* de Jean Polonius parurent en 1827, les secondes en 1829 (2). Un poëme intitulé *Érostrate* (3), comme celui de M. Auguste Barbier, avec lequel il n'a d'ailleurs que peu de rapports, vient d'apprendre au public le vrai nom de l'auteur jusqu'ici pseudonyme. Polonius n'est autre que M. X. Labinsky, longtemps attaché à la légation russe à Londres et aujourd'hui à la chancellerie de Saint-Pétersbourg. Ses premières poésies attirèrent l'attention dans le moment ; un peu antérieures, par la date de leur publication, à l'éclat de la seconde école romantique de 1828, on les trouva pures, sensibles, élégantes ; on ne les jugea pas d'abord trop pâles de style et de couleur. C'est l'amour qui inspire et remplit ces premiers chants de Polonius ; ils rentrent presque tous dans l'élégie. Plus de Parny, plus même de Millevoye : les deux ou trois petites et adorables élégies de Lamartine, *Oui, l'Anio murmure encore*, etc., etc.; *Lorsque seul avec toi pensive et recueillie*, etc., etc., semblent

---

(1) Ainsi certain quatrain *à M. le duc d'Escars, premier maître d'hôtel du Roi, qui avait envoyé du vin de Bordeaux à l'auteur.* Je suis sûr que ce quatrain-là fut servi au déjeuner du roi.

(2) Sous ce titre : *Empédocle, vision poétique*, suivie d'autres poésies.

(3) Chez Charles Gosselin, 1840.

ici donner le ton ; mais, si le poëte profite des nouvelles cordes toutes trouvées de cette lyre, il n'y fait entendre, on le sent, que les propres et vraies émotions de son cœur. Ce gracieux recueil se peut relire quand on aime la douce poésie et qu'on est en veine tendre ; mais je cherche vainement à en rien détacher ici pour le faire saillir. Les étrangers qui écrivent dans notre langue, même quand ils y réussissent le mieux, sont dans une position difficile ; le comble de leur gloire, par rapport au style, est de faire oublier qu'ils sont étrangers ; avec M. Labinsky on l'oublie complétement ; mais, en parlant si bien la langue d'alentour, ont-ils la leur propre, comme il sied aux poëtes et à tous écrivains originaux? Jean Polonius chante, comme un naturel, dans la dernière langue poétique courante, qui était alors celle de Lamartine ; mais il ne la refrappe pas pour son compte, il ne la réinvente pas.

Aux diverses époques, les hommes du Nord ont eu cette facilité merveilleuse à se produire dans notre langue, mais toujours jusqu'à l'originalité exclusivement. Lorsqu'il y a un ou deux ans, le prince Metcherski publia ses ingénieuses poésies, tout empreintes du cachet romantique le plus récent, je ne sais quel critique en tira grand parti contre la façon moderne, et affirma qu'on n'aurait pas si aisément contrefait la muse classique ; c'est une sottise. Du temps de Voltaire et de La Harpe, le comte de Schouwaloff était passé maître sur la double colline d'alors, et avait ses brevets signés et datés de Ferney et autres lieux. Ses descendants aujourd'hui ne réussissent pas moins spirituellement dans les genres de M. Hugo ou de M. de Musset.

La langue poétique intermédiaire dans laquelle Jean Polonius se produisit, a cela d'avantageux qu'elle est *noble, saine, pure,* dégagée des pompons de la vieille mythologie, et encore exempte de l'attirail d'images qui a succédé : ses inconvénients, quand le génie de l'inventeur ne la relève pas fréquemment, sont une certaine monotonie et langueur, une lumière peu variée, quelque chose d'assez pareil à ces blancs soleils du Nord, sitôt que l'été rapide a disparu. On aurait tort pourtant de conclure que M. Labinsky, depuis ses premiers essais, n'a pas persévéré par de sérieux efforts, et n'a pas cherché à soutenir, à élargir ses horizons et ses couleurs. Sa vision d'*Empédocle* (1829) était un premier pas vers le poëme philosophique que son *Érostrate* vient nous développer aujourd'hui. Notons la marche : elle est celle de beaucoup. Les poëtes qui ont commencé par le lyrisme intime, par l'expression de leurs plaintes et de leurs douleurs, ces poëtes, s'ils ont chanté vraiment par sensibilité et selon leur émotion sincère, s'arrêtent dans cette voie à un certain moment, et, au lieu de ressasser sans fin des sentiments sans plus de fraîcheur, et de multiplier autour d'eux, comme par gageure, des échos grossis, ces poëtes se taisent ou cherchent à produire désormais leur talent dans des sujets extérieurs, dans des compositions impersonnelles. M. de Lamartine, le plus lyrique de tous, a lui-même suivi cette direction ; elle est surtout très-sensible chez M. Labinsky, lequel, à distance et dans la liberté, me fait l'effet d'un correspondant correct de Lamartine. A un certain moment, la jeunesse s'éloignant déjà et les premiers bonheurs expirés, il s'est dit : *Est-ce donc tout?* Une pièce de lui, *le Luth abandonné*, exprime avec mélodie cette disposition touchante :

. . . .
Réveille-toi, beau Luth ! entends du pin sauvage
    Frissonner les rameaux,
Et l'écureuil folâtre agiter le feuillage
    De ces jeunes bouleaux.

. . . .
Seul, tu restes muet, et le vent qui s'exhale
    De la cime des ifs
A peine de ton sein tire par intervalle
    Quelques sons fugitifs.

Le lierre chaque jour t'enlace de verdure,
    Et ses nœuds étouffants
Par degrés chaque jour éteignent le murmure
    De tes derniers accents.

Ah! si la main de l'art, si les doigts d'une femme
    Ranimaient tes concerts,
Avant que pour jamais les restes de ton âme
    S'envolent dans les airs!

. . . .

Être selon mon cœur, hâte-toi, l'heure presse,
    Viens si tu dois venir :
Hâte-toi! chaque jour enlève à ma jeunesse
    Ce qu'elle a d'avenir.

Les seconds chants d'amour ne vinrent pas ; mais nous avons *Érostrate*, grande composition où l'auteur a mis toutes ses ressources d'art. Commencé depuis bien des années, laissé ou repris plus d'une fois à travers les occupations d'une vie que les affaires réclament, cet *Érostrate* était déjà imprimé et non publié, quand le poëme de M. Barbier parut : les deux poëtes ont pris d'ailleurs leur sujet différemment, M. Barbier par le côté lyrique, M. Labinsky par l'analyse plutôt et le développement approfondi d'un caractère. Son Érostrate est un grand homme manqué qui, de mécompte en amertume, arrive lentement, par degrés, à son exécrable projet. Six chants sont nécessaires à la conduite et à la conclusion de cette pensée. On suit Érostrate dans le gynécée, dans l'hippodrome, au bois sacré; les peintures locales que promettent ces divers titres sont exécutées avec étude, conscience, talent. Et pourtant le poëme a-t-il vie? et tout ce travail est-il venu avec bonheur? Se peut-il même jamais qu'un long ouvrage de cette sorte, conçu et réalisé loin de la France, y arrive à point, et y paraisse juste dans le rayon? Quel est l'à-propos d'un tel poëme? Soit dans le fond, soit pour la forme, en quoi peut-il nous flatter, nous séduire, nous irriter si l'on veut, nous toucher enfin pour le moment, sauf à réunir ensuite les conditions immortelles? Dire qu'un tel poëme, lu attentivement, mérite toute estime, c'est déjà être assez sévère. M. Labinsky restera donc pour nous Jean Polonius, l'auteur des élégies, élégies douces, senties, passagères, qui, avec quelques-unes d'Ulric Guttinguer, ont droit d'être comptées dans le cortége d'Elvire.

Le style, le style, ne l'oublions pas, c'est ce qu'il faut même dans l'élégie, sans quoi elle passe aussi vite que l'objet qu'elle a chanté. Boileau, occupé de ce qui lui manquait surtout, a dit qu'en ce genre

> C'est peu d'être poëte, il faut être amoureux.

Sans doute; mais c'est peu aussi d'être amoureux en élégie, si l'on n'est poëte par les images et par de certains traits qui fixent la beauté pour tous les temps. Il en est de la poésie amoureuse comme de Vénus quand elle se montre aux yeux d'Énée, naufragé près de Carthage et à la veille de voir Didon : elle prend les traits d'une mortelle, d'une simple chasseresse; elle ressemble à une jeune fille de Sparte, et s'exprime sans art d'abord, avec un naturel parfait. C'est bien; mais à un certain moment, le naturel trop simple s'oublie, un tour de tête imprévu a dénoué la chevelure, l'ambroisie se révèle,

> Ambrosiæque comæ divinum vertice odorem
> Spiravere; pedes vestis defluxit ad imos,
> Et vera incessu patuit Dea. . . . . .

Je veux voir, même au milieu des langueurs élégiaques, ce *pedes vestis defluxit ad imos*, cette beauté soudaine du vers qui s'enlève, et ces larges plis déroulés.

Aimé De Loy a eu également plus de sensibilité que de style; il est de cette première génération de poëtes modernes qui n'a pas dépassé la première manière de Lamartine, et, sa plus grande gloire, il l'a certainement atteinte le jour où une pièce de vers, signée de ses initiales A. D. L., put être attribuée par quelques-uns à l'illustre poëte. Aimé De Loy, né en 1798, est mort en 1834. Sa vie, la plus errante et la plus diverse qu'on puisse imaginer, n'apparaît que par lambeaux déchirés dans ses vers, que de pieux amis viennent enfin de recueillir (1). Sorti d'un

(1) *Feuilles aux Vents;* imprimé à Lyon, chez M. Boitel, avec une dédicace de madame Desbordes-Valmore.

village des Vosges aux frontières de la Franche-Comté, il se réclama toujours de cette dernière province, par amour sans doute des poëtes qui en sont l'honneur, par souvenir surtout de Nodier et des muses voyageuses. Il fit de bonnes études je ne sais où ni comment; mais il était plein de grec et de latin, d'Horace et de Philétas, si Philétas il y a; au reste, toute sa vie ne semble qu'une longue école buissonnière. M. Marmier, M. Couturier, ses biographes (1), nous en disent là-dessus moins encore qu'ils n'en savent; l'aventure de Goldsmith, qui parcourut une fois la Touraine sans argent, en jouant de la flûte de village en village, n'est qu'un des accidents les plus ordinaires de la destinée de De Loy. Il parait n'avoir conçu de bonne heure la vie que comme un pèlerinage; partout où il sentait un poëte, il y allait; partout où il trouvait un Mécène, il y séjournait. Aussi, dans ses vers, que de Mécènes! Il croyait naïvement que le poëte est un oiseau voyageur qui n'a qu'à becqueter à droite et à gauche, partout où le portent ses ailes. Il a repris et réalisé de nouveau au dix-neuvième siècle l'existence du troubadour allant de château en château, et payant son gîte d'une chanson. Rousseau, voyageant à pied, était boudeur encore, un misanthrope altier et réformateur du monde; il y avait pourtant du Jean-Jacques piéton dans De Loy, ce *fantassin de poésie*; mais c'était surtout, et plus simplement, un troubadour décousu (2). Il allait donc sans songer au lendemain, quand un jour, à vingt et un ans, il se maria; comme La Fontaine, il ne semble pas s'en être longtemps souvenu. On s'en ressouvient aujourd'hui pour lui, et ce volume que l'amitié publie est le seul héritage de ses deux filles. Comme il avait commencé jeune ses courses, les grands astres de la littérature présente n'étaient pas encore tous levés : mais De Loy

---

(1) M. Couturier en tête du volume, et M. Marmier dans la *Revue de Paris*, 29 mars 1835.

(2) On peut dire de lui ce que Rancé écrivait du poëte Santeuil: « *Ce pauvre garçon* s'attachait aux lieux où il passait, quand ils lui plaisaient. » (*Lettres de Rancé* publiées par M. Gonod, page 271.)

n'était pas si difficile, il allait visiter le Gardon de Florian, en attendant les autres stations, depuis consacrées. L'épisode le plus mémorable de sa vie fut sans contredit son voyage au Brésil : las du ménage et du petit magasin où il avait essayé de se confiner, le voilà tout d'un coup dans la baie de Rio-Janeiro. C'était en 1822 ; don Pedro, empereur constitutionnel, accueillit De Loy, le fit rédacteur officiel de ses projets libéraux. Outre le journal qu'il rédigeait, De Loy chantait l'impératrice ; il devint (ses amis l'assurent et moi je n'en réponds pas) commandeur de l'ordre du Christ ; il était, ajoute-t-on, gentilhomme de la chambre ; mais laissons-le dire, et faisons-nous à sa manière courante, quelque peu négligée, mais bien facile et mélodieuse :

> Me voici dans Rio, mon volontaire exil,
> Rio, fille du Tage et mère du Brésil.
> J'ai trouvé sur ces bords des amitiés parfaites :
> Mécène m'accueillit dans ses belles retraites ;
> Et sous les bananiers, à mes regrets si chers,
> La fille des Césars (1) m'a récité mes vers.
> Hélas ! que de chagrins le rang suprême entraîne !
> Que de pleurs contenus dans les yeux d'une reine !
> J'ai vu les siens noyés, et dans son triste élan
> Elle me dit un jour : « Ce sol est un volcan... »
> Elle n'est plus !... Son nom sur mes lèvres expire ;
> Quel vent a moissonné la rose de l'Empire ?
>
> Ah ! j'étais jeune alors, plein de sève et d'ardeur ;
> J'aimais ce pays neuf, sa pompe et sa splendeur ;
> J'aimais le bruit des flots, le bruit de la tempête,
> Et les périls étaient mes plaisirs de poëte.
> De l'ancien monde aux bords d'un monde encor nouveau,
> Quelle mer n'a pas vu mon rapide vaisseau
> Rouler au gré des vents et des lames sonores ?
> Et que sont devenues mes hôtes des Açores ?
> Enfants de saint François, sous l'immense oranger,

(1) L'impératrice du Brésil était archiduchesse d'Autriche et sœur de Marie-Louise.

Reparlez-vous encor du fils de l'étranger ?
Avez-vous souvenance, ô mes belles recluses,
De ces vers lusitains échappés à mes muses?...

Il y a dans les vers de De Loy, souvent redondants, faibles de pensée, vulgaires d'éloges, je ne sais quoi de limpide, de naturel, et de captivant à l'oreille et au cœur, qui fait comprendre qu'on l'ait aimé (1).

Revenu en France dès 1824, on l'aperçoit à quelques années de là en Portugal, y promenant son humeur vagabonde, non plus en gentilhomme de la chambre, mais avec le louable dessein d'y servir la cause de Dona Maria, par reconnaissance pour don Pedro, son bienfaiteur. Il parlait et écrivait, dit-on, le portugais à merveille; l'idiome de Camoëns était devenu sa langue favorite, et il lui fallut quelque temps avant de reprendre sa fluidité française. Je ne pousserai pas plus loin les détails de son odyssée, dont on vient de toucher le point le plus extrême, mais qui fut continuelle jusqu'à son dernier soupir. Ses *Préludes poétiques*, publiés en 1827 comme le ballon d'essai d'une *Académie provinciale* qui protestait contre la centralisation de Paris, n'attirèrent que très-peu l'attention et ne pouvaient la fixer. La province revendique De Loy avec une sorte d'orgueil que l'on conçoit, mais qu'il serait mieux de réduire. La province, certes, possède mille dons d'étude, de sensibilité, de vertu; mais le goût, il faut le dire, y est chose plus rare et plus cachée qu'à Paris, où, du reste, on le paye si cher. La banalité gâte les vers de De Loy; tout ce qu'il rencontre lui est Pollion et Mécène, chaque gîte qui l'héberge lui est Tibur et Lucrétile : que

(1) Pline le Jeune, parlant d'un poëte de son temps (Lettres, I, 16), dit qu'il sait mêler avec art, dans ses élégies, à des vers doux et coulants d'autres vers un peu durs (*duriusculos quosdam*), et qu'en cela il fait comme Calvus ou comme Catulle. Plus d'un de nos modernes poëtes, depuis 1828, a usé du procédé; on a même abusé de ces petits vers durs, qui sont les cailloux du courant. Quant à De Loy, il n'y met pas tant de finesse; il n'a souci de Calvus ni de Ronsard; ses vers coulent et coulent encore.

d'ivraie dans sa gerbe! que de foin dans ses fleurs! cela ressemble avec moins de grâce à cette couronne mélangée d'Ophélie. Que ce soit amitié, reconnaissance, dette acquittée dans la monnaie des poëtes, je ne l'en blâme pas moralement, si tant est que sa dignité n'en ait pas souffert; mais la poésie vit de choix, et la sienne n'y a pas songé. Ce qui ne m'empêche pas de reconnaître, croyez-le bien, tout ce qu'il y a de naturel, de sincère et de bien vite pardonné dans ses perpétuels et affectueux retours à Sattendras ou à Longiron.

Il serait injuste d'environner d'un trop grand appareil de critique l'œuvre posthume et véritablement aimable d'un poëte mort sans rien d'amer et qui a vécu si malheureux. Il était un peu de ces gens dont on dit bien du mal quand ils sont loin, et qu'on embrasse, qu'on se remet à aimer irrésistiblement sitôt qu'on les revoit; de même pour ses vers : la meilleure manière d'adoucir le jugement raisonné qu'on en porte, c'est de les revoir et de les introduire *en personne*. Voici de bien simples stances qui achèveront de plaider pour lui :

LES REGRETS.

Malheur à l'être solitaire
Qui n'a point d'amante à nommer!
S'il est des méchants sur la terre,
C'est qu'ils n'ont pu se faire aimer.

Le cœur est né pour ces échanges,
Notre âme y double son pouvoir :
Et pour nous, comme pour les anges,
L'amour est l'œil; aimer c'est voir.

Le poëte aimé d'une femme
Compte aussi des jours de douleurs;
Mais les pleurs sont le bain de l'âme;
Les beaux vers naissent de nos pleurs!

Ah! celui que l'amour délaisse
N'est plus jeune même à trente ans;

Le malheur est une vieillesse
Qui précède les cheveux blancs.

La terre est un séjour d'épreuve,
L'homme n'est qu'un hôte en ces lieux,
Nous descendons le cours d'un fleuve
Où mille objets frappent nos yeux :

L'endroit plaît, la rive est fleurie,
On ne s'éloigne qu'à regret,
Mais une voix d'en haut nous crie :
Marche! marche! et tout disparaît.

Pardon, au milieu de cette période de l'école de *l'art*, d'avoir osé rappeler et recommander aujourd'hui quelques poésies que l'image triomphante ne couronne pas; mais il nous a semblé que même sous le règne des talents les plus radieux il y avait lieu, au moins pour le souvenir, à d'humbles et doux vers comme autrefois, à des vers nés de source; cela rafraîchit.

15 juin 1840.

GLANES,

POÉSIES

PAR MADEMOISELLE LOUISE BERTIN.

1842.

On dit que ce volume de poésies a été jusqu'à la fin un mystère pour ceux qui pouvaient en être le mieux informés, et qui passaient le plus habituellement leur vie auprès de l'auteur. Pour moi, il ne m'a point surpris. Connu déjà par son grand essai de musique sévère et haute, l'auteur, ce me semble, a dû naturellement chercher à ses intimes pensées une expression plus précise et plus voisine encore de l'âme. La plainte, le désir infini, l'espoir, en cette vie humaine toujours gênée, avaient besoin de se raconter au cœur, de s'articuler plus nettement que par de purs sons qui trop vite échappent. Du moment qu'elle avait le choix entre plusieurs muses, mademoiselle Bertin devait, un jour ou l'autre, aborder celle-ci. Artiste, cette nouvelle forme en crédit autour d'elle avait de quoi la tenter ; femme, cette confidence, à demi parlée, à demi murmurée, devait lui sourire.

Ce volume est né aux *Roches*, c'est-à-dire en un lieu riant et champêtre qui a eu son influence sur l'école poétique moderne, et dans lequel cette école à son tour a trouvé des échos aussi : *redituraque Rupibus Echo*. Il y a là, dans la jolie vallée de Bièvre, tout un coin, un foyer d'action, qui mériterait sa place dans la chronique poétique des dernières années. Les *Roches*, telles que je les ai vues, ce n'était pas la campagne du *Journal des Débats* ni d'aucun journal : on n'y parlait point de ces choses. C'était le loisir, les vacances, la liberté pour tous, la gaieté pour les uns, le rêve et l'étude calme pour les autres. Vers 1828, l'école nouvelle perçait avec vivacité, avec ensemble; la politique sous M. de Martignac faisait trêve. On pensa à introduire une part du jeune romantisme aux *Débats*. La quarantaine qu'on fait ainsi subir aux talents nouveaux, avant de les accepter et de les louer, cause des impatiences, comme toutes les quarantaines; elle a son utilité aussi. Les *Débats* l'ont appliquée en général avec prudence; on songeait, dès 1828, à la lever pour quelques-uns. Les *Roches*, terrain neutre, asile hospitalier, prêtèrent leurs beaux ombrages, leurs allées tournantes, leur gaie rivière et leur *île des Conférences*, à ces essais, bientôt désintéressés et plutôt affectueux, qu'on fit des esprits et des personnes. Comme il arrive aisément dans les lieux qui plaisent, on eut le chemin plutôt que le but; et, au lieu de la critique qu'on cherchait d'abord, la poésie naquit.

Elle était née déjà dans plus d'un cœur, dans plus d'un talent qui la cultivait de ce côté en silence. Je me rappelle encore la position bien dessinée du groupe dès ces premiers jours : mademoiselle Bertin, l'âme du lieu, préludant à ses hymnes élevés, son frère Édouard, qui est devenu le paysagiste sévère, Antony Deschamps, alors en train de passer du dilettantisme de Mozart au commerce de Dante, et qui y portait toutes les nobles ferveurs. Cela formait le côté romantique des *Roches*, si j'ose l'appeler ainsi; mais en face, mais à travers, les classiques, et des plus jeunes, des plus alertes, ne manquaient pas. M. Alfred de Wailly, M. Saint-Marc Girardin, tempéraient souvent l'éloge par un demi-sourire. Une femme d'un talent délicat, madame de Bawr, ramenait quelquefois, comme conseil bienveillant, les mots de goût et de grâce. Dois-je nommer encore

M. Nisard, qui, bien jeune alors, appartenait peut-être plutôt au premier groupe, ou qui du moins, détaché du second comme en éclaireur, promenait de l'un à l'autre ses doutes consciencieux? Au milieu de tous, M. Bertin père, sage et arbitre, intelligent et affectueux, gardait le ton du vieux et vrai bon sens, sans pourtant dire *non* aux nouveautés, sans s'étonner des accents qui montent.

Le projet de conciliation et d'infusion graduelle ne se réalisa pas tout à fait comme on l'avait conçu. La cristallisation régulière fut troublée; elle l'est toujours dans la vie, dans la grande histoire comme dans la petite. L'orage politique vint à la traverse. Le ministère Polignac ajourna la littérature nouvelle, et, renvoyant les rêveurs à leur rêve, ramena les politiques à leur œuvre. Chacun des conviés, ou de ceux qui allaient l'être, alla où il put. Mais les relations particulières se suivirent. M. Victor Hugo les a, depuis longtemps, consacrées par l'opéra de la *Esméralda*, surtout par les quatre beaux chants qui, dans ses quatre derniers recueils de poésie, à partir des *Feuilles d'Automne*, se sont venus rattacher au nom et à la pensée de mademoiselle Bertin.

Ce volume en fait la réponse naturelle, très en harmonie avec les accords qui l'ont provoquée; il est, après dix ans, l'expression en poésie de ces saisons déjà anciennes, décorées et embellies encore par le souvenir.

Oui, quoique beaucoup de ces pièces nous arrivent datées depuis 1840, on en peut dire, comme de certaines poésies lentes à s'écrire, qu'elles sont d'une *rédaction* postérieure au sentiment primitif d'où elles sont nées. Le titre modeste les a réunies sous le nom de *Glanes* (j'aimerais mieux *Glanures*): c'est dire que la moisson est faite; mais beaucoup de ces épis, tant ils sont mûrs, auraient pu être des premiers moissonnés.

Quoique, certes, la fraîcheur et la grâce n'y manquent pas, ce volume a peu les caractères d'un début. La forme atteste une main habile et presque virile d'artiste; le fond exprime une âme de femme délicate et ardente, mais qui a beaucoup pensé, et qui ne prend guère l'harmonie des vers comme un jeu. Ainsi dans la pièce au jeune Charles Hugo, pour lui conseiller de rester enfant bien longtemps et de ne pas s'émanciper aux chants trop précoces, l'auteur, livrant son propre secret, nous dit :

> Oh ! pour chanter, crois-moi, Charles, il n'est pas l'heure ;
> Le temps n'a pas appris à ton front qu'il effleure
> Ce que son aile apporte et de nuits et d'hivers.
> Enfant, c'est la douleur qui chante dans les vers !
> Il faut souffrir longtemps pour savoir bien redire
> L'hymne mystérieux que notre âme soupire !
> Il faut qu'un long travail éclaire notre esprit,
> Pour deviner l'orage en un ciel qui sourit !

Une pensée religieuse élevée, sincère, parfois combattue et finalement triomphante, a inspiré un bon nombre de pièces, qui ne sont pas un indigne pendant, ni une contre-partie dérogeante de ces graves rêveries que M. Victor Hugo a lui-même adressées à mademoiselle Bertin sous le titre de *Pensar*, *Dudar*, et de *Sagesse*. Une des questions qu'elle se pose le plus habituellement est celle-ci :

> Si la mort est le but, pourquoi donc sur les routes
> Est-il dans les buissons de si charmantes fleurs ;
> Et, lorsqu'au vent d'automne elles s'envolent toutes,
> Pourquoi les voir partir d'un œil mouillé de pleurs ?

> Si la vie est le but, pourquoi donc sur les routes
> Tant de pierres dans l'herbe et d'épines aux fleurs,
> Que, pendant le voyage, hélas ! nous devons toutes
> Tacher de notre sang et mouiller de nos pleurs ?

A cette contradiction inévitable ici-bas, et à laquelle se heurte toute sérieuse pensée, le poëte, à ses heures meilleures, répond par *croire*, *adorer sans comprendre*, et surtout *aimer*. Je voudrais pouvoir citer tout entière la pièce intitulée *Prière*, qui joint à l'essor des plus belles *harmonies* une réalité et une intimité de sentiments tout à fait profondes. En voici du moins le motif et le début :

> O Seigneur ! accordez à ceux qui vous blasphèment
> La place à votre droite au sublime séjour ;
> Donnez-leur tout, Seigneur, donnez : ceux qui vous aiment
>   Ont bien assez de leur amour !
>
> Quand, aux portes du ciel par l'archange gardées,
> Ils se présenteront, oh! qu'ils entrent, mon Dieu !
> De ces blasphémateurs aux âmes attardées
>   Écartez le glaive de feu !
>
> Nous resterons dehors, souffrant, loin de l'enceinte,
> Et le froid de la nuit et la chaleur du jour ;
> Ah! du céleste abri bannissez-nous sans crainte :
>   Il nous suffit de notre amour !
>
> Pour eux n'épargnez rien ; mettez à toute branche
> Et l'ombre de la feuille, et la fleur, et le fruit,
> Et l'ivresse à la coupe où leur lèvre se penche,
>   Sans la tristesse qui la suit !
>
> Nous, pour être abreuvés d'ineffables délices,
> Pour sentir sous vos mains nos cœurs se parfumer,
> Nos âmes s'abriter à des ombres propices,
>   Il nous suffit de vous aimer !...

Et tout ce qui suit et qui de plus en plus monte. Il faut peu de ces pièces pour assigner, je ne dis pas le rang du poëte, mais la qualité et la portée de l'inspiration, et ce qui s'appelle la *région* d'un esprit.

Ce que je préfère pourtant dans le volume, ce que j'y ai cherché d'abord avec une curiosité pleine d'intérêt, c'est ce qui touche à la femme et à ses propres émotions, aux tristesses voilées, si distinctes de tant d'autres aujourd'hui qui s'affectent et vont s'affichant. Dans la pièce *à Mimi*, comme dans celle *à Charles Hugo*, respire une touchante sollicitude et comme un instinct maternel. Faut-il dire à cet enfant qui joue, quelque chose de cet avenir qu'on sait pour lui et qu'il ignore ? Gray, dans son ode du *Collége d'Éton*, se le demandait; mademoiselle Bertin se le demande également :

> Chère enfant, tu n'as plus ton aile !
> Du sort s'il faut fuir le courroux,
> Tu peux, hélas ! malgré mon zèle,
> En tombant meurtrir tes genoux !
> Ton sourire raconte encore :
> Bientôt il interrogera.
> Ne peut-on cacher à l'aurore
> La nuit qui la dévorera ?

Je ne fais qu'indiquer dans cet ordre intime, et à des degrés différents, *les Rayons*, *Tentation*, *Fragilité*. Après ces variations du jour, après ces orages, la dernière pièce, intitulée *Nuit*, ramène un peu ce que M. Hugo a qualifié *le sourire triste, ineffable et calmant ;* la fin en est très-belle, très-idéale, et offre un mélange de résignation contristée et qui tout d'un coup s'éclaire d'une image antique :

> O Nuit ! dans ce beau lieu paré
> De tes plus charmantes étoiles,
> Cache mon âme ; elle a pleuré ;
> Couvre-la bien de tes longs voiles !
>
> Et toi, morne Tranquillité,
> Sans douleur, mais aussi sans charme,
> Pose sur ce cœur agité
> Ta main qui sèche toute larme !
>
> Écarte d'un front déjà las
> La pensée aux ardentes ailes,
> Qu'éveillent du bruit de leurs pas
> Les Muses qui dansent entre elles !

Je n'ai rien dit encore des pièces purement d'art et tout à fait désintéressées. Il en est plusieurs remarquables. Je veux moins parler des ballades qui terminent le volume et y font appendice ; elles prouvent de l'habileté et ont même de la grâce, mais l'accent y est moins original. Deux grandes pièces dans le volume donnent une plus haute idée du souffle et de la faculté du poëte dans les sujets extérieurs : le *Fragment*, qui nous montre les chrétiens aux lions, et surtout le morceau intitulé *le Poëte*, c'est-à-dire Homère.

Il était difficile, il pouvait sembler téméraire, après André Chénier, d'aborder dans un même cadre le mendiant sublime; car, chez mademoiselle Bertin comme chez André, c'est tout simplement l'antique légende, l'Aveugle harmonieux, errant, arrivant dans quelque ville ou bourgade, et payant l'hospitalité par des chants. Cette donnée de la tradition a été surtout empruntée par Chénier à la fabuleuse Vie d'Homère, attribuée à Hérodote, et à l'Hymne d'Apollon, attribué à Homère lui-même. En ce bel hymne, à propos des filles de Délos si gracieuses à charmer, on lit ce ravissant passage : « ... Elles savent imiter les chants et les sons de voix de tous les hommes, et chacun, à les écouter, se croirait entendre lui-même, tant leur voix s'adapte mélodieusement! Mais allons, qu'Apollon avec Diane nous soit propice, et adieu, vous toutes! Et souvenez-vous de moi dorénavant, lorsqu'ici viendra, après bien des traverses, quelqu'un des hôtes mortels, et qu'il vous demandera : « Ô jeunes filles, quel « est pour vous le plus doux des chantres qui fréquentent ce « lieu, et auquel de tous prenez-vous le plus de plaisir? » Et vous toutes ensemble, répondez avec un doux respect : « C'est un homme aveugle; et il habite dans Chio la pier- « reuse; c'est lui dont les chants l'emportent à présent et « à jamais! » Et nous, en retour, nous porterons votre renom aussi loin que nous pourrons aller sur la terre à travers les villes populeuses; et l'on nous croira, parce que c'est vrai. »

Dans *l'Aveugle* de Chénier, le procédé composite, que j'ai tant de fois signalé, se décèle particulièrement. Il se ressouvient donc à la fois de l'arrivée à Chio chez Glaucus (1), il se ressouvient de l'injure des habitants de Cymé. Dès le début, ces aboiements des molosses dévorants nous reportent aussi à l'arrivée d'Ulysse chez Eumée; plus loin, *le palmier de Latone*, auquel il compare les gracieux enfants, nous ramène vers Ulysse naufragé, s'adressant en

---

(1) Vie d'Homère, attribuée à Hérodote.

paroles de miel à Nausicaa. Partout, enfin, chez lui, c'est une réminiscence vive, entre-croisée, puissante; c'est, si je l'ose dire, un riche *regain* en pleine terre antique. Mademoiselle Bertin, on le comprend, a serré de moins près les souvenirs classiques, et quelquefois, dans cette plus libre façon, elle ne les a pas moins bien exprimés. Sa petite Chloé surtout est charmante; cette jolie enfant, pendant qu'Homère chante et que tous se taisent, ne peut s'empêcher d'interrompre et d'interroger, de demander si tous ces grands combats sont vrais, si le vieil aveugle les a vus jadis de ses yeux :

« Connaissais-tu Priam, Pâris, son frère Hector,
« Et le fils de Laërte et le sage Nestor?
« D'Achille au pied léger habitais-tu la tente?
« Quand on a rapporté la dépouille sanglante
« De son ami Patrocle, Homère, étais tu là?
« Oh! mon père, réponds, as-tu vu tout cela? »

Mais c'est surtout la comparaison suivante qui, pour l'idée du moins et le jet, me semble ressaisir à merveille la grâce homérique :

Parfois, quand un ruisseau courant dans la prairie
Sépare encor d'un champ, où croît l'herbe fleurie,
Un troupeau voyageur aux appétits gloutons,
Laissant se consulter entre eux les vieux moutons,
On voit, pour le franchir, quelque agneau moins timide
Choisir en hésitant un caillou qui le ride,
S'avancer, reculer, revenir en tremblant,
Poser un de ses pieds sur ce pont chancelant,
Et s'effrayer d'abord si cette onde bouillonne
En frôlant au passage une fleur qui frissonne,
Si le buisson au vent dispute un fruit vermeil,
Ou si le flot s'empourpre aux adieux du soleil,
Puis reprendre courage et gagner l'autre rive;
Alors tout le troupeau sur ses traces arrive;
Dans le gras pâturage il aborde vainqueur,
Il s'y roule en bêlant dans les herbes en fleur,
Tandis que seul au bord le berger le rappelle,
Et trop tard sur ses pas lance son chien fidèle.

> De même de Chloé lorsqu'on entend la voix,
> En mille questions tous parlent à la fois :
> On dirait une ruche où chaque travailleuse
> A la tâche du jour mêle sa voix joyeuse.
> Un jeune homme s'approche et s'informe au vieillard
> Comment en Méonie on attelait le char ;
> Tout bas la jeune fille en rougissant demande
> Ce qui rendait Vénus favorable à l'offrande ;
> Si l'épouse d'Hector portait de longs manteaux ;
> Si dans Milet déjà l'on tissait les plus beaux ;
> Où Briséis posait l'agrafe de son voile,
> Et si de Pénélope il avait vu la toile.

Dans le détail de la comparaison, toutefois, je regrette de trouver un peu trop de manière moderne, un peu de mignardise, un *caillou qui le ride*, et ce mot *frôler*, par exemple, que j'aimerais mieux dans quelque ballade à un sylphe lutin, que dans cette largeur de ton homérique.

Mademoiselle Bertin a moins bien réussi, ce me semble, pour le chant même qu'elle prête à Homère : c'est, en strophes régulières, un résumé peu entraînant des événements de *l'Iliade* :

> La plaine attristée et déserte
> De tentes est bientôt couverte,
> Et l'une d'elles, entr'ouverte,
> *Doit laisser partir* Briséis.

Que ce dernier vers est lent, sans un *e* muet final, sans une voyelle commençante ! Comment une oreille aussi musicale l'a-t-elle pu laisser tomber ! En général, la légèreté de touche fait défaut en plus d'un endroit. La grâce, encore une fois, ne manque pas ; mais, au besoin, c'est plus volontiers la force qui devient sensible.

J'en suis aux critiques ; car moi aussi j'en veux faire, et par là, non moins que par mes éloges, prouver mon sérieux respect pour le talent de mademoiselle Bertin. Je n'essayerai pas, comme un juge très-spirituel et infiniment agréable jusqu'en ses chicanes (1), de faire dans ces vers

---

(1) M. Saint-Marc Girardin.

double part, celle de la manière nouvelle et celle de l'ancienne : la nouvelle ainsi porte le mauvais lot. Tous les vers de ce volume me semblent tenir de cette manière nouvelle ; seulement les uns ont mieux réussi. Avec les avantages et les richesses de l'école moderne, les défauts s'y marquent. Il y a des mots qui détonnent ; des aspérités sortent de la trame ; toutes les couleurs ne s'y fondent pas. Par exemple :

> Après viennent les pleurs, l'ennui, puis la vieillesse
> Aux désirs *muselés* par la *pâle* faiblesse.

Ce mot *muselés* implique un effort. C'est une main *pesante* qui *musèle*, ce n'est pas une main *faible*, c'est encore moins une *faiblesse pâle*. Et puis cette expression *muselé* est bien forte, bien matérielle ; autrefois on eût dit *enchaîné*. Des *désirs muselés* appartiennent un peu trop à cette langue qui force les choses et les noms, qui dit un *cœur fêlé* au lieu d'un *cœur brisé*. Je ne comprends pas que la pensée y gagne. On entrevoit le sens de mes critiques.

Il est souvent un grand charme, et inexprimable, résultant d'une image discrète, d'un tour simple, d'un enchaînement facile, d'une cadence coupée à temps, avec un sentiment vrai sous tout cela : c'est l'atticisme de la poésie. On le néglige trop, il semble qu'à présent on l'ignore. Mademoiselle Bertin, artiste et femme, est faite pour le sentir.

Il y a de ces mots que je n'aime pas à la fin des vers, *gloutons*, *béant*, *infâme*, mots trop crus, trop bruyants et *claquants*, pour ainsi dire, qui sont faits pour déplaire, à moins qu'il n'y ait nécessité expresse dans le sens de la pensée, et qu'on ne veuille à toute force insister dessus : mais, quand on ne les emploie qu'à titre d'épithète passagère et courante, ou d'utilité de rime, ils me font l'effet d'un cahotement, d'une détonnation. M. Hugo en abuse dans son orchestre.

Un certain besoin de composition et d'art, une certaine volonté et préoccupation de lyrisme, font quelquefois qu'on prête à l'observation naturelle plus qu'elle ne donne et ne renferme. Après une charmante pièce, et toute vive, toute d'allégresse, sur le *Printemps* :

> Le voilà ! c'est bien lui ; de ses ailes de fleurs
> Tombent sur le gazon de joyeuses couleurs...;

après ce premier chant, que tout le monde comprend et volontiers répète, en vient un, comme pendant, sur l'*Automne* et sur la mélancolie. Très-bien. L'automne a sa tristesse à coup sûr, et dispose aux langueurs mourantes. Mais cette tristesse de l'automne est voluptueuse encore ; tous ces fruits qui mûrissent et tombent, et cette grappe qui rit, n'ont rien de chastement mystique, ni qui appelle naturellement la séraphique *extase*. C'était le temps des Bacchanales et des orgiaques amours dans l'antiquité. Le Seigneur (au sens spiritualiste et chrétien) n'est dans l'automne plus que dans le printemps que parce qu'on le veut bien. Il résulte de ces interprétations voulues plutôt que trouvées une impression contestable dans l'esprit du lecteur, ce qu'il ne faut jamais.

Mais c'est assez payer ma dette de critique. Ces vers qui, en somme, rendent plusieurs des qualités éminentes de la poésie moderne et n'en ont que les défauts modérés ; ces vers qui, bien que venus tard, se rattachent au beau moment de l'école, à son berceau même, et nous reportent à bien des années en deçà, nous sont une occasion peut-être assez naturelle d'en repasser d'un coup-d'œil toute la carrière.

Dès 1819, l'école nouvelle en poésie éclôt et s'essaye ; de grands noms se dessinent déjà. Mais ce n'est que vers 1828 que cette école (j'emploie souvent ce vilain mot pour abréger) a pleine conscience et science d'elle-même, qu'elle s'organise avec plus d'étude et de sérieux, qu'elle marche en avant d'un air d'ensemble, chacun sur son point, et plusieurs avec originalité. Voilà donc à peu près quinze ans, terme moyen, qu'elle se développe en plein air et vit au soleil. Depuis quelque temps, il devient presque évident qu'elle subsiste et dure, mais ne se renouvelle plus. Les formes sont trouvées ; les louables productions, comme celle que nous avons annoncée, y rentrent plus ou moins. Les disciples, les maîtres même qui ont voulu sortir et agrandir en partant du milieu existant, n'ont guère réussi : on peut dire que pour cette école et son développement la formule de la courbe est donnée.

Quelle est aujourd'hui l'apparence d'ensemble, la classification des personnes, des individus marquants, telle qu'elle s'observe assez bien au regard? Et quant aux choses, quel est le produit net, le *bilan* probable que, grâce à Dieu ! on n'a pas encore déposé ?

Quant aux personnes, je fais trois groupes de poëtes parmi ceux de ce temps, c'est-à-dire parmi ceux des vingt dernières années. J'entends surtout parler en ceci des poëtes lyriques ou du moins non dramatiques ; je laisse le théâtre à part; on verra tout à l'heure pourquoi.

Chateaubriand donc régnant au fond et apparaissant dans un demi-lointain majestueux comme notre moderne buste d'Homère, on a :

1° Hors ligne (et je ne prétends constater ici qu'une situation), Lamartine, Hugo, Béranger, — par le talent, la puissance, le renom et le bonheur ;

2° Un groupe assez nombreux, artiste et sensible, dont il serait aisé de dire bien des noms, même plusieurs de femmes ; de vrais artistes passionnés, plus ou moins originaux, mais qui n'ont pas complétement réussi, qui n'ont pas été au bout de leurs promesses, et qu'aussi la gloire publique n'a pas consacrés. J'en nommerais bien quelques-uns si je ne craignais (ô vanité humaine! ô susceptibilité poétique !) de fâcher presque autant les nommés que les omis. Mais c'est sur eux, la plupart, que nous vivons dans cette série dès longtemps entreprise ; ce sont eux qui formeront en définitive le corps de réserve et d'élite de la poésie du dix-neuvième siècle contre le choc du formidable avenir, et qui montreront que les gloires de quelques-uns n'ont pas été des exceptions ni des accidents. Je dirai d'un seul, M. Alfred de Musset, que s'il jetait souvent à la face du siècle d'étincelantes satires comme la dernière *sur la Paresse*, que s'il livrait plus souvent aux amis de l'idéal et du rêve des méditations comme sa *Nuit de Mai*, il serait peut-être en grande chance de faire infidélité à son groupe, et de passer, lui aussi, le plus jeune des glorieux, à l'auréole pleine et distincte (1).

3° Je fais un troisième groupe, et de poëtes encore : ceux que j'y place, je les nommerai ici bien moins, quoiqu'ils ne soient pas à mépriser. Voici comment je les définis : gracieux et sensibles, mais plus faibles et imitants; ou habiles, mais de pure forme; ou assez élevés, et même ambitieux, mais sans art.

Après cela vient le gros de l'armée, et plus de groupe; la foule des rimeurs, parmi lesquels, certes, bien des cœurs sincères, quelques caporaux, et de bons soldats.

Mais vous, dans cette armée, vous vous faites le *commissaire ordonnateur des livres;* et de quel droit? dira un plaisant. — J'accepte le ridicule du rôle, et j'arrive aux choses. A la manière dont le corps de bataille m'apparaît rangé et comme en si bel ordre après la lutte, il est évident que je ne considère point la bataille elle-même comme perdue. N'est-il pas temps en effet que nos vieux adversaires, bon gré mal gré, le reconnaissent? l'école poétique moderne a réussi. Hélas! on peut l'accorder; assez d'échecs et d'ombres tempèrent son triomphe, et en doivent rendre le *Te Deum* modeste.

Et d'abord elle n'a rien fait en art dramatique qui ajoute à notre glorieux passé littéraire des deux siècles : Corneille, Molière, Racine, sont demeurés debout de toute

---

(1) Ceci a paru (le croirait-on bien?) une sorte d'injure faite à M. Alfred de Musset; on me crie qu'il est du premier groupe, et qu'il marche désormais, lui quatrième, avec Lamartine, Hugo et Béranger. Je crois avoir rendu ailleurs ample justice au talent de M. de Musset, mais il ne me semble pas, malgré tout, que sa situation soit telle encore, et j'ajouterai que c'est peut-être parce qu'il ne l'a pas voulu.

leur hauteur et hors d'atteinte. Je sais ce que de dignes successeurs, et à la fois novateurs habiles et prudents, ont pratiqué de louable pour soutenir et prolonger l'héritage. Je sais aussi les nobles audaces premières, et les témérités qu'on aimait, et la verve ou l'intention persistante de quelques-uns. Mais la comédie du temps, chacun le dira, s'il fallait la personnifier dans un auteur, ne se trouverait point porter un nom sorti des rangs nouveaux. Quant à la tragédie,... il n'en est qu'une ; Romains, montons au Capitole ; retournons à *Polyeucte*, et allons demain applaudir Chimène.

Serait-ce qu'aujourd'hui une certaine élévation d'idées, chez le poëte, se prête moins qu'autrefois à la pratique et aux conditions du drame ? Pour y réussir, il ne faut pas tant marchander peut-être, ni avoir d'abord des visées si hautes, si calculées. Un génie naturel décidé se tirerait de là, je le crois bien. Toujours est-il qu'à cet égard, les hautes espérances des débuts ont peu donné.

L'école moderne n'a pas non plus résolu cette question de savoir s'il est possible en français de faire un poëme de quelque étendue, un poëme sérieux et qui ne soit pas ennuyeux ; malgré *Jocelyn*, qui était si digne et si près de la résoudre, la question demeure pendante (1).

Voilà les échecs que je ne crois pas amoindrir ni dissimuler. On a réussi pourtant : où donc ? On a réussi dans le *lyrique*, c'est-à-dire dans l'ode, dans la méditation, dans l'élégie, dans la fantaisie, dans le roman même, en tant qu'il est lyrique aussi et individuel, je dirai plus, en tant qu'il rend l'âme d'une époque, d'un pays : mais ceci s'éloigne. A ne prendre que l'ensemble, on a véritablement créé le lyrique en France, non plus par accident, mais par une production riche et profonde. On a, en bien des sens, comme redonné la main au seizième siècle, par delà les deux précédents. Le côté par où ces deux derniers avaient fait

( ) Il faut maintenant ajouter dans la balance le poëme de M. Brizeux, *les Bretons*, qui a paru depuis (1845).

défaut est précisément celui où l'on a repris l'avantage. Une chaîne imprévue s'est renouée. On n'a pas été tout à fait indigne, à son tour, de ces grands contemporains, Goëthe, Byron. Une branche nouvelle et toute fleurie s'est ajoutée à notre vieil arbre régulier qui la promettait peu.

« J'étais sorti le matin pour chasser le sanglier, et je suis rentré le soir ayant pris beaucoup de cigales. »

Mais les cigales sont harmonieuses. — Eh bien ! l'école poétique moderne, au pis, peut se dire comme ce chasseur-là. Après tout, le succès humain n'est guère jamais mieux.

Quant à l'avenir littéraire prochain, quel est-il ? Il y aurait témérité à le vouloir préjuger. Dans une brochure récente imprimée à Berlin et sur notre propre poésie, M. Paul Ackermann, qui est très-Français malgré la tournure germanique de son nom, et qui, à cette distance, s'occupe à fond de l'école et de la question poétique moderne comme pourrait faire sur une phase accomplie un érudit systématique et ingénieux, M. Ackermann conclut en terminant : « Pour nous, nous croyons fermement
« qu'un nouveau dix-septième siècle est réservé à la littéra-
« ture française ; mais il faut le préparer par les idées, par
« la force morale et la science *artiale*. L'époque de transi-
« tion, le second seizième siècle, où nous nous trouvons, a
« commencé par un Ronsard, il faut prendre garde qu'il
« ne finisse par un Du Bartas et un Malherbe (1). »

Laissons ces noms, ces rapprochements, toujours inexacts,

(1) *Du Principe de la Poésie et de l'Éducation du Poëte* (1841, Paris, Brockhaus, rue Richelieu, 60). — M. Ackermann a publié en 1839 l'*Illustration* de Du Bellay, avec une préface où il commençait l'exposé de ses vues littéraires ; il les a reprises et poussées depuis dans la préface d'un volume intitulé *Chants d'Amour* (Crozet, 1841). Les objections qu'on peut faire à l'auteur, à chaque pas, sont de toutes sortes et des plus considérables ; mais il est instruit, il est ingénieux, il fait penser. Et puis rien n'est singulier pour l'école moderne comme de se voir dans ce miroir-là, qui est déjà, à certains égards, celui du philologue et du scholiaste opérant sur une langue morte. Cela donne à réfléchir.

et qui resserrent. Moi aussi, j'aimerais de grand cœur à croire à un dix-septième siècle futur plutôt qu'à un Du Bartas; mais il n'est pas en nous que cela finisse de telle ou telle manière. Le hasard du génie y pourvoira. Et puis l'humble poésie est à bord, après tout, du grand vaisseau de l'État, et telles seront les destinées de l'ensemble, telles aussi un peu les siennes en particulier. Ce que je sais bien, c'est que la renommée finale des poëtes actuels, leur classement définitif dépendra beaucoup de ce qui viendra après. Et ils ont intérêt, chose singulière! à ce qu'il vienne quelque chose de plus grand, de meilleur qu'eux. Un bel âge littéraire complet, ou du moins une vraie gloire de poëte de premier ordre, serait un bonheur et un coup de fortune pour tous ceux de valeur qui l'auraient précédé. Qu'il vienne donc, qu'il soit né déjà, celui de qui dépendent nos prochaines destinées! L'originalité, à mon sens, serait qu'il fût épique ou dramatique, c'est-à-dire qu'il portât la main là où on a manqué, là où les grandes moissons se conquièrent. A lui ensuite de régler les rangs! S'il est équitable en même temps que vrai génie, s'il est généreux, il dira à qui il doit le plus, et ce qui lui en semble parmi ceux qui lui auront frayé la route, qui lui auront préparé la langue poétique continue; et sa parole fera foi.

Nous voilà bien loin de notre point de départ et des *Glanures* qui nous ont mis en train. Si ce volume avait paru il y a dix ans, il n'y aurait pas de doute sur le rang qui lui devrait être assigné. Aujourd'hui, bien que venu tard et dans une littérature encombrée de pastiches et de contrefaçons spécieuses, il s'en distingue d'abord et se rattache à la franche veine d'inspirations; sa vraie date reparaît. Suivant une expression de mademoiselle Bertin, elle aussi, elle est arrivée à la onzième heure de poésie; j'espère que de même elle aura sa part (et elle la mérite) à côté de plus d'un qui a devancé.

15 janvier 1842.

M. NISARD.

1836.

La critique est de plus en plus difficile et presque nulle : c'est ce que disent bien des personnes, et celle particulièrement dont nous avons à nous occuper. La principale cause de cette décadence me paraît être, que la critique ne s'adresse pas à un public qui ait déjà plus ou moins son avis, qui fasse réellement attention et accorde intérêt au détail du jugement, et qui le contrôle : rien de cela. Le nombre des hommes qui se croient *centre*, et qui se portent pour chefs d'un mouvement, augmente chaque jour. Autour de chacun se meut une petite sphère, un tourbillon. Ceux qui nous servent dans nos prétentions et qui rentrent dans nos systèmes sont tout; ceux qui les contrarient ne sont que peu ou rien, ou moins que rien, selon le plus ou moins de superbe du prétendant. Quant aux indifférents, aux neutres, peu importe! Qu'on les loue, qu'on les préconise, pourvu qu'on n'empiète pas trop sur notre empire et qu'on ne fasse pas trop écho dans notre bruit. Voilà la république des lettres telle qu'elle est. Ce public, à la fois désintéressé et portant intérêt, ce public d'audience qui écoutait, discutait et contrôlait, qui savait d'avance toutes les pièces du moindre procès, où est-il? Il est comme les justes dans Israël, çà et là. De la sorte, la critique, se sentant comme en pure perte, sans appui au dehors et sans limite, s'est évanouie. On sert ses amis, ses admirations littéraires, à l'occasion, par une pointe comme en tactique bien entendue. Mais les tempéraments, les nuances, la discrétion et la restriction dans les louanges, ont disparu. Tout ou rien. Et devant un homme qu'on estime, à qui on trouve du mérite, un fonds solide et spirituel, de l'avenir, mais des défauts, mais des idées qui font lieu-commun parfois, mais un ton qui vous a choqué souvent, s'il le faut juger, on ne sait d'abord comment dire, comment lui concéder sa part sans adhérer, fixer ses propres restrictions sans lui faire injure.

C'est un peu notre position à l'égard de M. Nisard, l'un de nos amis, et, s'il nous permet de le dire, notre rival en plus d'une rencontre, qui nous a témoigné souvent dans ses écrits une faveur de louange (ou de clémence après l'attaque) que nous ne lui avons pas assez rendue, que nous craignons de ne pas assez lui rendre aujourd'hui encore. Mais lui, critique de conscience, voudra bien prendre comme un hommage même plusieurs de nos réserves indispensables et de nos explications adverses. Que s'il nous trouve un peu osé de venir rattacher si familièrement ses vues à sa personne et à ses motifs, il se rappellera que nous sommes plutôt pour la littérature *réelle* et particulière que pour la littérature monumentale. Nous ne pouvons nous séparer de notre manière, de nos armes, pour ainsi dire. La critique d'un écrivain sous notre plume court toujours risque de devenir une légère dissection anatomique, et, à l'égard des vivants de notre connaissance, quand ce n'est pas avec un extrême plaisir que nous abordons le portrait, c'est certainement à regret que nous nous y mettons.

M. Nisard a inséré dans le *Dictionnaire de la Conversation*, et a fait tirer à part un *Précis sur l'Histoire de la Littérature française*, qui forme un petit ouvrage. Notre littérature des trois derniers siècles y est tout entière traitée, plusieurs même des grands noms assez en détail. Le point de vue essentiel se rattache à la position que l'auteur a prise depuis plusieurs années, et à un rôle littéraire qui doit avoir de l'avenir en lui, nous le croyons.

M. Nisard, ancien élève et très-fort élève de la Sainte-Barbe-Nicole, et rédacteur encore secondaire aux *Débats*, se montrait fort attentif, vers 1829, au mouvement littéraire et poétique qui s'émancipait de plus belle alors. Beaucoup de ses opinions d'aujourd'hui ont leur origine et leur racine en ce temps : seulement il s'est attaché à contredire depuis et à combattre sous toutes les formes ce qu'il avait à son début trop entendu affirmer. Il n'était pas de ces talents qui doivent réussir, dans leur première poussée, par des essais de création et d'art : il n'a rien fait en *art* (que je connaisse), hormis plus tard une toute petite nouvelle (*la Laitière d'Auteuil*), qu'il a donnée comme échantillon d'histoire simple, et qui est la faiblesse même (1). Mais il arriva assez vite par la réflexion à la seconde phase de l'esprit, à la critique, son vrai talent. Quelle place était alors à prendre dans la critique ? La révolution de Juillet, en rompant brusquement le concert poétique, montrait bien ce qu'il ne fallait plus faire, mais non pas ce qu'il fallait. Évidemment, il n'y avait pas à songer, après 1830, à devenir ou à continuer d'être le critique du romantisme poétique. M. Nisard tâtonna quelque temps. Il s'approcha des hommes politiques, de M. Bignon, je crois, dont la phrase d'ailleurs, pleine et nombreuse et vraiment académique, semblait de si bon style à feu Louis XVIII. L'esprit de M. Saint-Marc Girardin et son style beaucoup plus leste préoccupaient aussi vivement M. Nisard (2) : il s'en sentait

---

(1) On raconte que tout alla très-bien pour l'abbé d'Aubignac, ce grand critique *constituant*, ce législateur prépondérant du théâtre, jusqu'à ce qu'il eût composé sa *Zénobie* en prose sur les règles qu'il avait prescrites aux auteurs. Mais cette *Zénobie* donna sa mesure comme poëte, et ce fut un échec au critique.

(2) Un poëte de Lausanne, énumérant nos auteurs, s'est échappé à dire dans une Épître familière :

Monsieur Saint-Marc au style dégagé,
Monsieur Nisard au style rengorgé.

tour à tour attiré ou repoussé, selon qu'il voyait son collaborateur des *Débats*, tantôt comme maître en talent, tantôt comme rival. Mais bientôt l'esprit de Carrel le tenta. Et ce n'était pas l'esprit politique, la passion agressive de Carrel qui l'attirait, c'était l'excellence de l'écrivain, le bon sens qui persistait si juste et si sain au fond de l'humeur belliqueuse et à travers cette noble bile (*splendida, mascula bilis*) : en fait de bon sens, celui de M. Nisard prenait vite parti et s'enflait toujours. M. Nisard d'ailleurs n'avait pas de tradition politique directe et fixe, point de passion léguée. Élève de la Sainte-Barbe-Nicole, il n'avait pas été nourri à haïr la Restauration. Après Juillet, il n'avait pas aussitôt haï l'usage qu'on avait fait de cette victoire. Il mêlait dans une admiration, dans une apothéose qui peut paraître même aujourd'hui singulière par l'assemblage, M. Saint-Marc, et M. Bertin, et celui-là que, pour ne point irriter ses mânes (qui sait? peut-être encore irritables), je ne nommerai pas tout après eux (1). Mais M. Nisard, dans

(1) Comme je tiens à ne point paraître vouloir flatter même un mort, ni vouloir encore moins blesser, sans raison, des vivants, j'expliquerai toute ma pensée : je n'ai prétendu ici que relever chez M. Nisard une incohérence par trop glorieuse, qui tendait à cumuler, en quelque sorte, les avantages des admirations les plus disparates et les plus affichées, une manière peu discrète de louer qui manquait de convenance envers tous ceux qu'elle associait si bruyamment, mais qui, dans le cas cité, en manquait surtout envers le plus pointilleux et le seul exclusif des trois. M. Nisard, au reste, s'est enfoncé de plus en plus fort dans la même illusion de goût, lorsque, plus tard, il n'a écrit si au long et parlé si haut sur Carrel que pour faire aboutir immédiatement l'éloge à M. le duc d'Orléans. Certes, M. le duc d'Orléans en son lieu, avec tout ce qu'on en voudra écrire ou penser de plus flatteur; M. Saint-Marc-Girardin dans sa ligne aussi, avec ses charmants mérites d'esprit sceptique et dégagé; M. Bertin l'aîné sous ses arbres des *Roches*, où tous ceux qui l'ont approché ont pu apprécier dans son dire un si grand sens des choses de la vie; mais pour Dieu! n'enflez pas tant votre voix pour mêler tous ces hommes et Carrel ensemble au même moment, pour saluer l'un comme prince, pour parler de l'autre comme d'un père, et proclamer celui-là devant tous comme *votre seconde conscience*; pour Dieu! graduez et choisissez. — M. Nisard, dans une lettre adressée à la *Revue des Deux Mondes* (15 novembre 1836), a pris le

ces milieux divers, se disait honnête et il l'était; mais il avait un sens qui le détournait des fausses espérances et des excessifs désespoirs; mais, par ses goûts classiques mêmes, par son habitude raisonnée de prosateur, par un certain ballottage équitable qui neutralise les écarts, il se tenait, dans ses variations, à des idées moyennes d'expérience et de portée actuelle, que l'expression seule grossissait un peu; il n'était du reste nullement fermé à plusieurs des discussions nouvelles qui s'agitaient, et il en retirait, après coup, matière à digression littéraire, sans s'éprendre du fond : autant de garanties contre l'erreur et pour la marche de ce genre de talent. Il a été, en effet, en progrès constant et rapide depuis ce temps-là.

Politiquement il n'avait pas à se faire jour; c'était par la littérature, objet de sa vocation très-prononcée, qu'il devait

soin de relever quelques-unes de nos assertions : nous nous sommes d'autant plus aisément abstenu d'y répondre alors, qu'il nous a été impossible d'y voir, de sa part, autre chose qu'une démonstration développée de nos paroles. Cette démonstration, M. Nisard nous semble l'avoir continuée à certains égards dans cet article sur Carrel où de fort bonnes pages et des vues justes sur l'homme sont compromises par une singulière préoccupation de le tirer à soi, et par une dilatation extrême des parties du biographe les moins correspondantes à son modèle. Cet article a soulevé des récriminations diverses et animées : peut-être, en effet, pour qu'on pût en écrire alors, la mémoire de Carrel était trop incandescente; le biographe a eu beau y employer beaucoup de phrases et mêler beaucoup d'eau dans son encre, il n'a pas réussi. Grâce à lui, ce caractère si profond, si creusé, si énergique, si généreux au travers de ses arrière-pensées, et dans ses complications mêmes si précis, est devenu un peu plus qu'auparavant un problème pour ceux qui ne l'ont pas connu; il est devenu matière à récrimination, et, qui pis est, à amplification. Au moment où l'on faisait profession de l'avoir tant connu, c'était surtout le bien méconnaître que de l'aborder par ce côté de phrase sonore qui lui était certes le plus antipathique : car l'épigraphe de l'article, en somme, et malgré ses bonnes parties, ne me semble pas autre que ce vers de Juvénal sur Annibal :

    Ut pueris placeas et declamatio fias !

Qu'au moins un jour arrive où l'œuvre de Carrel recueillie vienne rendre sur lui et sur sa vraie forme de pensée, pour qui la voudra étudier de près, un durable et authentique témoignage ! (Note de 1839.)

se poser avec importance. En même temps qu'il écrivait des articles au *National*, M. Nisard se préparait au rôle qu'il occupe, en terminant son ouvrage sur les poëtes latins, dont autrefois les premiers portraits avaient paru dans la *Revue de Paris*. Mais, à mesure qu'il avançait, l'esprit qui domine dans ce livre augmentait aussi d'influence, et y donnait une couleur qui n'a pas été assez remarquée des critiques : n'y voyant que la lettre, ou faisant semblant, ils l'ont traité comme un pur ouvrage de littérature ancienne. Or, ce livre sur les poëtes latins de la décadence n'est en effet, dans son but principal, j'ose le dire, qu'un manifeste raisonné, assez érudit d'apparence, mais plein d'allusions, qui vont, je le crois bien, jusqu'à compromettre en plus d'un endroit la réalité historique et l'exactitude biographique, un manifeste contre la poésie moderne dite de 1828, et ses prétentions, et même ses principaux personnages.

M. Nisard, que l'absence de passion enthousiaste et d'initiative, soit en politique, soit en art, avait tenu un peu en dehors et au second rang, dans ce premier âge où il est si difficile de ne pas faire de *fausse pointe*, en avait pourtant fait une petite fausse, à ce qu'il lui semblait, en louant d'abord, plus que sa raison modifiée ne l'admettait, certaines œuvres ou de M. Hugo ou de cette école. C'était donc une revanche qu'il prenait dans cette position nouvelle. Le rôle de critique officiel de l'école romantique n'était plus à tenir, nous l'avons dit, l'école, à proprement parler, se trouvant dissoute; et M. Nisard, d'ailleurs, ne se sentait pas homme à accepter et à subir ainsi une influence prolongée. Le rôle de feuilletoniste spirituel, facile, capricieux, malicieux, folâtre, était pris, et M. Nisard n'y aurait pas aspiré, par ambition grave, quand la nature de son esprit lui eût permis le badinage. Restaient des rôles de critiques consciencieux, sérieux, mais un peu singuliers, *exceptionnels*, comme de loin il les appelle, ou plus adonnés à l'étude des influences étrangères, des origines, ou recherchant les cas rares plutôt que la route générale et frayée. L'ambition toujours, et à la fois le sens plus direct et plus commun d'application, de M. Nisard, ne s'y portait guère. Il n'avait donc plus, hors cela, qu'à tâcher d'être le critique sensé, général, de cette tradition qu'on avait tant attaquée, et à laquelle on n'avait rien substitué; il avait à faire réaction, enfin, pour la littérature française contre les littératures étrangères, pour les grands siècles et les gloires établies contre les usurpations récentes, pour la prose non poétique contre les vers et la *forme* vivement exaltés. Nous ne prêtons pas ici à M. Nisard une pensée gratuite; ç'a été son dessein délibéré, nous le croyons; il l'a embrassé dans son étendue, il le poursuit, non pas seulement par accès d'humeur judicieuse, comme le très-bon écrivain M. Peisse, comme Carrel l'a tenté lui-même dans de trop rares morceaux de littérature au *National;* mais il le poursuit avec instance, sur les divers points, y revenant sans cesse à propos de tout : en un mot, c'est son rôle.

Qu'il y ait lieu maintenant et en tout temps à un tel rôle, nul doute. La tradition et l'innovation sont les deux pieds de l'humanité. L'humanité peut s'appeler, en quelque sorte, une boiteuse intrépide. Le pied boiteux est le plus sûr, c'est la tradition. Avant que l'innovation, cet autre pied aventureux, réussisse à enlever de terre le pied lent et solide, il lui faut piaffer longtemps en vain. On ferait, des prétentions et querelles de ces deux pieds inégaux, un apologue qui vaudrait celui *des Membres et de l'Estomac*. La conclusion serait qu'il ne faut rien se retrancher, surtout quand on est déjà boiteux. La tradition en littérature mérite donc grandement qu'on la défende; mais, dans les termes où M. Nisard la maintient, dans l'extension impérieuse qu'il lui donne au préjudice de toute audace, je crois son idée en partie fausse, et, par conséquent, je n'en suis pas du tout. Ceci soit dit pour les personnes qui, parce qu'on modifie son opinion sincèrement sur quelques points, sont si prêtes, dans leur jeune ardeur, à faire de vous des gens qui abjurent et des *réactionnaires*. Tandis que ces personnes de talent brillant et d'imagination vive nous développent des vues générales et des *synthèses* sur le passé, comment veulent-elles qu'on ne doute pas un peu de la réalité de l'idée, quand on les sait se tromper si à bout portant dans les coalitions qu'elles s'imaginent voir éclore sous leurs propres yeux?

Quoi qu'il en soit, il y a tout un côté vrai et fondé dans le rôle de M. Nisard, et il était homme à en faire valoir les avantages. Les qualités qu'il possède en effet, instruction, dignité, conscience, honnêteté, il sait les mettre en dehors dans ses écrits, et ne les laisse pas à deviner. A l'appui de son livre sur les poëtes latins, qui n'a pas été assez lu dans le sens juste où il l'avait écrit, et comme démonstration accessoire, il a exprimé directement sa pensée sur toute une classe d'écrivains modernes par son manifeste contre ce qu'il a appelé *la littérature facile*. Dans sa polémique avec M. Janin, chacun d'eux a triomphé à sa manière; mais la position de M. Nisard en a été désormais bien dessinée; tous ses travaux, depuis, n'ont fait qu'y ajouter et la rendre plus respectable; il y est assis, il s'y appuie en toutes choses, il s'en prévaut; il le sait, et il le donne à connaître; et lui-même, en tête de je ne sais plus quel article écrit vers le temps de sa polémique, il a naïvement exprimé cette satisfaction intime qu'on éprouve, lorsque, après des tâtonnements, ayant enfin trouvé sa voie, on s'assied sur une borne un moment, et qu'on parcourt du regard, derrière et en avant, sa belle carrière, prêt à repartir.

Le livre sur la littérature latine est un bon livre. On y apprend beaucoup de détails piquants de mœurs, et à connaître en somme (pourvu qu'on le lise avec contradiction) toute cette poésie du second âge. Mais j'eusse mieux aimé un livre plus historique, plus suivi, plus astreint à son sujet, moins conjectural en inductions sur le caractère des poëtes, moins plein de préoccupations très-modernes. Le livre en eût été plus grave, plus véritablement classique, plus vrai. Il a été au long apprécié par M. Daunou au *Journal des Savants*, et par M. Villemain dans la *Revue de Paris*. Au milieu des éloges fort précieux et fort mérités que ces deux critiques si compétents ont donnés à l'ouvrage de M. Nisard, ils n'ont pu s'empêcher de relever la sévérité extrême de l'auteur à l'égard des poëtes qu'il examine. C'est que M. Nisard, après être entré dans son sujet sans trop de parti-pris peut-être, et avec l'idée de peindre surtout les mœurs romaines par les poëtes, est vite arrivé à concevoir que ce cadre était tout naturellement ouvert à une protestation motivée contre le goût et les prétentions d'une école qu'il craignait d'avoir d'abord servie, et qu'il jugeait sage de répudier. On s'attache d'ordinaire à son sujet, on y prend goût, on y porte amour et indulgence : ici c'est le contraire. L'auteur devient plus sévère à mesure qu'il avance, et plus dégoûté dans son blâme. Je n'en fais pas un reproche à M. Nisard; mais je remarque ce genre d'inspiration, et j'en eusse mieux aimé une autre : la sienne annonce sans doute un esprit qui a plus de tenue, et qui est plus en garde contre l'engouement et la faiblesse. Les rapports qu'en son second volume, et à propos de Lucain, il établit entre les diverses poésies du second et du troisième âge des littératures, me semblent justes et constants. Oui, après la génération grandiose et un peu rude des Lucrèce, des Corneille, arrive d'ordinaire la génération épurée, accomplie, solide et fine et suave, des Virgile, des Horace et des Racine. De là jusqu'à Ausone ou Delille, il y a bien des degrés que l'ensemble d'une poésie parcourt comme fatalement. Mais sous cette fatalité générale (et toute réserve faite des causes qui peuvent introduire plus d'une différence essentielle dans le parallèle entre les Anciens et nous), il y a encore place pour les exceptions, pour les individus qui luttent, pour les hommes de talent qui cherchent à sauver l'œuvre de la dureté des temps et de la difficulté croissante. Venir reprocher outre mesure aux poëtes de la décadence ce qui tient à la date de leur venue, s'en prévaloir exorbitamment contre eux pour les déclarer chétifs et médiocres, non-seulement d'œuvres, mais aussi d'esprit et de talent (et M. Nisard l'a fait pour quelques-uns, pour Perse par exemple), c'est être inexorable comme le hasard et le succès, c'est vouloir même être plus sévère que la plus ingrate fortune, bien loin de profiter de tous les droits bienveillants d'une critique attentive et pénétrante. Il y a dans Stace, que M. Nisard traite fort mal, sans aucun adoucissement, et à propos de qui il fait une description spirituelle et chargée de la *Pléiade* romaine, satire directe de feu ce pauvre *Cénacle* d'ici, il y a, à la fin de *la Thébaïde*, un cri, un vœu à la fois modeste et touchant du poëte sur son livre, au moment où il l'achève :

Vive, precor; nec tu divinam Æneïda tenta;
Sed longe sequere, et vestigia semper adora!

Ce *Vive, precor!* adressé à son livre, ou plutôt au critique des âges futurs, m'aurait été au cœur (à la place de M. Nisard) en faveur d'un poëte que Dante n'a pas dédaigné d'admettre dans le groupe sacré. Dante, en lui conférant cet honneur, pensait assurément à ce vers si tendre, si pieux pour leur guide commun, Virgile. Sans me porter ici pour un défenseur de Stace comme l'était Malherbe, sans me donner du tout les airs d'avoir lu jusqu'au bout sa *Thébaïde*, il me semble que, dans les *Sylves*, plus d'une de ces pièces improvisées, non pas à la manière de Sgricci, mais comme le sont beaucoup de pièces de Hugo et de Lamartine, c'est-à-dire en deux matinées, méritait quelque distinction pour de charmants vers qui s'y trouvent. Qu'ai-je dit? nous autres auteurs de *Sylves*, nous sommes trop de ce bois-là pour en parler (1).

M. Nisard, qui se pique en général de suivre les lois de Malherbe et de Boileau, s'est mis, après force précautions ingénieuses, en contradiction avec ce dernier à propos de Perse; et j'avoue que, de tous les jugements de son livre instructif, celui qu'il porte sur ce satirique latin m'a le plus étonné et, pour parler franc, m'a tout à fait révolté par l'injustice criante et la latitude de la conjecture. En lisant

(1) Cependant je veux ajouter quelques mots encore. On ne lit plus Stace, à moins d'être un érudit; où en prendrait-on une idée sinon

et relisant cet article, je le conçois si peu en lui-même, que je cherche de tous côtés autour de nous quel pauvre diable de poëte de vingt-huit ans est mort et a mérité, par sa précocité de production et à la fois par sa maigreur d'esprit, toutes les sentences écrasantes qu'endosse, en son lieu et place, le malheureux Perse. S'emparant d'une dans un livre qui en traite expressément? L'objet naturel, le devoir d'un tel ouvrage ne serait-il pas d'indiquer dans l'auteur négligé ce qui est à lire par échantillon, ce qui mérite d'en survivre, et ce qu'on en peut sauver d'agréable après des siècles? M. Nisard se garde bien de le faire : il prétend absolument dégoûter les autres du mets qu'il a touché. Des esprits délicats et solides ont été moins dédaigneux. L'abbé Du Guet, je me le rappelle, dans une lettre sur les études classiques, ne craint pas de recommander Stace pour quelques pièces charmantes des *Sylves*. Dans cette *Thébaïde* même si peu attrayante, au livre X, j'aimerais, par exemple, à détacher l'épisode de Dymas et Hopleus, ces deux jeunes amis pieux, surpris et succombant lorsqu'ils vont rendre de nuit sur le champ de bataille les devoirs funèbres au corps de leur roi, et auxquels le poëte promet quelque chose de l'immortalité d'Euryale et de Nisus :

> Vos quoque sacrati, quamvis mea carmina surgant
> Inferiore lyra, memores superabitis annos.
> Forsitan et comites non aspernabitur umbras
> Euryalus, Phrygiique admittet gloria Nisi.

Toujours, on le voit, chez Stace l'imitation, la réminiscence modeste et passionnée de Virgile. Dante l'a bien senti, lorsqu'il le place, non pas dans le groupe des poëtes païens au chant IV de l'*Enfer*, mais à titre de chrétien (ce qu'il suppose), dans deux chants à part du *Purgatoire* (XXI et XXII), plus seul alors en face de Virgile, nommant Virgile avec amour sans savoir que c'est à lui qu'il parle, souhaitant de l'avoir vu au prix même d'une journée de plus dans les limbes, tombant à ses pieds dès qu'il l'entend nommer, et oubliant, dans cet élan d'embrassement, qu'il n'est qu'une ombre devant une ombre! Voilà l'étincelle qu'il eût fallu promener sur son œuvre pour ranimer un peu toute cette poésie mythologique dont on est assez naturellement rebuté sans avoir tant besoin d'être averti. Dans ces *Sylves* trop prolongées de détail, infiniment trop curieuses, sans doute, de descriptions matérielles, il y a des traits d'amitié sensible et d'amour des lettres qui méritaient de racheter bien des fautes. En même temps qu'il célèbre les maisons de campagne de ses amis, il parle de leurs mœurs, de leurs goûts, de leur âme. Cette rivière, ailleurs rapide, mais qui se ralentit, et coule si doucement à travers le Tibur de Manlius Vopiscus, semble imitation que Boileau a faite d'un passage de Perse : *Mane piger stertis... Debout! dit l'Avarice, il est temps de marcher*, M. Nisard donne tout l'avantage à Boileau, et parce que Perse oppose à l'Avarice qui pousse le marchand en Asie, *Luxuria*, la Volupté, ou plutôt ici l'amour du luxe et des aises et du bien-être, le critique chicane Perse sur cette

craindre de troubler des jours et des nuits où les songes mêmes sont aux Muses :

> Pieriosque dies et amantes carmina somnos.

Cette villa de Sorrente, où vivent deux heureux, a des étangs paisibles où se mire leur bonheur :

> . . . . nulloque tumultu
> Stagna modesta jacent, dominique imitantia mores.

Je ne vois rien à redire à l'agréable fiction intitulée *l'Arbre d'Atedius Melior*, à ce badinage ingénieux pour lequel le poëte n'invoque pas Apollon, mais seulement les Faunes et les Naïades faciles. Le petit envoi qui termine, et qui nous apprend que la pièce a été composée pour le jour de naissance de son ami, nous rend de véritables accents de cœur :

> Hæc tibi, parva quidem, genitali luce paramus
> Dona, sed ingenti forsan victura sub ævo,
> Tu cujus placido posuere in pectore sedem
> Blandus honos, hilarisque (tamen cum pondere) virtus :
> Cui nec pigra quies, nec iniqua potentia, nec spes
> Improba, sed medius per honesta et dulcia limes :
> Incorrupte fidem, nullosque experte tumultus,
> Et secrete palam : qui digeris ordine vitam ;
> Idem auri facilis contemptor, et optimus idem
> Comere divitias, opibusque immittere lucem...

Si Stace a eu tant de vogue en son temps, si l'on a trouvé à sa voix de la douceur, c'est aussi, apparemment, pour quelques-unes de ces notes aimables : il y avait lieu de le dire. Mais que serait devenue la caricature? Quoiqu'il doive sembler bien téméraire à présent, et d'après tout ce qu'on a entendu gronder, de passer, à bord du *Stace*, avec des vers français à pleines voiles sous le canon même de M. Nisard, je me hasarderai à donner, en la traduisant, une pièce entière des *Sylves*, que j'ai choisie comme étant la plus courte et peut-être la plus simple :

> AU SOMMEIL.
>
> Par quel crime, si jeune, ô des Dieux le plus doux,
> Par quel sort, ai-je pu perdre tes dons jaloux,
> O Sommeil ! tu me fuis... etc., etc.
>
> (Voir la pièce tout entière dans mes *Poésies complètes*.)

Volupté qui empêche le marchand de partir : « Est-ce bien
« *le plaisir*, dit-il, qui fait hésiter le marchand anglais qui
« va s'embarquer pour Canton ?... La Volupté de Perse est
« vulgaire ; elle débite deux ou trois maximes épicuriennes
« qui trainent dans les rues, depuis à peu près mille ans
« avant Perse. » Or ces banalités de Perse, ce sont ces
beaux vers :

> Indulge genio, carpamus dulcia, nostrum est
> Quod vivis : cinis, et manes, et fabula fies.
> Vive memor lethi ; fugit hora ; hoc quod loquor inde est !
> . . . .
> Le moment où je parle est déjà loin de moi !

ce que lui-même, en d'autres occasions, appellerait des vérités éternelles que l'*expression* rajeunit.

A tout moment, à propos de Perse et des autres, M. Nisard use de cette méthode d'un avocat qui amoindrit et altère insensiblement les raisons de l'adversaire pour enfler les siennes. Un de mes amis, fort bon latiniste, a marqué, sur un exemplaire que j'ai sous les yeux, quelques contresens réels que M. Nisard s'est efforcé de faire, en traduisant Perse, afin d'aggraver les torts de goût du poëte. Il le compare à Horace sur quelques passages, et est décidé d'avance à le mettre au-dessous ; résultat, certes, assez juste; mais encore faudrait-il bien prendre ses points.

Horace dit :

> . . . . . . Si vis me flere, dolendum est
> Primum ipsi tibi. . . . .

Perse dit :

> Plorabit qui me volet incurvasse querela.

« Il faut, traduit M. Nisard, que celui-là pleure, *qui veut*
« *me courber sous le poids de la tristesse,* » et il ajoute
« *Quel fatras!* » Mais il paraît bien, d'après mon ami,
que le sens véritable est : « Il faut que celui-là pleure, *qui*

« *veut me fléchir par sa plainte ;* » ce qui est beaucoup moins ridicule.

Horace a dit :

. . . . . . Totus teres atque rotundus
Externi ne quid valeat per læve morari.

Perse dit :

. . . . Ut per læve severos
Effundat junctura ungues. . . . . . .

M. Nisard traduit : « (Vos vers sont si coulants et si har-« monieux) que sur leur surface polie les soudures rejettent « le doigt le plus sévère, » et il ajoute : «.... *Effundat ungues*.... Quelle expression lourde et fatiguée ! » et il redouble et triomphe dans sa supposition : « Que dirait-on de plus pour un abîme *qui revomit sa proie?* pour un volcan *qui rejette la lave de ses entrailles*, etc., etc.? » Or, si *effundere* ne veut pas dire ici *rejeter, revomir,* mais seulement *laisser courir*, que signifie toute cette indignation ? Il y a un vers charmant du vieux dramaturge Hardy, le seul bon, je crois, qu'il ait fait ; je demande pardon (en matière aussi classique) de ce qu'il y a d'un peu léger dans la citation :

Couler une main libre autour d'un sein neigeux...

Voilà le vers. Retournez la phrase : au lieu de *la main qui coule*, vous avez *le sein neigeux et poli qui la laisse couler;* et c'est juste *effundere*. Il n'y a pas là de vomissement.

Mon ami, qui est sagace et quinteux, et plus porté à saisir le mal que le bien, a couvert les marges de son exemplaire de petites notes pareilles sur les faux sens, les traductions infidèles et onéreuses au pauvre auteur traduit : Un silence *âcre* (*silentium acre*), un royaume *bien portant* (*regnum salubre*), etc., etc.; méthode d'avocat pour faire rire aux dépens de la partie adverse ! Au nombre des torts de langue imputés à Lucain, M. Nisard l'accuse de donner des sens indéterminés et divers à certains mots qui, dans la latinité classique, sont, au contraire, dit-il, *parfaitement déterminés et précis ;* et il allègue le mot *fides* qui, bien loin de là, comme me l'assure mon ami, et comme mon propre instinct de simple amateur me le confirme, a naturellement tous ces sens divers, et est un de ces mots de magnifique latitude chez les meilleurs écrivains, comme *laus*, comme *honos*. La philologie de M. Nisard, juste en résultat général, a ainsi beaucoup d'arbitraire et de parole vaine dans le détail. J'y trouve, sous le rajeunissement d'une forme plus piquante, trop de cette tradition factice de M. Nicolas-Éloy Lemaire, tant vanté, s'il m'en souvient, par M. Nisard. Il blâme à tout moment dans Lucain ce qu'il trouverait moyen d'admirer comme des audaces dans Virgile. Pour revenir à Perse, le critique, après l'avoir accusé d'avoir trop tôt produit, et avoir pris de là occasion de s'emporter contre les gens sans génie qui écrivent trop jeunes ; après l'avoir de plus accusé (par une singulière contradiction) d'avoir peu produit et de manquer de qualité abondante et fécondante, déclare qu'*il ne se serait jamais élevé bien haut*, et qu'*il était né sans génie*. Il voit en lui le *type* de ce qu'on appelle *l'homme de talent*, ce qui veut dire l'homme de peu de talent, qui a la prétention d'en avoir ; et là-dessus il fait sur ce caractère de *l'homme de talent* quatre à cinq longues pages spirituelles, mais d'une déclamation comme j'en chercherais vainement dans Sénèque le père ; un morceau à effet, à allusion, tout en hors-d'œuvre, un *développement*, comme on dit dans l'école. Oh ! si Perse avait vécu, s'il avait songé à critiquer les auteurs plutôt qu'à être stoïcien, comme il aurait noté, dans sa vengeance, d'un vers un peu obscur mais pressant, le critique de sa connaissance, Papirius Enisus, qui, après avoir quelque temps écouté, chez Labéon ou autre, les lectures de vers d'après Accius et Pacuvius, et s'être efforcé tant bien que mal de les célébrer, s'aperçoit un matin que toutes les places sont prises, qu'il n'aura jamais de ce côté celle qui lui est due, que cette Rome turbulente et volage veut tout à l'heure autre chose, que surtout les rhéteurs de cour, les arbitres du goût officiel, ne favorisent pas ce genre-là, et qui...? mais j'oublie que Perse n'a pas écrit sa satire ou qu'elle s'est perdue.

En ce livre des *Poëtes latins* comme en ses autres écrits, M. Nisard n'évite donc pas plus d'un défaut de l'école, tout en s'élevant contre les écoles. Il parle au nom du sens et du goût avec instruction, esprit et talent, mais avec une certaine emphase ; avec conviction, mais avec la conviction d'un avocat qui plaide sans doute sa cause parce qu'il la croit juste, mais qui la plaide sur un plus haut ton parce qu'elle est sa cause. Tous les défauts de goût ne consistent pas (tant s'en faut!) dans telle ou telle expression plus ou moins métaphysique ou métaphorique : ce qui me choque presque toujours en le lisant, c'est un ton de supériorité dans l'allure, qui perce au moment même des plus extrêmes modesties, c'est cette outrecuidance de plume, comme me le disait un de mes amis et même des admirateurs de M. Nisard, à laquelle n'échappent guère ceux qui ont fait quelque temps le *premier Paris* (1) dans les *Débats*. Il s'est si bien créé l'avocat des grands siècles et si fermement posé *sur le terrain de la tradition*, qu'il vous convie à lui et à ses clients illustres d'un seul et même appel. Si vos opinions lui semblent se rapprocher des siennes, il vous en félicite; si vous avez parlé avec chaleur du bon goût, il vous remercie. De grandes et réelles qualités sont compatibles avec ce défaut qui n'est pas si nuisible au succès, quand il est surtout appuyé du fond. On a dit de quelqu'un : Il a toutes les vertus qu'il

---

(1) Nous dirons, pour ceux qui l'ignorent, que ce qu'on appelle le *premier Paris* dans les journaux politiques est l'article du commencement, non signé, et dans lequel, quand le journal est au pouvoir, l'écrivain anonyme parle tout naturellement au nom de la pensée d'État. — Ce ne serait que justice d'ajouter, pourtant, que, parmi ceux qui ont écrit ou qui écrivent le *premier Paris* aux *Débats*, une exception est à faire, depuis déjà longtemps, pour un publiciste modeste des plus consommés et des plus sensés dans sa cause : n'est-ce pas nommer M. de Sacy?

affecte. M. Nisard, après tout, ne met en dehors et sur sa devanture que beaucoup des qualités qu'il a. Une des choses qu'on apprend le mieux en profitant de l'expérience, c'est le mélange en tout, le faux et le vrai, le bon et le mauvais, se rencontrant, se contredisant, et pourtant.... *étant*, comme dirait La Fontaine : dans un individu, un défaut radical n'empêchant pas de grandes qualités et de vrais talents en lui, à côté, au sein de ce défaut, et ces grands talents ou ce génie n'empêchant pas le défaut de revenir les gâter. et y faire tache : c'est là l'homme et la vie. Pour nous en tenir à M. Nisard, il a de plus en plus, en effet, accru ses qualités sérieuses, ses connaissances diverses ; il prend intérêt à toutes sortes de choses, peinture, machines, histoire, etc., et y porte une expression abondante, redondante quelquefois, mais facile, claire, sensée, une foule d'observations morales qui plaisent à beaucoup d'esprits modérés et distingués, qui enchantent beaucoup d'esprits solides, qui ne satisfont peut-être pas toujours au même degré quelques délicats, subtils et dédaigneux. Mais il passe outre et s'en inquiète peu à bon droit. Un académicien lui a trouvé du nerf ; les savants lui trouvent de la grâce. Grâce à part, au milieu de toute son apparence et de sa réalité de sens et de raison, il a bien, il est vrai, du convenu, des opinions qui ne sont pas nées en lui dans leur originalité ; il a, dans ses développements, des habitudes littéraires qui font que la phrase domine un peu et amplifie et achève parfois l'idée. Lui qui s'élève contre le vernis poétique, il en a plus d'une fausse veine colorée dans ses descriptions. Chez lui, non plus, tout n'est pas fleur de froment dans sa mouture. Dans le milieu de son style, il y a de ces phrases, de ces paragraphes entiers qui me font l'effet des compagnies du centre au complet, défilant dans une revue, bonnes troupes, si l'on veut, mais peu distinctes, un peu lourdes, et qui passent assez longtemps devant vous, sans qu'il y manque et sans qu'on y remarque un seul homme. Mais tout cela, plus loin, se rachète par des traits d'esprit vifs, des souvenirs bien placés, quelque prise à partie intéressante, beaucoup d'acquis bien mis en œuvre. Les ennemis de M. Nisard lui refusent la facilité de travail ; il en a au contraire une extrême, j'imagine ; et, si quelque reproche était à lui faire sur son plus ou moins de facilité, ce serait plutôt de jouir d'une plume trop abondante. Comme critique *praticien*, il vaut moins que quand il raisonne sur le passé, et il est loin d'avoir le premier diagnostic sûr. S'il lui est arrivé plus d'une fois de déprécier des livres d'un mérite fin, il en a souvent préconisé d'insignifiants. On ferait une vraie académie de province des auteurs médiocres qu'il a loués en faveur de leurs qualités négatives et de leur abstinence de métaphores. Même quand il loue en lieu excellent et de bon cœur, il ne sait pas toujours les mesures : en dissertant tout au long de la santé chétive, des afflictions corporelles ou de la pauvreté des auteurs qu'il admire, il a, en trois ou quatre rencontres, manqué notablement de tact, ce qui est une manière encore de n'avoir pas assez de goût. Tel qu'il est, avec la position importante qu'il occupe et la noble ambition dont il s'y pousse, il est en voie de se faire une grande existence de critique, que subiront sans doute et appuieront, comme il arrive d'ordinaire, beaucoup de ceux qui auraient été d'abord tentés de la dédaigner.

En expliquant comment, selon nous, M. Nisard est venu aux idées et au système qu'il professe, nous croyons avoir mieux fait que de discuter ce système. Ce qu'il y a de personnel à la position du critique, dans ses doctrines, nous en indique les côtés plus infirmes. Il n'y a pas d'*originalité* réelle, selon nous, dans son système; mais il y a le contre-pied des positions prises par d'autres, contre-pied soutenu avec fermeté, suite et habileté.

Le *Précis de l'Histoire de la Littérature française*, son meilleur écrit avec *Érasme*, est un très-bon travail et très-distingué d'exécution, plus modéré, plus conciliant, plus historique et moins contestable dans son milieu que d'autres exposés de doctrine précédents. C'est là l'effet naturel d'une situation mieux établie. La réaction s'apaise et en partie désarme. Il n'y a plus qu'un certain dédain demi-clément, à la rencontre, pour les exceptionnels et les chercheurs d'origines. Ainsi, dès l'abord, M. Nisard se sépare de ceux qui tentent, avec une érudition originale, de saisir au début, et dans sa génération exacte et suivie, la littérature française. Il a raison dans l'objet qu'il se propose, qui est de ranimer le sentiment littéraire en ne s'occupant que des principaux monuments. Aussi ne faut-il pas lui demander du neuf ou même du juste avant les trois derniers siècles. Ce qui précède est fort léger, et son article du *Roman de la Rose* sera à refaire, quand ceux qui s'occupent, dit-il, des cycles carlovingiens, auront passé par là. La prose lui apparaît d'abord considérable et déjà formée dans Froissart, dans Comines, et cette prédilection pour la prose, qui est chez M. Nisard une partie de son système *français*, et une partie très-justifiable, cette prédilection qu'il couronnera plus tard avec solennité dans la personne de Buffon, se marque nettement au premier pas. Villon trouve grâce aussi devant sa plume; il lui fait une grande part; il en revient aux vers de Boileau et les commente; il compare et préfère Villon à Charles d'Orléans que M. Villemain avait relevé : il donne là-dessus des raisons de *France, pays de démocratie*, de *Poésie, fille du peuple*, qui me semblent toujours un peu vaines et acquises, dans la bouche de M. Nisard ; il rappelle le mot de Chaulieu à Voltaire *successeur de Villon*, qui vaut mieux et prouve plus, dans sa légèreté. Tout ce morceau sur Villon est spirituel et juste, quoiqu'un peu d'apparat, et sauf l'importance de novateur donnée à Villon. Si Villon est un premier aïeul connu des Marot, La Fontaine, Voltaire, Béranger, etc., il est le dernier lui-même, à d'autres égards, d'une race très-ancienne en France; il n'a fait que ce que mille autres auteurs de fabliaux ou de ballades avaient fait avant lui. Le seizième siècle, qui ne savait pas très-bien son moyen âge, a pris en poésie la queue de l'arrière-garde et l'escarmouche finale pour le gros de la bataille : nous avons tous longtemps vécu là-dessus. M. Ampère, nous y comptons, rétablira cela un jour. Quant à l'importance donnée aux deux vers de Boileau, qui ne savait pas et avait peu de souci de savoir ces choses plus que gauloises, c'est une pure superstition que M. Nisard ne feint d'avoir sans doute que pour rajeunir un point de son sujet qui n'est plus nouveau. Les opinions de M. Nisard sur le seizième siècle, poésie et prose, ne diffèrent pas autant des nôtres qu'il paraît le croire et que le premier aspect de ses jugements semble le signifier. M. Nisard, qui veut bien nous mentionner sur Ronsard, et qui nous prête à ce sujet plus de prétention admirative que n'en contiennent nos conclusions, déclare que les réhabilitations sont choses chimériques, et que *c'est surtout dans l'histoire des littératures que les morts ne reviennent pas.* Mais d'abord je lui ferai remarquer que c'est déjà une grande réhabilitation obtenue, que cette part d'importance faite par lui-même au poëte jadis étranglé dans six vers de Boileau. Quant à l'axiome sur les réhabilitations, j'avoue ne pas en saisir le sens, et n'y voir qu'une phrase. Pourquoi, dans les littératures surtout, n'y aurait-il pas des livres, des hommes, un moment glorieux et surfaits, ensuite dépréciés outre mesure et rejetés, qu'une plus juste et tardive appréciation remettrait en une place inférieure à la première, mais honorable encore? Ce Balzac, par exemple, qui, selon l'expression de M. Nisard, *a constitué la prose*, a été surfait de cette sorte, puis mis presque à l'oubli; et le premier qui ait rappelé et fait de nouveau valoir ses vrais titres à cette *constitution* de la prose française, c'est... qui?... l'abbé Trublet en personne; oui, l'abbé Trublet, que je ne veux pas réhabiliter, lui, pour cela, rassurez-vous!

Je ne suivrai pas M. Nisard dans ses divers jugements sur Montaigne, sur tout le dix-septième siècle, sur les prosateurs du dix-huitième, Montesquieu, Buffon, qu'il traite avec une vraie supériorité. Le pinacle, en quelque sorte, de sa construction théorique, est Buffon et son Discours sur le style. Au milieu de toute l'adhésion due aux principes et à la majesté de ton de l'illustre modèle, et aussi à la noblesse de propos de son admirateur, je n'ai pu m'empêcher, je l'avoue, de sourire de cette affinité élective si déclarée, de ce choix de M. de Buffon ; et je me suis rappelé que, si M. de Buffon avait demandé sa voiture au plus beau de la lecture de *Paul et Virginie*, M. Nisard avait (toutes proportions gardées) étouffé autant qu'il avait pu le charmant recueil de *Marie*, où brille en vers heureux plus d'une idylle, sœur d'enfance de *Paul et Virginie*. Il y a, dans le livre sur les poëtes latins, une longue page de colère ou de pitié contre les enfances décrites en vers, laquelle n'existerait pas si M. Brizeux n'avait pas fait *Marie*.

On doit cette justice à M. Nisard que, dans ses jugements sur le passé, il ne s'amuse pas au menu de la littérature, qu'il vise à l'essentiel, qu'il s'attaque à l'important et au solide, qu'il a de l'étendue et prend de l'haleine. Mais il s'en autorise pour rapetisser étrangement ce qui ne va pas à sa marche et à son dessein. André Chénier, à qui il accorde *le miel de l'Hymette*, n'est pour lui *qu'un jeune poëte, auquel on a fait le tort de le mal admirer :* répétition encore (en diminutif) du rôle de M. de Buffon, de l'homme de la prose, qui s'applaudit de pouvoir dire : *Cela est beau comme de la belle prose* (1) !

Les articles sur Bernardin de Saint-Pierre et sur M. de Chateaubriand sont développés, et celui de Bernardin me semble excellent. Quant à M. de Chateaubriand, le critique

---

(1) Dans ce que dit d'excellent M. Nisard sur Buffon au point de vue du style et de la rhétorique, je ne trouve point qu'il ait touché sérieusement au philosophe ; il y a même, à mon sens, quelque méprise de sa part là-dessus. Opposant la religion sentimentale de Bernardin de Saint-Pierre, qui voit partout les causes finales et la Providence, à la sobriété solennelle de Buffon sur ces points, M. Nisard admire cette manière auguste de reculer *le trône intérieur* de la majesté divine assez loin des regards de l'homme pour que celui-ci ne s'en exagère pas le voisinage. Mais il faudrait prendre garde, peut-être, que Buffon, parlant de Dieu, ne le relègue si haut que faute d'oser le reléguer plus loin encore. Ses belles phrases, qu'accepte trop sincèrement le critique littérateur, pourraient bien n'être qu'une magnifique tenture dérobant le vide. Si cette approbation complaisamment développée par M. Nisard était aussi bien de Bayle, j'y verrais une très-grande malice.

le confisque, en quelque sorte, dans son idée, dans son système de style traditionnel; il dissimule le plus qu'il peut toute la part de l'innovation chez l'auteur d'*Atala*, et enveloppe deux ou trois remarques, qu'il faut bien faire, dans un triple cercle de circonvolutions oratoires. Il oublie que les *Mémoires d'Outre-Tombe*, ce monument d'ordre composite, où tous les styles se fondent (quand ils ne se heurtent pas), où il y a innovation et rénovation de langage en même temps sans doute que tradition, et dont le titre seul est déjà une audace, donneront un complet démenti à cette théorie qui tend à nous renfermer dans une charte de style légitime, et à échafauder, à partir de M. de Chateaubriand, une barrière infranchissable, comme, avant lui, on en posait après Jean-Jacques et Bernardin. Nous avions cru toujours que c'était rendre plus d'hommage au grand style de Chactas, que de l'admirer plus librement.

Si quelque chose pouvait nous faire apporter quelque réserve à l'admiration, à l'estime que nous inspirent certains écrivains de nos jours, énergiques et simples (1), ce serait la manière, j'oserai dire fastueuse, avec laquelle M. Nisard a coutume de les louer. Toujours adjudication expresse à sa cause, et ajustement à son système!

Pour faire à la théorie de M. Nisard toute la part qui est due, je dirai : Il est hors de doute que, comme conseil littéraire général à donner à des individus quelconques bien élevés, de bon esprit, de bonnes études, il faut leur dire : Écrivez en prose plutôt qu'en vers; écrivez, tâchez d'écrire dans la forme sévère de Buffon, de Jean-Jacques, plutôt que de vous hasarder à l'imitation de Saint-Simon, ou de madame de Sévigné même, ou de Montaigne, plutôt surtout que de vous jeter dans le style métaphorique, métaphysique, etc., etc. Au point de vue de l'enseignement, cela est vrai; pour ceux qui n'ont pas un talent d'écrire spécial, une inspiration originale de poëte ou de prosateur, ces préceptes sont justes : c'est là un fonds solide, où le

---

(1) Par exemple, M. Augustin Thierry.

plus ou moins de succès n'amène pas de chute. Mais ne posez pas les limites, ne criez pas contre l'exception ; car de l'exception seule naîtra le talent, le génie. L'écrivain original se formera en dehors de vos préceptes, et il est probable qu'il commencera par les violer. Son début sera loin de votre centre ; ces littératures étrangères, que vous proscrivez si strictement, l'auront peut-être tout d'abord sollicité et nourri, il en reviendra avec le rameau en main, que bientôt il saura greffer. L'exception a presque toujours été, et, dans des temps mêlés comme les nôtres, elle est plus que jamais la ressource des littératures, en ce qu'elles offriront d'éminent. En prêchant votre tradition stricte, en l'appuyant surtout d'exemples et de détails plus féconds, vous empêcherez quelques défauts dans d'estimables esprits ; vous les empêcherez, s'il se peut, de porter dans des genres sérieux et sobres, philosophie, histoire, etc., la recherche de qualités étrangères au genre et à leur esprit même. C'est bien, et cela vaut la peine d'être pratiqué. Mais ce sera toujours malgré vous, indépendamment de vous, que l'homme de talent nouveau, ce rebelle longtemps hors des murs, se formera. Quand il aura triomphé, les critiques expliqueront comme quoi en effet, dans son imprévu même, il avait des points communs avec ses grands prédécesseurs ; mais les critiques réguliers et restrictifs auront surtout vu, à son début, les différences.

Novembre 1836.

(M. Nisard, depuis que cet article est écrit, n'a fait que justifier de plus en plus ce que nous lui accordions d'éloges en finissant. Sa position est allée s'étendant de jour en jour : Député, directeur au ministère de l'Instruction publique, maître de conférences à l'École normale et, en dernier lieu, professeur au Collège de France, il a pu suffire à tant d'emplois divers. On lui doit une collection des *Classiques latins* ; mais surtout il a publié son *Histoire de la Littérature française* (1844), à laquelle son *Précis* d'autrefois n'a servi que comme d'un premier canevas. L'esprit est le même, mais on peut dire que les meilleures qualités de l'auteur se sont donné carrière dans ce dernier ouvrage.)

M. J.-J. AMPÈRE.

1840.

Il y a déjà dix ans que M. Ampère professe la littérature. Depuis le premier essai qu'il fit de la parole publique à Marseille en 1829, il n'a pas cessé, soit dans les conférences de l'École normale, soit au sein de la Faculté comme suppléant tour à tour de M. Villemain et de M. Fauriel, soit enfin en son propre lieu, dans la chaire du Collége de France, d'appliquer à l'histoire littéraire moderne les résultats de ses instincts divers, de ses études variées, et il a fini par les concentrer exclusivement sur l'histoire de la littérature française, dont il publie une introduction développée et approfondie pour les temps qui précèdent le douzième siècle (1); dans le moment actuel de son enseignement oral, il en est arrivé au seizième.

L'influence de tels travaux, il faut tout d'abord le reconnaître, est bien antérieure d'ordinaire à la publication qui s'en fait sous forme de livres; et, pour ce qui est de M. Ampère en particulier, voilà sept années au moins que cette influence existe, qu'elle féconde les directions des jeunes esprits laborieux, qu'elle stimule, qu'elle éclaire les travaux collatéraux des autres critiques, qu'elle réagit même

(1) *Histoire littéraire de la France avant le douzième siècle*, chez Hachette.

sur les talents des maîtres plus mûrs, pour les avertir à quelques égards d'un certain progrès nouveau. Mais ce que savaient les auditeurs assidus, les témoins et les juges les plus rapprochés de l'enseignement de M. Ampère, le gros du public sérieux s'en peut faire une idée aujourd'hui par les excellents volumes qui divulguent, aux yeux de tous, les fruits de sa méthode et de ses recherches; une entreprise, ainsi produite, fonde à l'instant ou confirme un nom.

On ne s'étonnera donc pas qu'à propos du livre, et pour le mieux expliquer à notre gré, nous parlions aussi de l'homme même, des origines et des accroissements intérieurs de cet esprit si original et si vif. Derrière le livre et avant lui, il y a dans M. Ampère un personnage littéraire très-caractérisé, un maître très à part en critique, et, pour ainsi dire, une méthode en action. Au milieu de tant d'influences à fracas et de méthodes plutôt subversives, il nous paraît bon d'insister sur une manière neuve et sobre, ingénieuse et judicieuse, fertile en vues, vérifiable toujours, qui, entre mille avantages, a ses imperfections et quelques défauts sans doute, mais aucun de ceux qui égarent. — Il ne nous restera, tout cela démontré, qu'à supplier l'amitié elle-même de nous pardonner d'avoir pu être si *analyseur* à son égard, et d'avoir tant osé distinguer ici et là. Plus heureux ceux qui se contentent de profiter, de reconnaître et de jouir!

Fils d'un père illustre, nourri au foyer le plus central des sciences, M. Jean-Jacques Ampère, qui les goûtait dès l'abord et les entendait avec cette native curiosité avide du savoir universel, se déclara toutefois d'une préférence irrésistible pour les lettres. Il ne faisait en cela que choisir encore dans les diverses parts et, pour ainsi dire, les diverses muses de l'héritage paternel. Mais ce qui, chez son père, n'avait été qu'une distraction de jeunesse et un goût délassant, devint chez le fils une passion principale, entraînante, une verve durable et continuelle. Chose remarquable! lorsque, après bien des efforts et des détours qui purent souvent lui sembler bien pénibles et lointains, M. J.-J. Ampère en vint à s'établir définitivement au cœur de l'histoire littéraire comme en son domaine propre, il se trouva y apporter précisément cette faculté d'enchaînement, ce besoin instinctif des rapports et des lois, cette sagacité investigatrice des origines et des causes, dont son noble père avait fourni de si hautes preuves dans un autre ordre de vérités. L'originalité de M. Ampère en critique consiste à donner à certaines vastes proportions du champ littéraire une sorte de constitution véritablement scientifique. C'est là du fils au père, avec une heureuse variété d'application, un trait frappant de ressemblance, une reproduction à la fois intime et imprévue.

Deux tendances principales semblent s'être partagé de bonne heure l'esprit et l'imagination de M. Ampère : la tendance purement poétique et l'historique. Par la première il se sentait excité à prendre rang dans le groupe des poëtes qui, dès 1819, faisaient ouïr les sons d'une lyre nouvelle. Par l'autre voix secrète, il n'était pas moins excité à se marquer une place entre les jeunes et hardis investigateurs qui, dans les dix dernières années de la Restauration, allaient demander aux littératures étrangères des vues plus larges, des précédents et des points d'appui pour l'émancipation de l'art, et des termes nombreux de comparaison pour l'histoire de l'humaine pensée. Dans l'une et dans l'autre voie, M. Ampère se jeta avec tout le feu de ces années d'assaut et d'avant-garde ; mais, par la forme même de ses projets et de ses ébauches, il dénota tout d'abord son instinct des grands ouvrages et des longues entreprises.

Entre ces deux tendances, il n'y avait pas seulement émulation chez lui ; il dut y avoir quelquefois tiraillement. L'une, seule, a prévalu au dehors, et, à dater de ses spirituels articles au *Globe* sur Goëthe (1827), M. Ampère s'est classé dans l'opinion uniquement à titre de critique. L'autre tendance est donc demeurée comme étouffée et rentrée ; mais, le dirai-je? (et les amis de M. Ampère le savent), elle n'a jamais péri. Sous cette continuité de travaux plus ou moins sévères, l'esprit de poésie n'a cessé de courir comme un ruisseau qui, pour être caché, n'en donne pas moins, aux endroits même les plus graves d'aspect, une sorte de fraîcheur et de vie (1).

C'est une erreur de croire que la poésie ne doive se produire que directement. On l'a dit, dans sa délicatesse première elle est presque une qualité de l'âme et une vertu. Laissée entière sur sa tige, elle est comme la fleur virginale du devoir; à demi cueillie et contenue, elle embaume souvent toute une vie et la pénètre, comme ferait un aromate secret. Produite, au contraire, elle s'évapore, s'altère plus ou moins dans cette atmosphère publique de vanité, et, quand d'autres la respirent à l'envi, le cœur même d'où elle est sortie peut demeurer aigri ou désert. Tandis qu'au moral cela se passe d'ordinaire ainsi, littérairement la poésie rentrée a d'autres détours encore. Qu'est-ce, par exemple, que cet esprit de poésie appliqué en dessous à la critique, à l'histoire littéraire? Est-ce par des fleurs qu'il va se produire? Est-ce par une certaine sentimentalité extérieure? par des élancements hors de propos? Oh! non pas; tout cela est de la fausse rhétorique et de la pure phrase. Sera-ce du moins par une certaine forme d'art, par une certaine lumière vive et juste d'expression qu'il se fera jour et resplendira à travers l'analyse? Oh! à la bonne heure! ce serait davantage cela. La critique ainsi faite, l'histoire littéraire ainsi arrosée par des sources secrètes reparues à temps et largement brillantes au soleil, ressemblerait dans ses plus heureuses perspectives à ces fertiles contrées merveilleusement touchées par le poëte :

> A l'horizon déjà, par leurs eaux signalées,
> De Luz et d'Argelès se montraient les vallées².

(1) Toute la veine, chez M. Ampère, n'est pourtant pas restée cachée; on a lu de lui son mâle récit en vers des aventures du héros Sigour, sa haute et grave contemplation dédiée à son père et intitulée *Uranie*.

(2) Alfred de Vigny, *le Cor*.

Mais ce serait trop beau ; et, quand on le pourrait à force de talent, la disposition même des sujets, et, pour ainsi dire, l'ingratitude des lieux, ne répondraient pas. Tant de richesse riante n'est pas nécessaire pour que l'esprit poétique dont je parle, et qui s'est refoulé, se refasse son emploi. L'expression même dans son éclat étant absente, et la surface se conformant avant tout aux ressources du fond, il y a lieu à quelque chose de plus secret. Le poëte, sous le critique, se retrouve, et ne fait qu'un avec lui par l'esprit et la vie et *le sens propre* qu'il découvre et rend aux choses à chaque moment. Cette intelligence secrète et sentie que n'ont pas eue tant d'estimables historiens, pourtant réputés à bon droit critiques, ce don, cet art particulier dont la sobre magie se dissimule à chaque pas, qui ne convertit pas tout en or, mais qui rend à tout ce qu'il touche la qualité propre et la vraie valeur, tient de très-près à l'esprit poétique, modéré et corrigé comme je l'entends. On a dit quelque part que le poëte c'est celui qui ne sait pas, mais qui devine, qui sent et qui rend. Eh bien ! chez M. Ampère, on retrouve à tout moment celui qui devine sous celui qui sait.

On arriverait naturellement à cette conséquence assez singulière, que, sous une telle forme sobre et dissimulée, l'esprit poétique, intime, précis, et en tant qu'il touche aux racines mêmes, existe plus peut-être que dans d'autres manières bien autrement brillantes et spécieuses, où le critique écrivain se rapproche et s'inspire davantage de l'orateur et du peintre.

Cette verve, cette saillie courante et vive qui est le jet de la poésie, M. Ampère en a gardé comme l'impulsion originelle, et il en porte quelque chose au fond jusqu'aux endroits même arides de l'histoire littéraire. Elle est devenue pour lui, à l'état d'étude, un entraînement successif, un sentiment continu et attachant, un voyage ému. Le bon goût spirituel règle l'exécution ; mais ce n'est qu'ardeur et feu dans la recherche.

Je me plais à insister, parce que M. Ampère est un des

plus beaux exemples de la combinaison utile des deux vocations après une lutte laborieuse ; il en est sorti une seconde vocation composée, plus vraie, plus ferme et bien assise. Il est bon d'avoir ainsi deux qualités opposées, et comme deux points de départ distants ; cela fait *l'entre-deux* qu'exige Pascal, et donne une base certaine pour prendre la haute mesure des choses.

Un autre bel exemple encore à proposer d'une forte combinaison semblable au sein d'un talent, est celui de M. de Tocqueville, lequel, avec le regret natif des anciens jours, est arrivé, comme malgré lui, à l'idée et à l'initiation de la démocratie grandissante. En le lisant je me suis surpris plus d'une fois à penser que rien n'est beau comme le bon sens, lorsqu'il triomphe de la passion qu'on y sent subsister, qu'on y voit s'abaisser et frémir d'un air de noble coursier sous le frein. Nommer M. de Tocqueville près de l'ami qui nous occupe, c'est parler d'un talent de même portée, et comme d'essor fraternel. Tous les deux travaillent à leur manière, philosophiquement ou historiquement, par les prévisions ou par les souvenirs, à orner sur de larges surfaces et à de grandes hauteurs le monument de la société présente qu'ils acceptent, qu'ils saluent non sans réserve, mais qu'ils sont surtout faits eux-mêmes pour honorer.

En ce qui est de M. Ampère, il ne m'appartient pas de raconter en détail la diversité et la multiplicité des influences, ou, pour mieux dire, des aimantations successives que reçut ce noble esprit avant d'arriver à sa formation entière et à sa constitution actuelle. Chateaubriand, Gœthe, Lamartine, Cousin, Fauriel, ont tour à tour ou à la fois agi. De tous ces courants parallèles ou rivaux, de toutes ces lames redoublées (cette image physique et presque domestique est ici permise) il est résulté vraiment une manière de pile de Volta, un appareil littéraire considérable. — Je parlerai encore moins de ces autres influences incomparables qui ne se mesurent pas, et pour lesquelles il faudrait demander un nom aux muses.

Parmi les actions les plus directes qui ont de bonne

heure pénétré dans le talent et la méthode critique de M. Ampère, il est juste pourtant de distinguer singulièrement et d'indiquer la part expresse de M. Fauriel. Ce docte et original esprit, dont les idées historiques et littéraires, sans guère franchir encore le cercle de l'intimité, eurent tant d'effet autour de lui dès 1820, peut ici revendiquer un droit que s'est toujours empressé à proclamer, dans sa reconnaissance, le disciple émancipé, devenu maître à son tour. M. Fauriel contribua plus qu'aucun à développer en M. Ampère le goût des origines, à lui faire envisager, hors des enceintes murées des littératures toutes définies, la poésie libre et naïve, s'échappant çà et là par des chants, par des romances populaires, se déroulant par des légendes, et y réfléchissant la vie et l'imagination des diverses races aux âges primitifs ou intermédiaires de la civilisation. Mais M. Ampère, en se livrant même éperdument à ces excursions lointaines et parfois presque sauvages, dut à l'espèce d'idéal poétique que caressa toujours son imagination, de ne jamais renoncer aux monuments des grands siècles, d'en garder le goût, et d'en maintenir le culte en lui, avec une religion très-tolérante sans doute, pourtant très-sincère. Par ce dernier côté, il se rattache à M. Villemain, à ce devancier heureux, dont il diffère d'ailleurs avec originalité, et qu'il a pu même continuer d'autant mieux pour sa part qu'il le rappelle moins.

Les voyages ont été un des plus fréquents et des plus actifs moyens d'acquisition intellectuelle pour M. Ampère. Il est l'un des premiers en France qui aient à ce point voyagé dans un simple but de littérature et pour aller étudier sur place, sous toutes les zones, les diverses productions de la pensée. N'y allait-il d'abord que dans ce but d'information curieuse? Dans ses courses, dès 1826, à travers l'Allemagne, dans ses stations près de Goëthe à Weimar, en cette petite cour illustre toute remplie alors des rayons de l'astre couchant, et qui en conserve aujourd'hui un culte si sacré; dans ses pointes aventureuses en Scandinavie dont il ouvrait si bien l'investigation reprise et poussée par d'autres;

dans ses fuites et refuites, auparavant et depuis, à des rivages plus doux et aux traces du chantre de Béatrice; dans cette longue parenthèse enfin de Drontheim à Agrigente, n'allait-il que pour amasser des idées précises, des matériaux de première main à une histoire littéraire comparée? N'était-il qu'un Childe-Harold de la critique? N'y eut-il pas d'autres projets plus spécieux, plus vagues, les rêves grandioses de première jeunesse, ce que les aurores boréales ou la fée Morgane nous peignent dans des mirages trop tôt évanouis (1)? Eh! qu'importe que sous cette forme peut-être tout cela n'ait pas donné? il n'y a pas de naufrage là où se retrouvent justifiées et couronnées toutes les plus nobles espérances; ou bien alors, pour parler avec le poëte, c'est un *naufrage victorieux.* De retards en retards, M. Ampère nous est revenu un historien littéraire de plus en plus consommé et enrichi; dans ce genre élevé et combiné tel qu'il l'embrasse, il nous a rendu et nous rend incessamment ce que lui seul pouvait faire.

Il en est exactement de l'ordre littéraire comme de l'ordre naturel d'organisation, et de l'esprit comme de la vie. La vie est jusqu'à un certain point indépendante de la

(1) C'est ce qui semble, en effet, respirer et soupirer dans une délicieuse pièce de lui que notre indiscrétion dérobe à un *Album*, et qui révèle tout un coin charmant et attristé de cette âme. Combien la sensibilité du poëte s'y trahit sous l'esprit! combien l'ironie douloureuse sous la gaieté scintillante!

LE BONHEUR.

Mes amis ont raison, j'aurais tort, en effet,
De me plaindre; en tous points mon bonheur est parfait:
J'ai trente ans, je suis libre, on m'aime assez; personne
Ne me hait; ma santé, grâce au ciel! est fort bonne;
L'étude, chaque jour, m'offre un plaisir nouveau,
Et justement le temps est aujourd'hui très-beau.

Quand j'étais malheureux, j'étais triste et maussade,
J'allais au fond des bois rêveur, le cœur malade,
Pleurer. — C'était pitié! j'aimais voir l'eau couler,
Et briller ses flots purs, et mes pleurs les troubler.

Mais maintenant je suis heureux, gai, sociable;
J'ai l'œil vif et le front serein; — je suis aimable;

forme de l'organe; mais, une fois l'organe donné dans sa forme générale, elle s'en sert comme d'un point d'appui, elle l'élabore, l'organise au dedans et se l'approprie pour ainsi dire. De même, avant l'œuvre tout à fait entamée et avancée, il y a plus d'une forme, je le crois, plus d'une issue possible à un vif esprit pour se produire et donner tout ce qu'il contient; mais une fois la forme de l'œuvre prise ou imposée, pour peu qu'elle convienne, l'esprit s'y loge à fond et y passe tout entier. Béranger d'abord ne se croyait pas fait pour la chanson; il cherchait la grande poésie dans les genres réputés nobles; s'il s'essayait dans le refrain, c'était sans but et par délassement. Mais, un beau jour, il s'aperçoit que la chanson peut tout tenir d'essentiel, même le grand, et le voilà qui s'y porte en entier et y triomphe. — Arrivons donc à cette histoire littéraire dans laquelle le talent, l'imagination, la sagacité et le savoir de M. Ampère se sont croisés et concentrés, et où la greffe savante a multiplié de si fructueux résultats.

Il a pensé avec les Bénédictins, et par des raisons que j'ose dire plus profondes, que l'histoire littéraire de la France ne se pouvait circonscrire aux siècles où l'on a

> Le ruisseau peut courir à l'aise et murmurer,
> Dans son onde à l'écart je n'irai point pleurer.
>
> Quand j'étais malheureux, souvent, lassé du monde,
> Je m'abîmais au sein d'une extase profonde;
> Dans un ciel de mon choix mes sens étaient ravis;
> Indicibles plaisirs de longs regrets suivis!
>
> Maintenant j'ai quitté les folles rêveries;
> C'est pour herboriser que j'aime les prairies.
>
> A rêver quelquefois si je semble occupé,
> C'est qu'un passage obscur, en lisant, m'a frappé.
>
> Quand j'étais malheureux, je voulais aimer, vivre;
> Maintenant je n'ai plus le temps, je fais un livre.
>
> Vous qui savez des chants pour calmer la douleur,
> Pour calmer la douleur ou lui prêter des charmes,
> Quand vos chants du malheur auront tari les larmes,
>   Consolez-moi de mon bonheur!

Dans un temps où il y aurait encore une Anthologie française, une seule pièce pareille suffirait pour y marquer un nom.

commencé d'écrire en français. Comme il voit, avant tout, dans la littérature l'histoire du développement intellectuel et moral de la nation, il a pris cette nation à ses origines et jusque dans les éléments les plus anciens qu'on retrouve épars sur le sol. A ce titre, les vestiges ibériens, celtiques, phocéens, l'ont d'abord occupé ; mais il s'est considéré surtout en plein sujet, aussitôt après la conquête latine, dans l'époque dite gallo-romaine, qui s'étend depuis César jusqu'à l'invasion des Francs. Durant ces quatre ou cinq siècles, il a pu disposer, à travers son histoire, ses lignes ingénieuses de perspective, dont plusieurs viennent déjà aboutir, avec un imprévu piquant, à des extrémités visibles de notre histoire littéraire bien connue.

J'en pourrais glaner des exemples, montrer, après lui, l'indépendance gallicane se marquant du premier jour dès saint Irénée, l'éloquence girondine bien célèbre dès avant Ausone, l'itinéraire pittoresque et mélancolique s'essayant avec Rutilius ; mais, pour mieux faire apprécier le motif profond de M. Ampère dans cette étude détaillée de la Gaule romaine, et pour le justifier, s'il en était besoin, par une large ouverture toute littéraire, je poserai en thèse que, sans avoir étudié à fond, comme il l'a fait, le quatrième siècle et ses environs, on ne peut bien entendre toute une période très-importante de nos derniers âges littéraires, l'époque *Louis XIII*. En effet, un grand nombre des vrais précédents de l'époque et du goût Louis XIII en littérature sont aux troisième et quatrième siècles de la Gaule romaine, comme les précédents naturels du goût et du genre Louis XIV sont plutôt à l'époque d'Auguste.

Il y a une raison historique et logique pour que ç'ait été ainsi. La renaissance classique du seizième siècle avait comme supprimé le moyen âge et remis juste ce commencement du dix-septième à la suite des grands siècles de la gloire latine. En quittant le seizième, on sortait d'une époque encore gallo-romaine véritablement ; de là, en bien des points, cette sorte de singulier rapport de *récurrence*. Les gens de parlement, les théologiens, les doctes, écrivaient la veille en latin ; leur style, en passant au français, était tout gorgé de latinismes. Le Panégyrique de Trajan, cette grande gloire littéraire si chère aux âges de décadence, offrait au palais, pour les avocats Arnauld et Le Maître, le sublime du genre démonstratif, tout comme, pour les rhéteurs gaulois, Pacatus, Eumène ou Nazaire ; dans les harangues de *présentation* au parlement, on ne s'attachait à rien tant qu'à reproduire emphatiquement ce modèle oratoire. M. Ampère a très-bien rapproché les louanges sans mesure prodiguées par Ausone aux vers de saint Paulin, et les ridicules compliments que Balzac adresse au Père Josset : « Oserai-je, écrivait Balzac, hasarder une pensée qui vient de me tomber dans l'esprit ? Vous chantez si hautement les triomphes de l'Église et les fêtes de l'État, la mort des martyrs et la naissance des princes, qu'il semble que vos vers ajoutent de la gloire à celle du ciel et des ornements à ceux du Louvre ; les saints semblent recevoir de vous une nouvelle félicité, et M. le Dauphin une seconde noblesse. » Une étude particulière sur Balzac démontrerait à fond cette identité de nature qu'il a avec les rhéteurs des siècles inférieurs retracés par M. Ampère. Et ce n'est pas un pur accident et chez un seul personnage ; toute la forme de mauvais goût autour de lui reproduit, comme dans un pendant, les bizarreries courantes d'Ausone à Sidoine. Qu'on ouvre les livres du Père Garasse, ceux de Pierre Mathieu, si étrangement réhabilité de nos jours ; la pensée n'y va qu'à travers toutes sortes d'allusions érudites et sous une marqueterie de métaphores, toutes plus raffinées les unes que les autres, et qui ne permettent presque jamais de saisir le fil direct et simple. M. Ampère a rappelé la Chine à propos d'Ausone et de ses périphrases : « Il existe entre les lettrés, a-t-il dit, surtout quand ils écrivent en vers, une langue convenue comme celle des précieuses, et dans laquelle rien ne s'appelle par son nom. » Le Père Garasse sent si bien qu'il est sujet à cette espèce de chinoiserie de style, qu'en tête de sa *Somme théologique*, voulant être grave, il avertit qu'il tâchera d'écrire nettement et *sans déguisement de méta-*

phores ; ce qui n'est pas chose aisée, ajoute-t-il, « car il en est des métaphores comme des femmes, c'est un mal nécessaire. » Le Père Lemoyne de *la Dévotion aisée* n'est pas moins ridicule (et dans le même sens) que le plus mauvais des rimeurs allégoriques du quatrième siècle. M. de Saci, tout de Port-Royal qu'il était, dans ses *Enluminures de l'Almanach des Jésuites*, n'échappe pas à cette veine persistante; c'est ainsi que ses vers des *Racines grecques* iraient mieux à quelque grammairien des bas temps qu'à un contemporain de Pascal. Je ne multiplierai pas les échantillons de détail; mais l'influence espagnole elle-même, qui se fait sentir à cette époque Louis XIII, comme elle se prolongeait dans la littérature gallo-romaine, est une ressemblance de plus; il y eut beaucoup d'auteurs gascons des deux parts.

Et ce n'est pas sous les aspects légers et bizarres seulement que se prononce cette ressemblance des deux époques; elle est plus sérieuse que dans le goût, et elle éclate surtout dans la partie religieuse et profonde. L'espèce de renaissance chrétienne, qui eut lieu au commencement du dix-septième siècle, refit comme un contraste frappant et primitif de la pensée monastique austère avec la littérature mondaine. Port-Royal, étudié de près, m'a appris combien les inductions de M. Ampère sont justes, et combien elles établissent les vrais fonds du tableau qui se redéploiera plus tard à douze cents ans de distance. La conversion de M. Le Maître ne se comprend bien que lorsqu'on a assisté avec M. Ampère à celle de saint Paulin. Les amis du célèbre avocat converti, lorsqu'ils avaient à le défendre contre les Ausones du temps, n'invoquaient pas d'autre exemple que celui de saint Paulin même; c'est ce que fit dans un petit écrit particulier M. Singlin, lequel, à son tour, rappelait dans ses prédications saint Césaire. Pour apprécier toute l'originalité de Racine, il est besoin de remonter à Euripide; pour embrasser celle de Port-Royal, il n'est pas nécessaire de sortir de la Gaule; on a l'île de Lérins. D'Andilly, dans ses *Vies des Pères des Deserts*, allait traduire Cassien et l'avait même déjà annoncé, lorsqu'il en fut empêché par les scrupules qu'on lui donna sans doute sur le semi-pélagianisme du solitaire trop indulgent. Mais on peut dire de Cassien, dans l'enceinte de Port-Royal, qu'il y brille par son absence, et que le plus fidèle de son esprit s'y reproduit.

La grande différence entre le quatrième siècle et cette première moitié du dix-septième, c'est que, dans ce dernier, si, à un certain moment, le cercle correspond, cela dure peu et qu'aussitôt l'on remonte, tandis que dans l'autre on descendait. On se traînait, tout allait finir; ici tout est rapide, on se dégage; on est à la veille du Louis XIV, tandis que là on était à la veille des barbares. Au lieu de Salvien qui fait l'oraison funèbre de la société et de saint Hilaire qui tonne aussi, on touche à Pascal et à Bossuet: on a déjà *Polyeucte* dans l'art.—Mais c'en est assez pour démontrer aux incrédules (s'il y en avait) le lien étroit que l'introduction de M. Ampère nous offre avec les siècles littéraires proprement dits, et combien, même en pleine étude des temps gallo-romains, il vise au cœur des époques toutes françaises.

La méthode de M. Ampère, qui reprend les choses dès l'origine et les embrasse dans tout leur cours selon chacune des branches de leur développement, a cet avantage de n'omettre aucune des influences et aucun des précédents, que les autres critiques n'ont saisis jusqu'ici que par un heureux hasard de coup-d'œil ou de réminiscence, et comme *à la volée*. Pour lui, sa méthode est sûre ; elle est lente, mais inévitable; il dispose ses lignes, il mesure ses bases, il croise ses opérations : on dirait d'un ingénieur sur le terrain faisant la carte de France. Le résultat, c'est qu'il n'oublie rien ; il serre si bien son réseau géographique qu'il prend tous les faits et que tout ce qui a nom y passe. Il y aura bien quelques redites ; il y aura même quelques points plus ou moins excentriques, ou trop sinueux, qui ne seront pas représentés ; mais, après lui, s'il parcourt le reste de la carrière comme il a commencé, il faudra marcher par les chaussées qu'il aura faites : heureux si l'on trouve encore à glaner par quelques sentiers !

C'est surtout pour le moyen-âge que cela est sensible. Cette portion capitale de son enseignement n'est pas publiée encore ; mais nous qui l'avons entendu dans sa chaire, il nous est permis d'en juger. En gravissant avec effort et courage, en mesurant à chaque pas ces hauteurs qui séparent les temps, et où l'on peut dire au sens propre qu'a lieu le partage des eaux (*divortia aquarum*), M. Ampère est arrivé à dominer avec étendue et certitude les siècles plus connus qui suivent et qui ne font plus que collines ou plaines ; il faut voir comme, sans hasarder, sans faire d'irruption fougueuse, et toujours avec sa hardiesse régulière, il y porte des directions neuves et longues, ou les prend à la descente par des revers justes, mais inattendus. Ce qu'en partant communément de Louis XIV et en remontant aussi haut qu'on le pouvait, on proclamait çà et là, dans les divers genres, comme des points extrêmes et des limites littéraires, n'est plus, dans la vraie perspective où il se place, qu'une suite, un rameau plus ou moins renaissant des mêmes branches, un chaînon plus ou moins brillant d'une même loi. Quelques inconvénients achètent tant d'avantages ; du moment qu'on ne choisit plus une seule route rapide et déjà ouverte, mais qu'on veut occuper l'ensemble du pays et se conformer à l'entière réalité du sujet, on a des intervalles pénibles et qui ne se peuvent supprimer. Je compare ces marches étroites, dans certaines gorges littéraires du moyen-âge, à ces défilés où l'on ne va que pied à pied ; la science ne passe plus qu'à dos de mulet son bagage ; on est bien loin des carrousels à la Louis XIV, et le char d'Olympie s'y briserait. Plusieurs de ces difficultés se rencontraient dès les chapitres préliminaires de l'Introduction, sur les Ibères, les Celtes et les Phocéens ; malgré tout l'esprit de détail et les finesses d'interprétation que l'auteur y a semés, il n'a pu éviter de laisser ce portique de son œuvre assez semblable aux époques incertaines et coupées qu'il y représente, quelques pierres druidiques éparses ou superposées, quelques inscriptions à demi comprises, quelques noms roulés comme des cailloux dans le torrent. En général, on pourrait demander à certains chapitres un peu plus de refonte et une sorte de bouillonnement, si cela était conciliable avec la précise exactitude. La méthode d'exécution reste subordonnée chez M. Ampère à celle d'investigation ; il y manque par moments un peu plus de *plastique*, comme les Allemands diraient. Mais prenons garde en même temps de méconnaître une qualité essentielle, la *qualité* même, j'entends le sobre et le fin. N'est-ce pas un rare mérite d'exécution aussi, que, chez lui, le fait se présente sous une prise mince, nette, détachée, par le coupant plutôt que par le plat de la lame, si aisément sonore et brillant?

Une autre critique que j'indique seulement, sans prétendre y insister, est celle-ci : Toute méthode, même la plus naturelle et la plus vraie, n'est qu'une méthode, et elle a ses bornes. On rencontre dans l'histoire des opinions humaines une quantité d'accidents où il ne faudrait peut-être apporter que le rire de Voltaire et le branlement de tête de Montaigne. En cherchant partout la loi, ne court-on pas risque quelquefois de la forcer et comme de la faire?

On pourrait aller plus loin que les accidents, et dire : Si une certaine folie n'est pas étrangère à l'homme, même à l'homme pris en masse, en vain on tirerait argument, pour la vérité nécessaire d'une idée, de son triomphe en de certains siècles. Comme il faut bien, en définitive, que quelque chose triomphe, il y a aussi chance pour que ce soit quelque folie. Or, tandis que l'historien en quête des lois s'occupe surtout à distinguer et introduit parfois la raison sous les erreurs, la partie folle se dissimule sous sa plume et diminue.

Mais, je le sens, ce ne sont là que des réflexions à garder tout bas, et qui, fussent-elles vraies, demeurent peu fécondes. Ces tristes résidus de l'expérience ironique ne méritent pas même le nom de résultats ; ce sont encore moins des matières à enseignement et des aiguillons. Les monuments humains ne s'élèvent jamais que moyennant de certaines perspectives où la grandeur et l'ordre l'emportent, et où l'esprit de l'architecte s'impose sur bien des points.

Combien donc j'aime mieux me reporter et convier le lecteur vers tant d'admirables et incontestables chapitres de M. Ampère, dans lesquels il a su ressaisir la vie même des idées et des personnages qu'il exprime, Ausone, saint Paulin, Rutilius, la confession de l'autre Paulin, petit-fils d'Ausone, Sidoine Apollinaire, toutes pages à la fois graves et charmantes, qui suffiraient à caractériser dans la critique française cette manière sobre, délicate, profonde et sûre! Non content d'avoir si bien rendu en ses détails appréciables le mouvement confus des quatrième et cinquième siècles, M. Ampère, dans une petite composition à part, non encore publiée, mais que plusieurs amis ont entendue, a essayé d'en recomposer une scène entière, un coin de tableau, au moment de l'incendie de Trèves par les Francs. Son *Hilda* (c'est le titre de cette nouvelle gallo-germanique (1)) serait comme une barque plus légère voguant à côté de l'escadre imposante, et allant toucher à des points du rivage où le gros vaisseau de l'histoire n'atteint pas. Mais la poésie, la grâce de son sujet, M. Ampère ne l'a pas toute détachée et mise à part dans son *Hilda*; cette fleur respire avec discrétion et sentiment en d'aimables passages, comme, par exemple, en ces endroits si bien touchés des chastes mariages chrétiens, où les époux convertis n'étaient plus que frère et sœur, où l'épouse rougissante revenait à la virginité (2).

En procédant toujours par des faits précis plutôt que par développement rationnel ou effusion oratoire, et plutôt en traits qu'en couleurs, l'historien s'élève avec son sujet, et, à l'heure de l'immense catastrophe où la société s'abîme, il atteint à une véritable éloquence dans la forte étude qu'il nous ouvre de Grégoire de Tours, *cet Hérodote de la barbarie.* Il en compare fidèlement l'histoire, dans son conti-

---

(1) Elle se rattacherait en commentaire vivant à la fin du sixième chapitre du livre premier, tome I, page 270.

(2) Tome I, pages 277, 348; et dans le choix de certains exemples, tome I, page 441.

nuel antagonisme du barbare et du chrétien, à ces vitraux de la cathédrale de Reims qui représentent constamment un roi et un évêque, et l'évêque toujours au-dessus du roi (1). Au sortir de Grégoire de Tours, avec le rhéteur et rimeur Fortunat, il garde tout son piquant et sait être neuf dans ce curieux portrait, même après Augustin Thierry.

Il avait su l'être également, après M. Guizot, dans l'examen des grandes hérésies chrétiennes, le gnosticisme, l'arianisme, le pélagianisme. Il ajoute, dans l'explication de ces doctrines, quelque chose aux simples et hautes traductions philosophiques qu'en avait posées ce grand devancier. La loi de décroissance dans l'ordre des hérésies et de progrès dans l'affermissement du christianisme est lumineusement aperçue. A mesure que le christianisme s'étend et se définit, le champ du combat se circonscrit de plus en plus. Les luttes du gnosticisme se passaient au sein du *Père* en quelque sorte et remettaient en question Jéhovah ; celles de l'arianisme, qui viennent ensuite, s'agitent entre le *Père* mis hors de cause et le *Fils*, et comme au sein du *Fils*. Les querelles du pélagianisme et du semi-pélagianisme enfin n'ont plus guère leur point principal que dans l'homme.

Au milieu de tant de rapprochements heureux, variés et souvent lointains, que lui fournit son érudition si en éveil, j'ai ouï quelques personnes reprocher à M. Ampère d'avoir un peu trop négligé la part directe de l'antiquité classique et païenne jusque dans le christianisme, de n'avoir pas assez suivi les coutumes, la légende, parfois les divinités même se glissant d'un monde à l'autre, à peine transformées. D'ordinaire, en effet, il se pose le christia-

---

(1) M. Ampère est fertile en pareilles images appropriées, mais qui se dissimulent plutôt chez lui sous un tour d'ingénieuse exactitude, et qui surtout ne s'affichent jamais en s'étalant. Je note seulement encore sa grande image sur le gnosticisme, tome I, page 187, et celle sur les médailles d'argent des Grecs opposées aux médailles de bronze des Romains, I, 128. On a tant abusé de l'imagination en ce temps-ci, qu'on a besoin de la signaler du doigt là où elle ne brille que dans sa justesse.

nisme comme une limite absolue, comme un horizon au delà duquel il ne remonte pas, pénétré surtout qu'il est, avec raison, de sa haute grandeur, de son caractère sans pareil dans l'ensemble, de son opposition essentielle au paganisme enfin, plutôt que de quelques rapports secondaires.

Mais j'ai hâte d'en venir à un autre rapprochement que les érudits n'ont pas manqué de soulever, et que M. Ampère ne doit pas craindre : dans quel rapport est son histoire littéraire avec la portion de celle des vénérables Bénédictins qui embrasse les mêmes sujets dans les mêmes âges?

Et d'abord ses trois volumes d'Introduction ne forment pas le moins du monde un extrait abrégé, résumé et coordonné des huit tomes in-4° de l'histoire littéraire bénédictine antérieure au douzième siècle. Son ouvrage est tout original, puisé aux sources, d'une méthode et de résultats qui ne sont qu'à lui. Il suffit, pour s'en convaincre, de considérer la forme et le but des travaux entrepris par ses doctes prédécesseurs. C'est bien le cas d'appliquer et de conseiller ici le beau mot de Sidoine : *Legebat cum reverentia antiquos et sine invidia recentes.*

Dom Rivet qui, aidé de dom Duclou, de dom Poncet, de dom Colomb, de dom Tennes, ces humbles inconnus, est le principal auteur des neuf premiers volumes de l'*Histoire littéraire de la France*, avait en vue, au point de départ, les travaux de La Croix du Maine et de Du Verdier, dans leurs *Bibliothèques françoises* qui s'arrêtent au seizième siècle. Mais ce n'était là qu'un premier essai bien incomplet, bien arriéré et nullement méthodique ; dans sa modestie laborieuse et à la fois dans *sa pleine confiance en Celui qui est la force des faibles*, le pieux bénédictin osa embrasser un plan immense qu'un autre bénédictin, dom Roussel, avait déjà également conçu : rassembler dès les origines toutes les parties éparses de notre histoire littéraire, en composer un corps méthodique et régulier. Suspect de jansénisme à bon droit, comme auteur du Nécrologe de Port-Royal (1723), dom Rivet ne put obtenir une place dans la communauté de Saint-Germain-des-Prés dont la bibliothèque lui eût été si nécessaire ; c'est au fond de l'abbaye de Saint-Vincent du Mans qu'il se mit à l'œuvre sans jamais s'interrompre. Après plus de dix ans de préparation, le premier volume parut en 1733. Un discours préliminaire expose l'état des sciences et des lettres dans les Gaules avant Jésus-Christ ; suivent par ordre de date, à partir de Pythéas, les divers savants et littérateurs ; on donne la biographie d'abord, puis la liste, l'analyse et la discussion des écrits. Lorsqu'on en est au premier siècle de l'Église, un discours préliminaire encore sur l'état des lettres en ce siècle précède la série particulière des écrivains; même ordre pour les âges suivants. Ce tome premier allait jusqu'au quatrième siècle inclusivement. Le tome second, qui parut en 1735, c'est-à-dire deux ans seulement après le premier, était tout rempli par le cinquième siècle. L'abbé Prévost, dans le vingtième *nombre* du *Pour et Contre*, adressa aux auteurs sur leur premier volume, parmi de vrais éloges, assez de critiques qui lui attirèrent une réponse dans la préface du second tome : « C'est une plume agréable, disait-on, qui cherche à badiner... S'étant familiarisé avec le brillant, le nouveau, le magnifique, il voudrait ne voir paraître de livre que dans le même goût. » L'abbé Prévost leur reprochait, en effet, d'une manière assez peu indirecte, le manque d'agrément, de choix et de proportion dans la série des auteurs. Après s'être un peu légèrement égayé sur tant de noms bizarres d'écrivains exhumés pour la première fois, Gnyfon, Télon, Gyarée, Ursulus, Crinas et Charmis..., il ajoutait : « Mais je me trompe : les auteurs de cette *Histoire Littéraire* n'ont pas eu l'intention de ne parler que de ceux qui le méritaient : ce choix les eût trop embarrassés. Tous les écrivains y ont leur place, parce qu'ils ont été des écrivains : ainsi l'on fait revivre, quinze ou seize siècles après leur mort, bien des auteurs qui étaient peut-être morts de leur vivant. Mais c'est la méthode de tous les bibliothécaires (1). Il suffit même qu'il soit dit

---

(1) *Bibliothécaires*, dans le sens d'*auteurs de Bibliothèques*.

quelque part que tel Gaulois ou tel Français a écrit quelque chose pour qu'on lui accorde un rang dans la liste et qu'on en fasse mention dans le corps de l'ouvrage ; avoir été simplement homme de lettres, ou même avoir haï et persécuté les sciences (comme l'empereur Caracalla), est un titre pour avoir un article à part, et un digne éloge ou un juste blâme. » Osons le redire à notre tour ; oui, Prévost avait raison ; échappé lui-même des Bénédictins et de leur méthode, il en parlait pertinemment. Ces religieux estimables ont la critique des textes, celle des dates et des noms ; mais la critique des idées ou du goût, ils ne s'en doutent que peu ou s'en abstiennent. Aussi, leur œuvre patiente est illisible pour les gens du monde, je dirai même qu'elle l'est pour les savants, surtout d'une manière continue et dans le détail ; il faut en avoir besoin absolument sur un point pour s'y plonger. Ces volumes sont comme des sacs pleins de toute marchandise, bien rangés et étiquetés par ordre de débarquement ; il ne reste qu'à les ouvrir et à y tailler, s'il se peut, l'étoffe aux justes endroits. Les discours préliminaires, du moins, qui sembleraient devoir contenir des idées générales et philosophiques, rassemblent certainement et résument avec utilité les principaux faits extérieurs du siècle et les vues les plus immédiates, mais rien au delà. Il est juste pourtant d'excepter le tout premier discours sur l'état des lettres dans les Gaules, avant le christianisme ; dom Rivet, dans ce tableau général, aussi complet que le permettait l'archéologie de son temps, a échappé à l'inconvénient où est tombé M. Ampère, d'entamer l'œuvre par un début morcelé. Les continuateurs estimables de dom Rivet ont à leur tour vérifié et subi ce que Prévost appelait dès l'abord *le malheur d'une si vaste entreprise*, à savoir l'indiscrétion, l'infinité des matériaux, l'asservissement de l'idée et du goût sous la lettre. Pour que l'esprit le plus éminent qui y ait participé, M. Daunou, pût y écrire son beau discours sur le treizième siècle, il a fallu que la révolution française et le dix-huitième siècle entier vinssent déposer leur définitive expérience au sein du plus prudent successeur de Voltaire, d'un écrivain consommé et sûr, qui s'est mis à introduire la philosophie d'un air de bénédictin et sous le couvert des faits. Mais, de dom Rivet à dom Brial, ne cherchez que des matériaux; ne demandez ni une vue rare ni un éclair. L'esprit de communauté interdit l'esprit personnel. Dans leurs cellules rigoureuses, dans ces chambres sans feu, même l'hiver (1), les doctes religieux, le front baissé, s'appliquaient sans art à une besogne excellente : se seraient-ils permis même une fleur? Ce rayon rapide qui se reflète et correspond parfois, comme un fanal, d'un siècle à l'autre, leur eût paru une dissipation profane. Dom Rivet, le digne janséniste, très peu philosophe, *extrêmement attaché*, nous dit-on, *aux convulsions* en faveur desquelles il alla jusqu'à écrire, ne se doutait pas, en vérité, que cette histoire, qui débutait à Pythéas, venait finir à M. de Voltaire. M. Ampère (est-il besoin de le dire?) n'oublie jamais qu'elle va aujourd'hui de Pythéas jusqu'à M. de Chateaubriand, et il s'en souvient avec bonheur pour éclairer tout d'abord, chemin faisant, Rutilius, par exemple, ou Lactance.

Il faut glisser une réserve dans cette comparaison où M. Ampère garde tant de flatteurs avantages. La discussion des points de détail, sur lesquels s'appesantissent si essentiellement les Bénédictins, est quelquefois un peu rapide chez lui; ses indications en note sont plus incomplètes et plus empressées qu'on ne le voudrait dans un ouvrage fait pour guider les études et ouvrir les sources; il y a des inadvertances. Une seconde édition réparera aisément ces imperfections premières. Je veux lui faire une petite chicane théologique. Dans son chapitre sur le semi-pélagianisme, il s'autorise, contre les augustiniens outrés, du livre intitulé *Prædestinatus* « et qu'un semi-pélagien, dit-il, a publié en l'accompagnant d'une réfutation. » Mais je trouve, dans les querelles jansénistes du dix-septième

(1) Détail touchant! on raconte que dom Rivet, dans les derniers mois de sa vie, fut atteint d'une toux qui *le força de prendre une chambre à feu* : ce fut le seul adoucissement qu'il s'accorda.

siècle, que ce fut le Père Sirmond, docte jésuite, qui eut de Rome une copie de ce manuscrit et la publia. Or, plusieurs théologiens prétendirent que le Père Sirmond s'était fort mépris sur la valeur du manuscrit, et qu'il avait lu au sérieux un pur libelle, forgé, il y avait plus de douze cents ans, par quelque semi-pélagien qui s'était donné à plaisir un adversaire absurde et odieux pour le mieux réfuter, comme il arrive quelquefois (1). Il en résultait que le Père Sirmond, plus érudit que critique, aurait été dupe, et que la secte des Prédestinatiens ne serait qu'un fantôme. Là-dessus le Père Sirmond, loin de se tenir pour battu, publia au long l'histoire de cette secte que les contradicteurs ne continuèrent pas moins d'appeler fabuleuse. On en croira ce qu'on voudra; mais j'aurais voulu que M. Ampère touchât un mot du doute soulevé et de la querelle. Il est vrai que ces éternelles discussions entre parenthèses ralentissent un récit, et que, lui, il porte volontiers dans le maniement de son érudition, si vaste et si bien acquise, quelque chose de la façon courante et preste de Voltaire; ce qui est un dernier éloge; car ce nous serait une honte de finir par une chicane janséniste avec un si beau livre qui n'a qu'à se poursuivre sur ces bases et dans cette ordonnance pour être un monument.

(1) On peut voir en particulier l'écrit intitulé *Censure d'un livre que le P. Jac. Sirmond a faict imprimer sur un vieil manuscrit*, par le sieur Auvray, docteur en théologie; 1644, in-4°.

15 février 1840.

(Le livre a été interrompu. M. Ampère a voyagé depuis lors en Grèce d'où il nous a rapporté un *itinéraire* charmant; il vient de voyager en Égypte à la recherche des hiéroglyphes auxquels il ne désespère pas d'arracher plus d'un secret. On reconnaît là cet infatigable instinct de curiosité érudite qui l'entraîne. Nous comptons bien pourtant que, ces verves une fois épuisées et satisfaites, il reviendra à son beau livre commencé; il nous doit surtout le moyen-âge et la renaissance, deux parties si neuves encore.)

M. CHARLES MAGNIN.

1843.

(Causeries et Méditations historiques et littéraires.)

Les critiques de nos jours, ceux qui, depuis une vingtaine d'années déjà, ont commencé de se produire et de battre le pays, songent tous plus ou moins à se recueillir, à ramasser ce qu'ils avaient lancé d'abord à l'aventure, à se refaire, pour le reste de la marche, un gros assez imposant de ces troupes légères qui n'avaient donné dès le matin qu'en éclaireurs et comme en enfants perdus. C'est signe que la journée avance et qu'une pensée prévoyante succède insensiblement chez presque tous à l'audace et à la témérité première. Tantôt même ce sont des ouvrages à part, et vraiment considérables, dans lesquels le critique essaye de reprendre et de résumer avec étendue, de fixer et d'approfondir sur un point les études jusque-là plus vagues, qui l'ont pourtant occupé de préférence; tantôt, ce sont tout simplement d'anciens morceaux, déjà publiés en divers lieux, qu'on rassemble avec ordre, avec suite, en les revoyant pour la correction, mais en leur conservant leur premier caractère. En un mot, chaque critique de cette génération lie sa gerbe et fait son livre. Hier c'était M. Ampère, M. Patin; demain ce sera M. Saint-Marc Girardin. Aujourd'hui, nous retrouvons M. Magnin, qui a dès longtemps entrepris dans ses *Origines du Théâtre moderne* un ouvrage d'importance et de longue haleine; mais il s'est accordé comme diversion et intermède et il nous fait le plaisir de publier un recueil d'anciens articles très-goûtés en temps et lieu lorsqu'ils parurent, et très-dignes de réclamer cette seconde lecture qui, seule, vérifie les bonnes pages. Pour les gens du métier qui savent combien ces jugements portés sur les livres du jour par les critiques compétents sont utiles à l'histoire littéraire, et combien, à une certaine distance, il devient difficile de se les procurer dans des feuilles si vite disparues, il semblera tout naturel qu'un homme qui connaît autant les circonstances et les destinées des livres que M. Magnin ait songé à sauver ce qui, intéressant et toujours agréable aujourd'hui, sera piquant et curieux pour l'avenir.

Il y aurait une manière bien simple, bien commode, et à la fois bien juste, de recommander ces volumes; nous nous hâterions de dire qu'à une grande variété de sujets sur lesquels le critique a répandu tous les assortiments d'une érudition exacte et fine, se joint le mérite d'un style constamment net, rapide, élégant; que la nouveauté des points de vue n'exclut en rien les habitudes et les souvenirs de la plus excellente et de la plus classique littérature; que l'ancienne critique s'y trouve toute rajeunie, en ayant l'air de n'être que continuée. Mais ces éloges qui, à les serrer de près, ont leur entière justesse, n'offrent rien qui se grave assez au vif et qui caractérise assez distinctement l'auteur. On pourrait, à peu de chose près, les appliquer à d'autres écrivains distingués; on en dit tous les jours à peu près autant des ouvrages du même genre qui paraissent. L'avouerons-nous? cette façon de louer nous paraît fade; nous voulons mieux quand nous parlons d'un écrivain : malgré la difficulté de juger plus à fond et de percer plus avant quand il s'agit d'un contemporain, d'un ami, notre plaisir est d'y viser, de nous jouer même autour de la difficulté :

. . . . Et admissus circum præcordia ludit.

Ce serait notre plus grand honneur que de pouvoir quelquefois réussir à ce jeu, qui d'ailleurs, dans le cas présent, ne peut nous mener qu'à trahir des délicatesses d'esprit et des traits ingénieux de caractère.

Chez la plupart de ceux qui se livrent à la critique et qui même s'y font un nom, il y a, ou du moins il y a eu une arrière-pensée première, un dessein d'un autre ordre et d'une autre portée. La critique est pour eux un prélude ou une fin, une manière d'essai ou un pis-aller. Jeune, on rêve la gloire littéraire sous une forme plus brillante, plus idéale, plus poétique; on tente l'arène lyrique ou la scène, on se propose tout bas ce qui donne le triomphe au Capitole et le vrai laurier. Ou bien c'est le roman qui nous séduit et nous appelle; on veut se loger dans les plus tendres cœurs et être lu des plus beaux yeux. Mais viennent les mécomptes, les embarras de la carrière, les défaillances du talent, les refus sourds et obstinés. On se lasse, et si l'on aime véritablement les lettres, si une instruction solide n'a cessé de s'accroître et de se raffiner au milieu et au moyen même des épreuves, on est en mesure alors d'aborder ce que j'appelle, en un sens très-général, la critique, c'est-à-dire quelque branche de l'histoire littéraire ou de l'appréciation des œuvres. C'est presque toujours là que j'attends les jeunes arrivants si empressés au début et si superbes. Qu'ils réussissent dans l'art et dans la poésie, s'ils le peuvent : tous nos vœux les accompagnent; mais il y a sur ce point peu de conseils à donner. Ces palmes-là se ravissent et ne se discutent pas. Que s'ils manquent le premier objet de leur ambition, s'ils sont mal venus en ce premier amour, et si d'ailleurs, avec un esprit bien fait, ils chérissent sincèrement l'étude, il y a de la ressource et de la consolation. Le retour, même sans triomphe, peut avoir des charmes; le salut se retrouve dans le naufrage.

Ce qui est ainsi vrai de plusieurs ne paraît pas l'être pour M. Magnin, et c'est un point par lequel il se distingue de plus d'un de ses confrères en critique. Lui, il est critique, en quelque sorte, d'emblée et essentiellement; on ne voit pas que ce goût se soit substitué chez lui à une vocation première, à une ardeur autre part déterminée. Sa carrière se dessine d'une ligne toute simple. Né à Paris d'un père franc-comtois, et qui fut d'abord attaché comme secrétaire et bibliothécaire à M. de Paulmy d'Argenson, M. Charles Magnin a été nourri au milieu des livres et comme au sein de cette grande bibliothèque dont son père avait contribué, pour sa part, à extraire et à rédiger les *Mélanges* (1). Placé dès 1813 à la bibliothèque du Roi, dont il est, depuis 1832, l'un des conservateurs, il ne cessa de vivre à la source de l'érudition et de la connaissance littéraire la plus variée et la plus abondante. Qu'on ne croie pourtant pas que ce fut, dès l'enfance, un de ces liseurs avides et infatigables, un de ces *helluo librorum* comme il sied à tout bibliothécaire poudreux de l'être ; son goût témoigna de bonne heure discrétion et choix, une certaine friandise. Ses études universitaires avaient été brillantes (2) ; il s'essaya au sortir de là dans quelques concours académiques (3). Une pointe de bel-esprit, la pointe d'une plume qui allait être si fine et si bien taillée, se faisait sentir. La plus vive tentative qu'il se permit hors du cercle où nous le connaissons, est une petite comédie en un acte et en prose, représentée à l'Odéon le 16 mars 1826 : *Racine ou la troisième Représentation des Plaideurs.* — *Les Plaideurs* ont été sifflés aux deux premières représentations par la basoche conjurée ; les procureurs sont en émeute, les conseillers aux enquêtes commencent à s'émouvoir; Racine, désolé, reçoit la visite de la Champmêlé et de Despréaux, qui le réconfortent et le consolent chacun à sa manière. Sur ce, madame de Crissé,

(1) M. de Paulmy se fit aider pour ses *Mélanges tirés d'une grande Bibliothèque* par Contant d'Orville et par M. Magnin, de Salins, père du nôtre.

(2) Il les fit à la maison de Sainte-Barbe-Delanneau et au lycée Napoléon. Il remportait en 1812 le prix de discours français au concours général.

(3) Sa pièce de vers sur *les derniers moments de Bayard* eut un accessit à l'Académie en 1815. Son *Entretien sur l'Éloquence* obtint une mention dans le concours de 1820.

vieille plaideuse qui se prétend outragée dans la comtesse de Pimbêche, et le conseiller Dandinard qui se croit joué dans Perrin Dandin, forcent successivement la porte et font au poëte une scène de menaces dont il se tire assez bien ; tout ce jeu est assez plaisant. Pourtant l'orage augmente, et l'on parle d'un ordre supérieur obtenu contre le poëte, lorsque tout à coup on apprend que la Champmêlé qui devait, ce soir même, jouer Ariane devant le roi, a feint une indisposition ; que, grâce à ce tour d'adresse, *les Plaideurs*, représentés pour la troisième fois, ont subitement trouvé faveur et gagné leur cause ; on n'a plus osé siffler, et le roi a ri. C'est la Champmêlé elle-même, puis bientôt Despréaux en tête de la troupe comique, tenant flambeaux à la main, qui viennent annoncer sa revanche et son triomphe au poëte. La vieille plaideuse madame de Crissé et le conseiller Dandinard sont toujours là, et font vis-à-vis au Dandin de la pièce et à la comtesse de Pimbêche encore en costume ; c'est à s'y méprendre :

TOINETTE (la servante de Racine).

« Ah çà ! ai-je la berlue, moi ? — Quoi ! deux Dandins... deux comtesses de Pimbêche ? » — Et le conseiller offrant la main à madame de Crissé : « Venez, venez, madame : (*se retournant*) le roi a ri.... ce n'est pas ce qu'il a fait de mieux ! mais nous avons le droit de remontrance ! » Et Racine, à qui tout son courage est revenu et qui va lire demain à la Comédie *Britannicus*, salue, en finissant, la Champmêlé du nom de *Junie*. — On le voit, c'est là une de ces petites pièces-anecdotes dont *le Souper d'Auteuil* d'Andrieux représente le chef-d'œuvre, et qui sont comme un bouquet pour les anniversaires de naissance de nos grands poëtes. En leur présentant cette légère offrande, M. Magnin ne faisait que marquer son goût pour leurs ouvrages, sa familiarité dans leur commerce, et témoigner agréablement qu'il avait qualité comme critique des choses de théâtre. Il ne prétendait pas s'ouvrir de ce côté une autre veine.

Dès ce temps-là, il prenait une part active à la collaboration du *Globe ;* il allait surtout s'y faire une position spéciale par ses articles sur les représentations théâtrales, et d'abord sur les pièces anglaises principalement. M. Magnin n'a pas recueilli, dans les deux volumes qu'il nous donne, ses articles concernant les nouveautés de la scène française ; il les réserve pour un volume séparé qui aura tout l'intérêt d'un bulletin suivi et d'une chronique très-animée. Mais, dans le second des deux présents volumes, il a réuni tout ce qui se rapporte à la tentative si brillante et si dramatique qui se fit à Paris en 1827-1828, et qui mit en jeu devant nous le théâtre de Shakspeare, de Rowe, d'Otway. Les meilleurs acteurs anglais y figurèrent successivement ; on eut Kean, on eut Macready. Une ravissante actrice, miss Smithson, apportait et confondait, pour nous séduire, sa jeunesse, son talent, sa grâce idéale, et le charme de toutes ces beautés dramatiques si neuves qu'elle interprétait à nos yeux pour la première fois. Cet épisode intéressant de l'histoire littéraire de la Restauration se trouve raconté dans le livre de M. Magnin avec toutes ses péripéties, ses accidents, ses ivresses même ; on croit y respirer, par moments, comme l'odeur de la poudre, et tel article, écrit le soir dans la chaleur de l'applaudissement, est intitulé *Bulletin d'une victoire.* C'est qu'alors on croyait, on espérait avec enthousiasme et ferveur. Indépendamment du plaisir direct et tout désintéressé que pouvaient procurer ces admirables créations d'un génie terrible, pathétique ou gracieux, et toujours puissant, il y avait, au fond de tout cela, un désir de marcher à son tour, il y avait un mobile présent, contemporain, une émulation qui semblait aussi promettre des œuvres. Le critique ne sonnait si haut de la trompette que parce qu'il se sentait suivi, entouré, devancé même en plus d'un endroit par de généreuses ambitions qui n'attendaient que le signal pour se produire. Ce drame de Shakspeare n'était pas seulement un noble spectacle ; c'était une machine de guerre. On tiraillait sur l'ennemi, sur l'absolutiste littéraire, jusque du haut du balcon de Juliette, et on espérait bien avec Roméo escalader, en dépit des unités, cet asile, ce sanctuaire trop interdit d'émotions et d'enchantements. Pourquoi faut-il que, le jour où toutes les barrières sont brusquement tombées, quand la brèche a été plus qu'entr'ouverte, personne, presque personne, ne se soit plus trouvé là pour entrer?

Douze ans après, on a subi la revanche, et bien légitime, convenons-en. On a eu l'accès inverse de cette ivresse première. L'ancien répertoire, Racine en tête, a fait sa rentrée par mademoiselle Rachel : ç'a été toute une restauration. Elle ne paraît pas près de finir. Mais, comme les belles œuvres ne sauraient jamais s'exclure, soyons et demeurons heureux de les embrasser. M. Magnin n'a pas cessé un moment de penser ainsi, et, comme critique, il a donné la main aux deux triomphes (1).

Cependant, pour nous en tenir à lui, un contraste a dû frapper d'abord. Nous l'avions laissé offrant son bouquet à Racine, à Despréaux, et, un an après, il était l'un des plus actifs à l'avant-garde des novateurs. Il n'avait pas changé son culte, il l'avait agrandi. L'impulsion dont tout esprit a besoin, et qui arrive à son heure, lui était venue. Pour le critique, c'est-à-dire pour l'écrivain de comparaison et d'expérience, cette impulsion doit surtout venir du dehors en se combinant avec le train habituel et avec les

---

(1) Malgré tout, je l'avouerai, j'en veux un peu à nos auteurs dramatiques de la moderne école ; ils ont poussé en avant les critiques et ne les ont pas suivis ; ils se sont comportés comme les chefs d'une armée feraient avec le corps du génie, en lui disant : « Nous voulons passer là, il nous faut une route. » Les critiques se sont mis à l'œuvre hardiment, sous le feu ; il fallait passer jusqu'au travers de l'ancien théâtre, qui barrait et offusquait. Tout en respectant du mieux possible les portions sacrées, on a fait sauter plus d'un degré du temple, plus d'une colonne du vestibule. La mine a joué jusque dans des quartiers du marbre blanc de Racine. Et puis la place faite, le passage ouvert, les critiques mis en avant ont été laissés là. On n'a fait que les plus gauches mouvements, ou l'on n'a rien fait. Il leur a fallu opérer leur retraite comme ils l'ont pu, et même en revenant s'abriter plus d'une fois aux autels qu'ils avaient paru ébranler.

forces acquises. Ayant peu écrit dans sa première jeunesse, nourri d'études classiques, élevé au nid de la littérature française, M. Magnin se trouvait avoir un grand fonds en réserve, des habitudes sûres, une circonspection qui n'excluait pas la vivacité et qui allait la diriger. Il porta tout aussitôt et ne cessa de garder les qualités antiques dans l'adoption des œuvres et des doctrines nouvelles. C'est là son trait original. L'ancienne critique, à voir paraître cet adversaire inattendu, ne pouvait méconnaître ni son propre costume, ni ses formes mêmes, en ce qu'elles avaient de net, de judicieux et d'excellent ; elle s'étonnait d'autant plus des conséquences :

Miraturque novas frondes et non sua poma.

Quand il s'agissait des tentatives modernes, M. Magnin, sans se révolter ou s'engouer, sans parti pris, mais avec curiosité, ouvrait le livre, le lisait plume en main, l'analysait, citait ce qu'il trouvait de neuf et d'acceptable sans taire ce qui lui semblait un peu fort et outré. Il faisait tout cela par voie d'exposition, presque de concession, d'un air d'ignorer toutes les hardiesses qu'il commettait et qu'il appuyait. On y pouvait voir, sous la candeur du critique, un peu de cette malice ingénieuse et couverte qui fait la dose requise, et que Bayle, le premier, a si bien su mélanger. Mais quand il s'attaquait au faux classique, aux vieilleries modernes, à ces usurpations de succès qui tranchaient du légitime, oh ! alors M. Magnin y allait moins doucement : il savait le fort et le faible de la place, il ne frappait pas à côté. Sa plume acérée a donné, à ce qu'on appelle la littérature de l'*Empire*, bon nombre de ses plus cruelles blessures. S'il a eu un grain de passion en excès, ç'a été sur ce point-là.

Mais, en général, M. Magnin a une qualité à lui, quand il traite d'un sujet et d'un livre, une qualité que possèdent bien peu de critiques, et qui est bien nécessaire pourtant à l'impartialité : c'est l'indifférence. Je vais me hâter de définir cette espèce d'indifférence qui n'exclut pas du tout la curiosité et la conscience, ces deux vertus du critique, et qui même leur laisse un plus libre jeu. Voltaire l'a très-bien remarqué : « Un excellent critique serait un *artiste* qui aurait beaucoup de science et de goût, sans préjugés et sans envie. Cela est difficile à trouver (1). » Il ajoute encore : « Les artistes sont les juges compétents de l'art, il est vrai ; mais ces juges compétents sont presque tous corrompus... Il y a environ trois mille ans qu'Hésiode a dit : Le potier porte envie au potier, le forgeron au forgeron, le musicien au musicien. » Sans doute un artiste, sur l'objet qui l'occupe et qu'il possède, aura des vues perçantes, des remarques précises et décisives, et avec une autorité égale à son talent ; mais cette envie, qui est un bien vilain mot à prononcer, et que chacun à l'instant repousse du geste loin de soi comme le plus bas des vices, il l'évitera difficilement s'il juge ses rivaux ; sa noble jalousie (appelons ainsi la chose) le tiendra éveillé aux moindres défauts, et il sera prompt à voir et à noter ce qu'involontairement il désire ; ou bien, si la générosité du cœur s'en mêle, il ira au-devant du défaut, il passera outre et tombera alors dans des indulgences extrêmes, dans des libéralités qui ne sont plus d'un juge. Je l'ai toujours pensé, pour être un grand critique ou historien littéraire complet, le plus sûr serait de n'avoir concouru en aucune branche, sur aucune partie de l'art (à moins d'avoir excellé dans toutes); car autrement on porte dans l'examen du passé ou, à plus forte raison, du présent, une prédilection, une exclusion, nées de cette concurrence (2), une susceptibilité d'impatience et d'ennui, qui est le contraire de l'esprit d'éclec-

(1) *Dictionnaire philosophique*, article *Critique*.
(2) En veut-on un très-gros exemple ? Un jeune homme soumettait à La Harpe le manuscrit d'une tragédie de *Marie Stuart* ; La Harpe lut la pièce et répondit : « Votre pièce est assez bien écrite, mais le sujet n'est « nullement propre au théâtre ; s'il l'était, Voltaire ou moi nous nous « en serions emparés. » *Voltaire ou moi !* voilà bien du La Harpe tout pur, lorsqu'il causait en se laissant aller à sa morgue. Mais combien d'autres, dans sa position, sans lâcher le mot, auraient pensé la chose, et, à l'occasion, se seraient efforcés indirectement de la démontrer !

tisme et d'impartialité exigé dans une telle œuvre. Il y a plus : comme, dans les critiques que nous faisons, nous jugeons encore moins les autres que nous ne nous jugeons nous-mêmes, il est assez bon que le critique, tout en n'étant que cela, tout en ne portant aucun trésor personnel, aucun bagage apparent, n'ait pas à être au dedans trop préoccupé de soi, qu'il ne se sente pas un goût secret trop marqué, qu'il ne caresse pas tout bas un idéal trop cher. Qu'arrive-t-il, en effet, alors ? Si je pouvais prendre des noms contemporains, l'éclaircissement me serait trop facile. Tel, dans les portraits qu'il trace, se mire toujours un peu ; sous prétexte de peindre quelqu'un, c'est souvent un profil de lui-même qu'il cherche à saisir. Dans les figures historiques ou littéraires que tel autre déprime, dans celles qu'il exalte, je le retrouve au fond ; c'est lui encore qu'il préfère et qu'il célèbre sous ces noms divers ; dans les types favoris qu'à tout propos il ramène, il ne fait que sa propre apothéose.

M. Magnin n'est pas du tout ainsi : à vouloir conclure ce qu'il est intimement et par nature d'après ses écrits, il serait difficile de le deviner, sinon que c'est un homme d'esprit, de fine et excellente littérature. Il est tout à fait *impersonnel*, grande qualité pour le genre. Lorsque tant d'autres oracles prêchent pour leur saint, lui, il n'a pas de saint ; il n'accuse aucune préférence naturelle qui vienne traverser ou commander son examen. Cette indifférence philosophique que Descartes réclamait comme première condition à la recherche de la vérité, il la réalise dans la pratique de la littérature ; et comme en même temps il a l'humeur vive et curieuse, la plume facile et prompte, une telle disposition neutre l'a conduit très-loin. Sur une foule de points et de sujets, lui, sorti primitivement du giron classique et fidèle à bien des préceptes d'autrefois, il s'est trouvé l'un des plus avancés et des plus osés, l'un des moins prévenus contre l'idée ou la forme survenante, un des plus accueillants et des plus patients des chercheurs. Tel il s'est montré dans tout son rôle, depuis miss Smithson jusqu'à mademoiselle Rachel, depuis *Hernani* jusqu'à *Lucrèce*; sur Homère, sur l'abbesse Hrosvhita, sur la reine Nantechild, sur *Ahasvérus*, il a émis, accepté et soutenu des doctrines, des vues, qui témoignent de l'ouverture de sa pensée et de sa flexibilité ingénieuse presque indéfinie; ce qui me fait dire et répéter de plus en plus : « Le critique n'est jamais chez lui, il va, il voyage; il prend le ton et l'air des divers milieux : c'est l'hôte perpétuel (1). »

Chez beaucoup de ceux qui avaient épousé très-vivement la cause nouvelle au début et qui avaient entonné à haute voix le Chant du départ, le mécompte a suivi et s'est fait amèrement sentir. Le reflux de l'âme, à l'âge du retour, est en raison le plus souvent de ce qu'a été la marée montante aux heures de la jeunesse : plus l'on s'était avancé, et plus on se retire. On a été des plus enthousiastes, et l'on se trouve d'autant plus chagrin. Rien de tel chez M. Magnin : son enthousiasme, tout vif qu'il était, vint assez tard et se tempéra de ses autres qualités, de façon à moins craindre le retour. Esprit consciencieux, attentif jusqu'au scrupule, des plus constants et des mieux en règle avec lui-même, s'il semble un peu plus lent à partir, il ne recule jamais et ne revient guère sur ses pas. Lorsqu'il lui arrive, par suite d'obstacles extérieurs, d'être obligé de s'arrêter, d'interrompre sur un point, il n'oublie rien, il amarre sa barque à l'endroit précis, et, s'il reprend ensuite sa marche, c'est sans avoir dérivé. Il se trouve ainsi, après des années, plus en avant et plus en train que de plus ardents au départ, mais qui ont dès longtemps rebroussé. Cela s'est vu surtout lorsqu'il a eu à parler, en ces derniers temps, de certaines représentations dramatiques, et, en général, dans ce qu'il a écrit sur les œuvres de l'école poétique moderne depuis 1830. La ques-

---

(1) Ses études sur Hrosvitha ont conduit M. Magnin à donner une traduction complète du *Théâtre* de cette abbesse, avec texte, introduction, notes, le tout d'un soin et d'un goût accomplis (1845).

tion dite romantique n'est restée aussi parfaitement présente à aucun autre critique, et nul ne continue d'y porter un coup-d'œil plus vigilant, plus scrutateur et moins désespéré. Mais ceci nous mène à soumettre quelques remarques au talent si distingué et si sagace que nous essayons en ce moment de bien démêler.

Je reprocherais précisément à M. Magnin de se trop souvenir peut-être dans quelques occasions, et de reprendre trop juste les choses où elles étaient hier. Il a mis le signet en fermant le livre, et il le rouvre juste à la même page; n'était-ce pas le cas de sauter quelques feuillets? Les esprits et les choses sont allés tellement depuis quelques années, et se comportent tellement chaque matin, que, pour se remettre au pas avec eux et avec elles, rien n'est mieux, rien n'est plus court et plus juste qu'une certaine inconséquence. Rien ne va par continuité, surtout aujourd'hui; les époques historiques se succèdent à vue d'œil, les manières diverses chez les mêmes écrivains se prononcent et se déplacent avec une confondante rapidité. Dans de telles conjonctures, la critique a souvent, ce me semble, à marquer les temps, à battre les changements de mesure, à dénoncer les revirements. Chaque œuvre, chaque écrivain, en définitive, lorsqu'on les a suffisamment approfondis et retournés, peuvent être qualifiés d'un *nom;* il faut que ce nom essentiel échappe au critique, ou du moins que le lecteur arrive de lui-même à l'articuler. M. Magnin ne l'y aide pas toujours assez dans l'agrément de ses dissertations instructives. Comme un homme qui a beaucoup vu de livres et qui sait mieux que personne à combien peu tiennent en ce genre les destinées, et quelle infiniment petite différence il y a bien souvent entre un livre qui vit, dit-on, et tel autre livre qui passe pour mort, M. Magnin ne se montre pas trop empressé de dire : *Ceci est bon, et ceci est mauvais.* On l'a tant fait, et à la légère, qu'on a été guéri pour longtemps de ce rôle sentencieux.

Quoi qu'il en soit, pour insister sur un point capital de l'histoire littéraire de ces dernières années, je suis de ceux qui estiment que l'école dite romantique a été dissoute par le fait même de la révolution de Juillet. Dès le lendemain, je crois m'en être ouvert en ce sens avec le plus illustre des chefs d'alors. Ce jour-là, une nouvelle question littéraire était posée, ou du moins la précédente ne l'était plus. Je ne trouve pas que l'ingénieux critique se soit rendu compte ainsi de la différence des situations, et cela a pu jeter quelque indécision sur des aperçus toujours piquants de détails et si heureux d'expression.

Puisque j'en suis avec lui à des observations de ce genre, il en est une qu'il me permettra encore; ce n'est guère que la même un peu autrement retournée. Cette qualité d'indifférence que nous avons notée chez M. Magnin, en ayant bien soin de la définir, a naturellement des conséquences qui influent sur l'ensemble de sa manière. Il est des critiques qui entrent et tombent, pour ainsi dire, dans un sujet comme un fleuve qui descend des montagnes : les masses, les points de vue, les horizons, distinguent, encadrent et accentuent de toutes parts le paysage. Ainsi fait, par exemple, dans son cours de *Littérature dramatique*, le grand critique Guillaume Schlegel, exclusif et majestueux. Mais quand le fleuve n'a pas reçu une pente aussi décidée, quand il coule plutôt entre des digues et par des bras habilement et activement ménagés, l'aspect du paysage ne peut être que très-différent. En d'autres termes, on ne rencontre pas d'ordinaire chez M. Magnin de points de vue bien dominants ni de masses bien détachées; on a plutôt la richesse, la fertilité et le détail infini d'une Hollande; la Hollande, ç'a été la patrie et le berceau de cette critique moderne, de celle qui fait les bons journaux.

Il en possède toutes les qualités primitives, fines et saines, menues et solides, l'intégrité qu'il faut bien louer, tant elle devient chose rare! cette attention à tenir la balance et à peser vingt fois le même objet (c'est la probité du genre), une bienveillance ferme et qui sait les limites, l'absence de toute envie, une sorte de simplicité qui a pourtant beaucoup vu, et qui est plus portée à regarder qu'à s'étonner. Son érudition très-complète et très-déliée nous rappelle qu'il est aussi le critique-bibliothécaire. Sur chaque question, il se plaît à savoir, et il s'inquiète d'abord de trouver ce qui a été écrit. Cette première recherche a déjà de quoi apaiser et amortir la curiosité, de quoi remettre à sa place le présent. Rien n'est capable d'ôter l'ivresse de la nouveauté comme la vue d'une grande bibliothèque; c'est proprement le cimetière des esprits. Le grand bibliothécaire par excellence, Gabriel Naudé, en parle étrangement en son style plus énergique qu'élégant : « Les bibliothèques, dit-il, ne peuvent mieux être comparées qu'au pré de Sénèque, où chaque animal trouve ce qui lui est propre : *Bos herbam, canis leporem, ciconia lacertam* (1). » Et arrivant à la connaissance des livres des novateurs, il la conseille en temps et lieu, comme fournissant à l'esprit une *milliasse* d'ouvertures et de conceptions, le faisant parler à propos de toutes choses, et *lui ôtant l'admiration, qui est le vrai signe de notre faiblesse.* Gabriel Naudé nous dit là son goût de penseur hardi et sceptique, il nous trahit son gibier favori et ce qu'il aime, sans préjudice des autres pièces ; philosophe vorace, il lit tout, il y attrape des *milliasses* de pensées, et les enveloppe à son tour dans quelqu'un de ces écrits indigestes et copieux, vrai *farrago*, mais qui font encore aujourd'hui les délices de qui sait en tirer le suc et l'esprit. M. Magnin, bien que très-bibliothécaire aussi, n'est pas de cette classe, et son *lièvre* plus rare a, si j'ose dire, la patte plus blanche. A travers ce vaste champ de connaissances où sa condition l'a jeté, il s'est orienté de bonne heure; furet et gourmet, il suit ses lignes sans en sortir, sans s'égarer ; il choisit et range à bonne fin le grain et la perle. Il lit, plume en main, et dans un but. Ceci revient à dire que M. Magnin est *écrivain*, qu'il en a les qualités, le goût, un peu l'entraînement; il aime à étudier, à con-

---

(1) *Avis pour dresser une bibliothèque.*

naître, mais pour écrire, pour déduire ce qu'il sait, pour le mettre en belle et juste lumière. On a cité ce mot de M. Daunou sur lui : *C'est une excellente plume.* Il y a mieux : pour lui, si je ne me trompe, cette grâce, cette aisance de rédaction qui le distinguent, doivent quelquefois déterminer, inspirer, guider la recherche par l'idée d'en faire usage. La plume, c'est son organe.

Rien n'est plus agréable, comme lecture purement littéraire, que ces assortiments bien faits de mélanges. Ceux que M. Magnin vient de publier présentent toute espèce de choix et de variété : Grèce, romantisme, Portugal et Chine, nul échantillon n'y manque; cette qualité de style dont nous parlons en fait l'harmonie. C'est plaisir et douce surprise que de retrouver ces théories et ces œuvres nouvelles analysées, exposées, justifiées parfois, dans un langage courant et pur, avec accompagnement des réminiscences, des citations classiques que le critique y entremêle, et par lesquelles il les rattache sans effort à ce que souvent elles oubliaient. Le rôle piquant et utile en ce genre est ainsi de maintenir, de prolonger et d'asseoir la tradition là même où elle semblerait faire faute. Ce travail de pilotis, humble en apparence, suffit souvent, comme en Hollande, pour contenir l'orgueil du flot. Parmi les morceaux d'une histoire littéraire plus lointaine et plus désintéressée, il faut mettre au premier rang la notice sur Camoëns, vrai petit chef-d'œuvre où la curiosité de l'étude et l'exquis de l'érudition viennent se fondre dans un sentiment bien délicat de cette chevaleresque poésie. Les essais de traduction que M. Magnin insère, chemin faisant, dans son récit, peuvent, je crois, être considérés comme des modèles, et montrent dans quelle mesure on doit se faire littéral avec un poëte étranger, tout en se conservant français, lisible, et même élégant. Parmi les morceaux d'un autre genre, un des plus délicieux et des plus fins est l'article sur Paul-Louis Courier à propos de ses mémoires et de sa correspondance, publiés en 1829. M. Magnin dégage chez Courier, au travers de l'homme de parti et du champion libéral, l'homme véritable, naturel, l'indépendant épicurien et moqueur, l'artiste amoureux du beau, l'*humoriste* vraiment attique, au *rictus* de satyre : « On n'a point la bouche fendue comme il l'avait, d'une oreille à l'autre, sans être prédestiné à être rieur, et rieur du rire inextinguible d'Homère ou de Rabelais. »

Ces pages si légères et si bien touchées, à propos du plus docte et du plus lettré de nos pamphlétaires politiques, nous ont rappelé involontairement la différence des temps et le contraste de deux périodes pourtant si rapprochées. Je disais tout à l'heure que, pour la question littéraire, la révolution de 1830 avait coupé court et changé les conditions de succès ; je ne me suis pas assez expliqué peut-être. Sans doute le beau reste toujours beau, et il ne varie pas d'hier à demain ; mais il y a aussi dans les œuvres la forme, le cadre, l'art, l'artificiel même, si vous voulez. Or cette part, on le sait, était grande dans l'école littéraire d'alors, et j'ajouterai qu'elle avait assez droit de l'être, en raison des loisirs plus cultivés et des idées en vogue durant la seconde moitié de la Restauration. C'est cette portion mobile qui a été ruinée du coup en juillet 1830 ; le je ne sais quoi de nouveau se cherche et ne s'est pas trouvé jusqu'ici.

Mais, dans la littérature politique, le contraste naturellement se tranche d'une façon plus directe encore. Les écrivains polémiques et les pamphlétaires l'ont bien senti : ceux qui ont eu du succès en dernier lieu l'ont pris sur un autre ton, et ce ton, en général, était plus aisé en ce qu'il a plutôt grossi. Le nom de Courier provoque le rapprochement avec un pamphlétaire d'esprit et même de talent (1), qu'on lui a comparé souvent en ces dernières années et que quelques uns n'ont pas craint de lui préférer. L'homme d'esprit dont je parle sait bien à quoi s'en tenir. Je laisse de côté le fond politique et aussi le résultat matériel. J'ai là sous les yeux la onzième édition du *Livre des Orateurs* de

---

(1) M. le vicomte de Cormenin.

Timon, et ce n'est sans doute pas la dernière. Ce Timon se dit d'Athènes ; mais qu'il y a loin de son quartier à la métairie de cet autre misanthrope tempéré de gaieté, duquel M. Magnin a dit en nous le montrant au bivouac avec son Homère : « Son esprit s'empreignit d'atticisme. Il
« reçut de la Grèce sa façon de sentir, de juger, de s'ex-
« primer ; il fut Athénien par ses idées sur l'art, sur le
« beau. Après le génie grec, ce fut ce qui s'en rapproche
« le plus, le goût italien, le soleil d'Italie, l'art de Venise,
« de Florence, de Rome, qui l'enchantèrent le plus. La
« pureté du goût antique passa dans sa manière et produi-
« sit, en se mêlant à son cynisme de caserne et à ses
« mœurs quelque peu hussardes, un contraste des plus
« singuliers et des plus piquants. Dans ce Huron devenu
« artilleur, il y eut de l'Alcibiade. » — Au sortir de Longus et entre deux pages d'Hérodote, il lui parut plaisant de prendre à partie un régime tracassier et hypocrite qui l'avait piqué ; la difficulté de tout dire et de bien dire était l'amorce tout à fait propre à tenter cet esprit rompu aux grâces. Le Timon d'aujourd'hui, qui avait dès lors l'âge de la raison et même celui de la misanthropie, se serait bien gardé de se mettre du jeu ; s'il avait plus de motif, je l'ignore, je n'imagine que le motif littéraire très-suffisant : il attendait patiemment l'heure d'aborder les choses par le plus gros bout, de jeter à l'aise et crûment sa parole saccadée et cassante ; il se sentait le *croc*, non pas l'*aiguillon*. Je ne saurais rendre l'effet désagréable que produit sur moi, par instants, ce style bizarre, baroque, bariolé de métaphores et de termes abstraits, à phrases courtes, à paragraphes secs, décharnés, qui sentent encore le résumé du contentieux, et qui poussent par soubresauts l'éloquence du factum jusqu'à une sorte d'élancement lyrique. Dans l'article sur Henri Fonfrède, qu'il apprécie d'ailleurs avec justesse et indulgence, Timon a le bon goût de citer une sortie violente de ce même Fonfrède contre lui Timon, et il ajoute : « Par Jupiter ! lecteur, j'aurais pu affiler ma
« bonne lame, donner de la pointe à ce Scythe, à ce bar-

« bare, et lui rendre blessure pour blessure. — Mais nous
« autres, Grecs d'Athènes, si nous avons du sel aux lè-
« vres, nous n'avons pas de fiel dans le cœur, etc., etc. »
J'abrége la parodie : il ne manque à ce choc, à ce cahotage
de tous les styles, que d'y avoir fait entrer plus au long
ma bonne lame de Tolède; l'amalgame eût été complet.
Laissons l'Hymette et son miel à ceux-là seuls qui en savent les sentiers, à ceux qui, même au sein des passions et
des paroles acérées, ne perdent jamais une certaine légèreté de ton, et comme une certaine saveur du berceau :
Musœo contingens cuncta lepore. Tel fut Courier ; lors
même qu'il obtint des succès de parti, c'étaient encore des
succès de muse.

Nous ne disons rien ici, d'ailleurs, pour protester contre
un succès plus populaire et qui a voulu l'être. Les portraits
de Timon ont du relief et du trait, nous en convenons ; ils
sautent aux yeux à travers la vitre. Il nous a semblé seulement, en relisant d'excellentes pages écrites, il y a quatorze
ans, par M. Magnin, que la critique elle-même s'était fort
désorganisée depuis lors : voilà un livre arrivé à plus de
onze éditions ; les partis l'ont loué ou blâmé, selon l'intérêt de leur cause ; la valeur littéraire n'a pas encore été
extraite et réduite à son poids.

Plus d'analyse conviendrait peu, à propos des deux volumes que nous annonçons ; et puis il nous serait impossible, en continuant de les feuilleter, de ne pas nous rencontrer nous-même face à face sous la plume de M. Magnin,
et de ne pas reconnaître avec émotion et sourire tout ce que
lui doivent de gratitude d'anciens essais pris d'abord en
main par lui et proposés du premier jour à l'indulgence.
En parcourant les articles qui composent son premier volume, on pourra être un peu étonné d'en trouver un tout
politique vraiment, de quelques pages à peine : *Comment
une dynastie se fonde*, et daté du 16 mars 1831. Est-ce
donc par inadvertance que cet article, un peu disparate,
s'est glissé là ? M. Magnin commet rarement des inadvertances, et il faut bien noter ici une intention. En intro-

duisant ce brin de politique entre des pages plus fraîches et restées plus neuves, en y oubliant, comme par mégarde, ce coin de cocarde, le critique littéraire a voulu sans doute témoigner qu'il avait sur certains points des opinions, des principes, rappeler qu'il les avait soutenus, et faire entendre qu'il s'en souvenait comme de tout le reste. C'est encore là un trait qui rentre dans ce que nous avons dit du caractère de M. Magnin, de cette nature des plus fidèles à elle-même et à ce qu'elle a une fois accepté; il tient beaucoup en cela de ces personnages de la fin du dix-huitième siècle, qu'il connaît si bien, qu'il a pratiqués de bonne heure, et dont il a gardé plus d'une doctrine et plus d'un pli, tout en se séparant d'eux si complétement sur la question littéraire.

Dans cette diminution et ce désarroi général de la critique que nous déplorons, il est à souhaiter que des plumes comme celle de M. Magnin, si aguerries et si bien conservées, ne cessent pas de longtemps leur emploi, dussent-elles n'intervenir qu'avec choix et discrétion, en prenant leur moment. Qu'il achève sans doute et couronne son important ouvrage commencé sur les *Origines du Théâtre moderne*. Il y a déjà longtemps que, voyant s'accumuler les matériaux et les documents sur ces origines que chaque découverte faisait reculer sans cesse, M. Raynouard exprimait le vœu qu'un homme d'instruction et d'esprit intervînt et mît ordre à la question éparse et confuse. M. Magnin est désigné aujourd'hui pour cette tâche à laquelle il s'est préparé de longue main. Que si nous osions mêler un conseil au travers d'un travail si médité, et auprès d'un esprit par lui-même si averti, ce serait de borner à un certain moment la recherche, de clore son siége, et de se jeter à l'œuvre avec toute la richesse amassée et en s'occupant surtout à la dominer par l'idée, à la classer d'une volonté un peu impérieuse. En parlant de la sorte à un critique aussi prudent, nous savons bien que l'inconvénient possible serait vite corrigé. Une fois d'ailleurs le livre fait et paru, le peu qui a échappé en particularités et en minces détails arrive de toutes parts et rentre le plus souvent dans les cadres déjà exposés. Enfin de tels ouvrages ont toujours la seconde édition pour s'amender et se compléter; visons d'abord à la première et à l'architecture de l'ensemble. Mais que ces lents et difficiles travaux, que les arcanes de l'Académie des inscriptions elle-même et les exercices philologiques du *Journal des Savants* n'éloignent jamais M. Magnin de ce qui a fait son premier plaisir et son plus franc succès, de cette critique instructive et accessible à tous, judicieuse et hardie, qui ne craint pas de se commettre en parlant de ce qui occupe tout le monde et de ce que tout le monde comprend. La publication de ces deux volumes et le soin qu'il y a donné nous sont garants de ce que nous espérons. Ce n'est pas au nom de la gloire et de la renommée qu'il convient de s'adresser aux critiques, à ceux qui, vraiment dignes de ce nom, voient les choses littéraires avec sang-froid, étendue, et par tous les sens. Ils savent trop ce que c'est que renommée, comment elle se fait, combien elle dure; ils y mettent tous les jours la main, et plus d'un aussi pourrait dire à quelque roi du jour que la chute attend :

J'ai fait des souverains, et n'ai point voulu l'être.

Il y a pourtant à ajouter, et ils le savent, que, sans viser à aucune gloire ni même à ce sceptre du genre qui a toujours plus ou moins l'air d'une férule, il est aussi un degré d'estime très-sûr qu'on parvient peu à peu à obtenir, et qui se perpétue. Tandis que les poëtes et les écrivains qui se croient créateurs passent très-vite et meurent tout entiers, s'ils ne sont excellents, le critique accrédité et fidèle vit, c'est-à-dire (oh! ne nous exagérons rien) on le cite quelquefois, on feuillette au besoin son recueil pour le consulter comme un témoin véridique, on rappelle son jugement sur ces livres, un moment fameux, qu'on ne lit plus et qu'on ne juge en abrégé que par quelques mots tirés de lui. Bayle est un trop grand nom et qu'on pourrait récuser comme exemple; pour en prendre un qui n'ait rien d'éblouissant, Le Clerc vit plus que tous les Campistrons. Et si le style s'en mêle, si l'agrément a touché ces humbles pages d'autrefois, elles ont aussi pour qui les rouvre après des années un certain parfum. Marmontel n'est compromis aujourd'hui, dans sa renommée littéraire, que par ses ouvrages de poésie, de théâtre, par ses contes et ses romans ; s'il n'avait laissé que sa critique, il serait un nom des plus respectés. C'est pour avoir visé au sceptre-férule dont nous parlions et pour en avoir trop joué, qu'il en a coûté cher à La Harpe ; mais quand on a borné son ambition à n'être que des meilleurs, comme Ginguené, Suard, on n'est pas tout à fait déçu dans ses vœux, et ces destinées-là, telles que nous les voyons se dessiner dans un horizon déjà lointain, ont quelque chose qui continue de s'éclairer doucement aux yeux du sage. Pourtant, encore une fois, c'est moins au nom de cette perspective, toujours si pâle et si mêlée d'ombres, qu'il faut s'adresser au vrai critique et le convier à ne pas cesser ; la vérité, voilà ce qui l'inspire, la vérité littéraire, le plaisir de la dire avec piquant ou avec détour, l'amour d'une étude courante et animée. Lors même que le feu des premières illusions est passé, lorsqu'on n'épouse plus ardemment une cause et qu'il n'y a plus de cause, la jouissance de la curiosité et de l'expression critique reste tout entière. On prend un livre, on s'y enfonce, on s'y oublie ; on médite alentour, on y muse et s'y amuse, *desipere in libro;* puis insensiblement la pensée se prend, une idée sourit, on veut l'étendre, l'achever : déjà la plume court, la déduction ingénieuse et industrieuse se poursuit, et, quand on s'y entend aussi aisément que M. Magnin sait le faire, si désintéressée que soit d'ailleurs cette douce passion, il est difficile d'y résister.

15 octobre 1843.

QUELQUES VÉRITÉS

SUR

LA SITUATION EN LITTÉRATURE.

1843.

Il y a quelques années, il a été fait dans cette *Revue* une sorte d'appel à tous les talents qui, nés à peu près en même temps que le siècle, se trouvaient approcher de l'âge toujours redoutable de la maturité (1). Depuis lors le jeune siècle, comme on disait autrefois, s'est fait de plus en plus mûr, ou, si l'on aime mieux, de moins en moins jeune. Les années à tout âge vont vite, mais surtout celles du milieu. De plus en plus donc, chaque jour, on perd sensiblement de vue le port, le rivage, l'amphithéâtre du golfe bien-aimé, ces contours dont chaque point pour chacun sont marqués d'un regret, d'un souvenir. On a franchi la rade, on est en pleine mer, sur l'espace *où l'on ne vendange pas ;* le vaisseau file ses nœuds avec une rapidité monotone, et l'on ne compte plus. Qu'aperçoit-on, qu'espère-t-on à l'horizon, dans un prochain ou lointain avenir? Aucune terre n'apparaît, aucune pointe d'île ne perce, aussi loin que la vue s'étend. Ce n'est point d'ailleurs le rôle de la critique de prédire sans cesse le lendemain,

(1) *Dix Ans après en littérature,* 1ᵉʳ mars 1840 (voir précédemment tome I, page 505). — Ce sont des articles écrits plus particulièrement pour la *Revue des Deux Mondes.*

d'outre-passer les horizons; elle l'a voulu trop faire jusqu'ici. Qu'elle se borne à relever les hauteurs, à reconnaître les signes, et à constater.

Certes, bien que quarante-trois ans soient beaucoup dans la vie d'un siècle, il serait téméraire de prétendre décider de sa physionomie générale à cet âge de son existence. A prendre en effet les trois derniers siècles à leur année 43, on n'aurait guère pu deviner, en littérature (pour ne parler que de cela), tout ce qu'ils ont enfanté de plus original et de plus grand.

Au seizième siècle, en 1543, le brillant mouvement de renaissance imprimé par François Ier était sans doute en plein développement, mais il n'avait pas produit sa floraison ni ses fruits dans toutes les branches. On avait Marot, Calvin, on avait surtout Rabelais; mais le grand réveil poétique de la pléiade n'était pas encore sonné; on n'avait pas Montaigne, ni même les douceurs prochaines d'Amyot, ni tout ce qui remplit si bien, en érudition, en doctrine parlementaire, en histoire, en poésie, en style, la seconde moitié de cette riche et confuse époque.

Au dix-septième siècle, en 1643, on avait Corneille, et c'était l'année de Rocroy; mais comment deviner alors, malgré de tels augures, les destinées merveilleuses du règne-enfant et les splendeurs de Louis XIV?

Au dix-huitième siècle, bien qu'il fût plus facile, à pareille date, de prévoir ce qui ne devait être, à proprement parler, qu'une suite, une continuation, cette continuation allait dépasser les prémisses et les couronner dans des proportions tout à fait surprenantes et glorieuses. On n'avait, en 1743, presque aucun des grands monuments de l'époque, pas encore l'*Esprit des Lois* (1748), pas encore l'*Histoire naturelle* (1749), pas l'*Encyclopédie* (1751), rien de Jean-Jacques; et Voltaire, déjà si brillant, n'était pas encore arrivé, par les années et par l'exil, à cette sorte de dictature universelle dont ses licences et ses ricanements purent à peine atténuer la majesté.

Ainsi donc, en constatant aujourd'hui ce que nous autres, dix-neuvième siècle, nous sommes à cet âge qui est censé celui de la maturité, nous ne prétendons aucunement engager l'avenir littéraire ni préjuger le lendemain. A conjecturer pourtant, comme il est permis, d'après l'ensemble et le terrain courant des générations survenantes, l'imagination pourrait sembler dorénavant avoir moins de chances pour les grandes œuvres, que l'érudition et la critique pour les travaux historiques dans tous les sens, et que l'esprit pour les charmants gaspillages de tous genres. Mais ceci n'est qu'un aspect immédiat, et il suffirait de deux ou trois de ces nobles esprits qui sont toujours une exception, et qui peuvent toujours sortir de la grande loterie providentielle, pour donner à la conjecture d'heureux démentis.

Ce qui est, ce qui s'est déjà accompli et parcouru, ce que nous possédons, voilà une matière plus sûre; tenons-nous à en toucher, à en presser quelques points essentiels et à les caractériser. La critique ne peut guère prétendre à plus pour éclairer et pour avertir. Que s'est-il passé littérairement de saillant, de sensible à tous, depuis quelques années?

Et quelle disette d'abord, ou du moins quelle stérile abondance! Signaler la halte, le ralentissement graduel et continu, c'est proclamer ce que chacun s'est déjà dit. Pendant que les hommes en possession de la vogue et de la faveur publique continuaient plus ou moins heureusement d'en user ou d'en abuser, que trop souvent ils traînaient sans relâche, sans discrétion, qu'ils appesantissaient leur genre, ou qu'ils le bouleversaient brusquement un beau matin plutôt que de le renouveler, quelles œuvres vraiment nouvelles, quelles apparitions inattendues sont venues varier et rafraîchir le tableau?

Deux faits notables, deux phénomènes littéraires, sont venus, l'un pas plus tard qu'hier, l'autre depuis quelques années déjà, fournir à l'attention avide un sujet, un aliment tant désiré, sur lequel on a vécu à satiété et qui par bonheur (cela reste vrai du moins pour l'un des deux) n'est pas près de s'épuiser encore. Je ne prétends pas du tout évaluer ici ces deux faits en eux-mêmes, et je ne les atteste que comme symptômes. On a eu au théâtre mademoiselle Rachel, qui nous a rendu toute une veine dramatique de chefs-d'œuvre, lesquels avaient naguère semblé moins actuels, moins nouveaux; on a eu hier une tragédie qui a attiré la foule, et qui, par des qualités diverses et sérieuses, a mérité de faire bruit.

Qu'il ait pu y avoir, durant ces derniers temps, en d'autres branches d'étude et de culture, d'autres productions qui fassent honneur à l'époque et qui lui seront comptées un jour, je suis loin de le vouloir contester; mais, à ne consulter que l'époque elle-même et son impression purement présente, ces deux accidents sont les seuls qui, dans l'ordre de poésie, aient mis les imaginations en émoi et qui aient vivement piqué l'attention publique.

Or, pour qui sait voir et observer, ces deux faits (que je n'entends encore une fois ni égaler ni juger en eux-mêmes) sont un grand enseignement, une mesure très-sensible de l'état du goût, du degré de température, et du *niveau* d'aujourd'hui. Tous les deux se rapportent à ce qu'on appelle la *réaction*, et ils en marquent comme deux temps, coup sur coup, dans leur applaudissement sonore.

Tandis que, sous la Restauration, on aimait surtout dans Talma finissant et grandissant un novateur, une espèce d'auteur et de poëte dramatique (et non, certes, le moindre), qui rendait ou prêtait aux rôles un peu conventionnels et refroidis de la scène française une vie historique, une réalité à demi shakspearienne, — il arrive que ce qu'on a surtout aimé dans notre jeune et grande actrice, ç'a été un retour à l'antique, à la pose majestueuse, à la diction pure, à la passion décente et à la nature ennoblie, à ce genre de beauté enfin qui rappelle les lignes de la statuaire.

Dans la pièce de M. Ponsard (je ne prends qu'un point), on a également applaudi quelque chose de calme et d'élevé avant tout ; on a été jusqu'à oublier, jusqu'à méconnaître (et l'auteur a paru l'oublier lui-même un moment (1)) les détails et les procédés d'exécution qui rattachent le plus cette œuvre aux innovations modernes, pour y voir une sorte d'hommage rétrospectif à des formes abolies.

Ces deux événements, ces deux succès, très-sensibles parce qu'ils ont éclaté au théâtre, et dans les circonstances les plus propres à les faire ressortir, ne sont au reste qu'une indication de ce qui se passe ailleurs et à côté dans toute l'étendue d'une certaine couche sociale : en religion, politique, arts, modes et costumes, réaction sur toute la ligne.

Réaction, après tout, superficielle et à grand fond, secousse et agitation légère d'esprits blasés, ennuyés, qui se retournent par dégoût, et qui essayent aujourd'hui de ce qu'ils ont rebuté hier, pour ressentir quelque chose ! — Réaction légitime à certains égards, en tant qu'elle est provoquée par les excès, les abus violents, les pesanteurs ou les fatuités de l'école régnante, de celle du moins qui était faite pour régner !

Toutes les grandes et vraies réactions ont leurs causes profondes. Il y a eu, en 1800, une réaction sociale complète, et elle était, si l'on s'en souvient, assez motivée. Il s'agissait, après des désastres inouïs et des ruines de tout genre, de tout recomposer, de retrouver sous les sanglants décombres la statue de la Loi, la pierre et le calice de l'autel, le trône lui-même avec ses degrés. On a retrouvé alors, ou, au besoin, on a réinventé tout cela : il y a eu, dans la grande reconstruction, du vrai, du solide et de l'authentique ; il y est aussi entré bien du mensonger, de l'apocryphe et du postiche. Un excès, dans ces grands revirements des nations, en amène et en favorise toujours un autre contraire : le flux est égal au reflux. Mais de nos

---

(1) Dans le courant de la polémique qui s'engagea au sujet de la pièce et à laquelle il prit part, le jeune auteur parut un moment se replier vers des rangs qui n'étaient pas les siens.

jours, au milieu des respects et des hommages individuels et publics volontiers décernés à la religion, après le triomphe encore plus complet qu'espéré d'une politique conservatrice, venir réagir au delà dans le même sens et en passant outre, pousser par système et par mode à l'aristocratie, au despotisme, à l'ultramontanisme, c'est ne prouver autre chose que l'ennui de l'âme qui s'agite à vide et la vanité de l'esprit qui se monte à froid. En littérature seulement, c'est-à-dire roman, poëme et théâtre, on a pu trouver avec plus de fondement, en effet, que les promesses avaient quelque peu menti, que les saturnales duraient et s'étendaient avec insolence, que la boue des rues et l'ordure des bornes remontaient trop souvent jusqu'au balcon, que les grands talents à leur tour donnaient le pire signal et manquaient à leur vocation première, qu'ils s'égaraient, qu'ils gauchissaient à plaisir dans des systèmes monstrueux ou creux, en tout cas infertiles; en un mot, qu'ils n'amusaient plus et qu'ils avaient cessé de charmer. Dès lors, en un tel état de choses, tout ce qui est et sera un peu naturel et élevé, un peu simple et moral, un peu neuf par là même, a retrouvé de grandes chances de plaire, d'intéresser et presque de saisir. Ce qu'on appelle réaction en littérature n'a aucun sens raisonnable, ou n'a que celui-là.

Depuis les cinq ou six dernières années, cette disposition est manifeste dans le monde, et n'a fait que se confirmer à chaque occasion, en maint exemple grand ou petit; mais, si elle a ses motifs que je viens de dire, ses avantages relatifs, son bon sens rapide et ses délicatesses, la disposition d'esprit que nous reconnaissons ici et que nous saluons à son heure manque pourtant trop essentiellement de doctrine, d'inspiration à soi, d'originalité et de fécondité, pour devenir le ton d'un siècle, à moins que ce siècle ne soit prédestiné avant le temps aux douces vertus négatives et au régime du déclin.

On ne saurait assez admirer vraiment le train singulier des esprits et le va-et-vient des opinions en ce capricieux et toujours gai pays de France. Il y a treize ans, une révolution s'accomplissait après une lutte prolongée, régulière, d'idées et de convictions, qui semblaient ardentes et profondes. La solution mixte improvisée à cette révolution pouvait déplaire à une portion notable des esprits et des cœurs : on pouvait désirer, concevoir du moins une autre issue, un autre cours donné aux choses, un autre lit au torrent ; mais tous, et ceux même qui se prononçaient pour la solution mixte, étaient très-persuadés qu'il allait y avoir pour bien des années dans le corps social une plénitude de séve, une provision, une infusion d'ardeurs et de doctrines, une matière enfin plus que suffisante aux prises de l'esprit. Et voilà que, dès 1837, le calme presque universel s'établissait ; et, pour réduire la question aux limites de notre sujet, voilà que, littérairement, ce calme social d'apparence propice n'enfantait rien et ne faisait que mettre à nu le peu de courant ; que de guerre lasse, et à force de tourner sur soi-même, on se reportait d'un zèle oiseux vers le passé, non pas seulement le haut et grand passé, mais celui de toute espèce et de toute qualité, et l'on déjeunait des restes épicés de Crébillon fils comme pour mieux goûter le Racine ; voilà que les générations survenantes, d'ordinaire enthousiastes de quelque nouvelle et grande chimère et en quête d'un héroïque fantôme, entraient bonnement dans la file à l'endroit le plus proche sans s'informer ; que sans tradition ni suite, avec la facilité de l'indifférence, elles se prenaient à je ne sais quelles vieilles cocardes reblanchies, et, en morale comme dans l'art, aux premiers lambeaux de rubans ou de doctrines, aux us et coutumes de carnaval ou de carême.

Et quasi cursores vitaï lampada tradunt,

a dit l'antique poëte dans une magnifique image : c'est comme un flambeau qu'il faut recevoir et saisir, en entrant, l'héritage de la vie ; quelques-uns l'ont pris comme un cierge, et beaucoup comme un cigare. Et la jeunesse a pu être trompée en cela par bon nombre de ceux qui précédaient ; il a passé dans tous les rangs comme un souffle de relâchement et de confusion. Tandis que la portion positive du siècle suivait résolûment, tête baissée, sa marche dans l'industrie et le progrès matériel, la partie dite spirituelle se dissipait en frivolités et ne savait faire à l'autre ni contre-poids ni accompagnement.

Ce que les anciens moralistes nommaient tout crûment la sottise humaine est sans doute à peu près la même en tout temps, en tout pays ; mais en ce temps-ci et en France, comme nous sommes plus rapides, cette sottise en personne se produit avec des airs d'esprit, de légèreté, avec des vernis d'élégance qui déconcertent. On est *mouton* comme sous Panurge, mais on l'est avec des airs de *lion*.

Un semblable résultat pourtant (si c'était là un résultat) aurait trop de quoi surprendre et déjouer ; il ressemblerait à une attrape. Ce ne peut pas être, ce semble, pour un tel avortement, pour un tel jeu d'actions et de réactions sans cause suffisante, pour de tels engouements successifs et contraires, que tant d'efforts, tant d'essais distingués, tant d'idées enfin ont été dépensées depuis plus de cinquante ans, et que, sans remonter plus haut, les hommes consciencieux et laborieux ont semé une foule de germes aux saisons dernières de la Restauration, en ces années de combat et de culture.

Vous tombiez satisfaits dans une autre espérance,

s'écriait Marie-Joseph Chénier vers 1800. Mais ces générations dont nous parlons ici, et desquelles nous nous glorifions d'être, ne sont pas tombées ; elles vivent encore, elles n'ont pas tout à fait abdiqué et peuvent dire un dernier mot. Puis ce pays-ci, ne l'oublions pas, est très-élastique ; l'opinion, sous sa mobilité, a peut-être ses lois, elle a certainement ses ressorts imprévus. Aujourd'hui ressemble si peu à avant-hier, que demain ne ressemblera peut-être pas à aujourd'hui. Sans donc la faire pire qu'elle n'est, continuons de presser la situation, d'en rechercher les causes, d'en noter du moins à vue de pays quelques circonstances.

Une des premières sources du mal, nous l'avons plus d'une fois signalé, ç'a été, à un certain moment, la retraite brusque et en masse de toute la portion la plus distinguée et la plus solide des générations déjà mûries, des chefs de l'école critique, qui ont déserté la littérature pour la politique pratique et les affaires. Les services que ces hommes éclairés ont rendus en politique peuvent être reconnus, mais sont incontestablement moindres que ceux qu'ils auraient rendus à la société en restant maîtres du poste des idées et en y ralliant par la presse ceux qui survenaient à l'aventure. Leur absence dans la critique littéraire n'a pas peu contribué à rompre toute tradition, à laisser le champ libre à l'industrialisme et à tous les genres de cupidités et de prétentions. Leur retraite, pour tout dire, a fait *trouée* au centre.

Livrés à eux-mêmes, sans surveillance immédiate exercée par des pairs en intelligence, les hommes d'imagination, sentant de plus le cadre qui les contenait brisé à l'entour, ont exagéré leurs défauts, ont pris leurs licences et leurs aises. Rien de plus difficile, de plus impossible, on le croira, que de régler les hommes d'imagination, de les discipliner et de les classer, de les diriger aux œuvres qui les appellent et qui leur siéraient; mais il faut convenir, à leur décharge, que jamais, à aucun moment, on ne s'est moins occupé de ce soin qu'aujourd'hui. L'époque est bien riche en talent, en esprit, en monnaie d'œuvres; quelques connaisseurs des mieux informés pensent même que, si on rassemblait tout ce numéraire en circulation, aucun temps peut-être n'aurait à se vanter d'être aussi riche que nous. Je pencherais volontiers au fond pour cet avis, mais je crains fort que le relevé ne se fasse pas et que l'héritage ne reste un jour en voie de liquidation. Le fait est que l'ensemble, la composition, a manqué à d'admirables éléments; le chef de l'orchestre a surtout fait défaut, et par le tort des circonstances, n'a jamais pu se rencontrer.

Nous sommes nés dans des entre-deux sans cesse coupés, non pas sous un seul astre continu, et force nous a été de croître à travers toutes sortes de régimes vacillants et recommençants. Rendons, rendons enfin admiration et justice à ces hommes qui ont imposé leur nom à leur siècle, Périclès, Auguste, Léon X et Louis XIV ; oui, ils ont été pour beaucoup dans la grandeur et la majesté de l'âge qu'on les a trop accusés d'accaparer ; leur absence totale et prolongée est bien capable aujourd'hui de faire apprécier leur rôle : ils ont empêché les génies et les talents de s'égarer, de se dissiper, les médiocres de passer sur le corps des plus grands ; ils ont maintenu les proportions, les rangs, les vocations, la balance des arts. Boileau ne put être tout Boileau que du jour où Louis XIV dit tout haut en plein Versailles : « M. Des Préaux s'y connaît en vers mieux que moi. » Aujourd'hui que ce genre de déférence et de patronage va peu à nos idées, que dans les conditions actuelles il courrait risque d'être peu accepté des hommes de talent, que tout poëte dirait volontiers tout d'abord au maître, s'il y en avait un : « Je m'y connais en matière d'État mieux que toi ; » et que, de leur côté, des gouvernants illustres, et en général capables sur tout sujet, vaquent à beaucoup de choses qu'ils croient plus essentielles que le soin des phrases, lesquelles ils manient eux-mêmes à merveille, qu'arrive-t-il et que voit-on ? L'anarchie entre les hommes de talent est complète ; chacun se fait centre, chacun se nomme roi, Mævius comme Virgile, Vadius comme Molière (si Molière et Virgile il y a); mais le Vadius et le Mævius, c'est-à-dire un peu de sottise, se glissent même sous la pourpre et la soie des plus grands et de ceux qui se croient le plus gentilshommes.

Une des plaies les plus inhérentes à la littérature actuelle, c'est assurément la fatuité ; Byron, qui en recélait une bonne dose dans son génie, l'a inoculée ici chez beaucoup, et d'autres en avaient déjà cultivé le germe. Depuis lors, la plupart des gens de talent en vers et en prose sont fats plus ou moins, c'est-à-dire affichent ce qu'ils n'ont pas, affectent ce qu'ils ne sont pas, même les critiques, ce qui devrait sembler assurément de moindre nécessité. Prenez des noms, je ne m'en charge pas, mais essayez. C'est d'un pompeux, ou d'un pimpant, ou d'un négligé, ou d'un discret, ou d'un libertin affectés. Oh! qu'on me rende la race de ces honnêtes gens de talent qui faisaient tout bonnement de leur mieux, avec naturel, travail et sincérité!

Une petite histoire de la fatuité en littérature serait celle du goût lui-même. Sous Louis XIII on était fat, sous Louis XIV on ne l'était pas. En ce judicieux et glorieux règne littéraire, je ne vois guère de fats parmi les écrivains de renom que Saint-Évremond, Bussy, c'est-à-dire des restes de la précédente régence, — un peu Bouhours. Fontenelle, décidément, commence; c'est *le pédant le plus joli du monde*. La fatuité, qu'on le sache bien, n'est qu'une variété, qu'on a tort de croire élégante, du pédantisme.

La fatuité combinée à la cupidité, à l'industrialisme, au besoin d'exploiter fructueusement les mauvais penchants du public, a produit, dans les œuvres d'imagination et dans le roman, un raffinement d'immoralité et de dépravation qui devient un fait de plus en plus quotidien et caractéristique, une plaie ignoble et livide qui chaque matin s'étend. Il y a un fond de **De Sade** masqué, mais non point méconnaissable, dans les inspirations de deux ou trois de nos romanciers les plus accrédités : cela gagne et chatouille bien des simples. Pour les femmes, même honnêtes, c'est un ragoût; elles vont, elles courent dès le réveil, sans le savoir, à l'attrait illicite et voilé. Comme je ne me pique pas le moins du monde d'être agréable aujourd'hui, je dirai, même aux dames, toute ma pensée : « Tout le monde « (c'est La Bruyère qui parle (1)) connoît cette longue levée

(1) Chapitre *de la Ville*. — Cette citation aurait très-bien pu trouver place précédemment, dans le post-scriptum qui termine l'article *Eugène Sue*, tome II, page 91. — Il y a une jolie épigramme de Paul le Silentiaire, qui confine d'assez près à la pensée de La Bruyère; la voici; c'est sur un bain public où il y avait séparément le côté des

« qui borne et qui resserre le lit de la Seine, du côté où
« elle entre à Paris avec la Marne qu'elle vient de rece-
« voir : les hommes s'y baignent au pied pendant les cha-
« leurs de la canicule ; on les voit de fort près se jeter dans
« l'eau, on les en voit sortir, c'est un amusement. Quand
« cette saison n'est pas venue, les femmes de la ville ne
« s'y promènent pas encore, et, quand elle est passée,
« elles ne s'y promènent plus. » Certes, sur cette levée où
se promenaient les bourgeoises du temps de La Bruyère, il
y avait plus d'honnêtes femmes que de celles qui ne l'é-
taient pas, et pourtant elles s'y promenaient et y faisaient
foule — innocemment. De même, pour les belles lectrices,
il y a je ne sais quelle attraction, mais ici moins naïve et
plus perfide, sous ces combinaisons qu'elles pressent avec
anxiété sans les bien démêler. — Reprenant donc ma pensée première, j'oserai affirmer, sans crainte d'être démenti,
que Byron et De Sade (je demande pardon du rapprochement) ont peut-être été les deux plus grands inspirateurs
de nos modernes, l'un affiché et visible, l'autre clandestin,
— pas trop clandestin. En lisant certains de nos romanciers en vogue, si vous voulez le fond du coffre, l'escalier secret de l'alcôve, ne perdez jamais cette dernière
clef.

L'improbité est un mot bien dur à articuler : il ne demeure que trop constant néanmoins que cette qualification
flétrissante pourrait, sans trop d'impropriété, s'appliquer
à bien des actes et des relations où des gens de talent obé-
rés s'engagent et se dégagent tour à tour. Les vrais rapports de l'éditeur et de l'auteur sont rompus, et il semble
trop souvent que c'est à qui des deux exploitera l'autre.

---

hommes et le côté des femmes : « Tout proche est l'espérance de l'a-
mour, mais il n'y a pas moyen de le satisfaire : une toute petite porte
suffit pour arrêter la grande Vénus. Et pourtant cela ne laisse pas d'être
agréable ; car en ces choses d'amoureux désir l'espérance a plus de
douceur encore que la réalité. »

Mais comme ces Grecs, dans leur malice même, s'arrêtent naturellement à la grâce !

L'influence de cet ordre de causes secrètes et intestines sur les idées et sur les œuvres est incalculable.

Le vers se sent toujours des bassesses du cœur;

le vers plus que la prose, mais la prose elle-même aussi. On a dit d'un philosophe moderne qui ne pouvait s'accommoder de la petite morale à laquelle il manquait, et qui cherchait à en inventer une toute nouvelle, tout emphatique, à l'usage du genre humain, « que chez lui le creux du système était précisément *adéquat* au creux du gousset. » Mais ce genre de considérations va trop au vif et passerait le ressort de la juridiction critique.

L'argent, l'argent, on ne saurait dire combien il est vraiment le nerf et le dieu de la littérature d'aujourd'hui. On suivrait le filon et ses retours jusqu'en de singuliers détails. Si tel écrivain habile a, par places, le style vide, enflé, intarissable, chargé tout d'un coup de grandes expressions néologiques ou scientifiques venues on ne sait d'où, c'est qu'il s'est accoutumé de bonne heure à battre sa phrase, à la tripler et quadrupler (*pro nummis*) en y mettant le moins de pensée possible : on a beau se surveiller ensuite, il en reste toujours quelque chose. Un homme d'esprit, qui avait trempé autrefois dans le métier, disait en plaisantant que le mot *révolutionnairement*, par sa longueur, lui avait beaucoup rapporté. Si tel romancier à la mode résiste bien rarement à gâter ses romans encore naissants après le premier demi-volume, c'est que, voyant que le début donne et réussit, il pense à tirer l'étoffe au double, et à faire rendre au sujet deux tomes, que dis-je? six tomes au lieu d'un (1). Au théâtre, ce qui décidera un spirituel dramaturge à lâcher cinq actes assez flasques au lieu de trois bien vifs, c'est qu'il y a plus forte *prime* pour

---

(1) Quand on fait la contrebande à l'étranger, on expédie des pièces de soie, mais dont les premiers *lés* seulement sont en soie; le reste est en calicot ou autre étoffe commune : « Ainsi des romans du jour, dit la spirituelle madame de V...; quand je les lis, je dis à un certain endroit : Ah! voilà mon calicot qui commence. »

les cinq. Toujours et au fond de tout l'argent, le dieu caché, *cæcus*.

Une plaie moins matérielle, et en même temps plus saisissable, plus ostensible, qui tient de près à l'ambition personnelle des hommes de talent et à leur prétention d'être chacun un roi absolu, c'est la façon dont ils s'entourent, dont ils se laissent entourer. Tous les scrupules à cet égard ont disparu, toute répulsion a cessé. Autour des noms les plus honorés, il n'est pas rare de trouver, comme des clients sous le patron, les plumes les plus abjectes et les plus viles, flattant ici et blessant là, célébrant qui les accepte et insultant qui les méprise : c'est à ce double emploi qu'elles doivent leur faveur et leur *sportule*. J'entends par *sportule* la protection banale et à la fois empressée, le pied d'égalité avec les meilleurs.

En ce dix-huitième siècle qu'on ne donne pas d'ordinaire pour une époque de grande pureté morale (tant s'en faut!) ni d'harmonie idéale comme les grands siècles tant cités, les choses pourtant étaient loin de se passer de la sorte. C'était une époque de partis, soit; mais les partis y nourrissaient des doctrines ardentes, fécondes, et à beaucoup d'égards généreuses. On ne refusait pas les soldats qui s'offraient, mais les soldats, une fois engagés, restaient en général fidèles et servaient à leur rang. On n'y compte guère de *condottieri* ni de *coupe-jarrets* littéraires. Voltaire avait son armée, et toute armée traîne ses goujats : ceux-ci étaient rejetés à l'arrière-garde du moins, toutes les premières lignes restaient imposantes, honorables. Le folliculaire surtout était mis à sa place; les honnêtes gens gardaient le devant et le dessus. Mais quand les grandes doctrines sont taries, qu'on ne peut plus que les simuler encore par simple gageure et jeu, quand les questions d'ambition personnelle et d'amour-propre débordent, que la popularité à tout prix est la conseillère, on devient facile et de bonne composition; les acceptions distinctes s'effacent; tous les efforts de l'Académie, bien loin de pouvoir rétablir les nuances entre les synonymes, ne sauraient maintenir leur sens moyen au commun des mots; les termes d'*homme de talent*, d'*écrivain consciencieux*, se prodiguent pêle-mêle à chaque heure, comme de la grosse monnaie effacée. De nos jours, je le crains, Voltaire aurait dû héberger à Ferney Fréron.

Le déclassement est complet. Des écrivains d'un talent réel, mais secondaire, et qui ne visent pas à le perfectionner ni à le mûrir, le poussent de vitesse, pour toute conduite, et le montent comme en une orgie. Désespérant de la postérité, n'y croyant pas, sentant bien, si jamais ils y pensent, qu'elle ne réserve son attention calme qu'à des efforts constants, élevés, désintéressés, ils convoitent le présent pour y vivre et en jouir, et ils le convoitent si bien, avec tant d'ardeur et de fougue, qu'ils semblent parfois l'avoir conquis tout entier d'un seul bond, d'un seul assaut. Mais, comme la conscience de leur usurpation les tient, pareils à ces empereurs nés d'une émeute, c'est à qui *dévorera son règne d'un moment*. En quatre ou cinq années (terme moyen), ils ont usé une réputation qui a eu des airs de gloire, et avec elle un talent qui finit presque par se confondre dans une certaine pétulance physique. Ils se sont mis tout d'abord sur le pied de ces chanteurs que la grosse musique fatigue et qui se cassent la voix.

L'épicuréisme, mais un épicuréisme ardent, passionné, inconséquent, telle est trop souvent la religion pratique des écrivains d'aujourd'hui, et presque chacun de nous, hélas! a sa part dans l'aveu. Comment, après cela, s'étonner que l'arbre porte ses fruits? Dante inscrivait à la fin de chaque livre de son poëme sa devise immortelle, son vœu sublime: *Stelle.... alle stelle!* La devise de bien des nôtres serait en franc gaulois: *Courte et bonne!*

Ce hasard et cette fougue dans les impulsions, cette absence de direction et de conviction dans les idées, jointe au besoin de produire sans cesse, amènent de singulières alternatives de disette et de concurrence, des revirements bizarres dans les entreprises, un mélange d'indifférence pour les sujets à choisir et d'acharnement inouï à les épuiser. Par exemple, n'en est-il pas aujourd'hui de certaines époques historiques comme du parc de Maisons? on les découpe, on les met en lots. Ainsi le dix-huitième siècle, ainsi les deux régences qu'exploite à l'envi une escouade d'écrivains, dont quelques-uns d'ailleurs bien spirituels. Demain ce sera les Pères de l'Église; avant-hier, c'était le moyen âge. On traite ces époques comme des terrains vides où la spéculation se porte et où l'on bâtit.

On pourrait pousser longtemps cette suite de remarques; mais, en réunissant des traits que je crois vrais de toute vérité, je ne prétends pas former un tableau. Il y a surtout à dire, à répéter, à la décharge des hommes de talent de nos jours, qu'il circule dans l'atmosphère quelque chose de dissolvant, et que là où se tient le gouvernail on n'a rien fait, ni sans doute pu faire, pour y obvier. Napoléon était de ceux qui sentent tout ce qu'une grande époque littéraire ajoute à la gloire d'un règne; il essaya de classer, d'échelonner sur les degrés du trône les gens de lettres de son temps, de dire à l'un : *Tu es ceci;* et à l'autre : *Tu feras cela.* Par malheur, il n'admettait à aucun degré l'indépendance de la pensée, et il oubliait que le talent n'est pas un vernis qu'on commande sur la toile à volonté; il faut que tout le tableau ressorte du même fond. La Restauration, qui avait des traditions banales de protection des arts et des lettres, n'a presque jamais su les appliquer avec quelque discernement et quelque élévation ; elle demandait avant tout qu'on fût d'un parti, et ce parti rétrécissait tout ce qu'il touchait. Depuis lors le pouvoir a perdu son prestige; il a paru, sur bien des points, demander grâce pour lui, bien loin d'être en mesure de rien décerner. L'habileté, d'abord, et la haute prudence ont dû être employées aux choses urgentes; quand on travaille à la pompe durant l'orage, on songe peu à ce qui semble uniquement le jeu des passagers. Et depuis que l'orage est loin, on peut croire que les passagers sauront bien organiser leurs délassements eux-mêmes. Mais il s'agit ici de plus que d'un délassement de l'esprit; il s'agit de la vie morale et intellectuelle d'un temps et d'un peuple. Je me permets tout bas de penser que ce laisser-aller est une erreur ; rarement les moindres choses (à plus forte raison les grandes) s'organisent d'elles-mêmes. Il faut une main, un œil vigilant et haut placé. Le public, le monde, qui, dans nos idées, semble depuis longtemps le juge naturel et l'arbitre des talents et des œuvres, ne remplit cette fonction que très-imparfaitement. Et d'abord, on peut demander toujours de quel monde il s'agit. Est-ce celui de la presse, des journaux, de la publicité proprement dite? On sait ce qu'il est devenu au sein de son triomphe, depuis la désorganisation des partis. Le vrai y est sans cesse à côté et à la merci du faux ; à un très-petit nombre d'exceptions près, l'éloge s'y achète, l'insulte y court le trottoir, l'industrie y trône en souveraine. Quiconque voudrait se régler sur les décisions de ce juge banal ou vénal se trouverait posséder un joli code de bon goût! Heureusement, il y a hors de cela une opinion qui se fait et qui compte, le *monde* proprement dit. Or, ce monde-là est avant tout un curieux aimable, il ne craint rien tant que l'ennui ; il a son goût vif, mobile, ses délicatesses. Aux œuvres, aux hommes qui se produisent et qui ont le don de l'amuser, de le fixer un instant, il est empressé, accueillant, facile ; il offre d'abord tout ce qu'il peut offrir, une sorte d'égalité distinguée : il vous accepte, vous êtes en circulation et reconnu auprès de lui, après quoi il ne demande guère plus rien. La vie du talent a d'autres conditions ; l'égalité, s'il est permis de le dire, l'égalité toute flatteuse en si bon lieu est peu son fait et son but définitif : il aspire à plus, à autre chose, à être discerné et apprécié en lui-même. Ce qu'il gagne en goût dans le monde, il le perd en originalité, en audace, en fécondité. Massillon disait, à propos de son Petit Carême, que, lorsqu'il entrait dans cette grande avenue de Versailles, il sentait *comme un air amollissant*. Le monde, moins solennel, plus attirant que la royale avenue, a également la tiédeur de son milieu. Loin d'enflammer, comme il devrait, ceux qu'il récompense, il les intimide plutôt et leur ôte de leur veine. On craint de compromettre désormais une fortune qu'on sent tenir un peu du caprice et du hasard : on en vient, si l'on n'y prend pas garde, au *silence prudent*. Les engouements, les banalités, les injustices dont est bientôt témoin le talent arrivé, et qui sont inévitables dans toute foule, même choisie, lui inoculent l'ironie et le découragent. C'est presque là le contraire du foyer qui échauffe et qui tend à élever. La solitude, la réflexion, le silence, et un juge clairvoyant et bienveillant dans une haute sphère, un de ces juges investis par la société ou la naissance, qui aident un peu par avance à la lettre de la postérité, et, qui au lieu d'attendre l'écho de l'opinion courante, la préviennent et y donnent le ton, ce sont là de ces bonheurs qui sont accordés à peu d'époques, et dont aucune (sans qu'on puisse trop en faire reproche à personne) n'a été, il faut en convenir, plus déshéritée que celle-ci.

Combien de fois n'avons-nous pas rêvé par l'association libre une institution qui, jusqu'à un certain point, y suppléerait ! Un journal, une *revue* dont l'établissement porterait sur des principes, et dont le cadre comprendrait une élite honnête, est un idéal auquel dès l'origine il a été bien de viser, et auquel ici même (1) on n'a pas désespéré d'atteindre. La critique, en causant de ces choses, ne peut avoir d'autre prétention que de proposer ses doutes et de faire naître dans les esprits élevés de généreux désirs. En attendant, jalouse d'entamer du moins ce qui est possible immédiatement, la critique n'a qu'à s'appliquer de plus près et avec plus de rigueur à ce qui est, pour en tirer enseignement et lumière. Trop longtemps, jeune encore, elle a mêlé quelque peu de son vœu, de son espérance, à ce qu'elle voulait encore moins juger qu'expliquer et exciter. Cette *Revue* a publié, de la plupart des poëtes et romanciers du temps, des portraits qui, eu égard au peintre comme aux modèles, ne peuvent être considérés en général que comme des portraits de jeunesse : *Juvenis juvenem pinxit*. Le temps est venu de refaire ce qui a

---

(1) Il s'agit de la *Revue des Deux Mondes* et de ce qu'on y fondait.

vieilli, de reprendre ce qui a changé, de montrer décidément la grimace et la ride là où l'on n'aurait voulu voir que le sourire, de juger cette fois sans flatter, sans dénigrer non plus, et après l'expérience décisive d'une seconde phase. Je me suis dit souvent qu'on ne connaissait bien un homme d'autrefois que lorsqu'on en possédait au moins deux portraits. Celui de jeunesse, bien qu'il passe plus vite et qu'il cesse en quelques printemps de ressembler, est pourtant très-essentiel. Voyons un peu par nous-mêmes ce qui en est de nos contemporains et comme ils se transforment plus ou moins complétement sous nos yeux. Quand on ne connaît les gens, surtout ceux de sensibilité et d'imagination, qu'à partir d'un certain âge, et durant la seconde moitié de leur vie, on est loin de les connaître du tout comme les avait faits la nature : les doux tournent à l'aigre, les tendres deviennent bourrus; on n'y comprendrait plus rien, si l'on n'avait pas le premier souvenir. Le portrait y supplée. Quel curieux, quel aimable portrait de Dante jeune on a retrouvé, il y a environ deux ans, à Florence! C'est pur, doux, uni, presque souriant; le dédain y perce, y percera bientôt, mais voilé d'abord sous la grâce sévère :

> Tu dell' ira maestro e del sorriso
> Divo Alighïer, ...

avait dit Manzoni (1). Quand on ne connaissait Dante que par son vieux masque chagrin, on avait peine à y reconnaître ce maître du sourire. J'ai vu à Ferney un portrait de Voltaire qui avait alors à peu près quarante ans, mais dont l'œil velouté et encore tendre montrait tout ce qu'il avait dû avoir de charmant, tout ce qui allait disparaître et s'aiguiser, faute de mieux, dans le petit regard malicieux du vieillard. Les portraits de jeunesse, pour les écrivains, ont donc avec raison leur moment, leur charme unique et leur éclair même de vérité : ne nous en repentons pas, mais osons passer franchement aux seconds.

(1) Dans le petit poëme d'*Urania*.

La première règle à se poser, dans cette série recommençante, serait de se garder de cette sorte de sévérité qui naît moins du fond des choses que du contraste et du désaccord entre les espérances exagérées et le résultat obtenu. Il faudrait souvent s'oublier soi-même et sa part d'illusions d'autrefois ; ne pas en vouloir aux autres d'avoir, en mainte occasion, déçu nos rêves, desquels après tout, ils ne répondaient pas ; tâcher de les considérer, non plus avec un rayon de soleil dans le regard, non pas tout à fait avec le sourcil trop gris d'un Johnson ; ne jamais substituer l'humeur au coloris ; voir enfin, s'il est possible, les œuvres et les hommes sous le jour où nous les offre ce moment présent, déjà prolongé. La carrière des écrivains dont la naissance date environ de celle du siècle, se prête tout à fait à ce second point de vue. L'espèce de halte qui dure depuis plusieurs années met naturellement un intervalle, une distance commode, entre les premiers groupes et ce que l'avenir réserve. L'époque a l'air de se trancher par son milieu ; on peut embrasser la marche de la première moitié avec quelque certitude. A cet âge qu'accuse le chiffre moyen du cadran commun, artistes et poëtes, on est entré généralement dans la manière définitive. Le temps des essais, des escarmouches brillantes, est dès longtemps passé ; on a déjà dû livrer sa grande bataille. Combien en est-il qui l'aient gagnée ? combien même qui aient osé et pu se recueillir assez pour la livrer sérieusement ? Ce sont des questions qui ne sauraient se décider avec quelque fruit et avec tout leur piquant, qu'en reprenant un à un les noms les plus autorisés de nos jours. Ce projet d'une série nouvelle des *poëtes et romanciers (seconde phase)* est une veine féconde : nous-même ou d'autres, plus tard, la perceront.

1er juillet 1843.

(On a essayé dans cette réimpression, moyennant les notes et post-scriptum ajoutés en plus d'un cas au premier portrait, de donner un aperçu de ce que deviendrait le second).

LES JOURNAUX

CHEZ LES ROMAINS,

PAR M. JOSEPH-VICTOR LE CLERC (1).

1839.

L'érudition a bien peu de juges au soleil. Pour l'estimer à son prix, il faudrait la posséder de près et la regarder de loin. Or, quand on s'en est approché et qu'on s'est donné toute cette peine du détail, on est du métier, on y est englué, on ne s'en éloigne plus. On en a le pli, les habitudes, la morgue trop souvent, les précautions et les dédains d'aruspice contre les profanes et les amateurs, les rivalités, les préventions aussi et les *entremangeries* intestines, comme dit Baylé. Pour juger l'érudition, il ne serait pas mal d'être érudit d'abord, puis, par là-dessus, d'être quelque peu bel-esprit et philosophe, pour ne pas négliger tout à fait, en la jugeant, l'agrément et l'idée, ce que l'érudition se retranche si volontiers. Mais les beaux-esprits s'arrêtent le plus souvent en chemin et se rebutent avant d'acquérir le droit d'être juges. Les philosophes sautent à pieds joints et aiment mieux inventer. Les érudits restent entre eux, se

(1) Dans les trois morceaux suivants où le critique aborde des ouvrages plus ou moins historiques, il se disposait insensiblement à en venir aux portraits de quelques historiens contemporains.

dénigrant, se combattant, se louant et se citant. Le public, même éclairé, ne sait trop sur eux à quoi s'en tenir.

L'érudition, en ce qu'elle a de réputé exact et rigoureux, est devenue quelque chose d'aussi spécial que la chimie. Dans la discussion d'un point même d'histoire et de littérature, un digne savant ne se permettra pas plus une idée collatérale qu'un bon chimiste une métaphore dans un narré d'analyse. On ne doit pas trop s'en plaindre : il arrive ainsi que des documents, peut-être utiles, s'amassent sans être compromis par les idées de personne.

Il y a pourtant en érudition, comme partout ailleurs, l'invention, le goût, l'esprit, et, sous l'appareil des doctes mémoires et l'enchâssement des textes, c'est là qu'il faut aller d'abord pour savoir *à quoi bon?* et si quelque chose de véritablement essentiel ou de piquant, d'original en un mot, est en jeu; c'est à ce fond qu'il faut venir pour classer les œuvres et surtout les hommes.

En érudition, l'œuvre vaut souvent mieux que l'homme. Des esprits sensés, laborieux et patients peuvent aller loin. M. Joubert, dans une de ses plus vraies et de ses plus ingénieuses pensées, a dit : « Les savants *fabriqués* sont les eaux de Baréges faites à Tivoli. Tout y est, excepté le naturel. Elles ont quelque utilité, mais leurs qualités factices s'évaporent très-promptement. Elles ne valent que par l'emploi et non par l'essence. » Combien, dans une académie, de ces savants par *art*, qui ne valent que par l'emploi, qui ne sont ni originaux, ni inventeurs, qui ont tout appris, même l'esprit! Et plût à Dieu qu'il y en eût beaucoup encore qui eussent appris cela!

Dégager de notre Académie des inscriptions les savants par essence des savants par art et même sans art, serait chose plus amusante qu'on ne croit. La témérité semblerait grande, mais on est dans le siècle des témérités. Les savants y ont encore échappé toutefois; on les respecte. Un certain cercle d'ennui les protége et fait brouillard du côté de la foule. La folle insolence de la critique journalière s'est portée ailleurs; ils sont protégés par notre légèreté même. Pour quelques épigrammes banales qui s'attachent de plus en plus à tort, je le crois, au nom de l'honorable M. Raoul-Rochette, pour quelques bons mots de Courier qui sont piqués comme des étiquettes à quelques noms, et que la politique, dans le temps, a fait retenir, on laisse en paix les estimables travailleurs et les rares inventeurs, les gens d'esprit et les manœuvres; la méthode apparente est la même; on les confond ensemble et l'on passe.

Depuis quelque temps, un membre tout novice de l'Académie des inscriptions, M. Berger de Xivrey, semble s'être fait le truchement de ses doctes confrères près du public : il faut se méfier pourtant. Il pourrait bien ne pas être avoué de tous. A quelle classe le faut-il rapporter lui-même? Je ne serais pas embarrassé de le dire, si j'osais me montrer aussi sévère envers M. Berger que M. Berger n'a pas craint d'être injuste récemment envers M. Varin, auteur d'un intéressant travail sur Reims. L'érudition a ses coteries encore; l'Académie des inscriptions conserve un reste de parti royaliste. M. Berger est arrivé par là et loue tout ce qui vient de là. Le travail de M. Varin était en concurrence avec un livre que pousse la coterie dont est M. Berger : voilà l'histoire de cette grande colère. Oh! si l'on retournait la lance de M. Berger contre ses collègues les plus intimes!... mais ce ne serait pas assez plaisant.

Il y aurait bien plus de profit à découvrir, à dénoncer au public les gens *à idées* dans l'érudition : ils sont rares. M. Letronne, pour prendre parmi les plus en vue, en est un. Il a de l'invention en critique, une invention très-inquisitive et très-destructive. S'il a pu dire un *non* bien net à quelque opinion vague et reçue, s'il a pu déconcerter une chronologie sacro-sainte ou prendre en flagrant délit de fabrication quelque juif hellénisant, s'il a pu mettre à sec un déluge ou faire taire à propos la statue de Memnon, il est content.

M. Fauriel aussi a de l'invention; il en a trop peut-être pour les doctes habitudes académiques, et il a dû y déroger plus d'une fois. Il ne s'est jamais mis aux champs, soit en histoire, soit en littérature, que pour rapporter quelque chose de neuf, d'imprévu, et non-seulement quant aux faits, mais quant aux idées qui s'y cachent. Ceci est trop, je le crois, pour être tout à fait apprécié de ses pairs.

Le livre de M. Le Clerc, né au sein de l'Académie des inscriptions, en est presque aussitôt sorti, et a fait beaucoup d'honneur à l'érudition dans le public. Le choix du sujet, ce titre *Des Journaux chez les Romains*, avait de quoi piquer; les journaux ont accueilli à l'envi le D'Hozier qui leur donnait des aïeux. En fait de généalogie, on n'est jamais difficile; on ne s'est pas trop inquiété de voir à quoi répondait précisément et ce que signifiait en importance ce nom de journaux appliqué à l'ancienne Rome; on n'a pas assez remarqué que ce n'était là d'ailleurs que la seconde partie et comme l'assaisonnement du savant travail de M. Le Clerc.

La première partie de son livre, le premier mémoire, qui traite des *Annales des Pontifes ou grandes Annales*, a véritablement pour objet de rendre aux premiers siècles de Rome et à son histoire au temps des rois et des premiers consuls une authenticité que les travaux de Niebuhr et de cette école audacieuse avaient pu ébranler dans beaucoup d'esprits. Si en effet l'on parvient à démontrer que, dès les premiers siècles de Rome, le grand pontife traçait chaque année dans sa maison, sur une table blanchie, les faits mémorables; que ces tables sur bois ou sur pierre ne furent jamais complétement détruites, qu'elles échappèrent à l'invasion des Gaulois, et qu'elles purent être consultées par les historiens à qui l'on doit le récit de ces premiers âges, il en résulte qu'il n'y a pas lieu de tant douter sur les origines, ni de tant attribuer que l'a fait Niebuhr à l'imagination populaire, aux chants nationaux et aux légendes épiques. De ce qu'il y a des fables, ce n'est pas raison de tout rejeter.

Tite-Live, le parrain le plus brillant de cette histoire demi-fabuleuse de Rome au berceau, a été aussi le principal auteur du doute, lorsqu'en commençant son sixième livre il a dit : « Jusqu'ici notre histoire est assez obscure. D'abord on écrivait peu ; ensuite les souvenirs qu'avaient pu conserver les mémoires des pontifes et les autres monuments publics ou particuliers, ont presque tous péri dans l'incendie de Rome..., *pleraque interiere.* » Voilà le passage formel par où le doute s'est introduit; M. Le Clerc, à l'aide d'une multitude de textes de Polybe, de Denys d'Halicarnasse, de Caton, de Cicéron, de Varron..., de Tite-Live lui-même, s'efforce habilement de le combler et de réparer la brèche où se sont précipités sceptiques germains et gaulois, comme à la suite de leurs aïeux barbares.

On commence d'ordinaire par opposer aux novateurs que ce qu'ils disent est inouï ; puis, au second moment, on s'avise de leur répondre que ce qu'ils croient inventer n'est pas nouveau. Pourquoi donc, peuvent-ils répliquer, se tant effaroucher d'abord ? C'est qu'il y a des choses qu'on n'aperçoit et qui ne prennent au vif que du jour où elles sont dites d'une certaine manière.

En France, d'ailleurs, on aime assez que les idées, comme les vins, nous reviennent de l'étranger. Un petit voyage d'outre-mer ou d'outre-Rhin ne fait pas mal pour mettre en vogue. C'est ainsi depuis longtemps dans les plus petites comme dans les grandes choses : Dufreny, avant Wathely, avait déjà tenté le genre des jardins dits *anglais*, qu'on a repris ensuite de l'Angleterre, tout comme Beaufort ou Pouilly nous est revenu par Niebuhr, comme le rationalisme de Richard Simon nous revient par Strauss.

Les idées, sinon les individus, gagnent à ces évolutions. Pour me tenir à l'exemple présent de Niebuhr, je suis singulièrement frappé (à ne juger qu'en ignorant et en simple amateur) du résultat final de toute cette guerre sur la première Rome. Niebuhr passe pour battu, et il ne l'est pas autant qu'on veut bien dire. Sa Rome étrusque a peu réussi chez nous, et l'on raille même agréablement ses grandes épopées latines ; mais, tout à côté, on raille aussi ces vieilles fables qu'on n'adoptait pas sans doute, mais qu'on relevait peu jusque-là ; on parle très-lestement de Tite-Live ; on va même un peu loin peut-être en disant de son *pleraque interiere* que c'est la facile excuse d'un *rhéteur ingénieux* qui voulait se soustraire au long travail de l'historien. Dirait-on cela de Tite-Live, si Niebuhr, ce téméraire provocateur, n'était pas venu ?

Un Allemand de beaucoup de savoir et d'esprit, le docteur Hermann Reuchlin, le même qui fait en ce moment là-bas une histoire de Port-Royal, comme moi ici, et qui me devancera, je le crains bien, me disait un jour : « Vous autres catholiques, quand vous allez à la recherche et à la discussion des faits, vous êtes toujours plus ou moins comme une troupe qui fait sa sortie sous le canon d'une place et qui n'ose s'en écarter. Nous autres protestants, nous osons charger à fond à la baïonnette. » J'aurais pu lui répondre : « Oui, mais prenez garde qu'en devenant victorieux, et l'ennemi chassé, vous ne vous trouviez tout juste à la place qu'il occupait auparavant. » M. Quinet a très-bien démontré cela pour les théologiens qui, à leur insu, ont préparé Strauss. Or, en ce siècle, et dans toutes les questions, on est chacun plus ou moins protestant, je veux dire qu'après bien des débats avec l'adversaire, on court fortement risque d'être amené tout proche du camp que l'autre occupait. Les critiques à idées poussent trop loin ; en attendant, les critiques judicieux et sages font du chemin : le juste milieu se déplace. Le succès le plus grand de la plupart des révolutions, en littérature comme en politique, n'est guère peut-être que cela : faire tenir compte aux autres de certains résultats, en passant soi-même pour battu. Niebuhr, dans sa défaite sur le mont Aventin, me fait un peu l'effet d'être battu comme La Fayette en 1830, non sans avoir obtenu bien des choses. Grâce à lui, l'histoire des premiers siècles de Rome est à refaire, ou mieux il demeure prouvé, je pense, qu'on ne saurait la refaire. Le docte et habile M. Le Clerc, en rétablissant l'authenticité de cette histoire en général, ne nous dit pas en détail ce qu'il continue d'en croire. Là est l'embarras vraiment. Niebuhr, dans sa tentative de reconstruction, a erré, dites-vous, et rêvé ; mais, à ne prendre ses hypothèses que *philosophiquement* et comme *manière de concevoir* une première Rome autre que celle de Rollin, elles demeureront précieuses et méritoires aux yeux de tous les libres esprits (1).

Ces écoles audacieuses sont d'abord comme un torrent qui passe ; les gens établis dans l'ancienne idée se révoltent et se garent. Attendez! le torrent a passé ; on l'enjambe bientôt, non sans ramasser les débris et les troncs d'arbres charriés. Esprits riverains, ne méprisons pas les torrents : le premier ravage passé, ils font alluvion sur nos rivages.

M. Le Clerc nous pardonnera d'être un peu plus indul-

(1) M. Le Clerc rappelle très-bien et cite l'agréable plaisanterie de l'abbé Barthélemy, où, sous le titre d'*Essai d'une nouvelle Histoire romaine*, il montre qu'il ne croit à peu près rien des premiers siècles de l'ancienne. Bayle, dans l'article *Tanaquil* de son Dictionnaire, après avoir soigneusement déroulé le tissu de contes qui se rattachent à cette princesse, ajoute que, si l'on avait fait faire à de jeunes écoliers des amplifications sur des noms de personnages héroïques, et qu'on eût introduit ensuite toutes ces broderies dans le corps de l'histoire, on n'aurait guère obtenu un résultat plus fabuleux. « Cela eût produit de « très-grands abus, dit-il avec son air de maligne bonhomie, si les plus « jolies pièces de ces jeunes gens eussent été conservées dans les Ar- « chives, et si, au bout de quelques siècles, on les eût prises pour des « relations. Que sait-on si la plupart des anciennes fables ne doivent « pas leur origine à quelque coutume de faire louer les anciens héros « le jour de leur fête et de conserver les pièces qui avaient paru les « meilleures? » Ces bonnes pièces, ces bonnes *copies*, comme on dit dans les classes, c'est une manière plus prosaïque d'exprimer la même chose qu'on a depuis appelée magnifiquement du nom d'épopées. Mais tout ce scepticisme, avant Niebuhr, n'était pas sorti d'un cercle restreint ; il souriait silencieusement au bas d'une note de Bayle, ou se jouait avec l'abbé Barthélemy dans le salon de madame de Choiseul ; il s'enfermait avec Pouilly et Lévesque au sein de l'Académie des inscriptions ; maintenant il s'est produit en plein jour et a passé à l'état vulgaire. Cette vaste tentative d'incendie par les Germains l'a tout d'un coup trahi de toutes parts et éclairé. — (Sur cette importance de Niebuhr, un peu trop méconnue par M. Le Clerc, voir un article de M. Dübner dans la *Revue de Philologie*, tome I, n° 2, 1845).

gent que lui pour Niebuhr, à qui nous sommes redevables d'un service qu'il n'est pas en mesure de reconnaître aussi bien que nous : je veux parler de l'ouvrage même de M. Le Clerc. Les critiques comme Niebuhr, ces provocateurs d'idées et de génie, servent à faire produire en définitive aux doctes judicieux et ingénieux ces écrits qui, sans eux et leur assaut téméraire, ne seraient peut-être jamais sortis. C'est comme le produit net du débat : après quoi la clôture.

Il est impossible, ce nous semble, d'apporter une érudition plus complète, mieux munie de tous les textes, de les mieux colliger, épuiser et discuter, de les passer à un creuset plus sévère que M. Le Clerc ne l'a fait. En quelques rares endroits, si je l'osais remarquer, son raisonnement, en faveur de l'authenticité historique qu'il soutient, m'a paru plus spécieux que fondé, comme quand il dit par exemple : « Les premiers siècles de Rome vous sont suspects à cause « de la louve de Romulus, des boucliers de Numa, du ra- « soir de l'augure, de l'apparition de Castor et Pollux...; « effacez donc alors de l'histoire romaine toute l'histoire de « César, à cause de l'astre qui parut à sa mort, dont Au- « guste avait fait placer l'image au-dessus de la statue de « son père adoptif, dans le temple de Vénus (1). » Une fable qu'on aura accueillie dans une époque tout avérée et historique ne saurait en aucune façon la mettre au niveau des siècles sans histoire et où l'on ne fait point un pas sans rencontrer une merveille. Ailleurs (2), il lui arrive de parler de la *candeur* des récits consignés dans les Annales pontificales, avant les luttes passionnées du sénat et du peuple ; il m'est impossible vraiment, en songeant à toutes les fables qu'y affichaient les pontifes, et qui entraient dans l'intérêt aussi de leur politique, de me figurer de quelle *candeur* particulière il s'agit, si ce n'est que ces Annales étaient tracées sur une table blanchie, *in albo*. Comme

---

(1) Page 166.
(2) Page 115.

goût, même dans ce genre spécial, j'aimerais parfois un peu moins de luxe d'érudition en certaines parenthèses, qui font trop souvenir l'irrévérencieux lecteur de ce joli mot de Bonaventure Des Periers : « Que, comme les ans ne sont que pour payer les rentes, aussi les noms ne sont que pour faire débattre les hommes. » Enfin on se passerait très-bien encore çà et là de quelques petits mouvements comme oratoires, qui sortent de l'excellent ton critique, et qui semblent dire avec Scipion : Montons au Capitole ! Mais, je le répète, et après tout le monde, l'érudition positive de M. Le Clerc a épuisé les pièces restantes du procès, en a tiré tout le parti possible; si l'on doute encore après cela, c'est que le doute est dans le fond même et qu'il ne se peut éviter.

Qu'on se demande un peu, toutefois, ce qu'on atteindrait chez nous de vrai et de positif si l'on essayait de reconstruire quelques vieilles annales contemporaines de Grégoire de Tours, ou les grandes Chroniques de Saint-Denys, que M. Le Clerc compare ingénieusement aux Annales des pontifes, si l'on essayait de leur rendre crédit moyennant quelque ligne en l'air, quelque *à-peu-près* échappé à Voltaire ou à Anquetil. On disait *les Annales* chez les Romains comme on dit chez nous *les vieilles Chroniques;* on s'en moquait, on les invoquait, sans les avoir lues. Denys d'Halicarnasse, qui s'y appuie, ne paraît pas les avoir directement consultées. On ne peut d'ailleurs rendre compte du moment ni du comment de la transformation de ces Annales d'abord tracées sur bois ou sur pierre, et plus tard rédigées en livres. Il était naturel et nécessaire que, tôt ou tard, ce changement eût lieu. Car que faire de toutes ces tables de bois ou de marbre, de tous ces *album* sur mur, où s'écrivait l'histoire de chaque année, durant les siècles où il n'y avait pas d'autre histoire? Elles étaient fort sommaires, je le crois; mais elles ne laissaient pas de devoir occuper à la longue une étendue fort respectable, si elles tenaient tout ce qu'on nous a depuis raconté des premiers siècles. Il y eut là de bonne heure de quoi encombrer le vestibule et toute la maison du grand prêtre. Qui fut donc chargé de rédiger en livres ce qui était d'abord en inscriptions? Quelle garantie de fidélité dans cette révision? A quelle époque? C'est ce qu'aucun texte n'a permis à M. Le Clerc de conjecturer. J'ai dit qu'après lui, sur cette question, il fallait crier à la clôture; mais voilà l'endroit faible de la place par où le doute pourrait encore faire brèche de nouveau.

M. Le Clerc a exprimé une vue historique très-séduisante et très-ingénieuse; c'est que, sous Vespasien, il y eut un renouvellement d'études, et, pour tout dire, une véritable *rénovation des travaux historiques* : « Cet empereur, renonçant le premier aux traditions patriciennes de la famille des Césars qui venait de finir dans Néron, lorsqu'il reconstruisit le Capitole incendié par les soldats de Vitellius ou par les siens, ne craignit point d'en faire comme un musée historique où se dévoileraient, aux yeux de tous, les mystères de l'antiquité romaine.... Depuis Vespasien et son nouveau Capitole, on connaît mieux la vérité, et le patriciat déchu ne défend plus de la dire. » Ainsi on consulta plus librement alors les vieux titres, les inscriptions sur bronze, et selon M. Le Clerc les *Annales pontificales*, qui durent être pour beaucoup dans cette rénovation. Enfin ce fut un peu comme aujourd'hui, où, grâce à la passion des recherches historiques, on revient à mieux savoir le moyen-âge et l'époque mérovingienne que durant les trois derniers siècles.

Ceci est vrai en partie, en partie exagéré. Je soupçonne qu'il y a quelque illusion à penser qu'on sache jamais mieux les choses en s'en éloignant beaucoup. On en saisit mieux certaines masses et certains points isolés, et l'on croit d'autant mieux les tenir que le reste se dérobe davantage. Pour dire toute ma pensée, a-t-on raison de prétendre savoir mieux le moyen-âge aujourd'hui qu'avant la révolution? Oui et non. Cette quantité de détails sur le clergé, les couvents, les parlements, les charges de cour, qui formaient la trame sociale, et qui étaient un reste de la vie du moyen-âge, on ne les connaît plus. Tout le monde en était informé alors, on vivait au milieu. Les érudits en retrouvent aujourd'hui et en embrassent des parties ; mais personne n'a plus dans la tête cet ensemble d'organisation. On y gagne, quand on juge le moyen-âge, de le faire dans un esprit plus détaché de toutes les analogies contemporaines ; mais on y perd aussi quelque chose en notions continues. C'est une flatterie à l'homme de croire que du moins tous les résultats positifs restent, et que dans la science on n'oublie pas. A chaque génération, il se fait un naufrage d'idées vives ; une sorte d'ignorance recommence ; une bonne partie du savoir et de l'esprit de chaque époque périt avec elle ; une autre portion s'entasse en de savants dépôts, et ne s'en tire qu'en se dispersant dans quelques têtes de plus en plus singulières. C'est bien moins encore, on le conçoit, à la rénovation historique du temps de Vespasien qu'à la nôtre même, en sa légère exagération, que je me permets d'opposer ce sous-amendement respectueux. En face des érudits et des philosophes également ardents de nos jours et emportés à toutes sortes d'espérances, il est bon de ne pas laisser tout à fait tomber ce droit de *rappel à l'homme*, qui semble relégué chez les défunts moralistes.

La seconde partie du livre de M. Le Clerc, et de beaucoup la plus agréable, traite des journaux chez les Romains. Le sagace dissertateur essaye de les rattacher directement aux Annales des pontifes, et de montrer que, vers le temps même où l'on cessa de rédiger celles-ci, on commence à voir apparaître une publication ou journalière ou assez fréquente, qui les remplaça avec avantage. D'après cette conjecture, les journaux seraient comme une bouture sortie du vieux tronc pontifical : ils n'en seraient que la prolongation et l'émancipation au dehors ; ils auraient eu, comme le théâtre, comme la statuaire en bien des pays, leur période *hiératique* avant d'avoir leur existence populaire. Les Annales pontificales, c'était, si vous voulez, un journal annuel *annuel* à un seul exemplaire, sur bois ou sur marbre, affiché dans le vestibule du grand prêtre ; c'était un essai informe de Moniteur, très-mélangé de Mathieu Laensberg. Les journaux, dès l'année 626 environ, y auraient suppléé et auraient rendu compte des affaires publiques, des édits, des procès scandaleux, des orages, pluies de sang et autres phénomènes atmosphériques, etc.; les actes de l'assemblée du peuple, selon la conjecture très-avenante de M. Le Clerc, auraient été l'objet principal de ces journaux, environ soixante-huit ans avant les actes du sénat, lesquels (on le sait positivement) ne commencèrent à être publiés qu'en l'an de Rome 694, sous le premier consulat de César : ce fut un tour que cet ennemi de l'aristocratie joua au sénat, un peu comme lorsque notre révolution de Juillet introduisit la publicité dans notre Chambre des pairs. Mais gardons-nous de trop pousser ces sortes d'analogies. Ni sur la fin de la république, ni sous l'empire, les journaux à Rome ne furent jamais rien qui ressemblât à une puissance; ils étaient réduits à leur plus simple expression; on ne saurait moins imaginer, en vérité, dans un grand État qui ne pouvait absolument se passer de toute information sur les affaires et les bruits du forum. M. Le Clerc a très-bien indiqué le moyen de se figurer ce que renfermaient les journaux de Rome entre le premier consulat et la dictature de César. On a dix-sept lettres de Célius à Cicéron, alors proconsul en Cilicie, et qui lui demandait de le tenir au courant ; Célius fait ramasser de toutes mains des nouvelles, il paye des gens pour cela, et Cicéron n'est pas trop content toujours des sots propos qui s'y mêlent. Mais ce serait se faire un trop bel idéal, je le crois, des journaux de Rome que de se les représenter par les lettres de Célius ; c'est précisément parce que les journaux, qui y sont à peine indiqués en passant, ne disent pas l'indispensable, qu'il y supplée si activement près de Cicéron. Il va jusqu'à lui copier au long un sénatus-consulte, faute du Moniteur du jour apparemment. Quand on lit cette suite de lettres, on en reçoit une impression qui dément plutôt l'idée d'un service officiel et régulier par les journaux. Après tout, aux diverses époques de la république expirante ou de l'empire, dans les rares intervalles de liberté comme sous la censure des maîtres, il n'y avait à Rome que le journal en quelque sorte rudimentaire, un extrait de moniteur, de petites affiches et de gazette de tribunaux ; le vestige de l'organe, plutôt que l'organe puissant et vivant. M. Le Clerc a fait comme ces curieux anatomistes qui retrouvent dans une classe d'animaux ou dans l'embryon la trace, jusque-là imperceptible, de ce qui plus tard dominera. Si M. Magnin a su montrer la persistance et faire comme l'histoire de la faculté dramatique aux époques même où il n'y a plus de théâtre ni de drame à proprement parler, M. Le Clerc à son tour a pu trouver preuve de la faculté du journal chez les Romains. Cette faculté humaine, curieuse, bavarde, médisante, ironique, n'a pas dû cesser dès avant Martial jusqu'à Pasquin. Mais qu'on n'en attende alors rien de tel (M. Le Clerc est le premier à le reconnaître) que cette puissance de publicité devenue une fonction sociale ; ceci est aussi essentiellement moderne que le bateau à vapeur (1). Le véritable Moniteur des Romains se doit chercher dans les innombrables pages de marbre et de bronze où ils ont gravé leurs lois et leurs victoires ; les journaux littéraires du temps de César sont dans les lettres de Cicéron, et les petits journaux dans les épigrammes de Catulle : ce n'était pas trop mal pour commencer. S'il y avait eu des journaux dans ce sens moderne qui nous flatte, au moment où se préparait la rupture entre César et Pompée, on aurait vu Curion soudoyer, courtiser des rédacteurs, César envoyer des articles tout faits : il y aurait eu escarmouche de plume avant Pharsale. Mais rien : le journal à Rome manqua toujours de *premier Paris* aussi bien que de feuilleton : est-ce là un aïeul ?

Et sous les empereurs, après Néron et dans les interrègnes, s'il y avait eu de vrais journaux à Rome, chaque prétendant y serait allé en même temps qu'aux prétoriens,

---

(1) La faculté du journal sans l'imprimerie est une *curiosité* non servie par un *organe*.

pour se les assurer. Et Trimalcion et Apicius, dans leurs digestions épicuriennes, auraient songé à en acheter un, pour être quelque chose.

C'est à nous, bien à nous, notre gloire et notre plaie que le journal : prenons garde! c'est la grande conquête, disions-nous hier; nous le redisons aujourd'hui, et, plus mûr, nous ajoutons : c'est le grand problème de la civilisation moderne.

En attendant, une histoire des journaux est à faire ; les doctes travaux de M. Le Clerc en rendent facile la préface pour ce qui concerne l'antiquité. Il lui resterait à parler des Grecs et à y rechercher, comme il l'a fait pour les Romains, le vestige de l'organe. Il paraît peu disposé à le croire très-développé : « La vie politique des Grecs, dit-il
« en un endroit (1), non moins active que celle de Rome,
« mais resserrée dans leurs petits États, n'appelait point un
« aussi rapide et aussi énergique instrument de publicité
« que cet immense empire dont les armées conquérantes
« détruisirent en peu d'années Carthage, Corinthe et Nu-
« mance. » On a vu que cet *énergique instrument* de publicité ne joua jamais que très-peu à Rome ; et, puisqu'il s'agit de la faculté plutôt encore que de l'usage, j'ai peine à croire qu'Athènes, par exemple, n'en ait pas fait preuve, même dans son cercle très-resserré. Il serait piquant d'éclairer cela avec précision. On a voulu voir le premier exemple des journaux littéraires dans la Bibliothèque de Photius, et faire de lui l'inventeur des *Éphémérides*. M. Le Clerc indique, en passant, une quantité d'éphémérides historiques des Grecs qui ne sont pas plus des journaux proprement dits, destinés aux nouvelles publiques, que la Bibliothèque de Photius n'est un journal littéraire. Il paraît pourtant qu'un des premiers journaux des Romains fut rédigé par un Grec appelé Chrestus : il n'a dû importer à Rome que ce qui était déjà dans son pays. *A priori*, on peut affirmer que le journal, à l'état primitif au moins, n'a pas dû manquer à la Grèce.

(1) Page 224.

Encouragé dans cette voie de recherches par le prompt succès de son livre, M. Le Clerc, nous assure-t-on, s'occupe activement de suivre au moyen-âge la trace du journal. De journaux privés, il n'en manqua jamais même alors : on écrivait à la dernière page de sa Bible ses bons ou mauvais jours ; le moine ou le bourgeois de Paris notaient dans l'ombre les événements monotones ou singuliers. Mais lorsqu'on entend par journal une feuille plus ou moins régulière, périodiquement publiée, on a plus de peine à en découvrir, et c'est à M. Le Clerc que revient le soin d'en dépister. On a cru volontiers jusqu'ici que les gazettes étaient nées au seizième siècle seulement, et les journaux littéraires au dix-septième. « C'est une des plus heureuses inventions du règne de Louis le Grand, » dit solennellement Camusat en tête de son ébauche d'histoire. Les véritables précédents des journaux littéraires sont dans la correspondance des savants du seizième siècle et de leurs successeurs de Hollande. Quoi qu'il en soit, toutes ces investigations préalables ne serviraient qu'à fournir une bonne introduction à l'histoire des journaux, et c'est à ce dernier travail que je voudrais voir quelque académie ou quelque librairie (si librairie il y a) provoquer deux ou trois travailleurs consciencieux et pas trop pesants, spirituels et pas trop légers. Il est temps que cette histoire se fasse ; il est déjà tard ; bientôt on ne pourrait plus. On est déjà à la décadence et au bas-empire des journaux. Bayle nous en marque l'âge d'or si court, le vrai siècle de Louis XIV. Il réclamait déjà lui-même une histoire des gazettes. L'essentiel d'abord serait de former un bon corps d'histoire, d'établir les grandes lignes de la chaussée ; les perfectionnements viendraient ensuite. Il y aurait danger, si l'on n'y faisait attention, de demeurer attardé dans les préparatifs de l'entreprise et perdu dans les notes : je sais un estimable érudit qu'on trouva de la sorte dans son cabinet, assis par terre, à la lettre, et tout en pleurs, au milieu de mille petits papiers entre lesquels il se sentait plus indécis que le héros de Buridan : *Sedet æternum-*

que sedebit infelix Theseus. Camusat lui-même n'a laissé qu'un ramas de notes. Malgré tout le soin possible, il faudrait se résigner dans un tel travail à bien des ignorances, à bien des inexactitudes : on saura de moins en moins les vrais auteurs, je ne dis pas des articles principaux, mais même des recueils. Quelqu'un a trouvé l'autre jour très-spirituellement que les journaux sont nos Iliades, et qui ont des myriades d'Homères ; en remontant toutefois, le nombre des Homères se simplifie. Par malheur, ceux qui seraient en état d'éclairer, de contrôler pertinemment ces origines de journaux, manqueront de plus en plus. C'est là un des préjugés et une des morgues de l'érudition que d'attendre, pour attacher du prix à certains travaux, qu'il ne soit presque plus temps de les bien faire. Le beau moment académique pour reconstruire une civilisation, c'est lorsqu'il n'en reste plus qu'une écriture indéchiffrable ou des pots cassés.

La grande division qui séparerait naturellement cette histoire des journaux français en deux tomberait à 89 : histoire des journaux avant la révolution, et depuis. Cette dernière partie, pour être plus rapprochée et pour n'embrasser que cinquante ans, ne serait pas, on le conçoit, la moins immense. Mais même pour la première, on ne s'imagine pas, si l'on n'y a sondé directement par places, l'immensité et la multiplicité de ce qu'elle aurait à embrasser dans l'intervalle de cent vingt-quatre ans, depuis 1665, date de la fondation du *Journal des Savants*, jusqu'en 89. L'utilité et le jour qui en rejailliraient pour l'appréciation littéraire des époques qui semblent épuisées, ne paraissent point avoir été assez sentis. Dans l'histoire qu'on a tracée jusqu'à présent de la littérature des deux derniers siècles, on ne s'est pris qu'à des œuvres éminentes, à des monuments en vue, à de plus ou moins grands noms : les intervalles de ces noms, on les a comblés avec des aperçus rapides, spirituels, mais vagues et souvent inexacts. On a trop fait avec ces deux siècles comme le touriste de qualité qui, dans un voyage en Suisse, va droit au Mont-Blanc, puis dans l'Oberland, puis au Righi, et qui ne décrit et ne veut connaître le pays que par ces glorieux sommets. Le plain-pied moyen des intervalles n'a pas été exactement relevé, et on ne l'atteint ici que par cette immense et variée surface que présente la littérature des journaux. Il y a en ce sens une carte du pays à faire, qui, à l'exemple de ces bonnes cartes géographiques, marquerait la hauteur relative et le degré de relèvement des monts par rapport à ce terrain intermédiaire et continu. Jusqu'ici encore, on a, par-ci par-là, rencontré et coupé des veines au passage; il y a à suivre ces veines elles-mêmes dans leur longueur, et bien des rapports constitutifs et des lois de formation ne s'aperçoivent qu'ainsi. Ce sont des enfilades de galeries qu'on ne se figure que si l'on y a pénétré. On aurait beau dire d'un ton léger : « Que voulez-vous tant fouiller, « et pourquoi s'embarrasser de la sorte? Ces morts sont « morts et ont bien mérité de mourir; qu'ils dorment à « jamais en leurs corridors noirs. Cette littérature oubliée « était juste à terre en son vivant; elle est aujourd'hui « sous terre; elle n'a fait que descendre d'un étage. Allez « aux grands noms, aux pics éclatants; laissez ces bas- « fonds et ces marnières. » Mais il ne s'agirait pas ici de réhabiliter des noms; les noms en ce genre sont peu; les hommes y sont médiocrement intéressants d'ordinaire, et même les personnes morales s'y trouvent le plus souvent gâtées et assez viles; il s'agirait de relever des idées et de prendre les justes mesures des choses autour des œuvres qu'on admire. Quand on a vécu très au centre et au foyer de la littérature de son temps, on comprend combien, en ce genre d'histoire aussi (quoiqu'il semble que là du moins les œuvres restent), la mesure qui ne se prend que du dehors est inexacte et, jusqu'à un certain point, mensongère et convenue; combien on surfait d'un côté en supprimant de l'autre, et comme de loin l'on a vite dérangé les vraies proportions dans l'estime. Eh bien! au dix-huitième siècle c'était déjà ainsi; tout ce qu'on trouve de bonne heure dans les journaux d'alors est une source fréquente d'agréable surprise. Le *Mercure*, le plus connu, n'en représente guère que la partie la plus fade et la moins originale (1). Quand on aura parcouru la longue série qui va de Desfontaines, par Fréron, à Geoffroy, on saura sur toute la littérature voltairienne et philosophique un complet revers qu'on ne devine pas, à moins d'en traverser l'étendue. Quand on aura feuilleté le *Pour et Contre* de l'abbé Prévost, et plus tard les journaux de Suard et de l'abbé Arnaud, on en tirera, sur l'introduction des littératures étrangères en France, sur l'influence croissante de la littérature anglaise particulièrement, des notions bien précises et graduées, que Voltaire, certes, résume avec éclat, mais qu'il faut chercher ailleurs dans leur diffusion. Si les *Nouvelles ecclésiastiques* (jansénistes), qui commencent à l'année 1728 et qui n'expirent qu'après 1800, ne donnent que la triste histoire d'une opinion, ou plutôt, à cette époque, d'une maladie opiniâtre, étroite, fanatique, et comme d'un nerf convulsif de l'esprit humain, les Mémoires de Trévoux, dans les portions qui confinent le plus au dix-septième siècle, offrent un fonds mélangé d'instruction et de goût, le vrai monument de la littérature des jésuites en français, et qui, ainsi qu'il sied à ce corps obéissant et dévoué à son seul esprit, n'a porté à la renommée le nom singulier d'aucun membre (2). Il serait fastidieux d'énumérer, et moi-même je n'ai jamais traversé ces pays qu'en courant ; mais un jour il m'est arrivé aux champs, dans la bibliothèque d'un agréable manoir, de rencontrer et de pouvoir dépouiller à loisir plusieurs années de cette consi-

---

(1) Il faut excepter pourtant la suite très-sérieuse et très-savante qu'offrit le *Mercure* sous La Roque, directeur. Les rédacteurs ordinaires étaient l'abbé Lebeuf, Dreux du Radier, dom Toussaint Duplessis, etc. A la mort de La Roque, Fuzelier lui succéda, et le *Mercure* revint au galant.

(2) Je suis tenté vainement de citer le nom de Tournemine comme se rattachant le plus en tête à la rédaction des Mémoires de Trévoux : Tournemine a-t-il obtenu ou gardé quelque chose qui ressemble à de la gloire ?

dérable et excellente collection intitulée *l'Esprit des Journaux*, laquelle, commencée à Liége en 1772, s'est poursuivie jusque vers 1813. Je ne revenais pas de tout ce que j'y surprenais, à chaque pas, d'intéressant, d'imprévu, de neuf et de vieux à la fois, d'inventé par nous-mêmes hier. Cet *Esprit des Journaux* était une espèce de journal (disons-le sans injure) voleur et compilateur, qui prenait leurs bons articles aux divers journaux français, qui en traduisait à son tour des principaux journaux anglais et allemands, et qui en donnait aussi quelques-uns de son cru, de sa rédaction propre. Voilà un assez bel idéal de plan, ce semble. *L'Esprit des Journaux* le remplissait très-bien. Que n'y ai-je pas retrouvé dans le petit nombre d'années que j'en ai parcourues ! Nous allons oubliant et refaisant incessamment les mêmes choses. Cette toile de Pénélope, dans la science et la philosophie, amuse les amants de l'humanité, qui s'imaginent toujours que le soleil ne s'est jamais levé si beau que ce matin-là, et que ce sera pour ce soir à coup sûr le triomphe de leur rêve. Savez-vous qu'on était fort en train de connaître l'Allemagne en France avant 89 ? Bonneville et d'autres nous en traduisaient le théâtre. Cette Hrosvitha, si à propos ressuscitée par M. Magnin, était nommée et mentionnée déjà en plus d'un endroit; sans l'interruption de 89, on allait graduellement tout embrasser de l'Allemagne, depuis Hrosvitha jusqu'à Goëthe. Les poésies anglaises nous arrivaient en droite ligne; les premiers poëmes de Crabbe étaient à l'instant analysés, traduits. Savoir en détail ces petits faits, cela donne un corps vraiment à bien des colères de La Harpe, aux épigrammes de Fontanes. *L'Allemagne* de madame de Staël n'en est pas moins un brillant assaut, pour avoir été précédé, avant 89, de toutes ces fascines jetées dans le fossé. Mon *Esprit des Journaux* me rendait sur Buffon (1) des dépositions originales qui ajouteraient un ou deux traits, je pense, aux complètes leçons de M. Ville-

---

(1) Juin et juillet 1788.

main. Dans une préface de Mélanges tirés de l'allemand, Bonneville (et qui s'aviserait d'aller lire Bonneville si on ne le rencontrait là ?) introduisait dès lors cette manière de crier tout haut famine et de se poser en mendiant glorieux, rôle que je n'avais cru que du jour même chez nos grands auteurs. Jusqu'à plus ample recherche, c'est Bonneville qui a droit à l'invention. Mais on était encore en ces années dans l'âge d'or de la maladie, et un honnête homme, Sabatier de Cavaillon, répondant d'avance au vœu de Bonneville, adressait, en avril 1786, comme conseils au gouvernement, des observations très-sérieuses *sur la nécessité de créer des espions du mérite* (1). « Épier le mérite, le
« chercher dans la solitude où il médite, percer le voile de
« la modestie dont il se couvre, et le forcer de se placer
« dans le rang où il pourrait servir les hommes, serait,
« à mon avis, un emploi utile à la patrie et digne des
« meilleurs citoyens. Ce serait une branche de police qui
« produirait des fruits innombrables... » Voilà l'idée première et toute grossière, me disais-je ; celle de se dénoncer soi-même et de s'octroyer le bâton n'est venue qu'après (2).

En somme pourtant, cette histoire des journaux français avant 89 ne serait pas infinie. Les Beuchot, les Brunet, les Quérard, doivent en posséder par devers eux la plupart des éléments positifs. Je sais dans la bibliothèque de Besançon une chambre pas très-grande et qui n'est garnie que des collections de ces vieux journaux littéraires ; en s'enfermant là pendant quelques mois, et non sans le docte Weiss (*genius loci*), on ferait beaucoup.

Mais c'est à dater de 89 surtout que les difficultés et les exigences du sujet se multiplieraient, et que le complet (littéraire et politique) deviendrait plus indispensable et plus insaisissable à la fois. Hélas ! ne nous exagérons rien ; si la tâche s'allonge, elle se simplifie aussi avec le temps :

(1) *Esprit des Journaux*, avril 1786 (extrait du *Journal Encyclopédique*).

(2) On se rappelle peut-être que M. de Balzac s'avisa, un beau matin, de faire en littérature une promotion de *maréchaux de France*.

combien peu de gens, d'ici à quelques années, seront encore à même de contrôler et de contredire en ce genre l'approximatif de nos travaux! Les Rœderer, les Fiévée, les Michaud, ont déjà emporté le plus vif de cette histoire dans la tombe (1).

Et l'entreprise que je propose en ce moment et que je suppose, cette espèce de rêve *au pot au lait* que j'achève en face de mon écritoire, cette histoire de journaux donc, dans son incomplet même et son inexact inévitable, se fera-t-elle? J'en doute un peu. On est entraîné, le vent chasse, le courant pousse, le rivage se perd de vue. L'incomplet est le propre de l'homme; il laisse tout monument voisin de la ruine. A côté d'une aile qui finit, l'autre demeure en suspens; les plus beaux siècles ne sont que des Louvres inachevés. Et quand il achèverait, le temps y met bon ordre en détruisant. Que ce débris vienne du temps ou de l'homme même, c'est bientôt de loin la seule marque qui reste de lui. Ce qui n'empêche pas qu'il ne nous faille travailler chacun à son jour, et faire vaillamment à son poste comme si tout devait durer et se finir. La vie humaine, il y a longtemps qu'on l'a dit, ressemble à la guerre : chacun n'a qu'à tenir son rang avec honneur et qu'à faire sa fonction, comme si la mort n'était pas là dans tous les sens, qui sillonne.

Qu'on nous pardonne ces graves rêveries qu'ont amenées insensiblement et que justifient peut-être ces idées si contrastantes de Rome et de journaux, ce bruyant passé d'hier et cet antique et auguste passé, tous les deux à leur manière presque sans histoire; la Ville éternelle en partie douteuse et ses cinq (2) siècles de grandes ombres, la société moderne avec sa marche accélérée, conquérante, ses mille cris assourdissants de triomphe, et son bruit perpétuel de naufrage!

(1) Et depuis, M. Bertin l'aîné, des *Débats*.
(2) Ou du moins trois siècles.

15 décembre 1839.

M. PROSPER MÉRIMÉE.

1841.

(Essai sur la Guerre sociale. — Colomba.)

Ces deux écrits, l'un d'histoire érudite et sévère, l'autre d'observation pittoresque et d'imagination, composés presque en même temps, montrent, chez l'auteur à qui on les doit, une alliance et comme un faisceau aussi brillant que serré de qualités diverses et rares. A titre de romancier, d'écrivain original de nouvelles et de petits drames, M. Mérimée a depuis longtemps fait ses preuves et marqué sa place. Venu dans les premiers moments de l'innovation romantique en France, il semble n'avoir voulu, pour son compte, en accepter et en aider que la part vigoureuse, énergique, toute réelle et observée : à d'autres la théorie ou le chant, la vapeur et le nuage; lui, ennemi du convenu, se méfiant de la phrase, pratiquant à la fois le positif et le distingué, il s'attacha tout d'abord à circonscrire ses essais pour mieux les creuser et les asseoir. Soit qu'il fit choix d'époques encore neuves à l'étude, soit qu'il se jetât sur des pays à mœurs franches et sauvages, soit même qu'il se tînt à des cas singuliers du cœur, toujours en tout sujet il se retranchait, pour ainsi dire, au début; il mettait une portion de sa vigueur à ne pas sortir du cercle tracé; il faisait comme le soldat romain qui, à chaque halte, avant toute chose, traçait le fossé et posait le camp,

C'est ainsi qu'au sein de chaque sujet, de chaque situation donnée, il a opéré avec une sorte de détermination certaine et suivie, qui ne perdait aucun de ses coups. Son audace inexorable poussait droit devant elle, et n'avait pas l'air de se douter d'elle-même. J'ai dit qu'il n'y avait nulle vapeur, rien de vague qui circulât; pourtant, au fond et à travers la discrétion extrême de l'idée, le long de la ligne arrêtée du fait, je ne sais quoi d'une ironie un peu amère se glissait insensiblement et gravait comme à l'eau-forte le trait simple (1).

On a tant abusé de nos jours du mot *imagination*, on l'a tellement transportée tout entière dans le détail, dans la trame du style, dans un éclat redoublé d'*images* et de métaphores, qu'on pourrait ne pas voir ce qu'il y a d'imagination véritable et d'invention dans cette suite de compositions de moyenne étendue, qui n'ont l'air de prétendre, la plupart, qu'à être d'exactes copies et des récits fidèles. Se figurer et nous représenter si au net les choses comme elles sont, comme elles ont pu être, c'est faire oublier qu'on les crée ou qu'on les combine. Pourtant, je ne crains pas de le dire, chez aucun peut-être des écrivains de ce temps-ci, la faculté impersonnelle, dramatique, narrative, cette qualité que nous avons appris à goûter et à révérer dans Shakspeare, dans Walter Scott, comme dans ses représentants suprêmes, et de laquelle, à l'origine du mouvement romantique, on se promettait ici tant de miracles encore à naître, — nulle part, je le crois, chez nous, cette qualité-là ne s'est produite par des échantillons plus complets et plus purs, plus exempts de faux mélange, que chez l'écrivain réputé si sobre. Le propre de cette faculté, d'ordinaire, en ceux qui la possèdent à quelque degré, est de ne pas se limiter, comme la faculté lyrique, aux années de la jeunesse, et de récidiver bien

---

(1) Nous rappelons une note où il a déjà été question de M. Mérimée et de sa manière avec assez de développement, au tome I, page 413 des présents volumes.

avant, moyennant les acquisitions variées de l'expérience. *Colomba*, certainement, a prouvé que M. Mérimée, bien qu'il se prodigue peu, n'a pas épuisé ses plus beaux contes, et qu'il est pour longtemps en fonds de fertilité à cet égard. Toutefois, un certain besoin de perfection et de beauté concentrée, une vérité et une justesse de plus en plus soigneusement recherchée, la difficulté croissante du goût à l'égard de soi-même, l'absence du théâtre aussi et d'un cadre qui incessamment sollicite, bien des causes peuvent faire, en avançant, que les produits de ce genre d'imagination ne remplissent pas toute une vie et y laissent vacantes bien des heures. C'est alors qu'il est bon de se partager, de se faire à temps un goût, une étude durable, ce que j'appellerai un cabinet de curiosités ou un cloître pour la seconde moitié de la vie, la partie de whist ou d'échecs des longues heures paisibles. A mesure que l'esprit juge mieux de l'étendue des choses, de la richesse du passé, de l'incomparable beauté des anciens et premiers modèles, il entre dans une sorte de sérénité un peu calme et refroidie, qui tempère la veine féconde. Cette jouissance de réflexion si douce et légèrement attristée élève davantage peut-être, mais n'a plus rien qui encourage. Par respect pour le beau même, mieux envisagé et pleinement senti, à quoi bon le tenter encore, l'aller offenser peut-être, à moins de quelques retours irrésistibles? L'étude alors est là, l'érudition dans toutes ses branches, et avec ses ingénieux travaux, plus longs à coup sûr que la vie : elles ont pour objet d'occuper, d'animer, s'il se peut, les saisons sur lesquelles d'abord on ne comptait guère, et qui ont déconcerté plus d'un.

M. Mérimée s'y est pris à l'avance, en homme très-prudent; voilà près de dix ans qu'il s'est fait antiquaire. J'oserai penser que ses fonctions d'inspecteur général des monuments n'ont été que le prétexte : la science elle-même l'attirait. De tout temps et jusque dans le premier entrain de l'imagination, on a pu remarquer sa vocation d'étudier de près les choses, de les bien savoir, de les savoir avec précision seulement. Ce qui ne peut être su de cette sorte, ce qui ne peut être saisi et déterminé d'après des caractères positifs et des particularités sensibles, volontiers il l'ignore, ou du moins il fait tout comme, et l'abandonne, sans paraître s'y mêler, aux controverses et aux échos d'alentour. Une fois entré dans l'érudition, il a dû redoubler ce soin rigoureux ; célèbre dans le roman et dans le conte, il fallait, avant tout, qu'on ne pût jamais l'accuser de confondre les genres. Ceux qui s'attendaient d'abord à trouver dans ses *Notes* archéologiques une seule trace d'*impressions* de voyages, ont été bien surpris ; c'est qu'ils le connaissaient peu. Chose plus piquante, irritante même! cette méthode exclusive avait l'air de tomber d'un air de rapidité et d'aisance. Ils n'y comprenaient plus rien.

L'auteur put sourire tout bas : ce n'était pas, en effet, pour ce public ordinaire qu'il prétendait faire ses preuves dans le moment. Il avait les gens du métier à édifier, à convaincre ; et ils sont difficiles, ils sont en armes, on le sait, contre tout nouveau-venu, surtout quand celui-ci se présente avec des titres brillants, acquis ailleurs. Il doit au préalable les faire oublier. Et moi aussi, dira-t-il au besoin pour être admis parmi eux, *anch' io…*; et moi aussi, je ne suis pas peintre. Au fait, chaque genre, chaque branche de l'érudition particulièrement est gardée par des dogues tant soit peu hargneux ; on les apaise, non pas en leur jetant des gâteaux de miel (gardez-vous de miel!), mais en leur offrant d'abord quelques petites pierres sèches. Quand ils ont digéré quelques-unes de ces pierres, ils disent que c'est bien, et vous laissent passer, même avec vos idées, avec votre trésor. Une fois passé, on n'a plus à s'occuper d'eux, et l'on va rejoindre les gens d'esprit d'au delà.

Aujourd'hui donc que les preuves sont fournies, M. Mérimée n'a rien à dissimuler ; son esprit des mieux faits et sa plume des plus sûres restent libres ; il lui suffit d'observer, dans ses travaux d'érudit, la ligne sévère qui est de son goût et du bon goût propre au genre même. Les nouveaux sujets qui l'occupent désormais promettent, non pas un mélange, mais bien un emploi uni et concerté de ses facultés les plus belles. Il prépare une histoire de Jules César. L'*Essai sur la Guerre sociale*, dont nous avons à donner idée ici, n'est qu'une espèce d'introduction par laquelle il a cru nécessaire de préluder.

Il est impossible, en effet, de se rendre compte du rôle et des desseins de César sans retracer à fond l'état de la république, telle que l'avaient faite les dernières luttes de Marius et de Sylla. Or ces grands ambitieux avaient rencontré sur leur chemin des auxiliaires ou des adversaires dans les alliés latins et italiotes ; la lutte que ceux-ci avaient entreprise contre Rome, la guerre *sociale*, comme on l'appelle, était venue traverser et compliquer le duel flagrant des deux précurseurs de Pompée et de César. On a bientôt fait de dire que Marius représentait le principe populaire, et Sylla l'élément patricien ; que le plébéianisme, depuis les Gracques, était généralement favorable à l'émancipation de l'Italie tout entière et à une égalité de droits à laquelle s'opposait le sénat ; que les Italiens s'armèrent pour conquérir par la force ce qu'on leur déniait avec iniquité ; que la guerre fut atroce et Rome plus d'une fois en danger ; que le patriciat, en triomphant même, en se relevant un moment par l'épée de Sylla, ne put guère faire autre chose que ce qu'aurait fait également l'autre parti s'il eût été victorieux, c'est-à-dire proclamer les concessions devenues inévitables et qui ne s'arrêtèrent pas là. Voilà le gros de l'événement ; mais toute l'originalité, toute la vérité gît dans le détail. En se servant de ces termes abstraits sous lesquels se glissent si aisément des idées toutes modernes, on n'arrive à rien de véritablement satisfaisant pour les esprits investigateurs ; on ne fait qu'irriter leur curiosité, comme en leur posant le problème. M. Mérimée s'y est attaché et nous semble l'avoir résolu autant qu'il pouvait l'être. Bien des pièces de conviction manquent en effet : les livres de Tite-Live offrent une lacune à cet endroit, les commentaires de Sylla ont péri. Et puis Rome rougissait de cette plaie au sein qui lui fut faite au plus fort de sa puissance, et ses historiens ont l'air de s'être entendus pour l'embrouiller et pour la couvrir. S'emparant de tous les témoignages qui leur sont échappés, les contrôlant réciproquement, les complétant, lorsqu'il le faut, par des inductions brèves, M. Mérimée, sans phrases, sans système, avec ce sentiment continu de la réalité et ce besoin qu'il a en tout de s'expliquer les choses comme elles se sont passées, nous a donné un récit instructif, enchaîné, attachant, et qui jette, chemin faisant, la plus grande clarté sur l'ensemble de l'organisation romaine.

Quand je dis qu'il nous l'a *donné*, je vais un peu loin pourtant : l'ouvrage (lit-on dans un avis qui précède), tiré à un petit nombre d'exemplaires, n'est pas destiné au public. L'auteur n'aurait voulu véritablement que faire épreuve de son application historique, et la soumettre aux personnes compétentes. Je conçois cela pour le mémoire sur les médailles italiotes qui forme appendice; il y a là matière toute spéciale et demi-grimoire ; mais pour le récit, pour le corps même du volume, dussé-je parler par anticipation d'une seconde édition, je persiste à en juger d'après l'effet éprouvé, c'est à tout le public que l'excellent Essai s'adresse, c'est à travers tout ce public qu'il ira çà et là découvrir son juge entre cent lecteurs (1).

Nous n'en pouvons parler qu'à titre de lecteur que ces questions, et la façon dont elles sont ici traitées, intéressent. Dès le début, l'historien analyse et expose la condition diverse des divers peuples d'Italie soumis à la domination romaine, les Latins les plus favorisés, les Italiotes : quelque différence de régime qui parût d'abord entre ces peuples de la péninsule et les étrangers proprement dits ou *barbares*, leur liberté se réduisait au fond à une satisfaction d'amour-propre accordée à des vaincus, tandis que la toute-puissance restait en réalité au peuple conquérant. Les causes complexes, qui, après les grandes guerres

---

(1) Le volume a été en effet publié depuis (1844).

d'Annibal, rendaient la situation de l'Italiote de plus en plus précaire et pénible, à mesure qu'au contraire celle du citoyen romain s'élevait et visait au roi, sont très-bien démêlées et viennent se traduire en un tableau général d'oppression et de dépopulation tout à fait effrayant. C'est alors, vers l'an de Rome 617, qu'un jeune homme d'une famille plébéienne, mais illustre, un élève formé de la main des philosophes grecs, Tibérius Sempronius Gracchus, « dont le caractère bon et humain n'avait pu être corrompu par l'orgueil exclusif de sa nation, » comme il traversait l'Étrurie pour aller servir en qualité de questeur dans l'armée qui s'assemblait contre Numance, fut frappé de l'aspect désolé de ce pays; célèbre autrefois par sa richesse; il s'en demanda les causes, il songea aux grands remèdes : de là plus tard ses tentatives de tribun et sa catastrophe. Mais, sans m'engager ici dans les obscurités, même éclaircies, de la loi Sempronia ou de la loi Licinia, je n'ai voulu que faire remarquer en passant le ton naturel et *humain* avec lequel l'historien caractérise le premier mouvement de Tibérius Gracchus. Au rebours en effet de tant d'écrivains de nos jours qui, dès qu'ils abordent l'histoire, se font tout farouches, fatalistes et terroristes à froid, M. Mérimée ne recule pas devant les bons sentiments quand il les rencontre, et ne rougit pas de les exprimer simplement. Il observe le sens moral dans ses récits. Les Samnites révoltés, sous le commandement de Marius Egnatius, ont-ils taillé en pièces, dans la Campanie, une armée nombreuse de Lucius Cæsar, forcé de chercher abri sous les murs de Téanum : « L'histoire se tait, dit-il, sur l'origine du vainqueur de Cæsar; mais, d'après la conformité des noms, j'éprouve quelque plaisir à supposer que ce Marius Egnatius était un fils du préteur de Téanum, battu de verges trente ans auparavant sous les yeux de ses concitoyens. La Providence permet quelquefois ces tardives et terribles réparations. »

Maintenant voici le récit du préteur battu de verges : la condition des Italiens, c'est-à-dire des plus favorisés des sujets de Rome, de ceux qu'on appelait alliés, en va cruellement ressortir.

« Un consul romain passait à Téanum, ville de la Campanie, dans le pays des Sidicins. Il voyageait avec sa femme, ses officiers, ses affranchis, ses esclaves, en un mot ce que l'on appelait sa *cohorte*. Dans de semblables occasions il devait être défrayé par la république; mais, comme la plupart des magistrats romains, il vivait partout aux dépens de ses hôtes. Un consul à Téanum! voilà toute la ville émue. Les magistrats s'empressent autour de lui. On le loge dans la meilleure maison, on l'héberge magnifiquement, lui et son monde. Maint affranchi reçoit des présents; peut-être le consul lui-même daigne-t-il en accepter, soit pour épargner à Téanum le fardeau des logements militaires, soit pour se souvenir des Sidicins dans le sénat, où les pauvres alliés ont tant besoin de protecteurs. La femme du consul veut se baigner. Le bain des femmes est mal orné, il ne lui convient pas. — « Je veux le bain des hommes, » dit-elle. Aussitôt M. Marius, principal magistrat de Téanum, envoie son questeur pour que la foule des baigneurs cède la place à l'illustre voyageuse. Mais il leur faut du temps pour se rhabiller, et la femme du consul attend un instant à la porte des thermes. Elle se plaint; grande colère de son mari. Par son ordre ses licteurs saisissent M. Marius, et le battent de verges dans le forum. Cela se passait vers 630, » c'est-à-dire un peu plus de trente ans avant les représailles à main armée d'un autre Marius sous ces murs de Téanum. Mais on voit que M. Mérimée, dans ce nouveau cadre de l'histoire critique, ne s'est pas interdit son parfait talent de raconter (1).

Les vexations croissantes, tous les genres de griefs sourdement accumulés, les tâtonnements législatifs impuis-

---

(1) Le trait est tiré des *Nuits attiques* (liv. X, chap. III); Aulu-Gelle lui-même n'a fait que citer textuellement les courtes paroles de C. Gracchus. En comparant, j'ai mieux apprécié le soin achevé du narrateur et son art de mettre en scène sans en avoir l'air.

sants, et les tentatives tribunitiennes coupées de tragique, remplissent quarante années préliminaires, durant lesquelles les guerres contre les Cimbres viennent jeter une puissante diversion, mais aussi de nouveaux ferments pour l'avenir. Les Gracques, Saturninus, Drusus, périssent tour à tour à la tâche, laissant des renommées plus ou moins équivoques après des destinées inaccomplies. Caïus Gracchus, je l'avoue, ne m'est pas suffisamment expliqué encore par les alternatives perpétuelles de témérité et d'indécision que dénonce en lui l'historien. C'est un caractère dont la clef ne me paraît pas retrouvée : elle est comme tombée à jamais dans ce gouffre du Forum rouvert sous ses pas. En terminant cette esquisse de la période qui précède la prise d'armes, et durant laquelle l'explosion put sembler à chaque instant imminente, M. Mérimée s'étonne à la fois et de la patience prolongée de l'Italie et de l'aveuglement de Rome; il en retrouve plusieurs causes dans l'organisation politique, bien différente des deux côtés. Les gouvernements d'Italie, tous plus ou moins aristocratiques, avaient peu changé de forme sous la domination romaine, et s'étaient comme *pétrifiés* au point où la conquête les avait saisis. La noblesse italiote, devenue cliente de Rome, ne fit longtemps de ses réclamations qu'une question personnelle, une affaire de faveur qui se menait par la corruption et l'intrigue. Avant qu'elle songeât à généraliser les griefs, et à y intéresser la plèbe domestique qu'elle continuait d'opprimer, il fallut qu'elle se fût bien assurée du peu de succès de son moyen; il fallut du temps aussi pour que cette plèbe italiote comprît et s'émût. A Rome, enfin, le parti démocratique n'était pas un allié très-fidèle et très-chaud de la cause italienne, bien que des tribuns essayassent parfois de donner le change et de confondre. Entre la plèbe romaine et les nations italiotes, il y avait, dit M. Mérimée, une barrière aussi haute qu'entre le maître et l'esclave. Céder aux alliés une partie de ses droits, c'eût été aux yeux du dernier plébéien de Rome s'avouer vaincu par des ennemis dont on lui redisait chaque jour la défaite; c'eût été comme renoncer à une propriété qui, pour n'être qu'une satisfaction d'amour-propre, ne lui en était pas moins précieuse. De telles considérations, si judicieuses et lumineuses, appartiennent à cette véritable et, j'ose dire, unique philosophie de l'histoire, comme Machiavel et Montesquieu l'entendaient, qui ne procède qu'appuyée sur l'observation humaine et sur les faits.

Enfin la guerre éclate; le meurtre de Drusus, patron des Italiotes à Rome, donne le signal, et le complot, depuis quelque temps tramé, se déchire à nu. Bien des lieutenants et des soldats de Marius ressaisissent l'épée, mais cette fois contre Rome. C'est le glaive romain, c'est le pilum, ces terribles armes des légions, qui vont faire de part et d'autre les blessures. Rome recule aux années de son berceau où l'ennemi n'était jamais qu'à quelques journées, et où la fumée des camps montait aux collines de l'horizon. Il lui faut compter comme aux premiers jours avec ces noms redoutés, les Marses, les Samnites. Il faut, après que ses aigles victorieuses ont rempli le monde, se retrancher au-devant du gîte et redevenir louve.

Nous n'avons pas à suivre M. Mérimée à travers les détails de cette stratégie savante, difficile, à tout moment coupée; il la rend pour la première fois claire, vraisemblable, et se complaît dès lors, on le conçoit, à la faire saisir. Mais ce dont nous ne lui savons pas moins de gré, c'est d'avoir, avec quelques traits simples, authentiques, et sans rien prêter à l'histoire, retrouvé et comme restauré les caractères de ces chefs vaillants, un Vettius Scaton, un Pompædius Silon, un Papius Mutilus, un Pontius Télésinus. Souvent dans les débris de statues tronquées, quand elles sont de grande façon, un seul reste du torse ou du masque donne à juger de l'ensemble : de même pour quelques-uns des hommes dont il s'agit. Le profil lui-même apparaît, l'attitude grandiose se dessine du moins : l'injure des temps et de la fortune est en quelque sorte réparée. Dirai-je qu'on reconnaît ici, sous la marche couverte et le procédé rigoureux de l'historien, un indice de cette sympathie qui l'a porté, en ses œuvres d'imagination, à suivre de près, à reproduire tour à tour le Corse, l'Illyrien, l'Espagnol en Fionie, les résistances héroïques et sauvages ?

La mort surtout de chacun de ces chefs indomptables a de quoi se graver dans la mémoire, par la manière dont l'historien nous l'a fixée. Le Marse Vettius Scaton est fait prisonnier dans une retraite : déjà on le conduit au consul. Un de ses esclaves, auquel personne ne faisait attention, marchait à ses côtés. Tout à coup cet homme, arrachant l'épée à l'un des soldats de l'escorte, en frappe Scaton et le tue sur la place : « J'ai affranchi mon maître, s'écrie-t-il avec triomphe; à mon tour maintenant! » Et il se passe l'épée à travers le corps. — Un autre chef, Judacilius, s'étant jeté dans Asculum aux abois, voit d'abord qu'il ne peut s'y défendre, et que les habitants sont à bout. Il n'hésite pas; il fait massacrer tous ceux de la faction favorable aux Romains, et à la suite d'un grand festin donné sous le vestibule du temple, lui-même, s'étendant sur le lit funèbre, il boit le poison : ses soldats allument le bûcher tout préparé, qui dévore en un instant, dit l'historien, le plus brave des Asculans et les dieux de sa patrie. Le vainqueur frustré n'aura rien des trophées du triomphe.

Mais c'est quand on est à la seconde ou plutôt troisième guerre sociale, à celle qui complique le retour de Sylla, et dans laquelle les seuls Samnites et Lucaniens indomptés tiennent tête jusqu'à la fin avec l'énergie du désespoir, c'est alors que l'intérêt grandit, et que le sujet, comme dans une dernière scène, se fait égal vraiment au cadre de l'empire. La pointe hardie de Télésinus sur Rome, sa victoire tout d'un coup arrachée, Sylla qui se croit perdu et qui est vainqueur par l'aile opposée, ces jeux sanglants, bizarres, du courage et du destin, fournissent un chapitre d'une haute beauté. Cinquante mille morts des deux partis étaient étendus sur le champ de bataille. « Longtemps, dit l'historien, on chercha Télésinus. On le trouva enfin percé de coups, mais respirant encore, entouré de cadavres ennemis. L'orgueil du triomphe se lisait dans ses yeux éteints, qu'il tournait encore menaçants vers Rome. Heureux si la mort le surprit tandis qu'il se croyait vainqueur ! »

Le frère de Télésinus et Marius, fils du grand, étaient enfermés dans Préneste. Ils tentèrent de s'échapper par un souterrain ; mais, ne l'ayant pu, ils ne voulurent pas laisser à leurs ennemis la joie de les voir mourir. « A cette époque, dit l'historien, la fureur des combats de gladiateurs avait fait inventer une espèce de suicide à deux. Déterminés à périr, deux amis se battaient l'un contre l'autre; acteurs et spectateurs à la fois, c'était un dernier plaisir qu'ils se donnaient. Tel fut le genre de mort que choisirent Marius et Télésinus. Le Romain, plus adroit escrimeur, tua le Samnite, et, blessé lui-même, se fit achever par un esclave. Eux morts, la ville ouvrit ses portes. »

Et après avoir exposé les conséquences de cette bataille de Rome, où la nationalité italienne périt, et où Rome en même temps épuisa son reste de vigueur et de défense, comme patrie distincte, l'historien résume le tout en cette forte image : « Le duel de Marius et de Télésinus fut comme un présage des destinées de l'Italie. Le Romain tua le Samnite, puis tomba expirant sur le cadavre du guerrier qu'il venait d'abattre. Ainsi l'Italie est morte ; mais Rome, frappée au cœur, ne devait pas lui survivre longtemps. »

Parmi les figures qu'il rencontrait au premier plan, il en est deux que M. Mérimée n'a pu négliger : Marius et Sylla, en effet, ressortent de maint passage dans tout leur relief et toute leur empreinte. Énergie, grandeur, grossièreté, vices et bassesse, ces traits en eux de la nature romaine corrompue sont envisagés d'un coup-d'œil ferme et recueillis dans une parole en quelque sorte latine ellemême, sobre, positive, et qui n'ajoute rien de moderne aux choses. Je ne répondrais pas pourtant que, dans la dernière vue sur Sylla abdiquant et mourant, il n'y ait un coin de perspective à travers lord Byron. Quoi qu'il en soit, cette fin éloquente, et majestueuse de ton, aspire dignement à rejoindre le dialogue de Montesquieu[1].

Elle est immédiatement précédée d'une digression approfondie sur la réforme politique du dictateur, et sur l'état probable où il trouva les comices ou assemblées du peuple. Dans un récit destiné au public, on pourrait désirer que quelques-unes de ces pages fussent détachées du texte qu'elles ralentissent, et allassent former une note ou supplément. Nul doute que les érudits n'y trouvent plus d'un point à discuter. Mais notre objet n'a pu être ici que de donner un *extrait*, humble expression très en usage dans l'ancienne critique, dans celle qui se borne à rendre compte et à exposer.

Nous n'avons rien de tel à faire à propos de *Colomba*, si récente ou plutôt si présente, et que tout le monde a lue. Un jugement même semblera bien superflu après le succès universel. Prétendre expliquer à chacun pourquoi il y a pris plaisir, c'est trancher du docteur en agrément. *Colomba*, dans sa nouveauté, a tenu tête au fameux traité du 15 juillet; elle y a fait une diversion charmante, et, si on a tant parlé du traité, ce n'est pas assurément sa faute à elle,

---

(1) Dans le volume d'*Études sur l'Histoire romaine* qu'il a depuis publié (1844) et qui traite de *la Conjuration de Catilina*, M. Mérimée a retrouvé, dans le personnage principal, une de ces figures qu'il excelle à dessiner. Nous n'oserions dire qu'il a également saisi et rendu au vrai celle de Cicéron. En général il s'entend mieux dans un caractère à faire la part des intérêts et des passions que celle des *idées* proprement dites. Il est aussi une certaine atmosphère intellectuelle soit pour les sociétés, soit pour les individus; notre auteur en tient trop peu de compte et, dans les traits précis où il est maître, il s'en passe volontiers. Cicéron ne s'en passait pas; si corrompu qu'on fût à Rome à cette date, il y avait encore dans quelques âmes de beaux restes de ce qu'on peut appeler la religion romaine (*jus*), des fantômes, si vous voulez, mais de beaux fantômes. Je ne vois pas que M. Mérimée en admette la moindre trace au sein de cette vaste intelligence de Cicéron; il en fait un pur avocat sans franchise : par contradiction, l'avouerai-je? cela me rejette dans le *de Officiis*. — En tout, cet ingénieux volume sur *la Conjuration de Catilina* soulève plus de questions qu'il n'en résout, et il apprend à douter de ce qu'on croyait savoir.

car on ne parlait que d'elle en même temps. Le monde, si léger et si indifférent qu'il soit, ne se trompe guère à ce qui est très-bien. Lorsqu'une œuvre puissante, marquée de beautés fortes, poétiques, chargée aussi de bizarrerie et d'excès, se pose devant lui, il peut la méconnaître; mais dès qu'une production parfaite se présente, il dit du premier coup : *C'est cela!* Très-peu de gens sont allés en Corse; les mœurs de ce pays diffèrent des nôtres autant qu'il se peut; elles sont souvent atroces, sanglantes, et le monde n'aime guère en soi l'atroce et le sanglant. Quand on lui en sert au théâtre ou en roman d'un air d'ogre, il hausse les épaules et tourne la tête de dégoût. Mais ici on ne s'y est pas mépris, on a senti au début que c'était vrai, que c'était amusant, que ces singularités énergiques jouaient dans leur cadre, qu'un guide aisé et sûr, et pas dupe le moins du monde, tenait la main. C'est alors qu'il y a plaisir à se laisser aller et à tenter l'aventure. Plus ce qu'on lit sort du cercle des habitudes, et plus on est charmé. L'audace vous gagne, le goût s'aguerrit. Le matin on a suivi Rob-Roy en son Écosse; on se fait Klepte tout un soir, et l'on se jette dans le *maquis* du fond de son fauteuil.

Est-il bien que Colomba, pour exciter son frère, aille couper de nuit l'oreille au cheval qu'il doit monter le lendemain, lui laissant croire que ce coup vient des Barricini? Je me rappelle toute une discussion très-vive et en fort bon lieu là-dessus. Quelqu'un avait dit que c'était inutile, que l'effet sur Orso était manqué : on se récria. Quoi, inutile? Mais c'est le trait de caractère, la singularité la plus naïve, la plus empreinte de vraie couleur. Dans sa superstition de vengeance, Colomba n'imagine rien de plus odieux, de plus ulcérant, que cette oreille fendue à la pauvre bête. Et puis, pour accomplir son stratagème, qu'elle est belle et féroce, se glissant sans bruit dans l'ombre le long de l'enclos! telle la Simétha de Théocrite opérant sous la lune ses enchantements.

Les voyages sont très-beaux à faire, mais on ne les fait

pas toujours, et il en est qu'on n'exécute bien que dans la jeunesse. Irez-vous jamais en Corse et dans le cœur du pays ? C'est douteux ; il y a mieux, aujourd'hui c'est presque inutile. Quelques heures d'aimable lecture vous en dispensent : vous avez *Colomba*. Lisez, et avec la fatigue de moins, avec les coups de fusil en idée, vous êtes revenu.

Le début est tout gracieux et légèrement ironique, une causerie spirituelle, assaisonnée de plaisant. On n'approche du sujet que par degrés, à travers un prélude ménagé ; on s'y apprivoise. Avec Colomba, le génie corse en personne apparaît et ne quitte plus. Au moment où cette belle jeune femme au regard sombre emmène avec elle son frère à cheval, fusil sur l'épaule, et sourit d'une joie maligne, on est comme miss Nevil, et un frisson vous prend : il semble qu'Orso soit ressaisi par la voix fanatique du sang, et qu'il entre sous l'influence barbare. On sent qu'à moins de quelque intervention qui rompe le charme, le voilà enlacé, tôt ou tard perdu ; il a le pied dans le cercle de l'enchanteur. Il eût été plus logique, plus hardi peut-être, de l'engager encore davantage, de le faire céder plus directement qu'il ne fait. Nul doute qu'un narrateur vraiment primitif ne l'eût pris de la sorte et ne fût allé au bout ; mais, pour nous, lecteurs modernes, qui, après tout, ne sommes pas Corses, qui nous intéressons à Orso et qui tenons fort à ce qu'il ne finisse ni par le mâquis ni par les galères, nous sommes heureux de la dextérité du romancier qui nous l'a montré cédant tout autant qu'il faut et s'en tirant toutefois, ne commençant pas le premier, mais, du moment qu'il s'en mêle, faisant *coup double*. L'action du roman, l'honneur d'Orso, et l'agrément du lecteur qui pense en ceci comme miss Nevil, sont parfaitement conciliés.

Cette miss Nevil, avec sa grâce de jeune fille pourtant audacieuse, adoucit à point la couleur sans l'amollir ; un air de décence et de pureté virginale circule. C'est un beau moment que celui de l'aveu, quand elle soigne Orso blessé dans le mâquis, et lorsqu'au retour, à la simple question de son père, « Vous êtes donc engagée avec Della Rebbia? » elle répond par un *oui* simple en rougissant. « Puis elle leva les yeux, et, n'apercevant sur la physionomie de son père aucun signe de courroux, elle se jeta dans ses bras et l'embrassa comme les demoiselles bien élevées font en pareille occasion. » Toujours un peu d'ironie, on le voit, mais qui ne fait que mieux valoir les sentiments choisis et naturels.

Le dernier chapitre, dans lequel Colomba rencontre à Pise le vieux Barricini mourant, et lui verse à l'oreille un dernier mot de vengeance, a paru à quelques-uns exagéré et tomber dans le roman. Mais il fallait finir; le but était atteint, la Corse était peinte; l'auteur n'a pas craint de se trahir dans le dernier trait et de laisser voir le jeu. C'est comme au théâtre dans la scène finale; tous les acteurs font la ronde, et le poëte ne se cache plus.

M. Mérimée, même en préparant son histoire de Jules César, ne saurait demeurer sourd à ce cri universel du public : « Donnez-nous encore des *Colomba*. » Il voyage dans ce moment en Grèce, et visite ce pays des souvenirs redevenu nouveau. Je ne sais trop ce qu'il en rapportera, mais j'ai confiance. En attendant, il me semble à la réflexion que, dans ce fond de l'antiquité immortelle, rien ne représente mieux Colomba qu'Électre; oui, l'Électre de Sophocle pleurant tout le jour son père et attendant Oreste. Oreste, il est vrai, a moins de peine à se décider qu'Orso, et arrive tout enflammé, ne respirant que meurtre. Le chœur aussi, cet excellent chœur débonnaire, est plutôt disposé à apaiser Électre, et il ne joue pas le rôle de provocateur, il ne donne pas le *rimbecco* à la manière corse. Voilà des différences (1). Pourtant, dans la pièce grecque également, tout parle de vengeance, d'immolation : l'oracle d'Apollon, consulté par Oreste, l'a ordonnée. Némésis ou *vendetta*, qu'importent les noms? c'est la même inspi-

---

(1) Dans *les Coéphores* d'Eschyle, qui sont le même sujet, le chœur se montre plus excitant.

ration fatale et comme la même muse. Électre, sous le vestibule du palais de Mycènes, erre depuis des années, criant et hurlant sa douleur ; c'est une *voceratrice* sublime d'attente et d'attitude. Elle se compare dans sa plainte au rossignol qui a perdu ses petits ; elle s'écrie à qui la veut consoler : « Insensé qui peut oublier ses parents morts de la *mal mort !* Ce qui convient à mon cœur, c'est l'oiseau gémissant qui pleure Itys, toujours Itys. Hélas ! hélas ! ô Niobé, qui as tant souffert, tu es pour moi comme un dieu, ô toi qui, dans ton sépulcre de pierre, toujours pleures ! » Eh bien ! qu'est-ce là autre chose que l'inspiration constante et même les images familières de l'orpheline Colomba, plus calme d'ailleurs dans sa triste sérénité ? Écoutons-la : « — Un jour, un jour de printemps, — une palombe se posa sur un arbre voisin, — et entendit le chant de la jeune fille : —Jeune fille, dit-elle, tu ne pleures pas seule : — un cruel épervier m'a ravi ma compagne... » Qu'on relise le reste de la *ballata ;* on a précisément l'histoire du rossignol d'Électre. Et cet autre refrain, qu'à l'oreille d'Orso tous les échos murmurent, ne le cède à rien en opiniâtre et fixe clameur : « — A mon fils, mon fils en lointain pays, — gardez ma croix et ma chemise sanglante... — Il me faut la main qui a tiré, — l'œil qui a visé, — le cœur qui a pensé... » La scène avec les Barricini autour de la bière du pauvre Pietri ne ferait pas un indigne pendant, pour le tragique, à ce qui se passe là-bas au pied du tombeau d'Agamemnon.

On se rappelle la joie fière, le rayonnement orgueilleux de Colomba emmenant et comme reconquérant son frère ; on le comparerait au délire, aux transports éperdus d'Électre reconnaissant le sien : « O chère lumière !... ô voix, est-ce bien toi qui arrives à mon oreille ?... » Mais, encore une fois, Oreste ne résiste pas, il n'y a pas lutte ; le sérieux antique va jusqu'au bout ; au lieu des nuances on a le sublime et le sacré. Cela ne finit pas, pour tout dire, par un *coup double* et par un mariage.

Une réflexion consolante ressort toutefois : c'est donc

ainsi que le talent vrai peut encore, par des retours imprévus, atteindre à quelques accents des Anciens. Au moment où, par le sujet et par la manière, il a l'air de se ressouvenir le moins des modèles enseignés, tout d'un coup il les rejoint et les touche au vif sur un point, parce qu'ainsi qu'eux il a visé droit à la nature. Toutes les Électre de théâtre, les Oreste à la suite, les Clytemnestre de seconde et de troisième main (et combien n'y en a-t-il pas!) sont à mes yeux plus loin mille et mille fois de l'Électre première que cette fille des montagnes, cette petite *sauvagesse* qui ne sait que son *Pater*. *Colomba* est plus classique au vrai sens du mot : voilà ma conclusion.

1er octobre 1841.

HISTOIRE DE LA ROYAUTÉ

CONSIDÉRÉE

DANS SES ORIGINES JUSQU'AU XIe SIÈCLE

PAR M. LE COMTE A. DE SAINT-PRIEST.

1842.

J'ai tant de respect pour l'histoire, que je ne l'aborde jamais qu'avec crainte et à mon corps défendant. Elle est chose grave, sacrée (1), et pourtant il entre à vue d'œil toutes sortes de hasards dans sa constitution, bien du factice et du convenu dans sa vérité définitive. A examiner attentivement les faits contemporains, à suivre quelques-uns de leurs courants si ondoyants et si divers, il semble qu'il sera impossible de les fixer avec étendue et variété. Puis vient un moment où, en s'éloignant des objets, on sent le besoin de se décider dans le point de vue et d'en finir. Plus ou moins de vérité dans le détail n'y fait plus guère rien : l'historien, d'autorité, intervient et redresse les témoins. L'essentiel est que la chose générale subsiste et reste établie dans une teneur quelconque qui ne soit pas trop contraire à la réelle, mais qui surtout aboutisse et se rapporte aux chemins nouveaux. Ces chemins, il est vrai,

---

(1) « Quanta potestas, quanta dignitas, quanta majestas, quantum denique *numen* sit historiæ..., » a dit magnifiquement Pline (lettre 27, liv. IX).

tournent et changent en avançant; chaque siècle se voit tenté de refaire à son usage l'histoire du passé. Les témoins n'y sont plus, on a le champ plus libre. Les textes sont innombrables et contradictoires, ou très-rares et très-limités : on les remet en question, on les trie, on les tire. De là mille schismes qui incessamment recommencent. Ce qui est bien certain, c'est qu'il faut aux peuples une histoire, comme il leur faut une religion.

J'ai souvent aimé à me figurer, moyennant quelques images qui parlent aux yeux, ces degrés successifs d'approximation, en quelque sorte décroissante, par où passe presque inévitablement l'histoire, toujours refaite à l'usage et dans l'intérêt des vivants. La réalité des choses, à chaque moment, me fait l'effet d'une grande mer plus ou moins agitée; les événements qui surgissent et aboutissent sont les vagues dont se compose la surface mobile; mais, sous ces vagues apparentes, combien d'autres mouvements plus profonds, plus essentiels, bien qu'avortés et sourds, de qui les derniers dépendent, et que pourtant il n'est donné à nul œil de sonder! Aussi le philosophe, on le conçoit, n'attache pas une très-grande importance, une importance absolue, à la forme extérieure de l'histoire qu'il voit éclore en son temps et *prendre* sous ses yeux : ce n'est pour lui qu'une écorce et qu'une croûte qui pouvait lever de bien des façons.

Cependant, une fois la surface levée d'une certaine façon, une fois les événements accomplis, il n'y a pas moyen de revenir. Historiquement parlant, il n'y a plus qu'une forme à étudier, celle qui s'est produite et qui apparaît. Si l'histoire prétendait reproduire exactement la réalité même, elle devrait viser à être le miroir de cet océan mobile, de cette surface perpétuellement renouvelée, ce qui devient impossible. L'histoire n'est pas un miroir complet ni un fac-simile des faits; c'est un art. L'histoire, quand on parvient à la construire, est comme un pont de bateaux qu'on substitue et qu'on superpose à cet océan, dans lequel, si on voulait s'y tenir, on se noierait sans arriver.

Moyennant le pont, on élude ces flots sans fin ; on les traverse sur bien des points ; on va de Douvres à Calais. Il suffit pour la vérité historique relative que le pont soit, autant que possible, dans quelqu'une des directions principales, et porte sur quelqu'un des grands courants.

Mais le pont de bateaux ne se fait pas toujours ; les matériaux manquent ou se perdent ; il ne se trouve plus que des jalons, et de place en place, après l'orage, des massifs de pièces interrompues et pendantes. Qu'on veuille réfléchir à l'immensité du champ historique ; à part deux ou trois époques d'exception, presque tout est ainsi. Comment suppléer et achever ? Le moment vient assez vite où l'on n'a plus à espérer de découvertes, et où l'on n'a plus décidément affaire qu'à un certain nombre de textes, de fragments déterminés. C'est avec cela qu'il faut refaire la ligne, ou la déclarer incomplète. Ici commence le triomphe et l'interminable dispute des érudits.

J'aime avant tout la méthode d'un esprit ferme, positif, inexorable, qui me dénombre et me déduit les faits, les points précis, et me dit : *Rien au delà*. Je sais à quoi m'en tenir, et si ma conjecture va son train, je sais qu'elle est conjecture.

J'aime aussi (sauf retour) la méthode d'un esprit ingénieux, hardi, habile, plein de mouvement, qui ose deviner, reconstruire, et qui m'associe à ses courageuses et doctes aventures.

M. le comte de Saint-Priest vient d'entrer de la sorte avec nouveauté dans une carrière qui, depuis quelques années, avait été parcourue et illustrée en divers sens. Le fort de son livre, qui embrasse une très-vaste étendue historique, porte principalement sur l'origine de la royauté moderne et tend à débrouiller encore une fois les époques mérovingienne et carlovingienne. Arrivé le dernier, il a trouvé moyen d'y jeter toutes sortes de vues nouvelles, inattendues. Ces époques, en elles-mêmes si ingrates et si obscures, sont devenues désormais comme un champ-clos brillant où non-seulement les érudits, mais des écrivains éloquents, arborent leurs couleurs et brisent des lances. Il est vrai que, si l'on n'y prend pas garde, la multiplicité des lumières va y refaire jusqu'à un certain point l'effet de l'obscurité primitive. A force d'explications et d'éclairs contradictoires qu'on fera jaillir des mêmes textes, il semblera évident que nulle explication n'est la décisive.

Un premier tournoi eut lieu sur ce même terrain et occupa tout le dix-huitième siècle. Il s'ouvre par les écrits du comte de Boulainvilliers et va jusqu'à ceux de l'historiographe Moreau. M. Augustin Thierry en a tracé un savant et lucide exposé dans les belles *Considérations* qui précèdent ses *Récits mérovingiens*. Chaque élément est tour à tour en jeu et court sur le tapis, selon le préjugé dominant de l'auteur qui le fait valoir, l'élément aristocratique et frank avec Boulainvilliers, l'élément municipal et gallo-romain avec Dubos, le démocratique avec Mably, le monarchique avec Moreau. Quand le tour des rôles fut épuisé, quand tous les *numéros* historiques furent sortis, il y eut clôture. Puis de nos jours, sous une autre forme, la discussion a été reprise, et l'on peut dire que le tournoi a recommencé. Et d'abord il a semblé que ce n'était plus un tournoi. Les documents se présentaient plus nombreux, plus complets, et éclairés par un sens historique tout neuf, par une comparaison très-attentive. Il n'y avait plus d'ailleurs de préjugé dominant (les contemporains n'ont jamais de préjugés); enfin on se serait cru d'accord. Pourtant dans ces importants travaux de M. Guizot, de M. Augustin Thierry et de son frère Amédée, de M. de Chateaubriand en ses *Études historiques*, de M. de Sismondi, de M. Fauriel, on trouverait lieu de noter au moins des nuances de systèmes et des traces de direction assez différentes. L'élément, l'intérêt démocratique, celui des communes, ou de ce qui devait un jour s'appeler de ce nom, dominait en général; la monarchie et l'Église avaient un peu le dessous. Mais voilà que M. de Saint-Priest, dans ses loisirs du Nord, s'est aperçu de la lacune et a conçu le dessein de la combler. Il s'est ressouvenu vivement de l'idée monarchique et a estimé qu'elle n'avait pas obtenu sa part historique, suffisante, son juste rôle, dans les récents travaux des plus illustres maîtres sur nos vieilles races. Nourri de vastes lectures, armé d'une érudition remuante, d'une hardiesse de construction très-prompte, il a fait brèche à son tour dans quelques-unes des lignes qui avaient semblé le mieux retranchées. S'il n'a pas raison, je le crois bien, dans toutes ses revendications, il y a lieu du moins qu'on lui réponde : on a désormais à compter et probablement à transiger sur plus d'un point avec lui.

Je dis que l'ouvrage de M. de Saint-Priest aboutit principalement et vise sans doute à ces questions de nos origines nationales. Quoique l'auteur ait pris son sujet de beaucoup plus haut, et que, loin de *circonscrire sa carrière*, comme il semble le croire, il l'ait considérablement élargie, le plus incisif de sa docte manœuvre, le plus vif de la bataille très-complexe et très-brillante qu'il engage, se livre encore dans le champ de nos vieilles Gaules. On pourrait s'y méprendre à ne voir que le début. Son récit entame et suit l'histoire de l'idée d'empire, de royauté et de dynastie, à partir d'Auguste ; ses *Prolégomènes* remontent beaucoup plus haut, et nous transportent du premier pas aux plateaux les plus reculés de la mystérieuse Asie. Lui si Français d'esprit, il a excédé par ce bout peut-être notre mesure française, laquelle est restée très-discrète et très-rebelle, nonobstant le régime oriental et symbolique qu'on a essayé de nous inculquer. On a beau faire, nous n'aimons en France à sortir de l'horizon hellénique et de ses lignes distinctes qu'à bon escient. M. Letronne demeure encore en ces matières notre admirable érudit et notre critique défensif par excellence. Je me figure (car j'ai besoin d'une explication) que, pendant ces années de laborieuse absence où l'auteur préparait son important travail, il nous aura crus plus atteints que nous ne l'étions en effet de cette fièvre du symbolisme historique. Les premières pages ne sont autre chose qu'un sacrifice qu'en homme d'esprit il a cru devoir faire, un peu malgré lui, au goût du temps. Eh bien !

ce goût n'avait pas de racines profondes et ne méritait pas qu'on en tînt compte :

> Je n'ai fait que passer, il n'était déjà plus !

Ajoutez que, dans des considérations générales prises de si haut, l'auteur est nécessairement forcé de courir, et que c'est là, pour le lecteur, une préparation plutôt pénible aux discussions intéressantes, mais sérieuses, qui vont le réclamer tout entier.

L'ensemble de l'ouvrage est conçu et construit dans une pensée d'art ; il se compose de dix livres dont chacun embrasse un objet déterminé, et roule autour d'un sujet habilement choisi, contrasté, balancé, dans lequel l'auteur tente et rencontre souvent des nouveautés très-piquantes et bien des insinuations lumineuses. Comme le sujet général, qui est l'idée de royauté, ne prête pas à un récit continu, il devient quelquefois un prétexte ; l'auteur en profite pour se porter aux plus hautes questions historiques qui se lèvent à droite ou à gauche autour de lui : il met le siége devant tous les grands clochers. Le choix de quelques-uns des sujets secondaires qu'il traverse, et qu'il enserre dans le principal, pouvant sembler arbitraire, c'est avoir fait preuve déjà de beaucoup d'esprit que d'avoir su les grouper de la sorte et les établir. Depuis Auguste jusqu'à Hugues Capet ou à Grégoire VII, le champ était vaste ; la ligne qui les joint est sinueuse et prolongée. Elle traverse et côtoie le domaine de bien des érudits et des historiens ; elle passe dans la jachère de l'un, par la ferme de l'autre, sous le château-fort de celui-ci, et heurte le mur mitoyen de celui-là. Autrefois on traversait difficilement tant de pays avec si forte marchandise, sans payer rançon ; aujourd'hui il y a encore les douanes. Je voudrais bien entendre chaque érudit discuter à fond, ou mieux tirer de son poste à bout portant sur chacun des points du livre qui tombent sous sa portée. Le spirituel auteur les a quelque peu bravés, ce me semble, en passant si hardiment sous leur canon ; il a l'air, et non sans malice, de vouloir

leur faire beau jeu et les attirer en plaine par de certaines
témérités qu'il sait combiner avec une étude approfondie.
Il pousse plus d'un bout de texte en un nouveau sens auquel on n'avait pas songé, et il lui fait rendre de subtiles
nuances; il a des impatiences et des éclairs d'interprétations qu'après tout, en ces matières humaines si complexes,
un esprit supérieur a peine à s'interdire, et que le talent se
plaît à exprimer. Le talent (ne trouvez-vous pas?) a très-
vite quelque chose d'agressif, d'attentatoire, en apparence,
à la stricte méthode érudite. La contradiction même que
pourraient opposer, dans le cas présent, ceux que j'appelle
les savants spéciaux, introduirait, j'en suis sûr, des résultats et des idées qui ne seraient pas venues sans l'ingénieuse provocation. Quoi qu'il en soit, et pour ne parler ici
que des autorités éminentes, on aimerait à savoir ce que
pense, par exemple, l'historien de *la Civilisation* sur les
chapitres parallèles qui traitent de la transformation de la
société romaine, ce que l'historien du *Paganisme en Occident* trouve à redire peut-être dans le tableau reproduit de
ces mêmes luttes des deux mondes païen et chrétien, ce
qu'oppose sans doute l'auteur des *Récits mérovingiens* à
cette inégalité de rôle un peu brusque entre Frédégonde et
Brunehaut, et comment enfin l'historien dès longtemps désigné de *Grégoire VII* apprécie la peinture de Rome féodale
à la veille de ce pontife (1). Invoquer de tels noms, comme
presque les seuls compétents, pour trancher ou fixer de
près des questions si compliquées et si ardues, c'est assez
déclarer ma propre insuffisance à moi-même, et aussi
mon peu de prétention. Chacun des dix livres de M. de
Saint-Priest mériterait les frais d'un siége à part, d'un
siége en règle, dirigé par un homme du métier ; même là
où il y aurait capitulation, elle ne serait pas sans honneur,
et l'on en sortirait avec bien des idées de plus. Mais je
dois me borner ici à rendre une impression, non un ju-

---

(1) On aura successivement reconnu M. Guizot, M. Arthur Beugnot,
M. Augustin Thierry et M. Villemain.

gement; à faire comprendre l'ordonnance et le mouvement du livre, peut-être aussi l'esprit qui l'a inspiré. Et, par exemple, il importe de bien dégager l'idée principale, l'idée monarchique, de la séparer des nombreux accessoires où elle se mêle et qui peuvent parfois la faire perdre de vue. Cette idée est en quelque sorte le personnage intéressant et vivant, *l'héroïne* de l'ouvrage; suivons-en l'histoire, selon M. de Saint-Priest, en ne touchant que légèrement aux épisodes dont elle se trouve, chemin faisant, enveloppée.

L'idée de royauté est originaire de l'Asie; elle y a son berceau et ses racines avec le genre humain; elle y a crû, dès l'origine, comme en pleine terre, et n'a cessé, aux diverses époques, de s'y reproduire dans son luxe de végétation et de puissance. A Rome l'idée de royauté, une fois bannie, demeura absente, étrangère, haïe et repoussée bien plutôt que méprisée : l'auteur tient à établir ce dernier point. Au temps de l'empire, il fallut aux empereurs toutes sortes d'efforts et de dissimulations pour implanter, à l'encontre du sénat, quelque chose de l'idée et de l'habitude dynastique. Les prétoriens étaient, en leurs mains, l'instrument de cet intérêt domestique et de ces essais d'hérédité. L'auteur cherche ainsi à introduire une sorte de pensée fixe et de loi dans ces perpétuelles et confuses révoltes du prétoire.

Mais ce ne fut qu'en se rapprochant de l'Asie, en allant chercher dans l'Orient des exemples et des épouses, que les empereurs parvinrent à transporter ou à greffer quelque chose de la religion dynastique sur ce vieux tronc du patriciat romain. L'auteur nous signale ainsi l'influence singulière de quatre femmes syriennes, des *quatre Julies*, comme il les appelle, autour des règnes de Septime, de Caracalla, d'Héliogabale et d'Alexandre Sévère. Ce chapitre est un des plus piquants de l'ouvrage et des plus spécieux dans sa nouveauté.

Le christianisme, qui devenait une puissance dans l'État, favorisait plutôt l'idée dynastique; entre le sénat et César, dès qu'il y avait lutte, il n'hésitait pas. Le sénat, c'était l'ancien ordre païen au complet, politique à la fois et religieux, la religion d'État par excellence, un Capitole ennemi et inexpugnable. César, après tout, n'était qu'un homme et pouvait se gagner.

Mais est-il rigoureusement exact de dire « que les progrès ou les défaites de l'hérédité souveraine, essayée par les empereurs romains, étaient devenus la véritable mesure de la destinée des chrétiens; que, sitôt que le sénat et l'empire non héréditaire emportaient la balance, le christianisme était persécuté; que, sitôt que l'idée orientale ou royale recommençait à prévaloir, les persécutions s'arrêtaient; que le caractère personnel des princes n'avait aucune part à ces oscillations? » Voilà des assertions bien absolues; ce serait la première fois qu'une idée aurait triomphé, durant une longue période, du caractère personnel des gens. Je ne vois point, par exemple, pourquoi, indépendamment de toute idée d'hérédité ou de non-hérédité, la nature grossière, cruelle et superstitieuse de Galère, n'aurait pas arraché l'édit de persécution au caractère affaibli et vieilli de Dioclétien; il ne m'est pas très-prouvé non plus que celui-ci ait eu des engagements secrets avec les chrétiens, et qu'il ait dû paraître ensuite à leur égard non-seulement un ennemi, mais un *traître*.

Je reviens. L'idée de royauté cheminait donc et grandissait à travers le déclin de l'empire; le christianisme la favorisait indirectement. A Rome pourtant, qui était devenue veuve des Césars, la papauté insensiblement héritait de la souveraineté de la Ville éternelle, et attendait avec patience, recueillant, redoublant ses forces et ses mystères, jusqu'à ce que vînt le jour d'apposer le sceau et l'onction à une royauté nouvelle.

Le chapitre du livre III, dans lequel l'auteur expose la transformation de l'ancien patriciat en haut clergé romain, a semblé à de bons juges un des plus heureux et des plus satisfaisants de l'ouvrage. Nulle part, je le crois, on n'avait expliqué d'une manière aussi vivante et aussi suivie, dans un relief aussi palpable, le fait du passage même, le secret d'une métamorphose qui, plus sensible dans ce grand cadre, n'y fut point pourtant circonscrite et dut se répéter en diminutif sur plus d'un point de l'empire.

> Des prêtres fortunés foulent d'un pied tranquille
> Les tombeaux des Catons et la cendre d'Émile,

a dit Voltaire. Mais si le prêtre a foulé tout d'abord ces grands parvis d'un pied tranquille, et, il faut ajouter, d'un pas majestueux, si encore aujourd'hui, à voir sa démarche haute dans *Ara cœli*, il a l'air du maître héréditaire et du patricien de céans (*gentemque togatam*), c'est qu'il a été en effet, à l'origine, le légitime descendant, le petit-neveu, en tant qu'il en restait, de ces Catons et de ces Émiles. Ce fond continu de la vieille Rome au sein de la nouvelle s'est empreint jusque dans les formes et dans l'attitude : la pensée du Vatican en a gardé aussi des allures. M. de Saint-Priest, dans les divers chapitres qu'il a consacrés à cette Rome papale, l'a comprise en esprit politique des plus déliés et avec une affinité, si j'ose dire, plus qu'historique.

Cependant l'idée de royauté, dont nous suivons l'histoire, faisait le grand tour; elle arrivait de l'Asie par le Nord; elle suivait assez obscurément, durant des siècles, la grande voie des migrations germaniques, et venait planter son drapeau dans les Gaules avec les Franks, avec Clovis.

Elle semblait pénétrer encore plus avant, plus au cœur de l'empire, avec les Goths et Théodoric; mais les Goths, comme leur illustre chef, admirateurs, imitateurs du génie romain et de cette grandeur déchue, s'y fondirent et y absorbèrent leur originalité; le Sicambre résista mieux. L'auteur nous a peint en traits énergiques et éloquents ce contraste du caractère des deux races, particulièrement cette attitude négligente et hautaine des Franks, même quand ils s'affublaient des oripeaux de Rome. Si Clovis se laissa faire consul, ce fut le jeu et la cérémonie d'une matinée.

Clovis a été découronné dans ces derniers temps de l'espèce d'auréole et, pour tout dire, de perruque à la Louis XIV, dont avaient cru devoir le décorer les derniers historiens ou compilateurs de nos annales. On l'a, et avec autant de talent que de raison, restitué barbare, et très-barbare malgré son génie. Par une sorte de jeu de bascule qui peut impatienter les historiens, mais qui fera sourire les moralistes, voici pourtant qu'un mouvement contraire le vient reprendre et comme replacer sous l'auréole. M. de Saint-Priest croit qu'on l'a fait trop barbare, trop sauvage, voire même *Osage*, un pur chef de clan, qu'on l'a trop destitué des traditions monarchiques qu'il puisait, lui aussi, de haute source dans la mythologie d'une race sacrée. Les Mérovingiens chez les Franks, comme les Amales chez les Goths, comme les autres races royales des barbares, étaient des Ases, c'est-à-dire des fils des dieux. Il y avait là un premier *droit divin* qui n'est pas sans doute tout à fait celui qu'on professait sous Louis XIV, qui n'a pas été transmis à la monarchie de saint Louis sans interruption, que la féodalité a coupé à plus d'un endroit, et qui a dû se retremper, dans l'intervalle, à l'onction romaine; mais enfin c'était un *droit divin* très-profond, très-vénéré, qui impliquait l'hérédité, sinon par ordre de primogéniture, du moins par égal partage entre tous les fils; qui constituait la qualité de prince du *sang* comme quelque chose de très à part et d'inamissible; qui excluait toute aristocratie dominante et proportionnait le rang des chefs au degré dans lequel ils approchaient le roi. Les assemblées des Franks avant la conquête n'avaient aucun caractère aristocratique, et ce ne fut que par une usurpation réelle qu'elles en vinrent depuis à plus d'importance. Posée en ces termes, la question, au premier abord, n'a rien que de plausible et redevient au moins douteuse; c'est affaire de textes. M. de Saint-Priest les aborde et en serre de près quelques-uns. Il conteste que le roi mérovingien fût soumis à la loi de *composition* qui gouvernait autour de lui, et qu'il ait jamais été cité devant le *mâl* ou assemblée nationale; il revient (1) sur un article de la loi salique duquel on se serait à tort prévalu. Sans entrer dans le fond du débat, et en laissant aux maîtres le soin, s'il y a lieu, de relever le gant, il faut reconnaître que toute cette forme de discussion est de bonne guerre, de bonne et légitime méthode.

L'auteur va plus loin : il fait descendre sur cette race mérovingienne et sur son droit inné une sorte de mysticisme demi-asiatique, demi-scandinave, et il en personnifie le résultat idéal dans la figure de Brunehaut. Pour lui, cette belle reine venue d'Espagne est un *type* qui représente, dans sa dernière expression, l'ascendant et l'idée de la royauté barbare sur cette troupe encore nommée les fidèles, mais qui sera bientôt la féodalité armée. Le premier grand échec que reçoit la légitimité mérovingienne date de la condamnation juridique de Brunehaut. Cette noble femme, une fois associée aux destinées des petits-fils de Clovis, aurait tenté, dans toute sa carrière, de restaurer la puissance déjà déclinante de la vieille race, de combattre à mort l'opposition conjurée des leudes et des évêques, et de déjouer, au nom d'une haute et souveraine idée, les essais de féodalité ou d'aristocratie naissante, ou même d'organisation synodale. Vers ce temps, en effet, l'Espagne et la Lombardie étaient d'un mauvais exemple pour les Franks, la Lombardie avec ses trente-cinq ducs et ses formes précoces de féodalité, l'Espagne avec ses conciles de Tolède et sa royauté soumise aux évêques. Ces circonstances collatérales, et le jeu qu'elles pouvaient avoir par contre-coup, sont très-ingénieusement présentés par M. de Saint-Priest. Brunehaut, pour triompher des difficultés intérieures et se donner un point d'appui au dehors, tend la main au pape saint Grégoire, qui reprenait, de son côté, l'œuvre d'agrandissement du Saint-Siége. Elle aide la mission que ce pape

---

(1) *Prolégomènes*, page LXXIII, tome I.

envoie en Grande-Bretagne, et obtient de Rome des conditions qui, favorables aux priviléges des monastères, tendent à restreindre le pouvoir des évêques diocésains. Mais saint Colomban, arrivé tout exprès d'Irlande en France, y saisit en main l'influence religieuse, contrarie les directions romaines et se pose en ennemi mortel de Brunehaut. Ces trois personnages, saint Grégoire, saint Colomban et Brunehaut, se balancent à merveille. Celle-ci, dans la réhabilitation idéale qu'on en trace, aurait du moins eu la gloire d'avoir entrevu à l'avance quelque vague rayon de la politique de Charlemagne. Aussi la comparaison qu'on fait d'elle à Frédégonde, sa rivale accoutumée, semble-t-elle à notre auteur une injure. Le personnage sanglant de Frédégonde n'est qu'un détail, un accident de la barbarie; Brunehaut *tient à l'histoire de l'esprit humain.* Quand elle meurt de l'affreux supplice, quand elle disparaît attachée aux crins d'un coursier sauvage, c'est la royauté elle-même, c'est la royauté asiatico-germanique à l'agonie, que le coursier féodal emporte. — Et le talent aussi, l'imagination dans le style, n'est-ce donc pas une espèce de coursier de Mazeppa? Il y a des moments où il entraîne.

Toute cette histoire des Mérovingiens, sillonnée de tels points de vue, gagne singulièrement, sinon en rigueur, du moins en intérêt; le temps n'est plus où une femme d'esprit, quand elle commençait à lire l'histoire de France, disait : *Moi, je saute toujours la première race.* C'est au contraire la première race qu'il faut lire et relire aujourd'hui pour s'intéresser, pour jouir des scènes neuves, de personnages imprévus, et de tout l'esprit, de tout l'art qu'on y emploie. M. de Saint-Priest est parvenu à rendre beaucoup de physionomie et de lustre à ce personnage de Dagobert, pris d'un certain côté. Ce prince, le dernier vraiment grand de sa race, marcha sur les errements de Brunehaut. Pénétré des vieilles maximes de la royauté germanique, conseillé de saint Éloi et de Dadon, très-ferme personnellement de caractère, il combattit et contint la ligue aristocratique et épiscopale. Les monastères de l'école de Colomban étant, par un revirement assez naturel, devenus hostiles à l'intérêt des évêques, il les favorisa contre ceux-ci, rallia les populations, et rendit à l'ensemble de la souveraineté franke un reste de consistance et même de splendeur qui ne tint pas après lui. Il mourut à trente-trois ans, formant l'anneau, et un anneau très-entier, entre Clovis et Charlemagne.

On sait ce que la tradition a fait de lui. J'ai souvent pensé qu'il y aurait un chapitre à écrire : *De ceux qui ont une mauvaise réputation et qui ne la méritent pas*. Montaigne a oublié de le faire. Que de noms en appel contre le hasard y trouveraient place! Il faudrait commencer par Augias, au nom duquel cette locution d'*étables d'Augias* a rattaché une idée odieuse et presque infecte, et qui était le plus riche et le plus royal patriarche des pasteurs, tel que nous l'a représenté l'antique idylle. On n'y oublierait pas surtout Dagobert, *le bon Dagobert*, qui a laissé une réputation débonnaire et assez ridicule, et qui fut peut-être un grand roi, énergique, le *quasi*-Charlemagne de sa race, mort à la fleur de l'âge et dans la vigueur de ses hauts projets (1).

(1) La tradition populaire tend à imprimer un certain caractère de débonnaireté et de bonhomie à ce qu'elle touche de longue main familièrement, même quand ce quelque chose a été d'abord héroïque et redoutable. Charlemagne n'y a pas plus échappé que Dagobert, et il joue souvent dans les romans de chevalerie une espèce de rôle de bonhomme entre ses douze pairs et son archevêque Turpin, qui est son saint Éloi. Attila aussi, dans les poëmes germaniques, n'est-il pas devenu le bon Etel? Il peut nous être déjà très-sensible combien ce genre d'adoucissement pénètre de toutes parts dans la tradition populaire grossissante autour du héros d'hier, qui n'était pas tendre précisément. J'ai sous les yeux deux chansons des rues, en tête desquelles Napoléon sur sa colonne est mis en regard (j'en demande bien pardon) de la plus adorable et de la plus ineffable image de la mansuétude divine et humaine, et, dans le parallèle que déduit au long la complainte bien plutôt niaise que sacrilége, il est dit sérieusement :

>   Napoléon aimait la guerre,
>   Et son peuple comme Jésus!

Je voudrais bien pouvoir n'en conclure qu'une chose, c'est que, même

M. de Saint-Priest fait de saint Éloi, de ce fidèle Achate du héros mérovingien, un portrait très-aimable, très-parlant; il lui retrouve quelque chose de la physionomie d'un Fénelon primitif. En général l'auteur affectionne les rapprochements avec le temps présent; ces sortes de comparaisons greffent plus au vif sur le moderne et mordent mieux, pour ainsi dire. La critique pourra trouver qu'il les prodigue; ce n'est pas trop au lecteur de s'en plaindre, car cette manière de mettre un nom de notre connaissance au bout de la pensée éclaire et détermine singulièrement, même quand cela est poussé un peu loin. L'auteur fait ainsi beau jeu aux contradicteurs, en leur offrant son point de vue sous l'aspect le plus propre à être un point de mire.

Cependant, tout aussitôt après Dagobert, la décadence de sa race, un moment retardée, reprend son cours et se déclare par mille symptômes. Le règne des maires du palais, ou de ceux qu'on a qualifiés de ce nom, commence. L'un d'eux, Hébroïn, essaye encore de maintenir en honneur l'idée de vieille race et de défendre le plein pouvoir sacré de ses rois; mais, après une lutte vigoureuse et des fortunes très-diverses, il succombe; un de ces leudes dont il combattait l'avénement lui fend la tête d'un coup de hache. « On peut peser à loisir, écrit l'historien de *la Royauté*, les crimes, le génie, les vertus et les vices de cet homme extraordinaire : bornons-nous à dire que la hache de son assassin brisa toute la race des Mérovéades. Voilà la gloire de ce Richelieu prématuré. » Un tel nom sur le front d'Hébroïn, à travers de telles ténèbres, pourra paraître bien hardiment imposé; il va du moins le fixer plus nettement dans notre mémoire, et désormais, qu'on y consente ou non, Hébroïn à coup sûr y gagnera.

La famille des Carlovingiens apparaît. M. de Saint-Priest se déclare avec beaucoup d'insistance contre l'origine prétendue germanique de cette nouvelle dynastie, et contre

---

à tort et à travers, l'humanité ne conçoit rien de grand à la longue sans une certaine bonté.

l'espèce de caractère d'invasion franke qu'on a donné à son usurpation sur la première race abâtardie. Il tient à montrer les Carlovingiens aquitains d'origine plutôt qu'austrasiens. Il conteste d'ailleurs à ces dénominations d'Austrasie et de Neustrie une acception bien précise et surtout rivale. La Neustrie n'était pas plus romaine que l'Austrasie, ni l'Austrasie plus germanique que la Neustrie. L'Austrasie aurait plutôt gardé un caractère romain prédominant dû à ces premières fondations de Cologne, de Mayence, de Trèves et de Metz. Les ancêtres de Pepin avaient été évêques de ces dernières villes. La famille carlovingienne se trouverait donc aquitaine d'extraction, et de plus sacerdotale, par conséquent toute romaine. C'est ainsi que plus tard l'auteur contestera encore, et cette fois très-aisément, à la nationalité franke d'avoir joué aucun rôle dans l'élection de Hugues Capet, par opposition à la nationalité teutonique, Hugues Capet étant plutôt en effet d'origine saxonne et germanique. Enfin, et pour ramasser ici les principales contradictions que notre auteur élève contre les autorités célèbres, il ne pense pas qu'on puisse rien conclure de positif des noms plus ou moins romains ou franks par rapport à la race directe des personnages, puisqu'on voit des Gaulois mariés à des Germaines avoir des enfants nommés d'un nom gallo-romain ou germain, à peu près au hasard et très-arbitrairement. Sur tous ces points, on l'a sans peine reconnu, M. de Saint-Priest se présente comme opposant, et s'inscrit en appel contre des portions notables de la doctrine historique de M. Augustin Thierry. Il est des noms si illustres à bon droit et si consacrés, que le premier point d'honneur consiste à ambitionner de se mesurer avec eux. C'est déjà faire éclat dans la carrière et y gagner du lustre, que de donner de la lance contre leur écu. Nous ne croyons pas méconnaître le sentiment avoué du noble survenant, en disant que ce haut hommage ressort de son opposition même.

La légitime gloire du talent qui, le premier en France, nous a rendu le goût et déroulé le tableau de ces grandes époques barbares, qui les a refaites et gravées en traits profonds, sobres et précis, pour notre agrément et à notre usage, cette gloire durable de l'historien épique demeure hors de cause, et ce n'est point par nous ici que la vérité de tel ou tel détail se débattra. Nous achevons de suivre les intéressantes considérations qu'à son tour, et à son point de vue, M. de Saint-Priest nous développe sur les vicissitudes de l'idée de royauté en ces siècles obscurs. Aux coups que lui porte Pepin d'Héristal, l'antique suprématie mérovingienne, avec l'espèce de fédération allemande et frisonne qui en dépendait, se détruit et se brise. Sous les Mérovingiens, quand le Mérovée ou le Dagobert régnant était puissant et respecté, il se formait, comme naturellement, un essai de grand empire dont les liens assez vagues, des Pyrénées au Weser, trouvaient pourtant leur force et leur entretien dans une sorte de fidélité traditionnelle, de religion pour la race, et de vieil honneur barbare. Si les Carlovingiens reconstruisirent cette unité, et avec bien autrement de volonté et de puissance, ils commencèrent aussi par y porter la plus rude atteinte. Il fallut tout leur génie et leurs exploits pour rétablir le prestige anéanti et pour suppléer aux nuages des fabuleuses origines. La foi catholique y aida. Pepin d'Héristal et Charles Martel se rapprochèrent de Rome et du parti romain dans les Gaules. Ils favorisèrent les missions apostoliques de Willebrod et de Winfried (saint Boniface) dans la Germanie, alors seulement devenue chrétienne. Pepin, premier roi de sa race, recueillit le prix de cette politique; élu roi à Soissons, il fonde l'ère des royautés nouvelles.

Autrefois (selon la théorie que j'expose) il n'y avait pas d'élection de la part des leudes, il n'y avait qu'*acclamation*, reconnaissance, adhésion, une pure cérémonie : ici le choix formel se déclare et crée le droit qui ne découle plus du sang. Mais ce droit qui naît, qui se fabrique à vue d'œil, qui tire toute sa force de l'utilité et de la fonction, est faible à d'autres égards : il a besoin de consécration et de complément religieux. La papauté est là tout à propos, qui appose une espèce de sacrement au fait nouveau, et qui le confirme par l'onction, ce qui ne s'était pas vu pour Clovis. Telle est la théorie. Ainsi la papauté confirme la royauté, cette royauté de seconde formation ; mais, pour ce qui est de l'*empire*, elle fait plus : la couronne impériale proprement dite, elle la confère et la décerne. Ce fut donc peut-être une grande faute de Charlemagne que d'avoir prétendu ajouter à sa couronne très-bien posée, héréditaire et dès lors indépendante, ce globe impérial mobile qui allait se prendre à Rome, et qui devint une pomme de discorde entre les mains de ses descendants. La suprématie de Rome au temporel et les luttes qu'elle engendre, la féodalité européenne qui sort de l'immense anarchie, le rôle et la part des ordres religieux directeurs de l'esprit du temps, le système de falsifications historiques auxquelles ils tiennent la main, ces graves et toujours si difficiles problèmes occupent finalement l'auteur, qui est forcé de subir, après Charlemagne, la loi de son sujet, c'est-à-dire la diffusion. Le tableau de Rome féodale arrête le regard par l'intérêt extrême de la peinture. On atteint enfin au onzième siècle, à cette époque où se reforment partout, et assez petitement d'abord, les royautés politiques; celle de Hugues Capet est de ce nombre, et si, à son berceau, elle n'a pas à beaucoup près la splendeur des débuts carlovingiens, aucune imprudence du moins n'en altère le principe grandissant et n'en compromet l'avenir.

L'auteur, on le voit, s'est tracé un vaste cadre, et il a eu force d'exécution pour le remplir. Jusqu'à quel point, dans cette longue étude du passé monarchique, a-t-il été préoccupé du présent, de ce qui nous touche, et jusqu'à quel point a-t-il pu l'être légitimement? De tels travaux, si lointains et si purement historiques qu'on les fasse, ont presque toujours leur point d'appui, leur point de départ dans les questions modernes, et leur inspiration première, leur verve si j'ose dire, vient de là. M. de Saint-Priest a vu sans doute l'idée monarchique beaucoup plus désertée en théorie qu'elle n'est peut-être perdue en fait, et il m'a l'air de ceux qui ne désespèrent pas précisément de son lendemain. La France a longtemps été monarchique; elle a toujours assez et trop aimé, sauf les intervalles, aller à un seul, obéir à quelqu'un; et cette idée, qui trouverait ses retours jusque dans le triomphe de la démocratie, vaut bien la peine qu'en temps régulier, et même à travers l'apparente défaveur, on s'y arrête encore : l'observer à loisir et la reconnaître, c'est le bon moyen d'en moins abuser. Historiquement, on peut trouver que, dans les remarquables travaux de l'école moderne, la royauté n'a pas été traitée assez équitablement; la plupart des historiens de cette école, en effet, sont entrés dans l'étude par la polémique, et leur impartialité, même en s'élargissant graduellement, a toujours gardé le premier pli. M. de Saint-Priest se sera dit qu'il y avait là un sujet tout neuf : retrouver les vieux titres de nos races monarchiques et ceux aussi de l'Église à ces époques. Un livre, j'imagine, n'aura pas laissé d'exercer de l'influence sur la conception du sien. *La Démocratie*, de M. de Tocqueville, paraissait avec éclat vers le temps où lui, d'autre part, il commençait à méditer sa *Royauté*. Le désir d'opposer à l'ouvrage en vogue, sinon un contre-poids, du moins une contre-partie et un pendant, dut le séduire. Plus la forme était différente et plus le terrain des deux sujets éloigné, plus aussi la noble lutte avait tout son jeu. A une démocratie présente et imminente, dont les États-Unis nous offraient à leur manière l'active, la grandiose, mais assez terne image, il était piquant de restituer pour vis-à-vis l'ancien fonds monarchique dans son relief le plus coloré. Entre ce double antagonisme, tel que je le suppose, plus à distance avec M. de Tocqueville et plus rapproché avec M. Thierry, la pensée originale avait de quoi s'exciter dans son entrain naturel et ne pouvait qu'acquérir vite tout son ressort.

Ce qui me frappe surtout dans le cours de l'ouvrage, c'est la quantité d'esprit que l'auteur y a versée, je veux dire la quantité de vues, d'aperçus, d'ouvertures de toute sorte et de rapprochements. Je suis fâché pour l'érudition, qui y est fort étendue et de source, que certains détails de reproduction matérielle aient fait défaut. La ponctualité matérielle même (il ne faudrait pas l'oublier) est une partie, non-seulement de la solidité, mais aussi de l'élégance en ces sortes d'ouvrages. Le talent d'expression y est éminent ; je ne serais pas étonné que par endroits, pour quelques yeux chagrins, ce talent ne voilât presque, ne déguisât dans de trop riches images le fin de l'esprit et le réel de l'érudition. Plus d'un aperçu ingénieux aurait gagné, je le crois bien, à être rendu d'une manière plus simple, plus purement spirituelle, et avec l'habitude si française de l'auteur. Au reste, ce qui est éclatant, noble et d'une élévation éloquente, je l'accepte de grand cœur et le salue. En fait de talent, le luxe n'est pas déjà chose si vulgaire. Assez d'honnêtes gens dans ces doctes matières s'en scandaliseraient volontiers, et pour cause; ce serait le cas de leur répondre avec le poëte : « Ah ! cesse de me reprocher les aimables dons de Vénus ; les dons brillants des immortels ne sont jamais à dédaigner ; eux seuls les donnent, et ne les a pas qui veut. » Je ne voudrais décidément rabattre dans la manière de l'auteur que ce qui semblerait trahir le voisinage d'une fausse école dont son excellent esprit n'est pas. M. de Saint-Priest possède à un haut degré les qualités littéraires : il en faisait déjà preuve dans sa jeunesse, et, quoiqu'il l'ait sans doute oublié lui-même aujourd'hui, d'autres que l'inexorable Quérard se souviennent encore de gracieux essais par lesquels il préludait avec aisance et goût dans la mêlée, alors si vive. Je regretterais trop de quitter ses savants volumes sans donner idée du caractère animé, brillant et tout à fait heureux, de bien des pages, et je détache de préférence, comme échantillon, celles où il nous exprime l'état vivant des croyances et des mœurs rustiques dans le midi de l'empire au lendemain de Théodose. On pourrait citer d'autres passages plus imposants et plus énergiques, mais aucun assurément de plus gracieux :

« Dans toutes les villes, les temples tombaient à la fois sous la spoliation et l'anathème; il n'en était pas ainsi des campagnes. Là, les croyances étaient des impressions et non des doctrines; elles tenaient moins du raisonnement que de l'habitude. Plus naïves et plus matérielles que dans les villes, elles étaient plus persistantes. Lorsque l'empire officiel presque tout entier s'agenouillait devant la Croix, un édit d'Honorius, publié en 399 (1), proscrivait les libations dans les festins, les torches funèbres, les guirlandes d'Hymen et jusqu'à ces dieux Lares tant chantés par les poëtes et si chers aux descendants des Arcadiens et des Pélasges. Inutile défense! on le voit par ces ordonnances mêmes : de toutes les empreintes du paganisme, celle-là seule demeurait inaltérable. Le Jupiter d'Olympie était lentement descendu de son piédestal de marbre; la virginité de Minerve ne se manifestait plus dans la blancheur symbolique de l'ivoire; tous les dieux du *lectisterne* gisaient sans honneur au pied de leur lit de pourpre; mais la Naïade indigène habitait encore sa source, l'Hamadriade locale n'avait point déserté son bois d'oliviers. Ni le glaive ni les édits n'avaient pu dissiper le prestige charmant de ce panthéisme rural, immortalisé par Hésiode et par Virgile : l'*Ager Romanus*, les vallons de l'Arcadie ou de la Sabine, conservèrent longtemps ces fêtes gracieuses où Pan et Palès, à l'ombre des platanes, au bruit des fontaines murmurantes, recevaient la brebis marquée de cinabre et la fleur de pur froment. La fiancée, longtemps encore, quitta la maison paternelle au son des flûtes, et, bien avant dans les siècles, la lampe domestique éclaira sous le chaume des dieux Pénates exigus comme elle, et comme elle pétris d'argile. Malgré les édits sans nombre, ce riant paysage des Géorgiques ne s'effaça que par degrés et disparut lentement devant le soleil du christianisme. Écrit dans le quatrième siècle, et selon quelques scholiastes cent ans plus tard, le poëme de *Daphnis et Chloé* reproduit sous une forme idéale sans doute, mais exacte, l'état religieux des campagnes à la dernière époque du culte des dieux. L'aspect général des localités était encore tout coloré de paganisme. En Grèce, en Italie, telle bourgade, telle petite ville, étaient déjà chrétiennes; la foule se rendait dans les basiliques transformées en églises; les préaux, les chemins,

(1) On peut voir, sur cet édit et sur les circonstances précises, le chap. I, liv. IX de l'*Histoire de la Destruction du Paganisme en Occident*, par M. Arthur Beugnot, et aussi la note qui termine le chap. I, liv. X.

étaient semés de croix ; pourtant, au fond du bois, au détour d'un angle caché par les chênes verts, sur le bord du ruisseau ou du lac, on voyait se mirer paisiblement dans l'eau la grotte des Nymphes, *grande et grosse roche, ronde par le dehors, au dedans de laquelle* se cachaient quelques statuettes en pierre de Naïades ou de Napées, *les bras nus,... les cheveux épars sans tresses,... le visage riant et la contenance telle comme si elles eussent ballé ensemble*(1). Là, se rendaient les garçons et les filles ; ils couronnaient de fleurs les images des Nymphes, non plus par religion, mais par une sorte d'instinct machinal ; la douce mythologie, inséparable de toutes les impressions du plaisir, était encore le langage de l'amour ; les cœurs demeurèrent longtemps sous la protection de cet *enfant jeune et beau, qui a des ailes, et pour cette cause prend plaisir à hanter les beautés ;... qui domine sur les éléments, les étoiles, et sur ceux qui sont dieux comme lui.* Si le rituel de la théogonie grecque est resté inséparable de toutes les formes de la galanterie ; s'il constituait, il y a peu de temps encore, ce qu'on appelle poésie et littérature ; si Vénus, Cupidon et les Grâces ont été fêtés dans nos chansons, qu'on juge de leur empire sur ceux dont la veille encore ils étaient le culte et la foi. Semailles, moissons, vendanges, tout relevait, comme par le passé, de Cérès, de Bacchus et de Pomone.

« Dans cette pastorale exquise, toute la population des campagnes romaines ou grecques est fidèlement reproduite. C'est un mélange singulier des fleurs idéales de l'imagination et des hideuses réalités de la vie servile. On y voit le colon, l'esclave, porter un esprit subtil dans un corps robuste, baigné de laborieuses sueurs. L'extrême nonchalance s'allie au travail excessif, une sécurité complète aux périls les plus imminents. Tant que dure la jeunesse et la beauté, l'existence n'est qu'une fête, par la protection souvent coupable d'un maître. Sous le plus doux ciel du monde, le berger joue de la flûte le long du jour, accoudé sur les rochers et regardant la mer de Sicile. Vienne la vieillesse ou le dégoût du patron, au loisir succède le labeur, à la flûte l'émondoir, à l'indulgence les ergastules et le fouet. La religion n'est plus une croyance, mais une suite de coutumes puériles et gracieuses, renouvelées à des époques précises. Le christianisme ne prit pas d'emblée ces têtes légères, préoccupées de mille petites divinités riantes et protectrices ; il s'y insinua doucement,

---

(1) Longus, d'Amyot.

comme une clarté sagement ménagée dans des paupières longtemps aveugles et encore débiles.

« En consultant le roman comme peinture de mœurs, on reconnaît dans *Daphnis et Chloé* des traces sensibles de la période païenne. La passion n'y est pas toujours délicate dans son langage, ni naturelle dans son objet. Cependant, si les vices qui ont déshonoré la Grèce s'y retrouvent dans toute leur laideur, ils ne s'y montrent plus dans leur audace ; ils ne sont plus attribués qu'à des êtres difformes ou ridicules, placés par l'esprit, le cœur et le sang, au dernier degré de l'échelle sociale. La jeunesse imprévoyante et frivole se rit encore de ces aberrations, mais ne les partage plus ; Astyle raille Gnathon sans songer à devenir son complice. La révolution opérée dans les mœurs ne se fait encore sentir que par d'imperceptibles nuances ; toutefois elle apparaît évidente dans une autre partie du tableau : Gnathon l'esclave est en plein polythéisme ; Astyle, le jeune patron, s'amuse et se divertit encore aux gaietés païennes ; les amours naïves et sensuelles des deux bergers flottent entre les deux croyances ; mais Cléariste et Dionysophane, le vieux patricien et l'antique matrone, ont déjà la dignité, le calme, la grâce sévère de la famille chrétienne. En croyant les faire païens, Longus, ou l'auteur, quel qu'il soit, de *Daphnis*, faisait Dionysophane et Cléariste chrétiens à son insu. »

Ce sont de vraies oasis que de telles pages en si grave sujet. Ces restitutions rapides, ces plaisirs de coup-d'œil, ces inductions avenantes, font précisément le triomphe et le jeu de la critique littéraire. L'histoire en a profité cette fois, mais elle les admet peu en général ; son front, d'ordinaire impassible, ne laisse guère monter jusqu'à lui les mille éclairs sous-entendus et les sourires ; — et voilà pourquoi, en pur critique littéraire que je suis, j'ai toujours crainte de m'approcher, comme aussi j'ai peine à juger du masque de cette muse sévère.

1er juillet 1842.

M. DE BARANTE.

1843.

L'abus violent qu'on a fait de certains dons, la volonté ambitieuse et bruyante qu'ont marquée certains esprits de conquérir, d'afficher du moins ce qu'ils n'avaient pas naturellement, la perturbation qui s'en est suivie dans les genres les plus graves, bien des circonstances contribuent aujourd'hui à donner un prix tout nouveau et comme un attrait particulier à ces physionomies d'écrivains calmes, modérées, ingénieuses, à ceux qui ont uni l'élévation ou la distinction de l'idée à la discrétion du tour, qui, en innovant quelque peu à leur moment, n'ont détruit ni bouleversé les grandeurs et les vérités existantes, qui se sont mûris à leur tour dans des applications diverses, et ont su imprimer à l'ensemble de leur vie et de leur œuvre la règle souveraine de la bienséance et une noble unité.

M. de Barante est de nos jours un des rares écrivains dont la carrière, non pas entièrement close, mais tout à fait définie, se dessine le mieux sous cet aspect. Cette mesure de nouveauté et de retenue, il l'a tour à tour essayée dans la critique littéraire, et développée plus en grand dans l'histoire; il n'a cessé de l'observer dans la pratique politique. En nous tenant surtout ici au critique et à l'historien, nous avons à toucher plus d'un point délicat et compliqué, assez lointain déjà pour qu'il y ait plaisir et profit à y revenir. C'est d'ailleurs le caractère et la qualité de certains esprits que, tout en atteignant à la réputation méritée, ils ne tombent pas dans les grands chemins et sous les jugements courants de la foule; ils échappent ainsi au lieu-commun de la louange; ils demeurent des sujets choisis. On n'a qu'une manière encore d'en parler avec quelque à-propos, c'est de les bien connaître.

M. Prosper Brugière de Barante est né à Riom en juin 1782, d'une famille ancienne et considérée, qui, sur la fin du dix-septième siècle, ne fut pas sans payer son premier tribut aux lettres. Claude-Ignace Brugière (ou Breugière) de Barante, bisaïeul de notre contemporain, était venu jeune à Paris, y avait connu Valincourt, l'ami de Boileau, et aussi Le Sage et Fuzelier, cette arrière-garde légère du grand siècle, ce qui ne l'empêcha pas de retourner vivre chez lui en excellent avocat. Il avait traduit quelque chose d'Apulée, et Goujet, en sa *Bibliothèque françoise* (1), mentionne très-honorablement des observations de lui sur les prétendus fragments de Pétrone trouvés à Belgrade. Le jeune amateur de ces deux profanes anciens n'en devint pas moins un grand janséniste, et le conseil du parti en Auvergne durant les persécutions du cardinal de Fleury. Ces contrastes sont de bon augure par la façon dont ils se tempèrent. Nous distinguons tout d'abord une souche solide et sérieuse, mais qui permet à la variété de s'y greffer et presque d'y fleurir.

Le fils de Claude-Ignace allait également à Paris dans sa jeunesse, y était recommandé à son compatriote Danchet, et faisait même quelque préface à je ne sais quelle tragédie de cet illustre d'un jour. Mais c'est au père de M. de Barante qu'il faut surtout demander compte de son influence directe et suivie sur l'éducation de son fils.

Élevé à Juilly, au collège de l'Oratoire, puis venu à Paris pour ses études de droit et répandu alors dans des sociétés diverses, particulièrement dans le monde parlemen-

---

(1) Tome VI, page 205.

taire, M. de Barante père garda toujours ses premières impressions contre le coup d'État Maupeou. Son âme, qui se formait à ce moment, y contracta pour jamais ce quelque chose de libéral, mais de sage, qui ne cessa pas d'être sa mesure au milieu des orages qu'il eut à traverser. Homme distingué d'ailleurs plutôt que précisément laborieux, de société plutôt que de cabinet, sachant et donnant beaucoup par la conversation, il appartenait à cette classe d'esprits éclairés que produisit avec honneur la fin du dix-huitième siècle. Même lorsqu'il fut retourné et fixé à Riom comme lieutenant-criminel du bailliage, il continua d'entretenir avec Paris des rapports fréquents que son mariage multiplia encore (1). Ainsi nulle trace de rouille municipale dans cette vie d'Auvergne, mais l'étendue et l'aisance des relations, en même temps qu'une atmosphère morale et préservée. Comme nous l'avons déjà observé pour mademoiselle de Meulan et pour d'autres esprits influents sortis du même milieu, nous rencontrons ici un nouvel exemple d'un intéressant berceau placé dans cette haute classe moyenne, au sein de cette haute société administrative qui vivait avec l'aristocratie sans en être, et qui devait, dans la génération prochaine, la remplacer.

Sans entrer dans les détails d'enfance que nous savons écrits et retracés avec émotion par la plume la mieux informée et la plus fidèle, il convient seulement pour notre objet de remarquer que l'éducation première de M. Prosper de Barante fut plutôt domestique que scholaire. La révolution vint très-vite interrompre les cours qu'il suivait au collége d'Effiat. Il vit son père arrêté, il l'allait visiter en bonnet tricolore dans la prison de Thiers, il salua sa délivrance inespérée avec bonheur : la leçon des choses prit le pas dans son esprit sur la lettre des livres ; et quand son père, profitant d'un premier instant de calme, le conduisit à Paris vers la fin de 95 pour y achever des études

---

(1) Il épousa mademoiselle de Villepion, dont le père était dans les finances du duc d'Orléans.

commencées surtout par la conversation et dans la famille, le jeune homme avait déjà beaucoup appris.

Le Paris politique alors en pleine bigarrure offrait un curieux spectacle ; il en ressentit d'abord l'intérêt. La pension où il fut placé le laissait jouir d'une certaine liberté ; l'éducation, ou ce qui s'affichait alors sous ce nom, était un confus mélange où les restes informes des anciennes connaissances s'amalgamaient à des fragments de préceptes, débris incohérents de tous les naufrages; on faisait la liaison tant bien que mal, moyennant une veine de phraséologie philosophique et philanthropique à l'ordre du jour. Dans ce vague de direction, le jeune Prosper de Barante s'appliquait à la géométrie, en vue de l'École polytechnique. Un premier échec ne le découragea point ; il insista, et, à un second examen, fut admis. Le goût des mathématiques pourtant survécut peu en lui à ce double effort ; celui des sciences physiques occupa plus longtemps son esprit. Il voyait le monde dans l'intervalle de ses études, et côtoyait parfois quelques petits tourbillons renaissants de coteries littéraires, sans s'y trouver attiré. Il attendait en toutes choses et s'essayait.

Cependant le 18 brumaire s'était accompli ; le gouvernement consulaire inaugurait le siècle. M. de Barante père venait d'être nommé préfet à Carcassonne. C'était un fonctionnaire comme il en fallait à cette renaissance, et comme le chef les recherchait volontiers : homme de justice et d'ordre, nouveau à la fois et ancien, n'ayant pas trempé dans le régime intermédiaire. Ce changement de position dans la famille inclina sans doute le fils vers la carrière politique. Il touchait à sa vingtième année ; un voyage qu'il fit à cette époque en Auvergne, et durant lequel il perdit sa mère, apporta une impression décisive dans sa vie morale, et détermina l'homme en lui. Les *Pensées* de Pascal, qu'il lut beaucoup à cette heure de crise et sous l'interprétation de cette grande douleur, lui furent (comme j'espère que, pour qui les lira de même, elles n'ont pas cessé de l'être) salutaires et fortifiantes. Dès ce jour, le jeune homme se trouva l'un de ceux qui ne devaient pas continuer purement et simplement le dix-huitième siècle ; il appartenait déjà d'esprit et de cœur au groupe qui allait avec mesure, mais non sans éclat, s'en séparer.

J'ai hâte d'arriver aux écrits où nous avons droit de nous étendre. De Carcassonne, M. de Barante père fut envoyé préfet à Genève ; c'était passer d'une ville de province à une cité européenne et à un grand centre. Son fils, dès lors attaché au ministère de l'intérieur, l'y alla visiter. Coppet et sa gloire, et le fruit d'or à demi défendu, brillaient à deux pas sur la colline. M. Prosper de Barante apportait là des prédispositions toutes particulières, une jeunesse pure et sérieuse, une éducation diverse, un peu inégale, rectifiée par une réflexion précoce, surtout rien de scholaire, rien de cet enthousiasme purement littéraire qui sent sa rhétorique et qui la prolonge au delà du moment. De bonne heure il avait pu voir la vie sous ses différents aspects ; il savait déjà le monde, et dans les lettres, dès qu'il y appliquerait son regard, il devait chercher de l'étendue et un libre horizon. Tout cela préparait certainement sa maturité ingénieuse. Il y a ainsi un moment dans chaque vie distinguée où tout s'accumule et conspire, et ne demande qu'à éclore. Quand le flambeau en lui-même est si prêt à luire, le foyer, quel qu'il soit, ne manque jamais.

Aujourd'hui que tout noble centre a disparu, et que la pensée, si elle veut être pure, cherche vainement un lieu désintéressé où se groupent avec charme et concert les activités diverses, ces souvenirs des foyers et comme des patries autrefois brillantes sont bien faits pour rappeler un moment le regard en arrière et le reposer. Après les désastres de tant d'années orageuses, on le conçoit, c'était mieux qu'un arc-en-ciel et qu'une promesse que cette réunion d'élite, cette émulation combinée des plus vives et des plus rares intelligences. La science originale et perçante d'un Schlegel, la digression inépuisable et spirituellement rapide d'un Benjamin Constant, faisaient déjà un beau fonds, sans compter ces hôtes de chaque jour qui y passaient, et qui, sous la baguette magique de la Muse du lieu, y revêtaient toute leur fraîcheur, y rendaient toutes leurs étincelles.

M. de Barante, une fois entré dans le cercle, dut y recevoir beaucoup ; mais il y porta, il y garda à coup sûr un caractère propre. Jeune, au sein de cette société enthousiaste, il ne se départit point de la réserve ni du goût. Cette règle morale, qu'on ne craindrait pas de dire qu'il observa jusque dans le sentiment, nous la retrouvons nettement traduite dans son expression d'écrivain. Il eut ce que madame de Staël a qualifié heureusement une *réserve animée*, de la discrétion dans le trait, une justesse prompte, quelque chose de ce que mademoiselle de Meulan, de son côté, marquait également. Tout auprès de cette exaltation un peu factice de Benjamin Constant, il sut se faire des points fixes. A l'excès paradoxal de Schlegel il opposa l'impartialité. *Impartialité*, ce fut de bonne heure sa devise, son inspiration originale en critique, comme par la suite en histoire.

Tel nous le montre son Discours ou *Tableau de la Littérature française au dix-huitième siècle*, ouvrage conçu durant ces années et qui parut pour la première fois en 1809. Ce petit volume, qui présentait moins des développements que des résultats, a trop bien réussi, il a trop contribué à répandre et à faire accepter de tous aujourd'hui les conclusions qu'il exprimait, pour qu'on n'ait pas besoin de se reporter au moment où il parut, si l'on veut en apprécier l'originalité. Chose singulière ! la critique littéraire à la fin du dix-huitième siècle, de cette époque éminemment philosophique, était devenue chez la plupart des disciples purement méticuleuse et *littérale :* elle ne s'attachait plus guère qu'aux mots. L'école d'où sortait M. de Barante la ramena aux idées, et rétablit le point de vue élevé que la littérature doit tenir dans une société polie, mais sérieuse. Quand je dis que la critique issue en droite ligne de la philosophie du dix-huitième siècle se prenait surtout aux mots, je sais bien que parmi ces mots on faisait sonner très-haut ceux de *philosophie* et de *raison*; mais, sous ce couvert imposant et creux, on était trop souvent puriste et servile. Une autre école opposée à cette philosophie produisait alors d'éloquents écrivains, des critiques instruits et piquants sans doute; mais c'était une réaction qui, en parant à un excès, poussait à un autre. Dans le courant même des idées du moment et de celles de l'avenir, quelques esprits eurent l'honneur, les premiers, de noter avec précision ce qu'on appelle en mer le changement des eaux, de signaler ce qui devait se poursuivre et ce qui devait se modifier, de marquer en un mot la *transition sans rupture* entre les idées du dix-huitième siècle et les pensées de l'âge commençant. Dans cette direction exacte que je tâche de définir, et à ne les prendre que comme critiques, il faut nommer madame de Staël, Benjamin Constant, mademoiselle de Meulan et M. de Barante. Ce dernier, plus jeune, moins engagé, fut aussi celui qui résuma le plus nettement. « L'auteur du Discours dont il s'agit, écrivait madame de Staël, est peut-être le premier qui ait pris vivement la couleur d'un nouveau siècle. » Cette couleur consistait déjà à réfléchir celle du passé et à la bien saisir plutôt qu'à en accuser une à soi. Pourtant, si, pour mieux voir, l'auteur ici se mettait volontiers en idée à la place de ceux qu'il jugeait, il n'abdiquait pas la sienne. Il tendait à substituer aux jugements passionnés et contradictoires une critique relative, proportionnée, explicative, historique enfin, mais qui n'était pas dénuée de principes; loin de là, une sorte d'austérité y mesurait à chaque moment l'indulgence. Ainsi il jugeait le dix-septième siècle et le dix-huitième, rendant au premier sa part, sans immoler le second. Le nôtre, en avançant, a de plus en plus marché dans cette voie d'intelligence et d'impartialité, mais en s'embarrassant de moins en moins des principes. Il est presque arrivé déjà à la moitié de son terme, et il semble vouloir justifier cette parole que madame de Staël proférait sur lui dès l'origine : « Le dix-

« huitième siècle énonçait les principes d'une manière trop
« absolue ; peut-être le dix-neuvième commentera-t-il les
« faits avec trop de soumission. L'un croyait à une nature
« de choses, l'autre ne croira qu'à des circonstances. L'un
« voulait commander l'avenir, l'autre se borne à connaître
« les hommes. » Pronostic si plein de sagacité et de sens !
Combien n'en rencontre-t-on pas de tels au sein de cette
parole généreuse, de cette nature enthousiaste et douée des
hautes clartés !

Le caractère de ce premier écrit de M. de Barante a
donc été d'introduire une vue moderne dans la critique. Il
n'y avait rien là d'appris ni de répété des livres; les idées
étaient neuves; la conversation et la discussion les avaient
mûries. On peut dire que, pour bien des esprits distingués, c'était un compte rendu de leurs impressions et de
leurs jugements sous une forme nette 'qu'ils durent vite
adopter et reproduire (1). Littérairement, on trouverait des
objections, on voudrait du moins des amendements à quelques sentences dans lesquelles le critique, en abrégeant,
a trop tranché. Il est bien dur, par exemple, de venir
dire, en parlant de Diderot : *le talent dont il a donné quelques indices....* Je ne saurais non plus accorder que la
plaisanterie de Bayle soit *presque toujours lourde et vulgaire*. Que cette plaisanterie et l'habit qu'elle porte ne
soient plus de mode, à la bonne heure! Que ce soit un habit de savant, et qui même n'ait jamais été à aucun moment taillé dans le dernier goût, c'est très-vrai encore.
Mais sous cette coupe un peu longue et ces manches qui
dépassent, prenez garde, l'ongle s'est montré, non pas du
tout un ongle de pédant, il a la finesse. — Ce ne sont là,

---

(1) On l'a très-bien remarqué, M. de Barante arrive, procède volontiers sur toute chose, avec une théorie mesurée, qu'il présente aussitôt d'une manière agréable et succincte; il est bien fidèle en cela au vrai sens de ce mot *doctrinaire* dont on a tant abusé. Sa critique diffère essentiellement de celle de Chénier, dans la même forme concise du *tableau*, en ce que Chénier résume d'un trait le caractère littéraire d'un talent, et que M. de Barante résume d'un mot l'*idée* de ce talent.

au reste, que de simples points; l'ensemble des conclusions, même en ce qu'elles parurent avoir d'abord de rigoureux, demeure approuvé.

Vers le temps de la publication de cet ouvrage, la situation politique de M. de Barante commençait à se dessiner avec distinction. Simple auditeur au Conseil d'État vers 1805, s'il se sentait peu favorable d'affection au gouvernement impérial, il ne s'en montra que plus strict dans l'accomplissement de ses devoirs. Sa liaison avec Coppet, ses visites à madame de Staël durant le séjour, ou, comme on disait, l'exil d'Auxerre, tout cet attrait prononcé pour une noble disgrâce, ne laissaient pas d'introduire des chances périlleuses dans sa carrière, dans celle même de son père vénéré (1). Il dut y avoir là des luttes morales, touchantes, qu'on ne peut s'empêcher de soupçonner, qu'il ne nous appartient pas de sonder dans toutes leurs délicatesses. Le gouvernement d'alors était très-ombrageux sur les moindres affaires d'écrivain. Un article du *Publiciste* dans lequel, à propos de *la Mort d'Henri IV* de Legouvé, M. de Barante, sous le voile de l'anonyme, soutenait les avantages de la vérité historique au théâtre, le mit en contradiction avec Geoffroy. *Le Publiciste*, toujours sous les mêmes initiales (A. M., je crois), soutint sa thèse. Geoffroy lança une réplique violente, au moins eu égard au diapason du temps. Cela fit bruit, et le jeune auditeur fut envoyé en Espagne pour y porter des dépêches. Plus tard, après Iéna, M. de Barante eut une mission en Allemagne; il séjourna à Breslau. Ce spectacle des pays conquis et de l'odieuse administration qui pesait sur eux, frappa vivement son âme équitable et compatissante; il n'en put contenir l'impression en écrivant à son père. Que la lettre ait été interceptée ou non, il fut rappelé peu après et nommé sous-préfet à Bressuire. Cette nouvelle destination, qui lui procurait solitude et loisir au fond du Bas-Poitou, lui con-

---

(1) M. de Barante père fut révoqué de sa préfecture de Genève à la fin de 1810.

venait ; c'est à ce moment qu'il recueillit ses idées sur la littérature du dix-huitième siècle et en rédigea le tableau. Il traduisait aussi dès lors la plupart des pièces dramatiques de Schiller, dans la compagnie de M. de Chamisso. Bientôt un mariage selon ses vœux allait fixer son bonheur et enchaîner sa destinée avec grâce à l'un des noms les plus aimables du siècle illustre qu'il venait de juger (1). Vers le même temps il faisait de près connaissance avec les Vendéens, avec l'héroïque famille de La Rochejaquelein. En écoutant ces souvenirs encore fervents, et dont chaque coin de haie gardait l'écho, l'idée lui venait d'en faire part un jour au public, de mettre du moins sa plume au service d'une pieuse et honorable confidence.

Il la méritait à bien des titres. Son administration, en ces temps et en ces lieux difficiles, lui valut tous les suffrages, toutes les affections. Préfet de la Vendée en 1809, puis à Nantes à dater de 1813, il eut à contenir bien des mécontentements, à amortir bien des rigueurs, à concilier les devoirs du fonctionnaire et ceux de l'homme. Ce serait trahir ici ces choses généreuses que d'y insister. Contentons-nous d'en atteindre le bienfait, en quelque sorte, dans les *Mémoires* de madame de La Rochejaquelein, produit littéraire heureux de cet esprit de conciliation et de sympathie, fruit charmant né, pour ainsi dire, de cette greffe des deux Frances.

Ces *Mémoires*, qui parurent à la première Restauration et qui en promulguaient assurément les titres les plus glorieux, n'avaient d'ailleurs (est-il besoin de le dire?) aucune prétention littéraire à proprement parler. Expression fidèle de la pensée de l'auteur, ils étaient seulement redevables à M. de Barante de ces soins de révision et de correction, dont le plus vrai succès consiste à ne laisser aucune trace d'eux-mêmes. La description du Bocage, dans le troisième chapitre, était toute de lui ; la préface en prévenait le lecteur, sans quoi on n'eût point songé à isoler le

---

(1) Madame de Barante est une d'Houdetot.

morceau, tant le tout se fondait avec goût et courait avec une grâce sévère. Pas un trait n'altérait la simplicité touchante, qui seule convenait au témoignage des grandes choses et des hautes infortunes dans la bouche de la noble veuve de Lescure. Le concert des deux auteurs, en un mot, avait été si parfait, que rien n'avertissait qu'il y en eût un et que toute idée d'auteur disparaissait. On lut avec émotion, on connut pour la première fois dans son entière sincérité cet épisode unique, cette première Vendée restée la plus grande et la seule vraiment naïve; on salua, on suivit avec enthousiasme et avec larmes ces jeunes et soudaines figures d'une Iliade toute voisine et retrouvée à deux pas dans les buissons et derrière les haies de notre France; ces défis, ces stratagèmes primitifs, ces victoires antiques par des moyens simples; puis ces malheurs, ce lamentable passage de la Loire, ce désastre du Mans, cette destruction errante d'une armée et de tout un peuple. La vieille France, après cette lecture, pouvait tendre la main à l'autre, sans se croire trop en reste de gloire et de martyre : Moscou et le Mans, la Bérésina et la Loire! Qu'importe l'espace et le lointain? ne voyez que l'héroïsme. La Vendée enfin avait trouvé pour sa digne époque un historien. Il existe un manuscrit des Mémoires dans lequel on lit (j'ai pu m'en assurer) des détails intéressants que l'imprimé ne reproduit pas toujours. Il en est sur les premières années de madame de Lescure avant son mariage, sur Versailles au 5 octobre, et sur Paris au 10 août. Il en est d'autres qui ajouteraient dans quelques points aux informations particulières sur les dissidences des chefs entre eux. On conçoit que des considérations personnelles, des ménagements dus à des souvenirs si saignants, aient imposé quelques réticences; mais les années, en avançant, permettent beaucoup (1).

(1) Le prince de Talmont, on le voit par les Mémoires imprimés, était celui de tous les chefs qui, par ses antécédents et son caractère, se trouvait le moins en accord avec ces mœurs simples, frugales, chrétiennes, et avec cette espèce d'égalité fédérale des gentilshommes ven-

La Restauration, au moins au début, semblait remplir un des vœux de M. de Barante; ses liaisons sociales, on l'a vu, ses goûts modérés, ses lumières, et, pour les nommer par leur nom, ses vertus civiles, le disposaient à l'ordre constitutionnel sagement entendu, c'est-à-dire à ce qu'on augurait du régime nouveau. Démissionnaire de sa préfecture durant les Cent-Jours, il devint, à la seconde rentrée, secrétaire général de l'intérieur, puis directeur général des contributions indirectes, et il ne quitta cette position qu'à la retraite de ses amis doctrinaires, quand ils firent leur scission avec le second ministère de M. de Richelieu. Il crut même, à cette époque, devoir payer sa dette aux controverses du jour par une brochure intitulée *Des Communes et de l'Aristocratie*, qu'il a réimprimée depuis en la dégageant de ce qu'elle avait de trop accidentel et de polémique. Depuis ce moment, et durant les neuf dernières années de la Restauration, il se contenta de servir sa nuance d'opinion par ses discours et ses votes à la Chambre des pairs, en même temps qu'il honorait ses loisirs par la composition de sa grande histoire.

L'*Histoire des Ducs de Bourgogne*, publiée de 1824 à 1827, obtint un succès prodigieux qui s'est depuis soutenu, et elle portait avec elle un système qui a été controversé dès l'origine. Nous voudrions surtout ici tâcher d'en bien expliquer et d'en raconter en quelque sorte la pensée, en nous servant presque de la méthode de l'auteur, c'est-à-

---

déens. Arrivé d'hier de Versailles, tout plein des habitudes du bel air, il mettait au service de la cause, les jours de combat, la plus brillante valeur, après quoi il ne se souciait guère de rien de sage ; et, pour ne citer qu'un trait qui le peint, un jour, après ce fatal passage de la Loire, qu'il avait surtout conseillé pour se rapprocher de ses vassaux, ayant trouvé au château de Laval une ancienne bannière de famille, une bannière des La Trémouille, bleu et or, il imagina de la faire porter devant lui. Mais M. de La Rochejaquelein, à la première vue de ce drapeau, le sabra en s'écriant : « Prince, nous ne suivons que les Fleurs de lis ! » — Et c'est ce même prince de Talmont qui, plus tard lui-même, eut ce mot sublime pour toute réponse aux juges qui l'interrogeaient : « Faites votre métier, j'ai fait mon devoir. »

dire sans trop prétendre juger d'abord, et il se trouvera peut-être que tout naturellement ensuite le jugement ressortira.

Le dix-huitième siècle avait usé et abusé de l'histoire philosophique, de celle où l'historien intervenait à chaque instant et s'imposait à son sujet. Voltaire en avait donné l'exemple avec séduction; Robertson y avait porté une mesure spécieuse, et Raynal un excès rebutant. Gibbon et Hume avaient su combiner avec des opinions très-marquées, et presque des partis-pris, de hautes qualités de science et de clairvoyance auxquelles on a trop cessé de rendre justice. Pourtant, de cette habitude générale de continuellement juger le passé au point de vue du présent était né en quelques esprits élevés le désir bien naturel d'une méthode contraire, où l'on irait d'abord à l'objet pour l'étudier en lui-même et en tirer tout ce qu'il contient.

Un historien très-estimable et très-méritant, M. de Sismondi, plus soucieux des sources et plus porté aux recherches originales qu'on ne l'avait été avant lui, gardait avec cela les formes de l'école philosophique; il imposait ou du moins il accolait son opinion du jour au fait d'autrefois. Placé au point de transition des deux manières, elles se heurtaient plutôt encore qu'elles ne s'unissaient en lui.

M. de Barante, dès son premier coup-d'œil, s'était montré choqué des abus de la méthode dite philosophique en histoire; il fut conduit au désir d'en purger absolument le noble genre, et de lui rendre, s'il se pouvait, son antique sincérité. Le grand exemple présent de Walter Scott venait apporter des preuves vivantes à l'appui de cette manière, en dehors, il est vrai, du cercle régulier de l'histoire, mais si près qu'il semblait qu'il n'y eût qu'un pas à faire pour y rentrer.

En France, vers 1820, des esprits éminents s'occupaient avec ardeur, chacun dans sa voie, de cette réforme considérable. Celui qui la professa le premier et avec le plus d'autorité, le maître des théories en cette matière, M. Guizot, continuait pourtant lui-même l'histoire philosophique, tout en la transformant; il analysait les faits, les élevait à l'idée, les réduisait en éléments, les groupait enfin et les distribuait selon les vues de l'esprit; mais, comme cet esprit était très-étendu, très-perçant, très-impartial dans l'ordre des idées, il évitait cette direction exclusive qu'on reprochait aux écrivains du dix-huitième siècle. Cependant la pratique historique laissait de ce côté à désirer; malgré l'élévation de l'enseignement, malgré ce talent de narrateur dont il devait faire preuve à son tour dans son *Histoire de la Révolution d'Angleterre*, M. Guizot n'aimait pas avant tout à raconter; on l'a dit mieux que nous ne le pourrions redire (1), l'exposition qui abrége en généralisant avait pour lui plus d'attraits; bien des faits sous sa plume étaient resserrés en de savants résumés qui eussent pu aussi se dérouler autrement et prendre couleur. En un mot, le talent supérieur, qu'on a vu éclater depuis sur un autre théâtre, faisait dès lors ses réserves en quelque sorte : l'orateur parlementaire se marquait dans l'historien.

Un rapprochement, un contraste m'a dès longtemps frappé, et il vient ici assez à propos, puisqu'il s'agit de récit. Voyez le premier, le plus jeune de nos vieux chroniqueurs. Joinville est simple, naïf, candide; sa parole lui échappe, colorée de fraîcheur, et sent encore son enfance; il s'étonne de tout avec une bonne foi parfaite; les choses du monde sont nées pour lui seulement du jour où il les voit. Par combien de degrés l'affaire historique a marché, et qu'il y a loin de là au rapporteur philosophe qui considère et qui décompose, qui embrasse du même œil aguerri les superficies diverses, qui communique à chaque observation, même naissante, quelque chose d'antérieur et d'enchaîné! ce qu'il sait d'hier ou du matin, il semble le savoir de toujours (2).

(1) *Globe*, 3 juin 1826.
(2) « Ce qu'il a appris le matin, il semble le savoir de toute éternité. » Le mot a été dit en effet.

Un autre esprit, maître plutôt en fait d'art, un écrivain, un peintre original et vigoureux, allait aborder l'histoire de front par une prise directe, immédiate; il allait y porter une manière scrupuleuse et véridique, et, si l'on peut dire, une fidélité passionnée. S'attachant à des époques lointaines, peu connues, réputées assez ingrates, traduisant de sèches chroniques avec génie, il devait serrer tout cela de si près et percer si avant, qu'il en tirerait couleur, vie et lumière. Il semblerait créer en trouvant. C'est assez indiquer le rôle de M. Augustin Thierry.

M. de Barante, qui concevait son ouvrage vers le même temps, eut une idée plus simple et dont l'exécution dépendait surtout du choix de l'époque. Aussi ne faut-il pas accorder, je le crois, à sa très-ingénieuse préface une portée plus grande que celle à laquelle il a prétendu : « Dès long-« temps, dit-il, la période qu'embrassent les quatre règnes « de cette dynastie (*les Ducs de Bourgogne de la maison de* « *Valois*) m'a semblé du plus grand intérêt. J'ai cru trou-« ver ainsi un moyen de circonscrire et de détacher de nos « longues annales une des époques les plus fécondes en « événements et en résultats. En la rapportant aux progrès « successifs et à la chute de la vaste et éclatante domina-« tion des princes de Bourgogne, le cercle du récit se trouve « renfermé dans des limites précises. Le sujet prend une « sorte d'unité qu'il n'aurait pas, si je l'avais traité à titre « d'histoire générale. » Ainsi, dans ce choix des quatre ducs de Bourgogne, M. de Barante voyait surtout une manière ingénieuse de découper et de prendre de biais un large pan de l'histoire de France. Or, cette époque des quatorzième et quinzième siècles était précisément la plus riche en chroniques de toutes sortes, et déjà assez française pour qu'en changeant très-peu aux textes on pût jouir de la saveur et de la naïveté : naïveté relative, et d'autant mieux faite pour nous, qu'elle commençait à soupçonner le prix des belles paroles. Parmi les chroniqueurs de cet âge, il en était un surtout, le premier en date et en talent, que M. de Barante ne prétendait pas découvrir à coup sûr, mais qui, bien moins en circulation alors que depuis, a eu, grâce à lui d'abord, sa reprise de vogue en ces années et tout un regain d'arrière-saison. Je veux parler de l'Hérodote du moyen âge, de celui que présageait Joinville, de Froissart, dont Gray, écrivant à Warton en 1760, disait : « Froissart « est un de mes livres favoris. Il me semble étrange que « des gens qui achèteraient au poids de l'or une douzaine « de portraits originaux de cette époque pour orner une ga- « lerie, ne jettent jamais les yeux sur tant de tableaux « mouvants de la vie, des actions, des mœurs et des pen- « sées de leurs ancêtres, peints sur place, avec de simples « mais fortes couleurs. » En France, Sainte-Palaye déjà l'avait rappelé à l'attention des érudits ; M. de Barante le mit en valeur pour tous (1). Il lui dut lui-même ses principales ressources au début et comme la mise en train de son œuvre. Froissart au point de départ, Comines au point d'arrivée, les deux termes du voyage étaient rassurants, et le chemin entre les deux n'était pas dépeuplé de pèlerins et de conteurs, Monstrelet, le Religieux de Saint-Denis et bien d'autres.

Il sembla donc à M. de Barante que, par une construction artistement faite de ces scènes originales et en se dérobant soi-même historien, il était possible de produire dans l'esprit du lecteur, à l'occasion des aventures retracées de ces âges et avec l'intérêt d'amusement qui s'y mêlerait, une connaissance effective et insensiblement raisonnée, un jugement gradué et fidèle. Il pensa que rien qu'avec des récits contemporains bien choisis, habilement présentés et enchâssés, on pouvait non-seulement rendre aux faits toute leur vie et leur jeu animé, mais aussi en exprimer la signification relative (2). En venant plaider

---

(1) M. Dacier avait commencé une édition des *Chroniques* de Froissart, mais qui fut interrompue par la révolution. La nouvelle édition complète, publiée par les soins de M. Buchon, parut en 1824. M. de Barante avait donné l'article Froissart dans la *Biographie universelle* (1816) ; sa prédilection s'y déclare.

(2) « M. de Barante se fait chroniqueur dans son *Histoire des Ducs de*

dans sa préface contre l'histoire officielle et oratoire, il n'a jamais demandé, il n'a pu demander que l'histoire vraiment philosophique fût supprimée; il n'a pas dit, à le bien entendre, il n'a pas cru que l'histoire morale, celle des Tacite, des Salluste et des grands historiens d'Italie, dût cesser d'avoir ses applications diverses, surtout à des époques moins extérieures et plus politiques, aux époques d'intrigue et de cabinet : mais, ce jour-là, il demandait pour le genre qui était le sien, pour cette méthode appliquée une fois à une époque particulière qui y prêtait, il demandait place au soleil et admission légitime, et, en homme d'esprit, il a trouvé à ce propos toutes sortes de raisons et de motifs qu'il a déduits; et il en a su trouver un si grand nombre là même où l'on s'était dit qu'il y avait objection, qu'on a pu croire que les conclusions chez lui dépassaient le but. Il ne voulait, en effet, qu'autoriser auprès du public l'imprévu de son essai, et l'essai, dans ces limites précises, a complétement réussi.

On n'attend pas que nous nous engagions dans une analyse, que nous allions resserrer ce que l'auteur, au contraire, a voulu étendre, que nous décolorions ce qu'il a laissé dans sa fleur de récit. M. de Barante a eu l'honneur, en ce grand mouvement historique qui fait encore le lot le plus clair de notre moderne conquête, d'introduire une variété à lui, un vaste échantillon qu'il ne faudrait sans doute pas transposer à d'autres exemples, mais dont il a su rendre l'exception d'autant plus heureuse en soi et plus piquante. Il a osé lutter avec le roman historique alors dans toute sa fraîcheur et sa gloire, il l'a osé presque sur le même terrain, avec des armes plutôt inégales puisque la fiction lui était interdite, et il n'a pas été vaincu. Son Louis XI, pour la réalité et la vie, a soutenu la concurrence avec *Quentin Durward*. Si l'on voulait citer des mor-

---

Bourgogne, laissant, dit-il, parler les faits, laissant les temps se raconter eux-mêmes, mais leur soufflant tout bas tout ce qu'ils doivent dire. » (Cours de littérature de M. Vinet, Lausanne, 1844.)

ceaux, on aurait la bataille d'Azincourt, le meurtre de Jean sans Peur, l'épisode de la Pucelle, la rentrée de Charles VII à Paris opposée à celle du roi anglais Henri VI, et tant d'autres pages d'émotion ou de couleur; mais ce serait faire tort et presque contre-sens à la méthode de l'auteur que de se prendre ainsi à des morceaux là où il a voulu surtout le développement varié et continu. Un critique historique distingué et modeste (1), qui a pu, dans *le Globe*, entretenir le public jusqu'à six fois, et toujours avec intérêt, des livraisons successives des *Ducs de Bourgogne*, s'est appliqué à faire ressortir ce qui résultait des divers tableaux en conséquences politiques et en déductions morales sur le caractère des hommes et des temps; il s'est plu à ajouter au fur et à mesure cette pointe de *conclusion* que le narrateur précisément se retranchait. A voir combien il y a peu à mettre pour tirer cette conclusion et la faire sentir, on se demande avec le critique pourquoi cette discrétion extrême. Est-ce exagération d'un système absolu dont un homme d'esprit a peine lui-même à se défendre? N'est-ce pas plutôt nécessité et convenance d'une méthode une fois adoptée? Il fallait conserver à tout le livre sa couleur, son unité, se priver de quelques avantages pour en recueillir d'autres. En un mot, s'il m'est permis de reprendre une image déjà employée, une fois entré en lice avec le roman historique, et le tournoi ouvert aux yeux des juges, il fallait tenir la gageure et ne pas recourir aux armes défendues.

Et n'est-ce pas un peu ainsi que le bon sire de La Laing faisait, aux prises avec le chevalier anglais, en ce galant tournoi de Bruges? C'était l'âge des joutes magnifiques; l'historien s'en est posé une à lui-même, avec les règles du combat.

Il n'en restera pas moins vrai en principe que, puisqu'après tout l'historien fait toujours quelque peu l'histoire, soit qu'il articule à l'occasion ses pensées, soit qu'il se borne à

---

(1) M. Trognon.

extraire, à disposer les faits de manière à produire indirectement l'effet qu'il désire, il n'y a pas lieu, dans le champ ordinaire de ce noble genre, à tant de scrupule artificiel, à tant d'effacement de soi, à tant de confiance surtout en la réflexion du lecteur. Il est des moments, rares, il est vrai, mais indiqués, où l'historien intervient à bon droit dans le fait et le prend en main ; et, quand le lecteur sent qu'il a affaire à une pensée ferme et sûre, il aime cela.

Au reste, à mesure que M. de Barante avançait dans son histoire et qu'il l'embrassait tout entière, il se trouvait insensiblement poussé à en tirer plus qu'il n'avait prévu d'abord. Dans les derniers volumes, on l'a remarqué, les tableaux se resserrent ; il est conduit à laisser moins aisément courir sa plume à la suite des vieux chroniqueurs. C'est surtout dans la lutte de Louis XI et de Charles le Téméraire que cet art se marque le mieux, et en même temps son opinion se fait jour. Que le Charles XII d'alors se précipite fatalement par ses fautes, que Louis XI s'éteigne à petit feu dans ses hypocrites intrigues, l'historien saura faire entendre le jugement des peuples sur leur tombe. Un sentiment moral, sympathique, humain, s'exhale partout de ces pages, qui n'affectent point de rester froides en se montrant plus colorées. Impuissant que je suis à apporter mon tribut en telle matière et à payer un hommage tout à fait compétent à l'auteur, soit par une approbation approfondie, soit même sur quelques points par une contradiction motivée, je veux du moins signaler, à propos de cette héroïque destinée de Charles le Téméraire, quelques renseignements peu connus, quelques vues neuves que j'emprunterai aux recherches d'un savant étranger, non point étranger par la langue. Les grands désastres de Charles appartiennent en propre à l'histoire de la Suisse, dont ils sont comme le plus glorieux butin, et par cet aspect ils ont rencontré naturellement pour narrateur et pour peintre l'admirable Jean de Muller, le plus antique des historiens modernes. Or, à la suite de la traduction récente due à la plume de M. Monnard (1), on trouve dans les tomes VII et VIII, à titre d'appendice, d'excellentes dissertations de M. de Gingins, qui prennent ces événements fameux par un revers assez inattendu, mais désormais impossible à méconnaître, sauf la mesure. M. de Gingins, à peine cité en France, est un de ces érudits qui, sans se soucier de l'effet vulgaire, poursuivent un résultat en lui-même, à peu près comme M. Letronne quand il avise un point de géographie, ou comme M. Magendie quand il interroge à fond un rameau de nerf. De plus, dans le cas présent, un mobile particulier l'animait : né au sein de la Suisse romande, pour laquelle ses aïeux combattaient en chevaliers, il s'est senti sollicité à en rechercher le rôle dans ces guerres et à s'y intéresser en patriote non moins qu'en curieux. Toute la Suisse, en effet, ne se rangeait pas alors dans un seul camp, et avec le Bourguignon la portion dite française fut vaincue. Le pays de Vaud notamment, qui relevait de la Savoie, mais dont le baron et seigneur, le comte de Romont, était d'ailleurs attaché au duc de Bourgogne, eut à subir de la part des Allemands une irruption inique, non motivée, et marquée des plus cruelles horreurs. Selon M. de Gingins, cette querelle compliquée des Suisses contre le duc Charles ne saurait se justifier au point de vue national, ni dans ses préliminaires, ni dans ses différentes phases. Ennemis héréditaires de la maison d'Autriche, amis incertains et très-récents de la couronne de France, les Confédérés avaient, au contraire, toujours trouvé dans la maison de Bourgogne une alliée sûre et fidèle. Intérêts de commerce et d'échange, intérêts politiques, tout les liait ; la Franche-Comté de Bourgogne était devenue presque la seconde patrie des Suisses. Comment donc expliquer le brusque revirement qui les mit aux prises ? Les intrigues

(1) Cette histoire, exactement traduite, savamment annotée, et à laquelle MM. Vulliemin et Monnard donnent des suites développées qui s'étendront jusqu'à nos jours, mériterait un examen tout particulier, qui rappellerait utilement l'attention sur ces hauts mérites et ces originales beautés, si austères à la fois et si cordiales, de Jean de Muller.

de l'archiduc Sigismond pour récupérer la Haute-Alsace, qu'il avait cédée au duc Charles dans un moment de détresse; l'or et surtout les paroles de Louis XI, qui le mirent à même de la racheter à l'improviste, amenèrent la première phase dans laquelle les Suisses, entraînés par Berne, et agresseurs hors de chez eux, épousèrent une querelle qui n'était pas la leur, se jetèrent à main armée entre la Franche-Comté et l'Alsace, franchirent le Jura neufchâtelois, et devinrent patemment les auxiliaires actifs d'un vieil ennemi contre un prince qui ne leur avait jamais été que loyal. La seconde phase de cette guerre, la mémorable campagne de 1476, à jamais illustrée par les noms de Granson et de Morat, cette lutte corps à corps dans laquelle il semblerait que les Suisses traqués ne faisaient que se défendre, est plus propre sans doute à donner de l'illusion; mais même dans ce second temps, si on veut bien le démêler avec M. de Gingins, on est fort tenté de reconnaître que le duc Charles (Charles le *Hardi*, comme il l'appelle toujours, et non le *Téméraire*) ne franchissait point le Jura en conquérant; il venait rétablir le comte de Romont et les autres seigneurs vaudois dans la possession de leur patrimoine, dont les Suisses les avaient iniquement dépouillés pour leur attachement à sa personne; il venait délivrer le comté de Neufchâtel de l'occupation oppressive des Bernois. Toute la gloire du succès et l'éblouissement d'une journée immortelle ne sauraient atténuer à l'œil impartial ces faits antérieurs et les témoignages qui les éclairent. Enfin la campagne qui se termina à la bataille de Nancy, et qui forme la troisième période de la guerre de Bourgogne, cette expédition dans laquelle le duc de Lorraine recruta dans les cantons, moyennant solde fixe, les hommes d'armes de bonne volonté, ne fut à aucun titre une guerre nationale, pas plus que toutes celles du même genre où les troupes suisses *capitulées* ont figuré depuis. L'ensemble d'une telle querelle, entièrement politique et même mercenaire, où les Confédérés servirent surtout l'ambition de Berne, ne saurait donc s'assimiler que par une confusion lointaine à ce

premier âge d'or helvétique ; à cette défense spartiate et pure des petits cantons pauvres et indépendants. Mais, en revanche, l'éclat du triomphe émancipa hautement la Suisse, la mit *hors de page*, elle aussi, et au rang des États ; et comme l'a très-bien dit un autre historien de ces contrées :
« La bataille de Morat a changé l'Europe ; elle a dégagé
« la France, relevé l'Autriche, et ouvert à ces deux puis-
« sances le chemin de l'Italie, que la maison de Bourgogne
« était tout au moins en mesure de leur barrer. Aussi voyez
« les Suisses pendant les trente années qui s'écoulèrent
« entre Morat et Marignan ! Rien alors ne se fait sans eux,
« et, les plus grands coups, ce sont souvent eux qui les
« donnent (1). »

Quoi qu'il en soit des vues nouvelles que ce coin de la question, tardivement démasqué, ne peut manquer d'introduire dans l'histoire finissante de la maison de Bourgogne, l'effet des beaux récits de Jean de Muller et de M. de Barante subsiste ; l'impression populaire d'alors y revit en traits magnifiques et solennels que le plus ou le moins de connaissance diplomatique ne saurait détruire. Cette destinée fatale qui pesa sur le malheureux Charles, à mesure qu'on l'approfondira davantage, ne peut même que gagner en pathétique sombre.

Nous allions oublier de dire qu'avant la publication de son histoire, M. de Barante avait contribué pour sa bonne part à l'introduction des Théâtres étrangers parmi nous. Traducteur des œuvres dramatiques de Schiller, il a mis en tête une notice développée, telle que la peut dicter une haute et fine raison. Il a également traduit l'*Hamlet* dans le *Shakspeare* publié par M. Guizot. En tout cela encore il s'est montré partisan et organe d'une réforme supérieure et modérée.

Après le succès éclatant de son histoire, M. de Barante dut concevoir quelques autres projets que son talent vif et

(1) *Histoire de la Révolution helvétique dans le Canton de Vaud*, par M. J. Olivier (1842).

facile lui eût permis sans doute de mener à fin. La révolution de Juillet est venue les interrompre, en le jetant encore une fois dans la vie politique active. Nous noterons pourtant une charmante petite nouvelle de la famille d'*Ourika* et du *Lépreux*, intitulée *Sœur Marguerite*; échappée à la plume de notre ambassadeur à Turin, en 1834, elle a témoigné de cette délicate variété de goût qu'on lui connaissait, et de cette jeunesse conservée de cœur. C'est l'histoire, sous forme de souvenir, d'une jeune personne, fille d'un médecin d'aliénés, laquelle se prend à vouloir guérir l'un d'eux, l'un des moins atteints, et ne réussit qu'à lui inspirer un sentiment que peut-être elle partage. Il se croit guéri, il la demande à son père qui la refuse. Le père est tué par le jeune homme dans un accès de fureur. Elle-même finit par se faire sœur de charité dans l'établissement où le pauvre insensé achève de mourir (1).

Employé bientôt dans une plus lointaine ambassade, et passé de Turin à Pétersbourg, si brillant et si flatteur que fût le succès personnel qu'il y obtint, M. de Barante n'a pas été sans éprouver durant quelques années cette tristesse de voir finir les saisons loin de son pays, loin des relations contemporaines qui furent chères et qu'on ne remplace plus. Du moins il a dû à cet éloignement de ne pas assister de près aux déchirements de ces mêmes amitiés, de n'y prendre aucune part, de les pouvoir garder toutes en lui avec une inviolable fidélité. Réimprimant en 1829 son ancienne brochure *des Communes et de l'Aristocratie*, il s'était félicité d'en retrancher ce qui tenait aux controverses antérieures des partis : « Il y a un grand contente-
« ment, disait-il, à supprimer les vivacités d'une vieille
« polémique, à se censurer soi-même; à se trouver en
« harmonie avec des hommes honorables dont autrefois
« on était plus ou moins divisé; à se sentir plus toléré et
« plus tolérant; à reconnaître qu'autour de soi tout est plus

---

(1) *Sœur Marguerite* se trouve au tome III des *Mélanges historiques et littéraires* de l'auteur (1835).

« calme dans les opinions et les souvenirs. » Ce passage dut plus d'une fois lui revenir en mémoire, ce me semble, avec le regret de penser qu'il ne se rapportait pas également à d'autres, et qu'à mesure que les choses étaient réellement plus calmes, les esprits des amis entre eux devenaient précisément plus aigris. Quant à lui, dans ses retours et ses séjours en France, il maintient ce rôle honorable et affectueux qui fait oublier le politique et qui sied à l'ami des lettres. Toutes les fois qu'il a dû prendre la parole dans des solennités publiques (et il l'a fait récemment en plusieurs occasions), on a retrouvé avec plaisir son esprit ingénieux et grave; l'idée morale, la disposition religieuse, qu'il a témoignée de tout temps, semble même prévaloir en lui avec les années, et rien n'altère cette sorte d'autorité légitime qu'on accorde volontiers, en l'écoutant, à l'écrivain éclairé, à l'homme de goût et à l'homme de bien.

15 mars 1843.

M. THIERS.

1845.

Nous sommes bien en retard avec M. Thiers : il est à la veille de publier son *Histoire du Consulat et de l'Empire*, et nous ne lui avons pas encore payé l'examen qui lui est dû comme à l'historien le plus populaire de la Révolution, au publiciste le plus habile et le plus considérable qu'ait porté la presse libérale des quinze ans. Nous allons tâcher de le faire ici, en nous tenant pour plus de simplicité à l'écrivain, et en laissant en dehors l'orateur et l'homme politique qui a grandi depuis, et qui s'est de plus en plus développé à travers des phases diverses, et qui n'a pas encore donné son dernier mot. M. Thiers, à dater du jour de son arrivée d'Aix à Paris, jusqu'au manifeste du *National* le 27 juillet 1830, c'est là notre sujet pour le moment; et le sujet est riche, il est attrayant et varié, il prête déjà, dans ces limites où nous le circonscrivons aujourd'hui, à un jugement d'ensemble, à un jugement impartial, incontestable, bien actuel pourtant, et dont plus d'un trait se réflétera sur les circonstances présentes de ce merveilleux esprit, si fécond chaque jour en preuves nouvelles. La carrière de M. Thiers se partage en deux moitiés distinctes, et il a su déjà se faire tout un passé ; et à travers tout, comme jet naturel, comme vivacité brillante et fraîcheur, jamais esprit n'est resté plus voisin de sa source et plus le même.

Né à Marseille en 1797, élevé à titre de boursier au lycée de sa ville natale, M. Adolphe Thiers alla, vers la fin de 1815, suivre les cours de droit à la faculté d'Aix. Dans les hautes classes de ses études à Marseille, il était devenu, nous dit-on, assez bon humaniste et latiniste, mais surtout il avait poussé les mathématiques en vue de la carrière militaire à laquelle tout alors se rapportait. L'Empire tombant, il se tourna vers le droit et commençait à y réussir. Ces années d'études à Aix ont laissé des traces. C'est là qu'il se lia avec M. Mignet de cette inaltérable et indissoluble amitié qui les honore tous les deux, d'une de ces amitiés que si peu d'hommes de talent savent continuer inviolable entre eux après la jeunesse. Tout en s'appliquant sérieusement à sa profession d'avocat, M. Thiers s'occupait beaucoup, à cette époque, de philosophie, de haute analyse spéculative, soit mathématique, soit même métaphysique; l'optimisme de Leibniz le tentait, et Descartes ne lui était pas du tout indifférent. Cette préoccupation chez un esprit aussi pratique, et qui s'en est montré assez dégagé depuis, pourra paraître singulière à ceux qui ne savent pas combien ces natures actives qu'on voit aboutir ensuite sur tel ou tel point ont été capables, dans leur avidité première, de toutes sortes d'essais, d'entrains curieux en tous sens et de préparations studieuses. On a quelque témoignage de cette veine de réflexions philosophiques et morales dans un *Éloge de Vauvenargues*, sujet qu'avait proposé l'Académie d'Aix, et pour lequel M. Thiers obtint le prix. Ce prix pourtant ne fut point remporté d'emblée, et l'anecdote s'en est conservée assez piquante. Dans cette ville du Midi, toute fervente encore des passions de 1815, le jeune avocat libéral était fort protégé et encouragé par un magistrat de vieille roche, M. d'Arlatan de Lauris, qui goûtait son esprit et présageait ses talents. A la vivacité avec laquelle M. d'Arlatan défendit au sein de l'Académie le discours anonyme, mais qui n'était pas un secret pour lui, les adversaires politiques devinèrent qu'il s'agissait de M. Thiers, et ils s'arrangèrent pour faire remettre le prix à l'année suivante, comme si le morceau ne se trouvait digne en effet que du second rang. Le lauréat évincé ne se tint pas pour battu, et aux approches du terme fixé, il fabriqua en toute hâte un nouveau discours, qu'il fit cette fois arriver de Paris par la poste. Le secret fut bien gardé. La cabale s'empressa, comme c'était immanquable, d'admirer l'éloge nouveau-venu et de l'opposer au précédent, si bien qu'on lui décerna le prix, et à l'autre seulement l'accessit. Or, en décachetant les noms, il se trouva que tous deux étaient de M. Thiers. Qui fut confus? messieurs les académiciens. Qui rit de bon cœur? M. d'Arlatan. Cette espièglerie, venant couronner le vrai talent, eût achevé d'établir à Aix la réputation du jeune avocat, si M. Thiers n'était parti vers ce temps-là même pour la capitale.

Nous retrouvons dans un article du *Constitutionnel* (30 novembre 1821) un extrait de cet *Éloge de Vauvenargues* et les principaux points que le jeune auteur y avait touchés; Montaigne, La Rochefoucauld, La Bruyère, y ont chacun leur esquisse au passage, et ces appréciations des moralistes par une plume de vingt-trois ans nous semblent justes autant que délicates, et de cette netteté déjà dont l'heureux style de M. Thiers ne se départira jamais. A propos de Montaigne, par exemple, il dira :

« Montaigne, élevé dans un siècle d'érudition et de disputes, accablé de tout ce qu'il avait lu, et n'y trouvant aucune solution positive, préfère le doute comme plus facile, et peut-être aussi comme plus humain, dans un temps où l'on s'égorgeait par conviction. Aimant tout ce qu'aimait Horace, et comme lui placé dans un siècle où il n'y avait pas mieux à faire, il célèbre le plaisir, le repos, et se fait une voluptueuse sagesse. Parlant de lui-même naturellement et volontiers, écrivant avant le règne des bienséances, il est naïf, original, un peu cynique; il fatigue par son érudition, qui est de trop dans son livre comme dans sa tête; il doit beaucoup au tour piquant de son esprit, mais beaucoup à sa langue ; il instruit, mais plus souvent il fournit, pour les vérités usuelles, des expressions inimitables. Tout homme qui aime une heureuse oisiveté, qui au milieu des guerres civiles ne sait où est la patrie, au milieu des disputes où est la vérité; qui est prudent, réservé, franc toutefois, parce qu'il s'estime, cet homme sera Montaigne, c'est-à-dire un indifférent que Solon eût condamné, mais dont nous aimons, nous, la douceur, la grâce et la prudence. »

La Bruyère n'y est pas moins justement saisi, et on y peut noter un trait de finesse pénétrante :

« La Bruyère avait un génie élevé et véhément, une âme forte et profonde. Logé à la cour sans y vivre et placé là comme en observation, on le voit rire amèrement, et quelquefois s'indigner d'un spectacle qui se passe sous ses yeux. Il observe ceux qui se succèdent, et les dépeint à grands traits, souvent les apostrophe vivement, court à eux, les dépouille de leurs déguisements et va droit à l'homme, qu'il montre nu, petit, hideux et dégénéré. *On voit dans Tacite la douleur de la vertu, dans La Bruyère son impatience.* L'auteur des *Caractères* n'est pas ou indifférent comme Montaigne, ou froidement détracteur comme La Rochefoucauld; c'est l'homme, son frère, qu'il trouve ainsi avili, et duquel il dit avec un regret douloureux : « Il devait être meilleur. »

Quant à Vauvenargues, M. Thiers estime que, seul, il a donné une doctrine complète sur l'homme, sa nature et sa destination; et si c'est là beaucoup dire, il montre du moins que, sans nier le mal, et sans se l'exagérer non plus, Vauvenargues, dans son optimisme pratique, a considéré le monde comme un vaste tout où chacun tient son rang, et la vie comme une action où, à travers les obstacles, la force humaine a pour but de s'exercer. Ces premières pages de M. Thiers sont d'un heureux augure; elles attestent déjà un auteur qui pense par lui-même et qui n'a nullement besoin de déclamation; elles n'ont pas d'effort, et elles ont de la portée.

Écrire comme on pense, *modeler son style sur les choses*, les bons esprits en viennent là d'ordinaire en avançant; mais M. Thiers ne conçut jamais d'autre théorie, même à ses débuts, même en ce concours académique. Cette absence complète de rhétorique vaut la peine d'être notée.

Un autre point qui ne mérite pas moins de l'être, c'est

cette prédilection déclarée pour l'*action*, qui se retrouvera dans toutes les circonstances de la vie et dans toute l'habitude de la pensée chez M. Thiers. Ainsi, après avoir montré Vauvenargues jeté dans les camps presque au sortir de l'enfance, perdant la santé, mais se trempant l'âme dans les fatigues et, pour tout dire, étudiant ses semblables du sein des glaces de Moravie :

« Qu'apprit-il durant ces cruelles épreuves?... Que l'homme est malheureux et méchant, que le génie est un don nuisible et Dieu une puissance malfaisante?... Certes, beaucoup de philosophes, sans souffrir, ont avancé pire, et Vauvenargues, qui souffrait cruellement, n'imagina rien de pareil. Le monde lui parut un vaste ensemble où chacun tient sa place, et l'homme un agent puissant dont le but est de s'exercer ; il lui sembla que, puisque l'homme est ici-bas pour agir, plus il agit, plus il remplit son but.

« Vauvenargues comprit alors les ennuis de l'oisiveté, les charmes du travail, et même du travail douloureux ; il conçut un mépris profond pour l'oisiveté, une estime extrême pour les actions fortes. Dans le vice même, il distinguait la force de la faiblesse, et, entre Sénécion, vil courtisan sous Néron, et Catilina, monstrueux ennemi de sa patrie, il préférait pourtant le dernier, parce qu'il avait agi... »

Et encore :

« Le monde, suivant Vauvenargues, est ce qu'il doit être, c'est-à-dire fertile en obstacles ; car, pour que l'action ait lieu, il faut des difficultés à vaincre, et le mal est ainsi expliqué. La vie enfin est une action, et, quel qu'en soit le prix, l'exercice de notre énergie suffit pour nous satisfaire, parce qu'il est l'accomplissement des lois de notre être. Telle est en substance la doctrine de Vauvenargues. On le nomme un génie aimable, un philosophe consolant ; il n'y a qu'un mot à dire : il avait compris l'univers, et l'univers bien compris n'est point désespérant, mais offre au contraire de sublimes perspectives. »

Je n'ai pas craint de citer, parce que tout l'instinct de l'homme se révèle déjà dans ces premiers écrits, et que, si l'on a sans doute un peu au delà de Vauvenargues dans

ce besoin d'action si caractérisé, on a déjà beaucoup de M. Thiers. C'est bien le même qui, dix ans plus tard, dans un admirable article sur les *Mémoires* de Gouvion Saint-Cyr (1), après avoir montré, à la louange des grands capitaines, que penser fortement, clairement, non pas au fond de son cabinet, mais au milieu des boulets, est, à coup sûr, l'exercice le plus complet des facultés humaines, c'est lui qui ajoutera en des termes tout à fait semblables :
« Ceux qui ont rêvé la paix perpétuelle ne connaissaient ni
« l'homme ni sa destinée ici-bas. L'univers est une vaste
« action, l'homme est né pour agir. Qu'il soit ou ne soit
« pas destiné au bonheur, il est certain du moins que
« jamais la vie ne lui est plus supportable que lorsqu'il
« agit fortement ; alors il s'oublie, il est entraîné, et cesse
« de se servir de son esprit pour douter, blasphémer, se
« corrompre et mal faire. »

M. Thiers n'a jamais manqué, à l'occasion, de se prononcer contre cette disposition d'esprit si commune de nos jours, qui consiste à se replier sur soi, à s'analyser, à raconter ses propres émotions au lieu de chercher à s'en procurer de nouvelles ou d'en produire chez d'autres ; il appelle cela le genre *impressif*, et le croit contraire à la destinée naturelle de l'homme, laquelle est plutôt dans le sens *actif*. Il abonde, lui, dans ce dernier sens.

Vers le même temps où se mettait en marche ce jeune esprit, assurément le moins rêveur, un autre grand talent se déclarait aussi, qui semblait, au contraire, appelé à donner à la moderne rêverie et au monde intérieur son expression la plus suave et la plus ample, la plus enchanteresse et la plus harmonieusement sensible. M. de Lamartine, tel que ses premières œuvres le révélaient, et que rien depuis ne l'a pu effacer encore, était le plus sublime des rêveurs, de ceux qui exhalent et qui chantent leur âme. L'un et l'autre se trouvaient si éloignés à leur point de départ, qu'ils semblaient vraiment ne devoir ja-

---

(1) *Revue française*, novembre 1829.

mais se croiser. Nous les verrons, au commencement de 1830, s'aborder, se saluer une première fois avec une courtoisie toute chevaleresque, en attendant que plus tard ils se rencontrent face à face, la haute rêverie prétendant à n'en plus être et aspirant à l'action. Quoi qu'il en soit, tous les deux ils représentent, comme deux chefs, les deux grands instincts et les deux principaux courants de ce siècle, duquel on a pu dire tour à tour qu'il est un siècle d'action et un âge de rêverie; une époque vague, sceptique, et une époque positive. Ce parallèle, on le sent, avec ses contrastes, avec ses contacts aussi, serait fécond, mais délicat à poursuivre; nous le posons seulement, et nous passons.

M. Thiers était nouvellement arrivé à Paris en septembre 1821. Nous avons la date précise dans une page d'*album* écrite de sa main sous ce titre : *Arrivée d'un jeune Méridional à Paris;* c'est une description de ses premières et confuses impressions à une première vue, c'est sa satire à lui des *Embarras de Paris :*

« Bientôt courant dans les rues, l'impatient étranger ne sait où passer. Il demande sa route, et tandis qu'on lui répond, une voiture fond sur lui; il fuit, mais une autre le menace. Enfermé entre deux rues, il se glisse et se sauve par miracle. Impatient de tout voir, et avec la meilleure volonté d'admirer, il court çà et là. Chacun le presse, l'excite, en lui recommandant un objet; il voit pêle-mêle des tableaux noircis, d'autres tout brillants, mais qui offusquent de leur éclat; des statues antiques, mais dévorées par le temps; d'autres conservées et peut-être belles, mais point estimées par un public superstitieux; des palais immenses, mais non achevés; des tombeaux qu'on dépouille de leur vénérable dépôt, ou dont on efface les inscriptions; des plantes, des animaux vivants ou empaillés; des milliers de volumes poudreux et entassés comme le sable; des tragédiens, des grimaciers, des danseurs. Au milieu de ces courses, il rencontre une colonnade, chef-d'œuvre de grandeur et d'harmonie... C'est celle du Louvre... Il recule pour pouvoir la contempler, mais il heurte contre des huttes sales et noires, et ne peut prendre du champ pour jouir de ce magnifique aspect. On déblayera ce terrain, lui dit-on, etc., etc.

— Quoi! se dit l'enfant nourri sous un ciel toujours serein, sur un sol ferme et sec, et au milieu des flots d'une lumière brillante, c'est ici le centre des arts et de la civilisation! Quelle folie aux hommes de se réunir ainsi dans un espace trop vaste pour ceux qui ont à le parcourir, trop étroit pour ceux qui doivent l'habiter; où ils fondent les uns sur les autres, s'étouffent, s'écrasent, avec la boue sous les pieds et l'eau sur la tête! etc., etc. »

Patience! lorsque M. Thiers sera un jour ministre de l'intérieur ou des travaux publics, il saura mettre ordre à cela. Il serait piquant d'écrire, en regard de cette page de jeunesse, le résumé de son budget de ces années (1832-1834) concernant les embellissements de Paris.

Les impressions du jeune Marseillais dans ce monde nouveau qui s'ouvrait à lui furent bientôt d'un *tout autre* ordre. Recommandé à Manuel, il le fut par lui à M. Laffitte, à M. Étienne, et entra au *Constitutionnel* en même temps que M. Mignet entrait au *Courrier*. Les deux amis réussirent aussitôt, chacun dans sa ligne parallèle et dans sa nuance. Tandis que l'un burinait déjà jusque dans ses moindres pages les traits d'une pensée grave, élevée et un peu puritaine, l'autre lançait sur tout sujet son esprit prompt, alerte et vigoureux. Du premier jour, M. Thiers fut aisément égal ou, pour parler vrai, supérieur (M. Étienne à part) à la rédaction habituelle du *Constitutionnel*, et il laissait surtout bien loin derrière lui toutes ces jeunes recrues si naturellement traînantes, les Bodin, Léon Thiessé et autres. Ce qu'il y avait de peu compliqué dans les théories, soit politiques, soit littéraires, du *Constitutionnel*, ne lui déplaisait pas ; l'esprit de M. Thiers est de ceux qui, bien différents en ce point de plusieurs autres esprits distingués et dédaigneux de ce temps-ci, ne se rebutent jamais du simple, et il se réservait d'en relever ce qui touchait au commun par la vivacité et l'à-propos de ses aperçus. Nous pourrions remarquer et choisir plus d'un de ces articles de début; mais aucun ne nous paraît plus caractéristique de cette première manière, déjà si ferme et si sûre, que celui qu'il écrivit sur la brochure de M. de

Montlosier, ou, comme il l'appelle, sur ce long cauchemar de 300 pages, intitulé *De la Monarchie française au 1er mars 1822*. L'offense d'un esprit juste à voir un tel ramas d'incohérences, la douleur d'un jeune homme à voir un vieillard s'égarer si violemment, le ressentiment d'un homme nouveau qui prend sa part dans l'injure proférée par le patricien endurci, et le zèle du futur historien à venger des noms vénérés, le respect aussi des cheveux blancs qui, sans l'amortir, rehausse plutôt et aggrave la vigueur de la réplique, tous ces sentiments très-mesurés, très-apparents, respirent dans l'excellent article que le jeune publiciste, par une forme anticipée, convertit volontiers en une sorte de discours directement adressé à l'adversaire :

« Non, s'écrie-t-il, non, nous n'avions pas, avant 89, tout ce que nous avons eu depuis ; car il eût été insensé de se soulever sans motif, et toute une nation ne devient pas folle en un instant.

« Ces concessions que vous appelez des bienfaits, et moi des restitutions, n'ont été conquises que par la Révolution ; ce mot seul les rappelle toutes, et le mot opposé rappelle leur privation. Songez-y bien, monsieur le comte, les premiers ordres, ducs, prélats, présidents, avaient refusé l'impôt territorial ; ils avaient demandé les États-généraux pour menacer la cour. Lorsqu'ils furent pris au mot, ils n'en voulurent plus ; ils refusèrent le doublement du tiers état et le vote par tête ; ils ne consentirent à l'égalité des charges que lorsqu'ils se virent exposés à tout perdre par un refus ; ils n'abandonnèrent leurs priviléges que par un mouvement de pudeur excité dans la nuit du 4 août. Songez qu'avant 89, nous n'avions ni représentation annuelle, ni liberté de la presse, ni liberté individuelle, ni vote de l'impôt, ni égalité devant la loi, ni admissibilité aux charges. Vous prétendez que tout cela était dans les esprits, mais il fallait la Révolution pour le réaliser dans les lois ; vous prétendez que c'était écrit dans les cahiers, mais il fallait la Révolution pour l'émission des cahiers. »

Et plus loin, à propos des recettes féodales que M. de Montlosier propose comme remèdes à la situation du moment :

« Tout cela donc ne signifie rien. Mais quelques hommes dépités veulent se satisfaire ; ils trouvent un prétexte pour nous injurier et nous couvrir de leur mépris. Ce que je connais de plus déplorable au monde, c'est de voir des vieillards avoir tort, et je n'ai jamais tant souffert qu'en voyant M. de Montlosier se permettre la violence et l'injure. Il parle sans cesse des vanités plébéiennes ; il rappelle continuellement notre bassesse et nos crimes. Je n'invoquerai pas les lois contre cette insulte aux classes, mais j'opposerai à ces injures chevaleresques le langage de ma raison bourgeoise et écolière. Oui, dirai-je à M. de Montlosier, nous avons des prétentions comme vous : c'est l'orgueil qui, chez nous, demande l'égalité, et qui, chez vous, la refuse ; mais entre ces deux orgueils, lequel est coupable, de celui qui demande le droit commun, ou de celui qui le conteste ? Vous ajoutez que, parvenus à l'égalité, nous voulons dominer, et qu'une fois dominateurs, nous sommes aussi dédaigneux que vous-mêmes ; et vous citez la noblesse impériale. Vous avez raison ; mais, moi, je n'attache pas l'orgueil au sang comme vous y attachez le mérite : je l'impute aux situations. Quand les plébéiens sont placés où vous êtes, ils peuvent s'oublier comme vous ; mais, en attendant que nous partagions vos torts, permettez-nous de les blâmer. Je suis tout aussi franc que vous, et, je l'avouerai, de votre côté et du nôtre, il n'y a que des hommes et des passions d'hommes. Il n'y a entre vous et nous de différence que la justice de la cause. Chez nous comme chez vous, il peut y avoir eu des vanités, des passions féroces. Des plébéiens nés dans vos rangs auraient déclaré la guerre à leur patrie ; mais convenez aussi que des nobles nés dans nos rangs auraient pu être dans le Comité de salut public. Nous sommes tous hommes, monsieur le comte, et cette condition est dure. Tous les partis ont leurs bons et leurs méchants, et ne diffèrent que par le but ; mais vous conviendrez qu'entre un Bailly mourant la tête et le cœur plein de vérité, et un d'Éprémesnil mourant plein d'entêtement, quoique le sacrifice soit le même, le mérite ne l'est pas. Tous deux ont succombé pour leur cause ; mais lequel pour la vérité ? »

Certes la conviction, le sentiment profond de ce que j'appellerai *la vérité sociale*, éclate dans ces pages où le jeune écrivain, si prononcé pour les choses, ne se montre guère disposé à de grandes illusions sur les hommes. Cet article pourrait se dire assez justement un *article-ministre ;*

l'instinct s'y montre, la vocation y perce, le pronostic aurait pu dès lors se tirer. Et ceci me rappelle en effet que, dans ces années de début, un soir que, sur un des sujets de conversation politique à l'ordre du jour, M. Thiers avait brillamment parlé, Félix Bodin, qui l'avait écouté sans l'interrompre, s'approcha de lui lorsqu'il eut fini, et lui dit : « Mais savez-vous, mon cher ami, que vous serez ministre ? » Le compliment fut reçu sans étonnement et comme par quelqu'un qui pouvait répondre : « Je le sais. »

Il ne faudrait pas que nos jeunes gens d'aujourd'hui se réglassent là-dessus dans leurs ambitions futures ; outre que de tels talents sont infiniment rares, les temps aussi sont fort changés. Il y avait alors des partis en ligne, de grandes opinions rangées en présence ; il y avait des positions régulières à emporter, des principes légitimes à faire prévaloir, une *vérité sociale* en un mot, et c'est la conscience de cette vérité qui développait et doublait les jeunes talents, occupait les jeunes passions, et leur donnait tout leur emploi dans une direction à la fois utile et généreuse.

Mais ce n'était pas en politique seulement que la plume de M. Thiers faisait ses premières armes ; alors, comme aujourd'hui, on était fort tenté, au début, d'écrire sur toutes sortes de sujets. Je ne sais plus qui a dit : On commence toujours par parler des choses, on finit quelquefois par les apprendre. Le fait est que les mieux doués commencent par deviner ce qu'ils finissent ensuite par bien savoir. C'est ce qui arriva au jeune écrivain pour le salon de peinture de 1822, dont il rendit compte dans *le Constitutionnel;* ces mêmes articles parurent durant l'année, réunis en brochure. Quoi qu'en puisse penser aujourd'hui l'auteur, très-sévère sur ses premiers essais et dès longtemps mûri en ces matières, j'ose lui assurer que cette brochure se relit encore avec plaisir, avec utilité. Si le coup-d'œil historique sur les révolutions de la peinture laisse infiniment à désirer et peut compter à peine en ce qui concerne l'Italie, que M. Thiers n'avait pas visitée encore, les considérations générales sur le goût, sur la critique des arts et sur les divers mérites propres à ceux du dessin, restent des pages très-agréables et très-justes, des gages d'un instinct très-sûr et d'une inclination naturellement éclairée. L'examen de la *Corinne au cap Misène*, de Gérard, amène un portrait de madame de Staël et une appréciation qu'on a droit de trouver rigoureuse, mais qui n'est pas moins pleine de sens et bien conforme à ce que M. Thiers devait sentir en effet. Il n'y a même de tout à fait injuste dans ce jugement que l'avantage décidé que le critique accorde au peintre sur le romancier. Ce même *Salon* de 1822 renferme de généreux conseils à Horace Vernet (1) et une page commémorative pour le jeune Drouais; Drouais, ce premier élève de David, « qui mourut, dit M. Thiers, dévoré de ses feux et ravi avant l'âge, comme Gilbert, André Chénier, Hoche, Barnave, Vergniaud et Bichat. »

M. Thiers, à son aurore, avait surtout et il n'a jamais perdu le culte de ces beaux noms, de ces jeunes gloires, de ces victimes à jamais couronnées : historien, il leur dressera un autel, et, dans des pages dont on se souvient, il s'inspirera éloquemment de leur mémoire. On lui a, plus d'une fois, reproché de n'avoir pas de principe théorique général, de ne pas croire assez au droit pris d'une manière abstraite ou philosophique, d'accorder beaucoup au fait. Je ne discute pas ce point, quoiqu'en ce qui concerne l'art on le trouve bien décidément croyant au vrai et au beau. Mais il avait, il a ce que j'aime à nommer le sentiment *consulaire*, c'est-à-dire un sentiment assez conforme à cette belle époque, généreux, enthousiaste, rapide, qui conçoit les grandes choses aussi par le cœur et qui fait entrer l'idée de postérité dans les entreprises; ce qui le porte à s'enflammer tout d'abord pour certains mots im-

---

(1) « Il est jeune, favorisé de la fortune et de la gloire, entouré d'amis qui l'admirent, d'un public qui l'applaudit avec une complaisance toute particulière; mais la vie ne saurait être si facile; il faut un tourment à M. Horace Vernet : que ce soit l'idée de la perfection.... » Tout ce chapitre VIII est d'une critique chaude, cordiale et franche : c'est du Diderot simple.

mortels, à s'éprendre pour certaines conjonctures mémorables et à souhaiter, par quelque côté, de les ressaisir ; ce qui lui faisait dire, par exemple, à M. de Rémusat, vers ce temps des nobles luttes commençantes : « Nous sommes la jeune garde (1). » Cette étincelle sacrée, qui l'anime comme historien, ne lui a fait défaut en aucune autre application de sa pensée, et, tout pratique qu'il est et qu'il se pique d'être, je ne répondrais pas qu'elle ne l'ait embarrassé plus d'une fois comme politique.

Dans l'automne de 1822, M. Thiers voyagea dans le Midi et aux Pyrénées, en faisant le tour par Genève, Marseille, jusqu'à Bayonne, et en pénétrant dans les montagnes à cette extrême frontière où s'agitaient l'agonie de la Régence d'Urgel et les débris de l'armée de la Foi. La relation de ce voyage parut en 1823 sous ce titre : *Les Pyrénées et le Midi de la France pendant les mois de novembre et décembre* 1822. Le but principal de cet écrit, tout de circonstance, était de donner des notes exactes et de rapporter de fraîches informations sur ces mouvements politiques auxquels l'opinion prenait alors tant d'intérêt. Mais, la part faite à ces observations et préoccupations *libérales*, ce petit écrit se recommande encore, après bien des années, par quelques pages plus durables : des descriptions lumineuses et faciles annoncent, dans le voyageur, l'habitude précoce et la faculté de voir géographiquement des ensembles, de décrire de haut et sans effort la configuration des lieux et des bassins qui se dessinent devant lui. Les chapitres sur Marseille sont à la fois pleins d'amour et de réflexion : on n'a jamais mieux rendu, ni d'un trait plus approprié, la beauté de ligne et de lumière de ce golfe de Marseille, cette végétation rare et pâle, si odorante de près, la silhouette et les échancrures des rivages, la Tour Saint-Jean qui les termine, « au couchant, enfin, la Méditer-

---

(1) Voir, dans l'article de M. de Rémusat sur M. Jouffroy, les belles pages sur les jeunes générations en marche vers 1823. (*Revue des Deux Mondes*, 1er août 1844, pages 435-438.)

« ranée qui pousse dans les terres des lames argentées ; la
« Méditerranée avec les îles de Pomègue et de Ratoneau,
« avec le château d'If, avec ses flots tantôt calmes ou agi-
« tés, éclatants ou sombres, et son horizon immense où
« l'œil revient et erre sans cesse en décrivant des arcs de
« cercle éternels. » L'histoire civile de Marseille, avec ses
vicissitudes et ses revirements, s'y résume très à fond ; son
génie s'y révèle à nu, raconté avec feu par le plus avisé
de ses enfants. Marseille, qui se croyait encore royaliste,
y est démontrée la cité la plus démocratique du Midi ; et,
lui promettant dans un très-prochain avenir l'union de la
richesse et des lumières, l'auteur finit le tableau d'un
trait : « Il tient à son sol, à son sang, de tout faire vite, le
bien comme le mal. »

Mais je n'aurais pas tout dit de cet écrit presque oublié,
et je croirais manquer à ce que le critique doit aux premiers essais de l'auteur qu'il étudie, si je n'indiquais, ou
plutôt si je n'extrayais tout un tableau qu'on ne songerait
pas à y chercher, et qui me semble la perfection même. Il
y a dans la première touche de la jeunesse, quand elle
réussit, une grâce, une fraîcheur, une *félicité*, qui pourra
se conserver ensuite plus ou moins légère, se ménager jusque sous des qualités plus fortes, mais que rien désormais
n'égalera. Voici le tableau : c'est la vallée d'Argelez, vue du
prieuré de Saint-Savin. Le passage est un peu long, mais
il ne semblera point tel, nous l'espérons, à qui l'aura lu en
entier. Nous ne savons si le peintre des Pyrénées, Ra-
mond, a fait une description plus fidèle ; il n'en a pas rencontré assurément de plus transparente et de plus limpide :

« Tandis que je gravissais, dit le voyageur, par une matinée
très-froide, le sentier escarpé qui conduit à Saint-Savin, un
brouillard épais remplissait l'atmosphère. Je voyais à peine les
arbres les plus voisins de moi, et leurs troncs se dessinaient
comme des ombres à travers la vapeur. A peine arrivé au som-
met, je fus ravi de me trouver au pied d'une gothique chapelle,
et ses ogives, ses arcs si divisés, ses fenêtres en forme de rosaces,
ses vitraux de couleur à moitié brisés, me charmèrent. Enfin, me

dis-je en passant sous l'antique porte, voici une véritable abbaye. C'était pour mon imagination un ancien vœu réalisé. Des Espagnols travaillaient dans la cour. Ces robustes ouvriers remuaient avec gravité d'énormes pierres, et j'appris qu'à cause de leur patience et de leur sobriété, on les employait dans nos Pyrénées françaises aux travaux les plus difficiles. Mon compagnon de voyage demanda le propriétaire, et tout à coup un petit homme vif et gai se présenta en disant : « Voici le prieur ; que lui demande-t-on? — Voir la vallée et son prieuré. — Bien venus, nous dit-il, bien venus ceux qui veulent voir la vallée et le prieuré! » Il nous ouvrit alors une porte qui, de cette cour, nous jeta sur une terrasse. « Tenez, ajouta-t-il, vous venez au bon moment; regardez et taisez-vous. » Je regardai en effet et de longtemps je n'ouvris la bouche. La terrasse sur laquelle nous nous trouvions était justement à mi-côte, c'est-à-dire dans la véritable perspective du tableau, en outre sous son vrai jour, car le soleil se levant à peine donnait un relief extraordinaire à tous les objets. Le brouillard, que j'avais un instant auparavant sur la tête, était alors au-dessous de mes pieds ; il s'étendait comme une mer immense et allait flotter contre les montagnes et jusque dans leurs moindres sinuosités. Je voyais des bouquets d'arbres dont le tronc était plongé dans la vapeur et dont la tête paraissait à peine ; des châteaux à quatre tours qui ne montraient que leurs cônes d'ardoise. La moindre brise qui venait soulever cette masse l'agitait comme une mer. Auprès de moi, elle venait battre contre les murs de la terrasse, et j'aurais été tenté de me baisser pour y puiser comme dans un liquide. Bientôt le soleil, la pénétrant, l'agita profondément et y produisit une espèce de tourmente. Soudain elle s'éleva dans l'air comme une pluie d'or ; tout disparut à travers cette vapeur de feu, et le disque même du soleil fut entièrement caché. Ce spectacle avait le prestige d'un songe; mais, un instant après, cette pluie retomba, l'air se retrouva aussi pur, le brouillard aussi épais, mais moins élevé. Grâce à cet abaissement, de nouveaux arbres montraient leurs têtes ; des coteaux inaperçus tout à l'heure présentaient leurs cimes grises ou verdoyantes. Ce mouvement d'absorption se renouvela plusieurs fois, et, à chaque reprise, le brouillard, en retombant, se trouvait abaissé, et une nouvelle zone était découverte. Nous rentrâmes alors chez le possesseur qui, en vertu des lois de la Constituante, a succédé aux riches oisifs qui s'ennuyaient autrefois de ce beau spectacle et n'y voyaient que des rochers et d'humides vapeurs. C'est le médecin de Cauterets qui a fait cette acquisition et qui est le patron naturel de ces montagnards, leur conseil dans toutes leurs affaires, leur organe auprès de l'autorité, leur médecin quand ils sont malades. Il s'est nommé *le prieur de Saint-Savin*; les habitants lui en ont donné le titre, et il a obligé l'évêque même à le lui conserver. . . . .

. . . . Je me rendis de nouveau sur la terrasse pour jouir d'un spectacle tout différent, celui de la vallée délivrée des brouillards, fraîche de la rosée et brillante du soleil. Dans ce moment le voile était tiré : je voyais tout, jusqu'à l'écume des torrents et au vol des oiseaux ; l'air était parfaitement pur ; seulement, quelques nuages qui se trouvaient sur la direction ordinairement plus froide des eaux ou des courants d'air circulaient encore dans le milieu du bassin, se traînaient peu à peu le long des montagnes, remontaient dans leurs sinuosités, et venaient se reposer enfin autour de leurs pointes les plus élevées, où ils ondoyaient légèrement. Mais la vallée, comme une rose fraîchement épanouie, me montrait ses bois, ses coteaux, ses plaines vertes du blé naissant ou noires d'un récent labourage; ses étages nombreux couverts de hameaux et de pâturages, ses bosquets flétris, mais conservant encore leur feuillage jaunâtre; enfin des glaces et des rochers menaçants. Mais ce qu'il est impossible de rendre, c'est ce mouvement si varié des oiseaux de toute espèce, des troupeaux qui avançaient lentement d'une haie à l'autre, de ces nombreux chevaux qui bondissaient dans les pâturages ou au bord des eaux ; ce sont surtout ces bruits confus des sonnettes des troupeaux, des aboiements des chiens, du cours des eaux et du vent, bruits mêlés, adoucis par la distance, et qui, joignant leur effet à celui de tous ces mouvements, exprimaient une vie si étendue, si variée et si calme. Je ne sais quelles idées douces, consolantes, mais infinies, immenses, s'emparent de l'âme à cet aspect, et la remplissent d'amour pour cette nature et de confiance en ses œuvres. Et si, dans les intervalles de ces bruits qui se succèdent comme des ondes, un chant de berger résonne quelques instants, il semble que la pensée de l'homme s'élève avec ce chant pour raconter ses besoins, ses fatigues au Ciel, et lui en demander le soulagement. Oh! combien de choses ce berger, qui ne pense peut-être pas plus que l'oiseau chantant à ses côtés, combien de choses il me fait sentir et penser ! Mais cette douce émotion passe comme un beau rêve, comme un bel air de musique, comme un bel effet de lumière, comme tout ce qui est bien, comme tout ce qui, nous touchant vivement, ne doit par cela même durer qu'un instant. »

Certes de telles pages, négligemment jetées et venues comme d'elles-mêmes dans une brochure plutôt politique, attestent mieux que tout ce qu'on pourrait dire un coin de nature d'artiste bien mobile et bien franche (*genuine*), ouverte à toutes les impressions, et digne, à certains moments, de tout comprendre et de tout sentir. Il y a telle page de Jouffroy où il nous représente aussi le pâtre mélancolique et taciturne au haut de sa montagne ; mais ici, chez M. Thiers, le berger chante. Dans leurs deux tableaux, le politique comme le philosophe, en s'oubliant, s'élevaient chacun à la poésie, à l'art naturel et simple, à la pure source première du beau et du grand.

Ce n'était là pourtant (M. Thiers nous en avertit) qu'un instant rapide et qu'un éclair : hâtons-nous de rentrer avec lui dans la pratique et la réalité. L'année même où parut cette relation de voyage, il prenait la part la plus active à la rédaction d'un recueil qui ne vécut que peu, mais qui était un heureux signal, les *Tablettes universelles*. Si bien posé qu'il se trouvât au *Constitutionnel*, en effet, ce cadre déjà formé ne suffisait point à l'activité de M. Thiers ; il sentait qu'il y avait à s'émanciper, à coloniser ailleurs. Les *Tablettes* furent la première tentative d'union entre les jeunes générations venues de bords différents, celle des proscrits de l'Université (Jouffroy, Dubois, etc.), les jeunes doctrinaires, fleur des salons sérieux (M. de Rémusat en tête), et les deux Méridionaux directement voués à la révolution, MM. Mignet et Thiers. M. Thiers se chargea aux *Tablettes* du *bulletin politique* (signé ***), qu'on attribua d'abord à la fine plume de M. Étienne, et, durant cette année décisive de la guerre d'Espagne et de la lutte sourde du cabinet entre M. de Chateaubriand et M. de Villèle, il ne cessa de se montrer un chroniqueur attentif et pénétrant, décochant à chaque bulletin son épigramme, que modéraient déjà l'intelligence des hommes et l'entente du jeu. Comme diversion à cette vive escarmouche politique (M. Thiers abondera de tout temps en ces sortes de diversions), je noterai un article de lui sur l'architecture gothique (1), à propos de la description de la cathédrale de Cologne, par Boisserée. L'idée de M. Boisserée qui déduit l'architecture ogivale de l'espèce d'*aspiration* qu'exercèrent les hautes tours destinées aux cloches sur le reste de l'édifice, cette vue ingénieuse, mais qui n'est qu'un des éléments de la vérité, se trouve exposée plutôt que discutée par M. Thiers. Plus tard, dans ses nombreux voyages en Italie, au bord du Rhin, en Allemagne, et à l'aide de comparaisons multipliées, M. Thiers concevra à son tour, sur l'ensemble de l'architecture, tout un système historique et générateur complet, tout un livre mouvant et presque passionné, qui est écrit dans sa tête, qui vit dans sa conversation, mais qu'on ne saurait toucher en cet endroit sans anachronisme. Nous n'avons noté en passant l'article sur l'œuvre de Boisserée que pour prendre acte de la vocation et signaler en tous sens les aptitudes diverses.

Les deux premiers volumes de l'*Histoire de la Révolution* paraissaient dans l'automne de l'année 1823. Cette histoire, qui a eu tant de vogue et d'influence, une influence qui n'est pas épuisée encore, fut commencée un peu au hasard, et naquit par occasion. La première idée en vint à Félix Bodin, qui poussa M. Thiers à l'entreprendre, et qui, le voyant ensuite si bien attaquer l'œuvre, y renonça lui-même avec une parfaite bonne grâce. Bodin était un homme instruit, de bonne heure fatigué, et d'une haleine courte qui ne dépassait guère le résumé historique, genre exigu dont il est le père. Il avait acquis une assez grande réputation à ce quart d'heure de 1823, et son nom faisait, au besoin, une manière d'autorité et quasi de patronage. Ce nom auxiliaire se trouva donc associé à celui de M. Thiers pour les deux premiers volumes, qui formèrent la première li-

---

(1) N° du 17 janvier 1824.

vraison : il ne disparut qu'au troisième. Dans ces deux premiers volumes, qui comprennent l'Assemblée constituante et presque toute la législative, le jeune historien débute, on le voit bien ; il n'a pas encore trouvé sa méthode ni son originalité. A l'exemple de la plupart des historiens, après une étude plus ou moins approfondie des faits, après une recherche bientôt jugée suffisante, et s'étant dit une fois : *Mon siège est fait*, il s'en tire par le talent de la rédaction, par l'intérêt dramatique du récit, et par des portraits brillants. Celui de Mirabeau, sous sa plume, méritait fort d'être remarqué ; le caractère et la grandeur du personnage y étaient vivement produits, même avec trop de prestige, et l'on pouvait relever déjà, dans l'appréciation de certains actes, trop de coulant et d'indulgence. Cependant, ces deux premiers volumes parus, M. Thiers sentit (et lui-même en convient avec cette sincérité qui est un charme des esprits supérieurs) (1) qu'il avait presque tout à apprendre de son sujet, et qu'une rédaction spirituelle après lecture courante des pièces et des mémoires antérieurement publiés n'était pas l'histoire telle qu'il était capable de la concevoir. Il se mit dès lors à étudier résolûment ce qui fait la matière essentielle de toute histoire, c'est-à-dire le corps et les ressorts de l'État. Il connaissait par Manuel le baron Louis ; il s'adressa directement à celui-ci pour certaines études spéciales dont les historiens hommes de lettres se dispensent trop aisément. Une simple teinture, à lui, ne lui suffisait pas ; il veut en tout mettre la main à l'œuvre, sonder du doigt les arcanes. Tout un hiver, chaque matin, il va donc étudier chez le

---

(1) Ce passage, ainsi que plusieurs autres, a fort égayé l'un des rédacteurs du *Quaterly Review*, qui, dans un article des plus injurieux à M. Thiers (septembre 1845), nous a fait l'honneur de nous mêler pour une très-honorable part. Mais, dans ces portraits familiers où nous causons de notre sujet en présence d'un public bien informé, nous n'avons jamais eu la prétention de grossir notre ton jusqu'à être entendu par delà le détroit; le porte-voix n'est point du tout notre fait : trop heureux si de près nous paraissons observer des nuances fidèles !

vieil économiste avec son budget sous le bras, comme on irait prendre des leçons. Ce budget normal bien connu lui servait ensuite à comprendre les expériences financières de Robert Lindet et de Cambon. Le baron Louis, bonne tête politique, très-opposé d'ailleurs au système continental de l'Empire et grand partisan de la liberté du commerce, trouvait dans M. Thiers un élève qui se permettait quelquefois de n'être pas de son avis et de le combattre : le digne homme d'État se plaisait à voir un jeune esprit net et ferme s'exercer ainsi à la discussion sérieuse, et il le favorisait. Plus tard, après juillet 1830, et sous M. Louis ministre, M. Thiers, placé tout à côté de lui et au cœur de la machine, complétera en grand ces fortes études financières si bien commencées. En même temps qu'il s'informait des finances, il essaya d'entreprendre la guerre avec le général Foy, surtout avec Jomini, qui était alors à Paris, et qu'il vit beaucoup. Il avait des amis artilleurs à Vincennes, il causait et discutait sur le terrain avec eux, se faisait démontrer les fortifications, l'attaque, la défense, et rien ne le flattait tant que d'être salué par eux, à cette fin d'école, un bon officier du génie. Dès lors se déclarait son goût pour les cartes géographiques, stratégiques, auxquelles il attache une importance plus que militaire (1); il en faisait une collection qu'il a augmentée depuis, et qui est une des plus belles qui se puisse voir. Le résultat historique de telles préparations inaccoutumées allait éclater avec bonheur, dès le début de son troisième volume, par l'admirable exposé de la campagne de l'Argonne.

Ainsi donc, nous prenons sur le fait la méthode de M. Thiers en histoire, la manière dont il devint historien, et en quoi il diffère essentiellement des autres grands talents contemporains qui se sont illustrés dans ce genre.

(1) « L'histoire de la guerre est une des bases de la science politique. « On ne sait à fond la carte d'un pays qu'en étudiant les combats dont « il a été le théâtre, et on ne connaît bien les relations d'un pays avec « les autres qu'en connaissant bien sa carte. » (Article de M. Thiers sur les *Mémoires* du maréchal Gouvion Saint-Cyr.)

Il faut toujours mettre à part M. Guizot, dont les instincts parlementaires et d'homme d'État, d'orateur d'État, se déclaraient hautement d'avance et dans le choix des sujets et dans l'esprit suivant lequel il les traitait. Même en faisant de l'histoire, M. Guizot méditait autre chose. La remarque est plus vraie encore de M. Thiers. Son ambition au début, son instinct naturel n'est pas de retrouver, de produire l'histoire épique ou pittoresque (comme on y a si heureusement réussi, mais un peu après coup), et il ne vise nullement à faire œuvre littéraire. Il aime par goût les choses du gouvernement; mis en présence, il veut les apprendre, les étudier en elles-mêmes, il s'y porte avec passion. Homme politique ou destiné à l'être, il jette ses études dans l'histoire. L'histoire, pour lui, c'est donc l'occasion, le moyen, l'application, comment dirai-je? le résidu ou le trop-plein de son travail, non pas le but direct ni l'objet. Cela se trouve vrai et pour son *Histoire de la Révolution*, et pour celle qu'il a commencée de Florence; dans cette dernière, l'*art* lui faisait l'attrait principal; le sujet, là aussi, n'est que le prétexte, et c'est la recherche avant tout qu'il aime. Mais aujourd'hui, pour l'histoire du Consulat et de l'Empire, il avoue que son ambition est autre, et qu'elle ne saurait raisonnablement dépasser une telle matière. Le but ici est amplement suffisant, et il ne se propose que de le remplir. Toutes les études politiques, gouvernementales, stratégiques, etc., etc., aboutissent là, en effet, dans le plus vaste et le plus glorieux cadre; il s'en empare. « Quelle bonne fortune! s'écrie-t-il et a-t-il droit de s'écrier dans cet égoïsme de l'artiste amoureux de son objet; on m'a été prendre Alexandre du fond de l'antiquité, et on me l'a mis là, de nos jours, en uniforme de petit capitaine et avec tout le génie de la science moderne. » Pour la première fois donc l'historien a fait, a voulu faire un ouvrage.

Revenons aux débuts. M. Thiers, disions-nous, n'est entré pleinement dans l'histoire de la révolution française qu'à son troisième volume; il y arrive, pour ainsi dire, avec les Marseillais eux-mêmes, à la veille du 10 août. Comme ces hommes de révolution, ces généraux et ces gouvernants improvisés, dont il a si bien senti et rendu la nature, il se forme en avançant, selon les nécessités du sujet, il supplée aux routines par une rapide expérience. On n'attend pas que j'entre ici dans une analyse suivie et développée de cette narration qui, eu égard à la nature des choses racontées, n'a souvent que trop d'intérêt et d'attrait. Moi-même, en mes années de noviciat, j'ai eu l'honneur de saluer, d'accueillir à leur naissance ces volumes de l'*Histoire de la Révolution*, je leur ai consacré dans le *Globe* quatre articles que j'aimerais encore à signer aujourd'hui (1). Au milieu des hommages de sympathie et d'admiration dont la jeunesse est prodigue et qui ne pouvaient être mieux placés qu'en cette rencontre, je me permettais quelques observations et restrictions sur le passage trop facile que l'historien se ménageait de la Gironde à la Montagne : « Ici, avait-il dit en concluant éloquem- « ment son quatrième volume et la journée du 2 juin, ici « commencent des scènes plus grandes et plus horribles « cent fois que toutes celles qui ont indigné les girondins. « Pour eux, leur histoire est finie; il ne reste plus à y « ajouter que le récit de leur mort héroïque. Leur opposi- « tion a été dangereuse, leur indignation impolitique; ils « ont compromis la révolution, la liberté, la France; ils « ont compromis même la modération en la défendant « avec aigreur, et en mourant ils ont entraîné dans leur « chute ce qu'il y avait de plus généreux et de plus éclairé « en France. Cependant j'aurais voulu être impolitique « comme eux, compromettre tout ce qu'ils avaient compro- « mis, et mourir comme eux encore, parce qu'il n'est pas « possible de laisser couler le sang sans résistance et sans « indignation. » Et pourtant, en poursuivant son récit,

---

(1) 10 et 19 janvier 1826, 28 avril et 12 mai 1827; je n'en sépare pas un article corrélatif au sujet du Tableau historique de M. Mignet, 28 mars 1826.

l'historien entraîné passe outre : « On ne pourrait mettre « au-dessus d'eux, dit-il encore, que celui des monta- « gnards qui se serait décidé pour les moyens révolution- « naires par politique seule et non par l'entraînement de « la haine. » Et ce rôle du montagnard, il l'accepte, il le personnifie avec intégrité, avec grandeur, mais avec trop d'oubli des alentours, dans Carnot, dans Robert Lindet ou Cambon, et il s'attache jusqu'au bout, jusqu'au haut de la Montagne, aux destinées de la patrie qu'il ne sépare, à aucun moment, des destinées de la révolution. Dans cette Montagne plus sanglante que la roche Tarpéienne ou les Gémonies, il ne cesse, en un mot, de voir le Capitole de la patrie en danger.

Ici de graves questions se soulèvent, questions de principes et de sentiment. Et il nous faut bien d'abord toucher quelque chose de la doctrine générale de la fatalité tant reprochée aux deux jeunes historiens de la révolution. On a tant parlé en tous sens de cette doctrine qu'on rattache communément à leurs noms, qu'il est impossible qu'on ne l'ait pas exagérée, comme cela arrive toujours. Le fait est qu'elle ressort du récit de M. Thiers à la réflexion, bien plutôt qu'elle n'est professée par lui. Il raconte et suit vivement les phases de la révolution, il les expose avec tant de lucidité, de vraisemblance et d'enchaînement, qu'on finit, ou peu s'en faut, par les juger inévitables. De là à excuser, à absoudre, à admirer même quelquefois les hommes qui ont figuré dans chaque phase avec désintéressement et grandeur, il n'y a qu'un pas, et l'historien, si l'on n'y prend garde, vous le fait faire. J'ai déjà moi-même tant discuté ailleurs (1) cette théorie de la fatalité, cette forme particulière de la philosophie de l'histoire, qu'il me répugne de m'y étendre de nouveau : qu'on me permette seulement de dire que je ne suis pas de ceux qui croient en général à un si visible et si appréciable enchaînement des choses humaines. Je crois volontiers à une loi

---

(1) Dans les articles du *Globe* précédemment indiqués.

supérieure des événements, mais aussi à la profonde insuffisance des hommes pour la saisir, et il y a trop de source d'erreur à ne faire que l'entrevoir : la clef qu'on croit tenir nous échappe à tout moment. Il n'appartient qu'à Pascal sans doute d'oser dire crûment que, si le nez de Cléopâtre avait été plus long ou plus court, la face du monde aurait changé, et de se prévaloir nommément, comme il fait, du *grain de sable* de Cromwell; mais il me semble dans le cas présent, avec Rœderer (1), que le renversement du trône au 10 août n'était pas une conséquence inévitable de la révolution de 89; qu'il n'était pas absolument nécessaire que l'infortuné Louis XVI se rencontrât aussi insuffisant comme roi; une dose en lui de capacité ou de résolution de plus eût pu changer, modifier la direction des choses dès le début. Il me semble avec un historien philosophe, le sage Droz, que la révolution aurait pu être dirigée dans les premiers temps; et, une fois même qu'elle fut lancée et déchaînée à l'état d'avalanche, il dépendit de bien des accidents d'en faire dévier la chute et le cours. On a beau jeu de parler après coup de la conséquence inévitable des principes, mais, dans le fait, ils auraient pu courir et se heurter de bien des manières. Depuis quand a-t-on vu qu'un char, aveuglément lancé, portât-il une nation, ne pouvait verser à un tournant? Bonaparte, pour ne citer qu'un moment décisif, pouvait ne pas être au 13 vendémiaire sous la main de Barras; il pouvait être allé se promener à la campagne ce jour-là, et, la Convention une fois renversée par les sections, que serait-il arrivé? Les philosophes et les méditatifs aiment à se poser ces questions; l'historien, je le sais, n'y est pas également obligé. Comme il ne s'adresse qu'aux faits accomplis, et qu'il faut bien que ces faits, pour s'accomplir, aient eu dans leur rapport et leur succession tout ce qui les rendait possibles, l'historien, dans sa rapidité, peut être sujet à les si bien lier et enchaîner, qu'à force d'être

(1) *Chronique des Cinquante jours*, pages 1 et 2.

trouvés naturels, ils paraissent ensuite un peu trop nécessaires. L'histoire de M. Thiers produit trop ce genre d'illusion. Ici comme bien souvent ailleurs, quand on le lit comme lorsqu'on l'entend, on marche avec lui sans se heurter aux objections ; c'est son art et son prestige. Lui-même, on se demande s'il les a vues, tant il est habile et prompt à les éluder, tant l'on va sur ses pas à la persuasion d'un train facile. Quant au reproche d'avoir *formulé*, comme on dit, la marche de la révolution à l'état de loi fatale, il s'adresserait plutôt à M. Mignet qui, le premier, a dégagé expressément les conclusions ; mais je me hâte d'ajouter que ce genre de reproche s'adresserait aussi bien à tout historien ou philosophe de l'ordre providentiel, à De Maistre par exemple, et qu'il pourrait remonter tant soit peu jusqu'à Bossuet. « Ceci a été, donc ceci a dû être, et il a fallu nécessairement tout ce mal pour enfanter ce bien, » ce ne sont pas seulement des fatalistes qui tiennent ce langage, et M. Mignet, par le haut développement grave et moral qui lui concilie tous les respects, a montré assez qu'il ne l'est pas.

L'histoire seule de M. Thiers ne nous paraîtrait pas devoir soulever toutes ces questions, qui, ainsi posées, jurent plutôt avec la forme de cet entraînant récit. Ce qu'on a droit de trouver, c'est que ce récit est souvent plus simple, plus lucide que les choses elles-mêmes ; qu'il n'y est pas assez tenu compte des obstacles, des misères, des crimes, et qu'aussi, à force de se bien expliquer les situations successives et d'y entrer, les hommes (certains hommes aveugles et coupables) n'y sont pas assez marqués du signe qui leur appartient. La vivacité du sens historique s'y substitue presque partout à la sévérité morale des jugements ; sur ce point il n'y a pas de système, il y a de l'oubli.

Ce n'est pas que les victimes, toutes les fois qu'elles passent, n'obtiennent de l'historien, quand elles en sont dignes, des accents de pitié et d'éloquence. Rien de plus pathétique chez lui que la mort des girondins, que celle de Marie-Antoinette. On peut trouver seulement que cette pitié pour les innocents n'est pas égalée par son indignation contre les bourreaux, et il semble qu'on puisse appliquer à son attitude ce vers du poëte :

Mens immota manet, lacrymæ volvuntur inanes.

N'oublions pas toutefois que, dans les simples et admirables pages où il raconte, après le 9 thermidor, la condamnation et la mort stoïque de Romme, Goujon, il s'écrie avec âme : « On profita de cette occasion pour ordonner « une fête commémorative en l'honneur des girondins. « Rien n'était plus juste : des victimes aussi illustres, « quoiqu'elles eussent compromis leur pays, méritaient « des hommages ; mais il suffisait de jeter des fleurs sur « leur tombe, il n'y fallait pas de sang. Cependant on en « répandit à flots ; car aucun parti, même celui qui prend « l'humanité pour devise, n'est sage dans sa vengeance. » Voilà des accents miséricordieux bien naturels et qui répondent à l'imputation de système.

Telle que nous la voyons, et avec ce mélange de qualités vives et d'oublis, l'histoire de M. Thiers a rencontré du premier jour deux classes inconciliables de lecteurs Les témoins plus ou moins victimes de la révolution n'ont jamais consenti à y reconnaître cette marche régulière jusque dans le sang, cet ordre dans le désordre ; ils ne se sont jamais laissé conduire par l'historien, si engageant qu'il fût, à ce point de vue distant où la perspective se dégage, où souvent elle se crée aussi. En revanche, les hommes tout à fait nouveaux, ceux qui, n'ayant rien vu de cette révolution, en ont admiré au berceau le sombre éclat, les patriotiques orages, et qui en recueillent ou qui même veulent en espérer encore les bienfaits, ceux-là ont accepté couramment et avec enthousiasme l'œuvre de M. Thiers ; ils l'ont reçue en même temps que les chansons de Béranger, comme un héritage.

Ce livre, ainsi entendu, est la vraie histoire et comme la feuille ou la carte de route des générations qui sont encore en marche ; c'est le journal de l'expédition écrit à la veille du dernier triomphe. Quand on est arrêté, c'est différent ; on veut plus de réflexion, plus de philosophie, on réagit contre les faits ; mais, pour se laisser guider au fil du courant, rien de plus séduisant, de mieux vu et de plus rapide ; les obstacles disparaissent, sont aplanis. Ce récit dramatique encourage, enflamme, et produit un peu l'effet d'une *Marseillaise ;* il fait aimer passionnément la révolution.

A ce degré, est-ce un bien ? est-ce un mal ? Questions brûlantes, sur lesquelles l'historien lui-même, devenu homme de gouvernement, a dû hésiter quelquefois. Ce qu'il y a de positif, c'est que le succès, d'abord lent à se décider, est, avec les années, devenu immense, populaire ; la révolution de Juillet l'a accéléré, et, pour ainsi dire, promulgué. A l'heure qu'il est, 80,000 exemplaires sont en circulation dans le monde. Ces dix volumes d'histoire ont eu tout d'un coup la vogue de certaines compositions romanesques ou de certains pamphlets immortels ; et, en effet, ce n'est point, d'ordinaire, à des œuvres tout impartiales, toutes tempérées d'éléments rassis, que se prend ainsi la flamme.

Quoi qu'il en soit des circonstances passagères, cette histoire, qui, à partir de son troisième volume, forme un tout si animé, si consistant, ne saurait s'effacer désormais ni s'abolir ; elle aura laissé dans la mémoire française de belles traces, des portions lumineuses, des expositions financières, militaires, données pour la première fois, et aussi des mouvements qui seront toujours cités comme exemples d'une inspiration patriotique bien pure, d'une naturelle et bien vive éloquence. Je n'en sais pas de plus mémorable élan que l'espèce d'épilogue qui termine le huitième volume, et qui couronne le récit des victoires toutes républicaines de la première campagne d'Italie. On ne nous saura pas mauvais gré de représenter ici la noble page tout entière :

« Jours à jamais célèbres et à jamais regrettables pour nous! s'écrie l'historien, dont le ton s'élève un moment jusqu'à l'hymne ;

à quelle époque notre patrie fut-elle plus belle et plus grande ? Les orages de la révolution paraissaient calmés ; les murmures des partis retentissaient comme les derniers bruits de la tempête : on regardait ces restes d'agitation comme la vie même d'un État libre. Le commerce et les finances sortaient d'une crise épouvantable ; le sol entier, restitué à des mains industrieuses, allait être fécondé. Un gouvernement composé de bourgeois, nos égaux, régissait la république avec modération ; les meilleurs étaient appelés à leur succéder. Toutes les voix étaient libres. La France, au comble de la puissance, était maîtresse de tout le sol qui s'étend du Rhin aux Pyrénées, de la mer aux Alpes. La Hollande, l'Espagne, allaient unir leurs vaisseaux aux siens et attaquer de concert le despotisme maritime. Elle était resplendissante d'une gloire immortelle. D'admirables armées faisaient flotter ses trois couleurs à la face des rois qui avaient voulu l'anéantir. Vingt héros, divers de caractère et de talent, pareils seulement par l'âge et le courage, conduisaient ses soldats à la victoire : Hoche, Kléber, Desaix, Moreau, Joubert, Masséna, Bonaparte, et une foule d'autres, s'avançaient ensemble. On pesait leurs mérites divers ; mais aucun œil encore, si perçant qu'il pût être, ne voyait dans cette génération de héros les malheureux et les coupables ; aucun œil ne voyait celui qui allait expirer à la fleur de l'âge, atteint d'un mal inconnu, celui qui mourrait sous le poignard musulman ou sous le feu ennemi, celui qui opprimerait la liberté, celui qui trahirait sa patrie ; tous paraissaient grands, purs, heureux, pleins d'avenir ! Ce ne fut là qu'un moment ; mais il n'y a que des moments dans la vie des peuples, comme dans celle des individus. Nous allions retrouver l'opulence avec le repos ; quant à la liberté et à la gloire, nous les avions !... Il faut, a dit un ancien, que la patrie soit non-seulement heureuse, mais suffisamment glorieuse. Ce vœu était accompli. Français qui avons vu depuis notre liberté étouffée, notre patrie envahie, nos héros fusillés ou infidèles à leur gloire, n'oublions jamais ces jours immortels de liberté, de grandeur et d'espérance ! »

Malheur à qui, jeune et né dans les rangs nouveaux, n'a pas senti un jour, en lisant cette page, un battement de cœur et une larme ! Notez bien cette pensée : « Il n'y a que des moments dans la vie des peuples, comme dans celle des individus ; » cela ne rappelle-t-il pas la belle description de la vallée d'Argelez vue de Saint-Savin, par où M. Thiers a débuté, et le sentiment tout pareil qui la termine, sentiment de l'apparition fugitive du beau et du bien qui passe avec l'éclair? Il y a là comme une mélancolie rapide qui ajoute à l'émotion heureuse, et qui se mêle, pour l'aiguiser, à l'ivresse de la gloire non moins qu'à celle du plaisir. Ces organisations du Midi ont plus que d'autres le secret, en toute chose, de la brièveté de la vie, comme elles en ont plus vive l'étincelle : *Carpe diem.*

Le style de cette histoire, et en général le style de M. Thiers, est ce dont on se préoccupe le moins en le lisant ; il vient de source, il est surtout net, facile et fluide, transparent jusqu'à laisser fuir la couleur. L'auteur ne raffine jamais sur le détail, et on ne s'arrête pas un instant chez lui à l'écrivain. Sa pensée sort comme un flot, que suit un autre flot : de là parfois quelque chose d'épars, d'inachevé dans l'expression, mais que la suite aussitôt complète. En y réfléchissant depuis, l'historien a cherché à se faire la théorie de sa manière. Il dit en riant qu'il a le fanatisme de la simplicité ; mais, bien mieux, il en a le don et l'instinct irrésistible. Il croit volontiers qu'en histoire les modernes ne doivent viser qu'au fait même, à l'expression simple de leur idée : moindres que les anciens à tant d'égards, ils sont plus savants, plus avancés dans les diverses branches sociales, obligés dès lors de satisfaire à des conditions plus compliquées, et leur principal besoin, en s'exprimant, est d'autant plus d'être clair, net, et de tout faire comprendre. C'est aussi en ce sens qu'ils ont à ressaisir peut-être leur originalité la plus vraie. Il y a bien des manières sans doute d'écrire dignement l'histoire ; mais, dans les manières plus curieuses de forme, il court risque de se glisser quelque imitation, quelque pastiche de l'antiquité. Voltaire y échappe entièrement, M. Thiers aussi. Dans son *Histoire de l'Empire*, il s'est efforcé de joindre à ses qualités simples celle qui y mettrait le relief et le cachet, la concision. Arriver à être court en restant facile et sans cesser d'être abondant par le fond, ce résultat obtenu résumerait la perfection de sa manière.

Pendant que M. Thiers écrivait son *Histoire de la Révolution*, ou peu après l'avoir terminée, il laissait échapper quelques articles ou morceaux de critique, soit au *Constitutionnel* toujours, soit au *Globe*, où il faisait une fois le *Salon* (septembre 1824) (1). Son morceau sur Law, mis en tête d'une certaine *Encyclopédie progressive* qui n'alla pas plus loin (1826), mérite d'être tout particulièrement remarqué, et il fut très-lu au moment de la publication. L'auteur tient encore, et avec raison, à cet ancien travail dans lequel il jeta ses propres idées sur les banques. Il le rédigea sur un recueil d'édits du temps de Law; on crut qu'il avait puisé à des mémoires particuliers. Avec des édits, comme avec des traités, comme avec toutes sortes de pièces officielles, il y a moyen de refaire toute l'histoire, mais il faut savoir les *lire*. En général, savoir lire les pièces, c'est là un des secrets de l'originalité historique de M. Thiers. M. Duchâtel parla de ce travail sur Law, dans deux articles du *Globe* (2 et 12 août 1826), et discuta, avec quelque contradiction et en toute franchise, certaines des idées financières, relatives au papier-monnaie, que l'auteur y avait rattachées. Quant à la partie historique, qui lui paraissait irréprochable, il en disait : « M. Thiers vient de nous don-
« ner une histoire du système de Law, où, avec l'impartia-
« lité et l'étendue d'esprit qui le distinguent, il a exposé et
« jugé les plans du financier écossais, fait la part de l'éloge
« et du blâme, des grandes conceptions et des erreurs. Il a
« montré que, si le système est tombé, ce n'est point par le
« vice de son principe, mais par des fautes d'exécution...
« Il est impossible de porter plus de clarté dans les détails
« d'une opération financière que ne l'a fait M. Thiers en
« retraçant la marche du système : c'est la même précision
« et la même netteté que dans les belles pages de son *His-
« toire de la Révolution* sur les assignats et le maximum.

(1) Il n'en fit pas moins ce même *Salon* dans le même temps au *Constitutionnel*. Félix Bodin, qui ne savait pas de qui étaient les articles du *Globe*, dit un jour à M. Dubois : « Mais on vous pille au *Constitutionnel*. » C'était M. Thiers qui se multipliait.

« Il a aussi peint, avec un rare talent, les passions nou-
« velles que le système avait soulevées... » Ainsi jugeait
M. Duchâtel de ce savant et lucide exposé : il est bon,
en chaque matière, de recueillir au passage les paroles des
maîtres.

Parmi les morceaux épars de M. Thiers, je signalerai encore dans la *Revue française* (novembre 1829) un article développé sur les *Mémoires* du maréchal Gouvion Saint-Cyr, qui parut, au premier abord, n'avoir pu être écrit que par un homme du métier, et qui valut à l'auteur les compliments du guerrier mourant. C'est tout simplement un des plus beaux morceaux de haute critique qui se puisse lire en telle matière. L'auteur y commence par exposer les qualités complexes qui font le grand homme de guerre : ingénieur, géographe, connaissant les hommes, sachant les manier, puis administrateur en grand et presque un commis dans le détail, il faut que l'homme appelé à commander aux autres sur les champs de bataille soit préalablement tout cela ; mais ce n'est rien encore :

« Tout ce savoir si vaste, ajoute M. Thiers en couronnant le merveilleux portrait, il faut le déployer à la fois et au milieu des circonstances les plus extraordinaires. A chaque mouvement, il faut songer à la veille, au lendemain, à ses flancs, à ses derrières ; mouvoir tout avec soi, munitions, vivres, hôpitaux ; calculer à la fois sur l'atmosphère et sur le moral des hommes ; et tous ces éléments si divers, si mobiles, qui changent, se compliquent sans cesse, les combiner au milieu du froid, du chaud, de la faim et des boulets. Tandis que vous pensez à tant de choses, le canon gronde, votre tête est menacée ; mais ce qui est pire, des milliers d'hommes vous regardent, cherchent dans vos traits l'espérance de leur salut. Plus loin, derrière eux, est la patrie avec des lauriers ou des cyprès ; et toutes ces images, il faut les chasser, il faut penser, penser vite, car une minute de plus, et la combinaison la plus belle a perdu son à-propos, et, au lieu de la gloire, c'est la honte qui vous attend.

« Tout cela peut sans doute se faire médiocrement, comme toute chose d'ailleurs, car on est poëte, savant, orateur médiocre aussi ; mais cela fait avec génie est sublime. Penser fortement, clairement, au fond de son cabinet, est bien beau sans contredit; mais penser aussi fortement, aussi clairement, au milieu des boulets, est l'exercice le plus complet des facultés humaines. »

Thomas, si l'on s'en souvient, en son Éloge de Duguay-Trouin et dans une page qu'on dit éloquente, a décrit les difficultés et les dangers des combats de mer, plus terribles que ceux de terre; mais ici que le Thomas est loin! Ce n'est pas un morceau de rhétorique, un beau lieu-commun académique, on a la réalité grande et simple. M. Thiers, qui loue chez le maréchal Saint-Cyr la *beauté* du récit militaire, définit ainsi cette expression qui s'applique si souvent à lui-même : « Nous considérons, dit-il, comme beauté dans un récit militaire, la clarté, la précision, et le degré de couleur qui s'accorde avec une exposition savante. » M. Thiers, qui par goût est moins de l'école de l'armée du Rhin que de celle de l'armée d'Italie, sait joindre à ces qualités du récit la rapidité de l'éclair.

Cependant, au sortir de cette longue *Histoire de la Révolution*, l'esprit actif de M. Thiers, excité encore et accéléré par un exercice continuel, avait besoin d'un champ nouveau et d'une vaste entreprise. On le poussait dès lors à passer outre et à raconter sans désemparer le Consulat et l'Empire; mais c'était prématuré, et le train de ses idées le portait ailleurs. En étudiant les cartes stratégiques, sa passion favorite, et à force de considérer la surface de l'Europe et la configuration du sol, il s'était fait un ensemble d'idées, tout un système qui, selon lui, expliquait l'histoire, et il déduisait de la connaissance précise des divers bassins, non-seulement les migrations et le cours, mais aussi les caractères et les mœurs des peuples. Il ne projetait donc rien moins, à cette époque, qu'une *Histoire générale* d'après ce système. Pour exécuter un tel projet, il fallait sortir de chez soi et de dessus les cartes, voyager tout de bon, voir le monde : il y songea sérieusement. Mais n'admirez-vous pas cette activité en tous sens, et comment cet esprit curieux, entraîné, se portant d'instinct aux grands sujets comme à son niveau, jette tout son feu d'universalité avant d'entrer dans l'œuvre pratique? Quand je dis qu'il le jette, je me reprends, il saura bien en garder toujours quelque chose. Tous ceux qui ont le plaisir de connaître depuis longtemps M. Thiers se rappellent encore, et non sans charme, cette phase, en quelque sorte, scientifique de sa vie. Il étudie Laplace, Lagrange, il les étudie plume en main, en s'éprenant des hauts calculs et en les effectuant; il trace des méridiens à sa fenêtre; il arrive, le soir, chez ses amis, en récitant d'un accent pénétré cette noble et simple parole finale du *Système du Monde:* « Conservons, augmentons avec soin le dépôt de ces hautes connaissances, *les délices des êtres pensants;* » et il l'admire comme il fera tout à l'heure pour telle parole de Napoléon. On le croirait uniquement fait, tant il les comprend, pour habiter en ces clartés sereines de l'intelligence. Enfin, il veut décidément partir avec le capitaine Laplace pour le voyage de circumnavigation qui se préparait. Ce dernier projet fut, de sa part, en voie d'exécution; il en parla à M. de Bourqueney, qui, à son tour, en dit un mot à M. Hyde de Neuville. Celui-ci consentit très-volontiers à voir M. Thiers, et lui fit même proposer d'être le rédacteur du voyage; M. Thiers ne demandait que le passage. M. Hyde de Neuville est le seul ministre de la Restauration qu'il ait vu. L'historien de la révolution française faisait déjà ses adieux à ses amis et allait s'embarquer, quand le ministère Martignac tomba. — « Ah! çà, il s'agit bien de partir, lui dit-on de toutes parts; restez et combattons! »

N'est-ce pas ainsi que Cromwell (ce souvenir, bon gré mal gré, saute tout d'abord à l'esprit) faillit partir un jour pour l'Amérique, à la veille de 1640? il avait déjà le pied sur le vaisseau quand un ordre de la cour y mit obstacle. Si on le laissait faire, le puritanisme religieux l'emportait au bout du monde, comme la curiosité scientifique emmenait M. Thiers. Je ne compare pas, on le sent bien, celui-ci à Cromwell; mais le fait est que *le National* ne nuisit pas, je pense, à l'événement de 1830, et que de toutes les machines de siége d'alors, ce fut la mieux dressée et la mieux servie.

Quelques années après, M. Thiers, ministre de l'intérieur, donnait à dîner au capitaine Laplace, qui revenait de son expédition avec son monde décimé par les fatigues et les maladies. Il y a de ces jeux de la fortune.

Nous voici au moment où commence l'œuvre pratique de M. Thiers : il fonde *le National* avec ses amis, Mignet, Carrel, Sautelet, et le premier numéro paraît le 3 janvier 1830. Laissons de côté des voiles inutiles, qui n'en sont plus pour personne : le ministère Polignac avait été constitué exprès pour lancer les ordonnances; *le National* fut créé exprès, et le cas prévu échéant, pour renverser la dynastie parjure; tout y fut dirigé dans ce but, et avec le soin vraiment patriotique de ne frapper qu'à la tête, en respectant autant que possible le corps de l'État. *Le National* mit dès son premier numéro la Restauration en état de siége, avant qu'elle nous y mît elle-même en juillet; c'est qu'elle nous y avait déjà mis *in petto* dès le premier jour de ce ministère de surprise qui, le 8 août 1829, consterna la France.

A mon sens, la légitimité de l'entreprise du *National* ne saurait être l'objet d'un doute auprès de ceux qui, même sans en vouloir radicalement à la Restauration, exigeaient d'elle avant tout la sincérité du régime constitutionnel. Bien des choses se sont passées depuis, bien des espérances et des rêves ont été déçus, bien de nobles croyances ont pu être flétries; eh bien! je crois que tous ceux qui participèrent alors à l'œuvre d'opposition et bientôt de délivrance, qui y mirent plus ou moins du leur, soit de leurs actes, soit de leurs vœux, ont encore droit de se dire : « Non, nous n'avons pas erré, » et qu'ils ont aussi le devoir d'ajouter : « Si nous avions à recommencer, même en sachant l'avenir, ce serait encore à refaire. »

Ceci dit une fois et pour nous mettre la conscience tout à fait à l'aise, l'étude de l'attaque, au point de vue tout à fait stratégique, nous devient singulièrement curieuse : rien de plus instructif, de plus dramatique aujourd'hui que cette lecture du *National*. Je n'ai pas ici à savoir si M. Thiers, homme politique, a toujours vu de près les choses aussi nettement qu'il les a devinées alors; mais on peut affirmer qu'on n'a jamais deviné avec plus de perspicacité, de certitude. Jamais officier d'artillerie n'a établi une batterie de brèche ni pointé avec plus de précision, qu'il ne dressa alors cette batterie du *National;* jamais effet ne fut plus prévu, mieux calculé, plus justifié aussi (c'est trop évident aujourd'hui) par l'incurable et immuable ineptie des hommes funestes qui s'identifiaient à ce moment avec la Restauration finissante, de ces hommes qui, selon une expression énergique (de M. Royer-Collard), *avaient*, dès leur avénement, *les ordonnances écrites sur le visage.* C'est contre eux, c'est en vue de leur démence, que se fit cette vigoureuse et vigilante entreprise du *National*, un vrai modèle en son genre, et l'on a pu dire spirituellement du tacticien en chef qui la dirigea : « C'est son siége de Toulon. »

Quelque efficace qu'ait été, en effet, l'assistance de ses collaborateurs et particulièrement de M. Mignet (Carrel, à cette date, n'était pas tout à fait encore au rang qu'il conquit depuis), l'idée qui prévalut au début du *National* et en dirigea toute la polémique appartient surtout à M. Thiers; il l'introduisit le premier et en démontra vivement l'usage; cette idée, en deux mots, la voici : « Enfermer les Bourbons dans la Charte, dans la constitution, fermer exactement les portes; ils sauteront immanquablement par la fenêtre. » — « Tenons bon, disait encore M. Thiers à ses amis plus exagérés; soutenons que la monarchie représentative est le plus beau système possible (et M. Thiers le pensait en effet), définissons-la et circonscrivons-la dans toutes ses branches; usons de tous nos moyens légaux : vous n'aurez pas un seul procès, et eux, ils n'auront plus qu'à faire leurs folies pour leur compte : gardez-vous d'en douter, ils les feront. » — Cette idée, que je traduis ainsi tout net, s'énonçait en des termes très-approchants au sein même du journal. Dès le premier numéro, dans le programme d'ouverture, le mot hardi était lâché : « Aujour-

« d'hui, est-il dit, cette position (des adversaires) est de-
« venue plus désolante. Enlacés dans cette Charte en s'y
« agitant, ils s'y enlacent tous les jours davantage, jusqu'à
« ce qu'ils y étouffent ou qu'ils en sortent : comment? nous
« l'ignorons; c'est un secret inconnu de nous et d'eux-
« mêmes, quoique caché dans leur âme. »

Homme pratique, voilà donc M. Thiers qui, pour mieux l'être, fait le spéculatif par moments; on croirait, à de certains jours, avoir affaire à un pur métaphysicien constitutionnel; il se retranche dans les questions de *forme* et de *théorie* du gouvernement représentatif, sachant bien que c'est là, dans le cas présent, l'arme immédiate. Sous air de reprendre et de professer Delolme, il est aussi révolutionnaire qu'il le faut.

L'habileté était de dire qu'on ne l'était pas; la vérité et l'honnêteté étaient de ne l'être que dans la mesure nécessaire, inévitable. Tandis que des hommes de l'opposition, en cela peu politiques (Benjamin Constant, par exemple), voulaient essayer, à la discussion, de faire réduire les services publics, M. Thiers conseillait, au contraire, le rejet pur et simple du budget; « ne pas affaiblir le gouvernement, le changer de mains. » La théorie que soutint constamment *le National* était celle-ci : « Il n'y a plus de révolution possible en France, la révolution est passée; il n'y a plus qu'un accident. Qu'est-ce qu'un accident? Changer les personnes sans les choses. » Ce que nous résumons en ces termes se lit avec très-peu d'adoucissement en dix ou vingt endroits du *National :*

« Nous ne savons pas l'avenir, disait M. Thiers dans le numéro du 29 janvier, nous ne savons que le passé; mais, puisqu'on cite toujours le passé, ne pourrait-on pas citer plus juste? On rappelle tous les jours l'échafaud de Charles Ier, de Louis XVI. Dans ces deux révolutions qu'on cite, une seule est entièrement accomplie, c'est la révolution anglaise. La nôtre l'est peut-être, mais nous l'ignorons encore. Or, dans cette révolution anglaise, que nous connaissons tout entière, y eut-il deux soulèvements populaires? Non, sans doute. La nation anglaise se souleva une première fois, et, la seconde, elle se soumit à la plus avilissante oppression, elle laissa mourir Sidney et Russell, elle laissa attaquer ses institutions, ses libertés, ses croyances ; mais elle se détacha de ceux qui lui faisaient tous ces maux. Et quand Jacques II, après avoir éloigné ses amis de toutes les opinions et de toutes les époques, se trouva isolé au milieu de la nation morne et silencieuse ; quand éperdu, effrayé de sa solitude, ce prince qui était bon soldat, bon officier, prit la fuite, personne ne l'attaqua, ne le poursuivit, ne lui fit une offense : on le laissa fuir en le plaignant.

« Il est donc vrai que les peuples ne se révoltent pas deux fois ! »

M. Mignet, insistant sur le même rapprochement historique, écrivait le 12 février :

« Elle (la nation anglaise) fit donc une simple modification de personnes en 1688, pour compléter une révolution de principes opérée en 1640, et elle plaça sur un trône tout fait une famille qui avait la foi nouvelle. L'Angleterre fut si peu révolutionnaire à cette époque, que, respectant autant qu'il se pouvait le droit antique, elle choisit la famille la plus proche parente du prince déchu. »

Tout ceci visait de près à la prophétie. Comme si ce n'était pas assez clair, *la Quotidienne*, irritée, posait là-dessus au *National* plusieurs questions insidieuses, auxquelles M. Thiers répondait fort agréablement le 14 février ; il repoussait toujours cette idée d'une révolution à la façon de 89 :

Un autre motif nous portait à repousser l'idée d'une pareille répétition : c'est la gravité de l'événement. Une révolution est une chose si terrible, quoique si grande, qu'il vaut la peine de se demander si le Ciel vous en destine une. Examinant sérieusement la chose, nous nous sommes dit qu'il n'y avait plus de Bastille à prendre, plus de trois ordres à confondre, plus de nuit du 4 août à faire, plus rien qu'une Charte à exécuter avec franchise, et des ministres à renverser en vertu de cette Charte. Ce n'est pas là sans doute une besogne bien facile, mais enfin elle n'a rien de sanglant, elle est toute légale ; et bien aveugles, bien coupables seraient ceux qui lui donneraient les caractères sinistres qu'elle n'a pas aujourd'hui. »

Le 19 février, il allait plus loin et se découvrait davantage :

« La France, osait-il dire, doit être bien désenchantée des personnes : elle a aimé le génie, et elle a vu ce que lui a coûté cet amour. Des vertus simples, modestes, solides, qu'une bonne éducation peut toujours assurer chez l'héritier du trône, qu'un pouvoir limité ne saurait gâter, voilà ce qu'il faut à la France! voilà ce qu'elle souhaite(1), et cela encore pour la dignité du trône beaucoup plus que pour elle : car le pays, avec ses institutions bien comprises et pratiquées, n'a rien à craindre de qui que ce soit.

« La question est donc uniquement dans les choses. Elle pourrait être un jour dans les personnes, mais par la faute de ces dernières. Le système est indifférent pour les personnes; mais si elles n'étaient pas indifférentes pour le système, si elles le haïssaient, l'attaquaient, alors la question deviendrait question de choses et de personnes à la fois. Mais ce seraient les personnes qui l'auraient posée elles-mêmes. »

Cet article du 19 février et un autre de Carrel du jour précédent fournirent matière à un procès et à une condamnation, qui ne ralentirent en rien l'audace polémique du *National*. On était lancé; il n'y avait plus repos ni trêve, et il faut avouer que si, par impossible, le ministère avait eu la velléité de renoncer à son coup d'État, il en eût été fort empêché par le harcèlement même et le défi de ces sommations incessantes. Tous les matins, surtout à dater du mois de juillet, *le National* agite, discute avec sang-froid et retourne sous toutes les faces cette hypothèse imminente du coup d'État. Le coup d'État sera-t-il remis après les premières discussions avec la Chambre? Aura-t-il lieu avant la convocation? Sera-ce demain? ou bien ne sera-ce que dans six semaines? Tous les matins, on a ainsi des nou-

---

(1) Il est juste de remarquer qu'à l'époque où M. Thiers écrivait ces phrases, il n'avait jamais eu l'honneur de voir M. le duc d'Orléans; il avait suivi de bonne heure en cela le conseil que lui avait donné Manuel, et aimait mieux aller ainsi de l'avant, sans se lier. Il ne vit M. le duc d'Orléans pour la première fois que dans la nuit du vendredi au samedi 31 juillet 1830.

velles du coup d'État ; c'est un coup de cloche perpétuel, assourdissant; c'est le cauchemar du ministère, c'est l'abîme qu'on lui montre toujours ouvert sous ses pas. Il y avait de quoi jeter hors des gonds de moins pauvres têtes, de quoi pousser de guerre lasse tout ce triste cabinet, ainsi enfermé sous clef dans la Charte, à sauter en effet par la fenêtre, non pas seul, hélas! mais avec sa dynastie.

Je suis à la fin de ce siége de sept mois terminé par un véritable assaut; j'en ai hâte, car, après tout, je ne veux pas franchir d'un pas en politique le seuil de juillet 1830. Un mot seulement sur le dernier acte qui couronne chez M. Thiers le journaliste, je veux dire la protestation du 27 juillet.

Les ordonnances avaient paru le 26 au matin; dans la journée on se réunit au *National*, dont les salons élégants et vastes s'offraient commodément rue Neuve-Saint-Marc ; c'étaient les journalistes de l'opposition, du *Constitutionnel*, du *Courrier*, du *Temps*, du *Globe*, etc., qui se trouvaient là, et aussi quelques députés qui sortaient de chez M. Dupin. Dans cette réunion, la part et l'influence de M. Thiers furent très-nettes, très-décidées. Sans prétendre diminuer le rôle de personne, je résumerai le sien en peu de mots quant au sens et au mouvement, sinon pour les paroles mêmes : « — Eh bien! qu'allez-vous faire?... de « l'opposition dans les journaux, des articles?... Allons « donc! il faut un acte. — Et qu'entendez-vous par acte ? — « Un signal de *désobéissance* à une loi qui n'en est pas une ; « une protestation. — Eh bien! faites-la. » — On nomma, en conséquence, une commission composée de MM. Châtelain, Cauchois-Lemaire et Thiers. Ce fut lui-même qui rédigea la protestation ; il y mit l'idée essentielle : « Les écrivains des journaux, appelés les premiers à obéir, doivent donner l'exemple de la résistance. » Là était le signal. Cela fait et approuvé, quelques-uns dirent : « Bon! nous mettrons la protestation comme article dans nos journaux. » — « Non pas, il faut des noms au bas, répondit le rédacteur, il faut des têtes au bas. » Une assez longue discussion s'ensuivit avant d'obtenir toutes les signatures, mais la plupart s'étaient empressés généreusement.

Cet acte de protestation, rédigé en ce sens, est le dernier mot très-précis, très-sagace et à la fois très-résolu de toute la polémique du *National*, et de la carrière de M. Thiers en tant que journaliste d'opposition. Sa conduite, en ces grands moments décisifs (du 26 au 31 juillet), peut se résumer en deux traits : il contribua plus que personne à l'acte initial (la protestation), et autant que personne à l'acte final (Orléans). Le détail de ces journées, leur lendemain, et la carrière aussitôt commençante de l'homme de gouvernement, ne nous concernent plus ici, et sortent de notre portée dans cette simple esquisse littéraire que nous essayons.

Puisque nous en sommes à refeuilleter ces souvenirs du *National*, il y a pourtant quelque chose à dire sur la littérature proprement dite et sur la place qu'elle tint dans ce journal influent. Elle n'y joua jamais qu'un rôle assez secondaire. Malgré l'excellence des plumes politiques, malgré la distinction de quelques collaborateurs littéraires, tels que Mérimée, Peisse, la critique fine, la culture délicate eut peu d'accueil et d'accès; la poésie surtout s'y trouva presque toujours traitée avec rigueur et un peu rudoyée comme dans un camp. Les esprits nets, précis, applicables, de ce groupe historique, répugnaient à des tentatives modernes dont les résultats n'étaient point assez dégagés sans doute, mais qui auraient peut-être mérité dans le détail attention et indulgence. Carrel malmenait *Hernani*[1] avec un surcroît de logique et une verdeur de séve qui n'avait pas encore trouvé son issue. En général, le ton du journal, à cet endroit littéraire, était chagrin, et la mauvaise humeur dominait.

M. Thiers, lui, n'en eut jamais. Naturellement passionné pour le grand et le simple, amoureux de ses propres études et vivant dans l'abondance des pensées, il ne s'occupait guère de ces tentatives d'alentour qui remuaient,

---

[1] 8, 24 et 29 mars.

plus qu'il ne le croyait, des intelligences sérieuses; et si, à la rencontre, son regard venait à s'y arrêter, il y opposait aussitôt un tel idéal de simplicité et de pureté, que les contemporains le plus souvent n'avaient rien à faire en comparaison. En une seule circonstance, il sortit de son indifférence habituelle à cet égard, et fit une éclatante exception pour M. de Lamartine. Tous deux bienveillants d'imagination et optimistes par nature, tous deux larges, faciles de talent, également alors ennemis de l'affectation, et tout au plus négligés, ils n'étaient pas, au milieu de leurs nombreuses différences, sans quelque rapport d'inclination et de manière. Le célèbre poëte, après une longue absence, était revenu se fixer à Paris au commencement de 1830; il publiait ses *Harmonies poétiques*, et obtenait place enfin à l'Académie française. M. Thiers en prit occasion pour de gracieuses avances; il voulut rendre compte lui-même, dans *le National*, de la séance de réception et de la publication des *Harmonies*. Dans l'un et l'autre article[1], il s'exprimait, sauf de légères réserves, sur le ton de l'admiration et de l'attrait. Cet attrait alors était réciproque; ces deux grands esprits, partis de deux rivages opposés, se traitaient comme des hôtes d'un jour qui se font fête et qui s'honorent. On a vu par degrés cette bonne harmonie s'altérer, à mesure que le poëte s'est senti devenir un politique, et depuis qu'il a son drapeau sur la même rive.

Dans un article du *National* (24 juin) sur les *Mémoires* de Napoléon, M. Thiers exprime plus formellement qu'il n'a fait nulle part ailleurs son idéal de style moderne, tel qu'il l'entend.

« Nous ne pouvons plus avoir, dit-il, cette grandeur tout à la fois sublime et naïve qui appartenait à Bossuet et à Pascal, et qui appartenait autant à leur siècle qu'à eux; nous ne pouvons plus même avoir cette finesse, cette grâce, ce naturel exquis de Voltaire. Les temps sont passés; mais un style simple, vrai, calculé, un style savant, travaillé, voilà ce qu'il nous est permis

[1] 3 avril et 21 juin.

de produire. C'est encore un beau lot quand, avec cela, on a d'importantes vérités à dire. Le style de Laplace dans l'*Exposition du système du monde*, de Napoléon dans ses *Mémoires*, voilà les modèles du langage simple et réfléchi propre à notre âge. »

Et il finit par risquer ce mot qui, depuis, a tant fait fortune : « Napoléon est le plus grand homme de son siècle, « on en convient ; mais il en est aussi le plus grand écri- « vain. » Il faudrait bien de la pédanterie pour venir contester, contrôler un jugement si piquant, si vrai même, à l'entendre d'une certaine manière. Oui, sans doute, comme M. Cousin l'écrivait récemment[1], « le style n'est rien que l'expression de la pensée et du caractère : quiconque pense petitement et sent mollement n'aura jamais de style ; quiconque, au contraire, a l'intelligence élevée, occupée d'idées grandes et fortes, et l'âme à l'unisson de cette intelligence, celui-là ne peut pas ne pas écrire de temps en temps des lignes admirables, et si à la nature il ajoute la réflexion et l'étude, il a en lui de quoi devenir un grand écrivain. » Napoléon, certes, réunissait en lui plusieurs de ces hautes conditions, et, toutes les fois qu'il a parlé de ce qu'il savait à fond, il a dit les choses d'une manière parfaite, définitive. Et puis l'idée du grand homme s'ajoute aussitôt à son expression simple, l'imagination du lecteur fait le reste, et l'œil ébloui met le rayon. Mais ce n'est pas la théorie que je discute en ce moment ; je n'ai voulu que prendre sur le fait l'idéal de simplicité et de réalité de M. Thiers comme écrivain.

Depuis juillet 1830, durant les intervalles et les intermittences du pouvoir, M. Thiers a trouvé dans ses goûts éclairés et actifs, dans sa curiosité infatigable, inventive, et dans son bonheur d'apprendre, bien mieux qu'une consolation et qu'un refuge : on serait tenté par moments de croire qu'il s'y oublie, tant il s'y enchante. Il était allé en Italie une fois sous la Restauration, il y est retourné quatre fois depuis, et dans ces divers séjours prolongés, sur-

---

(1) *Jacqueline Pascal* (1845), page 29.

tout à Florence, il a développé, perfectionné et enrichi par toutes sortes d'études sa passion pour les arts, son culte de la beauté visible. D'une pensée trop empressée et trop immédiate pour s'arrêter volontiers à l'étude des langues, il a fait exception pour celle de Dante et de Machiavel, avec lesquels il commerce directement, et il les met tout d'abord au rang de ses dieux. En tout, l'expression a beau être grandiose et mâle, il la veut encore simple ; il admire Corneille, dit-il, mais il préfère Racine à Corneille, et il préfère Raphaël à Racine, et à Raphaël peut-être le Parthénon. Il s'est beaucoup occupé, on le sait, d'une histoire de Florence ; il ne s'est pas moins occupé d'une histoire générale de l'architecture. Dans ce dernier art pris en grand, qui embrasse la sculpture et la peinture, il retrouve l'âme visible des peuples, toute leur histoire et leur civilisation résumée et figurée. Mêlant, selon son habitude, à ces considérations générales des données positives et techniques, et ne négligeant aucun détail matériel (tel que la coupe des pierres, leur attache, etc., etc.), il croit être arrivé à des résultats capables de satisfaire, et, par exemple, il se voit en mesure d'expliquer, de motiver en détail le passage de l'architecture grecque à la romaine par la nécessité d'agrandir la première en l'adaptant à de certains usages déterminés du peuple-roi, et par le mélange du goût oriental. Puis viennent les basiliques, l'art roman, le mélange de l'ogive du nord avec l'art arabe : il a là toute une théorie déduite historiquement, et qu'il croit pleinement justifiable sous le point de vue technique aux yeux des gens du métier. Il y joint dans ses diverses transformations l'architecture civile, et n'a garde d'omettre la militaire. Nous pourrions en d'autres temps essayer d'entrer dans ces aperçus, emprunter à la parole même de l'auteur quelques-uns des développements dont elle est fertile, ou même chercher à obtenir de sa faveur quelque fragment de l'histoire de Florence ; mais l'attente universelle est ailleurs en ce moment, et c'est une autre pièce que le parterre assemblé réclame déjà à grands cris de toutes parts.

Sans donc sortir de l'unité d'intérêt, bornons-nous à tâcher de marquer encore par quelques traits expressifs ce merveilleux esprit qui, à ce titre même d'esprit, n'a point de supérieur parmi ceux de notre époque. Je n'ai certes pas la prétention de l'embrasser et de le définir dans toutes ses parties, mais je me plais à le parcourir librement dans quelques-unes de celles qui nous sont le plus ouvertes et le plus permises. Le trait le plus caractéristique et le plus distinctif qu'il offre, selon moi, est la *fraîcheur de curiosité*. On a dit d'un autre esprit bien éminent de nos jours (de M. Guizot), que ce qu'il avait appris de ce matin, il avait l'air de le savoir de toute éternité, tant sa haute réflexion donnait vite à chaque connaissance une teinte profonde et comme reculée. C'est justement le contraire chez M. Thiers. Tout ce qu'il voit pour la première fois, il le découvre, il le raconte avec la vivacité de la découverte, avec une netteté comme matinale, avec une sorte de naïveté (je demande bien pardon du mot) dans laquelle il se mêle bien assez de finesse pour qu'on ne sache plus comment la définir, avec une ampleur sans effort où l'on oublie bien aisément de trouver du superflu. Le résultat même de ses études les plus habituelles, les plus antérieures, il le produit et le déroule volontiers sous une lumière légère et sur une surface sans ombre. Tandis qu'il parle ou qu'il écrit, il vous associe insensiblement à son récit, à sa nouveauté; il vous emmène avec lui dans son courant plus ou moins rapide, et au bout de quelque temps, si l'on n'y prend garde, ses conclusions, ses impressions sont devenues les vôtres; toutes les objections ont disparu. Tel il est en chaque matière, tel dans son récit historique comme dans ses développements de tribune, dans son rapport d'hier et dans son discours de demain.

Pour moi, l'esprit de M. Thiers me réalise précisément l'idée du contraire de la sécheresse ou de la stérilité, c'est-à-dire qu'il est la fertilité même. C'est un terrain où l'on n'a qu'à toucher comme à fleur de terre pour que les sources jaillissent à chaque pas, se diversifiant en mille sens avec abondance et limpidité. Il fait couler les idées des faits, il met du mouvement et de la vie à tout; chaque étude s'anime, se dresse devant lui et se prolonge en perspectives à la fois très-précises et pourtant embellies. En même temps que le détail se multiplie à plaisir sous son regard et se décompose en ses moindres points, l'ensemble prend de la construction et de la grandeur; il y a toujours des horizons. C'est certainement un des hommes (et M. Cousin partage pour les mêmes raisons cet avantage-là) qui, sortis du pouvoir et de la politique, ont le moins de chance de s'ennuyer en regrettant. Il n'a qu'à choisir entre ses aptitudes et ses verves, ou plutôt elles ne lui laissent pas le temps de choisir; la fertilité de son esprit l'amuse lui-même. Mais aujourd'hui il y a mieux, et c'est une entreprise auguste qui le passionne.

Dans l'appréciation d'un esprit, il faut tenir compte de la multiplicité d'aptitude et de l'étendue du champ. Il y a des gens de grand esprit, d'un esprit ou très-fin ou très-élevé, et égal à tout, qui se réservent, qui se ménagent, qui répugnent à certains sujets, qui se cantonnent dans de certains autres et encore n'y procèdent que graduellement. M. Thiers est un esprit toujours prêt, qui se jette en pleine idée, en plein sujet, à tout instant : c'est en un mot un des esprits les plus résolus et les moins paresseux qui se puissent concevoir.

Je ne crains pas de me répéter un peu, d'aller et de revenir plus d'une fois sur les mêmes traces en un sujet dont je ne puis faire tout le tour. Je voudrais du moins, en laissant l'homme politique à part, et dans les limites en quelque sorte littéraires qui me sont tracées, bien poser la qualité incontestable et fondamentale. Or personne, je le pense (et cette conclusion ressortirait de notre seule étude), personne ne refusera à M. Thiers d'être l'esprit le plus net, le plus vif, le plus curieux, le plus perpétuellement en fraîcheur et comme en belle humeur de connaître et de dire. Sa plume, qui court comme sa parole, a de plus dans les grands sujets des vigueurs généreuses. Ces grands sujets le ravissent tout naturellement et lui saisissent le cœur. Par cette vocation déclarée et par la supériorité aisée qu'il y porte, il élève bien haut son niveau intellectuel.

Sans m'arrêter à discuter le pour ou le contre de telle ou telle opinion, de telle ou telle idée, je me suis attaché, selon mon habitude, à caractériser plutôt la qualité, la nature du fonds même où elles germent, et la manière dont elles s'y produisent. Cette analyse a laissé sans doute bien des circonstances essentielles en dehors, mais elle a touché à fond, si je ne me trompe, les parties les plus vives de cette belle organisation, et elle donne surtout l'idée d'un grand ensemble.

P.-S. (1) Au moment où nous terminons ces pages qui, dans l'attente actuelle du public, ne peuvent guère avoir qu'un mérite d'avant-propos, la bienveillance de l'auteur nous permet de prendre connaissance du commencement de l'*Histoire du Consulat*. La première livraison, qui comprend jusqu'au Consulat à vie, va former trois volumes ; nous achevons la lecture du premier. Il ne nous appartient pas de devancer le jugement de tous, mais notre impression n'est pas douteuse, et, comme un messager porteur d'une bonne et grande nouvelle, nous ne la cacherons pas. Rien, selon nous, ne surpasse l'intérêt puissant, varié, majestueux, de l'œuvre jusqu'au moment où nous l'avons suivie, et la façon dont elle est tout d'abord posée est mieux qu'un gage ; on va tenir un résultat. Ce premier volume comprend quatre livres, car l'ouvrage est divisé en livres dont chacun porte un nom, le nom du fait dominant ; ainsi le premier livre a pour titre *Constitution de l'an VIII* ; le

---

(1) On reproduit ici ce *Post-Scriptum* qui parut à la suite de l'article précédent et qui fut écrit sous l'impression d'une première lecture. Une bonne partie des éloges qu'enlevait le premier volume de l'*Histoire du Consulat* peuvent s'appliquer avec non moins de justice aux volumes suivants.

second, *Administration intérieure*, le troisième, *Ulm et Gênes*; le quatrième, *Marengo*, etc. Dans le premier, qui commence au lendemain du 18 brumaire, on trouve, à la suite des premières mesures indispensables et provisoires de réorganisation, l'exposé et la discussion de la Constitution de Sieyès; on a le rêveur et le spéculatif en face du grand homme d'action. Aucun n'est sacrifié, et Sieyès n'a jamais paru plus profond, plus sagace qu'au sortir de cet échec qu'il essuie dans son système. Je dis qu'il n'est pas sacrifié, et personne, dans ce que nous avons lu, ne l'est par M. Thiers. Tout annonce qu'il est résolu à mettre en valeur chaque portion de son sujet. Dès les premières pages, on sent un esprit de modération élevé, supérieur, qui ne vient pas du désir de répondre à certaines objections anticipées, mais qui n'est que l'âme de l'histoire hautement comprise par une intelligence généreuse. Le livre second tout entier est consacré au mécanisme nouveau de la réorganisation départementale, judiciaire, financière, « à cette œuvre de réorganisation, est-il dit, dont le jeune « général faisait son occupation constante, dont il voulait « faire sa gloire, et qui, même après ses prodigieuses vic- « toires, est restée, en effet, sa gloire la plus solide. » Dans cet exposé multiple, l'historien a fait usage, comme on pense bien, de toutes les ressources lumineuses qu'on lui connaît, mais il les a poussées à leur dernier terme. Son premier ouvrage historique n'avait été pour lui qu'une façon d'apprentissage de la politique; ici, sa vie politique et ministérielle a évidemment servi d'école définitive à l'historien. Dans ce qu'il nous a été donné de lire, il n'est pas un point qui ne porte sur un fait, sur une notion précise; quelques réflexions sobres, quelques maximes d'expérience et de morale sociale, jetées à propos, ne font que donner jour aux idées qui naissent en foule dans l'âme du lecteur. La distribution même des livres révèle un art de composition qui sait ménager la variété et veut maintenir l'équilibre. Ce second livre, que termine avec convenance la cérémonie de l'Éloge de Washington, appartient sans partage à l'inauguration de la gloire civile. Quant aux deux suivants, purement militaires, qui comprennent les opérations de cette campagne de 1800, Moreau sur le Rhin et le Danube, Masséna dans Gênes, Bonaparte à travers les Alpes et à Marengo, on devine assez quel parti a pu tirer de ces contrastes héroïques et de ce concert de miracles la plume de M. Thiers ; mais c'est par la simplicité seule, par la grandeur et la netteté des lignes, que son récit prétend à les égaler. Pas un effet cherché ; l'animation n'est que celle du sujet, l'éloquence n'est que celle des choses. Parfois un simple mot jeté, un mouvement rapide trahit l'émotion de l'historien et fait naître une larme : ainsi, quand au moment le plus désastreux de la bataille de Marengo, et lorsqu'on la croit perdue, il montre Desaix de loin devinant le danger et accourant à temps en forces au bruit du canon, qui ne s'écrierait avec lui, dans un présage douloureux vers la journée fatale des derniers malheurs : « Heureuse « inspiration d'un lieutenant aussi intelligent que dévoué ! « heureuse fortune de la jeunesse !.... » Et, lorsque cette campagne terminée, après nous avoir fait partager l'ivresse de la victoire et avoir présenté les prémices de la paix, l'historien conclut par ces seuls mots : « La France, on « peut le dire, n'avait jamais vu d'aussi beaux jours, » qui ne sentirait ce que perdrait la vérité nue de ces paroles à un trait de plus ! — Mais je m'aperçois que je parle au public trop vivement peut-être de ce qu'il lui faut attendre quelques jours encore, et que j'irrite une impatience que je ne suis pas en mesure de satisfaire. Il serait difficile d'ailleurs, dans une œuvre qui ne vise pas aux tableaux et qui forme un tout vivant, de trouver de ces morceaux à citer si fréquents en d'autres histoires. Qu'on me pardonne du moins d'avoir été presque indiscret en finissant.

15 janvier 1845.

M. FAURIEL.

PREMIÈRE PARTIE.

Définition de son rôle et de son genre d'influence.—Sa jeunesse.—Sa science précoce.—Fauriel en 1800.—Relations avec Fouché,—avec madame de Staël,—avec Benjamin Constant,—avec Charles Villers, — avec Cabanis,—avec Tracy.— *La Parthénéide* de Baggesen.—Vers de Manzoni à ce sujet.—Nombreux travaux de Fauriel et leur unité : Fauriel historien.

Le dix-huitième siècle finissait, et le dix-neuvième s'annonçait par une éclatante rupture : les premiers soleils du Consulat inauguraient une ère nouvelle en littérature comme en politique, et ce changement à vue, cette réaction déclarée de toutes parts, qui naissait du fond des doctrines, s'affichait jusque dans la forme des talents. Ceux même qui revenaient au passé y tendaient par des sentiers imprévus, s'y lançaient avec feu, avec éclairs, et comme on irait à la conquête de l'avenir. A côté et en face du groupe où se détachaient les noms de Chateaubriand, de Bonald, il s'en formait un au sein même du parti philosophique, un autre groupe bien remarquable et bien fécond d'idées ; qui, pour mieux continuer ce parti déjà vieux, méditait à son tour de faire divorce avec lui. Benjamin Constant et madame de Staël, transformant ingénieusement le siècle accompli et s'essayant à le rajeunir, allaient semer les aperçus et pousser la découverte en bien des sens et sur bien des voies. Ces premiers essais, ces éclats brillants, un moment interrompus ou contrariés par le despotisme de l'Empire, devaient, quelques années après, porter fruit et donner en plein leurs conséquences. Dans toutes les branches de la pensée, dans toutes les directions de l'étude et de la connaissance humaine, on vit bientôt, aux premières heures de soleil propice et de liberté, des produits heureux, originaux, attester la fertilité du champ ouvert et l'efficacité de l'entreprise. MM. Guizot, Augustin Thierry, et d'autres après eux dans l'explication ou le tableau des époques reculées, M. Victor Cousin dans l'intelligence historique des philosophies, M. Raynouard dans le défrichement des littératures du moyen âge, donnèrent le signal aux générations ardentes et dociles. Qu'est-il besoin de prolonger l'énumération de ce qui nous est si présent? on eut bientôt dans tous les sens une émulation d'études et un concert d'efforts qui constituèrent une époque littéraire tout à fait nouvelle, et distincte par l'esprit comme par les résultats de ce qu'avait été et de ce qu'avait produit le dix-huitième siècle; on eut le dix-neuvième siècle en un mot. Or, entre ces deux régimes intellectuels, sorti du cœur de l'un, tenant aux origines et à la formation première de l'autre, il y eut un esprit précoce, sagace, infatigablement laborieux, qui, sans faire éclat et rupture, sans solution apparente de continuité, mais par voie de développement et de progression paisible, silencieuse, résuma en lui presque tout ce travail intérieur et nous permet de l'étudier comme dans un profond exemple. M. Fauriel (car c'est de lui qu'il s'agit) nous représente le dix-huitième siècle devenant naturellement le dix-neuvième, le devenant avec énergie, avec simplicité, avec originalité. Parti du dix-huitième en ce que ce siècle avait conservé de plus entier et de plus vital, il pénètre tout d'abord au dix-neuvième en ce que celui-ci a de plus neuf, de plus particulier et de plus distinct. En parlant de la sorte, nous ne le surfaisons à l'avance en rien, et le lecteur va juger tout à l'heure par lui-même de l'exactitude de notre jugement. M. Fauriel, l'élève et le rejeton, ce semble, de la société d'Auteuil, l'ami filial de Cabanis, sera le devancier, l'initiateur secret, mais direct, l'*inoculateur* de la plupart des esprits distingués de ce temps-ci en histoire, en méthode littéraire, en critique.

D'autres ont eu la notoriété, l'apparence, l'éclat; ils l'ont mérité et ils l'ont eu, je salue au front des talents la couronne. Lui modeste, tout entier aux choses, indifférent à l'effet, il a été (je suis obligé d'emprunter à la physiologie une image), il a été comme un organe profond intermédiaire entre des systèmes d'esprits différents. Pour qui veut étudier les origines du dix-neuvième siècle dans toutes ses branches, et comme dans ses racines, il faut s'adresser de près à M. Fauriel. C'est ce que nous allons faire avec suite et avec profit, nous l'espérons. Lorsqu'on étudie des talents glorieux, brillants, on est volontiers ébloui; on se trouve obligé, si l'on veut rester exact, de faire avec eux comme en physique avec les rayons qu'on dépouille d'abord de leur vivacité d'éclat pour mieux apprécier leurs autres propriétés, et l'on n'y réussit pas toujours. Ici on n'a rien à redouter d'un semblable prestige; c'est le fond même, c'est la chose toute pure qu'on étudiera, et la valeur, la qualité de ce rare et fin esprit en ressortira non exagérée, mais bien entière.

Il est une disposition que la vue finale du dix-huitième siècle engendra en plus d'un jeune esprit, et qui avait été complétement étrangère à ce siècle lui-même, je veux dire l'*impartialité*, l'ouverture à tout comprendre, à ne rien sacrifier par passion dans les aspects différents de chaque objet. Pour se souvenir à quel point les érudits, à cette fin du siècle, en étaient loin, on n'a qu'à se rappeler Dupuis et Volney. Fréret, leur maître à tous, s'y rangeait mieux, ou il y avait en quelque sorte suppléé par la force d'un excellent esprit appliqué expressément à sa matière. Cette disposition récente, résultat final de tant de spectacles contradictoires, et qui se traduisait en indifférence chez les témoins blasés, méritait un noble nom chez les jeunes esprits curieux et désintéressés à la fois : elle mit tout d'abord son cachet à quelques essais distingués d'alors. L'impartialité fut une qualité essentielle et principale chez M. Fauriel, et d'autant plus méritoire en lui qu'elle trouvait un fonds de convictions philosophiques et politiques antérieures ; mais, à un si haut degré qu'il la possédât, seule elle ne suffirait pas pour expliquer et caractériser tout ce qu'il y eut de nouveau et d'inventif dans les points de vue auxquels une étude continuelle le porta successivement. Il faut donc admettre qu'il y eut en lui, comme en tout esprit inventeur, une initiative originale, un germe inné de génie historique et critique que développa une infatigable application, et que l'impartialité favorisa, mais qu'elle n'eût point suscité. On en jugera d'ailleurs à le voir à l'œuvre, et par l'exposé même des faits où nous avons hâte d'entrer. Nous serons plus hardi à conclure sur ses mérites incontestables, après que nous aurons fourni les preuves surabondantes.

Claude Fauriel, né le 21 octobre 1772, à Saint-Étienne, d'une honnête famille d'artisans qui ne paraît pas avoir manqué d'aisance, fut élevé avec soin au collége des oratoriens de Tournon. On sait seulement qu'il eut pour maître, soit à Tournon, soit auparavant à Saint-Étienne, un M. Dagier, homme estimable, qui depuis a écrit l'histoire de l'Hôtel-Dieu de Lyon (1). Les qualités du cœur se déclarèrent de bonne heure chez le jeune Fauriel à l'égal de celles de l'esprit. Il était naturellement si bon que dans son enfance, s'étant fait au sourcil une brûlure grave qui lui laissa cicatrice, comme il en souffrait beaucoup, il dissimulait tout à fait cette douleur devant sa belle-mère, qu'il aimait tendrement ; il triomphait sans trop d'effort de l'égoïsme si ordinaire à cet âge, et, dès que sa belle-mère s'approchait de son lit, *il ne sentait plus* son mal. Ce trait d'enfance qui s'est conservé est bien du même homme qui, savant et vieilli, a pourtant vécu jusqu'à la fin par la vie du cœur et par les affections : on s'apercevait, en le rencontrant, du retour de certains amis qui lui étaient chers, sans avoir besoin de lui en faire la question, et rien qu'à son visage plus éclairé. Tout en étudiant plus parti-

(1) Voir les *Études sur les Historiens du Lyonnais*, par M. Collombet, seconde série, page 30.

culièrement en lui l'historien et le critique, nous ne nous interdisons pas d'y rencontrer l'homme.

Le jeune Fauriel achevait ses études à Tournon au moment où la révolution de 89 éclatait. Le souffle de la tempête généreuse courait par toute la France et y enflammait les âmes. Les écoliers, à ce qu'il paraît, jouaient entre eux à l'Assemblée nationale; on répétait à Saint-Étienne ou à Tournon, on parodiait avec sérieux le grand drame de Paris; l'un était Mirabeau, l'autre Barnave, un autre M. Necker : chacun avait son rôle et faisait sa motion. Un jour, que M. Fauriel racontait ce souvenir en présence de M. Guizot, son ami de tout temps, celui-ci, l'interrompant, lui dit : « Ah! vous, Fauriel, je ne suis pas embarrassé du rôle que vous avez eu, je le vois d'ici. — Et qu'y faisais-je donc? répliqua Fauriel. — Ce que vous avez fait? dit M. Guizot, vous avez donné votre démission. » C'est en effet ce que M. Fauriel était toujours tenté de faire, homme de pensée et nullement d'action, toujours pressé de sortir de la vie extérieure, pour se réfugier dans l'étude secrète, profonde et sans partage; nous le verrons, toutes les fois qu'il le pourra, donner sa démission.

Il eut pourtant, en ces années de jeunesse, son ardeur de prosélytisme et son essor impétueux; la cause patriotique et philosophique l'enrôla du premier jour dans ses rangs. Il y avait, vers cette époque, dans le pays, une petite société dite de *Chambarans*, telle sans doute que les jeunes gens en forment d'ordinaire dans leur vue anticipée du monde et dans leurs rêves d'utopie première : « C'est là, lui écrivait après des années l'un des membres de cette petite coterie, c'est là que je sus vous apprécier et que vous m'apprîtes à lire *les Ruines* de Volney. Une conformité d'âge et de goûts m'attacha à votre personne, et une liaison s'établit entre nous, malgré la supériorité que vous conserviez sur moi. » Il se mêlait à ces causeries ardentes des courses pleines de joie et de fraîcheur à travers la campagne; car Fauriel aimait la nature, et il l'étudiait comme toutes choses; la botanique fut d'abord et resta longtemps une de ses passions favorites. Lui si sobre de souvenirs, il aimait à se rappeler, après un bien long intervalle, ses excursions d'enfance dans les sites pittoresques et sauvages, voisins de son berceau :

« C'était sur les bords de la Loire, écrivait-il à un ami, très-près des montagnes où elle prend sa source ; je vois encore les deux énormes murailles de rochers entre lesquelles roule le fleuve naissant ; je vois encore son eau limpide glisser sur des rochers qu'elle a pelés et dont elle laisse apercevoir toutes les veines ; je vois flotter sur son cours des laves de volcans éteints qui y nagent comme feraient de grandes éponges noires. Je vous dis que vous trouverez cela très-beau. J'aurai souvent l'occasion de faire ce voyage en idée, et de vous conduire ou de vous suivre à travers ces belles campagnes où le souvenir de trois civilisations différentes ajoute un nouveau charme aux beautés de la nature. »

Ce souvenir des trois civilisations différentes, gauloise, romaine et romane, s'ajoutait après coup, pour la compléter et la couronner dans sa pensée, à son impression première ; l'érudition chez lui empruntait et rendait de la vie aux choses ; mais tout cela, prenez-y garde, ne sautait point aux yeux et restait aussi discret que profond.

Il aimait en tout à étudier, à saisir les origines, les fleuves à leur source, les civilisations à leur naissance, les poésies sous leurs formes primitives, et de même en botanique, quand il herborisait, il cherchait de préférence les mousses. Mais ces études pacifiques devaient s'ajourner encore ; les dangers de la patrie le réclamaient. Une lettre du ministre de la guerre Beurnonville adressée *au Citoyen Fauriel, à Saint-Étienne*, à la date du 26 mars 1793, lui donnait avis qu'il était nommé à une sous-lieutenance vacante dans le 4ᵉ bataillon d'infanterie légère de la *légion des montagnes* en garnison à Perpignan, et il s'y rendit aussitôt. D'autres pièces qui indiquent que sa démission fut envoyée au ministre Bouchotte, successeur de Beurnonville, donneraient à croire qu'il ne resta à l'armée qu'une année environ ; mais il put y retourner ou y demeurer indépendamment de cette démission du grade. Ce qui paraît certain, c'est qu'il fut attaché quelque temps à Dugommier comme secrétaire, et qu'il servit dans la compagnie dont La Tour-d'Auvergne était capitaine. Bien qu'il revînt rarement, je l'ai dit, sur ses souvenirs, et qu'il eût pris l'habitude de les ensevelir plutôt en silence, il lui arrivait quelquefois de raconter des anecdotes de ce temps, à l'esprit duquel il était resté foncièrement fidèle. On parlait un jour du courage à la guerre, et l'on demandait si les braves fuyaient jamais. Fauriel en souriant raconta ce qu'il avait vu faire à La Tour-d'Auvergne pour aguerrir ses jeunes recrues qui avaient plié : « J'ai fui autant que vous la première fois, leur disait le héros; mais faisons un marché : avançons jusque-là, jusqu'à cet arbre que vous voyez. Si la cavalerie espagnole, qui est encore loin, avance jusqu'à cet autre arbre, oh! alors vous fuirez, il sera encore temps; mais voici ce qui arrivera : si elle vous voit ne pas fuir, elle-même sera la première à tourner le dos. » Et ainsi de proche en proche, d'arbre en arbre, on avançait, et la compagnie entraînée faisait merveille. On s'en revenait maître du terrain et en vieux soldats. Pour ceux qui seraient tentés de s'étonner de la forme du conseil, moins héroïque que le résultat, nous ferons remarquer que Tyrtée en personne n'usait guère d'une autre méthode que La Tour-d'Auvergne, lorsqu'il disait aux jeunes guerriers : « Tour à tour poursuivants ou poursuivis, ô jeunes gens, vous savez de reste ce qui en est : ceux qui tiennent ferme, s'appuyant les uns les autres, et qui marchent droit à l'ennemi, ceux-là meurent en moins grand nombre et ils sauvent les autres qui sont derrière; mais ceux qui fuient en tremblant ont toutes les chances contre eux. »

A l'un de ses retours de l'armée, Fauriel eut occasion, pour je ne sais quelle affaire, de visiter Robespierre, rue Saint-Honoré, en sa petite maison proche de l'Assomption; un jour qu'il passait par là, il en fit la remarque à un ami. Une note imprimée dans le *Bulletin de Saint-Étienne* (1),

---

(1) XVIIe année (1839), page 314.

et dont le contenu prêterait à discussion, indique qu'il était rentré dans ses foyers pendant l'année 1794, et qu'il y remplissait des fonctions municipales, lorsqu'eut lieu l'épuration de la municipalité aux environs du 9 thermidor : « Pignon (est-il dit dans la note du *Bulletin*), le plus chaud des républicains, le premier de la république, comme l'appelait un de ses partisans, fut même poursuivi, et l'officier municipal Fauriel en quitta son écharpe de dépit. » Cette seconde *démission* donnée par Fauriel lui ressemble trop pour que nous ne le reconnaissions pas à ce mouvement et comme à ce geste naturel. Quant à la qualification de *républicain exalté*, que le *Bulletin* attache à son nom, nous n'y pouvons voir qu'une expression exagérée de ce qui, à un certain jour, dut être en effet le vrai de ses sentiments. M. Fauriel était et (puisque nous sommes amené à le dire) resta toujours républicain au fond, sans trop entrer dans les nuances, et comme il convenait à un ancien sous-lieutenant de La Tour-d'Auvergne. Sous la discrétion extrême de ses paroles en politique, sous l'aménité parfaite de ses manières, on aurait pu distinguer jusqu'à la fin en lui cette noble fibre persistante et la chaleur d'une conviction patriotique intime survivant même à toutes les étincelles. Nous sera-t-il permis, comme indice à cet égard, de noter son goût très-vif pour Carrel? Qu'on veuille bien nous comprendre ni plus ni moins : il y avait tout au fond de la pensée de Fauriel en politique comme un certain coin réservé, nous n'entendons pas autre chose. Il disait d'ailleurs dans l'intimité et avec cet esprit libre d'illusions : « Je suis volontiers pour la république, à condition qu'il n'y ait pas de républicains. »

Que fit le jeune Fauriel durant les années du Directoire, de 1795 à 1799, époque où nous le retrouverons? Il disparaît pendant ce laps de temps, et il ne nous reste à supposer qu'une chose à peu près certaine, c'est qu'il vécut dans son pays, travaillant et étudiant sans relâche. Il faut bien qu'il en ait été ainsi, puisqu'on le rencontre, tout au sortir de là, sachant extrêmement bien le grec, l'italien, l'histoire, la littérature, déjà enfin un savant. *La Décade philosophique* n'aura pas de rédacteur plus compétent, plus avancé en tous les ordres de connaissances. Une lettre d'un de ses camarades de jeunesse nous montre qu'il avait même songé, durant ces années du Directoire, à étudier la langue turque, et il avait donné commission à cet ami qui partait pour Constantinople de lui envoyer grammaire et vocabulaire. Il écrivait dès lors beaucoup, comme il fit toute sa vie, sans projet aucun de publication, sans autre but que de fixer ses idées, et il se contentait de lire à ses amis particuliers ses essais d'ouvrages. Un séjour de plusieurs mois qu'il fit à Paris, peu avant le 18 brumaire, dut le remettre en relation étroite avec quelques compatriotes, personnages influents d'alors. Français (de Nantes), qui était natif du Dauphiné, cet homme excellent dont on retrouve la trace bienfaisante à l'origine de tant de carrières littéraires, protégeait beaucoup le jeune Fauriel, et celui-ci lui dut peut-être de connaître Fouché, auprès duquel il avait d'ailleurs à présenter comme titre direct les souvenirs de son éducation oratorienne. Bref, après le 18 brumaire, Fauriel fut employé sous Fouché, alors ministre de la police, et il devint même son secrétaire particulier; en cette qualité, il logeait avec son patron à l'hôtel du ministère. Nous pourrions suivre son passage à la police durant ces deux années (depuis la fin de 1799 jusqu'au printemps de 1802) par une longue suite de bons offices rendus et de bienfaits. Une lettre touchante que nous trouvons à lui adressée et datée du 17 frimaire an VIII, c'est-à-dire des premiers temps de son entrée dans les bureaux, traduit mieux que nous ne saurions faire l'effusion de cœur d'un vieillard étonné et reconnaissant qui, sous le coup d'un bienfait reçu, s'en va presque admirer Fouché et appelle la police *la boîte de Pandore*. En lisant cette lettre émue et naïve, une larme d'attendrissement se mêle au sourire involontaire :

« Quel homme êtes-vous donc, citoyen? Quoi! vous faites pour la seule justice, pour l'humanité seule, ce qu'à peine on aurait attendu de la plus ardente amitié! Je vous suis étranger, à peu près inconnu, et vous embrassez mon affaire avec l'activité de l'intérêt propre; vous l'étudiez, vous avez la patience de dévorer les plus insipides papiers; vous la possédez mieux que moi-même; en un mot, vous êtes le seul, mais exactement le seul homme, qui ayez voulu m'entendre pour savoir au juste qui j'étais!

« Depuis trois mois, je trouvais dans les bureaux de la police vingt personnes peut-être prêtes à écrire pour m'accuser, et depuis trois mois je n'en ai pas trouvé une seule capable de lire une page, une ligne pour ma justification. Sans vous, bon citoyen, condamné ou absous, je l'aurais été sans examen. Ah! quelle opinion vous me donnez du ministre qui sait choisir, employer et écouter un homme tel que vous! Il sera donc vrai que ces bureaux de la police ont été pour nous la boîte à Pandore; tous les maux en sont sortis en foule jusqu'aujourd'hui; et maintenant l'espérance cachée au fond de la boîte paraît enfin, et c'est vous qui l'accompagnez.

« Je vous le dis encore : quel homme êtes-vous donc? Je relis vos deux lettres, elles font honneur à votre esprit; je pense à vos procédés, ils prouvent l'âme la plus belle. Si j'étais plus jeune, si la Providence m'avait placé près de vous, je n'oublierais rien pour obtenir, pour cultiver votre amitié. Je vous dirai bien que ma reconnaissance pour un trait si rare durera autant que ma vie; mais, hélas! c'est vous dire qu'elle finira dans quatre jours, et je mourrai, bon et généreux citoyen, avec le regret de n'avoir point vu, de n'avoir point connu un homme à qui je dois autant d'attachement que d'estime. Recevez du moins l'assurance de ces sentiments. — SERVAN aîné, à Roussan, par Saint-Remy, département des Bouches-du-Rhône, 17 frimaire an VIII.

« P.-S. On a trompé le citoyen Cantwell, et le séquestre n'a point été mis sur mes biens. Cette erreur m'a attiré un acte de bienfaisance de plus de votre part, et vous avez porté votre attention sur tout. Il est bien vrai que j'étais vivement menacé de ce séquestre, etc... » (Suivent des détails sans intérêt.)

Et dans une lettre écrite deux jours après, craignant que la précédente ne soit point parvenue, le bon vieillard ajoute :

« Cette lettre, citoyen, contient la plus importante, la plus pressante de mes affaires : celle de ma vive reconnaissance pour vos procédés à mon égard. Je les raconte, je les répands sur tout ce qui m'environne, et je retrouve partout le même étonnement de cette activité de bienfaisance envers un étranger, un inconnu, à qui son âge et sa situation ne permettent plus ni d'empêcher le mal, ni de reconnaître le bien qu'on voudrait lui faire. Si vous n'aviez pas reçu la lettre où j'ai tâché de vous exprimer les sentiments ou plutôt les premiers mouvements de mon cœur, que penseriez-vous de moi? Tourmenté de cette idée, j'ai écrit au citoyen Cantwell pour lui demander, comme une grâce, de m'éviter le malheur de paraître ingrat ; je le supplie de vous voir et de vous dire, s'il est possible, à quel point je suis touché de votre singulier mérite. J'aurais gardé votre lettre comme celle d'un homme de beaucoup d'esprit, mais je la garde bien plus précieusement comme la preuve d'un cœur admirable. Jeune et bon citoyen, puissiez-vous être heureux dans toute la carrière que vous avez à parcourir!... »

Quand nous disons que Fauriel a été secrétaire de Fouché à la police, nous savons maintenant ce que cela signifie. Comme circonstance piquante ayant trait à cette même époque, il racontait qu'il avait été chargé pendant quelque temps de faire le rapport sur le marquis de Sade. La santé de Fauriel s'accommodait mal de ces occupations administratives auxquelles il ne voulait pas sacrifier l'étude, et il ne pouvait suffire aux deux objets à la fois. Dans l'été de 1801, il dut faire, pour se rétablir, un voyage dans le Midi. Ce fut sans doute une des raisons qui le déterminèrent bientôt à sortir d'une situation incompatible d'ailleurs à la longue avec ses goûts et avec son extrême délicatesse. Il donna donc pour une troisième fois sa démission, comme il l'avait déjà donnée de sous-lieutenant d'abord, puis d'officier municipal. Il quitta Fouché dans le temps précisément où il faisait bon de s'attacher de plus près à ce régime de toutes parts affermi et à ces fortunes grandissantes : « — Mais vous êtes fou, lui disait Fouché, qui avait de l'affection pour lui ; c'est le moment plutôt de rester, nous arrivons (1). — Non, répondait Fauriel, ce n'est

(1) Fouché pourtant dut quelques mois après se retirer, le ministère

pas ainsi que je l'ai entendu. Quoi! se mettre pour toute politique à la place des autres (*on était à la veille du Consulat à vie*), c'est toujours à recommencer. J'avais d'autres idées et d'autres espérances. » Fauriel était sincèrement attaché aux principes de la révolution, et il ne pouvait se faire à l'idée de continuer de servir, alors qu'il voyait cette cause décidément abandonnée. Mais, dans le cas présent, les principes républicains fournissaient plutôt un prétexte à ses goûts littéraires indépendants et à son amour de retraite studieuse qui l'emportait. Nous le trouvons, au printemps de 1802, établi à *la Maisonnette*, dans le voisinage de Meulan, auprès de sa noble et digne amie la belle madame de Condorcet. Il eut d'abord quelque velléité d'en sortir pour tenter la carrière diplomatique ; une lettre de Français de Nantes (thermidor an x) semble l'indiquer. Mais bientôt l'étude, l'amitié, le charme d'une société choisie, les plus doux liens l'enchaînèrent, et pendant des années il se contenta d'être heureux et de devenir de plus en plus savant, sans ambition, sans éclat, en silence :

Qui sapit, in tacito gaudeat ille sinu!

Fauriel, en 1802, est âgé de trente ans : s'il a au dedans toute la maturité de la jeunesse, sa figure en conserve encore les grâces délicates. C'est un philosophe, ou plutôt un sage ; c'est un stoïcien aimable et sensible, c'est en même temps un investigateur sérieux et curieux de toute vérité. Mais, avant de nous mettre à dénombrer la suite et les objets de ses travaux si divers au sein de sa fortunée retraite, nous avons à revenir un peu sur ses relations antérieures durant ces deux premières années de séjour à Paris, et sur les premières productions littéraires de sa plume que nous avons pu ressaisir.

Madame de Staël venait de publier son livre *de la Littérature considérée dans ses rapports avec les Institutions*

---

de la police générale ayant été momentanément supprimé. Fauriel n'avait fait que prendre les devants.

sociales; elle connaissait peu Fauriel et depuis très-peu de temps seulement. L'ayant vu auprès de Fouché, elle usait de lui pour obtenir journellement de ces services alors si réclamés, et le savait assez vaguement un jeune homme de mérite. Elle lui envoya son livre un matin d'avril (1800), avant de quitter Paris (1), et bientôt une lettre de remercîments, qu'elle eut à lui adresser de Coppet, nous apprend l'usage qu'il en avait su faire. Dans tout ce qui suit, nous ne craindrons pas de nous étendre à plaisir sur les relations avoisinantes de Fauriel, et d'y introduire le lecteur à son sujet. Nous serons en cela fidèle à l'esprit même de l'homme dont presque toute la vie se passa à répandre ses lumières et à verser ses idées au sein de l'amitié. L'action de Fauriel sur le public se fit longtemps et surtout à travers ses amis. Il faut revenir par eux à lui, pour le connaître tout entier.

« Coppet par Genève, ce 12 thermidor (an VIII).

« Vous avez fait un extrait de mon ouvrage, monsieur (lui écrivait madame de Staël), qui est un ouvrage lui-même ; et ce que vous dites en particulier sur la manière dont j'aurais dû traiter le chapitre de la philosophie est plein d'esprit et de justesse. Je ferai quelques changements dans la seconde édition qui va paraître, et je répondrai, dans les notes et dans une courte préface, à quelques objections de Fontanes, laissant de côté les insinuations personnelles, ces jouissances de l'esprit de parti. Si vous pouvez naturellement faire annoncer dans un journal que je me propose de réfuter, dans les notes de ma seconde édition, quelques objections de fait en littérature par d'autres faits avérés, j'en serai bien aise, mais seulement si cela se peut sans vous donner trop de peine. Que pense-t-on de ce *Mercure* en général ? Vaut-il la peine de le citer dans un ouvrage ? Vous voyez avec quelle confiance je vous adresse toutes ces questions ; mais j'es-

---

(1) Voici le petit billet d'envoi : « Vous avez promis de vous occuper de l'affaire de M. de Narbonne, monsieur, car vous êtes inépuisable en bonté. — Je vous envoie mon livre. — Venez me voir un moment ce soir, vous me ferez un sensible plaisir. Mille compliments et remercîments. — Ce 7 floréal. »

père que vous prenez quelque intérêt à ma réputation depuis que vous avez si efficacement contribué à l'augmenter. — Nous espérons la paix ici, et nous admirons beaucoup Bonaparte (1); mais nous sommes un peu fâchés, nous autres protestants, de ce qu'il appelle les Anglais des hérétiques. Avez-vous pensé de même à Paris? L'adresse ne peut être généralement approuvée dans un empire de trente millions d'hommes; on regarde de partout, il faut bien qu'on aperçoive tout; mais le succès est une parfaite réponse. — Je me fais un grand plaisir de vous voir beaucoup cet hiver, monsieur; il me semble qu'en écrivant vous m'avez fait encore mieux sentir tout le charme de votre esprit; votre timidité en voilait quelques parties. — Je vais bientôt, à mon grand regret, vous renvoyer Benjamin; vous avez bien voulu lui promettre de lui envoyer *la Clef du Cabinet*, où il est question de moi. J'attends l'arrivée de ces deux numéros pour remercier Daunou (2). — Me permettez-vous aussi de vous prier de dire à votre ministre quelques mots obligeants de ma part? Je n'oublierai jamais la manière dont il s'est conduit pour moi. — Comment sont les ministres ensemble? Je vous importune de questions, mais les solitaires sont très-curieux; et vous, quoique habitant de la ville, vous écrivez de longues et de jolies lettres.

« Agréez, monsieur, l'assurance des sentiments que je vous ai voués. »

Cette lettre ne nous indique que le premier degré d'une liaison qui se resserra au prochain retour de madame de Staël à Paris, et qui devint tout à fait de l'amitié. Les articles pour lesquels madame de Staël remerciait Fauriel avec tant de grâce étaient trois extraits, en effet très-remarquables, publiés dans *la Décade* des 10, 20 et 30 prairial an VIII. Lorsqu'il y a une dizaine d'années j'écrivais dans cette *Revue* même sur madame de Staël, j'avais rencontré en chemin ces trois extraits anonymes, et j'avais dû en rechercher curieusement l'auteur, car ils expriment des opinions et décèlent des résultats qui ne pouvaient alors

(1) Madame de Staël était sous cette impression entièrement vraie à ce moment (juillet 1800).

(2) La lettre de madame de Staël à M. Daunou se trouve imprimée dans les *Documents biographiques sur Daunou*, publiés par M. Taillandier.

appartenir qu'à très-peu d'esprits en France. Ossian, Shakspeare, Homère, y sont présentés, en passant, sous un jour vrai et sans vague lueur; on sent un esprit au courant de tous les systèmes et les jugeant sans s'y livrer; on devine quelqu'un qui a lu Wolf et qui sait à quoi s'en tenir sur Ossian. Il n'y avait, encore une fois, qu'infiniment peu d'hommes en France capables à cette date de penser ainsi : il n'y en avait que trois tout au plus peut-être, Benjamin Constant, Charles de Villers et Fauriel. Dans mon désir extrême de découvrir l'auteur anonyme de ces articles, je m'étais adressé à l'ancien rédacteur en chef de *la Décade*, alors encore existant, M. Amaury Duval, dont la mémoire ne put me fournir rien de précis (1). Je cherchais bien loin celui qui était alors tout près de nous, et qui semblait avoir oublié ses premiers essais de jeunesse.

Les remarques du critique sont d'abord aussi justes que fines sur la littérature grecque, dont madame de Staël traite avec étendue et soin, mais avec moins de connaissance immédiate qu'elle ne le fait pour les autres littératures. Il montre très-bien qu'elle n'a pas résolu les problèmes qui se rapportent à la perfection de cette poésie merveilleuse et de cette langue déjà si magnifique à son berceau. Lorsqu'il arrive à l'époque de la décadence du monde antique et à l'invasion des barbares, il semble moins disposé qu'elle à faire exclusivement honneur au christianisme d'une certaine action civilisatrice et de résultats qui lui semblent, à lui, provenir de plusieurs causes combinées : on entrevoit dans une sorte d'arrière-pensée l'historien futur de cette époque intermédiaire, sur laquelle il avait déjà certainement médité. Il relève encore chez madame de Staël quelques inexactitudes de détail sur la littérature et la langue italienne; il croit que les Italiens pourraient avec raison réclamer contre le jugement un peu rapide qu'elle porte sur

---

(1) Voir l'article sur madame de Staël, *Revue des Deux Mondes* du 1ᵉʳ mai 1835, page 291, et dans le volume des *Portraits de Femmes* (1852), page 109.

quelques productions célèbres de leur littérature, entre autres sur l'*Aminta;* à la façon discrète et sûre dont Fauriel touche ces questions relatives à la langue italienne, on sent le Français qui peut-être la possédait le mieux dans ses nuances, celui que Manzoni, jeune, allait connaître et adopter pour son arbitre chéri, celui que Monti lui-même, arrivé au faîte de la gloire, devait consulter. Lorsqu'il en vient à la seconde partie de l'ouvrage de madame de Staël, à la partie plus directement philosophique, Fauriel laisse percer, à travers la réserve de son analyse, ses convictions de philosophe et son culte assez fervent d'ami de la vérité. Le jeune secrétaire de Fouché, qui cite avec prédilection madame de Staël parlant du beau moral, ne craint pas non plus de mettre le doigt sur d'autres points périlleux : « Madame de Staël, dit-il à propos du chapitre qu'elle consacre à la philosophie, paraît avoir bien senti les difficultés réelles de son sujet ; peut-être en a-t-elle senti plus vivement encore les inconvénients, relativement aux circonstances actuelles. » Et dans les pages qui suivent, il prend en main la cause de la philosophie moyennant des considérations qui ne sont nullement vulgaires et qui répondaient à merveille aux attaques du moment. Il voudrait faire comprendre aux détracteurs de la philosophie, à ceux qui sont amis du pouvoir nouveau (et il y en avait beaucoup dans ce cas), que peut-être ils vont contre leur but dans cette proscription un peu aveugle.

« Au surplus, dit-il à leur adresse, que gagneraient les ennemis de la philosophie à comprendre exclusivement sous cette dénomination les idées qui répugnent à leurs préjugés ou à leurs intérêts? Rien; car ils ne pourraient manquer de s'apercevoir alors que plusieurs opinions, essentiellement philosophiques, sont aujourd'hui consacrées par quelques institutions sociales ; que plusieurs idées journellement attaquées comme des abstractions vides de réalité ne sont que des conséquences plus ou moins immédiates de quelques principes de philosophie devenus des principes de politique. Dès lors, s'en prendre à certaines idées serait attaquer certaines institutions ; se permettre certaines discussions ne serait plus argumenter contre des philosophes, mais bien contre des gouvernements...

« S'ensuit-il de là que nous regardions la garantie de la puissance comme une condition de la vérité? Non, sans doute. Nous pensons seulement que la vérité consacrée par le pouvoir doit avoir moins d'ennemis que la vérité de pure spéculation ; car, pour un assez grand nombre d'hommes, l'autorité des faits représente suffisamment celle de la raison.

« Nous ne nous sommes permis ces observations que pour faire sentir quelques-uns des inconvénients qu'il pourrait y avoir pour les adversaires de la philosophie à préciser davantage leurs griefs contre elle. Nous conviendrons maintenant de l'habileté avec laquelle plusieurs d'entre eux se mettent à l'abri de ces inconvénients. Contredire des opinions qui, naguère encore, n'étaient que philosophiques, mais qui, tous les jours, deviennent plus nationales, leur semblerait téméraire. Que font-ils? Ils adoptent ces opinions, mais ils s'en font une arme contre des idées qui ne sont encore que celles de plusieurs hommes supérieurs. Ils cherchent dans les victoires mêmes de la philosophie des obstacles à ses progrès futurs. »

Ces opinions, si fermement et si prudemment exprimées par l'écrivain de vingt-huit ans, nous paraissent être demeurées toujours les siennes ; et c'est sur cette base primitive, sur ce fond recouvert, mais subsistant, que son impartialité historique et critique si étendue, si nourrie d'études, se vint superposer année par année, comme une riche terre végétale, en couches successives.

Madame de Staël, à son prochain retour à Paris, dans l'hiver de 1800-1801, attira beaucoup le jeune critique qu'elle n'avait que légèrement distingué jusqu'alors. Cette timidité qui voilait, comme elle le lui disait agréablement, certaines parties de son esprit, se leva par degrés sous un regard accueillant; elle put l'apprécier dans cette nuance affectueuse et cette originalité simple qui se confondaient en lui et qui demandaient à être observées de près. « Ce n'est pas assurément que votre esprit aussi ne me plaise, lui écrivait-elle un jour, mais il me semble qu'il tire surtout son originalité de vos sentiments. » Fauriel, à cet âge, était doué de toutes les qualités que nous lui avons connues, mais de ces qualités en leur fleur ; sa physionomie, qui ne fut jamais très-vive, était aimable ; cette physionomie sensible, expressive, inquiétait même parfois sur la délicatesse de sa santé. Il avait une teinte de pensée douce et triste tout à la fois, qui se gravait au cœur de l'amitié au lieu de s'effacer. Lorsqu'on a connu les hommes dans la seconde moitié seulement de leur vie, déjà un peu vieux et tout à fait savants de renom, enveloppés de cette seconde écorce qu'on ne perce plus, on a peine à se les représenter tels qu'ils furent une fois, eux aussi, pendant les saisons de jeunesse et de grâce. Nous retrouverons du moins quelques-uns de ces traits intéressants du Fauriel jeune dans les lettres suivantes, qui sont si honorables pour lui, puisqu'elles montrent combien il fut goûté d'une femme, la première de toutes en esprit et en bonté, de celle qui, selon une expression heureuse, sut avoir *la supériorité si charmante*. J'ai dit que la santé de Fauriel, un peu altérée par la fatigue de la vie administrative et par l'excès du travail, l'avait décidé à un voyage dans le Midi pendant l'été de 1801 ; il y accompagna son protecteur Français de Nantes, qui allait en tournée de conseiller d'État. Madame de Staël était repartie de bonne heure pour la Suisse cette même année ; elle comptait un peu y attirer le jeune voyageur qui passait à la frontière, et lui faire les honneurs de Coppet en causant avec lui de toutes choses. Fauriel lui avait écrit en route des lettres qu'elle n'avait pas toutes reçues. Elle lui répondait de ce ton d'exigence aimable qui est la flatterie du cœur, et avec cet attrait naissant de bienveillance qui jette comme des rayons dans les perspectives de l'amitié.

« Coppet, ce 17 prairial (1801).

« Je n'ai point reçu votre lettre écrite sur le Rhône, et je la regrette ; il me semble qu'elle devait exprimer une douce disposition pour moi. Benjamin avait reçu une lettre de vous. Il vous a écrit à Aix ; j'ai mis un petit mot dans cette lettre-là. Je reçois votre lettre de Toulon ; elle est datée du 6. J'y réponds le jour même : arrivera-t-elle à temps chez votre ami ? Cette incertitude me gêne. Est-ce à vous que je parle? est-ce à je ne sais quel individu qui lira une fois cette lettre(1)? Je trouve vos raisons bien mauvaises pour ne pas venir ici, ou plutôt je voudrais que rien ne pût vous en empêcher. Cet hiver je vous dis une fois d'aller au bal, et vous ne m'entendîtes pas. Je vous ai dit de venir ici; si vous ne venez pas, jamais au milieu de Paris nous n'aurons l'un pour l'autre la confiance qu'inspirent la solitude et les Alpes. Vous pourriez venir ici et rejoindre Français à Lyon. Enfin, vous le savez, les excuses ne sont bonnes que dans la proportion du désir; et, quoi que vous me disiez, je croirai toujours qu'un mouvement de plus vous aurait conduit vers moi. — J'avais dit à mon père votre projet, et il se faisait plaisir de vous recevoir. Auguste vous appelle à grands cris. Négligerez-vous ces affections diverses qui, combinées ainsi, ne se retrouveront peut-être jamais? Français n'est-il pas homme à comprendre qu'on peut venir voir M. N. (*Necker*) et sa fille? Et s'il ne le comprenait pas, ne vous suffit-il pas de votre ministre, à qui je l'ai dit, et qui vous en estimera davantage? J'insiste trop, car je me prépare une peine de plus si vous ne venez pas, l'inutilité de mon insistance. — Je suis bien aise que votre santé soit rétablie; j'étais inquiet de vous la veille de votre départ, et j'ai été triste de votre silence. Vous vous étiez montré à moi sous un aspect sensible qui m'avait intéressée, et j'ai été fâchée de voir s'évanouir l'image que je m'étais faite de vous. — Pictet m'a demandé de vos nouvelles. Ici, j'ai interrogé M. Dillers, un Marseillais, sur la route et les projets de Français de Nantes. Il m'a cru très-amie de ce conseiller d'État; j'ai pourtant eu soin de lui dire que son jeune compagnon, sans crédit et sans dignité, était l'objet de mes questions. — Je suis ici dans la plus parfaite solitude, car ceux qui la troublent m'importunent, et je les écarte volontiers. Je m'occupe de mon père, de l'éducation de mes enfants, et de mon roman (*Delphine*) qui vous intéressera, je l'espère. Vous aimez les sentiments exaltés, et, quoique vous n'ayez pas, du moins je le crois, un caractère passionné, comme votre âme est pure, elle jouit de tout ce qui est noble avec délices (2). — J'ai vu beaucoup l'auteur d'*Atala* de-

(1) Le secret des lettres était très-peu respecté à cette époque, et l'on s'écrivait le plus souvent sous le couvert d'autres personnes : d'ailleurs, Fauriel étant en voyage, cette précaution devenait presque nécessaire.

(2) On ne saurait, ce me semble, donner de l'âme de Fauriel une plus juste et plus intime définition.

puis votre départ; c'est certainement un homme d'un talent distingué. Je le crois encore plus sombre que sensible; mais il suffit de n'être pas heureux, de n'être pas satisfait de la vie, pour concevoir des idées d'une plus haute nature et qui plaisent aux âmes tendres (1). — Adieu, mon cher Fauriel; j'attends votre décision pour vous aimer davantage si elle vous amène ici. Néanmoins, écrivez-moi si vous continuez votre route; j'aurai une illusion de moins, mais il me restera cependant encore une amitié sincère pour vous. »

Fauriel eut le regret de ne pouvoir se rendre à un si engageant et si affectueux appel; il écrivit, en reprenant la route de Paris, une lettre touchée, mais une lettre d'excuses; il ne désespérait pourtant pas d'obtenir de Fouché une permission de départ avant la fin de la saison; à quoi on se hâtait de lui répondre avec cette grâce suprême où se mêlait une bonté attentive :

« Vos excuses sont inutiles; elles sont plus que suffisantes pour

(1) Madame de Staël manifesta dès l'abord, et malgré les dissidences de plus d'un genre qui avaient déjà éclaté, un vif intérêt pour la personne et pour les écrits de M. de Chateaubriand; il faut noter qu'à la date de cette lettre, le *Génie du Christianisme* n'avait pas encore paru : M. de Chateaubriand était simplement l'auteur d'*Atala*. Ai-je besoin aussi de faire remarquer que cette expression, *talent distingué*, voulait dire alors plus qu'aujourd'hui? On a abusé de toutes les formules. Je ne sais si je me trompe, mais il me semble que cette phrase sur M. de Chateaubriand, jetée dans une lettre familière et presque intime, jetée là à la fin et comme une pensée à laquelle on revient, témoigne, même sous sa réserve, un intérêt réel et senti, une préoccupation tout aimable. — Puis, quand le *Génie du Christianisme* parut, madame de Staël fut à la fois surprise en un double sens, *en bien et en mal* : elle y trouva plus de vigueur encore et de hautes qualités qu'elle n'avait attendu, au moins dans l'épisode de René, qu'elle admirait extrêmement; et d'autre part, elle était fort choquée de certaines considérations qui lui paraissaient un défi porté à l'esprit du temps : « M. de Chateaubriand, disait-elle, a un chapitre intitulé *Examen de la virginité sous ses rapports poétiques;* n'est-ce pas trop compter, même dans ces temps malheureux, sur le sérieux des lecteurs? » Elle méconnaissait le merveilleux rapport qui liait l'ensemble de l'œuvre à l'époque elle-même : ce qui précisément fait dire à M. Thiers en son histoire : « Le *Génie du Christianisme* vivra comme ces frises sculptées sur le marbre d'un édifice vivent avec le monument qui les porte. »

un certain degré d'amitié, elles ne valent rien pour un degré de plus. Avez-vous besoin que je vous explique cela? Je ne le veux pas. Il ne faut pas que vous veniez ici à présent, vous vous hasarderiez à perdre votre place, et nous serions moins sûrs de passer l'hiver ensemble. Ne venez donc pas, à moins que votre ministre ne vous le dise cordialement. »

Et quelques jours après, reprenant plus en détail cette distinction dans les divers degrés d'amitié, madame de Staël lui écrivait en des termes charmants, qui sont l'expression comme ingénue de sa nature, et qui nous rendent un peu le mouvement de sa conversation même :

« Ce vendredi soir (fin d'été de 1801).

« J'ai donné ce matin une lettre pour vous à Girod de l'Ain, notre député, qui doit vous recommander un descendant de Corneille. Faites honneur au crédit que je me suis donné l'air d'avoir sur vous. — Vous m'avez écrit une lettre où il y a des phrases charmantes; mais nous ne nous entendons pas. Il y a une amitié qui passe à 25 lieues de vous sans venir vous voir, qui est *paresseuse* d'écrire, comme vous le dites vous-même de vous, qui vous envoie une lettre tous les mois, et n'en est pas moins très-dévouée dans les occasions importantes de la vie; cette amitié, je crois avec plaisir que vous l'avez pour moi; mais celle qui ne s'excuse de rien que de son empressement, qui est beaucoup plutôt insistante que négligente, celle qui se retient d'écrire au lieu de s'exciter, cette amitié-là est beaucoup plus aimable, et je vous l'ai crue pour moi; mais à présent j'en doute, et j'ai raison d'en douter. Ce qui fait donc que si nous parlons sérieusement, solidement, comme deux bons vieux hommes, je suis très-reconnaissante de ce que vous êtes pour moi; mais, si je reviens à ma nature de femme encore jeune et toujours un peu romanesque, même en amitié, j'ai un nuage sur votre souvenir que vos arguments ne dissiperont pas. Écrivez-moi, c'est ce qui vous obtiendra mon sincère pardon ; ce n'est jamais dans l'excuse qu'est la justification, croyez-moi. — Benjamin est arrivé; je suis bien moins au fait de ce qui se passe.—N'oubliez pas mon ministre protestant(1)

---

(1) Fauriel devait adresser ses lettres sous le couvert d'un ministre protestant, M. Gerlach.

et moi en même temps sur l'adresse secondé, car je n'ai pas compris comment vous pouviez penser que je vous proposais de mettre un tiers entre vous et moi ; cette idée ne me serait jamais venue. — Notre Suisse va assez mal; on a fait les élections tout de travers; on a choisi les municipalités pour électeurs, on évite les choix populaires, et l'on veut cependant avoir l'air de faire émaner les pouvoirs du peuple; c'est une subtilité qui n'aboutit à rien qu'à éviter à la fois les avantages de la démocratie et de l'aristocratie. — Je ne finis point parce que je suis fâchée; mais j'attends plusieurs lettres de vous qui remettent mon affection bien à l'aise, afin d'écrire de longues pages qui ne pourront contenir, dans ma solitude, que des détails sur mes impressions, mes occupations, mes enfants; et il faut que je sache tout de vous pour vous parler de moi. Auguste vous écrira ; il dit que vous êtes ce qu'il aime le mieux à Paris. Pictet parle de vous aussi avec beaucoup d'intérêt. Tout ce qui m'entoure vous aime ; me laisserai-je gagner par l'exemple? »

L'hiver suivant (1801-1802), Fauriel, encore attaché au cabinet de Fouché, était déjà très-produit dans le monde; il vit beaucoup madame de Staël durant cette saison, il avait quelque chose envers elle à réparer. Il voyait aussi le monde philosophique proprement dit, il était initié au groupe d'Auteuil, et commençait à cultiver madame de Condorcet. Il avait rencontré celle-ci pour la première fois un matin au Jardin des Plantes, où leur goût commun de la botanique les avait conduits. Du côté de madame de Condorcet et de Cabanis, Fauriel entrevoyait plutôt la retraite, la méditation suivie, l'étude habituelle et profonde partagée entre les livres et la nature. Quant au cercle de madame de Staël, c'était autre chose, c'était là la vie sociale dans toute sa diversité et son mélange, le jaillissement et la fertilité des idées dans tout leur éclat. Nous pourrions le suivre cet hiver-là d'assez près. Les détails imprévus de société, quand on les peut ressaisir à distance, intéressent comme une découverte; on est toujours tenté de s'étonner que d'autres aient vécu comme nous vivons, et qu'il y ait eu tant de vivacité, tant de mouvement, dans ce qui est loin, dans ce qui n'est plus.

Alors, tout comme aujourd'hui, on se hâtait en bien des sens, on s'écrivait en courant au moment de partir pour une loge aux Bouffons, au moment d'aller à la *Lodoïska* de Chérubini ou à l'*Henri VIII* de Chénier. L'amitié, le cœur, l'intérêt sérieux avaient des instants, le monde avait les heures. Il y avait de ces rencontres qui font envie. Un jour, madame de Staël arrangeait pour Fauriel un petit dîner avec M. de Chateaubriand, et celui-ci lui envoyait son *Génie du Christianisme*, tout frais de l'impression, par les mains de madame de Staël elle-même. Mais surtout, grâce à sa position auprès de Fouché, Fauriel était inépuisable en bons procédés, en services à rendre, comme l'atteste ce petit billet entre vingt autres. Il est de madame de Staël encore, et dénonce la bienveillance active de tous deux :

« Un homme des amis de Mathieu (1), M. de La Trémouille, est arrêté de ce matin ; faites-moi le plaisir avant dîner, mon cher Fauriel, de savoir, sans vous compromettre, tout ce qui peut être relatif à lui. Venez un peu de bonne heure, car je vais à *Henri VIII*. Mille amitiés. Vous ne vous lasserez pas de faire tout le bien que vous pourrez (2). »

Pour clore cet épisode si honorable à Fauriel, et qui ne saurait être indifférent au lecteur, pour achever de couronner le souvenir de cette liaison avec madame de Staël, je ne veux plus citer d'elle à lui que deux petites lettres encore, l'une de 1803, quelques mois après la publication de *Delphine*, l'autre de février 1804, lorsque, dans les commencements de son exil, elle était en train de faire son premier voyage d'Allemagne. On voit dans la première de ces lettres en quels termes affectueux et pleins d'une tendre

(1) Mathieu de Montmorency.
(2) Et le lendemain : « Voilà la lettre de Mathieu. Je vous prie de tâcher de lui avoir son rendez-vous pour demain. Réponse ou non, venez me voir à quatre heures. Je dîne en ville; je vous mènerai où vous allez. Avez-vous ouï dire qu'on fût bien en colère contre le Tribunat?... »

estime madame de Staël renoue une correspondance interrompue, et passe outre à une négligence :

« Ce 8 avril (1803).

« Quoique votre long silence m'ait fait beaucoup de peine, mon cher Fauriel, je n'ai pu me persuader que *Delphine* ne vous eût pas intéressé, ni que vous eussiez entièrement oublié son auteur. Il me semble que nous sommes faits pour être amis, et je l'attends, votre amitié, comme cette moitié d'une lettre déchirée qui peut seule expliquer l'autre. — Vous ne m'invitez pas beaucoup à revenir ; mais j'ai un tel dégoût du pays que j'habite, que je ne puis suivre ce conseil, et j'espère une fois, quand nous nous reverrons, vous expliquer un peu cette disposition. Si j'ai une campagne près de Paris, vous m'y donnerez quelques jours ; nous lirons, nous causerons, nous nous promènerons ensemble, et je croirai moins de mal de la nature humaine, quand votre âme noble et pure me fera sentir au moins tout le charme et tout le mérite des êtres privilégiés. — Adieu, mon cher Fauriel ; à présent que je ne saurai plus de vos nouvelles par Benjamin, vous devriez m'écrire directement. »

Dans la dernière lettre qu'on va lire, et qu'elle lui écrit d'Allemagne, elle lui jette de loin ces noms de Goëthe et de Schiller, comme à celui qui, presque seul alors en France (1), savait les comprendre :

« Weimar, ce 29 février (1804).

« Voulez-vous vous charger, mon cher Fauriel, de ce petit mot pour Brown ? Nous venons de passer, Benjamin et moi, deux mois et demi assez doux entre Goëthe et Schiller, et un prince homme de beaucoup d'esprit, ce qui n'est pas commun maintenant. Je vais maintenant terminer mon voyage d'Allemagne par deux mois à Berlin, et Benjamin retourne en France ; mais il a pris tant de goût pour l'Allemagne, qu'il n'y voyage pas rapidement. Quand on aime comme moi l'esprit de société, quand on a pris l'habitude de se laisser distraire par ce genre d'amusement, la France seule peut plaire ; mais toute conversation qui a pour but l'instruction et une analyse singulièrement fine et ingénieuse des idées et des

(1) Joignez-y, si vous voulez, Villers, Vanderbourg ; je cherche en vain d'autres noms.

sentiments solitaires, il faut la chercher ici. — Schiller va donner une nouvelle pièce, *Guillaume Tell*, où il y a des beautés bien originales. Je vous rapporterai tout cela si j'ai le bonheur de vous revoir et si nous causons jamais quelque part à loisir. — Adieu, mon cher Fauriel. Voyez-vous quelquefois Villers? que devient-il? je l'ai trouvé fort aimable à Metz. — Si vous avez le bon mouvement de m'écrire, c'est chez M. Schickler, banquier à Berlin, qu'il faut m'adresser votre lettre. Mille amitiés. »

Durant toute cette relation amicale comme dans la plupart de celles même qui lui étaient le plus chères, on peut le remarquer, Fauriel, occupé au travail, enchaîné par les habitudes, et plus fidèle qu'actif aux souvenirs, Fauriel écrivait peu et laissait bientôt tomber, sans le vouloir, une des extrémités de la chaîne que l'autre correspondant, à son tour, finissait par ne plus soutenir que faiblement. Il revit plus tard madame de Staël à Acosta (1806) lorsqu'elle y terminait *Corinne ; la Maisonnette*, cette habitation de madame de Condorcet, était dans le voisinage. Les entretiens de près reprirent avec vivacité, avec abondance. Est-ce là, était-ce à Paris, à une époque antérieure, qu'eurent lieu certains déjeuners en tiers avec Frédéric Schlegel? car madame de Staël se plaisait à les mettre aux prises sur l'Allemagne, Fauriel et lui, les faisant jouter bon gré mal gré sous ses yeux. Mais ce qu'il importait de constater, c'est que, bien jeune et dès 1800, Fauriel eut, l'un des premiers, sur madame de Staël une action intellectuelle. Même avant les deux Schlegel, avant Guillaume de Humboldt, ou du moins en même temps qu'eux, il eut l'honneur d'influer sur ce grand et libre esprit, de l'assister de sa science, et de lui faire pressentir quelques-unes des directions où, une fois lancé, son talent plein d'âme devait ouvrir des sillons si lumineux.

Fauriel eut également, dès l'origine, d'étroits rapports avec Benjamin Constant, des rapports littéraires et autres, et les preuves de cette liaison particulière sont trop marquantes pour que nous puissions entièrement les négliger ici. Il eut l'occasion de rendre à Benjamin Constant un important service dans l'été et l'automne de 1802. Benjamin Constant, très en vue par son opposition au sein du Tribunat, était parti brusquement de Paris en floréal an x (mai 1802), accompagnant ou suivant de très-près madame de Staël et son mari mortellement malade. Ce départ avait été imputé à des motifs politiques; le Premier Consul était très-indisposé contre Constant, et, un jour que Fouché avait rencontré Fauriel, le ministre lui avait fait entendre que son ami, puisqu'il était parti, ferait aussi bien de ne pas revenir, s'il ne voulait s'exposer à de graves inconvénients. L'avis fut aussitôt transmis par Fauriel à Benjamin Constant, alors en Suisse, et de là toute une négociation à mots couverts, qui montre à quel point le secret des lettres et la liberté individuelle étaient peu respectés à cette époque glorieuse. Benjamin Constant brûlait de revenir en France depuis qu'on lui en contestait la permission; il voulait revenir, sinon à Paris, du moins à sa campagne de Luzarche, où des affaires d'intérêt l'appelaient. Il soupçonnait Fouché d'exagérer le mécontentement du Consul, et les raisons qu'il donnait à l'appui de sa conjecture sont caractéristiques des hommes et du moment. De tels détails touchent d'assez près au Suétone; mais un biographe a droit d'entrer dans quelques-unes de ces coulisses que s'interdit l'historien :

« J'ai de fortes raisons de penser, écrivait Benjamin Constant, que toute cette affaire ne tient point à une disposition du Premier Consul. Il a eu un accès d'humeur, à l'époque de mon départ, d'après d'autres soupçons très-mal fondés; mais ceci n'a rien de commun avec ses colères antérieures. Voici le fait, j'en ai la conviction la plus forte : F. (*Fouché*), durant cet hiver, a dîné deux ou trois fois avec moi dans une maison que vous connaissez (*chez madame de Staël*). Il avait cru prudent de ne point parler de ces dîners. Mais la personne chez qui nous dînions ayant, par erreur, supposé qu'ils étaient connus, en a dit, avec bonne intention, et avec le désir de servir F. (*Fouché*), un mot qui est revenu au Premier Consul. Celui-ci, fidèle à son système de semer la défiance, a dit à F. (*Fouché*) : « Vous dînez chez....; je sais tout ce que vous y dites. » F. (*Fouché*) s'est cru compromis; il n'y avait pas le moindre fondement. Outre qu'il n'y avait rien à savoir, le Premier Consul ne savait que le fait matériel d'un dîner dans une telle maison. Cela a eu lieu huit ou dix jours avant mon départ. G. (*Garat*) m'en a averti ; mais le sort a fait que je n'ai plus revu F. (*Fouché*), de sorte que je n'ai jamais pu lui expliquer cette tracasserie. Je n'y suis, moi, pour rien de personnel. Ce n'est ni chez moi que la chose s'est passée, ni contre moi que F. (*Fouché*) a de l'humeur. Mais mes liaisons connues, mon départ simultané, et l'accident qui a retardé sa lettre d'invitation, de manière que je n'ai pu m'y rendre, tout cela, joint à ce que je suis à cent cinquante lieues de Paris, lui fait trouver simple que j'y reste. »

Ainsi Fouché, qui craignait de s'être un peu compromis en voyant trop Constant cet hiver, n'était pas fâché de se débarrasser de lui et de reprendre ostensiblement à son égard un air de rigueur, en même temps qu'il lui faisait insinuer le conseil à demi hostile comme un avis officieux ; mais il cessa, cet été même, d'être ministre de la police. — La correspondance de Fauriel et de Benjamin Constant, en cette année et dans les suivantes, est remplie d'autant de détails que le permet la crainte d'être lu peut-être par des intermédiaires trop curieux ; elle abonde d'ailleurs en confidences sur leurs impressions personnelles, en jugements sur leurs lectures, sur leurs projets de travaux. Nous sommes accoutumé dans cette *Revue* même (1) à entendre converser familièrement Benjamin Constant. Si nous avons pu paraître sévère une fois envers lui, il est juste de dire que, dans toute cette relation avec Fauriel, il se montre tout à fait à son avantage, non plus sceptique absolu, mais sceptique regrettant le bien, cœur triste, appréciant le bonheur sans l'espérer, ami affectueux du moins et reconnaissant. Fauriel pensait de Benjamin Constant, comme de La Rochefoucauld, que c'étaient ses relations premières avec les hommes qui l'avaient conduit à des résultats si désolants, et qu'il valait mieux que ses maximes.

(1) *Revue des Deux Mondes* du 15 avril 1844, article *Benjamin Constant et Madame de Charrière*. Ce morceau, avec d'autres pièces qui le complètent, a été réimprimé dans le volume de *Caliste* (Paris, Jules Labitte, 1845) ; ce qui nous dispense de le reproduire en ces volumes.

« Si je vous entretenais de ce que j'éprouve, écrivait Constant à Fauriel (1), et du dégoût profond que m'inspire la vie, je vous ennuierais beaucoup, vous qui êtes au sein du calme et du bonheur. Je suis loin de l'un et de l'autre, et je crois que j'achète la peine au prix de l'agitation. Cela arrive à beaucoup de gens qui ne s'en doutent pas, et même, comme vous voyez, à ceux qui s'en doutent. Il y a une complication de destinée qu'il est impossible de débrouiller, et avec laquelle on roule en souffrant, sans jamais prendre terre pour regarder autour de soi. Peut-être au reste le bonheur est-il presque impossible, du moins à moi, puisque je ne le trouve pas auprès de la meilleure et de la plus spirituelle des femmes. Je m'aperçois que le superlatif est malhonnête, et je le rétracte pour l'habitante de *la Maisonnette*....

« Je veux cesser mes tristes exclamations, et vous parler de vous qui êtes heureux et qui, au milieu des nuages de toute espèce qui couvrent notre horizon, m'offrez un point de vue consolant et doux. *Oh! soignez bien cette plante rare qu'on nomme le bonheur! c'est si difficile à acquérir, et c'est peut-être impossible à retrouver!* »

Voilà de ces accents comme on les aime, et qui rachètent bien des aridités. Un autre passage vient tout à fait comme preuve nouvelle à l'appui de la haute et sérieuse estime, de l'affection que madame de Staël portait à Fauriel, et elle nous montre aussi Constant dans l'un de ses meilleurs jours :

« J'ai annoncé votre lettre à une dame que je vois souvent. Elle n'avait point attribué votre silence à des motifs *défavorables pour vous*, comme vous le dites, mais tristes pour elle. C'est une des personnes qui vous aiment et vous apprécient le mieux, et que je voudrais le plus voir heureuse; et je sais combien des preuves de votre amitié y contribueraient. Il y a dans mon cœur trop de découragement, dans mon âme trop de sentiments divers, mon imagination est trop décolorée pour que je puisse, moi, faire le bonheur de personne, et je rassemble avec inquiétude, pour les objets de mon amitié, tous les moyens de bonheur que je découvre ou que j'imagine. »

Constant ne pouvait manquer d'entretenir Fauriel de cet

(1) 19 floréal an x (9 mai 1802), de Vitteaux (Côte-d'Or).

ouvrage *sur les Religions* qui subissait en ce moment une métamorphose essentielle, et dans lequel l'auteur introduisait enfin le sentiment, le souffle religieux :

« Pour la quatrième fois, lui écrivait-il (26 messidor an x), j'ai recommencé mon ouvrage. Je crois qu'il gagnera à la refonte à laquelle je me suis déterminé. Je désire le rendre le moins imparfait possible ; il faut qu'il ait assez de mérite pour se soutenir durant cette époque de dégoût pour les sujets dont je traite, de manière à se retrouver lorsque ce dégoût sera passé. »

Ce dégoût du public pour les sujets religieux n'était pas si absolu que Constant le supposait, et le succès du *Génie du Christianisme* lui aurait pu fournir une mesure meilleure de l'état *théologique* des esprits. Il est vrai qu'à son point de vue philosophique il considérait ce succès plutôt en adversaire, et qu'il en passait volontiers à cet égard par les jugements amers que portait Ginguené dans *la Décade* (1). Constant accueillait plus indulgemment le livre de Cabanis (*Traité du Physique et du Moral*), qui paraissait à cette fin de 1802, et qu'il recevait de Paris en même temps que Fauriel y recevait *Delphine*. Ce jugement sur Cabanis confine de trop près aux opinions et aux affections de Fauriel à cette époque, et il exprime trop bien aussi le fond des pensées de Constant sur ces sujets délicats, pour être dérobé au lecteur :

« (Genève, ce 3 frimaire an xi.) Je lis, autant que mon impuissance de méditation me le permet, le livre de Cabanis, et j'en suis enchanté. Il y a une netteté dans les idées, une clarté dans les expressions, une fierté contenue dans le style, un calme dans la

(1) A propos de ces articles de Ginguené contre le *Génie du Christianisme*, Benjamin Constant écrivait à Fauriel : « .... Je viens de lire dans « *la Décade* avec un bien grand plaisir l'*Extrait* de Chateaubriand, par « Ginguené. On voit que l'auteur de cet extrait avait commencé avec « le désir de n'être pas trop sévère et de ne pas blesser l'auteur, et « qu'il a été graduellement emporté par la force de la vérité et par « l'amour de la philosophie et de la République. J'attends avec impa- « tience la troisième partie de cet extrait que je n'ai pas lue encore. « (Genève, 28 messidor an x.) »

marche de l'ouvrage, qui en font, selon moi, une des plus belles productions du siècle. Le fond du système a toujours été ce qui m'a paru le plus probable, mais j'avoue que je n'ai pas une grande envie que cela me soit démontré. J'ai besoin d'en appeler à l'avenir contre le présent, et, surtout à une époque où toutes les pensées qui sont recueillies dans les têtes éclairées n'osent en sortir, je répugne à croire que, le moule étant brisé, tout ce qu'il contient serait détruit. Je pense avec Cabanis qu'on ne peut rien faire des idées de ce genre comme institutions. Je ne les crois pas même nécessaires à la morale. Je suis convaincu que ceux qui s'en servent sont le plus souvent des fourbes, et que ceux qui ne sont pas des fourbes jouent le jeu de ces derniers, et préparent leur triomphe. Mais il y a une partie mystérieuse de la nature que j'aime à conserver comme le domaine de mes conjectures, de mes espérances, et même de mes imprécations contre quelques hommes. »

Il y aurait bien à épiloguer sur ce jugement; l'idée la plus choquante, du moins de la part d'un homme politique, est celle-ci : *qu'il n'y a rien à faire des idées spiritualistes et religieuses à titre d'institutions;* mais l'espèce de protestation *quand même* qui termine, cette réserve expresse en faveur de la partie mystérieuse de notre être est noble autant que sincère; elle honore Constant, et elle va le caractériser de plus en plus dans cette seconde moitié de sa vie (1).

(1) Lisant l'*Histoire du Consulat* de M. Thiers en même temps que ces lettres de Constant, je trouve à chaque pas dans ces dernières des sentiments en contraste et en lutte avec la marche des choses; on y surprendrait dans ses mouvements intimes, dans ses aveux, et jusque dans ses frémissements, la pensée de cette minorité politique comprimée pour laquelle l'historien a pu être sévère, mais qui, vue de près, intéresse par ses convictions anticipées, par ses ardeurs et par la déception de ses espérances. Ainsi, Camille Jordan avait fait imprimer, dans l'été de 1802, une brochure où il plaidait la cause de la monarchie constitutionnelle. Benjamin Constant en écrivait à Fauriel (de Suisse, 26 messidor an X) : « On m'écrit de Paris de grands éloges sur la brochure de Camille. Je trouve qu'elle les mérite. C'est une action courageuse, et un écrit de talent; *et la manière dont elle a été lue subrepticement me paraît l'indice d'une époque nouvelle dans l'opinion.* Je m'arrête, parce que je n'aime pas les dissertations par lettres. Quel

Il ne cessa point, à diverses reprises, et malgré les interruptions de Fauriel qui était plus prompt à servir ses amis qu'à leur écrire, de lui faire part de ses travaux, de le consulter en mainte occasion et de recourir à ses lumières. Chaque fois qu'il revenait après des années à son grand ouvrage, c'était à Fauriel bien vite qu'il s'adressait pour se remettre au courant de la science et apprendre de lui ce qui, dans l'intervalle, avait paru tant en Allemagne qu'en Angleterre sur l'Inde et sur Buddha. En 1809, lorsqu'il publia son imitation de *Walstein*, il réclama et reçut de lui des observations détaillées pour en faire son profit en vue d'une seconde édition ; c'était le moment même où Fauriel allait publier de son côté sa traduction de *la Parthénéide* de Baggesen. On en a assez pour bien voir déjà comment tous deux furent précurseurs en littérature dès les années de l'Empire, et Fauriel tout aussi précoce que Constant.

Avant de nous engager dans la succession des travaux qui font de notre auteur un des maîtres les plus originaux du temps présent, un de ceux qui ont avancé d'au moins vingt ans sur les idées courantes et, à vrai dire, le premier critique français *qui soit sorti de chez soi*, nous avons à noter encore quelques essais qu'on n'est guère disposé à attendre de sa plume, et qui le montrent s'occupant simplement de la littérature nationale et domestique, comme on pouvait le faire à cette date. Les petites notices anonymes qui se lisent en tête des poésies de Chaulieu et de La Fare dans les stéréotypes d'Herhan, et qui parurent en

---

plaisir j'aurai à causer cet automne avec vous ! » — Et quelques mois après, un jour qu'il était plus souffrant des nerfs que de coutume, il laissait échapper ces mots irrités, dont l'allusion est assez sensible : « Lorsque les maux physiques surviennent, on a peine à concevoir avec quel acharnement les hommes se créent des maux d'une autre espèce ; et l'on éprouve surtout une indignation vive de ce que la nature, si féconde en douleurs, ne les dirige pas contre les ennemis de l'humanité. Je vois ici une quantité d'êtres innocents, *harmless creatures*, qui souffrent des douleurs qui mettraient tels esprits tracassiers et violents que je connais, hors d'état de remuer et de tourmenter le monde. C'est un scandale de voir la douleur si mal appliquée. »

1803, sont de Fauriel. Il y a loin d'une appréciation de Chaulieu au recueil des chants grecs populaires; pourtant, même dans ce petit nombre de pages sur une matière qui peut sembler si légère, on devine un esprit qui en tout va droit aux choses et sait naturellement s'affranchir du lieu-commun et des formules convenues. Les quelques lignes finales de la notice sur Chaulieu portent avec elles ce cachet de pensée qui, simple et peu saillant aux yeux, équivaut néanmoins déjà à une signature :

« On a comparé Chaulieu, dit-il, tantôt à Horace, tantôt à Anacréon. Heureusement, il n'est pas nécessaire, pour sa gloire, que ces comparaisons soient justes. Ce n'est pas qu'il n'y ait quelque analogie entre ces trois poëtes, mais elle existe beaucoup plus dans le sujet général de leurs vers que dans le caractère de leur talent. On a trop souvent jugé Anacréon d'après des traductions qui ne permettent pas même de soupçonner la grâce parfaite, l'originalité piquante, l'inimitable légèreté de son style. *Quant à Horace, il est peut-être plus difficile encore d'être son semblable que son égal, et Chaulieu n'a été ni l'un ni l'autre.* »

Qu'on essaye de lire, après cette petite notice, celle de Lemontey sur Chaulieu également, et l'on sentira aussitôt la distance qui sépare le goût substantiel et sain de Fauriel et tout ce qui est apprêt littéraire, académique. Dans son aversion de l'apprêt, il restait même assez volontiers en deçà de l'ornement.

Un autre travail plus considérable, qui date du même temps, est une Notice sur La Rochefoucauld; elle n'a jamais été publiée. Destinée peut-être dans l'origine aux stéréotypes d'Herhan, et n'y ayant pu être employée à cause de son étendue, elle passa, dans tous les cas, aux mains du savant libraire M. Renouard, qui se proposait sans doute de la joindre à une édition du moraliste. Nous devons à son obligeance d'en avoir sous les yeux une copie. Même après tout ce qu'on a écrit depuis sur La Rochefoucauld, le travail de M. Fauriel mériterait d'être imprimé; une première partie traite à fond des diverses éditions antérieures à 1803 ; une seconde partie est toute biographique et littéraire. Grouvelle, l'estimable éditeur de madame de Sévigné, avait raison d'en écrire à Fauriel, le 2 prairial an XIII (1805) :

« Madame de C., monsieur, en vous remettant le manuscrit que vous avez bien voulu me confier, n'a pu vous dire tout le plaisir que j'ai eu à le lire. On ne peut mieux apprécier l'homme et son temps que vous l'avez fait. Le morceau dans lequel vous montrez comment ses principes ou plutôt son système sortit du fond même de la vie qu'il avait menée, est très-habilement développé. M. Suard n'avait indiqué cette vue que pour la faire avorter, au lieu que vous l'avez fécondée et développée d'une manière qui ne laisse rien à désirer. J'aime bien votre tableau de la Fronde ; j'aime la distinction entre les *Maximes* et les *Réflexions*; j'aime le parallèle entre La Rochefoucauld et Vauvenargues ; j'aime en vérité tout. Votre style est élégant et nerveux, clair et concis ; on voit que vous voulez réconcilier la langue avec certaines formes périodiques, et vous avez bien raison (1). Mais il faut de l'habileté, de la force de tête, et une profonde connaissance de la langue, pour organiser ces périodes, de façon que leurs combinaisons resserrent les idées accessoires sans nuire à la clarté du sens principal. Peu de gens savent comme vous que la brièveté veut souvent une phrase longue, et que la méthode des phrases courtes est souvent celle de la prolixité. Ce style, par sa dignité et par sa plénitude, convient surtout à l'histoire ; et vous êtes destiné à l'écrire sous ce rapport, comme sous celui de l'instruction et de l'esprit philosophique. »

Ce jugement fait honneur à Grouvelle, qui ajoutait d'ailleurs à ses éloges quelques critiques de détail, quelques coups de crayon en marge du manuscrit : il demandait en retour à Fauriel service pour service, et de *mettre en pension* chez lui pour une quinzaine sa *Notice sur madame de Sévigné et ses amis*.

Le côté neuf de ce travail sur La Rochefoucauld, c'est

(1) A cet endroit des formes périodiques, Grouvelle prête, je le crois, à M. Fauriel plus de dessein qu'il n'en avait en effet. La phrase de ce dernier était tout simplement abondante, parce que sa pensée l'était aussi.

d'expliquer, d'éclairer, par l'exposé successif des faits, la manière dont les *Maximes* durent naître dans la pensée de leur auteur : « Plus on étudiera l'esprit du temps où il a vécu, dit Fauriel, plus il nous semble qu'on trouvera de rapport entre sa doctrine et son expérience, entre ses principes et ses souvenirs. » Dans le tableau qu'il trace de la liaison de M. de La Rochefoucauld et de madame de La Fayette, on croit sentir un cœur formé lui-même pour les longues et constantes amitiés, et qui en goûtera jusqu'à la fin la régulière douceur. Citant ce mot de madame de Sévigné trois jours après la mort de M. de La Rochefoucauld : *Il est enfin mercredi, ma fille, et M. de La Rochefoucauld est toujours mort !* — « Expression, dit Fauriel, d'une mélancolie naïve et profonde, et qui semble marquer, dans l'âme à laquelle elle échappe, l'instant où finit cette surprise accablante dont notre imagination est d'abord frappée, lorsque la mort vient de nous ravir un être nécessaire à notre bonheur, et où commence la conviction douloureuse d'une perte éternelle ! »

Le style des *Maximes* et des *Réflexions* est très-finement apprécié. Dans les *Réflexions diverses*, qui sont distinctes des *Maximes* et plus développées, et qu'on pourrait convenablement intituler, dit-il, *Essai sur l'art de plaire en société* (1), il loue « une élégance simple et facile qui ne frappe

(1) Ces *Réflexions diverses* n'ont pas été peut-être assez remarquées ; elles développent certaines maximes, mais elles en diffèrent par le ton : « l'auteur y exprime surtout, dit Fauriel, des vues fines et vraies sur le moyen et la nécessité de mettre notre esprit et notre humeur en harmonie avec l'humeur et l'esprit des autres. » Le secret du succès de La Rochefoucauld dans le monde est là renfermé ; c'est l'art d'Ulysse, ce sont ces insinuations et ces paroles *de miel* dont il est si souvent question dans le poëte. Et à ce propos on me permettra encore une remarque assez générale : ces hommes fins et rusés, tels que La Rochefoucauld, Talleyrand, ont souvent une grande douceur de commerce, et, comme dit Homère en parlant d'Ulysse, une *suavité d'âme*, ἀγανοφροσύνη (c'est la mère d'Ulysse qui lui dit cela en le revoyant aux Enfers, *Odyssée*, livre XI). Cette douceur habituelle se lie de près au tact exquis de ces hommes ; rien ne leur échappe de ce qui peut agréer aux autres.

pas, mais qui plaît. On y reconnaît constamment un goût attentif à ne point se servir de paroles plus grandes que les choses. » M. Fauriel insiste remarquablement cette fois sur ces qualités françaises du style qu'il semble avoir eu, dans la suite, moins d'occasions directes de considérer. « Même avec les ressources d'une langue très-cultivée, même avec un talent réel, bien écrire est nécessairement un art très-difficile, si du moins par cet art on entend celui d'exprimer avec force et clarté des idées qui soient autre chose qu'une réminiscence, plus ou moins déguisée, de ces idées devenues, par une longue circulation, celles de la société tout entière, et qui forment, pour ainsi dire, *la surface de tous les esprits.* » Et il part de là pour établir le mérite tout particulier à La Rochefoucauld comme écrivain, mérite original et qui ne consistait pas simplement à se servir d'une langue déjà perfectionnée, mais qui allait à fixer pour sa part une prose encore flottante. La comparaison entre La Rochefoucauld et Vauvenargues n'est pas un de ces parallèles à effet dont les contrastes sautent aux yeux ; elle touche d'abord au fond et atteint le ressort même de leur doctrine :

« Le premier voit partout le vice et la vanité transformés en vertus ; le second représente le vice et la vertu sous des traits exclusivement propres à chacun d'eux, et qui ne permettent pas de les confondre ni même de les rapprocher. Pour l'un, l'amour-propre est une tache originelle imprimée à toutes les actions humaines, un point de contact inévitable entre celles qui sont en apparence les plus opposées, et qui établit entre elles non-seulement une communauté d'origine, mais une sorte d'égalité morale. Pour l'autre, l'amour-propre n'est qu'un attribut général et nécessaire de notre nature, qui ne devient un bien ou un mal que par ses déterminations particulières. »

Fauriel termine par cette conclusion aussi délicate qu'ingénieuse :

« On n'estimerait peut-être pas assez La Rochefoucauld, si l'on jugeait de ses sentiments par ses principes ; et l'on ne pourrait faire un plus grand tort à Vauvenargues que de supposer son talent étranger à son caractère. »

En regrettant que ce morceau sur La Rochefoucauld n'ait pas été imprimé, nous en dirons autant d'un grand nombre des écrits de Fauriel à cette époque. Il écrivit longtemps pour lui seul et pour le cercle de ses amis particuliers, en présence des sujets qu'il approfondissait et sans se préoccuper du public. Il est peut-être l'homme qui, dans sa vie, a le moins songé à l'effet; il ne visait qu'à bien voir et à savoir. Oserai-je noter un inconvénient de cette manière si calme, si désintéressée et si profonde? L'habitude prise de bonne heure de ne pas se placer du tout en face du public, mais seulement en face des choses, induit l'écrivain à des lenteurs d'expression qui tiennent au scrupule même de la conscience et au respect le plus honorable de la vérité. Je ne sais qui l'a remarqué spirituellement, il faut que l'auteur ait quelquefois de l'impatience pour que le lecteur n'en ait pas. Cela est vrai surtout du lecteur français, le plus impatient de tous. Ce qui a toujours manqué à Fauriel, comme écrivain, même dans sa jeunesse, ç'a été le quart d'heure final d'empressement et de verve, le *fervet opus*, un certain feu d'exécution, et, comme on dit vulgairement, *battre le fer quand il est chaud*. Ajoutez ceci encore : chaque écrivain, en avançant, encourt plus ou moins les inconvénients de sa manière; celui qui visait tout d'abord au trait, tend à s'aiguiser de plus en plus; celui qui n'y visait pas du tout, est sujet dans la forme à l'abandon. En faisant pressentir quelque chose de ce défaut chez l'auteur distingué que nous étudions, nous sommes très-loin, au reste, de penser que Fauriel, à l'exemple de tant d'érudits, fût indifférent au style, à l'expression; une telle lacune serait trop inexplicable chez un homme d'une sensibilité littéraire si vive et si exquise, d'un goût si fin et, pour tout dire, si *toscan*. Nous aurons occasion surtout de le remarquer lorsqu'il abordera l'histoire; il eut son procédé à lui et sa manière. Il ne vise pas à l'effet, mais il l'atteint, si l'on consent à le suivre. Il aspire à faire passer son lecteur par les mêmes préparations que lui et à ne rien lui en épargner. Il n'a pas ce *coup d'État* du talent qui dispose d'autorité les choses pour le lecteur et les impose à quelque degré, ou qui du moins les ordonne et les ménage dans un jour approprié à la scène. Il compte davantage sur l'esprit des autres et aime à les supposer de la même famille que lui.

Étranger aux couleurs et à leur emploi, Fauriel ne l'était pas à un certain dessin correct, délicat et patient. J'ai entendu comparer quelques-uns des morceaux qu'il a soignés à des esquisses très-bien faites, tracées avec le crayon de mine ; et quand il avait fini et qu'il revoyait l'ensemble, il craignait tant le prestige, qu'il était tenté encore de passer la main dessus pour effacer et pour éteindre. S'il y avait de l'excès dans ce scrupule, il y avait au moins du scrupule, c'est-à-dire le contraire de l'indifférence, ce que je tenais une fois pour toutes à constater.

Fauriel connut beaucoup Villers dans les premières années du siècle, et cette relation a laissé des traces. Villers, homme de beaucoup d'esprit, le premier Français qui ait bien su l'Allemagne et qui ait parlé pertinemment de Kant, Villers, déjà muni d'une science ingénieuse et plein de vues neuves, était venu à Paris sous le Consulat; il devait finir par être professeur à Gottingue, combinant, ainsi que Chamisso, dans une mesure heureuse les qualités des deux nations : « Il est (écrivait de lui Benjamin Constant), il est doublement aimable au fond de l'Allemagne, où il est rare de rencontrer ce que nous sommes accoutumés à trouver à Paris en fait de gaieté et d'esprit, et Villers, qui est distingué sous ce rapport à Paris même, l'est encore bien plus parmi les érudits de Gottingue. » — Fauriel rendit compte, dans *la Décade* (10 floréal an XII, 1804), de l'*Essai*, de Villers, *sur l'Esprit et l'Influence de la Réformation*, que l'Institut venait de couronner. En appréciant et faisant valoir les mérites et les vues de l'ouvrage qu'il examine, le critique se permettait différentes remarques dont quelques-unes donnent jour dans ses propres opinions.

Villers, comme plus tard Benjamin Constant, établissait pour cause générale de la corruption de *l'esprit* religieux la surcharge et la grossièreté des *formes* qui servent d'*organes* à cet esprit. Selon lui, la préférence accordée à la forme sur l'esprit constitue la *superstition*, tandis que la préférence inverse constitue le *mysticisme*. Mais Fauriel, dans une suite de questions très-fermement posées, lui demandait :

« Les dogmes extravagants, les fables ridicules n'appartiennent-ils pas à l'esprit plus qu'à la forme d'une religion, ou du moins ne peuvent-ils pas agir sur cet esprit et le corrompre sans le secours d'aucune forme extérieure; et dès lors n'y a-t-il pas lieu à réformation dans un cas inverse à celui admis exclusivement par l'auteur? Un système religieux ne peut-il pas être très-absurde avec des formes extérieures très-simples?... L'attachement exclusif au matériel des religions caractérise-t-il exactement la superstition, et peut-il y avoir superstition sans l'influence des opinions, des idées et des sentiments? La mysticité, que le C. Villers regarde comme l'opposé de la superstition, est-elle autre chose que la superstition raffinée des imaginations vives auxquelles manque le contre-poids du jugement? »

Villers, pour mieux démontrer les bienfaits de la Réformation, s'était posé à lui-même la question suivante : Que serait-il arrivé en Europe, et en quel sens auraient marché les choses et les esprits, si la Réformation n'avait pas eu lieu et si Rome avait triomphé de Luther? Et il avait répondu que l'Europe aurait très-probablement rétrogradé vers le moyen-âge. Mais Fauriel trouve que la question était susceptible d'une solution contraire; il lui semble « que toutes les causes de la Réformation, renforcées et multipliées par quelques excès de plus dans l'exercice de l'autorité papale, et surtout par un degré de plus d'instruction et de lumières, degré que, d'après les données essentielles de la question, nul obstacle ne pouvait empêcher, il lui semble, dit-il, que toutes ces causes, pour avoir agi un peu plus tard, n'en eussent agi que d'une manière plus générale et plus complète. » En un mot, l'esprit humain irrité du retard eût très-bien pu, selon lui, sauter à pieds joints sur la Réformation pour arriver d'emblée en pleine philosophie. On voit Fauriel, dans cet article, attribuer à la Réformation beaucoup moins d'effets *directs* que Villers n'en suppose ; elle lui paraît avoir été le moyen et l'occasion, plutôt que le motif et la cause d'une grande partie du mouvement européen à cette époque ; son influence aurait surtout agi à titre d'*auxiliaire*.

Villers, malgré la part d'éloges qu'il recevait, ne se montra pas entièrement satisfait de l'article, et une discussion s'engagea entre les deux amis sur quelques endroits. Cette discussion, au reste, sort assez des mesquines tracasseries d'amour-propre, et porte assez sur le fond même des choses pour mériter de trouver place ici. Elle éclaire l'histoire intellectuelle du temps et découvre les points précis de division entre les esprits les plus avancés d'alors. Fauriel écrivit donc à Villers la lettre suivante :

« J'ai appris, mon cher Villers, que vous étiez mécontent, sinon de ce que j'ai dit de votre ouvrage, du moins de mes dispositions à votre égard. J'en ai été affligé et surpris. Il y a dans votre livre des choses très-bonnes, très-utiles, et qui doivent en faire aimer et estimer l'auteur ; je les ai louées sincèrement. J'ai cru y trouver aussi des inexactitudes de raisonnement et de fait ; j'en avais parlé avec modération, avec réserve, et j'aurais tâché de continuer à en parler de même. Il est vrai que, comme plusieurs autres personnes qui d'ailleurs vous rendent justice, et dont le suffrage ne devrait pas vous être indifférent(1), j'ai été blessé de quelques traits d'une partialité qui me semble peu philosophique ; je m'en suis expliqué avec vous-même, avec une franchise qui, si j'en juge d'après ma manière de sentir, ne devrait être regardée que comme une marque d'estime. Si je trouvais votre projet de faire connaître en France tout ce qui tient à la littérature et au génie de l'Allemagne, moins intéressant et moins digne des travaux d'un homme de talent, zélé pour le progrès des lumières, je vous assure que j'aurais été beaucoup moins frappé de ce qui me paraît capable d'en diminuer l'intérêt et le succès. Si je n'avais eu ni

---

(1) Notamment M. de Tracy.

estime ni amitié pour vous, j'aurais gardé froidement pour moi ou pour les autres ce que je vous ai dit à vous-même. Je n'ai voulu ni vous blesser ni vous déplaire, et si, contre mon intention, cela m'est arrivé, je vous en témoigne sincèrement mes regrets.

« Quoique pressé par d'autres travaux, j'avais commencé un deuxième extrait que M. Amaury Duval attendait probablement pour le prochain numéro de *la Décade*. Le ton de la critique y eût été plus prononcé que dans le premier; mais il eût été également dicté par un sentiment dont j'étais loin de supposer que vous eussiez à vous plaindre. Puisque je me suis trompé, je n'ai plus aucun motif de continuer, je n'en ai plus que de me taire ; et je vous serais obligé si vous vouliez en prévenir M. Amaury (1).

« Acceptez mes excuses et mes regrets d'avoir si mal rempli votre attente; et croyez qu'à tout événement, et malgré toutes les apparences, je ne cesserai de vous rendre justice, et d'avoir pour vous une affection dont j'aurais aimé que vous ne doutassiez pas, mais qui est indépendante même de votre manière de sentir à mon égard. »

A cette lettre de Fauriel, Villers répondit aussitôt :

« Ce n'est point de votre bienveillance et de l'amitié personnelle que vous m'accordez, mon cher Fauriel, que j'ai jamais douté; mais j'avoue que j'ai été affecté, dans l'explication que nous eûmes chez vous, un matin, de vous voir m'accuser, avec une très-grande vivacité, de déprécier gratuitement la France, de relever outre mesure l'Allemagne, etc. Ce n'est pas, comme vous le dites, une *partialité peu philosophique* qui me fait incliner pour la culture *morale et intellectuelle* de l'Allemagne protestante : c'est, j'ose le dire, un sentiment de préférence très-motivé, fondé sur dix ans d'études et d'observations. Si vous connaissiez mieux les bases de ma conviction, si nous avions vécu davantage ensemble, vous y trouveriez peut-être quelque chose de plus noble et de plus raisonnable que ce qu'on a coutume de désigner par l'odieux nom de partialité. Convenez qu'il a dû être pénible pour moi de les voir ainsi méconnaître par vous, que j'avais cru plus capable que personne de les apprécier.

(1) Ce second article, en effet, n'a pas été imprimé. Ce ne fut que plusieurs mois après, à la fin du quatrième trimestre de *la Décade* de l'an XII, page 538, qu'on inséra sur l'ouvrage de Villers un second extrait qui n'est pas de Fauriel.

« Quant à l'extrait que vous avez commencé de mon ouvrage dans *la Décade*, et dont je suis très-loin d'être mécontent, je vous prie sincèrement de vouloir bien le continuer. Je vous ai fait une observation sur le code *prussien*, au sujet duquel vous aviez pris le change, — une autre au sujet de l'orientalisme des théologiens protestants, sur lequel vous preniez aussi le change (1). Mais que cela ne change rien au reste de votre travail. — Vous m'avez dit, il est vrai, en termes fort clairs, que vous croyez beaucoup moins que moi à l'influence de la Réformation. J'y croyais aussi beaucoup moins quand j'ai commencé à l'étudier sérieusement, et j'imagine qu'alors j'aurais nié et traité de chimère ce qu'on m'aurait dit à ce sujet. Ce n'est qu'en y regardant de très-près, et en remontant à toutes les sources, que s'est découverte à mes yeux toute la fertilité de ce grand événement, qui a occupé presque exclusivement les cabinets et les têtes pensantes de l'Europe entière, depuis 1520 jusqu'en 1648. — Il se fait de la besogne pendant cent vingt-huit ans d'activité; mais, deux ou trois siècles après, on le perd de vue. — Adieu. — Ne pensez pas qu'il y ait rien de changé dans mon attachement et mon estime pour vous. »

Villers, dans cette discussion, n'était pas en reste, on le voit, de raisons plausibles : il avait vu de près l'Allemagne, et s'il en était très-préoccupé comme de ce qu'on sait bien, il avait, pour appuyer ses conclusions favorables, une série de faits positifs. Fauriel se tenait au point de vue plus général et plus philosophique; Villers entrait davantage dans la donnée protestante et la croyait fertile en résultats de tout genre, comme elle l'a été en effet au delà du Rhin. Il avait été très-frappé de la force des études religieuses, et de ce que produisait de lumières historiques cette critique circonscrite et profonde, appliquée aux textes sacrés. C'est en ce sens qu'il attribuait à l'orientalisme biblique des théologiens protestants plus de portée et plus d'effet que Fauriel n'avait consenti d'abord à en reconnaître :

« Dévoiler par la plus savante critique les secrets de l'histoire, de la chronologie, de la culture, de l'état politique, moral, reli-

---

(1) Fauriel, dans son article, tint compte de ces deux observations et retira les critiques qui s'y rapportaient.

gieux, des peuples et des lieux où s'est passée la scène des événements de l'Ancien Testament, voilà, lui disait Villers, la tâche qu'ils ont remplie, et qui est un peu plus intéressante que vous ne semblez le croire. Vous en penseriez, sans nul doute, autrement si vous aviez, par exemple, sous les yeux l'*Introduction à l'Étude de l'Ancien Testament*, par Michaëlis de Gottingue, ou les travaux d'Eichhorn sur le même objet, ou les dix volumes de sa *Bibliothèque orientale*, ou que vous eussiez assisté à un cours de critique sur Jérémie par le vieux Schnurrer de Tubingue... »

Villers était initié à cette forme de doctrine et à cette méthode d'outre-Rhin qui, pour arriver à des résultats purement philosophiques, tels que les a vus sortir notre siècle, devait passer graduellement par les lentes stations d'une exégèse successive ; il appréciait ce mélange indéfinissable de rationalisme et de foi, de hardiesse scientifique et de réserve sincère, qui s'est maintenue si longtemps en équilibre dans ces têtes pensantes, qui n'aurait pas subsisté un quart d'heure chez nous, et dont l'exemple le plus élevé s'est rencontré avec une admirable mesure dans la personne de Schleiermacher.

Fauriel, dans cette discussion avec Villers, reprend d'ailleurs ses avantages par la justesse et la précision des critiques qu'il dirige aux endroits essentiels. En même temps nous le saisissons bien exactement dans son progrès d'esprit, dans sa marche propre, tenant encore par ses racines au dix-huitième siècle, et lui qui va devenir si *historique* de méthode, et qui l'est déjà, nous le surprenons quelque peu *idéologue* encore jusque dans l'appréciation de l'histoire. Fauriel a eu cela de particulier et d'original, nous ne saurions assez le rappeler, qu'issu du pur dix-huitième siècle et comme en le prolongeant, il a rencontré et entamé presque toutes les recherches neuves du dix-neuvième, sans avoir dit à aucun jour : *Je romps*. Assez d'autres, sur le devant de la scène, se hâtent d'emboucher la trompette en ces heures de renouvellement, et s'écrient avec fanfares à la face du soleil :

Magnus ab integro sæclorum nascitur ordo!

Fauriel disait moins, tout en faisant beaucoup. En lui les extrémités, les terminaisons de l'âge précédent se confondent, se combinent à petit bruit avec les origines de l'autre ; il y a de ces intermédiaires cachés, qui font qu'ainsi deux époques, en divorce et en rupture à la surface, se tiennent comme par les entrailles.

Dans le critique de Villers, il nous a été possible de reconnaître l'ami de Cabanis. Fauriel eut, en effet, avec Cabanis une de ces liaisons étroites, de ces amitiés uniques, qui font également honneur à l'une et à l'autre des deux âmes. On peut dire que les deux hommes peut-être que Fauriel a le plus tendrement aimés furent Cabanis et Manzoni : il y a bien à rêver, comme dirait madame de Sévigné, sur le rapprochement de ces deux noms.

Cabanis (et je n'entends hasarder ici que mon opinion personnelle) n'est pas encore bien jugé de nos jours ; malgré un retour impartial, on ne me paraît pas complétement équitable. Les plus justes à son égard font l'éloge de l'homme et traitent un peu légèrement le philosophe. Cabanis l'était pourtant, si je m'en forme une exacte idée, autant qu'aucun de son temps et du nôtre ; il l'était dans le sens le plus élevé, le plus honorable et le plus moral, — un amateur éclairé et passionné de la sagesse. Je ne prétends pas le moins du monde, en m'exprimant de la sorte, m'engager de près ni de loin dans l'appréciation d'un système qui a peu de faveur, qui n'en mérite aucune à le juger par certains de ses résultats apparents, et dans lequel on est heureux de surprendre à la fin les doutes raisonnés de Cabanis lui-même : mais ces doutes vraiment supérieurs ne sont-ils pas plus sérieusement enchaînés et peut-être plus considérables qu'on ne l'a dit (1)? Quoi qu'il en soit, nous devons en toucher quelque chose en passant. Il est un

(1) Dans un éloquent et savant morceau sur *la Philosophie de Cabanis*, inséré dans la *Revue des Deux Mondes* du 15 octobre 1844, M. de Rémusat en a jugé et a prononcé avec plus de rigueur ; c'est l'adversaire le plus équitable, le plus généreux, le plus indulgent, mais c'est un adversaire.

seul aspect par lequel Cabanis nous importe et nous revient ici, c'est le côté sur lequel nous retrouvons Fauriel agissant, et agissant jusqu'au point de modifier son ami ; car le même esprit qui a exercé de près tant d'action sur les débuts de beaucoup d'hommes distingués de l'âge nouveau a eu l'honneur non moindre d'influer sur l'un des personnages les plus caractéristiques du vieux siècle : il a comme inspiré le dernier mot de Cabanis finissant.

Fauriel avait entrepris une *Histoire du Stoïcisme;* il avait amassé dans ce but une quantité de matériaux, et avait sans doute poussé assez avant la rédaction de certaines parties. Il ne nous est resté de son projet que des cadres très-généraux, des listes de noms et des notes bibliographiques, la masse des autres papiers ayant péri pour avoir été enterrée dans un jardin à la campagne, lors des événements de 1814 (1). La *Lettre* de Cabanis à Fauriel, publiée pour la première fois en 1824 et composée vers 1806,

(1) Il est pourtant quelques-unes de ces notes de Fauriel qui expriment des faits généraux et des résultats, par exemple :

« Une inexactitude considérable dans l'histoire de la philosophie, c'est de croire que les anciens philosophes-physiciens ne se sont occupés que d'hypothèses sur les causes premières. Cela n'est pas : presque tous avaient étudié la nature dans ses phénomènes visibles et réguliers ou dans ses productions. Seulement ils observaient très-mal, par plusieurs causes qu'il est possible et important d'assigner. »

— « Expliquer les causes de la grande influence de la philosophie de Pythagore en Grèce durant près d'un siècle, depuis la destruction et la dispersion de l'école de Pythagore jusqu'après la mort d'Épaminondas.

« La principale cause paraît avoir été dans les peintures poétiques que cette philosophie faisait de la vie des hommes vertueux après la mort. »

— « C'est une observation capitale dans l'histoire de la philosophie que, dans la philosophie spéculative, toutes les erreurs ou toutes les découvertes postérieures viennent toutes se rattacher à des systèmes antérieurs, comme à leur occasion ou comme à leur cause. Dans la philosophie morale, les faits particuliers, les circonstances de temps et de lieu sont ce qui influe le plus sur les opinions. »

— « Un événement de grande importance dans l'histoire de la philosophie grecque, c'est l'invasion de l'Asie Mineure par Crésus et puis par Cyrus. Milet, jusque-là la ville la plus riche et la plus florissante de cette belle contrée, fut entièrement ruinée; elle cessa d'être le siège des écoles de philosophie. Anaxagore, qui tenait l'école de Thalès au moment où cette guerre eut lieu, se réfugia à Athènes et y porta la philosophie.

« Il n'avait à cette époque que vingt ans. Archélaüs, son disciple, fut celui par nous apprend quelque chose de plus sur l'esprit généreux de cette entreprise et sur le lien qui la rattachait à la philosophie d'alors. Fauriel, au fond, n'était pas très-porté directement à la philosophie pure, à l'idéologie, comme on disait; il avait le goût du beau, du délicat, surtout des choses primitives; il avait le sens historique, sa vocation propre était là; il n'aimait la philosophie que comme une noble curiosité, et il y fut conduit naturellement par ses relations d'Auteuil. Destiné, sans y songer, à être neuf et original en toute recherche, dès qu'il s'occupa de philosophie, il la prit par un côté qu'avaient négligé ses amis et ses premiers maîtres; il s'adressa historiquement à la plus noble des sectes antiques, l'envisageant comme un acheminement à la sagesse moderne : son idée première était probablement de revenir par l'histoire à la doctrine, à une doctrine plus élevée, impartiale, élargie.

Les philosophes du dix-huitième siècle ignoraient trop en général l'histoire des philosophies, ou ils ne s'en servaient que comme d'un arsenal au besoin, pour y saisir quelque arme immédiate dans l'intérêt de leur propre idée. L'honneur de la philosophie moderne et du mouvement dirigé par M. Cousin, c'est d'avoir suscité, d'avoir vivifié cette histoire des philosophies, d'y avoir fait circuler un esprit supérieur d'impartialité et d'intelligence. Cette gloire-là survivra, selon moi, à l'effort, d'ailleurs très-noble, du dogmatisme mitigé sous le nom d'éclectisme, ou plutôt l'éclectisme, à le bien prendre, ne serait qu'une méthode et une clef appropriée à ce genre d'histoire. Or, placé entre M. Cousin qui allait venir et Cabanis qui touchait au terme, Fauriel fit là ce que nous le verrons faire en toute chose; il devina et devança le prochain mouvement à sa manière, servant comme de *trait-d'union* avec ce qui précédait;

---

lequel la philosophie ionienne s'établit pleinement à Athènes, où il devint le maître de Socrate.

« L'apparition d'Anaxagore à Athènes est un événement très-analogue à l'ambassade de Carnéade à Rome, par les conséquences qu'elles eurent pour la culture de l'un et l'autre de ces peuples. »

il tenta d'introduire l'histoire de la philosophie au sein de l'idéologie.

Cabanis eut le mérite de comprendre dans toute sa portée première cette noble tentative et de la favoriser. Homme très-instruit, versé dans les langues, lisant le grec et l'allemand, médecin aimant la poésie, *et pas trop enfoncé dans la casse et la rhubarbe*, comme il le disait de lui-même avec grâce, n'étant étranger à aucune branche des connaissances humaines, et de plus sympathique par nature aux meilleures, aux plus douces affections, il répandait sur les matières qu'il traitait une sorte de lumière agréable dans laquelle, indépendamment de l'idée, se combinaient le coloris du talent et le reflet de la bienveillance. Sa *Lettre* à Fauriel *sur les Causes finales* respire les plus admirables sentiments et agite les conjectures les plus consciencieuses. Cabanis s'y montre beaucoup plus disposé à l'étude des systèmes antérieurs qu'on ne l'était généralement au dix-huitième siècle et autour de lui; il est loin de prendre en pitié ces tâtonnements de l'esprit humain, il semble qu'en cela l'esprit historique de Fauriel l'ait déjà gagné :

« Vous savez mieux que moi, mon ami, lui dit-il, combien de lumières jette sur l'histoire des nations et de l'esprit humain l'étude philosophique des cosmogonies et des théogonies. Il ne serait même pas déraisonnable d'affirmer que l'histoire proprement dite des différentes époques est moins instructive que leurs fables... Gardons-nous de croire avec les esprits chagrins que l'homme aime et embrasse l'erreur pour l'erreur elle-même ; *il n'y a pas, et même il ne peut y avoir de folie qui n'ait son coin de vérité, qui ne tienne à des idées justes sous quelques rapports, mais mal circonscrites et mal liées à leurs conséquences* (1). »

(1) C'est déjà le principe éclectique moderne dans son application historique. M. de Tracy n'était pas si indulgent à l'histoire des philosophies lorsqu'il écrivait à Fauriel, au printemps de 1804 : « Le tableau des folies humaines que Degérando vient de tracer avec tant de complaisance me fait naître la tentation de m'occuper de nouveau de ces rêveries. Je vois toujours plus que qui en sait trois ou quatre en sait mille. » M. de Tracy était plus précis et plus ferme d'analyse, plus rigoureux de méthode que Cabanis : celui-ci était bien plus ou-

En ce qui concerne le stoïcisme, Cabanis ne fait en quelque sorte, dans cette lettre, que poser la doctrine d'un stoïcisme moderne plus perfectionné, et traduire, interpréter dans le langage direct de la science, et sous forme de conjectures plus ou moins probables, les conceptions antiques de cette *respectable* école sur Dieu, sur l'âme, sur l'ordre du monde, sur la vertu. Dans ce portrait idéal du sage, tel qu'il le présente, les stoïciens modernes différeraient pourtant des anciens, dit-il, sur quelques points :

« Par exemple, ils ne regarderaient pas toutes les fautes comme également graves, tous les vices comme également odieux. Ils croiraient seulement que les vices sont très-souvent bien voisins l'un de l'autre, et que l'habitude des fautes dans un genre nous conduit presque inévitablement à d'autres fautes qui ne paraissent pas, au premier coup-d'œil, avoir de liaison avec elles. »

Mais il s'élève à une éloquence véritable, à celle où le cœur et la pensée se confondent, lorsqu'il ajoute dans le ton de Jean-Jacques :

« Il n'est pas possible de dire avec les stoïciens *que la douleur n'est point un mal*. La douleur n'est pas sans doute toujours nuisible dans ses effets ; elle donne souvent des avertissements utiles, elle fortifie même quelquefois les organes physiques, comme elle imprime plus d'énergie et de force d'action au système moral ; mais elle est si bien un mal réel par elle-même, qu'elle est contraire à l'ordre de la nature, qu'elle annonce une altération de cet ordre, et souvent son entière destruction dans les êtres organisés. Si la douleur n'était point un mal, elle ne le serait pas plus pour les autres que pour nous-mêmes ; nous devrions la compter pour rien dans eux comme dans nous: pourquoi donc cette tendre humanité qui caractérise les plus grands des stoïciens, bien mieux peut-être que la fermeté et la constance de leurs vertus? O Caton ! pourquoi te vois-je quitter ta monture, y placer ton familier malade, et poursuivre à pied, sous le soleil ardent de la Sicile, une

---

vert dans ses horizons, plus accessible aux vues diverses. Encore une fois, nous sentons là, chez Cabanis, le point juste où Fauriel a dû agir. C'est comme le *bouton d'inoculation* que la nouvelle école communique à l'ancienne.

route longue et montueuse? O Brutus! pourquoi dans les rigueurs d'une nuit glaciale, sous la toile d'une tente mal fermée, dépouilles-tu le manteau qui te garantit à peine du froid pour couvrir ton esclave frissonnant de la fièvre à tes côtés? Ames sublimes et adorables, vos vertus elles-mêmes démentent ces opinions exagérées, contraires à la nature, à cet ordre éternel que vous avez toujours regardé comme la source de toutes les idées saines, comme l'oracle de l'homme sage et vertueux, comme le seul guide sûr de toutes nos actions! »

Une telle page en apprend beaucoup, ce me semble, sur Cabanis et sur Fauriel; elle nous montre en quel sens celui-ci, lors même qu'il eut abandonné ces recherches de sa jeunesse, put demeurer toujours stoïcien au fond, mais stoïcien compatissant et sensible, un stoïcien orné de bienveillance, voilé de scepticisme, et d'une teinte très-adoucie.

J'aime à me figurer, pour tout comprendre, que, presque au même moment où il interrogeait son ami Cabanis sur la grande question des causes premières, il était ou il allait être lui-même discrètement touché par son ami Manzoni à cet endroit délicat de la croyance religieuse. Mais n'anticipons point ici sur cette autre liaison si à part et qui viendra en son lieu.

La *Lettre* de Cabanis à Fauriel *sur les Causes finales* peut être signalée comme le premier symptôme d'un changement prochain dans la manière d'envisager ces hautes questions : une ère nouvelle se prépare; un germe d'impartialité vient de naître jusqu'au cœur même de la doctrine rigoureuse; au lieu de l'aigreur habituelle et de la sécheresse négative qui accueillaient trop souvent ces mystérieux problèmes, voilà qu'il arrive des allées d'Auteuil comme un souffle plus calme et bienfaisant; c'est une parole lente et circonspecte, révérente jusque dans ses doutes, et qui monte autant qu'elle peut, d'un effort sincère. Honneur à Fauriel pour avoir provoqué l'effort!

Fauriel, lorsqu'on l'interrogeait sur Cabanis, n'en parlait jamais que comme de l'homme le plus parfait moralement qu'il eût connu. Dans les derniers temps de sa vie,

Cabanis avait quitté Auteuil pour habiter la campagne près de Meulan, c'est-à-dire non loin de *la Maisonnette*; ce voisinage resserra encore les liens. Avant même de s'établir au hameau de Rueil, Cabanis était souvent à Villette, chez son beau-père, M. de Grouchy : « Oui, venez voir nos riches prairies, écrivait-il de là à Fauriel au printemps de 1804, nos blés admirables, notre verdure aussi riche que fraîche et riante. Les insectes qui bourdonnent appellent la rêverie et invitent à un calme heureux. Ceux qui carillonnent ailleurs ne produisent pas toujours le même effet. » Lorsque Cabanis mourut en mai 1808, ce fut une profonde douleur pour Fauriel; il avait d'abord eu le projet de payer à son ami sa dette dans une notice étendue, mais *ce trop grand désir de la perfection* qu'il portait en toutes choses, qu'il eût porté surtout en un sujet si cher à son cœur, et aussi l'excès de sa sensibilité, s'y opposèrent; il finit même par se détourner peu à peu des études philosophiques auxquelles le souvenir de cette perte se mêlait trop étroitement. Bien des années après, M. Daunou, au moment de sa mort, préparait une biographie développée de Cabanis, qu'il n'a pas eu le temps d'écrire. Cette lacune n'a donc pas été remplie, et la tradition s'est rompue avant que l'esprit en ait pu être fixé par un héritier fidèle dans le portrait du sage. Benjamin Constant écrivait de Suisse à Fauriel, le 22 juillet 1808 :

« Je me suis informé souvent de vous cet hiver. J'ai espéré plusieurs fois, d'après ce qu'on me disait, que vous viendriez à Paris, et je comptais au moins vous rencontrer à une triste cérémonie, où j'aurais bien sincèrement mêlé mes regrets aux vôtres. Je conçois que la perte de Cabanis, qui aurait été dans tous les temps une juste cause d'affliction pour ses amis, vous ait été doublement sensible, dans un moment où les hommes de cette espèce semblent disparaître de la terre. A peine aperçoit-on encore quelques débris de cette classe qu'assurément la génération qu'on forme et qu'on veut former ne remplacera pas. »

Pour exprimer cette fleur de bonté, de douceur et d'affection qu'il avait reconnue dans l'ami de son ami, Manzoni ne trouvait rien de mieux qu'un mot qui dit tout et plus que tout : parlant de lui avec Fauriel, il l'appelait *cet angélique Cabanis.*

Beaucoup moins intimement et moins tendrement uni à M. de Tracy qu'à son cher Cabanis, Fauriel entretint pourtant avec l'éminent auteur des *Éléments d'Idéologie* de sérieux et fréquents rapports, très-cimentés de confiance et d'estime. Je n'oserais affirmer que la *Lettre* de Cabanis *sur les Causes finales* n'ait pas un peu mécontenté M. de Tracy, comme une excursion beaucoup trop indulgente et presque compromettante dans la région de la conjecture. Dans sa dissidence avec Villers, Fauriel se tint plus strictement rapproché de la droite ligne idéologique et de l'ordre d'objections qui s'y appuyaient; il dut satisfaire M. de Tracy. Celui-ci montra de tout temps une grande confiance dans les lumières et les conseils du jeune ami de Cabanis, et il y recourut plus d'une fois ; il prenait un grand intérêt aussi à l'achèvement de cette histoire des stoïciens qui ne devait jamais voir le jour, et que ce *démon de la procrastination* (1), trop cher à l'auteur, se réservait finalement de nous dérober. Ayant confié à Fauriel le manuscrit de son traité d'économie politique ou *de la Volonté*, M. de Tracy lui écrivait ces lignes bien honorables pour tous deux :

« .... Avant de me remettre à travailler, j'ai besoin de savoir positivement si je dois tout jeter au feu et m'y reprendre d'une autre manière, moins méthodique peut-être, mais plus pratique. C'est de vous, monsieur, et de vous seul, que je puis espérer ce bon avis, et cela me fera risquer de vous envoyer ce fatras à la première occasion. Au reste, usez-en bien à votre aise et commodité. Prenez-le, laissez-le ; dites-moi sincèrement si vous n'avez pu l'achever. C'est ce que je crains : car je ne crains pas trop que vous ne trouviez pas qu'au fond cela est vrai. Sur toutes choses, que ce soit absolument à vos moments perdus. S'ils n'y suffisent pas, cela ne vaut rien ; car vos moments perdus valent mieux que ceux employés par bien d'autres. Et surtout encore que cela ne dérobe pas un seul instant à vos chers stoïciens. J'en

---

(1) Le mot est de Benjamin Constant.

suis bien plus empressé que de tout ce que je peux jamais rêver. Oh! que c'est un beau cadre! et que ce sera un beau tableau, quand vous y aurez mis vos idées! Cela fera bien du bien; à qui? A un monde qui n'en vaut guère la peine, d'accord; mais nous n'en avons pas d'autre; et il n'y a moyen d'y exister qu'en rêvant à le rendre meilleur. Il n'y a que quelques êtres comme vous qui me raccommodent avec lui. — (Et en post-scriptum) : Ma tête est bien mauvaise; c'est par elle que je commence à médire de tout ce que je vois. »

M. de Tracy, le *solitaire d'Auteuil*, comme il s'intitulait volontiers depuis le départ de Cabanis, éprouvé en ces années par des pertes cruelles, était lui-même sujet à de longs accès de découragement; on aime à surprendre ces natures philosophiques sous un jour affectueux et attendri. Annonçant à Fauriel son *Commentaire* sur Montesquieu, qui n'était qu'une occasion pour lui, disait-il, d'agiter une foule de questions, il écrivait encore avec une grâce aimable, mais cette fois avec une certaine verdeur d'espérance :

« Je voudrais surtout ne pas me croiser avec vous ; mais, puisque vous dépendez d'événements lointains, je pense toujours que le mieux est de vous aller chercher. Je risquerai de vous parler beaucoup de Montesquieu ; car dans un gîte on rêve, et vous m'y avez encouragé. C'est pour moi le voyage de Rome. J'y profite peu ; mais c'est une façon de jouir que de voir combien les hommes ordinaires de notre temps, tant maudit et même avec justice, voient nettement de bonnes choses que les hommes supérieurs d'un temps très-peu ancien ne voyaient que très-obscurément. Cela me fait enrager d'être vieux. Il vaudrait mieux s'en consoler ; mais chacun tire de ses méditations le fruit qu'il peut ; et cela dépend de l'arbre sur lequel elles sont greffées. Le mien est bien sauvageon : celui de l'amitié est le seul qui porte des fruits toujours doux, disent les Orientaux, et ils ont raison. »

Ne croit-on pas sentir sous ce ton un peu bref, un peu saccadé, et à travers ce sourire du grondeur, le contraste d'un esprit ferme et même rigoureux qui s'allie avec la sensibilité de l'âme?

Au sein de tant de relations si fructueuses pour l'intelligence comme pour le cœur, au milieu des profonds travaux de divers genres que Fauriel poursuivait et qui bientôt vinrent tous concourir et aboutir dans sa pensée à l'histoire, un premier épisode littéraire se détache, la traduction de *la Parthénéide* de Baggesen, qu'il publia en 1810. Pour l'ensemble de ses études secrètes, Fauriel n'avait à suivre que sa pente naturelle et l'inspiration même qui lui venait, lente et puissante, en présence des choses ; mais, pour se décider à mettre la dernière main et à publier, il lui fallait presque toujours le stimulant de circonstances accidentelles et le désir surtout de complaire à l'amitié. C'est ainsi qu'il fit plus tard en introduisant parmi nous les deux tragédies de Manzoni ; c'est ainsi qu'il fit d'abord pour *la Parthénéide* de Baggesen.

Cette traduction, précédée d'un Discours préliminaire très-remarquable, parut, après bien des retards et des ajournements, dans l'été de 1810 ; c'est le seul ouvrage proprement dit que Fauriel ait publié avant l'époque de la Restauration, et, fidèle à son rôle modeste, il le publia sans même se nommer. L'introduction pourtant mérite de compter dans l'histoire de la critique littéraire en France.

L'auteur de cette *Parthénéide* ou *Parthénaïs*, Baggesen, poëte danois des plus distingués, l'avait composée en allemand et avait su heureusement lutter en cette langue étrangère avec la *Louise* de Voss, avec l'*Hermann et Dorothée* de Goëthe ; son charmant poëme donnait la main aux leurs pour compléter le groupe pastoral. Baggesen était personnellement un caractère plein de saillie, d'imprévu, et d'une bizarrerie qui ne devait pas déplaire ; il avait parfois dans l'esprit une gaieté très-originale qui contrastait avec ses tourments perpétuels et ses mésaventures réelles ou imaginaires. Il passait volontiers de l'exaltation au découragement ; tantôt les calamités de son pays, tantôt ses gênes domestiques, ou même des riens et ce qu'on appelle les mille petites misères de la vie humaine, le jetaient dans des abattements extrêmes, d'où il se relevait tout d'un coup avec vivacité. Il aimait beaucoup la France, et sa femme était Française ou du moins Genevoise. Il était venu à Paris dans sa première jeunesse, il y revint à l'époque du Consulat et fut accueilli avec cordialité dans les cercles d'Auteuil et de *la Maisonnette*. Un jour qu'il se lamentait de n'avoir pu se loger l'été à Saint-Germain à portée de Meulan, il écrivait à Fauriel, après une page toute de doléances, ce correctif aimable qui nous le peint naïvement :

« N'allez pourtant pas croire, mon bien aimable ami, que ces maux soient sans remède, et ne vous attristez point trop, en oubliant de rabattre tout ce que mon imagination fiévreuse ajoute au mal réel. *Je suis toujours plus à plaindre que je ne suis malheureux* (1) ; mais cela doit consoler l'ami qui voit plus loin, car, sachant une fois pour toutes que je mesure tout avec une aune essentiellement fausse, il doit se défier de mon calcul. En vérité je ne l'ai jamais trouvé juste que pour moi-même. Plaignez-moi donc, mais ne vous inquiétez pas.... Jouissez, excellent homme! jouissez doublement de la campagne cet été, prenez-en ma part afin que je puisse me dire qu'elle n'est pas perdue. »

Baggesen avait fini pourtant par trouver à se loger près de Marly ; du premier jour il avait baptisé son habitation nouvelle du nom de *Violette*, et il s'était hâté de donner cette adresse de son invention à ses amis ; mais les lettres qu'on lui adressait (c'était tout simple) ne lui parvenaient pas :

« Je ne comprends point (écrivait-il à Fauriel d'un ton qui fait bien sentir son genre d'*humour*) comment les lettres dont vous me parlez ne me sont pas parvenues. Le facteur de Marly m'en a trop apporté dès le commencement pour ne pas me connaître.... Le nom de *Violette* n'y fait rien ; c'est *Marly-la-Machine* qui décide, qui depuis longtemps ne s'appelle plus *Marly-le-Roi*, et qui n'est pas encore appelé *Marly-l'Empereur*. Continuez toutefois

(1) Ce mot de Baggesen pourrait servir de devise à toutes ces sensibilités de poëtes et de rêveurs qui se dévorent comme Jean-Jacques, et à toutes les âmes douloureuses.

d'omettre *la Violette* pour l'avenir ; ce n'était naturellement qu'un badinage de ma part de vous donner cette adresse, une mauvaise plaisanterie, si vous voulez, en pensant à *Villette* (1), d'où je m'imaginais que vous pourriez de temps en temps dater vos lettres. J'aime d'ailleurs les noms propres : j'ai toujours été bien aise de porter un nom à moi, et je ne saurais vous dire combien de plaisir il me fait que personne ne s'appelle Fauriel, hors mon ami... Pour ce qui regarde ma *Violette*, j'y renonce dès à présent dans tous les actes publics, mais rien au monde ne m'y fera renoncer dans les cas privés. Je dirai là-dessus comme disait certain évêque : « En public, madame, vous serez obligée de m'appeler « *monsieur*, mais en particulier vous pouvez m'appeler *monsei-* « *gneur*. » N'ai-je pas fait planter une quantité innombrable de violettes au pied de la butte que je viens de faire moi-même dans le jardin, uniquement pour justifier ce nom ? Et n'ai-je pas daté toutes les lettres que j'ai écrites depuis un mois, de *Violette*, par cette même raison ? Il est vrai que jusqu'à présent il n'y a que vous, madame de C..., ma femme et moi, qui sachions ce nom ; mais mes trois fils grandissent et le sauront un jour, mon meilleur ami M.... le saura, et puis la postérité ; c'est tout ce qu'il me faut. Les violettes craignent le grand jour ; c'est au sein de l'amour, de l'amitié et de la poésie qu'elles se cachent. »

Fauriel s'était épris tout d'abord du poëme de *la Parthénéide*, et s'était dit de le traduire ; mais il y avait des difficultés plus grandes qu'on ne le supposerait aujourd'hui, à risquer cette traduction devant un public très-dédaigneux de goût et très en garde sur le chapitre des admirations étrangères. Fauriel fit là ce qu'on le vit renouveler depuis en d'autres circonstances : il s'associa à l'auteur même qu'il interprétait, entra intimement dans l'esprit du poëme, dans le goût inhérent aux deux poésies et aux deux langues qu'il s'agissait de concilier, provoqua des changements dans l'ouvrage original pour une future édition, et se fit pardonner auprès du poëte ami, qu'il voulait avant tout servir, ses conseils judicieux de remaniement, ou, qui plus est, ses propres *retouches* exquises et délicates. Mais qu'ai-je dit *pardonner* ? L'excellent Bag-

---

(1) C'était la terre de M. de Grouchy.

gesen n'en était pas là avec lui, et il le suppliait, bien au contraire, d'en agir de la sorte, il le lui répétait chaque jour avec une vivacité et une sincérité intelligente, qui prouve autant pour son esprit que pour son cœur :

« Mais que je vous dise au moins à la hâte (lui écrivait-il) un petit mot sur l'extrême plaisir que m'a fait votre annonce de la traduction du premier, deuxième et quatrième chant de *la Parthénaïs*, et surtout votre raisonnement sur la méthode que vous avez adoptée, et sur la manière dont vous pensez continuer ce travail généreux. Je brûle d'impatience de lire ce commencement, sûr de la satisfaction la plus complète. Je ne doute nullement, mon cher Fauriel, que votre traduction, en vous permettant toutes les libertés que vous demandez, ne devienne la meilleure possible, et que, si l'original est un ouvrage manqué, la traduction au moins ne soit un chef-d'œuvre. Rendez-moi comme vous me sentez, c'est-à-dire bien plus beau que je ne suis.... »

Et encore :

« Moi, mon cher ami, je ne vous demande qu'une chose, comme à mon traducteur, c'est de ne pas l'être dans le sens ordinaire, mais dans le sens réel, c'est-à-dire de rendre l'âme et non pas le corps de mon ouvrage. Dites les choses, non pas comme je les ai dites, mais comme vous auriez voulu les dire, pour qu'elles deviennent effectivement, non pas les mêmes, mais plus belles. En un mot, *coulez ma matière, fondue par la chaleur de votre sentiment, dans la forme de votre goût* (1). Plus vous me changerez, pour ce qui regarde la façon, plus je serai charmé, car vous ne me donnerez par là que plus de grâces. Ce n'est pas moi qui parle, c'est la petite *Parthénaïs*, jalouse de paraître un peu comme il faut dans le beau monde de Paris. »

Il y avait même des moments où la reconnaissance exaltée de Baggesen allait plus loin, et où, ravi des conseils si appropriés de son ami, il voyait déjà en lui un poëte, que sais-je ? un poëte épique, un des maîtres et des rois pro-

---

(1) N'oublions pas que c'est un étranger qui écrit : l'image d'ailleurs est parfaitement exacte, et elle vient rappeler à propos combien en effet le goût des nations diffère.

chains de l'idéal; mais il suffisait à Fauriel, pour remplir ici tout son office, d'être un critique éminent, le plus ingénieux et le plus sagace.

Son Discours préliminaire tranche nettement sur tous les livres de rhétorique antérieurs et sur les traités jusqu'alors connus en France. Il se montre d'abord philosophe dans la classification des divers genres poétiques; il les distingue et les range, non d'après la considération de leur forme extérieure, mais d'après une analyse directe de la nature des choses qu'ils expriment, et de l'impression surtout qu'ils produisent. C'est, on le sent, un critique littéraire né d'une école philosophique, d'une école déjà plus psychologique qu'idéologique, c'est un critique au vrai sens d'Aristote, qui parle chez nous pour la première fois. En même temps, à la définition délicate qu'il donne de l'idylle, à la peinture complaisante et suave qu'il en retrace, je crois retrouver, à travers l'écrivain didactique, l'homme heureux et sensible, l'hôte de *la Maisonnette* et l'amant de la nature. Il poursuit ingénieusement l'identité de l'idylle sous la diversité des formes; il se plaît même à la ressaisir, agrandie et ennoblie, jusque dans le cadre des épopées. A certains traits mâles dont il la relève, à ces horizons plus étendus qu'il lui ouvre, à cet *âge d'or*, domaine du genre, qu'il reporterait volontiers en avant, et *qui peut-être*, dit-il, *est plus chimérique encore dans le passé que dans un avenir indéfini*, on croit reconnaître comme de loin l'ami de Cabanis et le partisan, celui qui l'a été ou qui voudrait l'être, du système de la perfectibilité. Les analyses détaillées de la *Louise* de Voss et de l'*Hermann et Dorothée* de Goëthe respirent la douceur des modèles et sont de gracieux tableaux. On voudrait seulement plus de rapidité dans l'ensemble du discours, et hâter par moments la marche de l'écrivain circonspect, qui ne fait grâce d'aucun des préparatifs et des appareils de sa pensée. Même lorsqu'on a pour soi la raison, il y a tout lieu d'aller plus vite en France.

Le critique-traducteur peut nous paraître indulgent pour

certaines fictions de *la Parthénéide*, pour cet emploi de la mythologie grecque et des formes homériques dans un sujet tout moderne et tout bourgeois ; mais, s'il plaide par des raisons plus ingénieuses que persuasives en faveur de quelques singularités trop évidentes de son auteur, il n'exagère en rien du moins la valeur générale de l'œuvre ; il fait bien ressortir à l'avance le caractère tout aimable et *virginal* du poëme, la fraîcheur d'imagination qu'il suppose, même de la part du lecteur. Et puis il y a dans l'épopée idyllique de Baggesen plus que de la grâce, plus que des images riantes ; il y a par moments de la grandeur. Le sujet n'est autre, comme on sait, que le pèlerinage de trois jeunes filles, de trois sœurs à travers l'Oberland jusqu'à la *montagne de la Vierge*, ou l'*Iung-Frau*. Elles ont pour guide dans cette tournée un jeune étranger, Norfrank, à qui leur père les a confiées. Or, entre autres conceptions plus ou moins heureuses dans leur singularité, le poëte a imaginé à un certain moment de personnifier et de figurer le *Dieu du Vertige*, gardien des hautes cimes. Cette fiction remplit tout le chant VII du poëme ; elle est d'une énergique et sauvage beauté. Ginguené, peu suspect de germanisme, déclare « qu'on ne balancera sans doute pas à la nommer *admirable* quand elle aura quelques siècles de plus (1). » Fauriel la compare très-justement à celle du géant Adamastor chez Camoëns. — La peinture du *Dieu de l'Hiver*, dont Baggesen place le trône au-dessus de tous les glaciers des Alpes, offre aussi de ces traits de vigueur austère qui n'appartiennent qu'aux poëtes supérieurs.

Lorsqu'après des années on mettait Fauriel sur le compte de *la Parthénéide* et sur ce que la fable de Baggesen avait d'étrange, de bizarre même et de difficilement admissible pour l'imagination, il en convenait volontiers, mais il ajoutait : « Le premier il m'a donné le sentiment des Alpes. »

Le succès de cette publication ne laissa pas d'être assez

---

(1) *Mercure de France*, décembre 1810, page 411.

vif dans le public d'élite auquel s'adressait le traducteur. On vient de voir ce qu'en a dit Ginguené. Quelques Italiens surtout se montrèrent charmés de cette poésie du Nord qui se présentait, cette fois, si brillante, si nette de contours et si fraîchement dessinée. Charles Botta écrivait de Paris à Fauriel qui jouissait du lendemain de son idylle aux champs :

« 6 juin 1810. J'ai été très-occupé, malade, et par-dessus tout cela bien inquiété par des tracasseries de ce bas monde. Heureusement que je me réfugiais avec M. Baggesen et vous sur le *Mont de la Vierge*, et là, oubliant tous les soucis terrestres, j'éprouvais un bonheur inespéré et pour ainsi dire céleste. C'est pour le coup que je crois aux affinités : vous avez rencontré des beautés pures et presque angéliques, vous avez été attiré vers elles, vous les avez saisies, vous en avez été pénétré et nous les avez rendues avec le ton et le style qui leur conviennent. Que vous êtes heureux d'avoir conservé intacte, et j'allais presque dire *rugiadosa*, cette fleur de l'imagination (1) ! »

Monti, en retour de *la Parthénéide*, envoyait de Milan à Fauriel le second volume de son *Iliade*, et lui faisait demander son jugement de connaisseur expert en toscan. Manzoni enfin, qui avait passé avec sa mère plusieurs saisons en France dans l'intimité de Fauriel et des hôtes de *la Maisonnette*, l'aimable Manzoni, réinstallé à Milan, adressait *A Parteneide* une pièce de vers allégoriques dans le genre de son *Urania*, et il semblait se promettre de faire en italien ou une traduction, ou quelque poëme analogue sur ses montagnes. Voici un passage dans lequel il exprime l'impression vive qu'il ressentit lorsque la belle *Vierge* lui

---

(1) *Rugiadosa*, tout humide de rosée. — Botta aimait à revenir avec Fauriel aux pures sources de la langue italienne, à ressaisir l'idiome dans sa saveur inaltérée; il avait l'aversion philologique de l'*italien francisé*, comme autrefois Henri Estienne pouvait l'avoir du *français italianisé*. Il consultait de plus Fauriel sur ses histoires, sur ses poëmes, sur ses divers travaux : on trouverait dans les *Annales encyclopédiques* de Millin (année 1817, t. IV, p. 353, et t. V, p. 106) des articles de Fauriel sur le poëme épique *il Camillo*, de Botta.

fut présentée par son second guide, par ce cher Fauriel, qui la lui amenait par la main. Manzoni nous pardonnera d'arracher à l'oubli ces quelques vers de sa jeunesse, ce premier jet non corrigé (*non corretto*, est-il dit en marge), il nous le pardonnera en faveur du témoignage qu'il y rend à son ami :

> . . . . . Col tuo secondo duca
> Te vidi io prima, e de le sacre danze
> O dimentica o schiva; e pur sì franco,
> Sì numeroso il portamento, e tanto
> Di rosea luce ti fioriva il volto,
> Che Diva io ti conobbi, e t'adorai.
> Ed ei sì lieto ti ridea, sì lieta
> D'amor primiero ti porgea la destra,
> Di sì fidata compagnia, che primo
> Giurato avrei che per trovarti ei l'erta
> Superasse de l'Alpe, ei le tempeste
> Affrontasse del Tuna, e tremebondo
> Da la mobil Vertigo e da l'ardente
> Confusion battuto in sul petroso
> Orlo giacesse. Entro il mio cor fean lite
> Quegli avversarj che van sempre insieme,
> Riverenza ed Amor : ma pur sì pio
> Aprivi il riso, e non so che di noto
> Mi splendea ne' tuoi guardi, che Amor vinse,
> E m'appressai sicuro. E quel cortese
> Di cui cara l'immago ed onorata
> Sarammi, infin che la purpurea vita
> M'irrigherà le vene, a me rivolto,
> Con gentil piglio la tua man levando,
> Fea d'offrirmela cenno. Ond' io più baldo
> La man ti stesi. . . . .

« La première fois que je te vis, c'était avec ton second guide, tu avais oublié ou tu dédaignais les danses sacrées, et pourtant ta démarche était si aisée et si pleine de nombre, ton visage rayonnait d'une si rose lueur, que je te reconnus aussitôt Déesse, et que je t'adorai. Et lui, il te souriait avec tant de joie et de bonne grâce, il te tendait, comme en gage du premier amour, une main si tendre et si fidèle, que j'aurais juré que c'était lui d'abord qui, pour te trouver, avait gravi la rampe escarpée de l'Alpe, lui qui avait affronté la tempête du lac de Thoun, et qui, tout tremblant du Vertige et le front battu de l'ardent tourbillon, était tombé à la renverse sans connaissance au bord de l'abîme (1). Au dedans de mon cœur, en te voyant, je sentais aux prises ces deux adversaires qui vont toujours ensemble, le Respect et l'Amour ; mais pourtant ton sourire était si clément, et je ne sais quoi de connu me luisait si doucement dans tes regards, que l'Amour l'emporta, et que je m'approchai plein de confiance. Et cet aimable guide, ce courtois ami, dont l'image me sera toujours chère et honorée tant que la vie à flots de pourpre arrosera mes veines, se tournant vers moi, et soulevant gracieusement ta main qu'il tenait, faisait le geste de me l'offrir. Je m'enhardis alors, et je te tendis la main.... »

L'amitié, avec les ans, restera toujours la même ; elle continuera de mûrir entre les deux amis, et acquerra plutôt, en vieillissant, des saveurs croissantes, des qualités plus consommées ; mais il n'est qu'un âge où il lui soit donné de se montrer, pour ainsi dire, dans cette grâce pudique et avec cette noble rougeur au front, âge aimable et rapide, véritablement le seul où, selon le beau mot du poëte, *la vie à flots de pourpre arrose nos veines !*

Nous aurions trop à dire si nous voulions épuiser, ou simplement énumérer en détail les autres travaux et les autres relations de Fauriel durant ces années de l'Empire qui furent pour lui si remplies et si fécondes. Il n'est presque aucune voie d'études et de connaissances dans laquelle nous ne puissions saisir sa trace cachée, mais profonde, mais certaine. On vient de l'entrevoir un maître plein d'autorité en littérature et en diction italienne ; il s'exerçait à composer dans cet idiome des sonnets dont Manzoni était le confident ; il remontait aux plus anciens auteurs toscans, Fra Guittone, Guido Cavalcanti, Cino di Pistoia, et autres devanciers ou contemporains du Dante, et en ramassait les pièces rares. Ginguené, qui publiait vers cette époque son *Histoire littéraire d'Italie*, recevait

---

(1) Allusion à diverses scènes du poëme.

de lui des indications érudites et ne pouvait espérer de juge plus compétent ni plus bienveillant (1). Micali, dans le même temps (1813), s'en remettait à lui pour qu'il voulût bien surveiller et annoter la traduction française de son ouvrage (*l'Italie avant les Romains*) (2). — La langue et la littérature grecque lui étaient familières; ses travaux sur le stoïcisme l'y avaient introduit très-directement, et il devait, avant de publier ses *Chants populaires* de la Grèce moderne, s'y perfectionner encore. On le trouve, dès 1803, reconnu helléniste par Boissonade, et surtout en relation étroite avec les Grecs modernes les plus instruits, Mustoxidi, Basili; ce dernier lui parlait de « notre bon ami Coray qui vous aime et vous estime infiniment. » — L'étude du sanscrit l'avait de bonne heure tenté; il s'y était appliqué l'un des premiers en France. M. Hamilton, Anglais qui avait longtemps résidé dans l'Inde, et que la rupture de la paix d'Amiens retenait prisonnier chez nous, était peut-être le seul homme alors sur le continent qui sût le sanscrit : il l'enseigna d'abord à M. de Chézy, à Frédéric Schlegel et à Fauriel lui-même. L'étude de l'arabe sous M. de Sacy n'en souffrait pas; Fauriel était arrivé à lire avec sûreté la poésie dans ces deux langues. N'est-il pas piquant d'ajouter encore qu'il profitait de son séjour aux champs pour cultiver la botanique, amasser des collections de plantes, et qu'il faisait volontiers, en compagnie de son ami, M. Dupont, « des excursions *cryptogamiques* à Meudon, *lieu chéri des mousses?* » La même sagacité qui le dirigeait dans les recherches historiques primitives, il la portait dans ces investigations d'histoire naturelle; nous pourrions, si l'on nous pressait,

---

(1) Les trois articles du *Mercure de France* (décembre 1812 et janvier 1813) sur les tomes IV et V de Ginguené sont de Fauriel.

(2) Les événements politiques apportèrent de grands retards à cette publication. Micali eut le temps de donner dans l'intervalle sa seconde édition, et ce fut M. Raoul-Rochette qui, en 1821, se chargea de revoir pour la dernière moitié et de mener à bonne fin la traduction française.

fournir des preuves. Mais ce qu'il devient essentiel de bien saisir et d'indiquer pour ne pas nous perdre dans cette multiplicité de détails et de diversions, dont peut-être il n'a pas triomphé toujours au dehors, c'est que, dès 1810, ou même auparavant, toutes ses études secrètes, ses prédilections croissantes, se rapportaient de plus en plus dans sa pensée à l'histoire, aux origines de l'histoire moderne sur le sol du Midi et au berceau de la civilisation provençale. M. Guizot, en juin 1811, lui écrivant de Nîmes, où il était retourné passer quelque temps, lui demandait des nouvelles de son Dante et de ses troubadours comme d'un travail déjà fort entamé, et le pressait avec intérêt d'entrer avec lui dans quelques développements là-dessus.

Avant de clore cette première partie, tâchons de bien fixer nous-même notre idée, de bien dégager celle de Fauriel, d'atteindre à l'unité profonde et définitive qui était en lui, et que son œuvre, en effet, ne semble pas accuser suffisamment. Fauriel fut amené, par l'étude des littératures, des philosophies, des langues, par l'étude de l'arabe comme par la lecture du Dante, par tous les points à la fois, à sentir la différence qu'il y a entre la société moderne et l'ancienne. Savant original et sagace, érudit philosophe comme il n'y en avait pas eu encore de semblable en France, remettant tout en question et reprenant les racines de toutes choses, il passe des années à préparer, à fouiller, à creuser; il sonde les sources; d'autres s'y abreuveront, ou même y donneront leur nom. Ce qu'on a ainsi retrouvé de lui en fait de travaux considérables et silencieux, de matériaux d'études et de masses d'écritures, de glossaires en toute langue (langue basque, dialectes celtiques), est prodigieux; il étendait en tous sens ses fondations. Mais bientôt, pour qui l'observe de près, tout aboutit manifestement ou du moins converge dans son esprit aux origines de la civilisation moderne. Il attachait à ce mouvement de renaissance première la plus grande importance, comme à ce qui avait produit quelque chose de tout à fait distinct de l'antiquité, à savoir, par exemple, l'amour moderne, la chevalerie. Il recherche donc curieusement les origines de ces créations si chères à son âme délicate; il les recherche en germe chez les Arabes, chez les Vascons, chez les Aquitains et Gallo-Romains, pétris et repétris durant des siècles; il épie sur ce sol tant remué les réveils d'une végétation vivace partout où il les voit poindre, et il ne met tant de prix à ses chers Provençaux, que parce qu'il découvre véritablement en eux la première *fleur* de l'arbre moderne.

C'est à l'observer dans cet esprit qu'on le découvre lui-même tirant tout de son fonds, ses idées, ses aperçus; il entreprend l'histoire des troubadours, non en philologue, ni par esprit de patriotisme local, mais dans une vue intimement philosophique, et, je le répète, parce que cette époque lui paraît offrir la première fleur originale, le premier *Avril* en fleur de la civilisation moderne. Il pensait que c'est de là qu'il faut dater l'histoire des littératures et des sociétés modernes; car, si court et si brusquement interrompu qu'ait été ce premier printemps, elles lui doivent leur vraie couleur.—J'exprime ici ces choses plus vivement qu'il ne les exprimait peut-être, mais non pas plus vivement qu'il ne les sentait.

Tel est le vrai Fauriel; c'est l'histoire qui a l'immense prédominance en lui, même lorsqu'il se présente à titre de critique. De fait, il ne s'occupait de littérature proprement dite que quand son intérêt pour un ami l'y poussait, comme il le fit pour Baggesen et pour Manzoni, et comme il fut poussé encore aux *Chants grecs*, indépendamment des autres affinités, par de nobles motifs de circonstance. Son but, d'ailleurs, demeurait toujours historique, ses travaux, depuis 1815, se rapportaient entièrement à cette fin, et tout le reste de sa part n'était que moyen ou hors-d'œuvre.

Nous continuerons de le suivre. Qu'on nous pardonne ces développements dont il est bien digne. En nous occupant de Fauriel, nous n'avons pas dû craindre de faire un peu comme lui, d'insister sur les fondations mêmes de notre sujet, et de procéder avec une lenteur consciencieuse, propice aux choses.

SECONDE PARTIE.

Fauriel et Manzoni. — Par où celui-ci se rattache à la France. — Sa jeunesse à Paris; ses entretiens avec Fauriel. — *Carmagnola* et *Adelchi* traduits en français; contre-coup en Italie. — Relations de Fauriel avec Augustin Thierry, — avec Guillaume de Schlegel. — Fauriel après 1830. — Son *Histoire de la Gaule méridionale*. — Ses autres écrits.

A partir de 1815, disions-nous, c'est la pensée historique qui domine dans l'esprit de Fauriel; il y eut pourtant à cette pensée quelques hors-d'œuvre, il y eut plus d'une diversion, et, comme on dit, plus d'une parenthèse. On en peut compter jusqu'à trois : la première fut la traduction en français des tragédies de Manzoni (1823); la seconde fut la publication et la traduction des chants grecs populaires (1824); et je compte enfin pour la troisième et la plus grave, parce qu'elle fut la plus prolongée, le cours public dont Fauriel se trouva chargé après 1830. Si utile que le savant maître ait été dans cette dernière fonction, il y a lieu de regretter sans doute qu'elle l'ait empêché de mener à fin la grande entreprise historique de toute sa vie.

Il n'en est pas ainsi des deux premières tâches qu'il s'imposa et qui pourraient aussi bien s'appeler des inspirations de son esprit et de son cœur. Sa tendre amitié et son admiration sincère pour Manzoni lui suggérèrent l'idée de le faire connaître à la France. C'est là un épisode trop essentiel et trop aimable dans la vie de Fauriel, un épisode trop honorable à la littérature française elle-même, pour que nous n'y insistions pas ici comme nous devons. Parler de Manzoni un peu en détail à propos de Fauriel, ce n'est pas m'écarter de ce dernier, c'est être fidèle à tous deux.

Je dirai plus et sans excéder en rien la plus exacte vérité : Manzoni ne se peut bien connaître à fond que par Fauriel; celui-ci est l'introducteur direct, secret et presque nécessaire, à l'étude de l'excellent poëte. Manzoni, jeune, tenait à honneur de se dire non-seulement son plus tendre ami, mais son disciple. Un tel mot, de poëte à critique, glorifie assez celui qui le profère pour qu'on ne craigne pas de le redire à la louange des deux. Fauriel le rendait bien d'ailleurs à son ami, moins encore par la manière dont il le louait que par celle dont il le sentait : lui, si ennemi des formes apprises et convenues, de tout ce qui avait une teinte de rhétorique ou d'académie, il n'en était que plus sensible à la poésie, à une certaine poésie pathétique et simple; or, il y avait deux lectures en ce genre qui ne lui donnaient pas seulement l'émotion morale, mais qui avaient le pouvoir d'accélérer son pouls, de le faire battre plus vite : c'étaient certains chœurs d'Euripide et les chœurs de Manzoni.

La mère de Manzoni, la fille de Beccaria, vint en France sous le Consulat et y vécut beaucoup dans la société d'Auteuil, dans l'intimité de Cabanis et de madame de Condorcet; lorsque son fils la rejoignit quelque temps après ou y revint avec elle, il se trouva initié dans le même monde, et il y connut Fauriel. C'est à lui qu'il montrait d'abord (en février 1806) la pièce de vers, qui fut son tout premier début, *sur la mort de Carlo Imbonati*, cet admirable ami que venait de perdre sa mère. Fauriel, en faisant accueil à une production si pleine de chaleur et brillante de promesses, entra aussitôt avec le jeune poëte dans une de ces discussions ingénieuses et précises telles qu'il les aimait : il lui conseilla de se perfectionner de plus en plus dans l'usage des vers *sciolti*, et lui indiqua à cet égard les modèles qu'il préférait. Tous deux déjà s'accordaient sur certaines remarques très-fines : se retrancher les rimes quand on fait des vers italiens, ce n'était pas tant (selon eux) supprimer une difficulté qu'un secours bien souvent et une excuse. En effet, les premières pensées étant une fois trouvées, la nécessité de la rime, quand on se l'impose, suggère une quantité d'autres pensées de détail, et surtout une foule de ces menues images qui sont réputées les élégances d'une composition, et qui achèvent même la pensée principale quand elles n'en détournent pas. Dans les *sciolti*, au contraire, le poëte, n'étant plus provoqué par la rime, doit tirer tout de son fonds et défrayer en quelque sorte son vers avec ses seules ressources; il peut viser plus librement au simple et au principal, mais à condition d'avoir en lui la force qui approprie le style et le ton aux choses, la fertilité des images et le mouvement des pensées, en un mot les qualités les plus réelles du talent. Parini, dans ses *sciolti*, a prouvé qu'il les possédait toutes ; il arrive à la combinaison du poétique et du vrai, à la perfection de l'œuvre, et, pour le peindre avec ses propres couleurs, on dirait que, ses vers découlant d'une noble veine, une muse savante les ait fait passer à l'ardent foyer de l'art :

. . . . . . Da nobil vena
Scendano ; e all' acre foco
Dell' arte imponga la sottil Camena.

Manzoni, dont c'étaient là les premiers discours avec Fauriel, dirigea de bonne heure son style de ce côté, selon cette vue élevée et sévère. Le *divin* Parini, comme il l'appelait quelquefois, fut son premier maître ; mais, en avançant, son vers tendit de plus en plus à se dégager de toute imitation prochaine, à se retremper directement dans la vérité et la nature.

Combien de fois, vers cet été de 1806 ou de quelques-unes des années qui suivirent, soit dans le jardin de *la Maisonnette*, soit au dehors, le long du coteau de Sainte-Avoie, au bord de cette crête d'où l'on voit si bien le cours de la Seine, avec son île couverte de saules et de peupliers, et d'où l'œil embrasse avec bonheur cette fraîche et tranquille vallée, les deux amis allaient discourant entre eux du but suprême de toute poésie, des fausses images qu'il importait avant tout de dépouiller, et du bel art simple qu'il s'agissait de faire revivre! Non, Descartes ne prescrivit jamais plus instamment à son philosophe de se débarrasser des idées apprises et des préjugés de l'éducation, que Fauriel ne recommandait au poëte de s'affranchir de ces fausses images qui ne sont réputées poétiques qu'en vertu de l'habitude. Cela se passait sous le règne de Delille et en pleine période impériale. « *Il faut que la poésie soit tirée du fond du cœur, il faut sentir et savoir exprimer ses sentiments avec sincérité,* » c'était là le premier article de cette réforme poétique méditée entre Fauriel et Manzoni. Celui-ci pourtant éprouvait des regrets pénibles au milieu de ses espérances : en même temps qu'il sentait que la poésie n'est réellement conforme à ses origines et à son but que lorsqu'elle se rattache à la vie vraie d'une société et d'un peuple, il comprenait que, pour toutes sortes de causes, l'Italie restait un peu en dehors de cette destinée naturelle : l'extrême division des États, l'absence d'un grand centre, la paresse et l'ignorance, ou les prétentions locales, avaient établi de profondes différences entre la langue ou plutôt les langues parlées, et la langue écrite. Celle-ci, toute de propos délibéré et de choix, devenue presque une *langue morte*, ne pouvait saisir ni exercer, sur les populations diverses, une action directe, immédiate, universelle; de sorte que, par une contradiction singulière, la première condition, là-bas, d'une langue poétique pure, ferme et simple, était de reposer sur quelque chose d'artificiel. Manzoni sentit de bonne heure, et peut-être aussi il s'exagérait un peu cet inconvénient; le fait est qu'il ne voyait jamais, sans un plaisir mêlé d'envie, le public de Paris applaudir en masse aux comédies de Molière; cette communication immédiate et intelligente de tout un peuple avec les productions du génie, et qui, seule, peut attester à celui-ci sa vie réelle, lui semblait refusée à une nation trop partagée et comme cantonnée par dialectes; lui qui devait réunir un jour toutes les intelligences élevées de son pays dans un sentiment unanime d'admiration, il ne croyait pas assez cette unanimité possible, et en tout cas il regrettait que la masse du public n'en fît pas le fond.

Fauriel l'encourageait avec autorité et par d'illustres exemples empruntés à l'Italie même, dont les grands écrivains avaient eu de tout temps à triompher de difficultés plus ou moins semblables. Manzoni d'ailleurs, en ces années de jeunesse, recueillait ses idées et les mûrissait tour à tour sous les soleils de France et de Lombardie, plutôt qu'il ne se hâtait de les produire. Son petit poëme d'*Urania* était commencé en 1807; il méditait un peu vaguement quelque projet de long poëme, tel que *la Fondation de Venise*, par exemple; mais surtout il vivait avec abondance et sans arrière-pensée de la vie morale, de la vie du cœur; il perdait son père en 1807, il se mariait en 1808 : il s'occupait d'agriculture et d'embellir sa résidence de Brusuglio, près de Milan; il revenait voir en France ses bons amis de *la Maisonnette*, et donnait Fauriel pour parrain au premier-né de ses enfants, à sa fille Juliette-*Claudine*, comme on l'avait nommée. Les saisons ainsi se passaient pour lui entre la famille, les arbres et les vers, et encore ces derniers semblaient-ils tenir la moindre place dans son attention. Le Grec Mustoxidi écrivait de Milan à Fauriel : « Alexandre (Manzoni) et le reste de la famille se portent bien et parlent souvent de vous : lui, tout entier aux soins domestiques, il me semble s'éloigner trop fréquemment des Muses, qui pourtant lui furent si prodigues de leurs dons (1). » Manzoni ne s'éloignait pas autant de la poésie qu'il le paraissait, et elle devait revenir, après quelque retard, avec de nouvelles et plus saines douceurs. Adonné à la famille comme un Racine qui se serait retiré un peu trop

---

(1) « Alessandro e gli altri della famiglia godono salute, e spesso vi ricordano. Tutto dedito alle cure domestiche, mi pare che s'allontani troppo di frequente dalle Muse le quali pur gli furono liberali di sant favori. » (Milan, 20 décembre 1811.)

tôt, converti, vers 1810, aux idées religieuses et à la pratique chrétienne, père, époux, ami, il se livrait de bonne foi aux sentiments humains régularisés, aux habitudes naturelles et pures ; il y plongeait comme en pleine terre. Patience ! l'imagination avec lui retrouvera son jour ; âme non moins ardente que délicate, elle ne le laissa jamais. Il était de ceux en qui allait se vérifier un mot que lui avait dit Fauriel au début : « L'imagination, quand elle s'applique aux idées morales, se fortifie et redouble d'énergie avec l'âge, au lieu de se refroidir. »

Manzoni s'occupait donc, sinon à produire de la poésie en ces années, du moins à jouir de tout ce qui en fait le sujet même et la meilleure part. Si l'architecture et les plans de villa dignes de Palladio semblaient parfois usurper un peu magnifiquement sur ses rêves, l'agriculture et ses charmes innocents remplissaient plus à souhait et plus sûrement ses loisirs. Il recevait de Fauriel des graines choisies, des assortiments nombreux de semences, qui allaient remplir le vœu de l'amitié en tombant sur une terre heureuse ; mais les vers à soie surtout et les mûriers étaient sa grande affaire dès la fin de mai, car on filait les *cocons* au logis. Un certain jour, dès les premiers temps de son installation à la campagne, un essaim d'abeilles vint élire domicile dans le jardin et se prêter à son observation familière, comme pour fournir une suite de plaisirs et d'occupations *classiques* à ce fils de Virgile. C'étaient là des joies pures, et la poésie ne pouvait être loin.

On a dit et il est à croire que ce fut en effet pendant un séjour à Paris, vers les premiers mois de 1810, qu'arrivèrent à Manzoni les premières idées et les lumières déterminantes dans lesquelles il lui sembla voir une indication divine ; son changement de direction religieuse data de ce moment. Toute recherche à ce sujet serait indiscrète. On peut conjecturer seulement qu'il y eut là pour l'amitié une épreuve assez délicate à traverser. Fauriel était le plus équitable, le plus tolérant, le moins décisif assurément des penseurs ; mais il demeurait dans ses propres voies ;

il était occupé, hier encore, à étudier la sagesse humaine dans la personne de ses plus orgueilleux représentants. Manzoni pouvait craindre pour cette science de son cher historien du stoïcisme qu'elle ne fût un obstacle à ce qui est surtout révélé aux petits et aux simples. Que se passa-t-il là, à un certain moment, entre ces deux cœurs, entre le philosophe toujours modeste et le croyant d'autant plus aimant? Si ce dernier s'essaya jamais à toucher au sein de l'autre un coin de cette chose, à ses yeux la plus importante, ce dut être avec une discrétion bien tendre. Nul auprès d'eux n'en a su le mystère. En résultat, leur intimité n'en ressentit aucune diminution, aucun refroidissement.

Les événements de 1813-1814 apportèrent forcément une grande interruption dans le commerce des deux amis. C'est vers cet intervalle que Manzoni publia ou composa les *Hymnes sacrés* dans lesquels il tâchait, disait-il, de ramener à la religion ces sentiments nobles, grands et humains, qui découlent naturellement d'elle (1). Cette époque fut celle de sa transformation entière, même en poésie; l'étude et le temps firent éclore et développèrent au sein de son talent les germes lentement préparés; sans doute le souvenir médité des anciens entretiens avec son ami y contribua beaucoup. Au printemps de 1816, nous trouvons Manzoni s'occupant avec ardeur d'écrire sa tragédie de *Carmagnola*, et le lien littéraire qui le rattache à Fauriel se renoue étroitement. Les deux tragédies de *Carmagnola* et d'*Adelchi*, c'est-à-dire ce que le drame romantique a produit de plus distingué en Europe durant cette période de 1815 à 1830, ne sauraient sans doute se considérer

(1) Les quatre ou cinq hymnes qui sont publiés n'étaient, dans la pensée du poëte, qu'un commencement; son projet était d'en faire une douzaine, en célébrant les solennités principales de l'année. Ces hymnes, par leur succès populaire, donnèrent un heureux démenti aux méfiances qu'exprimait Manzoni sur le rôle possible de la poésie italienne; Mustoxidi écrivait de Venise à Fauriel, en février 1824 : « Mille tenere cose al nostro Alessandro : egli avrà veduto l'edizione de' suoi inni fatta in Udine, ed io mi rallegro nell' udirli ripetere dai giovanetti con vivo entusiasmo. »

comme un appendice de l'histoire littéraire du romantisme en France sous la Restauration ; mais il nous suffit que ces deux œuvres remarquables y tiennent par plusieurs de leurs racines. L'Italie, aux diverses époques, a toujours tant influé sur la France par sa littérature, qu'il était bon qu'à un certain moment la France le lui rendît en la personne d'un si noble poëte dramatique.

En s'appliquant à la composition de ses tragédies historiques indépendamment de toute règle factice, en combinant l'étude sévère et la passion, la fidélité à l'esprit, aux mœurs et aux caractères particuliers de l'époque, et les sentiments humains généraux s'exprimant dans un langage digne et naturel, Manzoni ne faisait autre chose que réaliser avec originalité le vœu déjà ancien de son ami, et donner la vie poétique aux idées qu'ils avaient autrefois agitées ensemble. Lorsque Fauriel vit l'œuvre et lut ce *Carmagnola* à lui dédié, il put aussitôt reconnaître son idéal et s'écrier : *Le voilà !* La critique, évidemment, avait préexisté ici, et, jusqu'à un certain point, présidé à la tentative de l'art, mais une critique sage, ramenée aux notions premières du bon sens, y dirigeant et y réduisant sa réforme. La vieille critique ayant comme à plaisir encombré la scène de toutes sortes d'appareils et de barrières qui étaient autant de ressorts pour la médiocrité et de piéges pour le talent, il avait fallu déblayer le terrain au préalable, avant de s'y lancer de nouveau. C'est une partie de la tâche que s'imposèrent en Italie, dès 1818 et 1819, les jeunes rédacteurs du journal intitulé *il Conciliatore*, tous amis de Manzoni, et dont le groupe nous offre plus d'un nom connu, Silvio Pellico, Grossi, Hermès Visconti, Berchet. Ce journal, qui ne subsista guère plus d'une année, et que les circonstances politiques interrompirent, est indispensable pour la connaissance précise de ce que projetait la jeune école par delà les monts. Un voyage que Manzoni fit à Paris sur la fin de 1819, et qui se prolongea durant une moitié de 1820, dans le temps même où paraissait son *Carmagnola*, le remettait en communication active, habituelle, avec l'ami dont il était séparé depuis des années. On se retrempa dans des entretiens à fond sur tous les sujets sérieux et délicats qui occupaient alors l'élite des esprits. MM. Augustin Thierry et Cousin prenaient une vive part à ces discussions, M. Cousin surtout, qui fit le voyage d'Italie et y rejoignit Manzoni un ou deux mois après, comme pour y continuer avec feu la conversation de la veille. A défaut de tant d'éloquents discours et des jeunes paroles *aux ailes légères* qu'on ne peut ressaisir (1), la traduction que Fauriel publia, en 1823, de *Carmagnola*, d'*Adelghis* et de quelques morceaux critiques qui s'y rapportent, offre du moins un témoignage subsistant de ce moment littéraire si animé et si plein d'intérêt. Il n'est pas inutile d'y insister encore après plus de vingt ans. Sans doute il nous importe peu aujourd'hui qu'Hermès Visconti, dans un spirituel dialogue, ait trouvé de bonnes raisons contre l'arbitraire des règles relatives à l'unité de temps et de lieu, que Manzoni en ait trouvé de non moins piquantes et de décisives dans sa lettre à M. Chauvet : c'étaient là des questions élémentaires, des discussions en quelque sorte négatives, auxquelles les réformateurs se voyaient ramenés sans cesse par des chicanes obstinées dont le temps a fait justice ; mais il était d'autres soins plus essentiels et plus intérieurs de la réforme dramatique tentée alors, d'autres coins marquants de son but, qu'on ne saurait trop rappeler, car il n'a peut-être pas été fait, depuis, un seul pas qui ait avancé la cause de l'art dans la même voie, ou qui bien plutôt ne l'ait pas fait rétrograder, en la compromettant par tous les oublis et tous les excès.

Manzoni, on le sait, travaillait lentement ses tragédies ; cette lenteur, qui peut tenir à diverses causes, à la délicatesse et à la fantaisie même d'une organisation nerveuse, aux irrégularités de la *machine* physique, qui ne suit pas toujours le train de l'esprit, n'est pas chose à louer abso-

---

(1) Nous ne sommes pourtant pas sans en avoir ressaisi quelque chose, et nous devons beaucoup à M. Cousin dans tout ce qui suit.

lument en elle-même : ce qui mérite d'être loué à coup sûr et proposé en exemple, c'est la conscience qu'il a mise à préparer les matériaux et à étudier les sujets de ses compositions. Ainsi, pour son *Adelchi* ou *Adelghis*, lorsqu'il commença sérieusement à s'en occuper après son retour de Paris à Milan, dans les derniers mois de 1820, que fit le poëte? Il se mit à étudier en historien, en digne émule des hommes qu'il venait de visiter, tout ce qu'il put trouver dans les chroniques sur les circonstances de la domination et de l'état des Lombards en Italie; il ne lut pas superficiellement, à la légère, et pour se donner le plaisir d'ajouter une bordure tant soit peu locale et une teinte quelconque de moyen-âge à une œuvre de fantaisie : non, il aborda le fond même, il s'enfonça dans la collection *Rerum italicarum* de Muratori; il hanta même, comme il le disait en souriant, *quelques-uns des dix-neuf gros complices* de M. Augustin Thierry (1). Les rapports immédiats de l'histoire de Charlemagne avec celle des Lombards ne l'intéressaient pas uniquement; il cherchait à se bien fixer sur les conditions générales de l'établissement de tous les conquérants barbares, sur les différences en particulier qu'il pouvait y avoir entre les habitudes des Franks et celles des Lombards mêmes; il aurait voulu pouvoir découvrir quelque chose de l'état de la population indigène sous ces derniers, deviner ce qui en était de ces peuples subjugués et *possédés* sur le compte desquels rien ne transpire, que taisent les chroniques, que les historiens modernes ne soupçonnent pas, et dont un de ses chœurs nous rend le sourd et profond gémissement. Au sortir de ces études préliminaires, Manzoni aurait été en mesure, à volonté, d'entreprendre une histoire des Lombards comme auraient pu le faire Augustin Thierry et Fauriel, ou bien d'écrire une tragédie. Le *Discours historique* qui sert de préface à sa pièce le prouve assez; je le comparerais presque, pour le ton comme pour le fond, à quel-

(1) La collection de dom Bouquet et de ses continuateurs.

qu'une de ces piquantes lettres critiques d'Augustin Thierry sur notre propre histoire; sans avoir la prétention d'éclairer celle du nord de l'Italie au neuvième siècle, ce Discours a pour effet d'en rendre *l'obscurité visible*, et démontre que ce qu'on prenait pour de la lumière, n'en est pas. Ce qui impatientait Manzoni par-dessus tout, ce qui ne l'impatientait pas moins que son *confrère* Thierry (il lui donnait ce nom), c'étaient les formules vagues, lâches, vulgaires, à l'aide desquelles les historiens modernes avaient recouvert et comme étouffé des questions qu'ils n'apercevaient pas. Il avait coutume de résumer agréablement le sens de son *Discours historique* à peu près en ces termes : « Je leur ai donné à savoir qu'ils n'en savent rien, et je leur ai dit que je n'ai rien à en dire; après quoi je les quitte, en les priant de faire de longues études pour nous en dire quelque chose. On m'avouera que c'est un pas de fait. »

C'est par de telles préparations que le poëte, sévère pour lui-même et de moins en moins satisfait en avançant de son personnage *romanesque* d'Adelghis, qu'il avait imaginé sur des données historiques moins sûres et avant ses dernières études, prenait sa revanche tout à côté, et qu'il se rendait digne de ressaisir, de retracer dans ses vrais linéaments *la figure non colossale, mais grande encore*, de Charlemagne (1).

Et qu'on ne dise pas que l'idéal ait souffert au milieu de cette application patiente; le personnage d'Hermangarde a toute sa pureté et son exaltation tendre, les chœurs ont leur pathétique ou leur éclat. Il résulte seulement de cette combinaison de soins que l'esprit de l'histoire vit sincèrement dans un sujet de tragédie d'ailleurs populaire, et que Goëthe, par exemple, ou Fauriel, étaient satisfaits en même temps que l'eût été la foule, si elle avait pu y applaudir. Quand je songe à ces deux pièces isolées qui se tiennent debout là-bas comme deux belles

---

(1) Préface de la traduction de Fauriel, page xi.

colonnes, et qui semblaient nous prêter d'avance le portique de l'édifice, à charge pour nous de le poursuivre, j'ai peine à ne pas rougir de ce que, sous nos yeux, ce rêve de théâtre est devenu.

Je continue et veux ici rassembler tout ce qui tient à un épisode attachant pour lequel il n'est pas besoin d'excuse. Est-ce donc là m'écarter le moins du monde de mon sujet ? Je fais ressortir à quel degré Manzoni, lié à la France par Fauriel, a été, en Italie, un représentant et un frère de l'école historique française. Je fais toucher du doigt le lien et le nœud. Cette école n'ayant point produit son poëte dramatique chez nous, elle l'a eu dans Manzoni.

Fauriel, à cette époque, nourrissait certain vague projet de composer un roman historique, dont il aurait sans doute placé la scène dans le midi de la France, en un de ces âges qu'il savait si bien. Après avoir terminé *Adelchi*, et avoir eu un instant l'idée (mais sans y donner suite) d'une tragédie de *Spartacus*, Manzoni commença, de son côté, à songer à son roman des *Promessi Sposi*. Vers le même temps, son ami Grossi s'occupait d'un grand poëme historique, *les Lombards à la première Croisade*; c'était le moment de la pleine vogue d'*Ivanhoe*. De là d'actives discussions et mille idées en jeu, soit par correspondance, soit surtout de vive voix durant le séjour que Fauriel alla faire en Italie dans les années 1823-1825. Il s'agissait, par exemple, comme question principale entre les deux amis, de la mesure selon laquelle l'histoire et la poésie peuvent se combiner sans se nuire. Fauriel inclinait à croire que dorénavant, dans cette lutte, la poésie proprement dite aurait de plus en plus le dessous. Manzoni ne le pensait pas tout à fait ainsi, et maintenait que, nonobstant toutes apparences et tous pronostics contraires, *la poésie ne veut pas mourir*. Tous deux s'accordaient à reconnaître que, dans un système de roman, il y a lieu d'inventer des faits pour développer des mœurs historiques : « Or, c'est là, répliquait Manzoni, c'est là une ressource très-heureuse de cette poésie qui, comme je vous le disais, ne veut pas mourir; la narration historique lui est interdite, puisque l'exposé des faits a, pour la curiosité très-raisonnable des hommes, un charme qui dégoûte des inventions poétiques qu'on veut y mêler, et qui les fait même paraître puériles; mais rassembler les traits caractéristiques d'une époque de la société et les développer dans une action, *profiter de l'histoire sans se mettre en concurrence avec elle*, sans prétendre faire ce qu'elle fait mieux, voilà ce qui me paraît encore réservé à la poésie, et ce qu'à son tour elle seule peut faire. » Nous ne croyons pas trop nous tromper en résumant de la sorte l'opinion du poëte.

Et pour le style, soit en prose, soit en vers, pour la forme de l'expression, que de soins, que de scrupules! Dans la tragédie en particulier, quel art insensible pour concilier le simple et le noble, l'expression libre, naturelle, par moments familière, et l'expression idéale! Quelle étude, au contraire, n'avait-on pas faite dans l'ancienne tragédie pour atteindre à un but opposé, pour ne faire parler les hommes ni comme ils parlent naturellement, ni comme ils peuvent parler aux heures d'exaltation sincère, *pour écarter à la fois la prose et la poésie*, et y substituer je ne sais quelle froide rhétorique! L'effort raisonné de Manzoni était précisément inverse, et le suffrage des juges compétents s'accorde à dire qu'il a réussi. Entre ces juges, j'ai assez marqué qu'il n'en était aucun auquel il s'en remît plus absolument et avec plus de confiance qu'à Fauriel; mais c'est peut-être tandis qu'il s'occupait d'écrire son roman des *Promessi Sposi*, que ces questions fines, qui touchent à la forme du langage et comme à l'étoffe même de la prose italienne, revenaient plus habituellement entre eux. De tels détails, qui font entrer dans la confidence du talent, ont un prix si vrai, si pur, si désintéressé, qu'on nous pardonnera, que Manzoni lui-même nous pardonnera, nous l'espérons, d'essayer de les fixer ici dans sa bouche avec quelque précision et avec quelque suite, sur la foi d'un témoin ami qui croit avoir fidèlement retenu. Les conditions du bon style en italien sont, il ne faut pas l'oublier, très-particulières et très-différentes de ce qui a lieu chez nous.

« Lorsqu'un Français cherche à rendre ses idées de son mieux, disait Manzoni à Fauriel un jour qu'il ressentait plus vivement ces difficultés et ces scrupules qui sont la conscience de l'écrivain, voyez quelle abondance et quelle variété de tours, de *modi*, il trouve dans cette langue qu'il a toujours parlée, dans cette langue qui se fait depuis si longtemps et tous les jours dans tant de livres, dans tant de conversations, dans tant de débats de tous les genres. Avec cela, il a une règle pour le choix de ses expressions, et cette règle, il la trouve dans ses souvenirs, dans ses habitudes, qui lui donnent un sentiment presque sûr de la conformité de son style avec l'esprit général de la langue; il n'a pas de dictionnaire à consulter pour savoir si un mot choquera ou s'il passera : il se demande si c'est français ou non, et il est à peu près sûr de sa réponse. Cette richesse de tours et cette habitude de les employer lui donnent encore le moyen d'en inventer à son usage avec une certaine assurance, car l'analogie est un champ vaste et fertile en proportion du positif de la langue : ainsi il peut rendre ce qu'il y a d'original et de nouveau dans ses idées par des formules encore très-rapprochées de l'usage commun, et il peut marquer presque avec précision la limite entre la hardiesse et l'extravagance. Imaginez-vous au lieu de cela un Italien qui écrit, s'il n'est pas Toscan, dans une langue qu'il n'a presque jamais parlée, et qui (si même il est né dans le pays privilégié) écrit dans une langue qui est parlée par un petit nombre d'habitants de l'Italie; une langue dans laquelle on ne discute pas verbalement de grandes questions; une langue dans laquelle les ouvrages relatifs aux sciences morales sont très-rares et à distance; une langue qui (si l'on en croit ceux qui en parlent davantage) a été corrompue et défigurée justement par les écrivains qui ont traité les matières les plus importantes dans les derniers temps; de sorte que, pour les bonnes idées modernes, il n'y aurait pas un type général d'expression dans ce qu'on a fait jusqu'à ce jour en Italie. Il manque complétement à ce pauvre écrivain ce sentiment, pour ainsi dire, de communion avec son lecteur, cette certitude de manier un instrument également connu de tous les deux. Qu'il se demande si la phrase qu'il vient d'écrire est italienne; comment pourra-t-il faire une réponse assurée à une question qui n'est pas précise? Car, que signifie *italien* dans ce sens ? Selon quelques-uns, ce qui est consigné dans la *Crusca*; selon quelques autres, ce qui est compris dans toute l'Italie ou par les classes cultivées : la plupart n'appliquent à ce mot aucune idée déterminée. Je vous exprime ici d'une manière bien vague et bien incomplète un sentiment réel et pénible. La connaissance que vous avez de notre langue vous suggérera tout de suite ce qui manque à mes idées; mais j'ai bien peur qu'elle ne vous amène pas à en contester le fond. Dans la rigueur farouche et pédantesque de nos *puristi*, il y a, à mon avis, un sentiment général fort raisonnable, c'est le besoin d'une certaine fixité, d'une langue convenue entre ceux qui écrivent et ceux qui lisent. Je crois seulement qu'ils ont tort de croire que toute une langue est dans la *Crusca* et dans les écrivains classiques, et que, quand elle y serait, ils auraient encore tort de prétendre qu'on l'y cherchât, qu'on l'apprît, qu'on s'en servît. Car il est absolument impossible que des souvenirs d'une lecture il résulte une connaissance sûre, vaste, applicable à chaque instant, de tout le matériel d'une langue. Dites-moi à présent ce que doit faire un Italien qui, ne sachant faire autre chose, veut écrire. Pour moi, dans le désespoir de trouver une règle constante et spéciale pour bien faire ce métier, je crois cependant qu'il y a aussi pour nous une perfection approximative de style, et que, pour y atteindre le plus possible dans ses écrits, il faut penser beaucoup à ce qu'on va dire, avoir beaucoup lu les Italiens dits classiques et les écrivains des autres langues, les Français surtout, avoir parlé de matières importantes avec ses concitoyens, et que, moyennant cette combinaison de soins, on peut acquérir une certaine promptitude à trouver, dans la langue qu'on appelle bonne, ce qu'elle contient d'applicable à nos besoins actuels, une certaine aptitude à l'étendre par l'analogie, et un certain tact pour tirer de la langue française ce qui peut en passer dans la nôtre, sans choquer par une forte dissonance, et sans y apporter de l'obscurité. Ainsi, avec un travail plus pénible et plus opiniâtre, on fera le moins mal possible ce que chez vous l'on fait bien presque avec facilité. Je pense avec vous que bien écrire un roman en italien est une des choses les plus difficiles; mais je trouve cette difficulté dans d'autres sujets, quoiqu'à un moindre degré, et avec la connaissance non pas complète, mais très-sûre, que j'ai des imperfections de l'ouvrier, je sens aussi d'une manière presque aussi sûre qu'il y en a beaucoup dans la matière (1). »

(1) Il nous est possible aujourd'hui de dire ce que nous avions craint

Fauriel, à ces raisons ingénieuses, ne contestait qu'à demi ; il avait pourtant aussi de quoi opposer. L'Italie avait toujours eu ses grands écrivains ; comment serait-il dit qu'elle n'en aurait pas encore? Était-il si fâcheux, après tout, d'être dans la nécessité de choisir et, jusqu'à un certain point, de former sa langue, de la tenir au-dessus des jargons du jour, et de la rapporter à un type supérieur qui s'appuie directement par un si large côté aux exemples des vieux maîtres? La part faite aux difficultés réelles, restait toujours celle du talent : Fauriel la montrait bien belle encore et bien grande ; il osait sans doute renvoyer à son ami un reproche qu'il en avait souvent reçu, et l'engageait à moins mesurer son travail sur un idéal de perfection qu'il n'est pas donné d'atteindre, même à ceux qui en ont le sentiment ; il lui rendait à son tour cette gracieuse guerre que Manzoni aimait à lui faire, sur son *incontentabilité*. Lui, en effet, dans ce qu'il produisait, il était *incontentable* sur le fond ; Manzoni l'est sur le style.

Circonstance remarquable et dont l'espèce de contradiction n'aura pas échappé! Fauriel, qui, dans ses écrits français, était loin d'être un maître de la forme et s'en souciait assez peu, devenait un arbitre exquis et sûr dès qu'il s'agissait de langue italienne et de style toscan. Il semblait qu'en cela la difficulté même et la nouveauté de l'application aiguisassent son goût et le tinssent en éveil. Le fait constant, c'est qu'en telles décisions fines il était volontiers reconnu pour oracle. Les pièces les plus achevées aimaient à en passer par son tribunal et savaient avoir toujours quelque chose à gagner à ses *rittochi*. J'admets que l'Italie, malgré sa Toscane, ait à quelques égards l'inconvénient de la province, c'est-à-dire qu'on y sente le manque d'un grand centre, d'une capitale qui donne le mouvement à la langue et en règle le ton à chaque moment. Dans cette incertitude, que faire, quand on a la noble ambition d'être

d'avouer dans le premier moment, de peur de déplaire à Manzoni et d'effaroucher sa délicatesse : c'est que toutes ces paroles sont extraites textuellement de lettres de lui qui ont passé sous nos yeux.

écrivain? S'en remettre en idée à quelques juges d'élite, écrire en vue de leur suffrage, qui tient lieu et qui répond d'avance de tous les autres. En ce sens, Fauriel était un coin de la capitale de Manzoni, il était l'un des membres les plus présents de cette capitale disséminée.

N'exagérons rien ; nous ne serons que vrai en affirmant que la publication en France des tragédies traduites par Fauriel, et les jugements dont il les accompagna, eurent à l'instant leur contre-coup en Italie ; les éloges de Goëthe, que le critique avait enregistrés, ceux qu'il avait ajoutés lui-même, ces glorieux ou graves suffrages, venant du dehors, *posaient*, comme on dit, Manzoni chez les siens et préparaient les voies au succès prodigieux de son roman. Je tirerai d'une lettre d'Hermès Visconti à Fauriel un curieux passage qui prouve l'exactitude de cette assertion ; je traduis textuellement :

« (Milan, 10 août 1823.) J'ai lu avec un singulier plaisir l'*Adelchi* et le *Carmagnola* français. — Pour ce qui est de la traduction de mon petit *Dialogue*, je ne puis que trouver en vérité que vous avez voulu faire preuve envers moi d'une bonne grâce extrême. — Permettez-moi de vous dire que, dans le reste du volume, il est rendu pour la première fois justice, et sous tous les points de vue, au talent de notre ami ; cela va devenir on ne saurait plus utile à sa réputation littéraire, même parmi nous. Non que, de prime abord, je suppose la moyenne de nos lecteurs en mesure de sentir et d'apprécier les observations générales qui font ressortir l'importance du système dramatique créé en partie et suivi par Alexandre ; ils n'entendront pas très-bien non plus les observations de détail dues à Goëthe. Néanmoins, si les productions suivantes d'Alexandre trouvent au delà des Alpes des analyses et des éloges comme ceux qu'on vient de faire pour *Carmagnola* et *Adelchi*, je crois que ce sera le meilleur moyen de persuader à nos *dilettanti* de littérature qu'ils possèdent un grand poëte parmi leurs concitoyens, et peut-être, avec le temps, de les accoutumer à l'idée que les tragédies d'Alfieri ne sont pas les meilleures tragédies italiennes. Pour le moment, nous sommes bien loin de là. Seulement un petit nombre de personnes commencent à dire tout bas que Manzoni est le meilleur des poëtes italiens vivants ; les autres pensent suffisamment le louer en le qualifiant un poëte au-dessus du commun et un prosateur estimable, sans parler de ceux qui le croient ou affectent de le croire un beau talent fourvoyé. »

Les choses, à cet égard, se passèrent bien mieux que Visconti ne l'augurait ; le mouvement des esprits en faveur de la nouvelle école se prononça avec rapidité. Moins de trois ans après la date de cette lettre, le poëme de Grossi (*les Lombards à la Croisade*), à la veille d'être publié (avril 1826), réunissait un nombre de souscripteurs sans exemple dans le pays, 1600, je crois. Enfin, les *Promessi Sposi* ayant paru dans l'été de 1827, le succès dépassa l'attente ; 600 exemplaires (ces chiffres, qu'on le sache bien, signifient beaucoup) furent enlevés en quinze jours ; le livre fit fureur ; on ne parlait que de cela dans tout Milan, et dans les antichambres même on se cotisait pour l'acheter. Les témoignages empressés, les lettres de félicitations arrivaient de tous les bords et de tous les rangs. C'était, en un mot, partie gagnée et pour le poëte et pour la cause.

Fauriel, qui dut se trouver si heureux du triomphe de son ami, avait assisté de près à la composition de l'ouvrage. J'ai dit qu'il fit un long séjour en Italie, soit à Milan, soit à Florence et dans d'autres villes ; il arriva à Milan dans l'automne de 1823, et il n'était de retour en France qu'en novembre 1825. Une grande douleur l'avait décidé à ce voyage, de tout temps projeté, mais différé toujours : il avait perdu, au mois de septembre 1822, l'amie constante à laquelle il avait consacré sa vie, et qu'il n'avait pas quittée depuis vingt années. Dans le vide immense que lui causa la mort de madame de Condorcet, il sentit le besoin de se reprendre à ce qui lui restait de liens et de souvenirs, et de se rapprocher d'une famille qui était comme celle de son adoption ; il alla s'asseoir au foyer de Manzoni.

C'est pendant cette absence (1824) que parurent les *Chants populaires de la Grèce moderne*, préparés par lui avant son départ, celui de tous ses ouvrages qui a eu le plus de vogue dans le public, et qui a d'abord suffi à classer son nom. Divers motifs l'avaient porté à ce travail généreux : il était jaloux, lui aussi, de payer son tribut à une noble cause ; déjà, en 1823, nous le voyons publier une traduction libre des *Réfugiés de Parga*, poëme lyrique de Berchet (1). Dès les premiers chants grecs modernes qu'il avait entendu réciter à ses amis Mustoxidi et Piccolos, Fauriel en avait été enthousiaste et s'était dit : « Ce sont ces chants surtout qui feront connaître et aimer la Grèce moderne, et qui prouveront que l'esprit des anciens, le souffle de la poésie, non moins que l'amour de la liberté, y vit toujours. » Mais cet enthousiasme, redoublé ici par les circonstances éclatantes du réveil d'un peuple, se puisait chez lui à d'autres sources encore, non moins profondes et toutes littéraires, sur lesquelles nous avons à insister.

Fauriel était amoureux du primitif en littérature; il aimait surtout la poésie à cet âge de première croissance où elle est presque la même chose que l'histoire, où elle se confond avec elle et en tient lieu. Si Fauriel a eu en un sens le génie historique (et il n'est que juste de lui en accorder une part bien originale), on peut dire que ç'a été dans l'application à la littérature et à la poésie qu'il en a fait preuve le plus heureusement; lorsqu'il a abordé l'histoire pure, une certaine vigueur de coup-d'œil peut-être dans l'appréciation politique des grands hommes, et à coup sûr certaines qualités d'exécution, lui ont fait défaut pour remplir l'idée qu'on peut concevoir de l'historien complet; mais, dans l'interprétation et l'intelligence historique des poésies et chants nationaux, des romances ou épopées populaires, il a été un maître sagace, incomparable, et le premier qui ait donné l'éveil chez nous. Et, remarquons-le, il ne se contentait pas de dégager par une analyse habile ce qu'il pouvait y avoir d'historique dans ces premiers chants lyriques, dans ces fragments romanesques, et de le mettre à nu; il sentait vivement aussi le charme du poétique qui s'y trouvait mêlé; il respirait avec délices, toutes les fois qu'il les rencontrait, le parfum de ces mousses sau-

(1) *I Profughi di Parga*, poëme de J. Berchet, traduit librement de l'italien (Firmin Didot, 1823).

vages et de ces fleurs des landes. L'homme de goût, l'homme délicat et sensible se retrouvait jusque dans l'érudit en quête du fond et dans l'investigateur des mœurs simples. On n'était guère accoutumé à entendre le sentiment et le goût de cette sorte en France après les siècles de Louis XIV et de Louis XV; aussi Fauriel put-il sembler quelquefois ne pas faire assez de cas des époques littéraires constituées et donner ouvertement la préférence à des âges trop nus; il avait pour ceux-ci un peu de cet amour dont Ulysse aimait sa *pierreuse Ithaque*. Le reste, si beau que cela parût, lui tenait moins à cœur. Les dieux littéraires les plus voisins de nous, et réputés les plus incomparables dans nos habitudes d'admiration, n'étaient certainement pas ceux sur lesquels il reportait le plus volontiers ses regards. C'est à ce propos qu'il échappa un jour à un critique célèbre, au plus littéraire et au plus brillant de tous (M. Villemain), de dire spirituellement : « Fauriel, après tout, c'est un athée en littérature. » — Un athée! oh! non pas; mais il croyait surtout à la *religion naturelle* en littérature. Or, ce culte de la religion naturelle mène quelquefois un peu loin en tout genre, et dispose, si l'on n'y prend pas garde, à trop dépouiller les temples et les autels, même littéraires, de l'éclat et de la pompe qui en font convenablement partie, et qui sont aussi un des aspects nécessaires de certaines époques glorieuses. Je ne nierai donc pas qu'il n'y eût chez Fauriel quelque excès et quelque trace de rigueur dans ce retour à la simplicité. Ce n'est pas à dire que son goût sincère et déclaré pour l'âge spontané des poésies et pour leurs produits naturels fût un goût absolument exclusif; je pourrais citer à cet ordre de prédilections habituelles plus d'une exception de sa part qui serait piquante; j'ai déjà parlé de l'émotion que lui causaient quelques-uns des chœurs d'Euripide, et certes aucun académicien d'Italie, aucun de ses confrères de la *Crusca*(1), ne sentait mieux le charme de l'*Aminta*

(1) Fauriel était membre de l'Académie de la Crusca; il y succéda à Charles Pougens en février 1834.

qu'il ne le goûtait lui-même. Ces nuances admises, le fond de son cœur était bien là où nous le disons. Dès qu'il en trouvait prétexte dans ses cours, il se permettait des excursions vers ces époques préférées, et si, sur son chemin des Provençaux, il pouvait faire à l'occasion le grand tour par les Nibelungen jusqu'à l'Edda, il se gardait bien d'y manquer. Fauriel est sans contredit l'esprit le plus antiacadémique de vocation qui ait existé en France ; il avait l'enthousiasme du primitif, il en avait même le prosélytisme (disposition assez surprenante chez lui) ; il y voulait convertir d'abord, dans le courant de ces années 1820-1828, les jeunes esprits mâles et délicats qu'il rencontrait. Son action sur les débuts de M. Ampère fut sensible ; il contribua à développer en cette vive nature l'instinct qui la tournait vers les origines littéraires, à commencer par celles des Scandinaves. La première fois que M. Mérimée lui fut présenté, Fauriel l'excita aussitôt à traduire les romances espagnoles d'après le même système qu'il venait d'appliquer aux chants grecs, et il eut quelque peine ensuite à ne pas voir dans l'ingénieux pastiche de *la Guzla* une atteinte légèrement ironique à des sujets pour lui très-sérieux et presque sacrés. Chants serbes, chants grecs, chants provençaux, romances espagnoles, moallakas arabes, il embrassait dans son affection et dans ses recherches tout cet ordre de productions premières et comme cette zone entière de végétation poétique. Il y apportait un sentiment vif, passionné, et qui aurait pu s'appeler de la sollicitude. J'en veux citer un exemple qui me semble touchant, et qui montre à quel point il avait aversion de l'apprêté et du sophistiqué en tout genre. Il avait raconté un jour devant M. de Stendhal (Beyle), qui s'occupait alors de son traité *sur l'Amour*, quelque histoire arabe dont celui-ci songea aussitôt à faire son profit. Fauriel s'était aperçu que, tandis qu'il racontait, l'auditeur avide prenait au crayon des notes dans son chapeau. Il se méfiait un peu du goût de Beyle ; il eut regret, à la réflexion, de songer que sa chère et simple histoire, à laquelle il tenait plus qu'il n'osait dire, allait être employée dans un but étranger et probablement travestie. Que fit-il alors? il offrit à Beyle de la lui racheter et de la remplacer par deux autres dont, tout bas, il se souciait beaucoup moins; en un mot, il offrit toute une menue monnaie pour rançon du premier récit : le marché fut conclu, et Beyle, enchanté du troc, lui écrivait :

« Monsieur, si je n'étais pas si âgé, j'apprendrais l'arabe, tant je suis charmé de trouver enfin quelque chose qui ne soit pas copie académique de l'ancien. Ces gens ont toutes les vertus brillantes.

« C'est vous dire, monsieur, combien je suis sensible aux anecdotes que vous avez bien voulu traduire pour moi. Mon petit traité idéologique sur l'amour aura ainsi un peu de variété. Le lecteur sera transporté hors des idées européennes. — Le morceau provençal, que je vous dois également, fait déjà un fort bon repos. »

Beyle était un homme de beaucoup d'esprit; il haïssait aussi, on le voit, l'académique et le convenu; il cherchait le simple, mais il courait après et il affectait de le saisir, ce qui est une autre manière de le manquer (1).

Les *Chants populaires de la Grèce moderne*, publiés par Fauriel, avaient le rare avantage de concilier avec le spontané et le naturel, qui distinguent proprement cette veine d'inspiration, une grâce et une fleur d'imagination qu'elles n'offrent pas toujours et qui tenaient ici à ce fonds immor-

(1) Un autre homme qui s'entendit beaucoup mieux avec Fauriel dans l'enthousiasme du primitif, ce fut, le croirait-on? le grand médecin Laënnec. Ce personnage excellent avait été mis en relation avec Fauriel par M. Cousin, dont il était le médecin et l'ami. Les chants bretons devinrent bientôt l'entretien favori et comme le rendez-vous passionné de ces deux esprits venus de bords si différents. Fauriel savait les paroles, mais Laënnec savait les airs, ces airs appris dans l'enfance et qu'on n'oublie pas. Il apportait sa flûte (et il faut avoir vu Laënnec pour se le figurer ainsi en Lycidas), et, à mesure que l'autre lui rappelait les paroles, il essayait de les noter : *Numeros memini, si verba tenerem!* Scène touchante, dont l'idée seule fait sourire, et qui était digne de ces esprits, de ces cœurs vraiment antiques et simples!

tel d'une race heureuse. En de telles productions naïves, Fauriel ne reculait pas au besoin devant le rude et l'inculte; mais, là comme ailleurs, il aimait surtout le délicat, le pathétique, le généreux, et il put ici se satisfaire à souhait lui et ses lecteurs. Rien n'égale le jet hardi, la fraîcheur et la saveur franche de bon nombre de ces pièces. Les chansons historiques et héroïques des klephtes, qui se rattachent à la longue lutte de la population indigène contre les Turcs, forment la partie guerrière du recueil, celle qui avait trait directement aux circonstances de l'insurrection d'alors; ce sont les fragments d'une Iliade brisée, mais d'une Iliade qui dure et recommence. Viennent ensuite les chansons romanesques ou idéales, celles où la fiction a plus de part et qui se rapportent à des légendes ou à des superstitions populaires; plus d'une respire le souffle errant d'un Théocrite dont la flûte s'est perdue, mais qui en retrouve dans sa voix quelques notes fondamentales. La troisième classe du recueil comprend les chansons domestiques, celles qui célèbrent les fêtes et les solennités de la famille, le mariage, les funérailles, le retour du printemps et des hirondelles. Dans l'excellent et instructif *Discours préliminaire* qu'il a mis en tête du volume, Fauriel a caractérisé surtout cette dernière classe d'une manière charmante et d'un ton pénétré; il nous fait à merveille sentir combien en Grèce la poésie est et n'a jamais cessé d'être l'organe habituel et inséparable de la vie, l'expression sérieuse et nullement exagérée d'un sentiment naturel plus exalté qu'ailleurs. Cette poésie qui coule de source et où la vanité ni les petits effets n'entrent pour rien, qui n'est pas une poésie d'auteur, mais une effusion du génie populaire, Fauriel la suit dans ses moindres courants et jusque dans ses filets épars. Il faut voir avec quels soins religieux il recueille tous ces chants de rhapsodes inconnus et comme ces membres dispersés de l'éternel Homère : « Ils chantent (dit-il de ces modernes chanteurs ambulants), ils chantent en s'accompagnant d'un instrument à cordes que l'on touche avec un archet, et qui est exactement l'ancienne lyre des Grecs dont il a conservé le nom *comme* la forme. Cette lyre, pour être entière, doit avoir cinq cordes ; mais souvent elle n'en a que deux ou trois, dont les sons, comme il est aisé de le présumer, n'ont rien de bien harmonieux. » Cette lyre qui doit avoir cinq cordes, et qui souvent n'en a plus que deux ou trois, est bien l'image fidèle de la poésie inculte et un peu tronquée qu'elle accompagne ; mais cet incomplet dans les moyens et dans la forme ne détourne point Fauriel et ne lui inspire au contraire qu'un intérêt de plus :

« Entre les arts qui ont pour objet l'imitation de la nature, dit-il excellemment (et sa pensée est tout entière dans ce passage), la poésie a cela de particulier que le seul instinct, la seule inspiration du génie inculte et abandonné à lui-même y peuvent atteindre le but de l'art, sans le secours des raffinements et des moyens habituels de celui-ci, au moins quand ce but n'est pas trop complexe ou trop éloigné. C'est ce qui arrive dans toute composition poétique qui sous des formes premières et naïves, si incultes qu'elles puissent être, renferme un fond de choses ou d'idées vraies et belles. Il y a plus : c'est précisément ce défaut d'art ou cet emploi imparfait de l'art, c'est cette espèce de contraste ou de disproportion entre la simplicité du moyen et la plénitude de l'effet, qui font le charme principal d'une telle composition. C'est par là qu'elle participe, jusqu'à un certain point, au caractère et au privilége des œuvres de la nature, et qu'il entre dans l'impression qui en résulte quelque chose de l'impression que l'on éprouve à contempler le cours d'un fleuve, l'aspect d'une montagne, une masse pittoresque de rochers, une vieille forêt ; car le génie inculte de l'homme est aussi un des phénomènes, un des produits de la nature (1). »

Dans cet ingénieux et substantiel *Discours* comme dans plusieurs des *arguments* étendus qui précèdent les pièces, et dont quelques-uns sont de vrais chapitres d'histoire, le style de Fauriel s'affermit, sa parole s'anime et se presse, il trouve un nerf inaccoutumé d'expression ; on dirait que, dans ce sujet de son choix, il a véritablement touché du

---

(1) *Discours préliminaire*, page CXXVI.

pied *la terre qui est sa mère*. C'est de tous ses ouvrages celui dans lequel il a mis le plus de verve et de chaleur; il y a des pages écrites avec effusion. — Dans un supplément ajouté au second volume, Fauriel faisait entrer de nouvelles poésies qu'il avait recueillies en dernier lieu durant ses voyages d'Italie, à Venise et à Trieste, de la bouche même des réfugiés, et il aimait à dater la petite préface de ce supplément, de *Brusuglio proche Milan*, c'est-à-dire du toit de Manzoni.

L'effet de cette publication en France fut des plus heureux et des plus favorables à la cause qu'elle voulait servir. Nous ne saurions mieux le rendre qu'en empruntant le jugement de M. Jouffroy qui, au moment où l'ouvrage parut, en fit le thème d'une série d'articles et d'extraits dans *le Globe* (1).

« M. Fauriel, y disait-il en commençant, familiarisé depuis longtemps avec cette sorte de recherches où la littérature et l'histoire se commentent l'une par l'autre, a conçu l'heureuse idée de recueillir, au profit des lettres, ces chants populaires des Grecs modernes, et d'en tirer, pour l'instruction de l'histoire, des renseignements irrécusables sur leur condition politique et civile, leurs habitudes domestiques et religieuses, et les principaux événements qui avaient, avant l'insurrection, signalé leur existence nationale. Il en est résulté un livre où tout est neuf et que les littérateurs et les historiens se disputeront, parce qu'il offre à ceux-là un monument poétique de la plus grande originalité, et à ceux-ci des documents authentiques sur un peuple inconnu que l'Europe vient de découvrir au milieu de la Méditerranée. Tel est l'ouvrage de M. Fauriel. »

Et, à la fin de son travail, Jouffroy concluait :

« Nous persistons à croire que, de tous les ouvrages publiés sur la Grèce moderne, aucun autre ne jette d'aussi vives lumières sur la question encore si incertaine de son émancipation; il est le seul en effet qui nous fasse connaître les ressources morales et

---

(1) Voir les n°˚ des 30 octobre, 20 novembre, 18 décembre 1824, et du 19 février 1825.

le génie de cette nation malheureuse, et l'on peut dire qu'à cet égard chaque page de ce précieux document est une révélation et, pour ainsi dire, un gage de plus que les espérances de l'Europe civilisée ne seront point déçues... Telle est la conviction consolante qui résulte de la publication de M. Fauriel, et, si les Grecs doivent au nom qu'ils portent et à leurs récentes victoires l'intérêt et l'admiration de l'Europe, c'est à notre auteur qu'ils devront d'être un peu connus pour ce qu'ils sont et aimés pour eux-mêmes. »

On voit que la jeune Grèce a bien encore quelque chose à faire pour justifier tant de gages. — L'ouvrage de Fauriel portait en lui toutes les raisons de survivre aux circonstances qui l'inspirèrent ; il restera comme le monument collectif, le plus fidèle et le plus classique, de ces âges poétiques sans nom, auxquels manquent, à proprement parler, les monuments. Il représente chez nous le dernier anneau d'une étude dont le *Voyage d'Anacharsis* forme le premier chaînon ; le rapprochement seul de ces deux extrêmes en dit assez, et peut servir à mesurer le chemin de la critique.

Cet épisode terminé, auquel il s'était mis tout entier d'esprit et d'affection, il semblait que Fauriel n'eût rien de plus pressant à faire qu'à vaquer à la confection et à la publication de son grand ouvrage historique qui devait, avant cette interruption, être déjà fort avancé. Ses meilleurs amis et les plus initiés à ses projets, Augustin Thierry, Manzoni, M. Guizot, ne cessaient de l'y exciter vivement. Dans un séjour que faisait Augustin Thierry à Paray (1), pendant l'automne de 1821, M. de Tracy lui demandait sans cesse si Fauriel faisait son histoire. — « Oui, il la fait, répondait Thierry. — *Ainsi il rédige?* — *Oui, il rédige.* » — « Avancez, pour Dieu ! avancez, ne fût-ce que pour que je ne mente pas, écrivait Thierry à son *cher confrère en histoire*, comme il se plaisait à l'appeler ; tâchez de vous bien porter et de *faire hardiment*. — Travaillez, travaillons tous, ajoutait-il avec ce noble

(1) Paray-le-Frésil, près Moulins, terre de M. de Tracy.

feu qui alors s'animait aussi du sentiment de la chose publique, et faisons voir aux sots que nous ne sommes pas de leur bande, *among them, but not of them* (1). » — « Enfin, écrivait-on de plus d'un côté à Fauriel, enfin nous vous lirons, nous aurons la consolation de voir une sagacité et une patience, une vue perçante et une défiance comme la vôtre, appliquées à un sujet si intéressant, si obscur, et, lors même que vous ne substitueriez qu'un doute raisonné à des assertions *impatientantes* d'assurance et de *superficialité*, on éprouvera le charme que font sentir les approches de la vérité. » Puis ceux qui le connaissaient le mieux et qui savaient le faible secret l'engageaient « à ne pas trop se chicaner lui-même, et à ne pas se régler dans sa recherche sans fin sur l'idéal d'une perfection inaccessible. » On l'avertissait d'une chose qu'il ne soupçonnait peut-être pas, « c'est que, parmi ceux qui le liraient et qui le jugeraient, il n'y aurait pas beaucoup d'hommes ayant les mêmes raisons que lui pour être si difficiles; que, lorsque cela serait (ce qui changerait un peu l'état de la civilisation), ces personnes sauraient apprécier ce que seul il aurait pu faire, et ne lui imputeraient pas l'imperfection même des matériaux sur lesquels il avait dû travailler. Ce n'était point assurément par la crainte des jugements, mais par conscience, qu'il se montrait si difficile; mais, lui qui avait tant lu, il devait savoir mieux qu'un autre combien de vues neuves, profondes et vraies, seraient restées inconnues, combien d'ouvrages de la plus haute importance n'auraient jamais vu le jour, si leurs auteurs ne s'étaient pas résignés à y mêler beaucoup de *peut-être* et beaucoup d'*à-peu-près*. » Voilà ce qu'on lui redisait sous toutes les formes, avec autorité, avec grâce ; mais, par malheur, ce *démon de la procrastination* que Benjamin Constant avait déjà nommé, et que lui-même connaissait si bien, l'emporta, et ce ne fut que plus de dix

---

(1) C'est le mot si fier de Byron dans *Childe-Harold*, chant III, stance 113.

ans après que Fauriel livra à l'impression une partie, la seule terminée, de son grand ouvrage.

Nous n'insisterons pas sur les digressions et distractions studieuses qu'il se permit dans l'intervalle; elles rentreraient plus ou moins dans les précédentes et seraient désormais sans intérêt (1). Il pourrait être assez piquant, et il ne serait pas impossible de le suivre dans ses relations étroites avec les historiens célèbres qu'il précédait dans les études et par lesquels il se laissa devancer auprès du public. En quoi influa-t-il sur eux? en quoi fit-il passer au cœur de ces talents plus rapides quelques-unes de ses idées, de ses vues, ou même de ses indécisions fécondes? car c'était de près, de très-près seulement, on le sait, et dans le cercle intime des entretiens, que Fauriel avait sa plus grande action, et qu'il aurait mérité d'être qualifié ce qu'il était véritablement, un *esprit nourricier*. Ses amis les historiens durent s'en ressentir. Placé au centre des communes recherches, éloigné de toute pensée de rivalité ou même d'émulation, et n'en apportant pas moins le plus vif intérêt au fond des choses, il était naturellement le confident de leurs projets, de leurs travaux, des jugements qu'ils portaient les uns sur les autres. Toutes les grandes questions s'agitaient ainsi en divers sens à son oreille, et il avait voix prépondérante auprès de chacun. Nous ne saurions, dans tous les cas, rien trouver à citer de plus

(1) On trouverait, en cherchant bien, bon nombre d'articles de lui dans les recueils périodiques de ces années, à commencer par les *Archives philosophiques*, dirigées par M. Guizot; les articles sur la *Grammaire romane* de Raynouard (t. I, p. 504), sur l'*Archéologie galloise* (t. II, p. 88), très-probablement celui sur Bopp (t. IV, p. 290), sont de Fauriel. La *Revue encyclopédique* en obtint de lui dès son origine, et put le compter parmi ses collaborateurs habituels : il y donna des extraits, en 1819 et 1820, sur l'*Histoire littéraire d'Italie* que continuait Salfi, sur le poëme sanskrit de *Nalus*, sur l'*Anthologie arabe*; en 1821, sur les *Poésies de Marie de France*, sur *Tombouctou*, etc., etc.; mais la plupart de ces extraits ou notices n'avaient pas alors l'importance et le développement que prirent plus tard les travaux de revue. Ces derniers articles, de date récente, ont été relevés et enregistrés au complet par M. Ozanam, dans son étude sur Fauriel.

honorable et de plus significatif pour Fauriel que ce qu'a écrit de lui M. Augustin Thierry, dans la préface de ses *Études historiques*, où il lui rend le plus touchant et le plus noble des hommages :

« Comme on l'a souvent remarqué, dit M. Thierry en revenant avec charme sur ses travaux de l'année 1821, toute passion véritable a besoin d'un confident intime ; j'en avais un à qui, presque chaque soir, je rendais compte de mes acquisitions et de mes découvertes de la journée. Dans le choix toujours si délicat d'une amitié littéraire, mon cœur et ma raison s'étaient heureusement trouvés d'accord pour m'attacher à l'un des hommes les plus aimables et les plus dignes d'une haute estime. Il me pardonnera, je l'espère, de placer son nom dans ces pages, et de lui donner, peut-être indiscrètement, un témoignage de vif et profond souvenir : cet ami, ce conseiller sûr et fidèle, dont je regrette chaque jour davantage d'être séparé par l'absence, c'était le savant, l'ingénieux M. Fauriel, en qui la sagacité, la justesse d'esprit et la grâce de langage semblent s'être personnifiées. Ses jugements, pleins de finesse et de mesure, étaient ma règle dans le doute ; et la sympathie avec laquelle il suivait mes travaux me stimulait à marcher en avant. Rarement je sortais de nos longs entretiens sans que ma pensée eût fait un pas, sans qu'elle eût gagné quelque chose en netteté ou en décision. Je me rappelle encore, après treize ans, nos promenades du soir, qui se prolongeaient en été sur une grande partie des boulevards extérieurs, et durant lesquelles je racontais, avec une abondance intarissable, les détails les plus minutieux des chroniques et des légendes, tout ce qui rendait vivants pour moi mes vainqueurs et mes vaincus du onzième siècle, toutes les misères nationales, toutes les souffrances individuelles de la population anglo-saxonne, et jusqu'aux simples avanies éprouvées par ces hommes morts depuis sept cents ans et que j'aimais comme si j'eusse été l'un d'entre eux. »

A ces récits de l'éloquent et sympathique historien pour les Anglo-Saxons vaincus, Fauriel pouvait répondre par d'autres récits non moins attachants sur ses pauvres vaincus du Midi, sur ces Aquitains toujours écrasés et toujours résistants, toujours empressés de renaître à la civilisation au moindre rayon propice de soleil. Nous y reviendrons avec lui tout à l'heure. Il y aurait encore, comme pendant et parallèle à ce tableau des conversations d'Augustin Thierry, à mettre en regard les communications non moins intimes, non moins actives, de M. Guizot en l'année 1820, lorsque cette énergique intelligence se jetait avec passion aux sérieux travaux qui feront sa gloire : il en causait à fond avec Fauriel, il lui en écrivait en plein sujet (1). La verve de ces esprits décisifs et prompts à l'exécution tranche singulièrement avec l'habitude si différente et le procédé temporisateur de leur ami. Mais il faut se borner et passer outre. Quelques mots seulement sont à toucher ici d'une autre branche de relations qu'entretint notre auteur avec un célèbre critique étranger, avec Guillaume de Schlegel. L'aperçu suivant aidera du moins à saisir un côté de Fauriel que nous n'avons pas assez mis en lumière, et constatera, autant qu'il nous est permis de le faire, l'orientaliste en lui.

Dans cette même année 1821, où il écoutait avec tant d'intérêt les confidences historiques d'Augustin Thierry, Fauriel se trouvait dépositaire non moins fervent et non moins essentiel des confidences sur l'Inde et des doctes projets asiatiques de Guillaume de Schlegel. Celui-ci, dont nous apprenons la mort au moment même où nous écrivons ces lignes et où nous nous flattions d'être lu par lui, cet éminent esprit qu'on n'osa jamais louer en France sans y ajouter quelque restriction, mais que nous nous risquerons toutefois à définir (son jugement sur Molière excepté) *un critique qui a eu l'œil à toutes les grandes choses littéraires, s'il n'a pas toujours rendu justice aux moyennes*, Schlegel, dans un voyage à Paris, s'était chargé pour le compte du gouvernement prussien, et par zèle pour les études orientales, de faire graver et fondre des caractères indiens *devanagari* ; ou du moins les moules et matrices de ces caractères devaient être envoyés à Berlin pour la

(1) Durant l'été et l'automne de 1820, M. Guizot, pour pouvoir travailler sans distraction, était allé s'installer, avec six ou sept cents volumes, à *la Maisonnette*, dans l'habitation même de madame de Condorcet, que sa santé retenait à Paris.

fonte définitive. Bien des essais auparavant étaient nécessaires. Or, il arriva qu'obligé de repartir avant ces opérations d'essai, Schlegel ne vit rien de mieux que de se donner Fauriel pour remplaçant, ou comme il le lui disait en style brahmanique : « C'est dans votre sein que je compte verser cette fonte divine dont l'ambroisie ne pourra couler qu'après mon départ. » — « Conformément à votre permission, lui écrivait-il le 10 juin, je vous ai adressé le fondeur, M. Lion. Cela vous coûtera quelques quarts d'heure dont Vichnou vous récompensera par des années divines. » — Et quelques jours après : « Voici encore du plomb, mon cher pandita, que j'ai soustrait à l'usage meurtrier que les mlicchas en font dans leurs guerres et consacré au culte pacifique de Brahma. »

A peine retourné à Bonn, Schlegel se hâta d'écrire à Fauriel pour constituer la correspondance qui, pendant les mois suivants, fut en effet très-active entre eux. Quelques extraits des lettres de Schlegel donneront idée du tour de plaisanterie qu'affectionnait l'illustre savant quand il avait bu les eaux du Gange, et du genre de services dont il se reconnaissait redevable à Fauriel, aussi bien que du cas infini qu'il faisait de lui ; M. de Schlegel, on le sait, ne prodiguait pas de tels témoignages. Bien des mots *sanskrits* ornent et blasonnent chemin faisant les lettres que j'ai sous les yeux ; je choisis de courts passages qui soient tout à l'usage des profanes :

« (Bonn, 21 septembre 1821.) Vous êtes adorable, mon très-cher initié et deux fois né, et je ne vous échangerais pas contre quatre membres de l'Académie des quarante. Je suis tenté de vous envoyer des bonbons moulés en forme de lettres devanagari. Sérieusement, vous me rendez un service immense, et je ne sais pas comment, sans vous, la chose aurait marché. Vos nouvelles sont satisfaisantes, pourvu seulement que M. Lion ne se relâche pas... »

« (Bonn, 5 novembre.) J'ai vos deux lettres, cher Président de la typographie asiatique, et Souverain intellectuel des contrées entre l'Inde et le Gange, et je ne saurais assez vous exprimer ma reconnaissance de tous les soins que vous avez pris de mon affaire.

Votre avant-dernière lettre m'avait donné des inquiétudes. Croyant avoir tout calculé, je ne concevais pas quelles nouvelles difficultés s'étaient élevées. J'attends avec la plus grande impatience l'échantillon que vous me faites espérer. Vous avez donc été réduit comme moi à faire le métier de compositeur : Vichnou vous en récompensera, cela vous vaut un million d'années de béatitude pour le moins.... »

« (Bonn, 3 décembre.) J'ai des grâces infinies à vous rendre, cher et docte Mécène, des soins exquis et savants que vous avez voués à mon affaire. Vraiment, je ne sais pas comment cela aurait marché sans vous... M. Lion a été payé... Je suis extrêmement satisfait de son travail, si toute la fonte est aussi bien soignée que les lettres qui paraissent dans votre échantillon. Il est délicieux, j'en ai été dans un véritable enchantement; c'est du bronze sur papier; depuis que les Védas ont été révélés, l'on n'a rien vu de pareil. J'ai l'air de me louer moi-même, mais vous savez que c'est le privilége des poëtes : *Exegi monumentum œre perennius.* »

« (Bonn, 20 avril 1822.) Très-cher ami et généreux protecteur de mes études, il y a un temps infini que je ne vous ai pas écrit; mais j'ai fait mieux, j'ai composé un livre ou du moins une brochure pour vous. Pour qui écrirait-on des choses pareilles, si ce n'est pour des lecteurs comme vous, qui embrassent toute la sphère de la pensée, et qui sont en même temps savants, patients, laborieux? Le troisième cahier de ma *Bibliothèque indienne* doit être entre vos mains, et je souhaite qu'il vous satisfasse. Vous m'obligerez si vous voulez en faire au plus tôt un article dans la *Revue encyclopédique*(1). J'ai aussi envoyé des exemplaires aux autres pandits de Paris. Chézy aurait dû parler depuis longtemps de moi dans le *Journal des Savants*, et il devrait le faire encore à l'occasion de ce nouveau cahier; mais, s'il est toujours dans le même abattement où je l'ai laissé, il n'y a rien à espérer de sa part. Saluez-le cependant bien cordialement de la mienne, et dites-lui, s'il veut me donner quelque chose pour ma *Bibliothèque*, qu'il sera toujours le bienvenu, et que je m'offre comme son traducteur.... (Et revenant à ses caractères, après quelques détails relatifs à leur perfectionnement:) Je suis vraiment confus de vous entretenir de telles minuties; mais songez que, lorsque Brahma créa le monde, il soigna jusqu'aux antennes des fourmis. Et moi

---

(1) Fauriel fit la note que Schlegel désirait, dans le *Journal de la Société asiatique*, t. I, p. 44.

qui ne suis qu'un humble mortel, n'en ferai-je pas autant pour les caractères de cette belle langue révélée? »

L'année suivante (avril 1823), Schlegel chargeait encore celui qu'il vient d'honorer de tant de titres magnifiques, de collationner pour lui, à la Bibliothèque du roi, les manuscrits du Bhagavad-Gîta dont il allait publier une version latine ; il en a consigné sa reconnaissance dans la préface. C'était le moment où Fauriel se disposait au voyage d'Italie : Schlegel aurait bien désiré l'attirer à Bonn, et il lui proposait, pour le tenter, de lui arranger une chambre d'études dans sa jolie petite bibliothèque, dont il lui avait fait plus d'une fois la description : « La maison que j'occupe est spacieuse, et un ami brahmanique y serait commodément. » Fauriel se décida, sans beaucoup de lutte, pour sa chère Italie et pour Brusuglio. Mais, placé comme nous venons de le montrer, confident et un peu *pariner* des meilleurs, une oreille aux brahmes, l'autre aux Lombards et aux Toscans, et, au sortir d'un épanchement d'Augustin Thierry sur les Anglo-Saxons, pouvant opter à volonté entre Milan et Bonn, entre Schlegel et Manzoni, on comprendra mieux, ce semble, toute son étendue intellectuelle et son rang caché.

La révolution de 1830 produisit enfin Fauriel, et ses amis, en arrivant au pouvoir, songèrent aussitôt à mettre sa science, trop longtemps réservée, en communication directe avec le public. Une chaire de littérature étrangère fut créée pour lui à la Faculté des Lettres. Si utile qu'il y ait été à des auditeurs d'élite, on a peut-être droit de regretter, je l'ai dit, que cette diversion prolongée, qui devint insensiblement une occupation principale, ait mis obstacle à l'entier achèvement de son entreprise historique. Ce ne fut qu'en 1836 qu'il publia le second des trois grands ouvrages qu'il avait de longue main préparés sur l'histoire du midi de la France. Le premier devait embrasser tout ce qui se pouvait découvrir ou conjecturer de positif ou de probable sur les origines, l'histoire et l'état de la

Gaule, principalement de la Gaule méridionale, avant et pendant la domination romaine. Le troisième et dernier, le plus intéressant des trois, dont il aurait formé le couronnement, aurait présenté le tableau complet des provinces méridionales durant les siècles de renaissance et de culture : on retrouvera du moins la portion littéraire de ce tableau dans les volumes du cours sur l'*Histoire de la Poésie provençale*, qui s'impriment en ce moment (1). Le second ouvrage, le seul qu'on possède sous sa forme historique définitive, était destiné à établir le lien entre les deux autres : il comprend le récit des événements de la Gaule depuis la grande invasion des barbares au cinquième siècle jusqu'au démembrement de l'empire frank sous les derniers Carlovingiens. A travers cette longue et pénible époque intermédiaire, l'auteur s'attache plus particulièrement, et avec une prédilection attentive, à tout ce qui intéresse l'état du midi de la France, à tout ce qui peut y dénoter des restes de civilisation ou y faire présager des réveils de culture. Si discrète, si contenue que soit l'expression de sa sympathie, tout son cœur, on le sent, est pour ce beau et malheureux pays, où tant de fois de barbares vainqueurs fondent à l'improviste, coupant (ce qui est vrai au moral aussi) les oliviers par le pied et les arrachant jusqu'à la racine.

Il existe, sur cette période si obscure et si ingrate de l'histoire de France, d'autres ouvrages modernes plus vifs, plus animés de tableaux ou plus nets de perspective, d'une lecture plus agréable et plus simple. Des talents énergiques et brillants ont trouvé moyen d'y introduire de la lumière et presque parfois du charme; mais, si je l'osais dire, ce charme, cette lumière même, lorsqu'elle est si tranchée, ne sont-ils pas un peu comme une création de l'artiste ou du philosophe, et jusqu'à un certain point un léger mensonge, en allant s'appliquer à des âges si cruels et si désespérés? Pour moi, qui viens de lire au long les volumes

(1) Ils ont paru depuis (3 vol. in-8°, 1846).

de M. Fauriel, je crois en sortir avec une idée plus exacte peut-être de l'ensemble funeste de ces temps. Il en résulte une instruction triste et profonde ; s'il se mêle quelque fatigue nécessairement (malgré tous les efforts de l'historien ou à cause de ces efforts mêmes) dans cette reproduction éparse et monotone des mêmes horreurs, c'est bien la moindre chose que, nous lecteurs, nous ressentions un peu en fatigue aujourd'hui ce qu'eux, nos semblables, durant des siècles, ils ont subi en calamités et en douleurs. Sa conscience d'historien porte M. Fauriel à rechercher et à représenter ces époques morcelées, confuses, haletantes, telles qu'elles furent au vrai ; il les rend avec leurs inconvénients, sans faire grâce d'aucun. Il n'y établit pas de courant factice et n'y jette pas de ces ponts commodes, mais artificiels, comme font d'autres historiens ; son récit est *adéquat* aux choses, comme dirait un philosophe.

M. Fauriel, nous l'avons assez marqué, ne visait en rien à l'effet, ou plutôt l'effet qu'il désirait produire était exactement l'opposé de ce qu'on appelle ordinairement de ce nom. Il ne voulait jamais occuper le lecteur de lui-même ; il se proposait uniquement de lui faire connaître le fond des objets et de dérouler à la vue, dans leur réalité obscure et mystérieuse, certains grands moments de décomposition et de transformation sociale, jusqu'à présent mal démêlés. Dans ce but, il croyait avoir à préparer l'imagination, l'intelligence de ce lecteur moderne, et devoir l'acheminer dans le passé avec lenteur et par voie de notions successives. C'est un peu la raison pour laquelle il a été difficile à un public paresseux de l'apprécier à toute sa valeur ; car il importe de le lire *consécutivement* pour saisir la chaîne entière des idées, dont l'une n'anticipe jamais sur l'autre et dont chacune ne sort qu'en son lieu. Je suis assuré que quiconque lira son histoire de la Gaule, puis son Cours, avec l'attention qui convient, sentira que l'*effet* général est de lui agrandir la vue historique, de lui montrer l'humanité sous d'autres aspects plus larges et à la fois très-positifs, tellement qu'il devient difficile, après cela, de se contenter de la manière extérieure de peindre propre à quelques historiens, ou des petits traits de plume et des pointes perpétuelles de certains autres ; mais, pour goûter ce genre d'exposé et ne pas se rebuter des lenteurs, il faut se sentir attiré vraiment vers le fond des choses et par ce qui en fait l'essence. C'est à ce sérieux et solide intérêt, à cette curiosité tout appliquée et tout unie, que s'adresse M. Fauriel : l'esprit qui se laisse guider se trouve, à la fin, avoir gagné bien de la nouveauté et de l'étendue avec lui. Quelqu'un qui l'a bien connu disait spirituellement de sa manière, qu'il procédait comme par assises, graduellement, qu'il avait le procédé *en spirale.* — Je ne prétends point toutefois, à la faveur de ces explications que je crois justes, aller jusqu'à soutenir qu'il n'abuse point de sa méthode, qu'il ne l'aggrave point dans sa marche par la déduction trop continue, trop complaisante, de ses indécisions et de ses conjectures, et qu'il n'y joint pas plus habituellement qu'on ne voudrait des retards superflus d'expression, et ce qu'on appellerait du gros bagage de style. J'ai parlé tout à l'heure de sa manière de bâtir : on peut ajouter que l'échafaudage, chez lui, reste, jusqu'à la fin, inséparable du monument ; mais ces défauts-là sont assez sensibles, et nous avons dû insister plutôt sur les mérites intérieurs et plus cachés.

M. Fauriel, après avoir représenté l'état florissant de l'administration et de la civilisation romaine dans le midi de la Gaule au moment de la ruine commençante, se propose d'étudier les vicissitudes diverses et les degrés successifs de cette décadence à travers les invasions réitérées et le déluge croissant des barbares. Les premiers de ces conquérants qui forment établissement dans le pays sont les Visigoths, les moins opiniâtres et les moins écrasants de tous. L'historien qui, si impartial qu'il soit, se range manifestement pour les traditions romaines, et qui tient à honneur de les défendre avec Aétius, avec Majorien, avec les derniers des Romains, se montre moins défavorable aux Visigoths qu'il ne le sera aux autres races germaniques survenantes ; c'est que cette barbarie visigothe se montre elle-même aussi peu tenace que possible et aussi vite transformable qu'on peut le désirer. Déjà, sur la fin du cinquième siècle, vers le temps de la mort d'Euric, si d'autres invasions n'étaient point venues compliquer le mal, celle des Visigoths avait perdu toute son énergie destructive; la race gallo-romaine reprenait le dessus et opérait la fusion sur tous les points; l'ancienne civilisation, malgré les atteintes et les altérations subies, était à la veille de refleurir et de triompher. Mais ces vagues signes précurseurs d'une saison plus douce disparurent bientôt devant une seconde et plus rigoureuse invasion; les restes de la civilisation romaine, au moment de se refaire, se virent aux prises avec une nouvelle barbarie bien plus énergique et plus tenace que la précédente : on eut Clovis et les Franks.

Plusieurs historiens modernes ont attribué quelques avantages à ces invasions des races franchement barbares à travers les races latines corrompues; ils en ont déduit des théories de renouvellement et comme de rajeunissement social moyennant cette espèce de brusque infusion d'un sang vierge dans un corps usé. M. Fauriel, malgré les fréquentes discussions qu'il soutint à ce sujet avec ses amis, ne se laissa jamais entamer à leurs théories plus ou moins spécieuses; il était et demeura foncièrement anti-germanique, en ce sens qu'il n'admit jamais que ces violentes et brutales invasions fussent bonnes à quelque chose, même pour l'avenir éloigné d'une renaissance. Il considérait tout crûment les barbares germains et en particulier les Franks (je demande pardon de l'image qui rend parfaitement ma pensée) comme une suite de durs cailloux à digérer : tant que ce travail de rude digestion ne fut pas terminé, ou du moins très-avancé, il n'y eut pas, selon lui, dans la société autrefois gallo-romaine, de véritable réveil et de symptôme possible d'une civilisation recommençante.

Toute la partie relative à l'invasion des Franks me semble écrite avec une vigueur et une fermeté que ne conserve pas toujours la plume de l'historien ; le portrait de Clovis n'y est en rien flatté ni embelli : il suffit à M. Fauriel de quelques extraits, de quelques traductions littérales de Grégoire de Tours, pour faire ressortir cette naïveté de barbarie franke en tout ce qu'elle a de hideux, de féroce et d'imprévoyant jusque sous ses perfidies. Il excelle, en général, à profiter de Grégoire de Tours, comme précédemment il avait fait de Sidoine ; il cherche à rajuster, à rétablir la vérité historique à travers les lacunes, les crédulités ou les réticences partielles de l'un, comme il la dégageait de dessous la fausse rhétorique de l'autre. Grégoire de Tours et Sidoine, d'ailleurs, presque toutes les fois qu'il les cite et qu'il les discute, ont le privilége d'appeler sur ses lèvres un petit sourire, et une légère épigramme sous sa plume : ce sont les gaietés discrètes et sobres du grave historien. Le seul Dagobert, parmi les rois mérovingiens, lui paraît faire preuve de quelque instinct de civilisation et aspirer avec quelque suite à fonder l'unité ; mais la race mérovingienne est à bout et ne mérite plus l'avenir. C'est du côté des vaincus du Midi, des Arvernes tant qu'ils ont résisté, puis des Vascons des montagnes, c'est pour le parti de ces Gallo-Romains et Aquitains toujours broyés et toujours insoumis, toujours prêts à se relever sous leurs conquérants comme les Grecs sous les Turcs, que la faveur de l'historien se replie incessamment et se déclare. Il est ingénieux à les faire valoir, à les venger des injustices des chroniqueurs grossiers, à donner un sens national à ce qui semblerait de vaines mobilités d'humeur ou des révoltes purement personnelles ; le chapitre qui traite de la révolte de Gondovald, par exemple, et qui offre presque l'intérêt d'un roman, tire du point de vue de l'historien un sens sérieux et nouveau, qu'on peut du moins entrevoir. Ces efforts si souvent avortés de l'Aquitaine, ce que les adversaires appelaient les inconstances d'une race volage, mais, à les mieux juger, ces opiniâtres et généreuses résistances, s'organisent pourtant et prennent une régularité imposante sous la branche mérovingienne de Charibert, laquelle, dans la personne de ses nobles chefs Eudon, Hunald et Vaifre, s'identifie pleinement avec les intérêts du pays. Il se fait là, au milieu des luttes finissantes de l'anarchie mérovingienne, une sorte d'émancipation du midi, une véritable *contre-conquête*, comme la nomme M. Fauriel. Le midi de la Gaule va encore une fois renaître, si quelque loisir lui est laissé ; on est, comme on l'était au lendemain des Visigoths, à la veille d'une civilisation recommençante, si de nouveaux barbares ne viennent pas se ruer à la traverse et en refouler les semences.

Les Arabes ont paru de l'autre côté des Pyrénées ; mais, eux du moins, ce ne sont pas des barbares. M. Fauriel accueille cet épisode de son sujet d'un coup-d'œil tout favorable ; il y redouble de curiosité, d'investigation tout alentour, en guide sûr et qui sait les sources. Les relations compliquées de ce peuple avec les Aquitains et les Vascons des frontières sont traitées pour la première fois d'une manière lucide, intelligente ; les effets lointains des révolutions arabes intestines et leur contre-coup sur la lutte engagée contre les Franks se marquent avec suite et s'enchaînent : il est telle révolte des Berbères en Afrique qui, seule, peut expliquer de la part des Arabes d'Espagne un temps d'arrêt, un mouvement rétrograde, où les chroniqueurs chrétiens n'ont rien compris. Toute cette portion de l'ouvrage de M. Fauriel est neuve, imprévue ; c'est une province de plus ajoutée à notre histoire, et on la lui doit. Sa prédilection, d'ailleurs, pour la noble culture et pour les instincts chevaleresques des conquérants de l'Espagne est manifeste ; il ne résiste pas à dessiner quelques-uns des traits de leurs plus grands chefs en regard de la barbarie des Franks. Ce n'est pas à dire pourtant qu'il déserte la cause de ses Aquitains et de ses Vascons ; il la montre seulement agrandie et ennoblie par de telles luttes, dans lesquelles Eudon et Vaifre combattent à l'avant-garde contre l'islamisme en champions de la chrétienté. Mais cette tâche leur est bientôt ravie par la fortune ; elle retombe à Charles Martel et à Charlemagne, qui en confisquent aussi toute la gloire.

La nation franke, en danger de s'abâtardir avec les derniers fils de Clovis, se retrempe sous les premiers chefs de la branche carlovingienne. Une nouvelle impulsion est donnée à la race conquérante; l'Aquitaine s'en ressent. En vain les petits-fils de Charibert, qu'elle s'est si bien acquis et assimilés, essayent d'y défendre jusqu'au bout l'honneur du dernier rameau mérovingien contre l'usurpation partout ailleurs légitime. L'historien tient bon avec eux; on dirait qu'il combat pied à pied à côté de Vaifre, dans cette espèce de Vendée désespérée, qui n'a laissé dans les chroniques que de rares vestiges. Lutte trop inégale! l'Aquitaine est finalement reconquise, et toute reprise de civilisation encore une fois ajournée.

M. Fauriel est trop équitable pour ne point rendre à tout personnage historique la part qui lui revient, et pour sacrifier aucun aspect de son sujet. On a lieu toutefois de remarquer que Charlemagne ne grandit point dans ses récits; il n'y apparaît qu'un peu effacé et dans un lointain qui n'ajoute pas précisément à l'admiration. Lorsque l'historien veut résumer en un seul chapitre l'ensemble de cette administration et de ce règne, il a l'intention parfaite de ne juger le monarque que sur des actes positifs, mais il ne l'embrasse peut-être pas suffisamment selon le génie qui l'animait. Il fait assez bon marché en Charlemagne des vues générales d'administration et de politique, et ne paraît l'apprécier, en définitive, que comme un grand caractère et une volonté énergique appliqués avec intelligence à des cas journaliers de gouvernement. Ce jugement peut être exact; il a l'air d'être rigoureux. Puisque les documents historiques légués par ces âges sont si arides, si évidemment incomplets, ils réclament une sagacité qui les interprète et les achève. M. Fauriel le sait bien. Or, lui qui tire si heureusement parti d'un fragment, d'un vestige de texte, en faveur de ses populations vaincues ou de ses poésies populaires, il n'applique pas également ici cet esprit de divination au grand homme; les chroniqueurs pourtant ne nous ont transmis de lui que des traits secs et nus, qu'il s'agirait aussi de révivifier. On peut observer que la méthode de M. Fauriel ne va pas à mesurer les colosses historiques ; il a besoin de diviser, de subdiviser ; il ne fait bien voir que ce qu'on peut voir successivement. Il excelle à analyser et à recomposer le fond d'une époque, à suivre dans un état social troublé la part des vainqueurs, la part des vaincus, à donner au lecteur le sentiment de la manière d'exister en ces âges obscurs ; puis, quand il ne s'agit plus des choses, mais d'un homme et d'un grand homme, il hésite et tâtonne un peu, ou du moins il s'enferme dans des lignes circonspectes, rigoureuses ; il ne rassemble pas son coup-d'œil en un seul éclair ; ces éclairs sont la gloire des Montesquieu. J'ai dit tout ce qui me semble des inconvénients comme des qualités.

Charlemagne, de son vivant, avait donné Louis-le-Débonnaire à l'Aquitaine comme roi particulier, et le pays, toujours prompt, se réparait déjà sous le gouvernement de ce jeune roi, qui en avait assez adopté d'abord les mœurs et l'esprit. Il est très-remarquable de voir, chez M. Fauriel, à quel point, même après tant de recrues sauvages, après tant de mélanges qui avaient dû la dénaturer, l'Aquitaine absorbait encore aisément ses vainqueurs et les détournait vite à son usage ; on pouvait toujours en dire plus ou moins, sans trop parodier le mot : *Græcia capta ferum victorem cepit*. Nous n'essayerons pas un seul instant de suivre la fortune du beau pays à travers les complications misérables de l'anarchie carlovingienne ; cette anarchie pourtant la servait. Par leur position la plus éloignée du centre, les contrées du Midi échappent de bonne heure à presque toute dépendance, et forment comme le nid le plus favorable à la naissante féodalité. En terminant son IVe volume et le neuvième siècle, M. Fauriel a la satisfaction de laisser l'Aquitaine tout à fait émancipée et rentrée dans ses voies, ayant usé deux conquêtes, deux dynasties frankes, ayant sauvé jusque dans ses morcellements une certaine unité morale, et prête enfin à se rajeunir au sein d'un ordre nouveau. C'eût été là l'objet d'une dernière œuvre historique qu'il se proposait de mener à terme, et dont l'inachèvement ne saurait trop se regretter.

L'analyse rapide qui précède donnerait une trop insuffisante idée du livre de M. Fauriel, si elle faisait croire qu'il se borne à retracer les destinées particulières de l'Aquitaine et de la Provence; j'y ai dégagé ce milieu et comme dessiné ce courant, mais on le perd bien souvent dans la considération de l'ensemble. L'historien aime à déborder son cadre; cette histoire du Midi est, à vrai dire, l'histoire générale de la Gaule entière durant cinq siècles. Toutes les grandes questions de races, d'institutions, de conflits entre les divers pouvoirs, y sont abordées; les solutions, pour ne pas être toujours aussi tranchées ou tranchantes que dans d'autres écrits plus célèbres, n'en ont pas moins leur valeur bien originale. Il y a telle de ces analyses appliquées à des masses confuses de faits et d'événements qui est capitale pour l'intelligence des temps; et, sans sortir de la dernière partie, qui traite de l'anarchie carlovingienne, je ne veux citer que l'explication donnée par l'historien de la bataille de Fontanet, entre les trois fils de Louis-le-Débonnaire. On croit, grâce à lui, saisir le sens de cette horrible boucherie; on comprend quelques-uns des motifs généraux qui ramassaient là, à un jour donné, tant de peuples; on a enfin l'*idéal* d'une bataille, selon les idées des Franks, dans ce gigantesque duel *d'une terrible simplicité*. Il y aurait très-peu à faire pour que ces pages de M. Fauriel, même au point de vue de l'art, fussent un tableau achevé, d'un effet grandiose; c'est par de tels côtés que son histoire, malgré tout, reste supérieure (1).

Avant et depuis la publication de son histoire, M. Fau-

---

(1) On peut lire dans le *Journal des Savan's* (avril et mai 1838) deux articles de M. Patin sur l'histoire de M. Fauriel; aux éloges si mérités qu'il lui donne, M. Patin a mêlé quelques critiques de détail auxquelles je renvoie; j'en ajouterai une seule toute petite pour ma part : au tome IV de l'histoire, pages 207 et 227, je vois qu'il est encore question de Lantbert, comte de la marche de Bretagne, qu'on a dit être mort de la peste à la page 168; il y a là quelque inadvertance.

riel fit insérer dans divers recueils, et dans la *Revue des Deux Mondes* particulièrement, de nombreux morceaux littéraires, la plupart relatifs à son sujet favori, je veux dire à la poésie provençale. Le Cours qu'il professait à la Faculté des Lettres lui en fournissait le fond. Nous aurions à rechercher soigneusement les moindres de ces articles comme pouvant nous rendre avec quelque suite les idées de l'auteur, s'ils ne devaient être beaucoup mieux représentés bientôt par la totalité de ses leçons sur l'*Histoire de la Poésie provençale* qui s'impriment à cette heure, et qui paraîtront vers l'automne prochain (1). Il nous suffira donc aujourd'hui de nous arrêter aux principaux articles et à ceux qui ont fait bruit. Les plus importants, de tout point, sont les douze leçons qu'il inséra en 1832 dans la *Revue* sur l'*Origine de l'épopée chevaleresque au moyen-âge*. Guillaume de Schlegel, qui en prit occasion pour envoyer au *Journal des Débats* des considérations sur le même sujet (2), reconnaît à la publication de M. Fauriel toute la portée d'une *découverte*. Jusqu'alors on accordait volontiers aux poëtes et troubadours du midi la priorité et la supériorité dans les genres lyriques, et l'on réservait aux poëtes et trouvères du nord la palme du roman épique et du fabliau. M. Raynouard, qui avait tant fait pour remettre en lumière l'ancienne langue classique et les productions du midi de la France, n'avait guère dérangé cette opinion reçue. M. Fauriel, le premier, par toutes sortes de preuves et d'arguments d'une grande force, vint réclamer pour les Provençaux l'invention et le premier développement de la plupart des romans de chevalerie, non-seulement de ceux qui roulent sur les traditions de la lutte des chrétiens contre les Sarrasins d'Espagne ou sur les vieilles résistances des chefs aquitains contre les monarques carlovingiens, et qui forment le principal fonds de ce qu'on nomme *le cycle de Charlemagne*, mais encore de

---

(1) Ces trois volumes, comme on l'a déjà dit, ont paru.
(2) Le morceau de Schlegel est reproduit dans son volume d'*Essais littéraires et historiques* (Bonn, 1842).

ces autres romans d'une branche plus idéale, plus raffinée, et qui constituent le *cycle de la Table ronde*. Grande fut la surprise au premier moment, grande fut la clameur parmi les érudits d'en deçà de la Loire, parmi tous ceux qui tenaient pour l'origine bretonne ou pour l'origine normande de ces épopées. Nous ne voulons pas réveiller, nous osons constater à peine d'ardentes querelles où l'on vit de spirituelles plumes courir aux armes pour la défense de leurs frontières envahies (1). On aurait dit qu'il s'agissait de repousser une invasion du Midi redevenu à l'improviste conquérant. Le fait est que M. Fauriel, pour commencer, réclamait tout le butin d'un seul coup, et avec un ensemble de moyens, avec une hardiesse de sagacité tout à fait déconcertante : « M. Fauriel, dit Schlegel (rapporteur ici impartial et le plus éclairé), veut que la France méridionale, féconde en créations poétiques, ait toujours donné à ses voisins et qu'elle n'en ait jamais rien reçu. N'étant pas placé dans l'alternative ou d'adopter en entier son système ou de le rejeter de même, nous allons en examiner un à un les points les plus essentiels. » Or, en abordant successivement ces points, Schlegel donne gain de cause à M. Fauriel sur un bien grand nombre. N'ayant pas d'avis propre et personnel à exprimer en telle matière, je dois me borner à signaler en ces termes généraux l'état de la question. Il en est un peu des critiques les plus sagaces, les plus avisés et les plus circonspects, comme des conquérants : ils veulent pousser à bout leurs avantages. Il est très-possible que, sur quelques endroits de la frontière, M. Fauriel ait en effet forcé sa pointe et réclamé plus qu'il ne lui sera définitivement accordé. Il ne se contentait pas de passer la Loire et la Seine, il franchissait le Rhin et les Alpes, et s'efforçait d'asseoir en Allemagne, comme en Italie, l'influence provençale, d'en faire pénétrer le souffle jusqu'au nord de l'Europe. Sera-t-il fait droit, en fin de compte, à une si

---

(1) Voir la préface du roman de *Garin le Lohérain*, par M. Paulin Paris (1833).

vaste ambition civilisatrice? On m'assure qu'il ne lui sera pas concédé tout ce qu'il prétend en Italie, en Souabe; on m'apprend que les Bretons résistent opiniâtrément, selon leur usage, et ne se laissent pas arracher une portion du *cycle d'Arthur*. La prochaine publication complète de son Cours fournira une base plus ample au débat. Mais ce qui est déjà hors de doute, c'est que, par lui, le sol indépendant de la poésie et de l'épopée provençale demeure singulièrement agrandi et en partie créé. On a dit de M. Raynouard qu'il avait retrouvé une langue, M. Fauriel a retrouvé une littérature.

La *Revue des Deux Mondes* a eu l'avantage encore de publier deux de ses plus excellents et de ses plus achevés morceaux biographiques, la vie de *Dante* (octobre 1834), et celle de *Lope de Vega* (septembre 1839). Cette dernière biographie a donné lieu à une assez vive discussion. Voulant raconter la vie et les aventures de jeunesse de Lope, M. Fauriel crut pouvoir tirer directement parti, à cet effet, du roman dramatique de *Dorothée*, dans lequel il était convaincu que le poëte espagnol avait consigné à très-peu près sa propre histoire. L'histoire est intéressante, romanesque, mais entremêlée d'incidents qui ne sauraient faire absolument honneur à la moralité du personnage. Un littérateur instruit, consciencieux et particulièrement versé dans l'étude de la littérature espagnole, M. Damas-Hinard, qui s'occupait vers ce même temps de traduire Lope de Vega, vit dans la supposition de M. Fauriel une témérité gratuite de conjecture, et surtout une atteinte portée à l'honneur du poëte. Il s'en exprima avec chaleur, avec émotion, dans sa notice sur Lope (1). M. Magnin, avec sa modération scrupuleuse et sa balance, s'est fait le rapporteur de ce procès dans un article du *Journal des Savants* (novembre 1844); je demanderai pourtant à ajouter ici quelque chose de plus en faveur de l'opinion de M. Fauriel. Celui-ci,

---

(1) En tête des *Chefs-d'œuvre du Théâtre espagnol. — Lope de Vega. — Première série* (1842).

dans son premier article sur Lope, n'avait point déduit les preuves de sa conviction concernant la *Dorothée;* il n'avait point dit d'après quel ensemble de circonstances et de signes distinctifs il croyait pouvoir assigner à cette pièce l'importance réelle d'une espèce de biographie. Il l'a fait depuis dans son travail intitulé *les Amours de Lope de Vega* (1). Ces preuves, je l'avoue (et je parle ici d'après ma plus vraie pensée, indépendamment de ma fonction d'avocat naturel), me paraissent fort satisfaisantes et de celles dont les critiques sagaces n'hésitent pas à se prévaloir d'ordinaire en cet ordre de conjectures. Si certains faits contenus dans la *Dorothée* n'allaient pas jusqu'à entacher la jeunesse de Lope, je ne doute point que tout biographe en quête de documents ne s'accommodât volontiers de cette source, qu'une foule d'indices, très-bien relevés par M. Fauriel, concourent à désigner. Et quant à ce qui est de la moralité de Lope, qui se trouverait compromise par cette interprétation, j'avoue encore ne point m'émouvoir à ce propos aussi vivement qu'on l'a fait. N'oublions pas que la mesure de la moralité varie singulièrement avec les siècles et selon les pays; l'imagination des poëtes a été de tout temps très-sujette à fausser cette mesure. Il arrive souvent à un poëte de s'éprendre si tendrement de son passé, même d'un passé douloureux, même d'un passé déréglé et coupable, qu'il s'y attache davantage en vieillissant; qu'il le ressaisit étroitement par le souvenir; qu'au risque de perdre plus tard en estime, il sent le désir passionné de le transmettre, et qu'il a la faiblesse d'en vouloir tout consacrer. Je recommande cette considération à ceux qui ont sondé dans quelques-uns de ses recoins secrets cette nature morale des poëtes. Ajoutez-y, dans le cas présent, que l'imagination romanesque espagnole, en particulier, s'est toujours montrée d'une excessive complaisance sur le chapitre des fragilités de jeunesse et des situations équivoques où elles entraînent; il suffit d'avoir lu le *Gil Blas* pour s'en douter.

---

(1) *Revue des Deux Mondes* du 15 septembre 1843.

— Par cette polémique, quoi qu'il en soit, par cette vivacité de riposte qui accueillait de graves écrits sur des sujets anciens, le pacifique M. Fauriel put s'apercevoir que, nonobstant ses lenteurs et son soin modeste de s'effacer, il n'échappait point entièrement aux petits assauts ni aux combats, qui sont la condition imposée à tous *découvreurs* et novateurs.

Nous aurions à caractériser son Cours à la Faculté des Lettres et à résumer quelques-uns des souvenirs de son enseignement, si son successeur, qui fut dans les dernières années son suppléant, M. Ozanam, ne nous avait devancé dans cette tâche par un complet et pieux travail auquel on est heureux de renvoyer (1). Dans son Cours en général, M. Fauriel ne fit que produire ce qu'il avait de tout temps amassé sur Homère, sur Dante, sur la formation des langues modernes, sur les poésies primitives ; ainsi faisait-il encore dans les articles qu'il tirait de là. Ce genre de littérature ne lui coûtait presque aucune peine; la forme n'étant pour lui ni un obstacle ni une parure, il n'avait qu'à puiser, comme avec la main, dans un fonds riche et abondant; c'était devenu pour lui presque aussi simple que la conversation même. Je comparerais volontiers cette quantité de produits faciles et solides à des fruits excellents, substantiels, mais un peu trop mûrs ou *parés*, comme on dit, à des fruits qui ont été cueillis et tenus en réserve depuis trop longtemps, et n'ayant plus cette fermeté première de la jeunesse. La qualité nourrissante leur restait en entier.

C'est au milieu de ces travaux journaliers, de ces occupations ininterrompues, que nous avons vu M. Fauriel passer et tromper les saisons du déclin. Nous aurions, si nous voulions bien, à énumérer encore : il publia en 1837, dans la collection des Documents historiques, le poëme provençal sur la guerre des Albigeois; l'Académie des inscriptions et belles-lettres l'avait nommé en novembre 1836 pour

---

(1) Voir *le Correspondant* du 10 mai 1845.

succéder à Petit-Radel, et il eut bientôt une place dans la commission de l'*Histoire littéraire :* le xxe volume de cette collection reçut de lui l'article sur Brunetto Latini, et le xxie doit en contenir plusieurs autres. Mais tous ces développements de l'érudit et ces applications, en quelque sorte officielles, trouveront ailleurs des biographes attentifs. Pour nous, nous aurons assez atteint notre objet, si nous avons réussi à montrer l'homme et l'esprit même. Durant la seconde moitié de sa vie et après le coup qui, en 1822, en avait brisé la première part, l'amitié avait peu à peu réparé les vides et comme refait cercle autour de lui : c'était l'amitié encore telle qu'il la concevait et la réclamait, une assiduité pleine de douceur dans les choses de l'intelligence et de l'affection, et, comme l'a dit le poëte,

Le jour semblable au jour, lié par l'habitude.

Ainsi, des nuances de joie, tenant aux satisfactions du cœur, se mêlèrent pour lui jusqu'au bout aux applications de l'esprit, et il s'acheminait, sans trop la sentir, dans l'inévitable tristesse des ans. Il mourut presque subitement des suites d'une opération qu'on n'aurait pas crue si grave, le 15 juillet 1844. Sa pensée vivra, et rien du moins n'en sera perdu. Ses manuscrits, transmis en des mains fidèles, seront publiés avec un choix éclairé (1). Sous une forme ou sous une autre, toutes les idées qu'avait conçues ce rare esprit sont sorties ou sortiront; sa renommée après lui se trouvera mieux soignée que par lui. De premiers et dignes hommages lui ont été payés sur sa tombe par M. Guigniaut au nom de l'Institut, par M. Victor Le Clerc au nom de la Faculté des Lettres; d'autres éloges viendront en leur lieu. M. Piccolos, dans le journal grec *l'Espérance* (Athènes, 28 août 1844), s'est fait l'organe des témoignages bien dus par ses compatriotes à la mémoire du plus modeste et du

---

*(1) Ils ont été légués par l'auteur à mademoiselle Clarke, à l'amie la plus dévouée et la plus attentive à s'acquitter de tous les soins que peut inspirer la piété du souvenir.

plus effectif des écrivains philhellènes. La France ne lui doit pas moins; le dix-neuvième siècle surtout serait ingrat d'oublier son nom, car on peut apprécier désormais avec certitude quelle place il a tenue dans ses origines, quel rôle unique il y a rempli, et quelle part lui revient à bon droit dans les fondations de l'édifice auquel d'autres ont mis la façade, et pas encore le couronnement.

Mai-juin 1845.

POST-SCRIPTUM.

Ce n'est pas une conclusion qu'un tel recueil comporte, et nous ne prétendons en effet ni conclure ni clore. Nous ferons certainement d'autres portraits contemporains, nous en avons déjà fait en bon nombre qui n'ont pu entrer dans les présents volumes, et, au moment même où nous achevons cette espèce de série, nous mettons sous presse un volume destiné à la compléter et à la poursuivre. Ainsi point de conclusion ; nous aimons notre métier de critique et de *portraitiste*, nous le continuerons selon l'occasion et le moment, suivant que le cœur et la fantaisie nous le diront, et en tâchant de ménager de notre mieux les convenances diverses. Et à ce propos si quelqu'un s'étonnait que, malgré la dignité académique qui nous a été conférée depuis, nous persistions dans cette voie pratique, nous donnerons une fois pour toutes une explication très-nette et très-franche : en ambitionnant et en obtenant cette dignité, la plus honorable à laquelle puisse aspirer un homme de lettres, nous n'avons jamais considéré qu'elle dût nous empêcher d'être après ce que nous étions devant, ni de faire *à très peu près* les mêmes choses que nous nous sommes de tout temps permises. Si donc quelques-uns de nos confrères les critiques croient trouver qu'il serait de meilleur goût à nous de leur laisser le champ libre désormais et de nous taire, nous continuerons (ne leur en déplaise, et qu'ils nous le pardonnent !) de nous imaginer qu'il y a quelque honneur encore pour nous à rester leur confrère.

Il nous a semblé de plus que si cette circonstance nouvelle, si précieuse à nos yeux, en venant certainement compliquer pour nous les difficultés et multiplier les convenances, devait avoir un effet rétroactif et allait jusqu'à nous obliger à rétracter, à modifier les jugements du passé, il n'y aurait ni fond ni base solide à notre travail critique : nous n'avons donc pas hésité à maintenir dans presque tous les cas ce qui était écrit.

Que si maintenant, nous relisant nous-même comme nous venons forcément de le faire, nous avions à confesser notre propre impression et à faire entendre un aveu, nous dirions que, dans la suite de ces articles critiques et dans leur mode de justice distributive (s'il nous est permis d'employer un tel mot), il est certains manques de proportions et de gradations que nous regrettons de n'avoir pu mieux rajuster. En commençant cette réimpression, nous pouvions craindre d'avoir trop penché pour l'enthousiasme ; en la terminant, un scrupule contraire nous vient, et nous aurions voulu, dans plus d'un cas, avoir mieux su tempérer l'éloge, de manière à ne jamais paraître le retirer et à n'avoir point à enregistrer les retours de nos jugements après les écarts. C'est surtout là où nous nous étions trop avancé d'abord qu'il nous a fallu revenir ensuite et dégager notre première fougue d'enthousiasme, pour la réduire à ce qui nous a semblé plus tard justesse et vérité. Il se trouve de la sorte que les poëtes, certains poëtes, et de ceux qui avaient le plus enlevé nos premières amours, peuvent sembler moins bien traités en définitive que des critiques, des historiens, des hommes que nous estimons et que nous admirons sans doute, mais dont tous pourtant ne sont pas à beaucoup près placés au même degré que les premiers dans notre évaluation des talents. Oh ! que du moins les poëtes le sachent : quels que soient les ravissements et les prudences de l'âge mûr, c'est d'eux encore que nous nous préoccupons le plus. Les inégalités même et les brusqueries du retour ne sont pas au fond une preuve d'indifférence. Ces graves études d'historiens, ces portraits aux teintes plus sombres qui ont insensiblement succédé aux premières et poétiques couleurs, en attachant sévèrement notre attention, ne suffisent pas toujours à satisfaire en nous ce qui s'y remue encore du passé. Quand nous relisons et récitons, de Lamartine, son *Lac* immortel, de Victor Hugo, sa passionnée *Tristesse d'Olimpio*, le souvenir sacré renaît vite en nous, et tout cet ordre de notre laborieuse sagesse d'hier est ébranlé. Et même dans de moindres élans, dans des notes plus simples, si elles sont vives, mélodieuses et sincères, il nous arrive d'hésiter. Nous donnerions toujours bien des choses et (qui sait?) la critique elle-même tout entière peut-être, pour savoir rouvrir la source de quelques élégies adorées. Qu'une page première du poëte d'Elvire soit venue nous rendre au hasard quelqu'une des douces plaintes connues : *Lorsque seul avec toi pensive et recueillie*, etc., etc...; *Ramenez-moi, disais-je, au fortuné rivage*, etc...; que Victor Hugo ait proféré, à une heure brûlante, cet hymne attendri : *Puisque j'ai mis ma lèvre à ta coupe encor pleine*, etc...; qu'Alfred de Musset lui-même, à travers son léger récit d'*Emmeline*, ait modulé à demi-voix : *Si je vous le disais pourtant que je vous aime*, etc., etc.; ces notes vraies, tendres, profondes, nées du cœur et toutes chantantes, nous paraissent, aujourd'hui encore, autrement enviables que bien des mérites lentement acquis. Tout ceci est uniquement pour dire qu'en nous appliquant de plus en plus aux matières dites sérieuses, il nous est pourtant difficile de ne pas regretter et saluer, au moment de les voir disparaître, les premiers rivages et les statues que nous avions une fois couronnées. Si critique et si rassis que nous devenions par le cours des choses, qu'il ne nous soit jamais interdit de nous écrier avec le poëte :

Me juvat in prima coluisse Helicona juventa !...

Mars 1846.

APPENDICE.

M. SCRIBE. Tome II, page 101.

Voici ce que nous disions de sa comédie *la Calomnie* (mars 1840): on y trouvera quelques traits qui complètent l'appréciation de son talent.

Le Théâtre-Français a eu son succès brillant dans la nouvelle comédie de M. Scribe. L'idée de *la Calomnie* est aussi courageuse que spirituelle; on doit remercier l'auteur d'avoir osé dire et su faire accepter au public, si esclave des journaux, bon nombre de vérités assez neuves sur la scène. Il faut convenir pourtant que ceux même qui rient ne se corrigent pas; un de mes voisins qui applaudissait le plus, avait le journal *le Siècle* dans son chapeau. Il y a deux manières de juger cette comédie : ou bien l'on veut, même sur les planches, de la vérité fine, de l'observation fidèle et non outrée des caractères, une vraisemblance continue de ton et de circonstances; ou bien on se contente d'une certaine vérité scénique, approximative, et à laquelle on accorde beaucoup, moyennant un effet obtenu. Dans le premier cas, on sera assez sévère pour la pièce de M. Scribe; on adressera à l'auteur plusieurs questions auxquelles il lui serait difficile de répondre. Où a-t-on vu une nigauderie matoise si complète que celle de Coqueney? Ce n'est, comme le rôle de la marquise, qu'une amusante caricature. Où a-t-on vu, même aux bains de Dieppe, une telle facilité d'aborder le ministre, une telle ouverture à causer, chacun de ses affaires privées, dans la salle commune, une telle crédulité bruyante pour compromettre une jeune fille? Je pourrais pousser l'interrogatoire bien loin... Et cette importance des propos du garçon de bain? Et ce ton de vrai commis-voyageur, ce dandinement détestable du vicomte de Saint-André? Mais il faut prendre garde de paraître pédant, surtout quand on s'amuse. Or, à prendre les choses de ce bon côté, on redevient très-indulgent à la pièce. Le second acte a des parties énergiques dans le rôle du ministre ; il en est partout de délicates et de fines dans le rôle de Cécile, surtout au moment où, forcée par la calomnie, elle ose regarder en elle-même et s'avouer son amour pour son tuteur : ce revirement de cœur est traité à merveille. Mais le chef-d'œuvre de la pièce est au quatrième acte, dans la scène où le vicomte de Saint-André, pressé par le ministre et par M. de Guibert, essaye de justifier Cécile sans compromettre en rien madame de Guibert, laquelle, survenant à l'improviste, se trahit d'un mot, sans s'en douter, aux yeux de son mari et de son frère. Cela est d'un franc comique, et dont l'auteur a tiré tout le parti en le prolongeant. C'est là ce qu'on appelle une *situation* par excellence. Je m'imagine que M. Scribe, dans beaucoup de ses pièces, n'a trouvé d'abord qu'une situation, à peu près comme le chansonnier qui trouve, avant tout, son refrain ; le reste vient après et s'arrange en conséquence. Pour cette pièce, en particulier, le procédé pourrait bien s'être passé ainsi. Une telle situation étant trouvée, il ne s'est plus agi que de l'encadrer, de l'amener : les quatre actes qui précèdent peuvent sembler un peu longs pour cette fin. Quand M. Scribe, dans sa première manière du Gymnase, procédait par deux actes, l'action courait plus vite, et les préparatifs se voyaient moins. A la première représentation, j'ai entendu comparer la pièce à un bonbon exquis (cette scène du quatrième acte) qui serait enveloppé dans quatre boîtes de carton, et tout au fond de la quatrième. C'est un compliment sévère. Cette pièce de *la Calomnie* est très-commode, par cette dilatation en cinq actes, qui ne sont pas tous également remplis, pour étudier très à nu le procédé et, en propres termes, le mécanisme dramatique de M. Scribe, qui se dérobe dans des œuvres plus rapides. Les ménagements d'entrée et de sortie, les adresses de ralentissement pour économiser l'action, se peuvent admirer au point de vue du métier : il y a une scène surtout, à la fin du second acte, une préparation de musique vocale qu'on voit venir et qui ne doit pas avoir lieu ; c'est le plus charmant escamotage.

L'observation de la société se retrouve dans des traits spirituels et dans des détails heureux bien plutôt que dans l'ensemble de l'action et dans les caractères des personnages. M. Scribe ressemble en un sens aux poëtes dits *de la forme*, qui s'inquiètent, avant tout, des circonstances de l'art et négligent souvent l'inspiration toute naturelle. Lui, il s'inquiète beaucoup des habiletés et des ruses du métier, et sa raillerie ingénieuse ne puise pas *à même* de la société pour ainsi dire; Picard, pour ne prendre qu'un exemple proportionné, le Picard du bon temps était bien autrement que lui en pleine et vraie nature humaine. Mais n'allons pas nous montrer trop exigeants, et à propos d'un légitime succès, envers notre seul auteur comique d'aujourd'hui. Cela ne fera peut-être pas beaucoup d'honneur à notre époque d'avoir eu M. Scribe pour seul auteur comique; mais cela fera beaucoup d'honneur à M. Scribe assurément, et il faut l'en applaudir. Je ne veux plus que lui adresser une simple observation au sujet d'un personnage de *la Calomnie*. Depuis longtemps il est reçu que la *marquise* est ridicule; c'est un personnage sacrifié. Mais cette marquise de *la Calomnie* passe toutes les bornes; elle réussit pourtant, elle fait rire; le parterre s'écrie que *c'est bien cela*, comme si le parterre avait rencontré sur son chemin de telles marquises. M. Scribe, en flattant par là les instincts de classe moyenne et les préventions démocratiques, méconnaît les qualités les plus essentielles d'un monde qui disparaît graduellement et qui n'aura plus sa revanche, même à la scène. Allons! cette marquise de *la Calomnie* n'est-elle pas elle-même un petit échantillon de calomnie? Tant il est vrai qu'elle se glisse partout, là même où elle est si hardiment d'ailleurs et si spirituellement moquée.

FIN DU DEUXIÈME VOLUME.

TABLE DES MATIÈRES

DU DEUXIÈME VOLUME.

	Pages.
M. Vinet	1
Le comte Xavier de Maistre	25
Jasmin	49
M. Eugène Sue	67
M. Eugène Scribe	91
M. Lebrun	113
M. le comte Molé	148
M. Töpffer	164
M. Brizeux	199
Loyson. — Polonius. — De Loy	214
Les Glanes, par mademoiselle Bertin	238
M. Nisard	254
M. J.-J. Ampère	277
M. Charles Magnin	299
Quelques vérités sur la situation en littérature	320
Les Journaux chez les Romains, par M. J.-V. Le Clerc	340
M. Mérimée	361
Histoire de la Royauté, par M. le comte de Saint-Priest	379
M. de Barante	402
M. Thiers	426
M. Fauriel	474
Post-scriptum	586
Appendice sur M. Scribe	589

FIN DE LA TABLE.

Ch. LAHURE, imprimeur du Sénat et de la Cour de Cassation
(ancienne maison Crapelet), rue de Vaugirard, 9.

PUBLICATIONS DE LA LIBRAIRIE DIDIER

OUVRAGES DE M. GUIZOT

HISTOIRE DE LA RÉVOLUTION D'ANGLETERRE. — 1re *partie*. CHARLES Ier ET LA RÉVOLUTION. nouv. édit. 2 vol. in-8. 12 »

HISTOIRE DE LA RÉVOLUTION D'ANGLETERRE. — 2e *partie* : LA RÉPUBLIQUE ET CROMWELL, 2 vol. in-8. 14 »

RÉVOLUTION D'ANGLETERRE. — PORTRAITS POLITIQUES des principaux personnages ; études historiques. 1 vol. in-8. 5 »

RÉVOLUTION D'ANGLETERRE — MONK. CHUTE DE LA RÉPUBLIQUE, etc., étude historique. 2e édit. 1 vol. in-8. Portrait. 5 »

HISTOIRE DE LA CIVILISATION EN EUROPE ET EN FRANCE, depuis la chute de l'Empire romain, etc., nouv. édit. 5 vol. in-8. (*sous presse.*) . . . . 25 »

— LE MÊME OUVRAGE. 5 vol. in-12 dit anglais. 1853. . . 17 50

CORNEILLE ET SON TEMPS, étude littéraire. 1 vol. in-8. 5 »

SHAKSPEARE ET SON TEMPS, étude littéraire. 1 vol. in-8. 5 »

HISTOIRE DES ORIGINES DU GOUVERNEMENT REPRÉSENTATIF et DES INSTITUTIONS POLITIQUES DE L'EUROPE, depuis la chute de l'empire romain jusqu'au XIVe siècle, nouvelle édition. 2 vol. in-8. . . . . 10 »

MÉDITATIONS ET ÉTUDES MORALES sur *la Religion, la Philosophie, l'Éducation*, etc. 1 vol. in-8. . . . . 5 »

ÉTUDES SUR LES BEAUX-ARTS en général, etc. 1 vol. in-8. 5 »

ABAILARD ET HÉLOISE, essai historique par M. et Mme GUIZOT, suivi des *Lettres* traduites par M. Oddoul. 1 vol. in-8. 1853. 5 »

— LE MÊME OUVRAGE. 1 vol. gr. in-8 *illustré* de 40 vign. 10 »

WASHINGTON. — **FONDATION DE LA RÉPUBLIQUE DES ÉTATS-UNIS D'AMÉRIQUE**, trad. de SPARKS, avec une INTRODUCTION, par M. GUIZOT. 2 vol. accompagné de la CORRESPONDANCE ET DES ÉCRITS DE WASHINGTON, mis en ordre par M. GUIZOT. 4 vol. Ens., 6 vol. in-8, et atlas in-4° de 22 planches. . . . . 40 »

— *Séparément*, LA CORRESPONDANCE ET ÉCRITS. 4 vol. in-8. 16 »

MÉMOIRES SUR L'HISTOIRE DE FRANCE (Collection des), depuis la fondation de la monarchie jusqu'au XIIIe siècle, traduits et accompagnés de notices, etc. 29 vol. in-8, à . . . . . . 6 »

DICTIONNAIRE UNIVERSEL DES SYNONYMES de la langue française. 4e édit. 2 forts vol. in-8. . . . . 12 »

DE LA DÉMOCRATIE EN FRANCE (janvier 1849), in-8. . . 2 50

DISCOURS SUR LA RÉVOLUTION D'ANGLETERRE, in-8. 2 50

DISCOURS DE MM. DE MONTALEMBERT ET GUIZOT, prononcés à l'Académie française, le 5 février 1852, in-8. . . . . . 1 »

www.ingramcontent.com/pod-product-compliance
Lightning Source LLC
Chambersburg PA
CBHW070400230426
43665CB00012B/1189